Josef Schlarmann

Die Magie vom Wohlstand

Josef Schlarmann

Die Magie vom Wohlstand

Eine Zeitreise durch Deutschlands Wirtschaftspolitik

lau verlag

Bibliografische Information
der Deutschen Nationalbibliothek
Die Deutsche Nationalbibliothek verzeichnet diese
Publikation in der Deutschen Nationalbibliografie;
detaillierte bibliografische Daten sind
im Internet über http://dnb.d-nb.de abrufbar.

ISBN 978-3-95768-251-2

Internet: www.lau-verlag.de

Umschlagentwurf: pl, Lau-Verlag, Reinbek
Umschlagabbildung: Eröffnung der Eisenbahnlinie München – Augsburg am
4. Oktober 1840, Lithografie von Gustav Wilhelm Kraus © akg-images
Satz und Layout: pl, Lau-Verlag, Reinbek
Druck und Bindung: Finidr, s.r.o.
Printed in Czech Republic

Für Barbara

Inhalt

Einleitung

Dieses Buch ist für ein Lesepublikum geschrieben worden, das sich für die Wirtschaftspolitik in Deutschland und deren geschichtliche Hintergründe interessiert. Es beginnt mit der Zeit des Absolutismus und endet mit dem letzten Regierungsjahr von Angela Merkel. Das Buch ist kein wissenschaftliches Werk über die Geschichte der Wirtschaft.

Nach klassischer Definition fasst man unter Wirtschaftspolitik alle Maßnahmen zusammen, mit denen der Staat im weitesten Sinn die »Wirtschaftsordnung« eines Landes gestaltet und bewusst die »wirtschaftlichen Abläufe« steuert. Das Buch will interessierten Lesern zeigen, wie solche wirtschaftspolitischen Prozesse in den verschiedenen historischen Phasen abgelaufen sind. Behandelt werden auch die ökonomischen Lehrmeinungen, die sich hinter den wirtschaftspolitischen Maßnahmen verbergen. Die Präferenzen des Autors werden dabei nicht verschwiegen.

Die folgende Zusammenfassung soll dem geneigten Leser einen ersten Überblick über den Inhalt des Buches geben.

Die Wirtschaftspolitik als Teil staatlicher »Regierungskünste« wurde von den absolutistischen Fürsten des 17. und 18. Jahrhunderts erfunden, als die wirtschaftlichen Verhältnisse in Deutschland noch vom Feudalismus und von den Zünften geprägt wurden. Die als Merkantilismus oder Kameralistik bezeichnete Wirtschaftspolitik diente den Landesherren vornehmlich dazu, die Staatskasse aufzufüllen, um die fürstliche Hofhaltung zu finanzieren, Kriege zu führen oder das Land nach den Verheerungen des Dreißigjährigen Krieges wieder aufzubauen. Dazu erfanden ihre Beamten ein Bündel von Maßnahmen, mit denen man die Wirtschaft modernisieren wollte, allerdings ohne ihre mittelalterlichen Strukturen infrage zu stellen. Infolgedessen blieben die Wirkungen des Merkantilismus auf Beschäftigung und Einkommen der vorwiegend bäuerlichen Bevölkerung gering.

Ende des 18. Jahrhunderts gewann das liberale Denken an Einfluss und es wuchs die Einsicht, dass die mittelalterlichen Verhältnisse durch eine marktwirtschaftliche Ordnung ersetzt werden mussten, um eine

Verbesserung der Lebensverhältnisse herbeizuführen. In Großbritannien hatte man damit gute Erfahrungen gemacht. In Frankreich führte die Revolution von 1789 zur Einführung einer liberalen Wirtschaftsordnung. In den deutschen Fürstenstaaten änderten sich die Verhältnisse erst, als Napoleon mit seinen Truppen die Rheinlande besetzte und dann in der Schlacht bei Jena und Auerstedt die Preußen besiegte. Dort, wo Napoleon herrschte, wurden die Bauern befreit und die Gewerbefreiheit eingeführt. In dem besiegten Preußen waren es die leitenden Minister Stein und Hardenberg, die dem Land mit einer »Revolution von oben« die Bauernbefreiung und die Gewerbefreiheit verordneten.

Ziel der preußischen Reformen war, die schöpferischen Kräfte in der Wirtschaft freizusetzen, um dem von Napoleon geschundenen Preußen wieder auf die Beine zu helfen. Es sollte aber noch Jahrzehnte dauern, bis sich das Land vom Agrarstaat zum Industriestaat entwickelte. Für einen solchen Transformationsprozess fehlten in Deutschland sowohl die Unternehmer, Techniker und Finanziers als auch ausreichend große Märkte mit einer potenten Käuferschicht. Stattdessen gab es eine wachsende Bevölkerung, die nur über geringes Einkommen verfügte, und eine stetig größer werdende Schar von Arbeitslosen, die keine Arbeit fanden und in Not und Elend lebten. Mit der Bauernbefreiung und der Gewerbefreiheit allein war es also nicht getan, um die Lebensverhältnisse der Unterschichten zu verbessern. An Hilfe vonseiten des Staates war nicht zu denken, weil das Staatswesen in Deutschland nach den Napoleonischen Kriegen selbst am Boden lag.

Erst mit dem von Preußen initiierten Deutschen Zollverein, der Verbreitung der Eisenbahn in Deutschland und einer konsequenten liberalen Wirtschaftspolitik änderten sich die wirtschaftlichen Verhältnisse allmählich zum Besseren. Neben dem traditionellen häuslichen Handwerk und den fürstlichen Manufakturen entstanden nach englischem Vorbild die ersten »Fabriken«, in denen dank eines großen Reservoirs an billigen Arbeitskräften mithilfe von Maschinen wettbewerbsfähige Massenprodukte hergestellt wurden. Der Aufruf von Karl Marx aus dem Jahr 1848 gegen die kapitalistische Ausbeutung – »Proletarier aller Länder, vereinigt euch!« – richtete sich an diese erste Generation von Industriearbeitern.

Den durch die preußischen Reformen erhofften »Wirtschaftsaufschwung« erlebte Deutschland erst in der zweiten Hälfte des 19. Jahrhunderts, und zwar im Zuge der Reichsgründung durch Otto von Bismarck. Auf der Grundlage einer liberalen Finanz- und Industriepolitik und naturwissenschaftlicher Erkenntnisse entstanden zunächst in den Bereichen Kohle, Stahl und Maschinenbau und dann in den Sektoren Chemie und Elektrizität große »Industriebetriebe« mit Hunderten von Arbeitern. Dadurch verwandelte sich Deutschland in knapp fünf Jahrzehnten von einem rückständigen Agrarstaat in eine führende Industrienation, die den wirtschaftlichen Anschluss an die westlichen Länder fand bzw. diese sogar überholte. Das von Bismarck geschaffene und bis heute existierende Sozialversicherungssystem fällt ebenfalls in diese Zeit.

Mit dem Ersten Weltkrieg fand diese Ära ein jähes Ende. An die Stelle der liberalen Wirtschaftsordnung trat die Kriegswirtschaft mit einem »staatlich gelenkten zentralen Wirtschaftssystem«, das Heer und Marine mit Kriegsmaterial ausstattete und der Bevölkerung die knappen Lebensmittel zuteilte. Der Krieg, der ca. 22 Millionen Menschen das Leben kostete, endete mit einer Kapitulation, erheblichen Landverlusten, hohen Reparationsverpflichtungen sowie einer zerstörten Währung.

Die nachfolgende Weimarer Republik hatte vor allem mit den Folgen dieses verlorenen Krieges zu tun. In ihrer Verfassung bekannte sie sich zu einer sozialpolitisch ausgerichteten Marktwirtschaft, aufgrund der zahlreichen Wirtschaftskrisen (hohe Kriegsschulden, galoppierende Inflation, Weltwirtschaftskrise, Arbeitslosigkeit) war ihre Wirtschaftspolitik aber stark interventionistisch geprägt. Zu den ordnungspolitischen Schwächen der Weimarer Wirtschaftspolitik gehörte außerdem die hohe Konzentration der Wirtschaft. Die Bildung von Monopolen und Kartellen wurde toleriert und außenwirtschaftlich geschützt.

Die in der Weltwirtschaftskrise stark angestiegene Arbeitslosigkeit half Adolf Hitler, »legal« an die Macht zu kommen, um dann »mit Gewalt« jegliche Opposition auszuschalten. Hitler spielte dabei in die Hände, dass sich der Liberalismus überall in Europa auf dem Rückzug befand und durch kollektive bzw. diktatorische Systeme abgelöst wurde. Von Beginn an plante Hitler den Krieg. Dazu steuerte er mit finanzieller Hilfe der Reichsbank und durch Lenkung der Industrie die Friedenswirtschaft in Richtung Kriegswirtschaft um. Die dadurch ausgelösten Rüstungsaufträge (und nicht der Autobahnbau) brachten die Millionen Arbeitslosen schnell wieder in Arbeit, was dem Ansehen der neuen Machthaber Aufschwung gab.

Nach dem Krieg führten die Besatzungsmächte mithilfe der deutschen Behörden das Bewirtschaftungssystem fort, bis es 1948 in Zusammenhang mit der Einführung der D-Mark von Ludwig Erhard (CDU) abgeschafft wurde. Damit begann die Ära der »Sozialen Marktwirtschaft«, die zu einem steilen und nachhaltigen Wirtschaftswachstum führte, das als »deutsches Wirtschaftswunder« in die Geschichte eingegangen ist. Den Sinn dieser Wirtschaftsordnung sah der Ökonom Müller-Armack darin, »das Prinzip der Freiheit des Marktes mit dem des sozialen Ausgleichs zu verbinden«. Bei der praktischen Umsetzung ließ sich Ludwig Erhard von den Ordo-Liberalen der Freiburger Schule beraten, deren zentraler Lehrsatz lautete: *»Die wirtschaftspolitische Tätigkeit des Staates sollte auf die Gestaltung der Ordnungsformen der Wirtschaft gerichtet sein, nicht auf die Lenkung des Wirtschaftsprozesses.«* Dementsprechend erfolgte der Wiederaufbau nach dem Krieg nicht durch den Staat, sondern durch die Privatwirtschaft. An diesem Grundsatz festgehalten zu haben, war das eigentliche Geheimnis des Erfolges von Ludwig Erhard.

Als Karl Schiller (SPD) im Jahr 1966 in der ersten Großen Koalition Wirtschaftsminister wurde, bekannte sich die neue Regierung unter seinem Einfluss zur Wirtschaftspolitik der »keynesianischen Nachfragesteuerung« (deficit spending) und brachte angesichts einer Mini-Rezession zwei kreditfinanzierte Konjunkturpakete auf den Weg. Das war zur Ordnungspolitik von Erhard ein eklatanter Paradigmenwechsel, den der Bundestag mit dem Stabilitäts- und Wachstumsgesetz (StabWG) legalisierte. In Zusammenhang mit zwei Ölkrisen führte die darauf beruhende Wirtschaftspolitik unter den Kanzlern Willy Brandt (SPD) und Helmut Schmidt (SPD) zu einer Abfolge von Konjunkturpaketen, die letztendlich wirtschaftliche Stagnation, gepaart mit Inflation und steigender Arbeitslosigkeit, zur Folge hatten (sog. Stagflation).

Als Helmut Kohl (CDU) 1983 mit einer christlich-liberalen Koalition die Regierungsgeschäfte übernahm, versprach er, das Problem der Stagflation dadurch zu lösen, dass die Regierung zu den bewährten Prinzipien der Sozialen Marktwirtschaft zurückkehrte. Der Sachverständigenrat hatte der Bundesregierung dazu eine angebotsorientierte Wirtschaftspolitik empfohlen, »mit der die Bedingungen für das Investieren und den Wandel der Produktionsstruktur so verbessert werden, dass mit Wachstum und hohem Beschäftigungsstand gerechnet werden darf (JG 1976)«. Der Schwerpunkt der Wirtschaftspolitik sollte also nicht auf der Nachfrageseite, sondern auf der Angebotsseite der Wirtschaft liegen.

Diese mit Erfolg von Kohl praktizierte Politik endete 1989/90 mit der »Friedlichen Revolution« in der DDR, die der Wirtschaftspolitik eine neue Richtung gab. Am 1. Juli 1990 schloss die Kohl-Regierung mit der demokratisch gewählten Regierung in der DDR einen Vertrag über die »Errichtung einer Währungs-, Wirtschafts- und Sozialunion«, mit dem die sozialistische Planwirtschaft der DDR in die Soziale Marktwirtschaft der Bundesrepublik überführt wurde. In der DDR wurde die D-Mark eingeführt, aus den sozialistischen Eigentumsverhältnissen wurde privates Eigentum geschaffen und das Rechtssystem der Bundesrepublik wurde auf das Gebiet der DDR übertragen. In politischer Hinsicht war diese »Transformation« ein großer Erfolg, die von Kohl versprochenen »blühenden Landschaften« stellten sich aber trotz massiver finanzieller Hilfen nur sehr langsam ein. Vor allem die Arbeitslosigkeit blieb extrem hoch.

Ende der 90er-Jahre übernahm Gerhard Schröder (SPD) die Regierungsgeschäfte mit einer rot-grünen Koalitionsregierung. Damit begann in Deutschland der staatlich gelenkte Transformationsprozess in Richtung einer ökologischen Energiewende. Für Kernkraftwerke wurde ein stufenweiser Ausstiegsplan beschlossen. Gleichzeitig beschloss die Koalition für die erneuerbaren Energien (Wind, Photovoltaik und Biomasse) einen stark subventionierten Aufbauplan. Für den Energiebereich bedeutete das den Abschied von der marktwirtschaftlichen Ordnung.

Was die allgemeine Wirtschaftspolitik betraf, hatte sich Schröder schon vor seinem Regierungsantritt von der traditionellen Wohlfahrts- und Wirtschaftspolitik der SPD, den massiven Interventionen und dem »deficit spending« der 70er-Jahre verabschiedet. Mit der Agenda 2010, einem umfassenden Programm zur Flexibilisierung des Arbeitsmarktes (»fördern und fordern«), hatte er sich vorgenommen, die immer weiter steigende Arbeitslosigkeit in Deutschland zu bekämpfen. Dabei handelte es sich weitgehend um angebotspolitische Maßnahmen, an die sich die Kohl-Regierung nicht herangetraut hatte. Die Agenda 2010 war erfolgreich und führte die deutsche Wirtschaft durch sinkende Arbeitslosigkeit auf einen mittelfristigen Wachstumspfad zurück.

Die rot-grüne Koalition wurde im Jahr 2005 von einer großen Koalition aus Union und SPD abgelöst. Angela Merkel (CDU) wurde Bundeskanzlerin und regierte in dieser Konstellation bis 2021 (von 2009–2013 mit einer schwarz-gelben Koalition). Das Prägende ihrer Regierungszeit waren die inhaltliche Annäherung der Union an Positionen der SPD und Grünen, die Veränderung der europäischen Verträge anlässlich von Krisen zulasten der deutschen Stabilitätskultur und die zunehmende Fokussierung der Wirtschaftspolitik auf die ökologische Transformation von Wirtschaft und Gesellschaft.

Nach Regierungsantritt beschloss die Große Koalition zahlreiche Maßnahmen, die wirtschaftspolitischen Festlegungen der Union widersprachen. Die SPD verfolgte damit unter anderem das Ziel, Schröders Agenda 2010 in kleinen Schritten zu entschärfen, um die Gewerkschaften nicht zu verlieren. Aufseiten der Union wurde dazu die Strategie der »asymmetrischen Mobilisierung« entwickelt, um die Wähler von SPD und Grünen für die Union zu gewinnen. Im Ergebnis führte diese Strategie dazu, dass sich die wirtschafts- und sozialpolitischen Positionen von Union und SPD stark annäherten.

In den Jahren 2008/9 wurde die Bundesregierung mit der internationalen Banken- und Wirtschaftskrise konfrontiert. Zunächst mussten notleidende Banken in Deutschland gerettet werden, was dem Finanzminister Peer Steinbrück (SPD) mit einem Rettungsschirm gelang. Auf den folgenden Wirtschaftsabschwung reagierte die Regierung dann wegen Landtagswahlen mit zwei Konjunkturpaketen (»deficit spending«), obgleich sich Kanzlerin und Finanzminister vorher öffentlich dagegen ausgesprochen hatten. Die Wirkung dieser Maßnahmen war prozyklisch, weil sich die Wirtschaft überraschend schnell erholte.

In der Euro-Krise 2010, die in Wirklichkeit eine Staatsschuldenkrise der südlichen Euro-Länder war, vereinbarte Angela Merkel mit den Staats- und Regierungschefs der übrigen EU-Länder, dass den notleidenden Südländern vonseiten der EU durch einen Rettungsschirm und vonseiten der EZB durch Ankauf von Staatsanleihen geholfen werden sollte. Im Maastricht-Vertrag war aber die Haftung der EU-Mitglieder für fremde Schulden grundsätzlich ausgeschlossen (»No-bail-out-Regel«), um keine Anreize für eine übermäßige Schuldenaufnahme zu setzen. Außerdem war der EZB die »monetäre Staatsfinanzierung« verboten, wozu auch der Ankauf von Anleihen der Euro-Staaten zählte. Mit diesem Verbot sollte verhindert werden, dass sich die EZB, deren Hauptaufgabe die Sicherung der Währungsstabilität ist, zur Hausbank von Euro-Staaten entwickelte. Diese Regelungen entsprachen der deutschen Stabilitätskultur, die Helmut Kohl in die Verträge hineinverhandelt hatte.

Auf dem Weg zur ökologischen Energiewende übernahm Angela Merkel die Vorarbeiten der rot-grünen Koalition und entwickelte sie in ihrer Regierungszeit konsequent weiter. Nach dem Atomunfall in Fukushima 2011 wurden die Restlaufzeiten für die einzelnen Kraftwerke stark gekürzt. In ihrer letzten Legislaturperiode dirigierte sie auch den schnellen Ausstieg aus der Kohle. Durch ein Klimaschutzgesetz wurde der beschleunigte Bau von Solar- und Windparks beschlossen, um den Anteil erneuerbarer Energien an der Stromerzeugung auf 65 Prozent zu erhöhen. Außerdem wurden in diesem Gesetz für die Sektoren Verkehr, Gebäude, Landwirtschaft, Industrie und Energie verbindliche »CO_2-Emissionsmengen« festgesetzt.

Als eine ihrer letzten politischen Entscheidungen kündigte Angela Merkel Mitte Mai 2020 gemeinsam mit dem französischen Präsidenten an, dass man sich über die Gründung eines europäischen Wiederaufbaufonds im Volumen von 500 Mrd. Euro geeinigt habe, um den von der Corona-Pandemie besonders betroffenen Regionen wirtschaftlich zu helfen. Das grundsätzlich Neue an diesem Fonds war, dass die finanziellen Hilfen nicht als Kredit, sondern als verlorene Zuschüsse gegeben werden sollten. Außerdem sollten die Zuschüsse nicht mit Eigenmitteln der EU, wie es die Haushaltsvorschriften der EU vorsahen, sondern durch Anleihen der EU am Kapitalmarkt finanziert werden. Damit öffneten Merkel und Macron für die EU endgültig den Weg in die Schulden- und Transferunion.

Kapitel 1

Absolutismus

Mittelalterliche Wirtschaft

Das deutsche Mittelalter kannte keinen Staat im modernen, abstrakten Sinn. Der mittelalterliche Staat verstand sich als »Personenverband«, der auf dem persönlichen Verhältnis des Herrschers zu dem von ihm in vielfachen Abstufungen abhängigen Volk gründete. Mächtig war, wer über Grund und Boden herrschte. Das war ursprünglich der König, der seine Gefolgsleute (Vasallen) dadurch an sich band, dass er ihnen »Königsgut« zur Leihe (feudum) übertrug, später auch Ämter und Rechte. So entstand das Lehnswesen aus der Verbindung von Landleihe mit persönlicher Gefolgschaft und Treue. Im Sachsenspiegel (um 1220) und Schwabenspiegel (um 1275), dem sog. Kleinen Kaiserrecht, war das Lehnsrecht kodifiziert.

Die Vasallen des Königs standen zwar in einem Abhängigkeitsverhältnis zum König, waren aber als Amtsträger, Grafen, Markgrafen und Pfalzgrafen und als Besitzer eigener Grundherrschaften auch mit großer Machtfülle ausgestattet. Allgemein schloss Grundbesitz im Mittelalter Herrschaft über die auf dem Lande lebenden Menschen ein. Die vom König eingesetzten Vasallen konnten ihrerseits durch Vergabe von Land, Rechten und Ämtern Untervasallen einsetzen und damit einen eigenen Machtapparat aufbauen. Das führte letztlich dazu, dass die Lehen trotz Bindung an die persönliche Gefolgschaft zum König allmählich erblich wurden.

Bei seiner Gründung im Jahr 911 bestand das Deutsche Reich nur aus den fünf Herzogtümern der Franken, Schwaben, Bayern, Sachsen und Lothringer. Im Laufe der Jahrhunderte entwickelte sich daraus ein buntes Mosaik von mehr oder weniger souveränen Territorien, die von Kurfürsten, Reichsfürsten, Reichsprälaten, Reichsgrafen, Reichsstädten und unzähligen Reichsrittern beherrscht wurden. Sie alle waren – unabhängig von ihrer Größe und Bedeutung – Mitglieder des »Heiligen Römischen Reichs Deutscher Nation«.

Welche Folgen das für die Wirtschaft hatte, zeigte der Zustand des damaligen Zollwesens: Ende des 18. Jahrhunderts gab es in Mitteleuropa um die 1800 Zollschranken, die den Handelsverkehr zwischen den einzelnen Territorien regulierten. Allein Preußen kannte 67 lokale Zolltarife und ebenso viele Zollgrenzen. Nutznießer dieses Zollsystems waren die 314 souveränen reichsständischen Territorien und die 1485 Reichsritterschaften, aus denen das Deutsche Reich damals bestand (Helmut Böhme).

Bis zum 18. Jahrhundert hatte sich zwar der mittelalterliche »Personenverband« zwischen König und Volk aufgelöst, es überdauerte aber die feudale Standesordnung. An der Spitze der Gesellschaft stand jetzt der Landesherr als Souverän von »Gottes Gnaden«. In der Hierarchie folgten der Klerus und der Adel, danach kamen das Bürgertum und die Bauernschaft, den Schluss bildete die nicht ständische Unterschicht.

Diese Standesgesellschaft verstand sich als korporatistisches Gebilde, in dem jeder Stand die ihm zugewiesenen Aufgaben zum Wohle aller zu erfüllen hatte. Hof, Adel, Kirche, Gutsbesitzer und das freie Stadtbürgertum waren darin die maßgeblichen Kräfte – politisch und kulturell. Die zunftmäßig gebundene Handwerkerschaft und die abhängigen Bauern wie auch der untere Teil der Bevölkerung hatten kein politisches Mitspracherecht. Abgesichert wurde dieses Gesellschaftssystem durch die feudale Grundherrschaft, die große Teile der Bauernschaft in Abhängigkeit hielt.

In der Welt des Mittelalters gab es keine systematische und auf Dauer angelegte königliche oder fürstliche Wirtschaftspolitik, die darauf gerichtet war, die Rahmenbedingungen oder den Ablauf ökonomischer Aktivitäten im Hinblick auf bestimmte Ziele zu gestalten oder zu beeinflussen. Das Wirtschaftsleben war weitgehend durch das Feudal- und Zunftsystem sowie eine auf christlichen Dogmen beruhende Wirtschaftsethik festgelegt. Eine Wirtschaftswissenschaft entstand erst mit Beginn der Neuzeit.

Wirtschaftspolitisch motivierte Maßnahmen von Königen und Fürsten waren deshalb selten. So ist bekannt, dass Kaiser Barbarossa 1182 den Bau einer Steinbrücke über die Donau in Regensburg zum »gemeinen Nutzen« förderte. Außerdem handelte es sich bei der Gewährung von Zollfreiheiten, Markt- und Münzrechten um eine frühe Form von Wirtschaftspolitik, wenn damit die Leistungsfähigkeit der Städte oder bestimmter Regionen gefördert werden sollte. Die Errichtung einer Münzstätte durch den Bischof von Brixen im Jahr 1179 »zum Vorteil und Nutzen der Stadt und der umliegenden Gegend« ist dafür ein Beispiel (Michael North).

Merkantilismus

Unter Merkantilismus wird in der Wirtschaftsgeschichte jene Wirtschaftspolitik verstanden, die während der Zeit des Absolutismus (1648–1789) durch bewusst betriebene Wirtschaftsförderung die Macht und das Ansehen des Souveräns erhöhen sollte. Der unmittelbare Zweck des merkantilistischen Handelns bestand darin, die Schatzkammer des Souveräns zu füllen, um ihm die Durchführung hoheitlicher Aufgaben zu ermöglichen. Oft stand auch die Erwägung im Vordergrund, den Souverän von den drückenden Schulden zu entlasten, die durch seine großzügige Hofhaltung, den Bau von Palästen oder wiederkehrende Kriege entstanden waren.

Die Merkantilisten oder Kameralisten, wie sie in Preußen hießen, verstanden sich in erster Linie als Staatsdiener, die dem absoluten Fürsten praktische Vorschläge machten, wie er seinen Wohlstand vermehren konnte. Das stärkte seinen Einfluss innerhalb der Standesgesellschaft, weil er bei Entscheidungen mit finanziellen Folgen nicht mehr von der Zustimmung der Stände abhängig war.

Mit dem Merkantilismus begann auch die Gewichtsverschiebung von der mittelalterlichen Stadtwirtschaft hin zur Regional- und Volkswirtschaft, wenn auch nur im damals kleinräumigen Maßstab. Das wirtschaftliche Regelwerk, vor allem die Gebote und Verbote, stammten nun nicht mehr vom Stadtpatriziat, sondern wurden direkt vom regierenden Fürsten, also vom Staat, erlassen. Damit galten Privilegien, Konzessionen und Subventionen nicht mehr nur für eine Stadt, sondern für das jeweilige Staatsgebiet.

Mit dem Merkantilismus veränderte sich auch das Wirtschaftsverständnis. An die Stelle der einzelwirtschaftlichen Betrachtung trat allmählich das Bild von der Wirtschaft als einer organischen Gesamtheit. Das war eine grundsätzlich neue Sichtweise, die es ermöglichte, eine am gesamtwirtschaftlichen Interesse orientierte Wirtschaftspolitik zu entwerfen. Während der feudale Untertan schon wegen seiner Bindungen keine wirtschaftlichen Initiativen entwickeln konnte und der Adel in Gewerbeangelegenheiten aus Standesgründen untätig blieb, nahmen die absoluten Fürsten mit ihren Beamten das Heft in die Hand, um Landwirtschaft, Handel und Gewerbe zu fördern und neue Wege zu gehen.

Der Merkantilismus basierte jedoch nicht auf einer in sich geschlossenen Wirtschaftstheorie, sondern bestand aus einem Bündel von praktischen Maßnahmen und Regeln, die ganz unterschiedlichen Zwecken dienten. Im Mittelpunkt standen die Förderung von Handel und Gewerbe durch die Gründung von Messen und Märkten, die Förderung des Bergbaus und des Hüttenwesens, der Ausbau von Straßen und Kanälen, die Abschaffung von Binnenzöllen und die Vereinheitlichung von Münzen, Maßen und Gewichten, die Lockerung der Zunftbestimmungen und insbesondere die Ansiedlung von Gewerbe. Hinzu traten Maßnahmen des Außenhandels, wie die Unterstützung der Warenausfuhr oder die Drosselung der Einfuhr, der Aufbau einer Handelsflotte sowie die Gründung von Handelsgesellschaften (Richard Tilly).

In Preußen ging es vor allem um die Ausweitung der landwirtschaftlichen Produktion durch die Verbesserung des Anbaus, Landgewinnung und Kolonisation und um die Förderung des Gewerbes durch die Öffnung der Grenzen für Glaubensflüchtlinge, insbesondere für Hugenotten. Von einer zielgerichteten Bevölkerungs- und Einwanderungspolitik erhoffte man sich eine Stärkung und Belebung der heimischen Wirtschaft. Davon machte schon der Große Kurfürst (1640–1688) Gebrauch, als er mit dem Edikt von Potsdam 1685 über 20 000 aus Frankreich vertriebene Hugenotten in Berlin und Brandenburg ansiedelte. Sie brachten Fertigkeiten mit, die es bis dahin in Preußen nicht gegeben hatte.

Exkurs

In Magdeburg entstand nach Berlin die zweitgrößte »Colonie« von zugewanderten Hugenotten: Die amtliche Siedlerliste für das Jahr 1700 weist für die französische Kolonie 1282 Personen und für die Wallonergemeinde 1731 Personen aus. Durch weiteren Zuzug wuchsen die beiden Kolonien im ersten Jahrzehnt des 18. Jh. auf ca. 4000 Personen an, ein Drittel aller Magdeburger Einwohner.

Die Zuwanderer wurden keineswegs mit offenen Armen aufgenommen – im Gegenteil. Die feindliche Haltung der Lutheraner gegenüber den Calvinisten, die Fremdheit von Sprache und Sitte und die öffentlichen Hilfen wie die Zuweisung ausbaufähiger Grundstücke an die Einwanderer ließen eine Atmosphäre von Neid und Feindschaft entstehen.

Wie im Edikt von Potsdam versprochen, genossen die Kolonien in administrativer Hinsicht einen Sonderstatus. Sie regelten ihre Polizei-, Markt- und Gewerbeangelegenheiten selbst, hatten einen französischen

Bürgermeister und waren Teil der französischen Gesamtkolonie in Brandenburg-Preußen, die von einem »Conseil francais« vertreten wurde.

Den wirtschaftlichen Aufschwung Magdeburgs nach 1685, insbesondere im Textilgewerbe und Maschinenbau, verdankte die Stadt vor allem den Zuwanderern. Hugenotten eröffneten 1686 die erste Manufaktur zur Herstellung von Wolltuchen, Strümpfen, Bändern und Seidenwaren. Der Kunstschlosser Pierre Labry errichtete im gleichen Jahr eine Fabrik zum Bau mechanischer Strumpfwirkstühle. Damit brachte er eine in England entwickelte, dann in Frankreich eingeführte neue Technik nach Deutschland. Ebenso wichtig waren die vielen kleinen Handwerksbetriebe, die im Rahmen des Verlagswesens mit den Manufakturen als Auftraggeber zusammenarbeiteten oder den Absatz ihrer Produkte selbst organisierten. Da sie als »Freimeister« nicht an die engen Zunftregeln der heimischen Gewerke gebunden waren, waren auch insoweit Konflikte zwischen Alt- und Neubürgern unvermeidlich.

Eine erste Bilanz über die Ansiedlung der Flüchtlinge zog der Magdeburger Magistrat schon nach 20 Jahren und kam zu dem Ergebnis, dass ein Vergleich der investierten Mittel zu dem von ihnen geschaffenen Gesamtnutzen den Schluss zulasse, dass »die königliche Intention« erreicht, ja übertroffen wurde. Gegen Ende des 18. Jh. musste eine königliche Untersuchungskommission für ganz Preußen jedoch den Niedergang der Kolonien konstatieren: Die Zahl der Mitglieder war geschrumpft und die großen Manufakturen hatten an Bedeutung verloren. Die Flüchtlinge waren zu großen Teilen in der einheimischen Bevölkerung aufgegangen.

Als Vorbild für eine kameralistische Politik in Preußen galt der Soldatenkönig Friedrich Wilhelm I. (1688–1740), ein Enkel des Großen Kurfürsten. Im Gegensatz zu seinem Vater Friedrich I., der es zum König »in Preußen« gebracht hatte, war der Sohn nüchtern, einfach und pflichtbewusst. Die Wirtschaftspolitik betrieb er planmäßig nach merkantilistischen Grundsätzen. Er förderte den Ausbau von Manufakturen, vor allem in der Tuchindustrie. In Ostpreußen siedelte er über 17 000 aus Salzburg vertriebene Lutheraner an.

Der Soldatenkönig versuchte, »von oben« in Gang zu bringen, was nach Adam Smith ein Prozess »von unten« sein sollte, nämlich die wirtschaftliche Kraft des Bürgertums in Bewegung zu setzen. »Doch welch eine Arbeit, welch eine Erziehung musste geleistet werden, Tag um Tag,

Jahr um Jahr, lebenslang, gegen Unverständnis, Trägheit und Widerstand ringsumher! Zunächst einmal galt es, dem standesstolzen und hartschädeligen Adel ein neues Ehrgefühl einzupflanzen: die Ehre des Dienens in Staat und Armee.« (Graf von Krockow)

Vor allem in den Städten kam es darauf an, bei den Kauf- und Gewerbeleuten den Unternehmergeist anzutreiben oder überhaupt erst zu wecken. Wie denn stand es zum Beispiel mit der Wollverarbeitung? Oder mit der Tuchproduktion? Offenbar so verzweifelt schlecht, dass der Staat eingreifen und selbst zum Unternehmer werden musste. Gleich nach der Thronbesteigung 1713 wurde in Berlin das »Königliche Lagerhaus« als Tuchmanufaktur gegründet, die sich zum größten Unternehmen dieser Art auf dem Kontinent entwickelte – bei freilich garantiertem Absatz für bald eine der größten Armeen Europas.

Es gehörte auch zur merkantilistischen Praxis, die gesetzlichen Arbeitszeiten heraufzusetzen oder Feiertage abzuschaffen, um die Arbeitsmenge zu steigern. So wurde zum Beispiel der Arbeitstag im Handwerk, der üblicherweise vom Sonnenaufgang bis zum Sonnenuntergang reichte, an den kurzen Tagen um die sogenannte »Lichtarbeit« erweitert. Nach der Reformation wurde außerdem die Zahl der kirchlichen Feiertage herabgesetzt, zunächst in den protestantischen und dann auch in den katholischen Ländern.

Solche Vorgänge zeigten, wie wenig sich in einer zünftlerischen Wirtschaft ohne den Antrieb von oben bewegte. Darum erließ der König Vorschriften über Vorschriften und kümmerte sich persönlich um alles und jedes. Die Marktfrauen sollten etwa, falls sie nicht gerade verkauften, Stümpfe stricken statt zu schwatzen. Wo der Landesvater dennoch auf Faulpelze traf, schlug er mit dem Stock auf sie ein.

Landwirtschaft

Das bäuerliche Leben war vielerorts bis ins 19. Jahrhundert hinein durch das mittelalterliche Feudalsystem bestimmt. Feudale Produktionsweise bedeutete, dass der bäuerliche Familienbetrieb die Hauptlast der Agrarproduktion zu tragen hatte und die Grundherren, die sich selbst aus dem Produktionsprozess zurückgezogen hatten, einen Teil des bäuerlichen Mehrprodukts in Form der Feudalrente abschöpften. Rechtsgrundlage waren Herrschafts- und Rechtsbeziehungen, die den Grundherren unterschiedliche Zugriffsmöglichkeiten auf die Erträge der bäuerlichen Arbeit gaben (Michael North).

Auch um solche Verhältnisse kümmerte sich der Soldatenkönig, ebenfalls mit viel Anlass zum Ärger: Wie nur konnte man die Domänenverwalter und die Gutsherren veranlassen, die Bauern zum besseren Wirtschaften zu treiben? Der König formulierte Anordnungen fürs Pflügen, für die Aussaat, die Ernte, das Dreschen, die Viehhaltung, für das Entwässern und Eindeichen. Er reiste unermüdlich, er stellte bohrende Fragen, ließ sich durch keine Ausflüchte beschwichtigen: Warum verfiel hier ein Hof, warum lag dort ein Acker brach? Er befahl, Getreidevorräte anzulegen, um in Jahren der Missernte die Teuerung zu mildern. Er rief Lehrmeister herbei, vor allem aus den Niederlanden – und Kolonisten (Graf von Krockow).

Um den Bodenertrag zu steigern, wurden neue Anbaumethoden erprobt und neue Feldfrüchte eingeführt (z. B. die Kartoffel). Häufig bildeten die staatlichen Domänen den Schwerpunkt solcher Innovationen, weil die Erträge daraus allein dem Landesherrn gehörten. Außerdem ging man schon früh zur Koppelwirtschaft über, d. h., die landwirtschaftlich genutzte Fläche wurde in Schläge eingeteilt, die im regelmäßigen Wechsel als Acker oder als Weide genutzt wurden. Dem folgte im 19. Jahrhundert der Übergang zur Fruchtwechselwirtschaft als weiterer Schritt zur Intensivierung der Landwirtschaft.

In den nordöstlichen Gebieten Preußens spielte die Gewinnung zusätzlicher Agrarflächen eine wichtige Rolle. Das geschah durch die Kultivierung von Ödland, die Trockenlegung von Mooren und Seen und die Gründung von Dörfern. Bekannt sind die Entwässerung und Urbarmachung des Oderbruchs und des Warthe-Netze-Bruchs schon unter Friedrich I. von Preußen. Dadurch wurden viele Tausend Hektar Wiesen- und Ackerland gewonnen, das teils den umliegenden Dörfern und Gütern, teils neuen Siedlern zugewiesen wurde. Die Kolonisten solcher Flächen erhielten Vergünstigungen in Form finanzieller Hilfen, mehrjähriger Steuerbefreiungen und der Befreiung vom Militärdienst.

Bei der Kultivierung des Oderbruchs, der sich stromabwärts in einer Länge von 60 und in einer Breite von bis zu 20 Kilometern erstreckt, musste zunächst ein Schutz gegen die Überschwemmungen geschaffen werden, zu denen es immer wieder kam. Auch der Soldatenkönig versuchte sich an dieser Aufgabe, aber 1736 stand wieder alles Land unter Wasser. Der Oder musste sogar ein neues Bett gegraben werden. »Hier haben wir eine Provinz im Frieden erobert«, meinte Friedrich mit Stolz, als die Arbeit erledigt war. Mehr als 32 000 Hektar fruchtbaren Bodens wurden gewonnen, über 30 neue Dörfer konnten angelegt werden (Graf von Krockow).

Handwerk und Gewerbe

Im Bereich des Gewerbes existierte in der altdeutschen Gesellschaft ein buntes Nebeneinander verschiedener Betriebsformen und unterschiedlichster Betriebsgrößen. Neben dem handwerklichen Familienbetrieb und dem Verlagssystem (siehe unten) existierten Manufakturen und Großbetriebe.

Den gewerblichen »Großbetrieb« gab es schon früh im Bergbau und Hüttenwesen zur Gewinnung von Silber, Kupfer und Eisen. Bedeutende Lagerstätten für Silber waren zum Beispiel die Region Schwarz in Tirol oder die Silberreviere im Erzgebirge. Im Revier Schwarz waren um das Jahr 1550 fast 7500 Bergknappen als Lohnarbeiter beschäftigt. Kaufleute und Handelshäuser (wie die Fugger) stellten das für die Bergausbeute und die Verhüttung benötigte Kapital zur Verfügung und organisierten den Betrieb. Das gewonnene Silber wurde dann zur Vermarktung auf Edelmetallmärkte gebracht, unter denen Frankfurt eine zentrale Bedeutung hatte.

Das »Handwerk« war dadurch geprägt, dass der »Handwerker« Eigentümer von Werkstatt, Werkzeug und Material war. Im Jahr 1785 existierten z. B. in einer Stadt wie Potsdam 675 Handwerksmeister, die 651 Gesellen und 298 Burschen beschäftigten. Seit dem Mittelalter waren die Meisterbetriebe in Zünften, Gilden oder Innungen korporativ organisiert.

Äußere Zeichen der Zünfte waren nach mittelalterlicher Tradition unterschiedliche Wappen, Zunftzeichen und -kleidung. Nach innen waren sie streng reguliert: Die Größe der Betriebe und die Zahl der Beschäftigten war begrenzt, um zwischen den Zunftmitgliedern keinen Wettbewerb entstehen zu lassen. Die Korporationen regelten Löhne, Preise und Absatzmengen und sogar die Witwenversorgung. Selbst Produktionsmethoden und Rohstofflieferungen wurden vorgeschrieben, um die Qualität von Handwerksware zu sichern. Damit schützten sie zwar die Abnehmer der Waren, sie verhinderten aber gleichzeitig die Einführung neuer Produktionstechniken.

Von den 2,2 Millionen Gewerbetreibenden, die es um 1800 im deutschen Reich gab, gehörten zwei Drittel zum Handwerk. Die Hälfte davon arbeitete auf dem Land, viele davon außerhalb der Zunftbindung. Die Stärke der Zünfte rührte daher, dass sie ihren Mitgliedern mithilfe ihrer Regularien ein standesgemäß »gerechtes« Einkommen sicherten. Trotz der Versuche der Territorialfürsten, das Zunftmonopol einzuschränken, konnten die Zünfte ihre Privilegien behaupten.

Das »Verlagssystem« war dadurch gekennzeichnet, dass die Handwerker nicht mehr selbstständig waren: Zwar arbeiteten sie zumeist noch in eigener Werkstatt, aber Verleger besorgten die benötigten Rohstoffe und verkauften die damit erzeugten Produkte. Die Handwerker waren vom Verleger insofern abhängig, als dieser über besondere Kenntnisse bei der Rohstoffbeschaffung und den Absatzmöglichkeiten besaß. Ein Vorteil des Verlagssystems bestand darin, dass die Produktion in verschiedene Segmente aufgeteilt werden konnte (z. B. Spinnen, Weben, Färben), wodurch Kostenvorteile entstanden. Im alten Reich waren um 1800 im Verlagswesen rund 900 000 produzierende Handwerker tätig.

Demgegenüber stellte die »Manufaktur« einen örtlich zentralisierten Betrieb dar, in dem Lohnarbeiter manuell bestimmte Produkte anfertigten. Der Vorteil der Manufaktur gegenüber dem Verlagssystem bestand darin, dass die Produktion an einem Ort arbeitsteilig organisiert werden konnte, wodurch sich die Produktivität erheblich steigern ließ. Um 1800 gab es im alten Reich etwa 1000 Manufakturen mit gut 100 000 Beschäftigten. Durch die Mechanisierung, d. h. durch den Einsatz von Maschinen, entstanden aus den Manufakturen später häufig »Fabriken«.

Typische Manufakturprodukte waren Luxusgüter sowie teure Genussmittel für die Fürstenhöfe und die gesellschaftlichen Oberschichten. Als Gründer traten Kaufleute und Handwerker in Erscheinung, nicht selten auch der Staat. In der Regel beschränkte sich der Staat jedoch auf die Privilegierung und Förderung durch merkantilistische oder absatzfördernde Maßnahmen.

Exkurs

Ein besonders kurioses Beispiel für die Gründung einer solchen Manufaktur war die Erfindung des Porzellans, dessen Herstellung für die Welt außerhalb Chinas lange Zeit ein Geheimnis war. Im Barock des 18. Jh. war Porzellan ein Prestigeprodukt an den Fürstenhäusern. Auch August der

Starke von Sachsen war dem chinesischen Porzellan verfallen und ließ deshalb den Alchimisten Johann Friedrich Böttger nach Dresden holen. Dieser versuchte zunächst vergeblich, aus einfachen Metallen Gold herzustellen. 1706 gelang es ihm jedoch, ein rotes Feinsteinzeug herzustellen, das sog. Böttgersteinzeug, das bis heute ein Verkaufsschlager ist.

Zwei Jahre später (laut Laborprotokoll am 15. Januar 1708) gelang Böttger dann nach vielen Versuchen die Herstellung des »weißen Goldes«, indem er von der ursprünglichen Mischung aus Ton, Quarz und Feldspat den eisenhaltigen Ton durch reines Kaolin aus Schneeberg im Erzgebirge ersetzte. Auf der Basis dieser Erfindung gründete August der Starke Anfang 1710 die erste europäische Porzellanmanufaktur in Dresden, die heutige »Staatliche Porzellan-Manufaktur Meissen«. Das war der Auslöser für die Gründung einer Reihe von weiteren Porzellanmanufakturen.

Auch Friedrich der Große (1740–1786) kümmerte sich intensiv um die Ansiedlung und Förderung von Manufakturen. Mit seiner Instruktion vom 27. Juni 1740 wies er seinen Etatminister an, sich mit drei Aufgaben zu befassen: »1. Um die jetzigen Manufacturen im Lande zu verbessern, 2. die Manufacturen, so darin noch fehlen, einzuführen und 3. so viel Fremde von allerhand Conditionen, Charakter und Gattung in das Land zu ziehen, als sich nur immer tun lassen will.« In Manufakturen sah Friedrich eine innovative Art der Produktion, mit der die Herstellung von Luxusgütern und Textilien, Uniformen und Waffen für die Heere arbeitsteilig in großen Mengen und in einheitlicher Qualität möglich war.

Exkurs

Ein Beispiel für diese Art der Gewerbeförderung war die Gründung der Königlichen Porzellan-Manufaktur (»KPM«) im Jahr 1763:

Schon vor der Gründung der KPM hatte ein Berliner Kaufmann versucht, mit königlicher Förderung die Fertigung des weißen Goldes (Porzellan) in Berlin zu etablieren. Als ihm jedoch der Konkurs drohte, erwarb Friedrich der Große am 19. September 1763 das inzwischen gut aufgestellte Unternehmen zum Preis von 225 000 preußischen Reichstalern. Zum einen wollte er den angesehenen Berliner Kaufmann vor dem drohenden Bankrott retten, zum anderen war ihm daran gelegen, das junge Unternehmen, das ihm am Herzen lag, vor dem vorzeitigen Ende zu bewahren.

Der König übernahm das gesamte Personal von 146 Mitarbeitern und gab der Manufaktur ihren Namen und ihr Markenzeichen: das königliche Zepter aus dem kurfürstlich-brandenburgischen Wappen. Von nun an trug sie den Namen *Königliche Porzellan-Manufaktur Berlin* und wurde zum Musterbetrieb: Die Mitarbeiter hatten feste, geregelte Arbeitszeiten, erhielten ein überdurchschnittliches Einkommen, waren durch eine eigene Betriebskrankenkasse abgesichert und erwarben einen gesicherten Rentenanspruch. Bei der *Königlichen Porzellan-Manufaktur Berlin* gab es zudem keine Kinderarbeit. Auch für die Versorgung hinterbliebener Witwen und Waisen wurde Vorsorge getroffen.

In den folgenden Jahren wurden die Arbeitsabläufe in der Manufaktur rationalisiert und neue Techniken eingeführt. Zwanzig Jahre später waren dort 148 Manufakturisten und 49 Porzellanmaler für die Herstellung hochwertigen Porzellans beschäftigt. Friedrich der Große half auch beim Absatz der KPM-Produkte kräftig mit: So ordnete er an, dass die Berliner Juden bei ihrer Verheiratung von seiner Berliner Porzellan Manufaktur für eine bestimmte Summe Porzellan zu kaufen hatten, um auf diese Weise die sog. Ladenhüter loszuwerden.

Manufakturen und Fabriken

Die Manufakturen und Fabriken in Preußen gehörten entweder dem König oder standen unter königlicher Aufsicht. In Potsdam zum Beispiel war »die Fabrik- und Manufakturkommission« das Amt, dem alle Manufakturen und Fabriken der Stadt und Umgebung unterstanden. Die Kommission selbst stand unter der Aufsicht eines Steuerrats und unter der Direktion des fünften Departments des Generaldirektoriums; dazu gehörten auch ein Fabrikinspektor, der ein Mitglied des Magistrats war. Das Gremium tagte alle 14 Tage im Rathaus.

Der Fabrikinspektor untersuchte die Beschwerden der Manufakturiere, soweit sie ihr Geschäftswesen betrafen, und berichtete darüber an das fünfte Departement, das darüber entschied. Über das Wachstum und den Absatz der Fabriken hatte der Inspektor dem Departement anhand von Tabellen monatlich zu berichten.

Friedrich Nicolai führt in seiner Beschreibung von Potsdam für 1785 unter anderem folgende Manufakturen und Fabriken auf:

4 Bandmühlen: auf königliche Kosten angefertigt; gehören den Gebrüdern Scholz.

Baumwollene Zeuge: 35 Stühle; für Rechnung Thomas Hotho und Komp., früher Seehandelsgesellschaft; vom König drei Häuser geschenkt erhalten.

4 Kattunmanufakturen in Nowawes: Privileg 15 jüdischer und christlicher Kaufleute für 84 Stühle; Kleine sich selbst verlegende Textilmanufakturen mit 85,3 und 3 Stühlen.

Bierbrauereien: Königsbrauhaus, vom Königsbier können jährlich 4000 Tonnen in der Stadt abgesetzt werden; Stadtbier von den Stadtbrauern; schwedisches und englisches Bier; Bornstedter Brauerei des königlichen Großen Waisenhauses.

Blonden: Produktion halbseidener Spitzen; 35 Mädchen als Arbeiterinnen; Inhaber Moses Meyer.

Englische Bleistifte: Konzession für den Bildhauer Kromberg; Fabrik auf königliche Kosten erbaut; Kromberg hat in die benötigten Maschinen investiert.

Essigbrauerei: Inhaber Schulze.

Fayance: Inhaber Stukkaturer Sartori; 13 Arbeiter.

Gewehrfabrik: Private Eigentümer; 132 Arbeiter; Arbeitshäuser vom König errichtet.

Hüte: Eigentümer Peter Franz Bock; Fabrikgebäude vom König geschenkt; 8 Arbeiter.

Leder: Eigentümer Bankier Itzig in Berlin; 3 Lohmühlen; Manufaktur mit 28 Arbeitern plus Tagelöhner; Lohgerber mit 18 Arbeitern plus Tagelöhner; Weißgerber mit 18 Arbeitern.

Leinenmanufakturen: Insgesamt fünf Unternehmen: Leinwand mit 32 Stühlen und Regimentslieferung; Broderie mit 130 Mädchen im Waisenhaus; Blonden mit 230 Mädchen; Leinen Tripp mit 3 Stühlen für Regimentslieferung; Leinenwebergewerk mit 47 Stühlen.

Metall: Gold- und Silberdrahtzieherei mit 1 Meister und 8 Knaben im Waisenhaus; Nähnadelfabrik mit 5 Arbeitern.

Seidene Waren: Samt- und Seidenmanufaktur: 1730 von David Hirsch in diversen vom König geschenkten Häusern angelegt; zahlreiche Seidenfabrikanten, die eine feste Vergütung für die produzierten Waren erhielten, die unter Aufsicht des Fabrikinspektors auf dem Potsdamschen Seidenwaage-Bureau ermittelt wurde. Die dazu erforderlichen Maulbeerpflanzungen sind von Friedrich II. außerordentlich vermehrt worden.

Tapeten: Privater Eigentümer; Fabrik in dem dazu geschenkten Jagdschloss Glienecke mit 24 Arbeitern.

Vor den Toren von Potsdam gab es nach dem Bericht von Nicolai folgende Werke:

Sperrenberg: Gipssteinbruch mit vier Arbeitern; unter der Aufsicht der königlichen Bergwerks- und Hüttenadministration.

Gottow: Wassergetriebenes Eisenhüttenwerk an zwei Standorten (Ernährer von 156 Personen) unter Aufsicht der königlichen Bergwerks- und Hüttenadministration.

Schöneiche: Wachsbleiche.

Rüdersdorf: Kalksteinwerk mit Kalksteinbrüchen, vier Brennöfen und Wasseranschluss; 350 Mitarbeiter; betrieben unter Aufsicht des Bergamtes auf königliche Rechnung.

Freienwalde: Alaunbergwerk nebst Alaunhütte im Eigentum des Potsdam'schen Militärwaisenhauses.

Neustadt Eberswalde: 1. Eisen- und Stahlwaren, besonders Messer und Scherenfabrik; 2. Den dazugehörigen Zainhammer, um altes Eisen zu recykeln; 3. Große Holländische Papiermühle; 4. Verpachtetes königliches Messingwerk; 5. Königliches Eisenhammerwerk; 6. Verpachteter königlicher Kupferhammer; 7. Zwei private Eisendrahthütten, betrieben von der königlichen Bergwerks- und Hüttenadministration.

Zehdenick: königliches Eisenhüttenwerk zur Herstellung von Gusswaren (Bomben, Granaten, Töpfe, Pfannen etc.).

Die Grundlage für die spätere Industrialisierung in Deutschland waren insbesondere Gewerbelandschaften, die schon im 18. Jahrhundert entstanden, weil sie dafür geeignet waren: So benötigte das Eisen verarbeitende Gewerbe die Nähe zu Erz und Holz, wie sie im Vogtland oder Erzgebirge anzutreffen waren. Im Eichsfeld oder im Siegerland wuchs das textile Heimgewerbe, weil es dort den Zugang zu den benötigten Rohstoffen und ausreichend Arbeitskräfte gab. Die ersten gewerblichen Großbetriebe im Bergbau und Hüttenwesen entstanden dort, wo Silber und Kupfer gewonnen werden konnten. Einer besonderen staatlichen Gewerbeförderung bedurfte es bei diesen Betrieben nicht.

Außenhandelspolitik

Neben der Agrar-, Bevölkerungs- und Gewerbepolitik spielte die Außenwirtschaftspolitik für den Merkantilismus eine zentrale Rolle. Auch hier ging es darum, den Reichtum des eigenen Landes zu vermehren.

Als Mittel dienten vor allem Zölle und Handelsembargos, mit denen Handelsströme gesteuert und Einnahmen erzielt werden konnten. Das Ziel solcher Maßnahmen bestand darin, die Einfuhren niedrig zu halten, indem die Rohstoffe im Lande blieben oder preiswert eingeführt wurden. Bei den Fertigwaren war es genau umgekehrt: Die Ausfuhren sollten gesteigert werden, um Geld in die königliche Kasse zu spülen. Eine solche Außenhandelspolitik war jedoch nicht ungefährlich, weil man mit Gegenmaßnahmen rechnen musste und aus Handelssperren sowie Schutzzöllen nicht selten Handelskriege entstanden.

Gleichzeitig waren Zölle für die absoluten Staaten der wichtigste Einnahmeposten: Überall im Deutschen Reich standen Zollhäuser an Straßen und Flüssen, um Straßen-, Durchgangs- oder Brückenzoll zu erheben. Ende des 18. Jahrhunderts gab es in Mitteleuropa um die 1800 Zollschranken, die den Handelsverkehr zwischen den Staaten regulierten. Allein Preußen kannte 67 lokale Zolltarife und ebenso viele Zollgrenzen. Schon daran lässt sich ermessen, welche Bedeutung das Zollwesen für die merkantilistische Wirtschafts- und Finanzpolitik hatte.

Zur kameralistischen Außenhandelspolitik gehörten auch »ungleiche Handelsverträge« und die Gründung von Handelskompanien: So schloss Preußen 1775 einen Handelsvertrag mit Polen, der Polen einseitig zum Absatzmarkt für preußische Produkte machte. Mit der vom Großen Kurfürsten gegründeten *Brandenburgisch-Afrikanischen Handelskompanie* (1682) wollte sich Preußen in überseeischen Ländern Rohstoffquellen erschließen. Im Ergebnis diente diese Gesellschaft aber nur dem Prestigegewinn, sodass Friedrich Wilhelm I. sie 1717 an die Niederlande verkaufte.

Für Friedrich den Großen war der Ausbau der Wasserstraßen in Preußen ein vorrangiges Anliegen, auch um den Außenhandel anzukurbeln und störende Zölle anderer Staaten zu umgehen. Gleichzeitig sollte damit der Binnen- und Zwischenhandel mit Massengütern wie Getreide, Holz etc. erleichtert werden. Dem Ausbau der Straßen schenkte Friedrich der Große demgegenüber keine große Aufmerksamkeit, sodass Preußen bis ins 19. Jahrhundert kaum Fernstraßen besaß, was für die industrielle Entwicklung des Landes einen großen Nachteil bedeutete.

Bilanz des Merkantilismus

Die Ergebnisse der kameralistischen Wirtschaftspolitik waren zwiespältig, wie sich am Beispiel Preußen zeigte: Im Bereich des Landesausbaus, der Kolonisation und des Kanalbaus waren beachtliche Erfolge zu vermelden. Auch im Agrarsektor gab es bei der Bodenbewirtschaftung Fortschritte. Die feudalen Verhältnisse (Erbhörigkeit, Erbuntertänigkeit und Leibeigenschaft) wurden jedoch erst 1807 durch Erlass des Königs im Zuge der Preußischen Reformen (Oktoberedikt) mit Wirkung zum Martinstag 1810 endgültig abgeschafft.

So ähnlich sah es auch bei der Gewerbeförderung aus: Die Ansiedlung von Glaubensflüchtlingen in Preußen war eine Bereicherung für die handwerkliche/gewerbliche Entwicklung des Landes. Es gab auch Erfolge bei der Ansiedlung von Manufakturen, entscheidende Impulse für die Mechanisierung und Industrialisierung gingen von ihnen aber nicht aus. Das zunftgebundene Handwerk blieb weiterhin das Rückgrat der gewerblichen Wirtschaft.

Deutschland war um 1800 ein agrarisch geprägtes Land. Dem Merkantilismus gelang es nicht, die im Dreißigjährigen Krieg vernichteten Gewerbebetriebe durch Ansiedlung neuer Betriebe zu ersetzen. Das Beispiel Augsburg, wo von den 3024 im Jahr 1612 tätigen Webmeister im Jahr 1720 nur noch 468 existierten, lässt sich auf viele Städte übertragen. Trotz einiger Highlights, die die Merkantilisten setzen konnten, verharrte die Gesamtwirtschaft in einem Zustand der Stagnation.

Der eigentliche Erfolg des Merkantilismus lag woanders: Die mit der Wirtschaft befassten Beamten an den Fürstenhöfen hatten sich im Staatsdienst viel Wissen über die wirtschaftlichen Zusammenhänge angeeignet und dabei auch die Rückständigkeit der deutschen Wirtschaft gegenüber der englischen und französischen Wirtschaft kennengelernt. Zudem waren sie mit den Lehren des schottischen Ökonomen Adam Smith in Berührung gekommen, der den Merkantilismus ablehnte und den rückständigen Staaten stattdessen die Marktwirtschaft empfahl. Dadurch wuchs bei der leitenden preußischen Beamtenschaft die Bereitschaft, Preußen und Deutschland mit »Reformen von oben« zu modernisieren.

Adam Smith

Der in Schottland aufgewachsene und als Professor der Moralphilosophie tätige Adam Smith (1723–1790) war ein entschiedener Gegner des »Merkantilismus«. Mit seinem 1776 erschienenen Hauptwerk *Der Wohlstand der Nationen* schuf er die Grundlagen für eine liberale Wirtschaftsordnung. Diese Schrift hatte eine ähnliche Wirkung wie im 19. Jahrhundert das »Kapital« von Karl Marx. Für die Wirtschaftswissenschaft wurde Adam Smith dadurch zum »Vater der klassischen Nationalökonomie«.

In der Zeit des Merkantilismus, als die europäischen Regierungen das Wirtschaftsgeschehen mit Privilegien und Subventionen, Gewerbeordnungen und Zöllen lenkten, um die Staatskassen zu füllen, verkündete Adam Smith, dass eine freie Wettbewerbswirtschaft sowohl dem privaten Interesse als auch dem öffentlichen Nutzen am besten diente.

Diese revolutionäre Lehre begründete Smith damit, dass der Wohlstand eines Landes vor allem von dem Grad der Arbeitsteilung in der Wirtschaft abhängt. Diesen Kernsatz seines Denkens illustrierte er am Beispiel der Stecknadelproduktion: Ein einzelner Handwerker könnte am Tag nicht einmal 20 Nadeln herstellen. Denn bis zu 28 Arbeitsgänge wären notwendig, um ein einziges Exemplar zu fertigen. So müsste der Draht zugeschnitten, der Kopf geschmiedet und aufgesetzt werden usw. usw.

Demgegenüber verteilten sich die einzelnen Arbeitsschritte bei der modernen Fabrikation auf viele Stationen, wodurch sich die Produktion enorm beschleunigte: Je weniger Handgriffe der Arbeiter beherrschen musste, desto geschickter und schneller konnte er sie ausführen. Dadurch erhöhte sich der tägliche Ausstoß pro Mann auf mehrere Tausend Nadeln, was die in England bereits beginnende Industrialisierung eindrucksvoll bestätigte.

Adam Smith fügte dieser Beobachtung eine volkswirtschaftliche Überlegung hinzu: In einer arbeitsteiligen Wirtschaft wären die Menschen nicht mehr in der Lage, sich mit allen Gütern selbst zu versorgen. Um etwa an Lebensmittel zu kommen, bräuchten sie die Hilfe des Metzgers, Brauers und Bäckers usw., die aber ihre Waren nicht als wohltätige Spenden verteilten, sondern damit Geld verdienen wollten, um damit wiederum die Produkte anderer Spezialisten zu erwerben. Indem sie persönlichen Gewinn anstrebten, befriedigten die Produzenten mithin die Nachfrage der Konsumenten nach ihren Waren.

Und deshalb, so konstatierte Smith, diente der wirtschaftliche Eigennutz des Individuums dem Wohle aller. Als Kind der Aufklärung glaubte Adam Smith ohnehin, dass das auf den eigenen Vorteil bedachte Selbstinteresse prinzipiell sinnvoll und gut ist. Diesen allgemeinen Gedanken übertrug er auf die Ökonomie und schrieb:

»Nicht vom Wohlwollen des Metzgers, Brauers und Bäckers erwarten wir das, was wir zum Essen brauchen, sondern davon, dass sie ihre eigenen Interessen wahrnehmen. Wir wenden uns nicht an ihre Menschen-, sondern an ihre Eigenliebe.«

Allerdings würde der Bäcker sein Brot nicht zu jedem Preis verkaufen, sondern zumindest die Deckung seiner Produktionskosten und einen angemessenen Profit verlangen, was Smith den »natürlichen Preis« nannte. Der Marktpreis, also der tatsächlich erzielte Erlös, konnte jedoch, so Smith, von diesem natürlichen Preis abweichen. Wäre er niedriger, weil das Angebot größer ist als die Nachfrage, erwirtschaftete der Hersteller zu wenig Gewinn oder nicht einmal seine Kosten. Er würde sein Angebot also einschränken. Wäre der Marktpreis höher, weil das Erzeugnis von vielen benötigt oder gewünscht wird, kämen andere Produzenten dazu, das Angebot würde erweitert und der Preis fallen.

Die ökonomischen Gesetze des Produzierens, Verkaufens und Kaufens sorgten also dafür, dass das Warenangebot und die Nachfrage in ein Gleichgewicht kämen. Adam Smith erkannte darin ein allgemeines Gesetz der Marktwirtschaft, die berühmte »unsichtbare Hand«, aufgrund deren die unzähligen, auf sich selbst bezogenen Aktivitäten, die das Wirtschaftsgeschehen in Gang halten, nicht ins Chaos führen, sondern der vom Schöpfer gewollten »natürlichen« Ordnung entsprechen. Wer gegen sie verstößt, wer zum Beispiel mehr Bier auf den Markt bringt, als tatsächlich verlangt wird, wird dafür mit sinkenden Preisen bestraft und macht schlimmstenfalls Bankrott (Ulrich van Suntum).

Für Smith war der »Eigennutz« der Motor des wirtschaftlichen Fortschritts: Der Einzelne werde immer versuchen, sein Kapital so gewinnbringend wie möglich einzusetzen, und zwar aus ganz egoistischen Motiven. Aber gerade deshalb werde er es »notwendigerweise« dort investieren, wo es dem ganzen Land am meisten nutzt. Deshalb sollten die Menschen vom Staat so wenig wie möglich an ihrer Entfaltung gehindert werden.

Smith erkannte aber auch früh die sozialen Folgen, die mit der rasanten Industrialisierung der Wirtschaft in England verbunden waren. Nie zuvor hatte sich in so kurzer Zeit so viel geändert. Nie zuvor hatte es ein Wirtschaftssystem gegeben, das annähernd so dynamisch war wie der entstehende Kapitalismus – mit dramatischen Konsequenzen besonders für die Besitzlosen und Unterprivilegierten. Um 1760 lebten in England 7 Millionen Einwohner, von denen viele praktisch nichts besaßen. Bis zu 1,5 Millionen Menschen hatten nicht einmal Arbeit. Die durchschnittliche Lebenserwartung betrug nur 35 Jahre.

Für Merkantilisten war das kein Problem. Unbekümmert predigten sie, dass die Löhne gar nicht niedrig genug sein könnten. Denn gute Bezahlung führe zu Müßiggang und verteuere die Exporte. Adam Smith jedoch beklagte:

»Der bedauernswerte Arbeiter, der gewissermaßen das ganze Gebäude der menschlichen Gesellschaft auf seinen Schultern trägt, steht in der untersten Schicht dieser Gesellschaft. Er wird von ihrer ganzen Last erdrückt und versinkt gleichsam in den Boden, sodass man ihn auf der Oberfläche gar nicht wahrnimmt.«

Deshalb befürwortete Adam Smith die Bestrebungen der Arbeiter, sich zu »Koalitionen« (Gewerkschaften) zusammenzuschließen. Ebenso setzte er sich dafür ein, Minderbemittelten niedrigere Steuern aufzuerlegen. Letztlich war er aber davon überzeugt, dass es sich bei dem verbreiteten Elend nur um ein Übergangsproblem handelte, das verschwinden würde, wenn die Marktwirtschaft ihre Kräfte entfesselte.

Industrialisierung in England

Die Industrialisierung begann in England schon um 1760. Damit verschwand der Merkantilismus und wurde durch den Wirtschaftsliberalismus abgelöst. Das war kein Zufall, sondern hatte Gründe:

England war das erste Land, in dem der britische Adel mit der »Magna Charta Libertatum« aus dem Jahr 1215 gegenüber dem König die Garantie seiner Lehnsrechte durchsetzen konnte. Diese Schrift enthielt bereits den wegweisenden Gedanken, dass Gerechtigkeit auf der Gesetzestreue aller, auch des Königs, beruhe. Die Magna Charta bildete so die Grundlage für die späteren Verfassungen und für den wachsenden Einfluss des Parlaments gegenüber dem König.

Seit der »Glorious Revolution« (1688) war England bereits eine konstitutionelle Monarchie, während es den kontinentalen Fürsten gelang, alle Macht des Staates in ihrer Hand zu vereinigen, indem sie die Standesparlamente nur noch selten einberiefen und ihre überlieferten Rechte missachteten (Zeit des Absolutismus). In England führte diese Auseinandersetzung zwischen Krone und Parlament zum Bürgerkrieg und der Hinrichtung des Königs Karl I. Zu seinem Nachfolger bestimmte das Parlament Wilhelm III. von Oranien, der aber erst zum König ausgerufen wurde, als er 1689 die »Bill of Rights« akzeptierte, in der die Rechte des Parlaments festgeschrieben waren. England wurde dadurch der erste moderne Staat mit einer verfassungsmäßigen und liberalen Gesetzgebung.

Im Vergleich zum Kontinent waren in England auch das ständische Denken und die gesellschaftlichen Schranken zwischen Adel und Bürgertum weniger streng. Schon im 17. Jahrhundert verband sich die begüterte Kaufmannsschicht durch Heirat oder Erwerb von Landgütern mit dem Landadel (Gentry) oder wurde in den Adelsstand erhoben. Zudem mussten große Teile des Adels ihren Lebensunterhalt durch Arbeit bestreiten, weil nur der Erstgeborene Titel und Land erbte. Auch bei gewerblichen Tätigkeiten gab es für den englischen Adel keine Standesschranken.

Zünfte spielten in Großbritannien schon im 17. Jahrhundert keine große Rolle mehr. Jeder konnte ein Gewerbe eröffnen und betreiben. Auch der Arbeitsmarkt war nicht reguliert, sodass es viele billige Arbeitskräfte gab. Zudem war das britische Territorium ein relativ einheitlicher Wirtschaftsraum ohne störende Zoll- und Landesgrenzen. Hinzu kamen die Vorteile einer kostengünstigen Verkehrsinfrastruktur, wie die Küstenschifffahrt, begradigte Wasserläufe und gepflasterte Fernstraßen. Als führende Seemacht verfügte Großbritannien in den Kolonien auch über günstige Rohstoffe und lukrative Exportmärkte (Richard Tilly).

Auf dieser Grundlage entstanden bereits im 16. und 17. Jahrhundert Betriebe für den Buchdruck, die Papierherstellung, die Glas- und Kupferverarbeitung. Im 18. Jahrhundert kamen Industrien wie der Schiffbau, die Eisenverhüttung und die Herstellung von Wollstoffen hinzu. Die arbeitsteilige Produktionsweise war in England schon verbreitet, als Adam Smith in seinem Hauptwerk die Vorteile der Arbeitsteilung beschrieb.

Im 18. Jahrhundert war England nicht nur die führende und mächtigste Wirtschaftsnation Europas. Hier begann um 1760 auch die »Industrielle Revolution«. Den wichtigsten Anstoß dazu lieferte eine Reihe von technischen Erneuerungen:

Die Erfindung der »Spinning Jenny« (1764) steigerte die Produktion in der Baumwoll- und Textilindustrie. Erfinder war der Baumwollweber James Hargreaves (1721–1778) aus Lancashire: Sein erstes Exemplar aus dem Jahre 1764 hatte bereits acht Spindeln, einige Jahre später waren Maschinen mit bis zu 100 Spindeln in Gebrauch.

Im Jahre 1765 konstruierte der Brite James Watt die erste leistungsfähige Dampfmaschine und meldete seine Arbeit im Jahre 1769 zum Patent an. Diese Erfindung machte die Menschheit zum ersten Mal unabhängig von den Kräften der Natur (Wind, Wasser, Tiere). Schon bald wurden Dampfmaschinen als Antrieb für das Gebläse an Hochöfen und zur Entwässerung von Kohlegruben eingesetzt. Dampfmaschinen trieben Säge- und Getreidemühlen an und dienten als Antrieb für die Maschinen in Garn- und Stofffabriken. Als Wahrzeichen der »Industriellen Revolution« wurde die Dampfmaschine der Universalmotor für die Industrialisierung, der überall und unabhängig vom Lauf der Flüsse als Antrieb dienen konnte.

Den größten Nutzen aus dieser technischen Erfindung zog die englische Textilindustrie. Um 1770 hatte der Perückenmacher Richard Arkwright aus Mittelengland die »erste Fabrik« errichtet, eine noch mit Wasserkraft angetriebene maschinelle Baumwollspinnerei. Jetzt konnten solche Fabriken mithilfe der Dampfmaschine überall in Großbritannien gebaut werden, was eine wirtschaftliche Dynamik entfesselte, die das Land radikal verändern sollte. Nur zwei Jahrzehnte später arbeiteten in

England bereits Hundertausende Menschen in 200 Fabriken an solchen Maschinen und jeder von ihnen stellte 30-mal so viel Garn her wie ein Handwerker der alten Zeit.

Die neuen Maschinen und Fabriken veränderten nicht nur den Produktionsprozess, sondern auch die menschliche Arbeit. Aus Handwerkern, die Einzelstücke herstellten, wurden Fabrikarbeiter, die in einem arbeitsteiligen Prozess nur noch gleichförmige Arbeiten erledigten. Im Mittelpunkt der Produktion stand jetzt die Maschine und unterwarf den Arbeiter ihrem Takt. Doch gleichzeitig stiegen sowohl die Leistung des Einzelnen als auch die Qualität der hergestellten Güter in nie da gewesener Weise. Aus dem früher handgemachtem Einzelstück wurde Massenware, die sich plötzlich viele leisten konnten.

Die Industrielle Revolution schaffte auch einen neuen Typ von Unternehmern. Im Unterschied zum herkömmlichen Handwerksmeister, der in traditioneller Arbeitsweise Einzelstücke herstellte, produzierte der »Fabrikant« mithilfe moderner Maschinen und neuer Verfahren qualitativ gute Massenware. Das führte einerseits zur Verdrängung vieler kleiner und unrentabler Konkurrenten, andererseits verbesserte sich dadurch der allgemeine Lebensstandard. Der Ökonom Joseph Alois Schumpeter hat diesen durch »dynamische Unternehmer« ausgelösten Prozess später als »schöpferische Zerstörung« beschrieben.

Maschinenstürmer

England war auch das erste Land, das in Europa mit der »Sozialen Frage« konfrontiert wurde. Die Industrialisierung hatte eine Verstädterung der Bevölkerung zur Folge, weil sich die neu entstandenen Fabriken in den Städten konzentrierten. Zudem erzeugte die industrielle Produktion einen ständig wachsenden Anteil an Lohnarbeitern in der Gesellschaft. Die Arbeiter kamen entweder aus der Schicht der landlosen Bauern oder aus Handwerksbetrieben, die der billigeren industriellen Konkurrenz zum Opfer gefallen waren. Massenarbeitslosigkeit und Massenarmut waren die Folge. Kinder- und Frauenarbeit in den Fabriken und Bergwerken war üblich und wurde erst 1833 endgültig verboten.

Die Lage der Lohnarbeiter verschlechterte sich weiter, als Napoleon im Krieg gegen Großbritannien mithilfe der »Kontinentalsperre« die meisten europäischen Häfen für den Handel mit England blockierte.

Davon betroffen waren sowohl der britische Export von Textilien und anderen Waren als auch der Import von Rohstoffen und Lebensmitteln. Daraufhin sanken die Aufträge und die Gewinne in der mittelenglischen Textilindustrie um mehr als 80 Prozent.

Um die Herstellungskosten der Produkte zu senken, kürzten daraufhin einige Manufakturbesitzer die Löhne ihrer Handarbeiter. Außerdem schafften sie Strick- und Webmaschinen an, die auch von ungelernten Arbeitern bedient werden konnten. Infolgedessen verloren die ausgebildeten Stricker und Weber ihren Arbeitsplatz und verarmten. In der Stadt Nottingham lebte die Hälfte der Einwohner 1811 von der Armenfürsorge. Die Schuldigen für ihre verzweifelte Lage waren für sie die Fabrikanten mit ihren neuartigen Maschinen.

Die Arbeiter reagierten darauf mit einem »Aufstand gegen die Maschinen«. Im Jahr 1811 stürmten Weber und Handwerker aus Mittelengland Fabriken und Manufakturen, um gegen sinkende Erlöse und Entlassungen zu protestieren. Sie waren mit Sicheln und Äxten bewaffnet und zerstörten die Wirk- und Webmaschinen. Die Rebellen nannten sich »Ludditen«.

Die Regierung schickte mehr als 14 000 Soldaten nach Mittelengland, um die sich ausbreitenden Aufstände niederzuschlagen. Englische Parlamentarier befürchteten sogar eine landesweite Verschwörung und manche meinten, eine Revolution könne ausbrechen – wie in Frankreich 1789. Schließlich verabschiedete das Parlament 1812 den »Frame Breaking Act«, der für Maschinenstürmer die Todesstrafe vorsah. Dadurch ebbte der Aufruhr ab. Als dann nach Aufhebung der Kontinentalsperre 1815 auch die Löhne wieder stiegen und die Lebensmittelpreise sanken, schwand der Kampfgeist der Ludditen endgültig.

Kapitel 2

Preußische Reformen

Die Französische Revolution von 1789 und der militärische Zusammenstoß zwischen dem neuen Frankreich und den europäischen Mächten führten zu einer völligen Umgestaltung der territorialen und politischen Verhältnisse in Deutschland. In der Auseinandersetzung mit Napoleon wurde deutlich, dass die staatlichen, gesellschaftlichen und wirtschaftlichen Strukturen in Deutschland veraltet waren und geändert werden mussten. So kam es in der napoleonischen Zeit zunächst in den Rheinbundstaaten und dann auch in Preußen zu inneren Reformen, die vom französischen Vorbild beeinflusst waren und die Modernisierung der deutschen Wirtschaft vorbereiteten.

Französische Revolution

Die Französische Revolution begann am 5. Mai 1789 in der französischen Ständeversammlung, die von König Ludwig XVI. (1754–1793) einberufen worden war, um die zur Abwendung eines Staatsbankrotts erforderlichen Steuererhöhungen zu beschließen. Die Abgeordneten des dritten Standes (Vertreter der Bürger, Handwerker und Bauern) widersetzten sich jedoch dem Ansinnen des Königs und erklärten die Ständeversammlung zur »Verfassungsgebenden Nationalversammlung«.

Das war zunächst ein Staatsstreich. Doch innerhalb von wenigen Tagen stellte sich die Bevölkerung offen hinter den Beschluss der Nationalversammlung, weil sie sich davon eine Verbesserung ihrer Lebensverhältnisse versprach, die seit Jahrzehnten in einen immer extremeren Gegensatz zum Lebenswandel des Hofstaats in Versailles geraten waren. Damit begann die Revolution.

Als erste Reaktion auf diese Unruhen verzichteten die ersten beiden Stände in der Nationalversammlung auf ihre Vorrechte. Als Ludwig XVI. nicht bereit war, eine solche »Beraubung« seines »Klerus und Adels« zuzulassen, bestätigte die Nationalversammlung den Verzicht mit dem Gesetz vom 11. August 1789:

»Art. 1: Die Nationalversammlung vernichtet das Feudalwesen völlig. Sie dekretiert, dass von den Feudal- wie Grundzinsrechten und -pflichten sowohl jene, die sich aus unveräußerlichem Besitz an Sachen und Menschen und aus persönlicher Leibeigenschaft herleiten, als auch jene, die an ihre Stelle getreten sind, entschädigungslos aufgehoben werden; alle übrigen Lasten werden für ablösbar erklärt ...«

»Art. 11: Alle Bürger sollen, ohne Unterschied ihrer Geburt, freien Zugang zu allen kirchlichen, zivilen und militärischen Ämtern und Würden haben; niemand, der einem Erwerbsberuf nachgeht, soll dadurch seines Adelsprädikates verlustig gehen.«

Als Ludwig XVI. auch diesem Gesetz seine Zustimmung verweigerte, verabschiedete die Nationalversammlung am 26. August 1789 zur Klarstellung der Machtverhältnisse die folgende »Erklärung der Menschen- und Bürgerrechte«:

»Art. 1: Die Menschen sind und bleiben von Geburt frei und gleich an Rechten. Soziale Unterschiede dürfen nur im gemeinen Nutzen begründet sein.

Art. 2: Das Ziel jeder politischen Vereinigung ist die Erhaltung der natürlichen und unveräußerlichen Menschenrechte. Diese Rechte sind Freiheit, Eigentum, Sicherheit und Widerstand gegen Unterdrückung.

Art. 3: Der Ursprung jeder Souveränität ruht letztlich in der Nation. Keine Körperschaften, kein Individuum können eine Gewalt ausüben, die nicht ausdrücklich von ihr ausgeht.

Art. 4: Die Freiheit besteht darin, alles tun zu können, was einem anderen nicht schadet ...

Art. 5: Nur das Gesetz hat das Recht, Handlungen, die der Gesellschaft schädlich sind, zu verbieten ...

Art. 11: Die freie Mitteilung der Gedanken und Meinungen ist eines der kostbarsten Menschenrechte. Jeder Bürger kann also frei schreiben, reden und drucken unter Vorbehalt der Verantwortlichkeit für den Missbrauch dieser Freiheit in den durch das Gesetz bestimmten Fällen.

Art. 17: Da das Eigentum ein unverletzliches und heiliges Recht ist, kann es niemandem genommen werden, wenn es nicht die gesetzlich festgelegte, öffentliche Notwendigkeit augenscheinlich erfordert und unter der Bedingung einer gerechten und vorherigen Entschädigung.«

Diese Erklärung, die dem amerikanischen Vorbild nachgebildet war, stellte einen revolutionären Neuanfang dar. Ihr lag die Vorstellung zugrunde, dass alle Menschen nicht verliehene, sondern unveränderliche »natürliche Rechte« besitzen und die staatliche Herrschaft nicht auf göttlichem Ursprung beruht, sondern auf einem von freien und gleichen Menschen geschlossenen »Gesellschaftsvertrag«.

Ebenso revolutionär war die Abschaffung der Staats- und Zunftmonopole durch die Nationalversammlung. Mit dem Gesetz Le Chapelier vom 14. Juni 1791 – benannt nach dem Antragsteller – wurden Zünfte oder vergleichbare Korporationen sowie deren Marktabsprachen verboten und die Gewerbefreiheit hergestellt:

»Art. 1: Die Abschaffung aller Korporationen von Bürgern gleichen Standes und Berufes ist eine der wesentlichen Grundlagen der französischen Verfassung; es ist daher verboten, sie de facto, unter welchem Vorwand, in welcher Form auch immer, wieder zu begründen.

Art. 2: Die Bürger, die dem gleichen Stand oder Beruf angehören – Unternehmer, Ladenbesitzer, Handwerker – dürfen, wenn sie sich versammeln, weder einen Präsidenten noch Sekretäre noch Syndikusse bestimmen, Listen führen, Beschlüsse fassen oder Statuten hinsichtlich ihrer angeblichen gemeinsamen Interessen ausarbeiten.

Art. 4: Wenn gegen den Geist der Freiheit und der Verfassung Bürger des gleichen Berufes, Handwerkes oder Gewerbes Beschlüsse fassen bzw. untereinander Absprachen treffen mit dem Ziel, den Beitrag ihres Gewerbefleißes oder ihrer Arbeit einhellig zu verweigern oder nur zu einem abgesprochenen Preis zu liefern, so werden solche Beschlüsse und Abmachungen … für verfassungswidrig, gegen die Freiheit und die Erklärung der Menschenrechte verstoßend und damit für null und nichtig erklärt …«

Als diese revolutionären Beschlüsse in Deutschland bekannt wurden, lösten sie gegensätzliche Reaktionen aus: Der Adel und konservative Kreise waren entsetzt und forderten, dem französischen König bei seinem Widerstand gegen die Revolution zu helfen. Demgegenüber hofften die Repräsentanten der deutschen Aufklärung, dass mit der französischen Revolution die Idee der Freiheit auch auf Deutschland überspringen würde. Doch für einen politischen Umsturz wie in Frankreich fehlten in Deutschland sowohl die politischen als auch die gesellschaftlichen Voraussetzungen.

Während in der französischen Ständeversammlung auch der dritte Stand vertreten war, setzte sich der Reichstag des Deutschen Reiches aus den Reichsfürsten sowie den Vertretern der Reichsstädte zusammen, die von den alten Zuständen profitierten. In Frankreich waren es die Bürger, Handwerker und Bauern, also der dritte Stand in der Ständeversammlung, der die Revolution auslöste und das Volk mitnehmen konnte. Eine vergleichbare politische Kraft gab es in Deutschland nicht. Vielmehr galten Preußen und Österreich bei vielen Bürgerlichen in Deutschland schon deshalb als fortschrittliche Länder, weil der Preußenkönig Friedrich II. und der Habsburger Joseph II. erste reformerische Schritte auf den Weg gebracht hatten. Für Reformen wie in Frankreich bedurfte es deshalb äußerer Ereignisse wie die kriegerischen Auseinandersetzungen mit Frankreich in den Jahren 1792 bis 1802.

Revolutionskriege

Die Revolutionskriege begannen mit der zwischen Österreich und Preußen 1791 vereinbarten Militärkonvention, die gegen das revolutionäre Frankreich gerichtet war und der französischen Volksvertretung als Vorwand diente, um Österreich im April 1792 den Krieg zu erklären.

Am 20. September 1792 trafen daraufhin das französische Revolutionsheer und die österreichisch-preußische Interventionsarmee unter dem Oberbefehl des Herzogs von Braunschweig bei Valmy aufeinander. Nach einem ergebnislosen Artillerieduell brach der Herzog das Gefecht ab und gab den Befehl zum Rückzug. Dieser überraschende Sieg der französischen Revolutionsarmee animierte den Nationalkonvent in Paris zu folgendem Dekret:

»Der Nationalkonvent erklärt im Namen der französischen Nation, dass er allen Völkern, die ihre Freiheit wiedererlangen wollen, Unterstützung und Brüderschaft bewilligt, und beauftragt die vollziehende Gewalt, den Generälen die notwendigen Befehle zu geben, um diesen Völkern Hilfe zu bringen und diejenigen Bürger zu schützen, die für die Sache der Freiheit misshandelt worden sind oder noch werden sollten.«

Hierzu verbreitete die Revolutionsarmee die passenden Worte: *»Krieg den Palästen, Frieden den Hütten.«* Wolfgang von Goethe, der die Kanonade von Valmy im Gefolge des Herzogs von Weimar miterlebte, erahnte die historische Bedeutung dieses Tages, als er zu seiner Umgebung sagte: *»Von hier und heute geht eine neue Epoche der Weltgeschichte aus, und Ihr könnt sagen, Ihr seid dabei gewesen.«*

Im Jahr 1793 bildete sich unter dem Eindruck der Hinrichtung von Ludwig XVI. durch die Revolutionäre erneut eine europäische Koalition gegen Frankreich. Den französischen Revolutionsführern gelang es jedoch, mit einem militärischen Massenaufgebot (»Levée en masse«) das Volk für den Verteidigungskrieg zu mobilisieren und 1793/1794 die linksrheinischen Reichsgebiete zu erobern.

Als Napoleon diese Gebiete 1801 annektierte, wurden auch dort die »revolutionären Errungenschaften« Frankreichs eingeführt: Der Adel verlor seine Privilegien. Die Bauern wurden von den Abgabepflichten gegenüber den Grundherren befreit. Der Zunftzwang wurde abgeschafft und die Gewerbefreiheit eingeführt. Münzen, Maße und Gewichte wurden auf das Dezimalsystem umgestellt. Die Verwaltung wurde zentralisiert und alle Verfahren wurden beschleunigt. Beim Militär wurde die Züchtigung verboten. Die Bevölkerung in den linksrheinischen Reichsgebieten begrüßte dies alles dankbar – bis auf den Zwang, zukünftig für Napoleon in den Krieg ziehen zu müssen.

Reichsdeputationshauptschluss

Den linksrheinischen Fürsten und Reichsständen, die ihre Hoheits- und Eigentumsrechte verloren hatten, versprach Napoleon, sie mit dem Vermögen der geistlichen Reichsstände im Deutschen Reich zu entschädigen. Mit der Aufstellung eines Entschädigungsplanes beauftragte der Reichstag einen außerordentlichen Ausschuss, die sogenannte Reichsdeputation.

Der von diesem Ausschuss im Jahr 1803 angenommene Entwurf eines Reichsdeputationshauptschlusses sah die Aufhebung der Hoheits- und Eigentumsrechte in den meisten geistlichen Fürstentümern des Deutschen Reichs vor (»Säkularisierung«). Die Enteignungen betrafen insgesamt 25 Fürstbistümer, darunter die Kurfürstentümer Köln und Trier, und 44 Reichsabteien; die kleineren weltlichen Reichsstände und fast alle Reichsstädte wurden ausgewählten Landesherren unterstellt (»Mediatisierung«).

Den größten Gewinn bei dieser Neuordnung erzielte Preußen, das damit seine Macht in Nordwestdeutschland deutlich vergrößerte, und die sogenannten Mittelstaaten, vor allem Baden, das unter anderem die rechtsrheinische Pfalz erhielt, Württemberg, das mit dem Hauptteil des Schwäbischen Reichskreises entschädigt wurde, und Bayern, das Gebiete vor allem in Franken und Schwaben erlangte. Zudem wurden Bayern und Württemberg zu Königreichen, Baden zum Großherzogtum erhoben.

Durch diese politische Flurbereinigung wurde die Zahl der ehemals reichsunmittelbaren Territorien von über 1000 auf etwas über 30 Territorien reduziert. Hunderte von Zollschranken fielen und es entstanden neue regionale Wirtschaftsräume. Die politische Entmachtung der geistlichen Herrscher und die Enteignung eines großen Teils des kirchlichen Eigentums waren zudem wichtige Schritte zur Überwindung der mittelalterlichen Feudalstrukturen.

Rheinbundstaaten

Napoleons Bemühungen, die süddeutschen Staaten stärker an Frankreich zu binden, führten im Juli 1806 zur Errichtung des Rheinbundes, dem sich 16 süd- und westdeutsche Staaten anschlossen. Bis 1808 folgten weitere Staaten diesem Beispiel, sodass schließlich außer Österreich und Preußen alle deutschen Staaten diesem Bund angehörten.

Mit der Rheinbundakte unterstellten sich ihre Mitglieder dem Protektorat von Napoleon. Auf Veranlassung von Napoleon erklärten alle Rheinbundstaaten im August 1806 ihren Austritt aus dem »Heiligen Römischen Reich Deutscher Nation«. Außerdem verlangte Napoleon von dem österreichischen Kaiser Franz II. ultimativ die Niederlegung der Reichskrone, was dieser auch unverzüglich tat. Damit fand das Alte Reich sein Ende und Napoleon, der von der Erneuerung des Reichs

Karls des Großen träumte, sah sich seinem Ziel ein gutes Stück näher gekommen.

Für Napoleon bedeutete der Rheinbund, dass er für seine Feldzüge auf die Truppen der Rheinbundstaaten zurückgreifen konnte. In der Folge kämpften deutsche Soldaten auf den europäischen Schlachtfeldern für die Interessen des französischen Kaisers, der selbst ungeniert zugab: »Die Franzosen können sich nicht über mich beklagen; um sie zu schonen, habe ich die Deutschen und die Polen geopfert.« Zu Beginn des Russlandfeldzuges 1812 waren es insgesamt 140 000 Deutsche, die für Napoleon in den Krieg zogen.

Innenpolitisch führte die Gründung des Rheinbundes zur Modernisierung ihrer Mitglieder nach französischem Vorbild: Die alten feudalen, kirchlichen, lokalen und sonstigen Sondergewalten wurden zurückgedrängt und durch staatliche Einrichtungen ersetzt.

In den Rheinbundstaaten wurden klar voneinander abgegrenzte Ministerien geschaffen, an deren Spitze ein allein verantwortlicher Minister stand und nicht mehr ein Kollegialgremium wie im alten Kabinettsystem. Den Ministerien wurden nach dem Vorbild französischer Präfekturen Mittelinstanzen unterstellt, unter denen die lokalen Behörden standen, die ihre Selbstverwaltungsrechte weitgehend verloren. Die Bürgermeister wurden nun von staatlichen Stellen eingesetzt. Auf diese Weise verwandelten sich die Länder in Zentralstaaten, in denen eigenberechtigte Herrschaftsträger neben dem Landesherrn und seinen Behörden so gut wie keine Rolle spielten.

Verbunden war dies mit einer Reform des Dienstrechts der Beamten. In den Rheinbundstaaten begann sich die für die spätere Entwicklung in Deutschland typische Form des Berufsbeamtentums herauszubilden. Dazu gehörte insbesondere die Unkündbarkeit der höheren Beamten und die materielle Absicherung ihrer Hinterbliebenen. Im Unterschied zum Absolutismus war der moderne Staat der Rheinbundzeit nicht mehr patrimonialer Eigenbesitz des Herrschers, sondern ein eigenes Rechtssubjekt neben dem Fürsten.

In den Rheinbundstaaten wurde auch das Justizwesen reformiert. Die Patrimonialgerichte wurden abgeschafft und durch einen dreistufigen Instanzenzug ersetzt. In einigen Staaten wurde der französische Code Civil eingeführt, der damit das altdeutsche Recht ablöste. Als Errungenschaft der französischen Revolution garantierte er die Freiheit der Person und das private Eigentum, die Vertragsfreiheit und die Gleichheit vor dem Recht als natürlich begründete Grundrechte. Zudem postulierte er die Trennung von Staat und Kirche.

Im Zuge der Finanzreformen wurden in den Rheinbundstaaten erstmals Vermögen und Einkommen der Fürsten vom Vermögen und Einkommen des Staates getrennt. Mit einer eigenen und funktionsfähigen Finanzverwaltung setzte der Staat seine Finanzhoheit auch gegen den Adel durch. Eine wichtige Rolle für die Finanzierung der Staatsausgaben spielte die Reform des Zollwesens. Dem allmählichen Abbau der Binnenzölle folgte in den einzelnen Staaten die Einführung von Grenzzöllen.

In den Rheinbundstaaten wurden mit unterschiedlicher Intensität auch wirtschaftspolitische Neuerungen eingeführt. Dazu gehörten Ansätze zur Vereinheitlichung von Münzen, Maßen und Gewichten. Im Großherzogtum Berg und im Königreich Westphalen wurde die Gewerbefreiheit eingeführt. Zunftschranken und Gewerbemonopole wurden abgeschafft, in den süddeutschen Staaten allerdings nur eingeschränkt. Eine völlige Gewerbefreiheit gab es dort erst in den 1860er-Jahren.

Die Reformergebnisse in den Rheinbundstaaten waren durchwachsen. Die Beseitigung der Sonderstellung des Adels mit dem Ziel, eine möglichst egalitäre Staatsbürgergesellschaft zu schaffen, gelang nur in den seit 1803 mediatisierten Gebieten, in denen die Landesherren einen direkten Zugriff auf den ehemaligen Reichsadel hatten. In den übrigen Altgebieten war der Adel nur teilweise von den Veränderungen betroffen. So wurde das Adelsmonopol für höhere Stellen im Staatsdienst weitgehend abgeschafft, ebenso die Steuerbefreiung und der eigene Gerichtsstand des Adels. Vor Gericht sollten alle Staatsbürger gleich sein. In Bayern gelang selbst dies nur mit Einschränkungen.

Preußische Reformer

Preußen hatte bereits 1795 nach dem ersten unbefriedigenden Waffengang mit dem revolutionären Frankreich einen Sonderfrieden geschlossen und sich seitdem aus den militärischen Auseinandersetzungen zwischen den europäischen Mächten und Frankreich herausgehalten. Dafür wurde es im Reichsdeputationshauptschluss 1803 mit reichem Gebietsgewinn belohnt. Seitdem zielte die Politik Preußens darauf ab, seine Neutralität zu wahren und im Zusammenspiel mit Napoleon die

Hegemonie über ganz Norddeutschland zu erlangen. Dieses Ziel schien erreicht, als Napoleon 1805 Preußen die Annexion Hannovers gestattete.

Doch als Napoleon 1806 Großbritannien das gleiche Angebot machte, fühlte sich Preußen hintergangen und reagierte mit einem Kriegsmanifest. Ausgetragen wurde die Auseinandersetzung am 14. Oktober 1806 in der Doppelschlacht bei Jena und Auerstedt, in der die Preußen eine vernichtende Niederlage erlitten. Das Heer löste sich auf, die einzelnen Corps kapitulierten fast widerstandslos und der größte Teil der Festungen ergab sich. Damit endete der Mythos vom vermeintlich unschlagbaren Preußen.

Für Napoleon war diese Schlacht gegen Preußen der größte militärische Erfolg auf deutschem Boden. Für Preußen waren die Folgen verheerend: Im Diktatfrieden von Tilsit 1807 verzichtete Napoleon zwar auf die Auflösung des preußischen Staates, Preußen verlor aber sämtliche Gebiete westlich der Elbe sowie alle Neuerwerbungen aus den Polnischen Teilungen und damit die Hälfte seines Staatsgebietes und seiner Untertanen. Das preußische Heer wurde von 200 000 Mann auf 42 000 Mann reduziert. Der preußische Reststaat blieb von den Franzosen besetzt und wurde mit Kontributionen in Höhe von 120 Millionen Francs belastet. Außerdem musste er sich der Kontinentalsperre gegen Großbritannien anschließen, was dem preußischen Getreideexport schweren Schaden zufügte.

Unter solchen Bedingungen hatte Preußen keine Chance, weiterhin eine führende Rolle in Europa zu spielen. Die Wirtschaft lag am Boden und noch schlimmer stand es um die Staatsfinanzen. Der Unterhalt der Besatzungstruppen, die zu leistenden Kontributionszahlungen und die Beschlagnahme von Staatsvermögen führten das Land an den Rand des Abgrunds.

Ein Hamburger Journalist und Armenarzt dichtete in dieser Zeit:

»Trauernd stehen die Teutonen,
die den Süd und Nord bewohnen,
denn der Blaue schlug sie platt,
und der Deutschen Spiel heißt – Matt.

Sind nun geldlos, ohne Blut,
ohne Waffen, ohne Mut,
ohne Arme, ohne Beine,
leeres Futter für die Schweine.«

In dieser verzweifelten Lage erhoben preußische Staatsmänner, Offiziere und Gelehrte ihre Stimme, um auf die Notwendigkeit von tief greifenden Reformen hinzuweisen. Sollte die politische Ordnung nicht von Grund auf gefährdet werden, musste – so die Ansicht der Reformer – »mit weisen Anordnungen, Einheit und Kraft« eine Lösung auf »legalem Gleis« gefunden werden. Mit der Freisetzung ökonomischer Potenziale, der Befreiung der Bauern, der Einführung der Gewerbefreiheit und einer neuen Städteordnung hofften die Reformer, die wirtschaftliche Kraft des Landes zu stärken, damit Preußen überleben konnte. Auch dem preußischen König und seinen Beratern leuchtete ein, dass es zur Reformpolitik keine Alternative gab, um den Untergang Preußens zu verhindern.

Die maßgeblichen Persönlichkeiten in dieser Reformbewegung waren Freiherr Karl vom und zum Stein und Karl August Fürst von Hardenberg. Stein war 1780 in den preußischen Staatsdienst eingetreten und wurde 1804 preußischer Finanz- und Wirtschaftsminister. Als er jedoch mit seinen Bemühungen scheiterte, die Staatsverwaltung zu reformieren, wurde er 1807 von König Friedrich Wilhelm III. entlassen. Stein zog sich auf seinen Stammsitz zurück und verfasste dort die *Nassauer Denkschrift*, in der er sein Programm einer Erneuerung des preußischen Staates zu Papier brachte.

Nach dem Friedensschluss von Tilsit wurde Stein auf Betreiben Napoleons leitender Minister mit dem Auftrag, Preußen zu modernisieren. Damit begann die preußische Reformzeit, in der Stein und später sein Nachfolger Hardenberg die für Preußen entscheidenden Reformen auf den Weg brachten: die Bauernbefreiung und die Beendigung der Erbuntertänigkeit (1807); die Modernisierung der Staatsverwaltung (1808); die Gründung der Berliner Universität (1810); die Aufhebung der Zunftordnungen zugunsten der Gewerbefreiheit (1810/11); die bürgerliche Gleichstellung der Juden (1812); die Einführung der allgemeinen Wehrpflicht (1813/14).

Als Napoleon erfuhr, dass Stein gegen die französische Besetzung Preußens opponierte, wurde dieser 1808 auf Veranlassung von Napoleon vom preußischen König Friedrich Wilhelm III. als leitender Minister entlassen. Stein ging ins Exil und wurde Berater des russischen Zaren Alexander I. Nach dem Rückzug der Franzosen im Russlandfeldzug bestärkte er den Zaren, den Krieg mit dem Ziel der Befreiung Europas fortzusetzen. Am Wiener Kongress nahm er als Mitglied der russischen Delegation teil.

Steins Nachfolger in der Leitung des preußischen Staates wurde Hardenberg. Der anfänglich im hannoverschen Staatsdienst tätige Jurist kam 1790 in den preußischen Staatsdienst. Von 1804 bis 1806 war er preußischer Außenminister und ab 1807 leitender Minister. Als solcher musste er nach dem Tilsiter Frieden (1807) auf Geheiß Napoleons entlassen werden. Nach einer kurzen Zwischenphase übernahm Hardenberg 1810 erneut, jetzt als Staatskanzler, die Regierungsgeschäfte (bis 1822) und führte die Reformpolitik fort. Auf dem Wiener Kongress 1814/15 konnte er Preußen bedeutende Gebietszuwächse verschaffen. Seitdem unterstützte er die Restaurationspolitik Metternichs, behielt aber im Innern einen gemäßigten Reformkurs bei.

Stein und Hardenberg hatten das gemeinsame Ziel, mit Reformen von oben den notwendigen Wandel Preußens vom mittelalterlichen Agrarstaat in einen modernen Verwaltungs- und Industriestaat herbeizuführen. In seiner Rigaer Denkschrift vom September 1807 schrieb Hardenberg über die Reformabsichten: *»Eine Revolution im guten Sinn, zu dem großen Zweck der Veredelung der Menschheit, durch Weisheit der Regierung und nicht durch gewaltsame Impulsion von innen oder außen, das ist unser Ziel, unser leitendes Prinzip.«*

Das erklärte Ziel der Reformer war, die durch die feudalen und berufsständischen Verhältnisse gelähmten Wirtschaftskräfte Preußens mit dem Appell an den individuellen Eigennutz im Sinne von Adam Smith wachzurütteln. Alle gesellschaftlichen Kräfte und Ressourcen sollten mobilisiert werden, um den langfristigen Bestand Preußens zu sichern und die französische Fremdherrschaft abzuschütteln.

Hierzu wurde folgendes Programm entworfen:

- Umwandlung des feudalen Eigentums in Privateigentum durch eine Agrarreform,
- Abschaffung der Erbuntertänigkeit und Frondienste der Bauern, um einen freien Arbeitsmarkt herzustellen,
- Einführung der allgemeinen Gewerbefreiheit,
- Beseitigung der Ständeunterschiede, um die soziale Mobilität zu erhöhen und das Leistungsprinzip zur Geltung zu bringen.

Hierbei handelte es sich – um einen modernen Begriff zu verwenden – um Wachstumspolitik mit ordnungspolitischen Mitteln zur Überwindung der Rückständigkeit Preußens. Das Paradoxe an dieser liberalen

Reform war, dass sie von einer kleinen Elite führender Beamter aus dem Adel mit hoheitlichen Mitteln gegen erhebliche Widerstände der Gesellschaft durchgesetzt werden musste. Der Adel lehnte die Agrarreform ab und die Handwerkerschaft opponierte gegen die Gewerbefreiheit (Tilly).

Änderung der Agrarverfassung

Mit dem von Stein verfassten »Oktoberedikt vom 9. Oktober 1807« (*Edict, den erleichterten Besitz und den freien Gebrauch des Grundeigentums sowie die persönlichen Verhältnisse der Land-Bewohner betreffend*) begann die Reform der preußischen Agrarverfassung. Das Ziel war, die bäuerliche Untertänigkeit zu beenden und einen freien Bauernstand zu schaffen. Das Oktoberedikt verfügte dazu in Paragraf 2:

»Jeder Edelmann ist, ohne allen Nachtheil seines Standes, befugt, bürgerliche Gewerbe zu treiben; und jeder Bürger oder Bauer ist berechtigt, aus dem Bauern- in den Bürger- und aus dem Bürger- in den Bauernstand zu treten.«

Mit diesem Paragrafen wurden die berufsständischen Barrieren zwischen Adel und Bürgern sowie zwischen Bürgern und Bauern beseitigt. Personen des Adels sowie Bauern durften nunmehr ein Gewerbe ausüben und Bürger konnten sich als Bauern betätigen.

Die wichtigste Bestimmung des Oktoberediktes war Paragraf 10:

»Nach dem Datum dieser Verordnung entsteht fernerhin kein Unterthänigkeits-Verhältniß, weder durch Geburt, noch durch Heirath, noch durch Uebernehmung einer unterthänigen Stelle, noch durch Vertrag.«

Jetzt waren die Bauern auch persönlich frei, durften erstmals frei ihren Wohnort wählen und ohne Zustimmung ihres Grundherrn heiraten. Auch der Gesindezwang fiel weg.

Doch die auf den Höfen ruhenden dinglichen Lasten gegenüber der Grund- und Gutsherrschaft blieben bestehen. Nach Paragraf 12 des Edikts sollte es nur *»freie Leute [geben], bei denen aber, wie sich von selbst versteht, alle Verbindlichkeiten, die ihnen als freien Leuten (…) obliegen, in Kraft bleiben«*. Die feudalen Rechte der Grundherren an Grund und Boden wurden im Unterschied zu Frankreich also nicht enteignet, sondern wie private Eigentumsrechte behandelt, die abgelöst werden konnten.

Im Regierungsedikt von 1811 wurde dazu festgelegt, dass die ablösungsberechtigten Bauern, je nach Besitzrecht, zwischen einem Drittel und der Hälfte des von ihnen bewirtschafteten Landes an den Grundherrn abzutreten oder dessen Geldeswert zu entrichten hatten. Da kaum ein Bauer in der Lage war, die erforderlichen Geldbeträge aufzubringen, ging ein erheblicher Teil des bisherigen Bauernlandes auf die zumeist adeligen Großgrundbesitzer über.

1816 stellte eine »Deklaration« zudem klar, dass nur die größeren »spannfähigen« Höfe »regulierungsfähig« wären. Solche Bauern konnten ihre Dienst- und Abgabenverpflichtungen »ablösen«, indem sie deren 25-fachen Jahreswert an die Grundherren bezahlten. Den kleineren Bauern blieb die Regulierung verwehrt, sodass sie weiterhin ihre Pachtzinsen und Abgaben leisten mussten.

Mit der Änderung der Agrarverfassung hatten die Bauern die Abschaffung ihrer persönlichen Untertänigkeit erreicht, wodurch Grundherren insbesondere ihre Ansprüche auf unentgeltliche Hand- und Spanndienste verloren. So waren bis 1808 ca. drei Viertel aller Dienstleistungsverpflichtungen beseitigt. Doch damit verloren die Bauern auch den Anspruch auf Schutz durch den Gutsherrn in persönlichen oder finanziellen Notsituationen. Auch im Konkursfall waren sie nicht mehr geschützt.

Die Agrarreformen waren weit mehr als eine »Bauernbefreiung«. Sie verwandelten die Landwirtschaft in einen Produktionsbereich, der nun wie der Gewerbesektor nach dem Gewinnprinzip wirtschaften musste. Diese Umstellung fiel dem Großgrundbesitz leicht, da seine Wirtschaftskraft durch zusätzlichen Flächenerwerb oder den Zufluss von Geld gestärkt wurde. Für die Bauern war es schwer, weil ihre Betriebe durch Landabgabe oder Zahlung von Ablösesummen geschwächt wurden. Den meisten großen und mittleren Bauern gelang es jedoch, diese Verluste durch die Steigerung der Bodenproduktivität oder durch die Kultivierung von Ödland wettzumachen.

Die Hauptleidtragenden der Agrarreform waren die kleinen Bauern, die nicht regulierungs- und ablösungsberechtigt waren; viele von ihnen mussten aufgeben und ihre Höfe verkaufen, wodurch sie in die »Dorfarmut« gerieten und als ländliche Tagelöhner eine kärgliche Existenz fristeten. Sie waren zwar freie Bürger, mussten aber ihre Arbeitskraft an Arbeitgeber verkaufen, denen sie schutzlos ausgeliefert waren.

Parallel zur Reform der Agrarverfassung bemühten sich die preußischen Behörden auch um eine Verbesserung der Agrarstruktur, indem die Allmenden geteilt und Flurbereinigungen (sogenannte Verkoppelungen) durchgeführt wurden. Die Verfahren dauerten jedoch Jahrzehnte. Im Ergebnis profitierten wieder die Großgrundbesitzer, die den Löwenanteil der Allmenden (86 %) erhielten, den Rest bekamen die Bauern mit Landbesitz. Die landlose Dorfbevölkerung, die ihren Lebensunterhalt bis dahin zu einem nicht geringen Teil aus diesem Gemeinbesitz bestritten hatte, ging leer aus.

Die Teilung der Allmenden, die Flurbereinigung und die Beendigung der Grundherrschaft waren mit Bemühungen verbunden, die Ertragskraft der Landwirtschaft zu steigern. Die Notwendigkeit dazu ergab sich schon daraus, dass die Ablöseverpflichtungen erfüllt werden mussten. Modernisierung bedeutete damals, die Höfe auf die sog. »Fruchtwechselwirtschaft« umzustellen, worunter der planvolle Anbauwechsel von Halm- und Blattfrüchten oder von humusmehrenden Feldfrüchten und humusverzehrenden Pflanzen wie Getreide und Kartoffeln verstanden wurde. Bei dieser Umstellung wurden die Bauern insbesondere von den privaten Landgesellschaften beraten.

Einführung der Gewerbefreiheit

Die Gewerbefreiheit bildete einen weiteren zentralen Punkt des preußischen Reformprogramms. Ihre Einführung erfolgte in Preußen nach dem Amtsantritt von Hardenberg durch das *Edict über die Einführung der allgemeinen Gewerbesteuer* vom 2. November 1810, das Folgendes regelte:

»§1- *Ein jeder, welcher in Unseren Staaten, es sei in den Städten, oder auf dem platten Lande, sein bisheriges Gewerbe, es besteht in Handel, Fabriken, Handwerken, es gründe sich auf eine Wissenschaft oder Kunst, fortsetzen oder ein neues unternehmen will, ist verpflichtet einen Gewerbeschein darüber zu lösen und die (…) angesetzte Steuer zu zahlen. Das schon erlangte Meister-Recht, der Besitz einer Concession befreien nicht von dieser Verbindlichkeit.*«

»§2- *Der Gewerbeschein giebt demjenigen, auf dessen Namen er ausgestellt ist, die Befugniß, ein Gewerbe fortzusetzen oder ein neues anzufangen. Eins und das andere ohne Gewerbeschein ist strafbar, und wer sich dessen schuldig macht, verfällt in eine Geldstrafe (…).*«

Das Edikt zielte, wie auch sein Titel anzeigte, vordergründig auf die Einführung einer neuen Steuer. Entscheidend war jedoch die mit der Steuerzahlung verbundene Rechtsfolge: Fortan war es jedem Bürger erlaubt, ein Gewerbe, welcher Art es auch immer sei, frei auszuüben, nach seiner Wahl zu gründen und die Niederlassung seines Gewerbes selbst zu bestimmen, ohne dabei von den überkommenen Vorgaben und Zwängen der Zünfte oder Gilden abhängig zu sein. An die Stelle des althergebrachten (berufs-)ständischen Denkens trat jetzt das Prinzip der Gewerbefreiheit mit dem Ziel, der Wirtschaft neuen Schwung zu verleihen.

Zunftverfassung und Zunftzwang wurden vollständig aufgehoben, alle Fabrikationsmonopole und Sonderrechte beseitigt. Damit stand jedem – sowohl »in den Städten« als auch »auf dem platten Lande« – der Zugang zu fast jeder Berufstätigkeit offen. Berufs- und Gewerbefreiheit, Niederlassungsfreiheit und Arbeitnehmerfreizügigkeit sowie freier Wettbewerb galten jetzt überall. Nur für etwa drei Dutzend Berufe, z. B. für Ärzte und Apotheker, Gast- und Schankwirte oder Maurer und Zimmerleute, »*bei derem ungeschickten Betriebe gemeine Gefahr obwaltet, oder welche eine öffentliche Beglaubigung oder Unbescholtenheit erfordern*«, legte § 21 des Edikts eine Erlaubnispflicht fest.

Die Zünfte und Gilden liefen gegen diese Gesetzgebung Sturm und prophezeiten wirtschaftliches Chaos und Elend. In der Tat führte die einsetzende Vermehrung der Handwerksbetriebe zu einer Überfüllung vieler Branchen und mitunter auch zu wirtschaftlicher Not. Infolgedessen organisierten sich die Handwerker und ihre Gesellen, um gegen die Gewerbefreiheit zu protestieren und die Wiederherstellung der früheren Zunftverfassung zu fordern.

Da die Reformbürokratie unbeirrt an der Gewerbefreiheit festhielt, ebbte der Streit darüber nicht ab. Ein Beispiel dafür war die Resolution des Handwerker-Gewerbekongresses in Frankfurt vom 15. Juli 1848: »*Wir erheben feierlichen Protest gegen die Gewerbefreiheit. Nicht allein wegen der gefährdeten Interessen unserer bürgerlichen Freiheiten und unseres wohlerworbenen Eigentums, sondern wegen der bedrohten Zukunft, der Verarmung des Mittelstandes, aus Vaterlandsliebe.*«

Die Handwerker standen aber auf verlorenem Posten: Mit Inkrafttreten der Gewerbeordnung des Norddeutschen Bundes vom 21. Juni 1869 wurde die Gewerbefreiheit auf alle norddeutschen Länder ausgeweitet; mit der Gründung des Deutschen Kaiserreichs 1871 erweiterte sich ihr Geltungsbereich dann auf das ganze Reichsgebiet.

Eng verknüpft mit der Gewerbefreiheit war die fast vollständige Revision der merkantilen preußischen Zollpolitik. Mit dem Zollgesetz vom 26. Mai 1818 wurden sämtliche Binnenzölle und Akzisen abgeschafft und die Zollerhebung an die Landesgrenzen verlagert. Dadurch wurde erstmals aus den östlichen und westlichen Provinzen Preußens ein einheitlicher Wirtschaftsraum und das unübersichtliche Abgabensystem innerhalb des Staatsgebietes erheblich vereinfacht. Die Waren aus den gewerbereichen Westprovinzen wurden in Altpreußen nicht mehr als ausländische Waren behandelt.

Staats-, Bildungs- und Heeresreform

Weitere Reformvorhaben waren die Neuordnung der Staatsverwaltung durch verantwortliche Fachminister und die Selbstverwaltung der Städte durch gewählte Volksvertreter. In der Staatsverwaltung wurde das Staatskabinett, das bisher ohne Verantwortung agierte, durch die fünf klassischen Ministerien für Inneres, Finanzen, Auswärtiges, Krieg und Justiz mit dem Staatskanzler an der Spitze ersetzt. Das war ein erster Schritt vom absoluten zum konstitutionellen Königtum.

In der Städteordnung von 1808 wurde das Prinzip der Selbstverwaltung auf kommunaler Ebene eingeführt. Die städtischen Bürger wurden ein in sich gleichberechtigter, staatsunmittelbarer Stand, dessen Mitwirkung an der Selbstverwaltung allerdings an Besitz und Bildung gebunden blieb. Träger der gemeindlichen Rechtsetzung und Verwaltung war die Versammlung der Stadtverordneten; der von dieser Versammlung gewählte Magistrat stand als abhängiges Vollzugsorgan an der Spitze der Stadtverwaltung. Die Städte erlangten die volle Finanzgewalt.

Außerdem gehörte zum Reformpaket eine Bildungsreform, die eine Erziehung zu Selbstständigkeit und Nationalbewusstsein im humanistischen Sinn erreichen wollte. Dafür war Wilhelm von Humboldt verantwortlich, der seit 1809 die Leitung der preußischen Kultus- und Unterrichtsverwaltung übernommen hatte. Unter seiner Regie wurden das Bildungssystem verstaatlicht und die allgemeine Schulpflicht eingeführt. Die vom ihm gegründete Berliner Universität wurde zum geistigen Mittelpunkt der sich nun in Preußen immer stärker regenden Freiheitsbewegung.

Und schließlich stand die Modernisierung des Heerwesens an, die den Generälen Gneisenau und Scharnhorst übertragen wurde. Das Adelsprivileg für die Offizierslaufbahn wurde aufgehoben und die Militärstrafen wurden gemildert. Neben dem stehenden Heer wurde die Landwehr als Reservearmee geschaffen und 1813/14 die allgemeine Wehrpflicht eingeführt. Diese Maßnahmen schufen ein »Volk in Waffen« und bereiteten die Befreiung Preußens von der französischen Besatzung vor.

Zeit der Restauration

Die in der Reformzeit beschlossenen Maßnahmen waren ein großer Schritt Preußens auf dem Weg zu einem aufgeklärten Staat und einer modernen Wirtschaftsordnung. Doch es dauerte noch Jahrzehnte, bis die Reformen umgesetzt waren und wirken konnten. Stein zeigte sich von der preußischen Reformpolitik tief enttäuscht: *»Ein Regent ohne Willenskraft, ein Ministerium ohne Einfluss, eine Nation ohne gesetzliches Organ ihrer Meinung, was soll das alles für Resultate liefern. Alles löst sich in ein leeres Geschwätz auf, in kleinen Schwingungen, die aus dem Wollen ein Nichtwollen entstehen lassen, und weiter nichts hat Preußen (…) hervorgebracht.«*

Aus diesen Worten wird deutlich, in welch schwieriger Lage sich die preußischen Reformer befanden: Ihr Bestreben, Preußen gemäß den Ideen der Französischen Revolution zu modernisieren, kollidierte mit dem Willen des Königs und des Adels, an den politischen Vorrechten festzuhalten. Aus diesem Grund trat auch die von Friedrich Wilhelm III. versprochene und von Hardenberg ausgearbeitete konstitutionelle Verfassung für Preußen nie in Kraft.

Zudem betrieb Metternich auf dem Wiener Kongress die Wiederherstellung der alten politischen und sozialen Ordnung in Europa (»Restauration«), die mit der vom ihm initiierten »Heiligen Allianz der Fürsten« abgesichert wurde. Die Fürsten und ihre Unterstützer sahen in der liberalen und nationalen Bewegung die Vorboten einer revolutionären Zerstörung der alten Ordnung, der vorgebeugt werden musste. Entsprechend wurden die Vorkämpfer solcher Ideen mit aller Schärfe verfolgt.

Das bedeutete nicht das Ende der von Stein/Hardenberg auf den Weg gebrachten Reformen, wohl aber erbitterten Widerstand, wenn der absolutistische Fürstenstaat in Gefahr zu geraten drohte. Das war der Fall, wenn Forderungen nach Volkssouveränität, einer konstitutionellen Verfassung, freien Wahlen, Meinungs- und Pressefreiheit gestellt wurden.

Die Heilige Allianz stellte sich nicht grundsätzlich gegen Reformen, die wie die in Preußen eingeleitete Agrar- und Gewerbereform der wirtschaftlichen Stärkung des Landes dienten. Das galt jedenfalls so lange, wie sich die dem Adel nahe stehende Beamtenschaft als Sachwalter der Reformpolitik sah. Als sich das aber nach dem Ausscheiden von Hardenberg aus der preußischen Politik änderte, wirkte sich die Restaurationspolitik auch auf die Umsetzung der Reformen aus.

So überrascht es nicht, dass der wirtschaftliche Aufschwung, den man sich von den preußischen Reformen erhofft hatte, noch lange auf sich warten ließ. Die Überzeugungskraft ihres leitenden Gedankens, wirtschaftliches Wachstum durch die Gewährung unternehmerischer Freiheit zu schaffen, reichte für einen schnellen Wirtschaftsaufstieg allein nicht aus.

Kontinentalsperre

Kaum war Napoleon nach der Schlacht bei Jena und Auerstedt als strahlender Sieger in Berlin eingezogen, richteten sich seine kriegerischen Blicke auf Großbritannien, das wirtschaftlich erfolgreichste Land in Europa. Sein Ziel war, das Vereinigte Königreich mit einer umfassenden Wirtschaftsblockade in die Knie zu zwingen. Dazu ordnete Napoleon mit dem »Berliner Dekret vom 21. November 1806« eine Kontinentalsperre an, die über die britischen Inseln den totalen Sperrzustand verhängte. Er verband damit die Hoffnung, »das Meer durch die Macht des Landes zu besiegen«.

Der gesamte Handel mit »englischen« Gütern und jeglicher Handel mit den Britischen Inseln war verboten. Kein Schiff aus England oder seinen Kolonien durfte in irgendeinem Hafen des Kontinents anlegen. Britische Staatsangehörige waren von den Militärbehörden festzunehmen und als Kriegsgefangene zu behandeln. Alle Magazine, Vorräte und Waren, die aus England, aus seinen Fabriken und Kolonien stammten, sowie jedes Eigentum, das englischen Staatsangehörigen gehörte, wurden beschlagnahmt und eingezogen.

Zur Überwachung der nur schwer zu kontrollierenden Kontinentalsperre schickte Napoleon französische Zollbeamte überall hin. Notfalls ließ er auch Truppen einmarschieren, 1806 ins Herzogtum Mecklenburg und 1807 in Schwedisch-Pommern. Zur Abschreckung des Schmuggels wurden konfiszierte britische Waren öffentlich verbrannt. Allein zwischen dem 17. und 27. November 1810 fanden auf dem Frankfurter Fischerfeld vier große Verbrennungen statt.

Noch schwieriger als auf dem Kontinent erwies sich die Umsetzung der Kontinentalsperre auf See: Nach der Schlacht von Trafalgar verfügte Napoleon nicht mehr über eine ausreichende Flottenkapazität, um die weiträumigen Küsten des Kontinents »abzusperren«. Davon profitierte vor allem Helgoland, das 1807 von Großbritannien besetzt wurde und zu einer wichtigen Hochburg des Schmuggels aufstieg. Wickelten im Jahr 1807 nur vier Händler ihre Geschäfte auf Helgoland ab, waren es im Jahr 1813 mehr als 140. Im Jahr 1814 – nach dem Ende der Kontinentalsperre – ging ihre Zahl wieder auf acht zurück.

Die Kontinentalsperre wirkte sich für den internationalen Handel unterschiedlich aus: In Großbritannien blieb die Einfuhr von Gütern aus den Kolonien unberührt, der Export von Textilprodukten ging aber stark zurück. Besonders problematisch war die Abhängigkeit Großbritanniens von Getreide aus Kontinentaleuropa. Der längere Transport aus Osteuropa ließ die Weizenpreise um das Dreifache ansteigen. Hungerunruhen waren die Folge.

Frankreich profitierte kurzfristig von der Kontinentalsperre, weil der Wegfall der englischen Konkurrenz die im französischen Einflussgebiet liegenden Länder zwang, französische Waren zu erwerben. Für die französische Bevölkerung waren die napoleonischen Kriege jedoch mit erheblichen Einkommensverlusten verbunden, sodass gleichzeitig der innerfranzösische Absatz zurückging. Zudem brach der französische Kolonialhandel infolge der britischen Seeblockade zusammen. 1810/1811 kam es deshalb zu einer schweren Wirtschaftskrise, die mit zum Niedergang des Französischen Kaiserreiches beitragen sollte.

Auch in Deutschland gab es unterschiedliche Auswirkungen der Kontinentalsperre: In Ostpreußen fielen die Getreidepreise um 60 bis 80 Prozent, der Schiffsverkehr ging um 60 Prozent zurück. Berlins Seide, Schlesiens Leinen und Brandenburgs Tuche, die mit 50 Prozent am preußischen Export beteiligt waren, verloren ihre ausländischen Märkte. Doch gleichzeitig profitierte die mechanisierte Baumwollindustrie in Sachsen und im Rheinland vom Wegfall der britischen Konkurrenz. Zwischen 1806 und 1813 stieg die Anzahl der baumwollverarbeitenden Betriebe in Sachsen um das 20-Fache. Auch die Tuchindustrie um Lüttich, Aachen und Leiden belebte sich.

Der Rückgang der britischen Industriegüter auf dem Kontinent begünstigte außerdem den Maschinenbau. Die neu entstandenen mechanisierten Webereien benötigten Antriebsmaschinen und Spindeln. Zu den negativen Wirkungen der Kontinentalsperre zählte jedoch der Umstand, dass die deutsche Wirtschaft den Kontakt zu Großbritannien verlor, dem industriell führenden Land in Europa. Für die technische Weiterentwicklung Deutschlands war das ein nur schwer aufzuholender Nachteil.

Ricardo gegen Malthus

Die Kontinentalsperre endete mit der Niederlage Napoleons in der Schlacht von Waterloo im Jahr 1815. Im selben Jahr forderten die britischen Grundbesitzer, die im englischen Unterhaus die Mehrheit stellten, für die Einfuhr von Getreide höhere Zölle, um die Landwirtschaft vor billigen Einfuhren aus dem europäischen Festland zu schützen. Das führte unter den Abgeordneten zu einem lebhaften Streit über den Nutzen des Freihandels und den Zweck von Schutzzöllen.

An dieser Debatte beteiligten sich auch die liberalen Ökonomen David Ricardo (1772–1823) und Thomas Malthus (1766–1834). Die damals ausgetauschten Argumente beeinflussen bis heute die Außenhandelspolitik: David Ricardo stand in der Tradition von Adam Smith und vertrat in der damaligen Debatte die Position des Freihändlers. Er begründete sie mit der »Theorie der komparativen Kosten«, die zum Basiswissen der Außenhandelstheorie gehört: Am Beispiel des zollfreien Austausches von britischem Tuch mit portugiesischem Wein rechnete der Ökonom vor, dass der Handel zwischen zwei Ländern sogar dann vorteilhaft ist, wenn das eine Land beide Produkte – also Wein und Tuch – billiger herstellt als das andere. Auf dieser Modellberechnung beruht die bis heute geltende Doktrin, dass sich die Liberalisierung des Welthandels für alle lohnt.

Thomas Malthus hielt jedoch wenig davon, wirtschaftspolitische Vorschläge aus abstrakten Modellen herzuleiten. Stattdessen stützte er seine Schlussfolgerungen auf historische Erfahrungen. Er schrieb dazu: *»Ich protestiere ganz entschieden gegen die Doktrin, dass wir unseren allgemeinen Prinzipien folgen sollten, ohne jemals darauf zu achten, dass sie auf den vor uns liegenden Fall angewendet werden können.«*

Grundsätzlich war sich Malthus mit Ricardo jedoch einig, dass der Verzicht auf Getreidezölle für England Vorteile bringen würde. Der Freihandel würde nämlich den Zugang zu billigen Einfuhren eröffnen und im Gegenzug den Export hochwertiger Industriegüter ermöglichen. Davon profitierten sowohl Verbraucher als auch die Unternehmer.

Doch müsste Großbritannien, so Malthus, angesichts der außenpolitischen Risiken auch ein hohes Maß an Autarkie in der Lebensmittelversorgung sicherstellen. Denn die Einfuhr strategisch wichtiger Waren sei mit der Gefahr politischer Abhängigkeiten verbunden. Aus diesem Grund unterstützte Malthus die britischen Grundbesitzer bei ihrer Forderung nach hohen Einfuhrzöllen auf Getreide. Er meinte, dass damit ein Anreiz geschaffen würde, die heimische Landwirtschaft produktiver zu machen.

Das von Malthus vorgebrachte Argument überzeugte Ricardo nicht. Er argumentierte, dass Großbritannien eine große Anzahl potenzieller Handelspartner habe und nicht von einem großen Agrarproduzenten wie Frankreich abhängig sei. Er wies gleichzeitig auf die Gefahr hin, dass Schutzmaßnahmen regelmäßig zu Gegenreaktionen führen, sodass beide Seiten Schaden nehmen können.

Das englische Unterhaus folgte der Argumentation von Malthus. 1815 beschloss es die sogenannten Corn Laws (deutsch *Korngesetze*), mit denen die Einfuhr von Getreide bei britischen Getreidepreisen unter 80 Shilling pro Quarter (Weizen) verboten wurde. Bei höheren Preisen war die Getreideeinfuhr zollfrei. Durch die Getreidegesetze sollte einerseits verhindert werden, dass der einheimische Getreideanbau zurückging, was bei gleichzeitig steigender Bevölkerungszahl zu immer stärkerer Importabhängigkeit geführt hätte, andererseits waren sie Ausdruck der Patronage der Tory-Partei gegenüber ihrer Stammwählerschaft, dem landbesitzenden Adel.

Gegen die Corn Laws kam es schon bald zu Massenprotesten. 1831 gründeten Gegner der Korngesetze die Anti-Corn Law League. Doch erst 1846 wurden die Getreidegesetze mit einer dreijährigen Auslaufphase wieder abgeschafft.

Kapitel 3

Vormärz und Revolution

Die *Nassauer Denkschrift*, die Karl Freiherr vom und zum Stein 1807 nach seiner Entlassung aus dem preußischen Staatsdienst zur Notwendigkeit einer preußischen Staatsreform verfasste, gilt als der maßgebliche Anstoß für die preußische Reformpolitik. Ebenso bedeutsam waren jedoch die Beschlüsse der beiden Häuser des Preußischen Landtags von 1808.

Darin wurden die Provinzregierungen angewiesen, wie sie sich gegenüber der gewerblichen Wirtschaft zu verhalten hatten:

»Es ist dem Staate und seinen einzelnen Gliedern immer am zuträglichsten, die Gewerbe jedesmal ihrem natürlichen Gange zu überlassen, das heißt: keinen derselben vorzugsweise durch besondere Unterstützung zu begünstigen und zu heben, aber auch keine in ihrem Entstehen, ihrem Betrieb und Ausbreiten zu beschränken, insofern das Rechts-Prinzip dabei nicht verletzt wird, oder sie nicht gegen Religion, gute Sitten und Staats-Verfassung anstoßen.«

Mit dieser Instruktion an die Provinzregierungen markierte der Preußische Landtag das Ende des Merkantilismus und den Beginn einer liberalen Wirtschaftspolitik. Die Wirtschaft sollte aus der staatlichen Vormundschaft entlassen und künftig »ihrem natürlichen Gange überlassen« (»laizzer faire, laizzer passer«) werden. Dahinter stand die Überzeugung, dass eine von staatlichen Fesseln befreite Wirtschaft am ehesten in der Lage ist, die in ihr ruhenden Kräfte zur Entfaltung zu bringen.

»Neben dieser Unbeschränktheit bei Erzeugung und Verfeinerung der Produkte, ist Leichtigkeit des Verkehrs und Freiheit des Handels, sowohl im Innern, als auch mit dem Auslande, ein notwendiges Erfordernis, wenn Industrie, Gewerbefleiß und Wohlstand gedeihen sollen, zugleich aber auch das natürlichste, wirksamste und bleibende Mittel, ihn zu befördern.«

Doch wie realistisch waren solche wirtschaftsliberalen Grundsätze in der damaligen Zeit? In welchem Entwicklungsstand befand sich die preußische Wirtschaft damals? Und wie waren die politischen Rahmenbedingungen?

Die Beendigung der napoleonischen Herrschaft in Deutschland nach der Völkerschlacht bei Leipzig (1813) hatte bei vielen Deutschen eine patriotische Begeisterung entfacht. Der auf dem Wiener Kongress 1815 gegründete Deutsche Bund war jedoch kein liberaler und demokratischer Bundesstaat, sondern ein Staatenbund von souveränen Fürstentümern und Freien Städten, die alles andere als liberal und demokratisch waren. Architekt dieser neuen Ordnung war der erzkonservative österreichische Staatsmann Klemens Wenzel von Metternich, dessen Ziel es war, die monarchische Ordnung in Europa zu bewahren. Zu diesem Zweck machte er den Deutschen Bund zu einem Instrument der Restauration und bekämpfte liberale und nationale Bewegungen, schon um den Vielvölkerstaat Österreich nicht zu gefährden.

Als Studenten am 18. Oktober 1817 auf der Wartburg gegen eine solche antiliberale Politik protestierten und einen deutschen Nationalstaat forderten, antwortete Metternich mit den repressiven »Karlsbader Beschlüssen«, um die oppositionellen Kräfte zum Schweigen zu bringen. Die liberalen und nationalen Stimmen waren aber nicht mehr zu unterdrücken, wie sich 1832 eindrucksvoll auf dem Hambacher Fest zeigte, zu dem sich nahezu 30 000 Menschen unter den Farben Schwarz-Rot-Gold versammelten.

Die große Masse der Bevölkerung erreichten die Aktivisten mit ihrer Forderung nach einem liberalen und nationalen Verfassungsstaat aber nicht. Denn die Mehrheit der oft bitterarmen Deutschen sorgte sich um eine anständige Arbeit und das tägliche Essen auf dem Tisch. Auch viele Bürgerliche wandten sich enttäuscht von der Politik ab und zogen sich ins Private zurück, um zumindest »häusliche Glückseligkeit« zu finden. Es entstand die Kultur des »Biedermeier«.

Deutschland um 1800

Deutschland war um 1800 ein Agrarland, in dem etwa 18 bis 20 Millionen Menschen lebten. Davon waren mehr als zwei Drittel in der Landwirtschaft tätig, der Rest arbeitete im Handwerk, im Handel oder als Dienstleister. Im Unterschied zu Großbritannien war Deutschland kein reiches Land, sondern Armut, Not und Elend waren weit verbreitet. Auch in den Kreisen der größeren Bauern, der Handwerker und Krämer ging es ärmlich zu. Selbst in den höheren Schichten des Bürgertums lebte man bescheiden. Von Reichtum und Luxus konnte nur in Familien des hohen Adels und bei wenigen Kaufleuten und Bankiers die Rede sein.

Drei Viertel der Bevölkerung lebte um 1800 auf dem Lande und ein knappes Viertel in den Städten, die überwiegend klein und stark agrarisch durchsetzt waren. Im damaligen Preußen gab es 1016 »Städte«. Davon hatte nur Berlin über 100 000 Einwohner (173 000). Zum Vergleich: London war um 1800 die größte Stadt Europas mit 946 000 Einwohnern. Neben Berlin gab es in Preußen nur noch drei Städte mit über 50 000 Einwohnern: Warschau mit 64 421, Breslau mit 60 950 und Königsberg mit 56 410 Einwohnern; dann folgten weitere 14, die mehr als 10 000 Einwohner hatten. Die übrigen Städte lagen darunter, wovon die meisten weniger als 3000 Einwohner zählten. Auch Weimar war zu Goethes späterer Zeit ein Städtchen mit nur 8000 Einwohnern.

Der weit überwiegende Teil der Bevölkerung lebte um 1800 von der »Subsistenzwirtschaft«, d. h., die für den eigenen Verbrauch benötigten Güter wurden überwiegend selbst hergestellt. Das galt insbesondere für die Bauern- und Gutswirtschaften, die nahezu alles produzierten, was sie zum Arbeiten und Leben benötigten. Aber auch die städtischen Haushalte, von denen viele eine kleine Landwirtschaft besaßen, waren in der Lage, sich großenteils selbst zu versorgen.

Wie in allen traditionellen Subsistenzwirtschaften gab es keine ausgeprägte Arbeitsteilung und Marktorientierung, auch kein Profitstreben oder größeren Geldverkehr. Das Gesparte wurde nicht investiert, sondern diente als Notgroschen für noch schlechtere Zeiten. Entsprechend niedrig war die Arbeitsproduktivität im Vergleich zur arbeitsteiligen Wirtschaft in Großbritannien. Miserabel waren auch die Verkehrsverhältnisse. Wer sich selbst versorgt, ist auf Mobilität nicht unbedingt angewiesen. So gab es im ganzen Königreich Preußen im Jahr 1816 erst 523 Meilen Chausseen, davon drei Fünftel in Westfalen und im Rheinland, während die Provinzen Pommern und Posen überhaupt noch keine Chausseen besaßen; Preußen immerhin schon eine Meile. Nahezu alle Straßen bestanden aus Sand, Lehm oder Rasennarbe, das bedeutete für Reisende viel Staub im Sommer und tiefer Morast im Winter.

Wer Zeit, aber kein Geld hatte, ging zu Fuß; Großbauern und Gutsbesitzer fuhren mit der Kutsche; die Städter nutzten für längere Reisen die Postkutsche. Zu Letzterem brauchte man eine gute Leibeskonstitution und viel christliche Geduld. Von Berlin nach Leipzig fuhr man anderthalb Tage, nach Breslau vier Tage und nach Königsberg eine Woche lang.

Auf jeder Strecke gab es viele Haltestationen, die meisten davon zur Erledigung von Zollformalitäten: Zwischen Dresden und Magdeburg wurden Ende des 18. Jahrhunderts noch 16 Zölle erhoben.

In den Städten war der Straßenzustand meistens nicht viel besser als auf dem Land. In dem »Bericht eines offenherzigen Berliners« wird zum damaligen Zustand der Straßen in Berlin Folgendes gesagt: »Unsere Straßen sind irregulär schlecht gepflastert, dass jeder Fremde über Schmerzen in den Fußsohlen klagt. Berg und Tal wechseln besonders auf dem Bürgersteig miteinander ab und man läuft an dunklen Abenden Gefahr, zu stürzen und ein Bein zu brechen. Die Brücken, die über die Rinnsteine führen, sind miserabel und es gibt sogar im Herzen von Cölln-Berlin ganze Gegenden, in denen keine Laterne brennt. Diebstähle und Überfälle auf offener Straße sind zur Abendzeit daher nichts Außergewöhnliches.«

Entwicklungshindernisse

Deutschland befand sich um 1800 in dem Zustand eines Entwicklungslandes. Es besaß zwar mit seinen 18 bis 20 Millionen Einwohnern ein »beachtliches Arbeitspotenzial« und war durch seine Mittellage in Europa auch regionalwirtschaftlich begünstigt. Zudem verfügte es über beachtliche Bodenschätze. Dieses Potenzial kam aber aus vielerlei Gründen nicht zur Entfaltung, sodass die Arbeitsproduktivität und dementsprechend das Volkseinkommen außerordentlich niedrig waren.

Das traf insbesondere auf die Landbevölkerung zu. Weil die Landwirtschaft unterentwickelt war, lebten die dort arbeitenden Menschen an der Armutsgrenze. In einem Bericht über die damalige Versorgungslage der Bauern hieß es: »Von gesalzenen Heringen lebten in guten Zeiten nicht nur die abhängigen, leibeigenen Bauern auf den Gutswirtschaften Ostelbiens.« Bei Missernten brachen regelmäßig Hungersnöte aus.

Ein schlimmes Beispiel dafür war die Agrarkrise 1815/1816, die nach dem Ausbruch des indonesischen Vulkans Tambora große Teile Europas erfasste. Wegen der freigesetzten Asche- und Gaswolke erlebte Westeuropa 1816 ein »Jahr ohne Sommer« mit erheblichen Ernteausfällen, wodurch viele bäuerliche Betriebe in existenzielle Not gerieten. Für die gerade begonnene Agrarreform war das ein herber Rückschlag. Denn auf einer solchen Grundlage war Kapitalbildung kaum möglich.

Auch im gewerblichen Bereich war Deutschland im Vergleich zu Großbritannien ein Entwicklungsland. Es besaß zwar einige angesehene Manufakturzentren für Gold- und Silberwaren, für Kupfer- und Messingwaren, für die Herstellung von Waffen, für die Gusseisenproduktion, für die Verarbeitung von Baumwolle und für die Herstellung von Samt und Seide, aber die Produktionsmengen waren klein und der Absatz beschränkte sich auf eine schmale Schicht adliger Kunden und Kaufleute. Für die Produktion von Massengütern in Fabriken wie in Großbritannien fehlte in Deutschland die erforderliche Kaufkraft der Bevölkerung.

Für Norddeutschland waren insbesondere die weiten Entfernungen zwischen den städtischen Zentren und die miserablen Verkehrsverbindungen (keine oder schlechte Straßen, unregulierte Wasserwege) ein wesentlicher Grund, dass es aus seinem Arbeitskräftepotenzial, aus seiner geografischen Mittellage und aus seinem Reichtum an Bodenschätzen keinen größeren wirtschaftlichen Nutzen ziehen konnte. Es gab zwar Handels- und Hafenstädte wie Frankfurt und Hamburg, in denen sich der deutsche Binnen- und Außenhandel konzentrierte, doch deren Umsätze waren verglichen mit England gering. So betrug zum Beispiel um die Jahrhundertwende der deutsche Export nach England lediglich ein Sechstel des Imports aus diesem Land.

Und nicht zuletzt war die politische Ordnung des Deutschen Bundes mit insgesamt 41 souveränen Staaten ein wesentliches Hindernis für die wirtschaftliche Entwicklung Deutschlands. Jeder Staat betrieb seine eigene Wirtschaftspolitik und grenzte sich durch seine Währung, Maße, Zölle und Steuern von den anderen Staaten ab. Auf dieser Grundlage konnten keine großräumigen Märkte entstehen, ohne die jedoch eine Industrialisierung des Landes nicht möglich war.

Die Schwierigkeiten, die sich bei der Umsetzung der preußischen Reformen einstellten, waren nicht zuletzt auch der Aufhebung der Kontinentalsperre im Jahr 1815 zu verdanken. Die aufgestauten englischen Waren strömten plötzlich auf den Kontinent und ruinierten dort die während der Sperre entstandene Ersatzgüterproduktion. Dazu gehörten vor allem die Webereien im Rheinland und in Sachsen, aber auch Eisengießereien.

In Sachsen wuchs die Zahl der Webereien während der Kontinentalsperre um das Zwanzigfache. Nach ihrer Öffnung waren die von deutschen Webern auf altmodischen Webstühlen hergestellten Produkte gegenüber der fabrikmäßig hergestellten englischen Ware aber weder von der Qualität noch vom Preis her wettbewerbsfähig.

Zu den Profiteuren der Kontinentalsperre gehörte zudem die Eisenindustrie, weil Gussstahl nicht mehr aus England nach Europa gelangte. Doch bei Öffnung der Kontinentalsperre waren es insbesondere die Eisengießereien, die von der technisch besser ausgestatteten englischen Konkurrenz unter Druck gesetzt wurden und in Schwierigkeiten kamen.

Die preußischen Reformer verbanden mit der Einführung der Gewerbefreiheit auch die Hoffnung, dass sich der dadurch in Gang gesetzte Wettbewerb mit England fördernd auf die Industrialisierung in Preußen auswirken würde. Sie unterschätzten aber den technischen Rückstand auf preußischer Seite. Bis in die 30er- und 40er-Jahre des 19. Jahrhunderts kamen die wichtigsten technischen Neuerungen aus England. In der Textilindustrie war es insbesondere die Ersetzung des Handwebstuhls durch die mechanische Webmaschine – ein technisches Gerät, das die Engländer bereits um die Wende zum 19. Jahrhundert einsetzten. In Deutschland wurde der erste mechanische Webstuhl erst 1845 gebaut.

Letztendlich war es aber auch die Reformpolitik selbst, die für ihre schleppende und mangelhafte Umsetzung verantwortlich war.

Die Agrarreform begann in der Absicht, die Bauern für eine freie wirtschaftliche Tätigkeit zu gewinnen, im Endeffekt führte sie aber vor allem zu einer weiteren Standessicherung des Adels auf Kosten der Bauern. Durch Landabtretungen und den Aufkauf von Höfen, das sog. Bauernlegen, erwarben die Gutsbesitzer in Ostdeutschland fast eine Million Hektar Nutzland dazu. Damit schufen sie für sich statt für die Bauern die Voraussetzungen für einen nach gewerblichen Gesichtspunkten arbeitenden Agrarbetrieb.

Auch die mit der Einführung der Gewerbefreiheit verbundenen Erwartungen wurden enttäuscht: Statt zusätzliches Gewerbe gab es immer mehr Meisterbetriebe, die nicht mehr wettbewerbsfähig waren, und Gesellen, die keine Arbeit fanden. Begleitende und fördernde Maßnahmen, um solche Entwicklungen zu verhindern, waren im Reformkonzept nicht vorgesehen. Die Handwerkerschaft richtete deshalb ihr ganzes Bemühen auf die Wiederherstellung der alten Verhältnisse, womit sie im konservativen Teil der Verwaltung durchaus auf Sympathien stieß.

Den preußischen Reformern waren diese Entwicklungsprobleme durchaus bewusst. Sie konzentrierten sich deshalb zunächst nicht auf die Industrialisierung, sondern auf den Agrarsektor. Das geschah insbesondere durch die Erweiterung bereits vorhandener Märkte, wovon ebenfalls in erster Linie die Gutswirtschaften und nicht die Bauern profitierten.

Vermutlich gab es zu einer solchen Entwicklungsstrategie keine realistische Alternative. Denn in einer nicht industrialisierten Wirtschaft mit permanenter Unterbeschäftigung ohne technischen Fortschritt und ohne Kapitalzufuhr von außen konnte Wirtschaftswachstum nur durch volle Ausnutzung des Arbeitspotenzials erreicht werden. Die Reformer setzten darauf, dass sich mit zunehmender Beschäftigung durch die Bauernbefreiung die gesamtwirtschaftliche Arbeitsproduktivität verbessern und dadurch das Volkseinkommen und die Güternachfrage steigen würden.

Die konservativen ostelbischen Junker hielten eine solche Politik jedoch für nutzlos und gefährlich. Sie lehnten die beschlossenen Reformen grundsätzlich ab und kritisierten das entstandene Chaos. Friedrich August Wilhelm von der Marwitz, Gutsherr in der Mark Brandenburg, brachte seinen Ärger wie folgt zum Ausdruck: Im Königreich herrsche ein »Krieg der Besitzlosen gegen das Eigentum, der Industrie gegen den Ackerbau, des Beweglichen gegen das Stabile, des krassen Materialismus gegen die von Gott eingeführte Ordnung«.

Unternehmerische Potenziale

Die Gewerbefreiheit und die Bauernbefreiung waren unter der liberalen Prämisse eingeführt worden, dass sich genügend Menschen finden würden, die sich zutrauten, selbstständig einen landwirtschaftlichen oder gewerblichen Betrieb zu gründen und zu führen. Aber woher sollten diese Menschen kommen? Der damalige Staat jedenfalls konnte nach seinem Selbstverständnis nicht mehr tun, als dafür die rechtlichen Voraussetzungen zu schaffen. Jetzt lag es an den Menschen, von dieser Möglichkeit Gebrauch zu machen.

Wie das in der Frühphase der Industrialisierung geschah, soll an zwei Beispielen illustriert werden. Das erste Beispiel stammt aus dem »Oldenburgischen Münsterland«, einer heute führenden Industrieregion in Norddeutschland. Im zweiten Beispiel geht es um die jüdische Unternehmerfamilie Liebermann, die aus Märkisch Friedland stammte.

Kreymborgs Schreibfedern

Gerhard Heinrich Kreymborg, der Sohn eines Heuermannes, gründete im Jahr 1801 in der Stadt Lohne eine Fabrik zur »massenweisen Herstellung von Schreibfedern«. Das Wissen darum hatte er von einem aus der französischen Armee desertierten Soldaten erhalten. Lohne war damals eine kleine Ackerbürgerstadt mit etwa 3000 Einwohnern. Man war Bauer, Handwerker oder Kleinkaufmann und lebte von dem, was man selbst produzierte oder vor Ort kaufen konnte.

Doch plötzlich gab es in Lohne den Fabrikanten Kreymborg, der mit Lohnarbeitern Schreibfedern fabrizierte, die man selbst kaum gebrauchte und die nur überörtlich im damaligen oldenburgischen oder hannoverschen Ausland abgesetzt werden konnten. Damit brach in Lohne eine neue Zeit an, über die mancher den Kopf schüttelte: »Wenn dat man gaut geiht.«

Doch das Unternehmen wuchs rasch. Zunächst bezog man das Rohmaterial, vor allem größere Gänsefedern, aus dem heimischen Raum, später auch aus den Niederlanden und Russland. Schon nach wenigen Jahren wurden die Produkte in ganz Europa vertrieben und gelangten sogar in die Vereinigten Staaten von Amerika. Das Geheimnis dieses Erfolges war die hohe und gleichbleibende Qualität der Schreibfedern, die fabrikmäßig in einem arbeitsteiligen Produktionsprozess hergestellt wurden.

Insgesamt waren es neun Arbeitsgänge, die von der Rohware bis zur fertigen Schreibfeder erledigt werden mussten:

»Die ankommenden Federn wurden nach Länge und Gewicht sortiert. Danach wurden die Federn des rechten von denen des linken Flügels getrennt und die Bündel der Größe nach sortiert. Anschließend wurden die sogenannten Spulen, d.h. die unteren Enden der Federn, gehärtet. In den ersten Jahren geschah das in heißem Wasser, später dann in heißem Sand.

Beim Eintauchen in den heißen Sand riss die Oberhaut auf und die Feuchtigkeit wurde der Spule entzogen, wodurch sie erhärtete. Diese Oberhaut wurde entfernt, die Spule zunächst mit einem stumpfen Messer, anschließend mit scharfen Drahtbürsten geschabt.

Zur zusätzlichen Härtung wurde die Spule erneut in heißen Sand gesteckt, dann auf einer Scheuerbank komplett gereinigt. Einige besondere Exemplare wurden auch gefärbt. Die Spule wurde dann am unteren Ende aufgeschnitten. Mit einem Draht mit gebogener Spitze wurde sodann das Mark, dass sich in der Spule befand, herausgezogen. Danach erfolgten das Anschneiden und Anschrägen der Federn.

Vor dem Versand wurden die Spulen nochmals sortiert, wobei sie in kleine Hölzchen mit entsprechenden Bohrungen gesteckt wurden. Die fertigen Schreibfedern wurden in Bündel gepackt, etikettiert, mit Federnnummern versehen, verschnürt und schließlich endgültig verpackt.«

In der Kreymborg'schen Fabrik waren bald 36 Personen beschäftigt, die täglich im Durchschnitt 36 000 Schreibfedern, in außerordentlichen Fällen sogar 50 000 Stück herstellten. An 300 Arbeitstagen im Jahr waren das 11 Millionen Schreibfedern, was nur aufgrund der konsequenten Arbeitsteilung möglich war.

Die Firma Kreymborg fand bald Nachahmer: Im Jahr 1831 zählte Lohne vier Federfabriken, in denen rund 100 Arbeitnehmer beschäftigt waren. 1835 wurden wöchentlich etwa 100 000 Federn verschickt, für ein Jahr über fünf Millionen. 20 Jahre später waren es schon über zehn Millionen.

Die Federn wurden durch Reisende überall in Europa abgesetzt. Der Transport erfolgte mit Pferdefuhrwerken. Bevor die Reisenden mit der Ware abreisten, empfingen sie die kirchlichen Sakramente. Die Reisen endeten auf dem Balkan oder in Italien, bis alle Waren verkauft waren. Auf dem Rückweg nahmen die Fuhrleute Raben- und Gänsefedern als Rohmaterial mit zurück. Solche Reisen dauerten in der Regel sechs bis neun Monate.

Das Beispiel macht deutlich, was geschehen musste, um die Einführung der Gewerbefreiheit auf dem Lande mit Leben zu erwecken. Der Sohn eines Heuermanns lernte von einem desertierten französischen Soldaten, wie Schreibfedern hergestellt werden, und hatte den Mut, einen Betrieb zur »massenweisen Fertigung von Schreibfedern« zu gründen. Das Rohmaterial kaufte er anfangs vor Ort bei Bauern. Die Arbeitskräfte besorgte er sich aus dem Heer der landwirtschaftlichen Tagelöhner. Die fertigen Produkte vertrieb er zunächst in den benachbarten Provinzstädten und später in ganz Europa. Einen solchen Menschen konnte man nicht erfinden, er war plötzlich da und begann, als Unternehmer zu arbeiten.

Liebermanns Stoffhandel

Für die jüdische Bevölkerung in Preußen eröffnete das Emanzipationsedikt von 1812 die Möglichkeit, auf Antrag die preußische Staatsbürgerschaft zu erlangen. Das Edikt hob das Schutzverhältnis der Juden auf und gewährte ihnen weitgehende Niederlassungs-, Handels- und Gewerbefreiheit. Juden konnten sich erstmals fast im gesamten preußischen Gebiet frei bewegen, beinahe jedes Gewerbe frei wählen und ohne obrigkeitliche Kontrolle Grundbesitz erwerben. Auch fielen nahezu alle Sonderabgaben weg.

Diese neue Möglichkeit führte dazu, dass viele Juden ihren bisherigen Wohnsitz aufgaben, um woanders eine bessere wirtschaftliche Zukunft zu finden. Dazu gehörten auch jüdische Familien aus dem westpreußischen Städtchen Märkisch Friedland, das einen besonders hohen Anteil jüdischer Bevölkerung besaß. Die Juden dort lebten wie überall überwiegend vom Handel. In Märkisch Friedland war es vor allem der Handel mit Wolle.

Zu den ersten jüdischen Familien, die Märkisch Friedland verließen und nach Berlin zogen, gehörten die drei Brüder Liebermann, die mit Baumwollstoffen handelten. Einer von ihnen war Joseph Liebermann (1783–1860), der mit seiner Frau Marianne zehn Kinder hatte. Eines davon, Louis Liebermann, war der Vater des Malers Max Liebermann (1847–1935). Die Tochter Therese heiratete Emil Rathenau (1838–1915), den späteren Gründer der AEG. Walther Rathenau (1867–1922), der in der Weimarer Zeit einem politischen Attentat zum Opfer fiel, war ihr Sohn.

Bis das Emanzipationsedikt in Kraft trat, hieß es in der Handelsordnung der Berliner Kaufmannschaft aus dem Jahr 1716: »*Alldieweil die Kaufmannsgilde aus ehrlichen und redlichen Leuten zusammengesetzet, also soll kein Jude, strafbarer Totschläger, Gotteslästerer, Mörder, Dieb, Ehebrecher, Meineidiger oder der da sonst mit öffentlichen groben Lastern und Sünden beflecket und behaftet, in unsrer Gilde gelitten, sondern gänzlich davon ausgeschlossen sein und bleiben.*« Im Jahr 1812 wurde dieser Passus gestrichen.

In Berlin angekommen, gründete Joseph Liebermann ein Großhandelsgeschäft, in dem mit Baumwollstoffen, auch Kattun oder Kaliko genannt, gehandelt wurde. Joseph Liebermann wusste, dass der Baumwolle, die bis dahin ein Luxusartikel war, die Zukunft gehörte. Seitdem man in der Mitte des 18. Jahrhunderts in England die Spinnmaschine erfunden hatte, wurde Baumwolle billiger und entwickelte sich zu einem Massenartikel. Langfristig plante Liebermann, mit Baumwollstoffen nicht nur zu handeln, sondern sie auf modernen Maschinen aus England, deren Geheimnisse sorgsam gehütet wurden, selbst herzustellen.

Anfangs beschränkte sich Joseph Liebermann allerdings darauf, rohe Baumwolltücher aus Schlesien oder aus England einzuführen und die unbedruckten Stoffe von Kattunfabriken bedrucken zu lassen. Anschließend verkaufte er die fertigen Produkte an Abnehmer in Polen, Russland, Italien und in Übersee. Überall besaß er Kontakte, die er auf Messen geknüpft hatte. Jüdische Kaufleute aus Märkisch Friedland waren in ganz Europa anzutreffen.

In weniger als 20 Jahren wurde Liebermann mit seinem Großhandelsgeschäft Marktführer. Vor allem die sogenannten »prussian shawls«, bedruckte Schultertücher aus Kattun, ein unverzichtbarer Teil der Biedermeiermode, wurden Verkaufsrenner in ganz Europa, denn deren Muster und Farben waren schöner und deshalb begehrter als die französischen oder englischen Produkte. Joseph Liebermann kam in Berlin zu Wohlstand und Ansehen, wie die folgende kleine Begebenheit bezeugt:

In Bad Teplitz, auf der Kurpromenade, wurde Joseph Liebermann 1839 dem preußischen König Friedrich Wilhelm III. vorgestellt. Als der mit dem Namen Liebermann nichts anzufangen wusste, sagte Joseph selbstbewusst: *»Wir sind die Liebermanns, die die Engländer vom Kontinent vertrieben haben.«* Dieser Satz, voller Stolz vorgetragen, meinte natürlich keine militärischen Siege, sondern den europaweit vertriebenen »prussian shawl«, mit dem man die englische Konkurrenz besiegt hatte.

Nicht zuletzt mag diese Begegnung dazu beigetragen haben, dass die Firma Liebermann & Comp. auch als Heereslieferant tätig wurde. Über mangelnde Aufträge musste man sich in diesem Geschäft nicht beklagen. Im Jahr 1850 betrug der Bedarf an Uniformen für ein stehendes Heer jährlich 25 000 Stück, für die Liebermann & Comp. die Stoffe lieferte. Außerdem lief das Geschäft mit den *Prussian shawls* weiter, die erst nach 1860 aus der Mode kamen; aber da waren die Liebermanns schon in anderen Branchen tätig.

Liebermanns Pläne

Joseph Liebermann erkannte früh, dass die Zukunft nicht allein im Handel, sondern auch in der Produktion der von ihm vertriebenen Stoffe liegen würde. In Berlin lernte er den Kattunfabrikanten Johann Friedrich Dannenberger kennen, der sich dort schon im Jahr 1812 als Kattunfabrikant niedergelassen hatte und von Liebermann unbedruckte Kattunstoffe kaufte. Dannenberger hatte im Kattungewerbe gearbeitet, zunächst als Hilfsarbeiter, später als Kattundrucker und Farbenmacher; gleichzeitig hatte er sich auf dem Gebiet der Chemie und Farbenlehre weitergebildet. Während der

Kontinentalsperre, als es keine englische Konkurrenz gab, hatte er gut verdient und das Geld in Walzendruckmaschinen investiert. Während mit dem alten Verfahren täglich vier Stücke bedruckt werden konnten, brachte es die neue Walzendruckmaschine auf 100 Stücke täglich.

Der Nachteil des modernen Produktionsverfahrens bestand jedoch in dem hohen Verschleiß der Druckwalzen und in der Herstellung neuer Walzen, die in Preußen einige Monate dauerte. Demgegenüber konnte eine Druckwalze in England mit einer neuen Kupferstichmaschine, die eine maschinelle Vervielfältigung von Druckwalzen ermöglichte, in vier Tagen hergestellt werden. Dannenberger fuhr deshalb nach Manchester und brachte sich mithilfe eines »Agenten« in den Besitz der Konstruktionsunterlagen. Die Schwierigkeit bestand jedoch darin, die englischen Maschinen nachbauen zu lassen, weil sich der Maschinenbausektor in Preußen und Berlin erst im Aufbau befand.

Joseph Liebermann beobachtete das alles sehr genau. Die neue Kupferstichmaschine faszinierte ihn, aber er sah auch, dass Dannenbergers Pläne von den begrenzten Möglichkeiten des Maschinenbaus in Preußen gebremst wurden. Daraus zog er den Schluss, dass zu einer modernen Kattunfabrik auch eine fähige Maschinenbaufirma gehört. Drei Jahrzehnte später gehörten den Liebermanns die schlesische »Wilhelmshütte«, die unter anderem Dampfkesselanlagen für die Dannenberger'sche Kattunfabrik lieferte. Und 1857 kaufte Joseph Liebermanns Sohn Benjamin auch die Dannerberger'sche Kattunfabrik.

Welches war das Erfolgsgeheimnis von Joseph Liebermann und vielen anderen Juden in Preußen? In Märkisch Friedland war ihnen der Aufstieg geglückt, weil sie auf ganz wenige Berufe wie den Handel und das Bankwesen begrenzt waren und »darin ihre Talente ausgebildet und weitergegeben« hatten. Als bedrohte Minderheit hatte man sie gezwungen, schreibt Regina Scheer in ihrem Buch über die Familie Liebermann, »wachen Sinnes künftige Entwicklungen zu spüren und sich darauf einzurichten, nicht allzu sesshaft, nicht allzu festgelegt zu sein«. Diese Weitsicht und Flexibilität kamen ihnen zugute, als die preußischen Freiheiten auch für sie galten: Sie zogen nach Berlin und führten dort zunächst mit Erfolg den Tuchhandel fort. Dann erweiterten sie das Unternehmen um eine Kattunfabrik und eine Maschinenbaufirma, um über die ganze Produktionslinie hinweg autark zu sein. Dabei half ihnen, dass die großen jüdischen Familien wie schon in Märkisch Friedland auch in Berlin zusammenhielten. Sie heirateten untereinander, achteten auf Status, Herkunft und Vermögen.

Pauperismus

Zu den tief greifenden Umwälzungen in der ersten Hälfte des 19. Jahrhunderts gehörte vor allem das rapide Wachstum der Bevölkerung. Allein zwischen 1800 und 1850 nahm die Bevölkerung auf dem Gebiet des späteren Deutschen Reiches von etwa 20 auf über 35 Millionen zu. Weil die industrielle Entwicklung und infolgedessen der Zuwachs bei den Arbeitsplätzen weniger dynamisch verliefen, verbreiteten sich zwangsläufig Arbeitslosigkeit und Armut. Dafür erfand man den Begriff des »Pauperismus«, worunter eine zunehmende Arbeitslosigkeit verstanden wurde, die durch starkes Bevölkerungswachstum bei gleichzeitig fehlenden Arbeitsmöglichkeiten entstand.

Die folgende Tabelle zeigt beispielhaft, wie sich in »Norddeutschland« das Verhältnis von Arbeitskräften zu Arbeitsplätzen zwischen 1822 und 1864 entwickelte:

	Arbeitskräfte	Arbeitsplätze
1822	1.196.000	1.196.000
1849	1.668.000	1.332.000
1864	1.893.000	1.582.000

Während das Verhältnis von Arbeitskräften zu Arbeitsplätzen im Jahr 1822 noch ausgeglichen war, gab es in den Jahren 1849 und 1864 ein Überangebot von Arbeitskräften in Höhe von 336 000 bzw. 311 000.

Neben dem starken Bevölkerungswachstum hatte der Pauperismus auch politische und wirtschaftliche Gründe:

Ein wichtiger Grund für den Pauperismus war sicherlich, dass die preußischen Reformen »von oben« schneller und rigoroser erfolgten, als sich Fortschritte bei der Modernisierung und Industrialisierung des Landes einstellten. Dadurch wurden vor allem in der Landwirtschaft und im Handwerk Arbeitskräfte freigesetzt, für die es noch keine neuen Arbeitsplätze gab. Doch welche Alternative gab es zu dieser Politik?

Auf dem Land war die Lage vielerorts durch arme Kleinbauern gekennzeichnet, die landwirtschaftliche Betriebe von zwei bis fünf Hektar Besitz bewirtschafteten. Zumeist genügten die Familienmitglieder, um die kleinen Parzellen zu bearbeiten. Es bedurfte aber meistens des Zuverdienstes, um den Unterhalt der Familie zu sichern. So stieg die Zahl der Wanderarbeiter und Tagelöhner ohne regelmäßige Arbeit, die in der Land- und Forstwirtschaft, in der Hausarbeit, in Bergwerken oder beim Straßenbau eine Beschäftigung suchten. Solche ländlichen Unterschichten stellten in der ersten Hälfte des 19. Jahrhunderts auch die größte Zuwanderungsgruppe in den wachsenden deutschen Städten dar.

Auch im Handwerk und Gewerbe gingen Arbeitsplätze verloren, weil sie gegenüber der englischen Konkurrenz nicht wettbewerbsfähig waren. Fast in allen traditionellen Gewerberegionen in Deutschland führte die englische Konkurrenz zu Absatzrückgängen, so etwa in der Garn- und Leinenindustrie in Bielefeld, die ihre Auslandsmärkte verlor; in der Spinnerei in Kurhessen und Thüringen, die der Konkurrenz durch in England mit australischer Wolle gefertigter Stoffe nicht gewachsen war; und in der Blei- und Eisenproduktion in den preußischen Rheinprovinzen, weil die englische Industrie deutlich produktiver war. Absatzrückgänge bedeuteten für die in solchen Wirtschaftsbereichen Tätigen regelmäßig Arbeitslosigkeit, Not und Elend. Einen Schutz dagegen gab es nicht, weil die traditionelle soziale Absicherung durch Zünfte nicht mehr existierte.

Mit der Bevölkerungsexplosion und der Abwanderung der Landbevölkerung wuchsen die Städte. Bis zum Beginn des 19. Jahrhunderts war die Bevölkerungsverteilung zwischen Stadt und Land etwa gleich geblieben. Doch jetzt zog es die Menschen, die auf dem Land keine Arbeit mehr fanden, zunächst in die Städte der näheren Umgebung. Gab es auch dort keine Arbeit, setzte das Wandern von Ort zu Ort ein. Mit der Aufgabe der Sesshaftigkeit verloren die Menschen mehr und mehr auch ihre familiären und sozialen Bezüge.

Ab 1815 vergrößerte sich der Anteil der Städter an der Gesamtbevölkerung fortlaufend: Wien zählte im Jahr 1800 etwa 236 000 Einwohner, 1849 bereits 476 000; Berlin hatte 1801 erst 173 000 Einwohner, 1849 dann 454 000. Auch kleinere Residenzstädte legten erheblich zu. So wuchs die Handels- und Gewerbestadt Leipzig von 38 000 Einwohnern im Jahr 1800 auf 67 000 im Jahr 1852.

Das Wachstum der Städte war nicht gleichbedeutend mit einem höheren Wohlstand und Lebensstandard der Bevölkerung, sondern bedeutete meistens das krasse Gegenteil. Wie viele andere Teile des europäischen Kontinents so war auch Deutschland in der ersten Hälfte des 19. Jahrhunderts in einem nur schwer vorstellbaren Maß ein Land der Massenarmut. Es gab weithin Gegenden, in denen etwa die Hälfte der Menschen am Rande des Existenzminimums lebte. Wanderarbeit und Bettelei waren weit verbreitet.

Die von solchen Krisen heimgesuchten Menschen reagierten darauf unterschiedlich: entweder mit einer fatalistischen Haltung und äußerster Bedürfnislosigkeit oder mit vermehrten Anstrengungen, vor allem langen Arbeitszeiten sowie Frauen- und Kinderarbeit; viele auch mit der Auswanderung nach Übersee und nicht wenige mit stillem Protest oder sozialem Aufruhr.

Ohne dass sich die Menschen dessen bewusst waren, bildete diese chaotisch bunte Masse von Menschen zu Beginn der Industrialisierung die »erste Arbeiterschaft«. Sie arbeiteten und darbten ohne Perspektive bis an ihr Lebensende. Bei jeder Absatz- und Kreditkrise wurden sie auf die Straße gesetzt. Sie erduldeten Berufskrankheiten, Unfallgefahr und sittliche Verrohung. Sie ertrugen auch die Nöte ihrer Familienmitglieder, die allesamt mitarbeiten mussten. In dieser Zeit arbeiteten selbst achtjährige Kinder in den Bergwerken.

Die in der ersten Hälfte des 19. Jahrhunderts stark anwachsenden Auswanderungswellen waren ein deutliches Zeichen für den grassierenden Pauperismus. In den Zeiten des spätmittelalterlichen Absolutismus erfolgten Auswanderungen meist aus religiösen Gründen. Sie waren selten, weil der Wegzug an die Zustimmung des Grund- und des Landesherrn gebunden war. Außerdem sahen die Monarchen in der Auswanderung einen Verlust von Arbeitskraft, den sie im Sinne ihres merkantilistischen Interesses verhindern wollten.

In der Zeit des Pauperismus kehrte sich diese Einschätzung um mit dem Ziel, durch die Auswanderung sozialen Sprengstoff loszuwerden. So kam es schon 1816/17 zur ersten Massenauswanderung aus Deutschland, vornehmlich aus Südwestdeutschland. Ziel der Auswanderung war hauptsächlich Nordamerika, eine kleinere Anzahl von Menschen ging nach Russland. Der Grund war die katastrophale Missernte des Jahres 1816, von der die bereits verarmte und hungernde Bevölkerung auf dem Lande besonders hart getroffen wurde.

Landwirtschaftliche Missernten waren der häufigste Grund für Auswanderungen: Wenn gute Ernten die Ernährungslage verbesserten, ebbte die Auswanderungswelle ab; verschlechterten sie sich, stiegen die Auswanderungszahlen wieder an. So war es auch zu Beginn der Hungersnot, die zur Revolution von 1848 führte. Betrug die Zahl der Auswanderer davor jährlich etwa 20 000, so waren es zwischen 1846 bis 1855 insgesamt 1,1 Millionen Menschen, die auswanderten.

Malthusianische Falle

Die Merkantilisten und die nachfolgenden liberalen Nationalökonomen waren davon überzeugt, dass mit dem Wachstum der Bevölkerung auch eine größere wirtschaftliche Leistungsfähigkeit eines Landes einhergehen würde. Der um die Wende des 19. Jahrhunderts trotz wachsender Bevölkerung zunehmende Mangel an Arbeitsplätzen und die wirtschaftlichen Nöte der Menschen schienen diesem Befund der Ökonomen jedoch zu widersprechen.

Der englische Landpfarrer Thomas Malthus (1766–1834) sah sich deshalb veranlasst, auf diesen Widerspruch aufmerksam zu machen. In seiner Schrift *The Principle of Population* prognostizierte er, dass die Bevölkerung wesentlich schneller zunehmen würde als die Produktion von Grundnahrungsmitteln. Diese Prognose stützte er mit »naturgesetzlichen« Gegebenheiten: Danach werde die Bevölkerung im Sinne einer geometrischen Reihe wesentlich schneller wachsen als die Menge an Nahrungsmitteln, die nur im Sinne einer arithmetischen Reihe zunehmen werde. Dies habe zwangsläufig zur Folge, dass die Preise für Nahrungsmittel aufgrund zunehmender Knappheit steigen und die Löhne wegen knapper Arbeitsplätze bis unter das Existenzminimum sinken würden.

Daraus folgten nach der Prognose von Malthus zunehmend Hunger, Unterernährung, Krankheiten und Massensterben sowie der Verfall gesellschaftlicher Strukturen. Malthus sah in dieser Entwicklung der Menschheit einen »naturgesetzlichen Zyklus«, in dem sich die Bevölkerung durch fortschreitende Verelendung, durch Krankheiten und Seuchen wieder reduzieren würde. Danach sollte der Zyklus von Neuem beginnen. Einen Ausweg aus dieser »Malthusianischen Falle« sah Malthus nicht (Rolf Walter).

Anders als die liberalen Ökonomen seiner Zeit glaubte Malthus nicht daran, dass die Marktwirtschaft das Problem lösen könnte. Um das Bevölkerungswachstum in den Griff zu bekommen, plädierte er für Enthaltsamkeit und Ehelosigkeit. Verhütung und Abtreibung lehnte er als »sündhaft« ab. Auch in der Emigration sah er keine nachhaltige Lösung. Sein Zeitgenosse David Ricardo warf Malthus vor, er gebe »den Reichen eine sehr erfreuliche Formel, die Missgeschicke der Armen zu ertragen«, eine Kritik, die später auch Karl Marx teilte.

Malthus erreichte mit seinem Katastrophenszenario eine bis heute bestehende Popularität, sein Einfluss auf die klassische Nationalökonomie blieb jedoch gering. Das hatte vor allem damit zu tun, dass sich seine pessimistische Prognose (drohende Nahrungsmittelknappheit bei steigender Bevölkerung) schon im 19. Jahrhundert als falsch erwies:

Malthus unterschätzte die Steigerung der wirtschaftlichen Produktivität infolge von Arbeitsteilung und Massenproduktion und den technischen Fortschritt, durch den sich nicht zuletzt auch die Produktivität in der Landwirtschaft erhöhte. Außerdem gingen in den industrialisierten Ländern infolge steigender Einkommen auch die Geburtenrate und das Bevölkerungswachstum zurück. Damit brachen die beiden Grundannahmen von Malthus in sich zusammen: Einmal die (in arithmetischer Reihe erfolgende) geringe Zunahme an Nahrungsmitteln und zum anderen die (im geometrischen Sinn verlaufende) rasante Entwicklung der Bevölkerung.

Der eigentliche Fehler von Malthus bestand darin, dass er glaubte, die soziale und wirtschaftliche Entwicklung der Menschheit mit einer mathematisch-naturwissenschaftlichen Formel beschreiben und prognostizieren zu können. Er glaubte als Kind der Aufklärung an die Macht der Vernunft (Rationalität). Nur das, was mit dem Verstand begründet werden konnte und im Sinne der Naturwissenschaften beweisbar war, sollte gelten. Damit ist er aber vollends gescheitert.

Insofern kann man in Malthus einen Vorläufer für alle späteren Wirtschafts- und Sozialwissenschaftler sehen, die glaubten und glauben, ihr Fach sei eine »exakte Wissenschaft«, in der man mit mathematisch-naturwissenschaftlichen Erkenntnismethoden zu sicheren Handlungsempfehlungen und Prognosen gelangen kann. Dies gilt im Übrigen auch für die Klimawissenschaftler und -politiker, die mithilfe von kausalen Zusammenhängen und Daten genau vorausberechnet haben, bei welcher Veränderung des vorhandenen CO_2-Budgets die vorausgesagte Klimakatastrophe eintreten wird. Gegen ein solches Ergebnis spricht schon die historische Erfahrung, dass von allen vorausgesagten Weltuntergängen bisher kein einziger eingetreten ist.

Sozialpolitische Untätigkeit

Die Regierungen hielten sich nicht für verpflichtet, dem überall sichtbaren Elend mit einer sozialpolitischen Agenda entgegenzutreten. Sie schauten zu (oder weg), wie sich die alte Solidarität innerhalb der landwirtschaftlichen und handwerklichen Betriebe auflöste, und wussten nicht, was sie dem chaotischen Niedergang der alten Ordnungen als einigende Kraft entgegensetzen sollten.

Regierung und Verwaltung rechtfertigten sich vielmehr mit der Überlegung, dass ein von allen Bindungen befreiter Bürger in voller Gleichberechtigung mit dem Unternehmer einen Vertrag über seine Arbeitskraft abschließen konnte. Wenn ihm dabei unbillige Bedingungen zugemutet wurden, konnte er den Vertrag ablehnen und zu einem anderen Unternehmer gehen, der ihm bessere Bedingungen bot.

Der Arbeiter hatte in der Tat alle Rechte, die er nur haben wollte: Er war nicht mehr an den Grundherrn oder den Handwerksmeister gebunden, sondern konnte selbst entscheiden, wo und für wen er arbeiten wollte. Insofern war er rechtlich »frei«, aber angesichts der damaligen Lage auf dem Arbeitsmarkt dem Unternehmer ausgeliefert, wenn er nicht verhungern wollte. Dieser konnte jeden Kontrakt diktieren, wenn nicht Anstand oder Tradition ihn davon abhielten.

Diese Abhängigkeit des Arbeiters vom Unternehmer wurde insbesondere in Regionen sichtbar, wo die Industrialisierung noch nicht weit fortgeschritten war. Dort beteiligten sich überwiegend alle Familienmitglieder einschließlich Kinder an der Heimarbeit. In dem nun frei gewordenen Wettbewerb gegenüber internationalen, in Fabriken hergestellten Produkten konnten sie jedoch nicht mithalten. Das brachte die Handwerksfamilien schnell in eine völlige Abhängigkeit von Unternehmern und Fabrikherren.

In Preußen war es der Kultusminister von Altenstein, der sich im Jahr 1828 als Erster der rheinischen Fabrikkinder, die in den Kohlegruben arbeiten mussten, annahm und dazu einen Bericht einholte, in dem die von ihm beobachteten Zustände bestätigt wurden. Er bereitete daraufhin gesetzliche Maßnahmen vor, die aber beim Minister des Inneren auf Widerstand stießen. Unterstützung bekam von Altenstein jedoch von Generalleutnant von Horn, der meldete, dass in manchen Industriebetrieben »der Erfolg der Aushebungen infolge der Kinderarbeit (Anm. wegen ihres kleinen Wuchses) außerordentlich stark gesunken sei«. Dieses Argument verfing auch bei Friedrich Wilhelm III., der die Minister des Kultus und Inneren aufforderte, ihm Maßregeln gegen die bestehenden Missstände vorzuschlagen.

Diese wurden indessen jahrelang durch bürokratische Widerstände verschleppt. Erst 1837 erhielt die sozialpolitische Bewegung in Preußen einen neuen und starken Anstoß, als der Fabrikant Schuchard aus Barmen im rheinischen Provinziallandtag und in der Presse ein Kinderschutzgesetz forderte. Das Staatsministerium beschloss daraufhin ein Regulativ, das die Arbeit von Kindern unter 9 Jahren verbot und die tägliche Arbeitszeit für Jugendliche unter 16 Jahren auf 10 Stunden begrenzte. Die Nacht- und Sonntagsarbeit für Kinder wurde generell verboten. Das war das erste sozialpolitische Gesetz in Preußen (Ludwig Heyde).

Volksunruhen

Der Pauperismus führte in der ersten Hälfte des 19. Jahrhunderts zu zahlreichen Protesten und Widerstandsaktionen, die sich zumeist aus lokalen Notsituationen entwickelten. Sie waren so gut wie nie von langer Hand geplant, hatten nur selten klare Ziele und liefen ohne feste Organisation und Führung ab.

Die folgende Aufstellung gibt einen Eindruck von der Häufigkeit solcher Unruhen in Deutschland:

1816–1829:	29
1830–1939:	136
1840–1847:	158
1850–1859:	107
1860–1875:	133

Auf dem Lande bezogen sich die Unruhen fast immer auf Nutzungsrechte am ehemaligen Gemeinbesitz (Allmende), um Abgaben und Dienstleistungen an den Grundherrn und um das Verhalten der Verwaltung und

Polizei. Beim Handwerk ging es zumeist um Zunftbeschränkungen oder Steuerzahlungen. Arbeiter rebellierten gegen Hungerlöhne, überlange Arbeitszeiten und ungerechte Entlassungen. Die Proteste und Gewaltaktionen verrieten Rat- und Hilflosigkeit gegenüber einer in ihren Ursachen schwer zu durchschauenden Notlage und blieben ohne Einfluss auf die politische Entwicklung.

Der Aufstand von verzweifelten Webern, die erstmals begannen, sich ihrer Macht bewusst zu werden, bekam am Vorabend der Revolution von 1848 überregionale Bedeutung. Der Schriftsteller Gerhart Hauptmann hat ihnen später mit dem Drama *Die Weber* ein Denkmal gesetzt.

Die schlesischen Arbeiter waren Heimarbeiter, die ihre Webstühle im Handbetrieb bedienten. Sie waren abhängig von ihren Verlegern, die ihnen die Rohstoffe lieferten und dann die fertigen Waren abnahmen. Die Konkurrenz mit britischen Waren, die bereits industriell erzeugt wurden, führte dazu, dass sich die Arbeitsbedingen und Entlohnung der schlesischen Weber immer mehr verschlechterter. Auch die Verlängerung der täglichen Arbeitszeit und die vermehrte Kinderarbeit konnten den Lohnverfall nicht ausgleichen.

Vor diesem Hintergrund kam es am 4. Juni 1844 zu dem Aufstand von 3000 schlesischen Webern, die von ihren Verlegern, denen sie Ausbeutung vorwarfen, höhere Löhne forderten. Als diese abgelehnt wurden, drangen sie in die Häuser der Verleger ein, verprügelten einige verhasste Buchhalter und zerstörten Einrichtungen und Maschinen. Der Aufstand wurde nach drei Tagen durch preußisches Militär blutig niedergeworfen. Denn Zusammenschlüsse von Arbeitern und Handwerkern waren in Preußen verboten.

So berechtigt die Empörung der Weber sein mochte und so sehr die Profitmacherei der Kapitalgeber die Not der Heimarbeiter verschärfte, so wenig lag hier die Wurzel des Übels. Die Notlage der Leineweber in Ostwestfalen und Schlesien war vielmehr dadurch entstanden, dass sie als Handarbeiter mit der Produktivität der modernen maschinellen Webstühle nicht Schritt halten konnten und trotz Mitarbeit der Familienmitglieder und längerer Arbeitszeiten immer niedrigere Verkaufserlöse pro Arbeitsstunde erzielten. Um ihre Lage nachhaltig zu verbessern, gab es nur den Weg, die Produktion des Leinens von der Handarbeit auf die industrielle Fertigung umzustellen, um so wieder wettbewerbsfähig zu sein. Doch dazu fehlte den Familienbetrieben die finanzielle Kraft.

Dass es bei solchen sozialen Verhältnissen nicht schon vor 1848 in Deutschland zu einer Revolution wie in Frankreich 1789 gekommen ist, führte Goethe nicht zuletzt auf den »aufgeklärten Absolutismus« der preußischen Könige zurück. »Revolutionen sind ganz unmöglich«, so schrieb er, »sobald die Regierungen gerecht und fortwährend wach sind, sodass sie ihnen durch zeitgemäße Verbesserungen entgegenkommen und sich nicht so lange sträuben, bis das Notwendige von Unten her erzwungen wird.« Kehrt man diese Aussage von Goethe um, so bedeutete sie, dass Revolutionen möglich sind, wenn sich Regierungen gegen zeitgemäße Verbesserungen so lange sträuben, bis das Notwendige »von Unten her erzwungen wird«. Dieser Zeitpunkt war spätestens im Frühjahr 1848 mit der Märzrevolution gekommen.

Deutscher Zollverein

Der auf dem Wiener Kongress 1815 geschaffene »Deutsche Bund« hatte keinen zusammenhängenden Wirtschaftsraum geschaffen, sondern bestand aus 35 autonomen Fürstenstaaten und vier freien Städten. Alle prägten eigene Münzen, hatten eigene Rechts-, Zoll-, Steuersysteme sowie unterschiedliche Maße und Gewichte. Bei Lieferungen und Leistungen in oder aus anderen Staaten innerhalb Deutschlands handelte es sich deshalb um »Exporte oder Importe«, weil Landes- und Zollgrenzen überschritten wurden. Dementsprechend kleinteilig waren die Märkte.

Für die Überwindung der wirtschaftlichen Zersplitterung in Deutschland war der Deutsche Bund auch keine Hilfe, weil er mit Ausnahme der äußeren und inneren Sicherheit keine Zuständigkeiten besaß. In Fragen der Wirtschafts-, Fiskal- und Zollpolitik lag alle Macht weiterhin bei den Einzelstaaten und hier insbesondere bei den beiden größten Staaten Österreich und Preußen.

Auf dem Wiener Kongress hatte man zwar auch über Wirtschaftsfragen verhandelt. Das einzige konkrete Ergebnis war aber eine relative Freizügigkeit der Untertanen und die Freiheit zum Grunderwerb unabhängig von der Staatsangehörigkeit. Alle anderen Fragen wurden vertagt und auch später nicht mehr ernsthaft verfolgt, bis Preußen die Initiative ergriff.

Für Preußen hatte die territoriale Neuordnung Deutschlands auf dem Wiener Kongress zu einer erheblichen Vergrößerung des preußischen Staatsgebietes geführt. Dieses Staatsgebiet bestand aber aus zwei unverbundenen Teilen. Der westliche Teil, die Provinzen Rheinland und Westfalen, war von den preußischen Kernlanden durch das Königreich Hannover und das Kurfürstentum Hessen räumlich getrennt.

Nach einer Phase der politischen Stabilisierung begann Preußen deshalb Mitte der 20er-Jahre, eine Strategie zur Verbindung der beiden Landesteile zu entwickeln. Schon 1818 hatte Preußen alle Binnenzölle aufgehoben und damit auf wichtige Einnahmen verzichtet, um einen einheitlichen Wirtschaftsraum zu schaffen. Zollabgaben wurden nur noch an den Außengrenzen und für den Durchgangsverkehr ausländischer Waren verlangt. Das war auch als Anreiz und Druckmittel gedacht, um die übrigen deutschen Staaten mit Ausnahme von Österreich für die Schaffung eines einheitlichen Zollgebietes zu gewinnen.

Nachdem sich weitere Staaten des Deutschen Bundes der vergleichsweise liberalen Linie Preußens in Zollfragen angeschlossen hatten, wurde am 1. Januar 1834 der »Deutsche Zollverein« gegründet, der einen Zusammenschluss von Staaten des Deutschen Bundes für den Bereich der Zoll- und Handelspolitik darstellte. In dieser Gründung sahen viele die Einheit Deutschlands unter preußischer Führung ansatzweise wenigstens auf wirtschaftlichem Gebiet hergestellt. Österreich, dessen Interessen mehr nach Süden und Südosten ausgerichtet waren, gehörte dem Deutschen Zollverein nicht an. Politisch stärkte der Zollverein deshalb die Vormachtstellung Preußens innerhalb Deutschlands und förderte insoweit die Entstehung der kleindeutschen Lösung.

Mit dem Zollverein war insofern ein wichtiger Durchbruch gelungen, als nunmehr die Einzelstaaten die Zollverwaltung nach gemeinsamen Grundsätzen durchführten. In Innern herrschte fast vollständige Verkehrsfreiheit und für den Außenhandel gab es einen einheitlichen Tarif. Deutschland besaß damit erstmals einen »Gemeinsamen Markt« (Willi Thiele). Vorher hatten fast 40 Zoll- und Mautlinien den Verkehr im Innern Deutschlands gelähmt. Um von Hamburg nach Österreich Handel zu treiben, musste man 10 Staaten durchqueren und zehnmal Durchgangszoll bezahlen.

Einer der wichtigsten Vordenker und Agitatoren für den Deutschen Zollverein war Friedrich List (1789–1846), der sich als Ökonom im Dienst des Königs von Württemberg energisch für den Freihandel einsetzte. List forderte schon früh und engagiert, dass die Zollschranken zwischen den deutschen Kleinstaaten wegfallen sollten.

Die »*38 Zoll- und Mautlinien lähmen den Verkehr im Innern*«, schrieb er 1819, »*und bringen ungefähr dieselbe Wirkung hervor, wenn jedes Glied des menschlichen Körpers unterbunden wird, damit das Blut ja nicht in ein anderes überfließe... Zoll und Maut können, wie der Krieg, nur als Verteidigung gerechtfertigt werden. Je kleiner aber der Staat ist, welcher eine Maut errichtet, desto größer das Übel, desto mehr würgt sie die Regsamkeit des Volkes, desto größer die Erhebungskosten.*« Freihandel sollte es nach List aber nur geben zwischen Ländern, die sich auf einem ähnlichen wirtschaftlichen Niveau befanden. Deshalb plädierte er – ebenso energisch – für einen »Schutzzoll« gegen die industrielle Vormacht Großbritanniens.

Mit Flugschriften und Eingaben warben List und seine Unterstützer für solche Ideen und erreichten schließlich, dass sich 1834 unter der Führung Preußens 18 Königreiche, Fürsten- und Herzogtümer mit insgesamt 23 Millionen Einwohnern zum Deutschen Zollverein zusammenschlossen, um mit den Zollschranken die ärgsten Handelshemmnisse aus der Welt zu schaffen – ein erster Schritt auf dem Weg zur Reichseinheit, wie er es sah. Im Jahr 1870 stellte das Gebiet des Zollvereins nach den Vereinigten Staaten und Großbritannien das drittgrößte Wirtschaftsgebiet der Welt dar. Nach der Gründung des Deutschen Kaiserreichs 1871 gingen die Aufgaben des Vereins auf das Reich über.

Wirtschaftsmotor Eisenbahn

Friedrich List setzte sich nicht nur für die Gründung des Zollvereins ein, sondern bereitete auch den Boden für den Ausbau des Eisenbahnwesens in Deutschland vor. Während seines Exils in Amerika von 1825 bis 1833 lernte er, wie wichtig Eisenbahnen für die Erschließung und Modernisierung eines Landes sind. Nach seiner Rückkehr aus den USA setzte er sich deshalb – wiederum mit Eingaben und Flugschriften – zu einer Zeit, als Reisende und Händler in Deutschland noch auf Postkutschen und Pferdewagen unterwegs waren, für den Bau von Eisenbahnen ein.

List verband mit dem Bau von Eisenbahnen sowohl wirtschaftliche als auch politische Ziele. Ein grenzüberschreitender Bahnverkehr sollte einerseits dazu dienen, aus der deutschen Kleinstaaterei (dem »alten

Quark«) einen einheitlichen Wirtschaftsraum zu machen. Andererseits hoffte er, dass ein ausgedehntes Eisenbahnnetz zur Aufhebung der Binnengrenzen und Zölle führen und am Ende die staatliche Einheit bringen würde. Deshalb entwarf List schon 1833 über alle Grenzen hinweg ein Streckennetz für Deutschland, das die wichtigsten Städte miteinander verband. Er träumte vom »Herkules in der Wiege, der die Völker erlösen würde von der Plage des Krieges, der Teuerung und der Hungersnot, des Nationalhasses und der Arbeitslosigkeit, der Unwissenheit und des Schlendrians«.

Im selben Jahr gründeten sechs Nürnberger Kaufleute die erste Eisenbahn-Aktiengesellschaft zu dem Zweck, zwischen Nürnberg und Fürth eine sechs Kilometer lange Eisenbahnstrecke zu errichten und zu betreiben. Schon bald hatten so viele Anleger Aktien gezeichnet, dass mit dem erforderlichen Landerwerb für die Gleise begonnen werden konnte. Zwei Jahre später gab die Gesellschaft den Bau der Lokomotive in Auftrag, natürlich an eine englische Firma namens Stephensons.

Am 7. Dezember 1835 fand dann die Jungfernfahrt statt. Neun gelbe Personenwagen hatte die Eisenbahngesellschaft angeschafft: von offenen Waggons der 3. Klasse bis zu den Waggons mit Fenstern der 1. Klasse. Die Lokomotive »Adler« führte der Stephensons-Konstrukteur Wilson mit Frack und Zylinder. Neun Minuten dauerte die Fahrt von Nürnberg nach Fürth. Das Geschäft lief so gut, dass bald weitere Strecken gebaut wurden – darunter im Jahr 1839 die erste Fernverbindung Leipzig – Dresden. Bis 1845 nahmen 28 weitere Eisenbahnunternehmen Strecken in Betrieb.

Ein wirklich grenzüberschreitendes Eisenbahnnetz im Sinne Friedrich Lists entstand dadurch jedoch nicht. Die meisten Gesellschaften verfolgten bei der Streckenplanung vorrangig regionale Interessen. Erst nach und nach breiteten sich die Schienenstränge netzartig über Deutschland aus, weil immer mehr Menschen die Eisenbahn als Verkehrsmittel nutzten. Fünfzehn Jahre nach der Jungfernfahrt des »Adler« war das Eisenbahnnetz auf fast 6000 Kilometer angewachsen. Im Jahr 1851 betrug die Fahrzeit von Berlin nach Köln nur noch 17 Stunden.

Die Eisenbahn hatte wirtschaftlich eine doppelte Bedeutung: Einerseits erleichterte und verbilligte sie als Verkehrsmittel den Transport von Personen und Gütern, wodurch die Mobilität gefördert wurde und ein größerer Wirtschaftsraum entstand. Andererseits wurde die Eisenbahn zum maßgeblichen Wachstumsmotor der Wirtschaft, weil sie mit der Wirkung eines volkswirtschaftlichen »Multiplikators« in vielen anderen Wirtschaftsbranchen für einen gewaltigen Nachfrageschub sorgte (Michael North).

Für den Bau der Bahnstrecken benötigte man riesige Mengen Eisen, die zu Schienen gewalzt werden mussten. Die Brennstoffe für die Hochöfen und Lokomotiven lieferten die Betreiber der preußischen Kohlegruben, die dafür ihre Werke vergrößerten. Außerdem konnten mit der Eisenbahn Waren in bislang nie dagewesenem Umfang und mit bisher unerreichter Geschwindigkeit transportiert werden, sodass auch abseits von See- und Binnenschifffahrtswegen Industriebetriebe entstehen konnten.

Der Ausbau der Eisenbahnen setzte auch die Metall- und Maschinenbauindustrie in Gang. Als Erster ergriff der Breslauer August Borsig (1804–1854) die Chance und gründete im Juli 1837 in Berlin eine »Maschinenbauanstalt«, um vom aufkommenden Eisenbahnboom zu profitieren. Zunächst reparierte Borsig aus den USA importierte Lokomotiven, wobei er deren Konstruktion kennenlernte. Auf dieser Grundlage entwickelte er anschließend ein eigenes, besseres Modell, das am 24. Juli 1841 seine Jungfernfahrt antrat und im selben Jahr von der Berlin-Anhaltischen Eisenbahn-Gesellschaft übernommen wurde.

Das von Borsig gegründete Unternehmen wuchs sehr schnell: Schon 1842 wurden acht und 1843 zehn bestellte Dampflokomotiven nach amerikanischen Vorbildern für die preußischen Bahnen fertiggestellt. Durch Umstellung der Fertigung auf Massenproduktion konnte Borsig seine Loks sogar günstiger anbieten als die ausländische Konkurrenz. 1847 lieferte das Unternehmen bereits 67 Loks aus; 1854 wurde die 500. Dampflokomotive gebaut. Bis weit in das 20. Jahrhundert hinein prägte das Unternehmen August Borsig den Lokomotivbau in der ganzen Welt.

Das für die deutsche Industrialisierung charakteristische Erfolgsmodell der Schwerindustrie bildete sich schon damals heraus: Eisen- und Stahlindustrie plus Steinkohlebergbau plus Maschinenbau. In kurzer Zeit war Deutschland so in der Lage, sich vom Import britischer Lokomotiven unabhängig zu machen und das nötige Eisenbahninventar selbst herzustellen.

Eine solches Industriepotenzial konnte nicht ohne Folgen für den Arbeitsmarkt bleiben. Zu Tausenden zogen verarmte Familien aus den Dörfern in die Nähe der Eisenbahngesellschaften, wo die Männer zunächst im schlecht bezahlten und gefährlichen Gleisbau tätig waren. 1841 waren es 30 000 Menschen, die Erdtrassen, Tunnel und Brücken bauten; fünf Jahre später waren dort bereits 178 000 Arbeiter beschäftigt.

Neben den wirtschaftlichen Änderungen beeinflusste das neue Verkehrsmittel auch die Sicht der Menschen auf Geschwindigkeit, Raum und Zeit. Informationen verbreiteten sich nun nicht mehr mit der Geschwindigkeit der Postkutsche, sondern mit der Geschwindigkeit der Eisenbahn. Als dann später nach der Erfindung der Telegrafie auch noch Telegrafenleitungen entlang von Eisenbahnen gezogen wurden, dauerte die Übertragung von Nachrichten nur noch Sekunden.

Friedrich List war mit seinen Plänen und Schriften, in denen er langfristige Entwicklungen aufzeigte, seiner Zeit weit voraus. Sein Wirken fand jedoch erst nach seinem Tode die gebührende Anerkennung. Enttäuscht über die geringe Beachtung zu seinen Lebzeiten, setzte er seinem Leben am 30. November 1846 ein Ende. Posthum bezeichnete der Ökonomen Gustav Schmoller Friedrich List als »den größten und fruchtbarsten politischen und wirtschaftlichen Agitator Deutschlands im 19ten Jahrhundert«. Dieses Urteil dürfte nicht übertrieben sein.

Das Proletariat

Mit dem Begriff »Proletariat« bezeichnete man ursprünglich die gesellschaftlichen Unterschichten, die als Gefahr für die soziale und politische Stabilität angesehen wurden. Etwa seit Mitte des 19. Jahrhunderts fand der Begriff dann Anwendung auf die infolge der Industriellen Revolution entstandene Industriearbeiterschaft. Für Karl Marx war der Proletarier ein Mensch, der nichts anderes besaß als seine Arbeitskraft, mit der er seinen Lebensunterhalt bestreiten musste. Aus seiner Weltsicht stand der Proletarier im unversöhnlichen Gegensatz zur besitzenden Klasse, der Bourgeoisie, die ihn dadurch ausbeutete, dass sie ihm für seine Arbeit nur das Existenzminimum bezahlte.

Schon in der Frühphase der Industrialisierung kam es in Deutschland – wie auch in anderen Ländern – zu einem Anwachsen desjenigen Teils der Bevölkerung, der die Voraussetzungen des Proletariats erfüllte, also außer seiner Arbeitskraft nichts besaß, um existieren zu können. Dazu gehörten nicht nur die traditionellen Unterschichten, sondern auch die ehemaligen Kleinbauern und Handwerksgesellen, die sich als Gelegenheitsarbeiter durchschlagen mussten und deren Einkommen häufig unter dem Existenzminimum lag.

In solchen Verhältnissen konnte der notwendige Lebensunterhalt nur mit der Arbeit aller Familienmitglieder einschließlich der Kinder sichergestellt werden. Dafür musste täglich 12 bis 14 Stunden gearbeitet werden, und zwar an sechs Tagen in der Woche. Frauen erhielten für ihre Arbeit nur halb so viel Lohn wie Männer. Am billigsten war Kinderarbeit.

Dementsprechend dürftig waren auch die Wohnverhältnisse. In den Großstädten lebten häufig ganze Familien mit zahlreichen Kindern in einem Zimmer. Der Tod des Ernährers, Arbeitsunfähigkeit oder Krankheit sowie eine Kündigung waren Ereignisse, die für die ganze Familie eine existenzielle Bedrohung bedeuteten.

Die Arbeitsbedingungen für Fabrikarbeiter waren zwar besser als die für Gelegenheitsarbeiter, aber nach heutigen Vorstellungen ebenfalls unzumutbar: Die tägliche Arbeitszeit betrug ebenfalls 12 bis 14 Stunden; die Unfallhäufigkeit in den Fabriken war hoch, weil die Sicherheitsmaßnahmen am Arbeitsplatz meistens ungenügend waren; auch die hygienischen Zustände in den Fabriken spotteten häufig jeder Beschreibung.

Die Organisation in den Betrieben war halbmilitärisch: Von den Arbeitern wurde unbedingter Gehorsam gegenüber dem Vorgesetzten verlangt. Bei Unpünktlichkeit oder Ungehorsam konnten sie auf der Stelle entlassen werden. Geldstrafen gab es schon für Plaudern während der Arbeitszeit. Die Arbeiter hatten keinerlei Recht, an der Verbesserung ihrer Arbeitsverhältnisse mitzuwirken. Gewerkschaften waren verboten.

Sicherlich gab es in der Frühphase der Industrialisierung Fabrikanten, die das stetig wachsende Angebot an lohnabhängigen Arbeitskräften nutzten, um die Löhne zu drücken, wozu auch Kinderarbeit gehörte. Doch für die allgemeine soziale Not waren andere Faktoren ursächlich: Zum einen das Überangebot von Arbeitskräften, dem eine erst schwach entwickelte Industrie gegenüberstand; und zum anderen die technische Überlegenheit der ausländischen Konkurrenz bei der Herstellung billiger Fabrikware, der die deutsche Wirtschaft nur mit einem rigorosen Lohndruck begegnen konnte.

Die Zahl der Menschen, die in Fabriken arbeiteten und von solchen Verhältnissen betroffen waren, hielt sich in der Phase der Frühindustrialisierung jedoch in Grenzen. Im Gebiet des Deutschen Zollvereins lag der Anteil der Fabrik-Lohnarbeiter an der Gesamtbevölkerung im Jahr

1846 zwischen 4,5 und 6 Prozent. Im selben Jahr zählte man in Preußen 550 000 Fabrikarbeiter und 850 000 Handwerker.

Versuche, diese unhaltbaren Zustände der Fabrikarbeit zu mildern, kamen von kirchlichen Organisationen und deren Hilfswerken. Auch einzelne Unternehmer suchten die Probleme zu lösen: Sie richteten Unterstützungskassen bei Krankheit und Invalidität ein; Werkswohnungen wurden gebaut und Kantinen eingerichtet. Außerdem entstanden in der Arbeiterschaft Selbsthilfeeinrichtungen wie Handwerkerbünde und Arbeitervereine, um die Lebens- und Arbeitsbedingungen ihrer Mitglieder zu verbessern. Solche Hilfen konnten das Elend aber nur mildern, nicht beseitigen.

Karl Marx

Karl Marx veröffentlichte zusammen mit Friedrich Engels im Jahr 1848, dem Revolutionsjahr, das *Kommunistische Manifest*, das mit den Worten beginnt: »Ein Gespenst geht um in Europa – das Gespenst des Kommunismus« und mit dem bekannten Aufruf endet: »Proletarier aller Länder, vereinigt euch!« Nach dem Scheitern der Revolution 1848 ging Marx nach London ins Exil, wo er sich kritisch mit der kapitalistischen Produktionsweise beschäftigte. Dabei stützte er sich weitgehend auf die englischen Verhältnisse und Informationen, die er von Friedrich Engels erhielt. Die Ergebnisse dieser Arbeit fasste er in seinem Hauptwerk *Das Kapital* zusammen.

Ausgangspunkt der Überlegungen von Marx ist die philosophische Annahme, dass auch gesellschaftliche Prozesse nach dem dialektischen Prinzip ablaufen, wonach aus dem Gegensatz von These und Antithese als Ergebnis die Synthese folgt. Gemäß diesem Prinzip sieht Marx in der Geschichte aller bisherigen Gesellschaften eine Abfolge von Klassenkämpfen. Mit dem Untergang der feudalen Klassengesellschaft seien die Klassengegensätze nicht aufgehoben worden, sondern mit der bürgerlichen Gesellschaft sei eine neue Klasse an die Stelle der alten getreten. Zwei große feindliche Lager bzw. Klassen stünden sich in der kapitalistischen Wirtschaft gegenüber: die Bourgeoisie als besitzende Klasse und das besitzlose Proletariat.

Marx erkennt durchaus an, dass unter der Regie der Bourgeoisie durch Arbeitsteilung, Maschinen und Fabriken, durch Eisenbahnen und elektrische Telegrafen, durch die Anwendung der Chemie auf Industrie und Ackerbau, also durch die private Akkumulation von Kapital, gewaltige Produktionskräfte geschaffen wurden. Marx kritisiert aber, dass sich parallel dazu das Proletariat entwickelte, die Klasse der besitzlosen Arbeiter, die nur so lange leben, bis sie Arbeit finden, und die nur so lange Arbeit finden, wie ihre Arbeit das Kapital vermehrt. Die Arbeiter, so argumentierte Marx, bekämen von den Kapitalisten stets nur so viel Lohn, wie sie bräuchten, um ihre Arbeitskraft zu erhalten und Kinder großzuziehen. Den Rest der geschaffenen Werte eigneten sich die Besitzer der Produktionsmittel an.

Kapitalisten waren für Marx die Ausbeuter und Gewinner des kapitalistischen Systems – gleichzeitig aber aufgrund der Dynamik des Kapitalismus dem Untergang geweiht. Denn das ganze System funktioniere nur durch die ständige Ausweitung der Produktion und Kapitalakkumulation, die aber die Profite sinken lasse und dadurch die Revolution vorbereite.

Denn gleichzeitig würde das Proletariat ständig größer und stärker werden. Die bisherigen kleinen Mittelständler, die Handwerker und Bauern, alle diese Klassen würden ins Proletariat absteigen, teils dadurch, dass ihre beruflichen Fertigkeiten von neuen Produktionsweisen entwertet werden, teils dadurch, dass sie mit ihrem kleinen Kapital der Konkurrenz mit den größeren Kapitalisten nicht standhalten. So würde sich das Proletariat aus allen Klassen der Bevölkerung rekrutieren und ständig wachsen.

Karl Marx prognostizierte, dass es zwischen den beiden Klassen, der Bourgeoisie und dem Proletariat, zwangsläufig zu Spannungen kommt, die schließlich zu Revolutionen und zum Sieg des Proletariats führen werden. Das Ergebnis ist dann nach dem dialektischen Grundprinzip eine klassenlose (kommunistische) Gesellschaft, die Ausbeutung nicht mehr kennt. Marx und Engels waren überzeugt, dass diese Entwicklung der historischen Gesetzmäßigkeit entsprach und nicht aufgehalten werden konnte. Sie haben sich jedoch getäuscht. Die Geschichte hat nicht den von ihnen als unvermeidlich angenommenen Verlauf genommen.

Entscheidend für das Ausbleiben der von Marx vorhergesagten Revolution war die Tatsache, dass die von Marx prophezeite Krise des Kapitalismus und die Verelendung der Massen nicht eingetreten sind. Im Gegenteil: Das kapitalistische Wirtschaftssystem hat sich als außerordentlich stabil und wachstumsstark erwiesen und die Situation der

Arbeiterschaft hat sich infolgedessen stetig und signifikant verbessert. Die von Marx vorhergesagte »Verelendung des Proletariats« hat also nicht stattgefunden. Im Gegenteil: Seit 1871, dem Jahr der Reichsgründung, haben sich die Löhne vervielfacht und die reguläre Arbeitszeit halbiert (Paul-Heinz Koesters).

In der bürgerlichen Revolution von 1848/49 spielten kommunistische Ideen und Forderungen in Deutschland – ganz im Gegensatz zu Frankreich – noch keine Rolle. Das änderte sich erst, als in der zweiten Hälfte des 19. Jahrhunderts eine rasch anwachsende Industriearbeiterschaft die Voraussagen von Marx zu bestätigen schien. Erst zu dieser Zeit bezogen die überall entstehenden sozialistischen und sozialdemokratischen Parteien ihr ideologisches Fundament weitgehend von Karl Marx. Zu gesellschaftlichen Umstürzen kam es nur in wenigen Ländern, so in Russland und China. Aber auch dort waren es nicht die proletarischen Massen, die das kapitalistische System stürzten, sondern revolutionäre Eliten, die wie Lenin und Mao die Lehre von Marx nutzten, um an die Macht zu kommen.

Märzrevolution

Von Paris ausgehend, erschütterten ab Frühjahr 1848 revolutionäre Unruhen weite Teile des europäischen Kontinents. Einheit und Freiheit waren die Hauptforderungen des liberalen Bürgertums in Deutschland. Die bäuerlichen Schichten kämpften hauptsächlich für Agrarreformen, das Hauptanliegen proletarisierter Handwerker in den Städten war ein sicheres Einkommen durch Schutz des Gewerbes.

Das verbindende Ziel der Revolutionsunruhen war die Überwindung der Restaurationspolitik, welche die Zeit seit dem Wiener Kongress 1815 geprägt hatte. Überall kam es zu Versammlungen und Demonstrationen, bei denen Forderungen nach Presse- und Vereinsfreiheit sowie Einberufung eines demokratisch gewählten Parlaments erhoben wurden. In Wien kam es nach Demonstrationen von Studenten und Arbeitern zu Straßenkämpfen, wobei der Rücktritt Metternichs gefordert wurde, der dem Druck nachgeben und nach Großbritannien fliehen musste.

Die Revolution von 1848 war deshalb so erfolgreich, weil sie sich vor dem Hintergrund einer Wirtschaftskrise abspielte, der im Jahr 1846 eine europaweite Missernte vorausgegangen war. In vielen deutschen Regionen gab es Hungersnöte und eine drastische Verteuerung der Lebensmittel, die zu Hungerrevolten führten, wie im April 1847 in Berlin mit der sogenannten »Kartoffelrevolution«. Eine Folge dieser Krise war ein dramatischer Rückgang der Nachfrage nach Waren des täglichen Bedarfs, insbesondere Textil- und Fabrikwaren, was den Niedergang der weitverbreiteten Heimarbeit beschleunigte und Fabrikanten veranlasste, Arbeitern zu kündigen.

Aufgrund dieser Wirtschaftskrise, die immer mehr Bevölkerungsschichten erfasste, schlossen sich Arbeiter, verarmte Handwerker, Tagelöhner und Landarbeiter der Revolution an. Ihnen ging es jedoch nicht um Vereins- und Pressefreiheit oder demokratische Wahlen, sondern um die Verbesserung ihrer miserablen Lebens- und Arbeitsbedingungen. Sie wollten einen sicheren Arbeitsplatz, einen anständigen Lohn und bessere Wohnungen.

Der schnelle und leichte Sieg der Märzrevolution erzeugte auch eine allgemeine politische Aufbruchstimmung. Es waren jetzt aber nicht mehr, wie im Vormärz, vornehmlich die bürgerlichen und adeligen Honoratioren, die ihre politischen Forderungen öffentlich vertraten; jetzt meldeten sich auch die sonst abseits stehenden Bevölkerungsschichten zu Wort: Bauern, Handwerker, kleine Händler und Gewerbetreibende, Arbeiter und Bedienstete, Volksschullehrer und kleine Beamte.

Welche Forderungen sie stellten, zeigte das Programm des Berliner Zentralkomitees für Arbeiter vom Juni 1848, das sich an Fabrikanten, große und kleine Meister, Handwerker und Arbeiter richtete;

*»**I. Für Fabrikanten und Meister:** 1. Das Staatsministerium macht es zu seiner Aufgabe, die Mittel und Wege zu finden für eine erweiterte Ausfuhr unserer Fabrikate nach den unserem Lande bis jetzt noch verschlossenen Märkten. 2. Ausfuhrprämien. 3. Freie Einfuhr aller zur Industrie gehörenden Rohprodukte. 4. Keine Beförderung neuer, künstlich einzuführender, dagegen Beförderung der schon bestehenden, den Verhältnissen des Landes angemessener Industrie.*

***II. Für die kleinen Meister und Handwerker:** 1. Bildung von Korporationen, zu denen jeder selbstständig Arbeitende Zutritt hat, durch welche alle gemeinschaftlichen Gewerksangelegenheiten geleitet und geordnet werden. 2. Von den Behörden an dieselben zu erteilenden Arbeiten sollen, wo es* *nicht unmöglich ist, hauptsächlich nur an die kleineren Meister gegeben werden. Die Zahl der Gesellen kann hier maßgeblich sein. (…) 4. Unverzinsliche Darlehn gegen zu leistende oder fertige Arbeiten.*

III. Für die Arbeiter: *1. Bestimmung des Minimums des Arbeitslohns und der Arbeitszeit durch Kommissionen von Arbeitern und Meistern oder Arbeitgebern. (…) 3. Aufhebung der indirekten Steuern, Einführung progressiver Einkommensteuer mit Steuerfreiheit derjenigen, die nur das Nötigste zum Leben haben. 4. Der Staat übernimmt den unentgeltlichen Unterricht und, wo es nötig ist, die unentgeltliche Erziehung der Jugend mit Berücksichtigung ihrer Fähigkeiten (…) 9. Beschäftigung der Arbeitslosen in Staatsanstalten, und zwar sorgt der Staat für eine ihren menschlichen Bedürfnissen angemessene Existenz (…) 11. Der Staat versorgt alle Hilflosen und also auch alle Invaliden der Arbeit. (…).*

Die Forderungen für »Fabrikanten und Meister« zeigten eine frappierende Ähnlichkeit mit der Wirtschaftsförderung in der Zeit des Merkantilismus. Die Anliegen der »kleinen Meister und Handwerker« verrieten, wie unbeliebt die Gewerbefreiheit in diesen Kreisen weiterhin war. Nach vorn gerichtet war lediglich der für »Arbeiter« bestimmte Teil mit konkreten Forderungen zur Verbesserung der Lage der Arbeiterschaft.

Das Gros der Kongressteilnehmer bildeten kleine Handwerksmeister und -gesellen sowie gelernte und ungelernte Arbeiter mit unterschiedlichen Bedürfnissen und Interessen. Es gab maschinen- und industriefeindliche Gruppen, die das Heil von einer zunftähnlichen Arbeitsverfassung erwarteten, und solche, welche die Industriegesellschaft bejahten und auf den solidarischen Zusammenschluss der Industriearbeiter setzten. Noch bildete die Arbeiterschaft eine zusammenhanglose Masse, die keinen Einfluss auf die politische Entwicklung hatte.

Wie die Revolution auf dem Lande ablief und welche Ziele die Bauern dabei verfolgten, offenbarte sich in der Nacht vom 7./8. März 1848 bei einer Bauernrevolte auf dem Schlosshof des Freiherrn von Adelsheim im Odenwald. Aus dem oberen Stockwerk des Schlosses schleppten Bauern Unterlagen, Bücher und Papiere, die ihre Leistungspflichten gegenüber der Herrschaft enthielten, und warfen sie auf dem Schlosshof in ein loderndes Feuer. Während der Schlossherr sich heimlich und unbemerkt davonmachte, übergab der Rentbeamte des Freiherrn den Bauern folgende Verzichtserklärung des Schlossherrn:

»1. Die Grundherrschaft will zu den Gemeindebedürfnissen gleich anderen Bürgern mit ihrem Steuerkapital beitragen. 2. Sie verzichtet auf das Marktstandsgeld jeder Art, sowohl bei Krämer- als bei Viehmärkten. 3. Auf die Bürgerannahmetaxen. 4. Die Jagden und Fischereien sollen verpachtet werden und das Pachtgeld in die Gemeindekassen fließen. 5. Sie verzichtet auf das Präsentationsrecht bei den Bürgermeisterwahlen. 6. Sie hebt die Abzugssteuer von den Auswanderern auf. 7. Sie leistet Verzicht auf alle sogenannten alten Abgaben jeder Art.«

Diese Verzichtserklärung des Freiherrn von Adelsheim machte deutlich, dass die im Jahr 1807 in Preußen verkündete Bauernbefreiung in vielen Regionen Deutschlands 40 Jahre später noch nicht einmal begonnen hatte. In solchen Gegenden wollten die Bauern nicht mehr auf die »Reform von oben« warten, sondern wählten den Weg der Revolte, um ihre Interessen durchzusetzen. Insofern ging von der Märzrevolution unabhängig davon, dass sie mit ihren konstitutionellen Zielen scheiterte, ein allgemeines Signal aus: Die Bauern und Bürger waren selbstbewusster geworden und wollten die weitere Entwicklung des Landes selbst in die Hand nehmen.

Historischer Kompromiss

Ab dem Jahr 1820 hatten die preußischen Reformer ihren Einfluss in der Verwaltung weitgehend verloren und wurden durch konservative, dem Adel nahestehende Beamte ersetzt. Als in den 1830er-Jahren ein erstarktes liberales Bürger- und Unternehmertum immer vehementer politische Mitspracherechte einforderte, stieß es auf den Widerstand der neuen Beamten, die den wirtschaftsnahen Politikern bedeuteten, dass jegliche Mitsprache des Bürgertums und insbesondere die Kontrolle der Verwaltung unerwünscht wären. Hier trafen sich die Interessen der Beamten mit denen des Adels, der mächtigsten Lobby im Staatsapparat.

In der Auseinandersetzung mit den unbotmäßigen Unternehmern bediente sich die Beamtenschaft im Zusammenspiel mit König und Adel vor allem regulatorischer Maßnahmen. Besonders über seine Eingriffsmöglichkeiten in den Geld- und Kapitalmarkt gelang es dem Beamtenapparat, die aufstrebende Unternehmerschicht mitten in der Aufschwungsphase des ersten industriell geprägten Konjunkturzyklus in Deutschland ökonomisch zu schwächen.

Der Handel mit ausländischen Wertpapieren wurde vollständig verboten, der Handel mit preußischen Aktien erheblich erschwert. Ein Großteil der Aktiengeschäfte konnte nur noch illegal und ohne rechtlichen Schutz durchgeführt werden. Konzessionen zur Gründung von Aktiengesellschaften wurden nur noch sehr selten vergeben. Mit der Ministerialinstruktion vom 2. April 1845 war es der Bürokratie sogar möglich, Aktiengesellschaften aufzulösen, falls sie nicht dem »allgemeinen« Interesse dienten. Infolgedessen brach der Aktienhandel zusammen und den Aktiengesellschaften war der wichtigste Weg verbaut, sich national oder international Kapital zu beschaffen.

»Erklärt werden kann diese industriefeindliche Politik mit der Furcht der Verwaltung, dass die Gründung von Aktiengesellschaften und Privatnotenbanken zur Entstehung einer vom Staat unabhängigen Geldmacht führen würde. Dies hätte den Bankiers und Unternehmern die Möglichkeit gegeben, aktiv die staatliche Politik mitzugestalten, und zu erheblichen Machteinbußen der Bürokratie geführt«, schreibt Michael Kopsidis in *Geschichte der Wirtschaftspolitik*, 1993.

Die industriefeindliche Politik der Verwaltung führte zu einer viele Jahre andauernden Entfremdung zwischen Wirtschaft und Politik. Das hatte Folgen: Die Verwaltung verharrte in der Abhängigkeit von Aristokratie und Grundbesitz. Die bürgerlichen Kräfte konzentrierten sich auf den industriellen Fortschritt sowie auf Naturwissenschaft und Technik. Dadurch blieb dem deutschen Bürgertum politische Herrschaft weitgehend fremd. Es akzeptierte »die konkrete Macht des Staates als die stärkste Kraft der politischen Welt« und lehnte das Votum des einfachen Volkes ab. In der »sozialen Frage« sah es in erster Linie eine »soziale Gefahr«.

Erst die Revolution von 1848 führte zu einem Wandel im Verhältnis zwischen der Unternehmerschaft und der Bürokratie. Das konservative Lager, König, Adel und große Teile der Bürokratie, erkannten plötzlich, dass sie ihre dominante Rolle in Staat und Gesellschaft auf Dauer nur halten konnten, wenn sie ihre Herrschaft auf eine breitere Basis stellten. Dazu boten sich die Unternehmer an, die nach den revolutionären Wirren ebenfalls ein großes Verlangen nach einem starken Staat verspürten, um die nach ihrer Meinung drohende soziale Revolution zu verhindern.

Auf dieser Grundlage kam es in der Zeit nach der Revolution zwischen den konservativen und liberalen Kräften zu einem »historischen

Kompromiss«, der die politischen Verhältnisse in Deutschland für viele Jahre prägen sollte. Unternehmer und Bürgertum verzichteten auf eine liberale Verfassungsreform, wodurch Adel und Beamtentum ihre soziale und politische Stellung sichern konnten. Und das vom Adel beherrschte Beamtentum kam dem Bürgertum dadurch entgegen, dass die Industrie ihre ökonomische Position ohne administrative Bevormundung weiter ausbauen konnte und sich dadurch vor dem »vierten Stand« geschützt sah.

Kapitel 4

Kaiserreich

Frühe Industrialisierung

In den Jahren zwischen 1851 und 1857, die der 48er-Revolution folgten, erlebte Deutschland eine Periode stürmischen Aufschwungs und sprunghaft steigender Produktivität. Schon im Jahr 1852 berichtete die Berliner Börse von »sehr beträchtlichen und lebhaften Umsätzen im Aktien- und Effektengeschäft für hiesige und auswärtige Rechnung in Anlagen und auf Spekulation« (Helmut Böhme).

Allein in Preußen wurden 119 Aktiengesellschaften gegründet. Im Ruhrgebiet entstanden im Eisenerz- und Kohlebergbau eine Vielzahl von Unternehmen. Ihnen folgten Gründungen in Oberschlesien, Bayern, Württemberg und an der Saar. In Preußen begannen die privaten Investitionen im industriellen Sektor, die Investitionen auf öffentlichem Gebiet zu überholen. Gleichzeitig profitierte die Agrarwirtschaft in Ostelbien von der aufstrebenden Konjunktur. Die durchgeführten Reformen, die Verbesserung der Agrikulturtechnik, die Fruchtwechselwirtschaft, ein stark vermehrter Viehbestand und steigende Preise zahlten sich aus.

Der industrielle Aufschwung stand auf soliden Säulen: Mit dem Zollverein und dem Eisenbahnnetz war ein Wirtschaftsraum entstanden, der die industrielle Massenproduktion ermöglichte. Um 1850 verfügte Deutschland über ein Eisenbahnnetz von 6000 Kilometern; 1871 waren es bereits 19 500 Kilometer. Der Anteil des Zollvereins am Welthandelsumsatz stieg in sieben Jahren (1851–1858) von 12,1 auf 24,1 Milliarden Taler. Hinzu kam die Liberalisierung des Eisenerz- und Kohlebergbaus, die den Montanunternehmen den Freiraum verschaffte, den sie für ihre kapitalintensiven Investitionen benötigten.

Die Stärke des damaligen Wirtschaftsaufschwungs zeigte sich vor allem am Wachstum der Grundstoffindustrie, die ihre Produktion in den sieben Jahren verdreifachte. Die Zahl der Beschäftigten stieg um 40 Prozent. Mit ihren Produkten konnten die Unternehmen auch der englischen Konkurrenz standhalten, weil sie sich auf ausgewählte Produkte (zum Beispiel Krupps Gussstahlachsen) konzentrierten. Die vergleichsweise spät einsetzende Industrialisierung in Deutschland hatte zudem den Vorteil, dass bei den Investitionen der neueste Stand der Technik zur Anwendung kommen konnte.

In der frühen Phase der Industrialisierung waren es geniale Tüftler, die mit Erfindungen die traditionellen Produktionsverfahren verbesserten. Das war die Stunde der Briten. Edmund Cartwright erfand den mechanischen Webstuhl, James Watt die Dampfmaschine, George Stephenson die Lokomotive. Als diese Techniken ausgereizt waren und der unternehmerische Wettbewerb sich auf neue Produkte und Produktionsverfahren konzentrierte, waren die Unternehmer mehr und mehr auf wissenschaftliche Erkenntnisse angewiesen. Hier war nun Deutschland besser gerüstet als Großbritannien, weil mit der Humboldt'schen Universitätsreform statt des schulmäßigen Lernens die »Forschung und Lehre« in den Vordergrund gerückt war.

Der wissenschaftliche Einfluss auf die Technik lässt sich auf dem Gebiet der Eisen- und Stahlindustrie sowie der Chemie besonders deutlich verfolgen. Durch die von dem Engländer Sir Henry Bessemer im Jahr 1855 erfundene »Bessemer Birne« wurden die Voraussetzungen für die künftige Massenerzeugung von Stahl geschaffen. Der Chemiker Robert Wilhelm Bunsen konstruierte 1855 den sog. »Bunsen-Brenner«, durch den die Gasheiztechnik ermöglicht wurde. Im Jahr 1859 entwickelten Robert Bunsen und Gustav Kirchhoff die Spektralanalyse, mit deren Hilfe chemische Elemente hochspezifisch nachgewiesen werden konnten.

Erfindungen revolutionierten auch die Landwirtschaft. Der Visionär der Agrikulturchemie Justus von Liebig (1803–1873) schrieb schon 1840: »Als Prinzip des Ackerbaus muss angesehen werden, dass der Boden in vollem Maße wieder erhalten muss, was ihm genommen wurde … Es wird eine Zeit kommen, wo man den Acker, wo man jede Pflanze, die man darauf erzielen will, mit dem ihr zukommenden Dünger versieht, den man in chemischen Fabriken bereitet.« Damit bereitete Liebig den Weg für alle wesentlichen Entdeckungen der Düngemittelindustrie in den nächsten Jahrzehnten. Adolph Frank (1834–1916) erschloss das Kalisalz für die Landwirtschaft. Dem Chemiker Wilhelm Ostwald (1853–1932) gelang 1900 die Ammoniaksynthese, auf deren Grundlage 13 Jahre später Stickstoffdünger im Haber/Bosch-Verfahren fabrikmäßig hergestellt werden konnte.

Im dem einsetzenden Gründerboom erwies sich die Beschaffung des Kapitals für die Unternehmen als das größte Problem. Das Vermögen der besitzenden Schicht erwies sich als zu schmal und die Privatbanken waren zu klein, um den Prozess der Industrialisierung zu finanzieren. Die Unternehmen waren deshalb gezwungen, neue Wege bei der Kapitalbeschaffung zu gehen.

Die Gründung von Aktiengesellschaften, um breitere Bevölkerungsschichten an solchen Unternehmungen zu beteiligen, schied wegen der restriktiven Genehmigungspolitik der preußischen Behörden aus. Den Unternehmen blieb deshalb nur der Weg, Banken mit der Akquisition des benötigten Kapitals im In- und Ausland zu beauftragen. So entstanden in Deutschland die ersten Großbanken, meistens in Form von Aktiengesellschaften. Im Jahr 1848 wurden die Schaafhausen'sche Bank AG, im Jahr 1853 die Darmstädter Bank für Handel und Gewerbe, im Jahr 1856 die Berliner Disconto-Gesellschaft und im Jahr 1870 die Deutsche Bank gegründet. Die Bilanzsumme aller Banken erhöhte sich dadurch von 1835 bis 1870 um das Zehnfache.

Es war deshalb kein Zufall, dass im Jahr 1854 in Frankfurt die erste Ausgabe der der Zeitung *Der Aktionär* erschien, die über die Börsenbewegungen im In- und Ausland sowie über Interna der neu gegründeten Unternehmen berichtete und bereits einen umfänglichen Kurszettel enthielt. Laut der Information des Herausgebers sollte die Zeitung das »Central-Organ für Fonds- und Aktienbesitzer in Eisenbahn, Versicherungen, Banken und industrielle Unternehmen nebst Anzeiger für amerikanische Fonds und Effekten sein«. Das Geschäftsleben hatte sich zu weiten begonnen und dementsprechend wuchsen auch die Informationsbedürfnisse.

Vor allem in der kapitalintensiven Montan- und Maschinenbauindustrie wurde der Familienbetrieb als Unternehmensform mehr und mehr durch die Aktiengesellschaft abgelöst, verlor dadurch aber nicht unbedingt an Bedeutung. Denn auch solche Unternehmen wurden häufig wie ein »Familienunternehmen« geführt. Der Fabrikherr fühlte sich für das »Wohl seiner Arbeiter« persönlich verantwortlich und erwartete dafür die vollständige Hingabe der Arbeiter an »sein Unternehmen«. Aber nicht überall funktionierte dieses Modell: In der Textilindustrie zum Beispiel, die stark durch Heimarbeit geprägt war, kam es zu harten Auseinandersetzungen zwischen den Fabrikherren und den Heimarbeitern, als die Produktion wegen der angelsächsischen Konkurrenz auf fabrikmäßige Fertigung umgestellt wurde.

Weltwirtschaftskrise 1857

Der große Spurt der Wirtschaft schlug im Jahr 1857 in eine kurze, aber umso heftigere Krise um, die von Amerika ausging und nach Europa übersprang.

In den USA hatte der rasche Ausbau der Eisenbahnen dazu geführt, dass mit Eisenbahnaktien intensiv spekuliert wurde. An der Wall Street stiegen die Aktienkurse der Eisenbahngesellschaften in bisher unerreichte Höhen, weil man auf ein Riesengeschäft bei der Versorgung der nach Westen strömenden Siedler hoffte. Doch Mitte 1857 platzte die Spekulationsblase und die Kurse der Eisenbahnaktien stürzten ab, was an der Wall Street eine Panik auslöste und im Oktober zu Bankenschließungen führte.

Es dauerte nicht lange, bis die Wirtschaftskrise auch europäische Banken und Unternehmen erfasste. Zunächst kamen britische Kaufleute in Schwierigkeiten, die Güter gegen Kredit in die USA geliefert und das Eisenbahngeschäft finanziert hatten. Von dort erfasste die Krise den deutschen Großhandel und die Agrarwirtschaft, dann den Güter-, Eisenbahn- und Schiffsverkehr und schließlich auch die Industrie, die von der Hausse schlagartig in die Baisse rutschte. Die dann einsetzende Marktbereinigung betraf nicht zuletzt viele kleine Gewerbe- und Handwerksbetriebe.

Parallel zu dieser von den USA ausgehenden Krise war es in Europa aufgrund des Krimkrieges (1853–1856) zu einer spekulativen Überproduktionsphase gekommen, die ebenfalls auf dem Höhepunkt der Gründerbooms in Deutschland zusammenbrach. Wegen Absatzstockungen und steigender Lagerbestände fielen die Großhandelspreise um 30 Prozent und bei der Industrie folgte auf die Hausse eine Stagnation.

Am Beispiel der Freien und Hansestadt Hamburg, damals Knotenpunkt des internationalen Warenhandels, lässt sich das Ausmaß der Krise ablesen: Als die Krise begann, lagerten Hamburger Kaufleute in den Speichern finanzierte Ware im Wert von 500 Millionen Mark, die plötzlich unverkäuflich war. Der Senat der Stadt konnte den betroffenen Kaufleuten nicht helfen, weil der städtische Silberschatz zur Rettung nicht ausreichte. Neue städtische Banknoten wollte man wegen der Gefahr einer Geldentwertung nicht ausgeben.

Doch dann kam Hilfe von außen – Österreich war bereit, den Hamburgern Silber im Wert von 10 Millionen Bancomark für ein Jahr zu leihen – gegen 6 Prozent Zinsen. Damit konnte der Senat die acht größten Handelshäuser retten und das Vertrauen in die Hamburger Kaufleute wiederherstellen. Nach zwei Jahren war die Krise beendet. Doch 200 kleine und mittelgroße Handelshäuser in Hamburg überlebten sie nicht.

In Mitleidenschaft geriet auch die Aktiengesellschaft als sichere Organisationsform. Ausländische Finanziers zogen während der Krise ihre Gelder ab, sodass die Sanierungsanstrengungen zulasten der Aktionäre gingen. Das Vertrauen in Aktiengesellschaften als sichere Anlage schmolz deshalb schnell dahin. Auch die Banken wurden vorsichtiger, sodass die Betriebe die Krise aus eigener Kraft meistern mussten.

Liebermanns Industrie

Im Jahr 1844 fand in Berlin die »Allgemeine Ausstellung deutscher Gewerbeerzeugnisse« statt. Acht Wochen lang konnten die Berliner eine neue technische Welt erleben und erstmals sehen, wie weit sich die Berliner Wirtschaft entwickelt hatte. In den sieben Kattunfabriken der Stadt waren inzwischen 42 Walzendruckmaschinen in Gebrauch, 1835 waren es nur zwei gewesen. Die Goldschmidt'sche Kattundruckerei war die größte und beschäftigte 850 Arbeiter. Mehr Beschäftigte hatte nur der Eisenbahn- und Maschinenbauer Borsig mit 1200 Arbeitern. Bei Borsig, wo drei Jahre zuvor die erste Lokomotive gebaut worden war, wurden jetzt zehn im Jahr produziert. Borsig lieferte auch die Eisenträger für die Decken des Neuen Museums, das der Schinkel-Schüler August Stüler errichtete.

Joseph Liebermann hatte schon seit Langem geplant, selbst eine »Maschinenbauanstalt« zu übernehmen. Er sah, dass der Erfolg der Kattunfärbereien von der Qualität der Maschinen abhing. Im Jahr 1856 erwarb die Firma Liebermann & Comp. deshalb die »Wilhelmshütte«, eine heruntergekommene 40 Jahre alte Eisengießerei im schlesischen Nieder-Eulau. Diese Fabrik stellte alles Mögliche her, eiserne Kochtöpfe, Bettgestelle, Turmuhren, aber auch Pflüge und Eggen sowie Pumpen und Radsätze für Eisenbahnwagen.

Die Liebermanns investierten und änderten das Unternehmenskonzept der Wilhelmshütte. Ein Jahrzehnt später war aus der Gießerei eine Maschinen- und Brückenbauanstalt geworden, in der Armaturen für Gasfabriken und landwirtschaftliche Maschinen ebenso hergestellt wurden wie Dampfanlagen nach amerikanischem Muster. Unter anderem lieferte die Wilhelmshütte Dampfkesselanlagen für die Dannenberger'sche Kattunfabrik.

Außerdem erwarben die Liebermanns kurz nach dem Kauf der Wilhelmshütte die ebenso heruntergewirtschaftete »Dorotheenhütte« bei Sagan, ein damals unbedeutendes Walzwerk, das aus einem Eisenhammer entstanden war. Als Direktor stellten sie einen gut ausgebildeten und zuverlässigen Techniker ein, der daranging, die Hütte zu modernisieren. Unter seiner Leitung spezialisierte sich die Dorotheenhütte auf die Produktion von Eisenbahnschienen und Eisenbahnrädern.

Das Jahr 1857 war auch der richtige Zeitpunkt, um die Dannenberger'sche Kattunfabrik zu kaufen, wobei Liebermanns Sohn Benjamin als Käufer auftrat. Jetzt war man auch hinsichtlich der Färberei unabhängig. Sie musste allerdings im Jahr 1871 liquidiert werden, weil mit der Einverleibung Elsass-Lothringens in das Deutsche Reich die Schutzzölle für die dort billigeren Produkte wegfielen.

Joseph Liebermann war mit der Entwicklung seiner Unternehmensgruppe mehr als zufrieden. Die Zeit der *Prussian shawls*, welche die Liebermanns reich gemacht hatten, war vorbei. Natürlich waren Kattune weiter gefragt, aber das Geschäft im Krisenjahr 1857 war unsicherer geworden. Die Preise für Rohseide stürzten ab. In Amerika brachen Banken zusammen und es gab Bankrotte von bekannten Unternehmen. Noch konnten die Liebermanns solche Einbrüche abfangen, aber Joseph war froh, dass seine Söhne sich mit den Eisenhütten einen neuen Geschäftsbereich aufgebaut hatten. Nun waren sie unabhängig von anderen Maschinenbauern und konnten ihre Ausrüstung selbst herstellen.

Natürlich blieb Joseph Liebermann bis zu seinem Tod das Oberhaupt der Firma Liebermann & Comp. Als er am 29. Januar 1860 starb, hinterließ er seiner Familie nicht nur ein Millionenvermögen, sondern auch einen starken Firmenverbund.

Norddeutscher Bund

Eine maßgebliche Rolle bei der weiteren industriellen Entwicklung Deutschlands spielte der im Jahr 1867 (als Vorläufer des Deutschen Reiches) gegründete Norddeutsche Bund, der als Ergebnis des preußischen Sieges über Österreich bei Königgrätz (1866) alle deutschen Staaten nördlich der Mainlinie unter preußischer Führung vereinigte. Erstmals war damit ein geschlossenes Staatsgebiet entstanden, das eine Fläche von rund 415 000 km^2 mit etwa 30 Millionen Einwohnern hatte.

Die Verfassung des Norddeutschen Bundes entsprach schon weitestgehend der späteren Verfassung des Kaiserreichs von 1871. Die Gesetzgebung war Aufgabe eines Reichstages, der vom männlichen Volk gewählt wurde, und eines Bundesrates, der die Regierungen der Mitgliedstaaten vertrat. Zur Verabschiedung von Gesetzen mussten beide Kammern zustimmen. Erbliches Oberhaupt des Bundes war der preußische König als Inhaber des Bundespräsidiums; Bundeskanzler wurde der preußische Ministerpräsident Otto von Bismarck. Mit der Reichsgründung und dem Inkrafttreten der neuen Verfassung am 1. Januar 1871 ging der Norddeutsche Bund im deutschen Kaiserreich auf.

Seit Beginn der 1850er-Jahre hatte Preußen eine Phase der Hochkonjunktur erlebt, die nur kurzfristig durch die Wirtschaftskrise von 1857 unterbrochen worden war. Nach der Bildung des Norddeutschen Bundes blieb es das Ziel Bismarcks, die neu gewonnene Machtstellung in Deutschland mit einem forcierten Wirtschaftsaufschwung weiter abzusichern. Dafür brauchte er aber die Liberalen als Verbündete im Reichstag, die seit dem preußischen Verfassungskonflikt (preußischer Budgetkonflikt um die Heeresreform) seine Feinde waren.

Die Grundlage für ein solches Bündnis zwischen Bismarck und der Industrie war mit dem »historischen Kompromiss« bereits gelegt worden. Aufgrund der liberalen Handels- und Wirtschaftspolitik der Regierung akzeptierten die Liberalen das konservative Verfassungskonzept von Bismarck; andererseits waren die Konservativen mit der liberalen Wirtschaftspolitik einverstanden, solange sie sich auf die Wirtschaft beschränkte. Im Übrigen lag die Freihandelspolitik der Liberalen durchaus auch im Interesse der preußischen Grundbesitzer.

Schon auf dem Höhepunkt des Verfassungskonflikts hatten sich Liberale und Konservative über wichtige wirtschafts- und handelspolitische Entscheidungen verständigt: So beim Abschluss der liberalen Zollvereinsverträge mit den westlichen Nachbarn, ferner beim Preußischen Berggesetz, das den Bergbaubetrieben vollständige Selbstständigkeit gab. Auch in der Eisenbahnpolitik kam Bismarck den Liberalen entgegen, indem er die schleichende Verstaatlichung beendete und eine Politik der »freien Konkurrenz« zuließ.

Diese Bündnispolitik zwischen Liberalen und Konservativen setzte Bismarck im Norddeutschen Bund verstärkt fort. Den Verfassungskonflikt mit den Liberalen bereinigte er mit der »Indemnitätsvorlage«, mit der er für das Eingeständnis des Verfassungsbruchs die nachträgliche Billigung des Wehretats im preußischen Abgeordnetenhaus erreichte. Damit stärkte er gleichzeitig den Liberalen der »Nationalliberalen Partei« den Rücken, die Bismarcks Politik im frei gewählten Reichstag des Norddeutschen Bundes unterstützten.

Gemeinsam mit diesem Teil der Liberalen im Norddeutschen Reichstag machten sich die preußischen Beamten an die Arbeit, um der Nachwelt zu beweisen, »wie modern, wie attraktiv für jeden Fortschrittsfreund der Norddeutsche Bund in kürzester Zeit ausgestaltet werden konnte – wie durchsetzungsfähig die Liberalen mit ihrer Politik gesellschaftlicher Modernisierung waren«. Allerdings blieben Militär, Außenpolitik, Bürokratie und Hofgesellschaft außerhalb der Parlamentsherrschaft. Ansonsten konnte der Norddeutsche Reichstag jedoch »nach knapp drei Jahren eine erstaunliche Erfolgsbilanz nachweisen«.

Einer der maßgeblichen Treiber dieser Politik war Rudolph von Delbrück, den man den »Generalstabschef der Freihändler« nannte. Delbrück setzte sich schon als Beamter des preußischen Handelsministeriums vehement für den Freihandel ein. Die Erweiterung des Deutschen Zollvereins ging zu großen Teilen auf ihn zurück. Ab 1867 war Delbrück Präsident des Bundeskanzleramts des Norddeutschen Bundes und galt als rechte Hand Bismarcks, den er im Parlament oft vertrat. Als Vertrauter Bismarcks führte Delbrück 1870 auch die Verhandlungen mit den süddeutschen Staaten, die schließlich zur Reichsgründung von 1871 führten.

Als Präsident des Bundeskanzleramts machte Delbrück den Norddeutschen Reichstag im Zusammenspiel mit den liberalen Kräften zum Treiber des wirtschaftspolitischen Liberalismus. In dem Gesetz über die Freizügigkeit vom 1. November 1867 hieß es:

»Wir Wilhelm, von Gottes Gnaden König von Preußen etc.
verordnen im Namen des Norddeutschen Bundes, nach erfolgter Zustimmung des Bundesrathes und des Reichstages, was folgt:

§. 1.

[1] Jeder Bundesangehörige hat das Recht, innerhalb des Bundesgebietes:
1) an jedem Orte sich aufzuhalten oder niederzulassen, wo er eine eigene Wohnung oder ein Unterkommen sich zu verschaffen im Stande ist;

2) an jedem Orte Grundeigenthum aller Art zu erwerben;
3) umherziehend oder an dem Orte des Aufenthalts, beziehungsweise der Niederlassung, Gewerbe aller Art zu betreiben, unter den für Einheimische geltenden gesetzlichen Bestimmungen.
[2] In der Ausübung dieser Befugnisse darf der Bundesangehörige, soweit nicht das gegenwärtige Gesetz Ausnahmen zuläßt, weder durch die Obrigkeit seiner Heimath, noch durch die Obrigkeit des Ortes, in welchem er sich aufhalten oder niederlassen will, gehindert oder durch lästige Bedingungen beschränkt werden.
[3] Keinem Bundesangehörigen darf um des Glaubensbekenntnisses willen oder wegen fehlender Landes- oder Gemeindeangehörigkeit, die Niederlassung, der Gewerbebetrieb oder der Erwerb von Grundeigenthum verweigert werden.«

Mit 84 Gesetzen, 40 Verträgen und zahllosen Präsidialerlassen bewirkte Delbrück, dass auf dem Gebiet des Norddeutschen Bundes ein geeintes und liberales Wirtschaftsgebiet entstand. Mit zahlreichen Gesetzen hob der Reichstag Privilegien und Zwangsrechte auf; die Bürger erhielten mehr Möglichkeiten, ihr Leben freier zu gestalten. Der Rechtsstaat wurde gefestigt, Hemmnisse für Industrie und Handel wurden beseitigt. Zwar konnte nicht allen Reformerwartungen entsprochen werden. Ein Blick auf die 20 wichtigsten Gesetze zeigt aber, mit welcher Energie die Liberalen im Parlament und in der Verwaltung ihr großes Modernisierungsprojekt vorantrieben. Zu den Neuerungen und Vereinheitlichungen, die überwiegend nach 1870 fortgalten, gehörten unter anderem:

Das Staatsangehörigkeitsgesetz und Passwesen; die Gleichberechtigung der Konfessionen; die Freizügigkeit im Bundesgebiet; die Aufhebung polizeilicher Beschränkungen bei der Eheschließung; das Allgemeine Deutsche Handelsgesetzbuch; der Oberste Handelsgerichtshof; die Allgemeine Deutsche Wechselordnung; das Genossenschaftsgesetz; die Aufhebung der Konzessionspflicht für Aktiengesellschaften; die Gewerbeordnung mit Koalitionsfreiheit; die Maß- und Gewichtsordnung; das Postgesetz mit einheitlichen Tarifen; das Strafgesetzbuch; das Urheberrecht; die Beseitigung der Schuldhaft usw.

Hervorzuheben ist die Gewerbeordnung des Norddeutschen Bundes vom 21. Juni 1869, mit der in allen Mitgliedstaaten die Gewerbefreiheit eingeführt wurde, was noch nicht überall der Fall war. Damit hatte jedermann auf dem Gebiet des Norddeutschen Bundes das Recht, ein

Gewerbe zu betreiben, soweit nicht gesetzliche Ausnahmen oder Beschränkungen bestanden. Der Zunftzwang und die Abhängigkeit des Gewerbetreibenden von behördlichen Konzessionen wurden aufgehoben. Eine zentrale Forderung der Liberalen wurde damit verwirklicht.

Eine der wichtigsten Neuerungen war die Liberalisierung des Aktienrechts durch die Aufhebung der Zulassungspflicht bei der Errichtung von Aktiengesellschaften. Damit verzichteten die Staaten des Norddeutschen Bundes endgültig auf die Möglichkeit, bremsenden Einfluss auf die Bildung von Großbetrieben zu nehmen. Die »historische Enge« Preußens, die noch bis Mitte des 19. Jahrhunderts bestand und der industriellen Entwicklung im Wege gestanden hatte, wurde dadurch gesprengt (Böhme).

Die unter Stein und Hardenberg eingeleiteten Veränderungen im Verhältnis von Staat und gewerblicher Wirtschaft hatten damit ihren Abschluss gefunden. Nach der Ablösung der »obrigkeitsstaatlichen Direktionsgewalt« durch die Liberalisierung des Aktienrechts verzichtete der Staat auf das letzte Instrument staatlicher Wirtschaftslenkung. Die Initiative der »produktiv-kapitalistischen Wirtschaftsführung« lag nun vollständig in den Händen von Fabrikanten, Bankiers und Aktionären.

Die mit dem geeinten deutschen Wirtschaftsgebiet und der liberalen Wirtschaftspolitik verbundenen Erwartungen wurden nicht enttäuscht: Die Börse in Berlin meldete Anfang der 60er-Jahre »recht günstige Erfolge« und einen »anhaltenden Aufschwung«. Ein lebhafter Handel mit Wechseln zeugte von zunehmenden Warenumsätzen. Der energisch vorangetriebene Eisenbahnbau und der weitere Ausbau der Handels- und Wasserwege brachten eine erhebliche Zunahme der Kohleförderung, der Eisenerzgewinnung und der Hüttenproduktion mit sich. Der Graben zwischen deutscher und englischer Produktion schloss sich. Im Zollverein begann die preußische Produktion, die der französischen und belgischen Industrie zu überholen.

Der englische Vorsprung in der Textilindustrie konnte jedoch von den kontinentalen Staaten trotz rascher Fortschritte nicht aufgeholt werden. Doch in den Bereichen Maschinenbau, Kohleverbrauch, Gusseisenproduktion und Verbrauch an Baumwolle zeigte sich, dass Deutschland bei der Industrialisierung den Anschluss an Westeuropa gefunden hatte. Kohle und Koks verdrängten seit 1850 rasch Holz und Holzkohle als Brennstoff für Industrie und Haushalte. Dampfmaschinen wurden nicht mehr überwiegend aus England importiert, sondern die meisten kamen aus deutscher Eigenproduktion. Die Anwendung technischer Neuerungen wie Bessemer-Konverter und Siemens-Martin-Ofen für die Stahlerzeugung verbilligten die Produktion und weiteten den Absatz aus.

Arbeiterbewegung

Schon in der ersten Hälfte des 19. Jahrhunderts hatten sich Arbeiter zusammengeschlossen, um gegen ihre katastrophale Lage zu protestieren. Vor allem die Revolte der schlesischen Weber von 1844, der sogenannte »Weberaufstand«, hatte gezeigt, dass die ausgebeuteten und unterhalb des Existenzminimums lebenden Menschen nicht mehr bereit waren, ihre Situation als »gottgewollt« hinzunehmen. Der Aufstand wurde vom preußischen Militär blutig niedergeschlagen, weil die staatlichen Behörden dahinter revolutionäre Absichten vermuteten.

Um solche Bestrebungen im Keim zu ersticken, wurde die Bildung von Zusammenschlüssen unter Arbeitern, Gesellen, Gehilfen oder Lehrlingen in der preußischen Gewerbeordnung von 1845 unter Geld- bzw. Gefängnisstrafe gestellt und Streiks sogar mit Gefängnisstrafen bis zu einem Jahr bedroht. Die ersten deutschen Arbeiterorganisationen konnten deshalb nur im westlichen Ausland entstehen: in der Schweiz, in Paris und London. Einer dieser Zusammenschlüsse war der Bund der Kommunisten mit Sitz in London, für den Karl Marx und Friedrich Engels das Kommunistische Manifest verfassten.

Doch trotz dieses Verbots bildeten sich in Zusammenhang mit der Revolution von 1848/49 einzelne Arbeitervereine, die sich in der »Allgemeinen deutschen Arbeiterverbrüderung« zusammenschlossen, bis diese 1854 verboten wurde. Einen Neuanfang der Arbeiterbewegung bildete der Norddeutsche Bund, der mit seiner neuen Gewerbeordnung vom 21. Juni 1869 alle Verbote aufhob, die sich gegen das Koalitionsrecht richteten. Nun hatten Arbeitnehmer das Recht, zur Erlangung günstiger Lohn- und Arbeitsbedingungen Vereinbarungen zu treffen und Vereinigungen zu bilden, soweit nicht gesetzliche Ausnahmen oder Beschränkungen bestanden.

Von dem Koalitionsrecht profitierten insbesondere die Fabrikarbeiter, die sich als Erste zusammenschlossen und deren Arbeits- und Lebensbedingungen sich nach 1860 rasch verbesserten. Schon in den Jahrzehnten zwischen 1850 und 1880 stiegen die Löhne der Fabrikarbeiter und ihre

Arbeitszeiten wurden verkürzt. Dort, wo die Unternehmer für Arbeitersiedlungen sorgten, verbesserten sich auch die Wohnverhältnisse. Infolge verbesserter Produktivität im Getreideanbau und in der Viehzucht stieg auch der Konsum an Fleisch, Zucker, Weißbrot und Obst.

Sehr bald erkannte man auch, dass die Frauen- und Kinderarbeit in Fabriken schädliche Auswirkungen auf die Familie, die Gesundheit, die Erziehung, aber auch für die Effektivität der Arbeit hatte. In England kam es bereits in den 30er- und 40er-Jahren des 19. Jahrhunderts zu ersten Fabrikgesetzen und zu Einschränkungen der Frauen- und Kinderarbeit. In Preußen wurde Kinderarbeit erstmals 1839 und 1853 eingeschränkt.

Damit war das Massenelend auf dem Lande und in den überfüllten Städten aber noch nicht beseitigt. Im Unterschied zu den Fabrikarbeitern gab es für die davon betroffenen Menschen nicht die Möglichkeit, sich als Gewerkschaft zusammenzuschließen, um gemeinsam für die Verbesserung ihrer Lebensverhältnisse zu kämpfen. Dazu waren die Interessen zu unterschiedlich und es gab keinen »gemeinsamen Fabrikherrn«, dem man die Forderungen präsentieren konnte. Dieser Teil der Bevölkerung konnte nur hoffen, dass sich politische Parteien bildeten, die sich ihrer Nöte annahmen.

Den ersten Schritt dazu bildete die Gründung des »Allgemeinen Deutschen Arbeitervereins« am 23. Mai 1863 durch Ferdinand Lassalle in Leipzig. Lassalles Idee des Sozialismus war genossenschaftlich und preußisch-nationalstaatlich orientiert. Von der Einführung eines allgemeinen und gleichen Wahlrechts erhoffte er sich die Integration der Arbeiter in den Staat und die Beseitigung der Klassengegensätze. Damit geriet er in einen Gegensatz zu der von Karl Marx und Friedrich Engels dominierten Lehre, die revolutionär und internationalistisch ausgerichtet war.

Zur gleichen Zeit (1863) entstand in Eisenach der liberal-demokratische »Vereinstag Deutscher Arbeitervereine«, der zum Kern der 1869 in Eisenach unter Führung von August Bebel und Wilhelm Liebknecht gegründeten »Sozialdemokratischen Arbeiterpartei« wurde. Das Eisenacher Programm bezog sich im Wesentlichen auf die Grundsätze der von Marx und Engels mitgegründeten Internationalen Arbeiterassoziation (1. Internationale). Im Mai 1875 schlossen sich die beiden Arbeitervereinigungen in Gotha zur »Sozialistischen Arbeiterpartei Deutschlands« (SAP) zusammen, deren Programm sowohl revolutionäre Strömungen Marx'scher Prägung als auch reformerische Ideen im Sinne von Lassalle enthielt.

Im Gegensatz zu den anderen Parteien wurde die Sozialistische Arbeiterpartei, die sich 1890 in »Sozialdemokratische Partei Deutschlands« (SPD) umbenannte, schon früh eine Massenpartei mit fester Mitgliedschaft und straffer Organisation. Die als staatsfeindlich angesehene Partei wurde für die Arbeiter zur politischen Heimat, auch weil sie außerhalb der bürgerlichen Gesellschaft eine eigenständige soziale Subkultur entwickelte. Dazu gehörten Kindergärten, Sport- und Gesangvereine, Konsumvereine und deren Läden sowie die Spar- und Bauvereine.

Der politische Einfluss der Sozialdemokratie vor dem Ersten Weltkrieg war gering, doch die Zahl ihrer Wähler wuchs dank ihrer Agitation, die »aufs Negieren eingestellt war und mit utopischen Vorstellungen von der sozialistischen Zukunft operierte« (Ludwig Heyde), rasch an. Allein von 1871 bis 1877 erhöhte sich die Wählerzahl von 102 000 auf nahezu eine Million. Damit wurde auch die »Soziale Frage« ein immer dringenderer Teil der politischen Auseinandersetzungen im Reichstag. Das betraf sowohl die Hilfe für Bedürftige, Kranke und Alte, um die sich vornehmlich Kirchen und Kommunen kümmerten, als auch die Verhältnisse in den Fabriken, wo sich die Fabrikherren und die Lohnarbeiter gegenüberstanden.

Gründerboom und -krise

Die Jahre vor und nach der Reichsgründung am 18. Januar 1871 wurden durch einen außerordentlichen Wirtschaftsaufschwung geprägt, der zwar mit der nationalen Aufbruchstimmung zusammenhing, aber in erster Linie ökonomische Gründe hatte.

Ein wichtiger Treiber des Wirtschaftsaufschwungs war die Annexion von Elsass-Lothringen, wodurch das Deutsche Reich sein Industriepotenzial um die dortigen Eisenerz-, Steinkohle- und Salzlagerstätten sowie um Industrien auf den Gebieten Eisen, Glas und Chemie erweiterte. Außerdem vergrößerte sich mit dem Wegfall der Zollgrenzen und der Vereinheitlichung der Handelsgesetzgebung und des Geldwesens der innerdeutsche Handels- und Wirtschaftstraum.

Der Gründerboom beschleunigte vor allem den Ausbau der Industrie und des Eisenbahnnetzes, wie die folgenden Zahlen zeigten: Im Jahr 1849 hatte es im Rheinland und Westfalen erst 651 feststehende Dampfmaschinen mit insgesamt 18 775 PS gegeben; 1875 waren es bereits 11 706 mit insgesamt 379 091 PS. Die Länge des preußischen Eisenbahnnetzes hatte im Jahr 1847 nur 2754 km betragen; 1875 verfügte Preußen über ein verbundenes Eisenbahnnetz mit einer Gesamtlänge von 16 169 km.

Gleichzeitig stiegen die industriellen Produktionsmengen und die Anzahl der Beschäftigten: Die Steinkohlenerzeugung wuchs um das 8-Fache, die Roheisenerzeugung um das 14-Fache und die Stahlproduktion um das 54-Fache. Mehr als 500 000 zusätzliche Arbeiter fanden in mehr als 11 000 Betrieben mit über fünf Beschäftigten Arbeit. Die Belegschaft in den Kohlegruben stieg von 12 741 auf über 83 000 Arbeiter.

Im Zuge dieses rasanten Aufschwungs entwickelte sich Berlin zum wirtschaftlichen Drehpunkt zwischen Ruhrgebiet und Oberschlesien. Entlang dieser Achse liefen die Geschäfte der Aktienbanken, die Deutschland einerseits von den ausländischen Börsenplätzen unabhängig machten und andererseits den künftigen Gang der Industrieentwicklung in Deutschland bestimmten.

Allein in den Jahren 1871 bis 74 wurden 857 Aktiengesellschaften mit einem Kapital von über 1,4 Milliarden Talern gegründet. Außerdem setzte eine rege private und staatliche Bautätigkeit ein, die sich schnell in ein regelrechtes »Baufieber« hineinsteigerte. Die französische Kriegsentschädigung half dabei entscheidend mit. Auch an der Vergrößerung der preußischen Industriestädte, die sich vor allem im Westen konzentrierten, war das rapide Wirtschaftswachstum zu erkennen: Um das Jahr 1850 zählte Essen rund 9000 Einwohner, 1875 nahezu 55 000.

Angetrieben wurde dieser Wirtschaftsboom insbesondere auch durch die nach Deutschland strömenden 5 Milliarden Francs aus der französischen Kriegsentschädigung. In relativ kurzer Zeit bezahlt, überschwemmten die in »Goldmark« eingetauschten französischen Milliarden – das Anderthalbfache des gesamten Geldumlaufs im Deutschen Reich zu jener Zeit – den deutschen Finanzmarkt.

Damit in Zusammenhang stand die 1871 geschaffene neue Geldverfassung mit der »Mark« als nationale Währung und der 1876 gegründeten Reichsbank. Dem englischen Beispiel folgend wurde der Goldstandard eingeführt mit dem Recht, Banknoten in Gold zu tauschen und umgekehrt. Als Deckung dienten die französischen Reparationen, die Frankreich hauptsächlich mit in Pfund Sterling ausgestellten Wechseln bezahlte, die bei der Bank in England in Gold umgetauscht wurden. Die bisherigen Silberwährungen in Talern oder Gulden konnten in die neue Goldmark umgetauscht werden. Mit dem Goldstandard verfolgte das

Reich in erster Linie das Ziel fester Wechselkurse. Andere Ziele, etwa Stabilität des Preisniveaus oder Wirtschaftswachstum, spielten keine Rolle.

Mit dem Wirtschaftsaufschwung erlebte Berlin jedoch auch einen gewaltigen Boom der spekulativen Übertreibungen. Die Reichsregierung nutzte einen großen Teil der französischen Kriegsentschädigung zur Rückzahlung von Kriegsanleihen, mit der Folge, dass die vormaligen Inhaber dieser Papiere neue Anlagemöglichkeiten suchten. Als eine attraktive Anlage erschien vielen der Erwerb von Aktien an neu gegründeten Unternehmen, die in der Gründerzeit zuhauf angeboten wurden.

Darunter befanden sich Aktien seriöser Unternehmen, wie Continental, AGFA, Hoesch AG oder Schering, aber auch Aktien von neu gegründeten Firmen mit einem zweifelhaften Geschäftsmodell, die zu horrenden Preisen verkauft wurden. Dazu gehörte zum Beispiel ein kleines Droschkenunternehmen in Berlin, dessen Vermögen aus ein paar Droschken bestand, die ein Börsenspekulant den Eigentümern für einen guten Preis abgekauft hatte. Anschließend wandelte er das Unternehmen in eine Aktiengesellschaft um, nannte dieses »Central-Bazar für Fuhrwesen« und brachte es an die Börse. Dort erzielte der Spekulant für das nahezu wertlose Unternehmen einen Preis von 550 000 Talern, umgerechnet rund 1,65 Millionen Mark.

So konnte es nicht überraschen, dass es 1873 zu heftigen Kursstürzen an der Börse kam, dem der Zusammenbruch von Banken und vielen neu gegründeten Unternehmen folgte. Der unmittelbare Auslöser dieses »Gründerkrachs« war die Berliner Quistorp'sche Vereinsbank, die sich am 10. Oktober 1873 für zahlungsunfähig erklärte. Aus Angst vor weiteren Konkursen verkauften Anleger massenhaft ihre Aktien, die durchschnittlich ein Drittel ihres Wertes verloren. Eine Krise, die fünf Monate zuvor in Wien begonnen hatte, erreichte damit auch Deutschland.

Die Schockwellen der Börsenkrise trafen nahezu alle Branchen und Regionen. 61 Banken, 116 Industrieunternehmen und vier Eisenbahngesellschaften gingen bankrott. Besonders schwer getroffen waren Baugewerbe, Maschinenbau und Schwerindustrie. Selbst die Krupp-Stahlwerke entgingen nur knapp dem Zusammenbruch.

Eine Folge war die Konzentration und Zentralisierung der Wirtschaft durch Firmen- und Marktübernahmen, vor allem im Bankensektor. Während es den Berliner Großbanken wie der Deutschen Bank oder Dresdner Bank gelang, die Krise trotz hoher Bilanzverluste schnell zu überwinden, gingen viele Provinzbanken in Konkurs, deren Geschäft dann die Großbanken übernahmen.

Zur Verantwortung gezogen wurde niemand. Die Reichsregierung reagierte mit ordnungspolitischen »Reformen«: Ab 1882 benötigte der Börsengang einen sog. Emissionsprospekt. 1884 folgte eine Reform des Aktienrechts, 1896 wurde das Börsengesetz erlassen. Außerdem legte man den Mindestnennwert von Aktien auf 1000 Mark fest.

Mit der »Gründerkrise« war die wirtschaftliche Hochstimmung verflogen, die der Reichsgründung gefolgt war. Der Boom wurde von einer wirtschaftlichen Stagnationsphase abgelöst, die bis 1890 andauerte. Ein zeitgenössischer Ökonom schrieb zu diesem wirtschaftlichen Rückgang, es sei »viel mehr eine Krise der reichen als der armen Leute«. Eine Krise der liberalen Bürger also, deren Glaube an die »naturgesetzliche Harmonisierung des Marktmechanismus« einen schweren Dämpfer erhalten hatte.

Auch für die Wirtschaftspolitik des Deutschen Reiches setzte die Gründerkrise eine folgenreiche Zäsur: Vor der Krise dominierten die liberalen Kräfte die Wirtschafts- und Handelspolitik des Reiches, wovon die ostelbische Landwirtschaft, die Schwerindustrie und auch die an niedrigen Einfuhrpreisen interessierte Arbeiterschaft profitierten. Als die Konjunktur jedoch einbrach und der deutsche Markt mit billigem Getreide aus Übersee und Russland sowie preisgünstigen englischen Industriewaren überschwemmt wurde, änderte sich die Interessenlage (Helmut Böhme).

Die deutsche Schwerindustrie forderte vom Staat protektionistische Maßnahmen zum Schutz vor dem Preiskampf der englischen Konkurrenz und ihre Verbände beeinflussten in diesem Sinne das Meinungsbild der konservativen Reichstagsabgeordneten. Gleichzeitig kämpften die ostelbischen Großgrundbesitzer und Getreideerzeuger gegen die Einfuhr billigen Getreides, sodass sich der Staat in Abkehr von seiner bisherigen Freihandelspolitik gezwungen sah, Schutzzölle einzuführen. Bismarck wandte sich deshalb von den Nationalliberalen ab und schwenkte zu den Positionen der Großagrarier und der Industrie über. Es entstand das Bündnis aus »Roggen und Eisen«.

Damit gab die Regierung ihre bisherige Freihandelspolitik in zwei wichtigen Wirtschaftsbereichen auf. Um die Schutzzölle durchzusetzen, wurden die liberalen Minister von Bismarck durch streng konservative ersetzt. Den widerstrebenden Reichstagsabgeordneten gab er zu verstehen, dass er sein Programm dem Kaiser, der zum Schutzzoll neigte, vorstellen und nötigenfalls die Kabinettsfrage stellen würde. Vielleicht werde man dann zur Auflösung des Reichstages schreiten müssen. Mit solcher Unterstützung von Bismarck setzte der Reichstag 1879 Einfuhrzölle auf Getreide und Eisen in Kraft, um den Absturz der Getreidepreise zu verhindern und die heimische Produktion von Eisen zu schützen.

Für Bismarck war die Einführung von Zöllen insofern von Vorteil, als sie unmittelbar in die Reichskasse flossen, über die er als Reichskanzler verfügen konnte, und er weniger von den Beiträgen der Bundesstaaten oder vom Reichstag zu bewilligenden Geldern abhängig war. Dafür bildete er 1877 erst eine eigene Finanzabteilung im Reichskanzleramt und dann 1879 das Reichsschatzamt (Reichsfinanzministerium).

Eine weitere Änderung, mit der sich Bismarck von der Politik der »freien Konkurrenz« verabschiedete, betraf die Eisenbahnpolitik. Nach der Verfassung von 1871 hatte sich das Reich um eine Vereinheitlichung der einzelstaatlichen und privaten Eisenbahnen zu bemühen. Als diese Initiativen am Widerstand der Bundesstaaten scheiterten, nahm sich Bismarck der Sache an und setzte schließlich die Verstaatlichung der preußischen Privatbahnen gegen den Widerstand des preußischen Finanzministers Camphausen durch.

Bismarcks Sozialpolitik

Der Zulauf, den die Vereinigungen der Arbeiter seit der Wirtschaftskrise 1873 verzeichneten, insbesondere auch ihr Zusammenschluss zur »Sozialistischen Arbeiterpartei Deutschlands« (SAP) und deren steigende Erfolge bei den Reichstagswahlen 1874 und 1877, beunruhigten die Reichsregierung und die bürgerlichen Parteigruppierungen im Reichstag. Bismarck sah deshalb die Notwendigkeit, repressive Maßnahmen gegen die Gefahr einer drohenden sozialistischen Revolution zu ergreifen. Die Zielsetzung von Bismarck beschreibt Heyde folgendermaßen: *»Autorität im Staat und im Wirtschaftsleben – also starke Monarchie und starkes Unternehmertum – und Schutz der nationalen Arbeit vor dem Wettbewerb billigerer ausländischer Produktion.«*

Als Erstes ließ er die SAP mit ihren Organisationen und Publikationen mit dem »Gesetz gegen die gemeingefährlichen Bestrebungen der Sozialdemokratie« von 1878 verbieten. Damit waren auch die Gewerkschaften verboten, ebenso sozialdemokratische und gewerkschaftliche

Organisationen, Veranstaltungen und Umzüge. Personen, welche die Ordnung gefährdeten, konnten ausgewiesen oder ins Gefängnis geworfen werden.

Als Vorwand für sein repressives Vorgehen gegen die Sozialistische Arbeiterpartei dienten Bismarck zwei Attentate auf Kaiser Wilhelm I. im Jahr 1878. Beide Anschläge schlugen fehl, die Attentäter standen auch mit der Sozialdemokratie nicht in Verbindung; dennoch wurde von der Regierung ein Zusammenhang zwischen den Attentaten und den angeblichen Umsturzplänen behauptet.

Das Gesetz wurde im Reichstag mit den Stimmen der Konservativen und Nationalliberalen angenommen, während das Zentrum, die Fortschrittspartei und die Fraktion der Sozialdemokraten gegen die Annahme stimmten. Es wurde gegen den Wunsch der Regierung auf zweieinhalb Jahre befristet, aber danach regelmäßig bis 1890 verlängert, ab 1880 auch mit Stimmen von Teilen des Zentrums. Die Tätigkeit der Reichstagsfraktion der SAP war während der Dauer des Sozialistengesetzes nicht beeinträchtigt.

Das Gesetz musste mit einem vollen Misserfolg enden. Denn mit Verfolgungen, Ausweisungen und Schikanen ließen sich die Organisationen der Partei und Gewerkschaften nicht mehr unterdrücken; sie stärkten vielmehr die Solidarität der Arbeiter. So wuchs der Stimmenanteil der Sozialdemokraten zwischen 1878 und 1890 von 437 000 auf 1 427 000 Wähler. Mit etwa 20 Prozent der Wählerstimmen wurde die Sozialdemokratie dadurch zur relativ stärksten deutschen Partei, was sich jedoch im Reichstag wegen des Mehrheitswahlrechts nicht in gleichem Maße auf die Zahl der Mandate auswirkte.

Ab 1890 wurde das Sozialistengesetz nicht mehr verlängert. Es hatte den Erfolg der SAP nicht aufhalten können, wohl aber die Integration der Sozialdemokraten in die bürgerliche Gesellschaft verhindert. Die von Ferdinand Lassalle angestrebte Versöhnung zwischen der Arbeiterschaft und dem Staat war nicht eingetreten. Im Gegenteil: Die Sozialistengesetze hatten entscheidend dazu beigetragen, dass sich die Gräben zwischen Staat und Arbeiterschaft weiter vertieften.

Das hatte Folgen für das von Bismarck anschließend geschaffene System der gesetzlichen Sozialversicherungen, das von der Arbeiterschaft und ihren politischen Vertretern abgelehnt wurde, obwohl es die Not der Arbeiter an dem entscheidenden Punkt anfasste: an der Unsicherheit ihrer Existenz.

Dabei ging Bismarcks Ziel klar aus der »kaiserlichen Botschaft vom 17. November 1881« an den Reichstag hervor, in der er ausführte, »dass die Heilung der sozialen Schäden nicht ausschließlich im Wege der Repression sozialdemokratischer Ausschreitungen, sondern gleichermaßen auf dem der positiven Förderung des Wohls der Arbeiter zu suchen sein werde«. Dazu kündigte er staatlichen Schutz und Fürsorgemaßnahmen an, »um dem Vaterlande neue und dauernde Bürgschaften inneren Friedens und den Hilfsbedürftigen größere Sicherheit und Ergiebigkeit des Beistandes, auf den sie Anspruch haben, zu hinterlassen«. Sodann kündigte die Botschaft die umgearbeitete Vorlage eines Unfallversicherungsgesetzes an, das im alten Reichstag durchgefallen war, und betonte den Anspruch auf staatliche Fürsorge im Falle von Alter und Invalidität. Den Schluss bildete die Ankündigung, dass das Versicherungswerk in Form korporativer Genossenschaften unter staatlichem Schutz umgesetzt werden sollte.

Die Bedeutung der Kaiserlichen Botschaft wird heute von niemandem mehr infrage gestellt. Unbestritten ist auch die Leistung von Bismarck, dem es in den folgenden Jahren gelang, die Sozialgesetzgebung gegen große parlamentarische Schwierigkeiten durchzusetzen. 1883 kamen die Krankenversicherung, 1884 die Unfallversicherung für die Industrie und 1889 die Invaliden- und Altersversicherung. Nur auf dem Gebiet des Arbeiterschutzes zeigte Bismarck keinen Fortschrittswillen, sodass es weder beim Frauen- und Kinderschutz noch bei der Sonntagsruhe Verbesserungen gab.

Bei den drei in Kraft gesetzten Sozialversicherungen handelte es sich um korporative Einrichtungen, die sich selbst verwalten sollten. Die Mitgliedschaft in diesen Körperschaften war für die versicherten Arbeiter obligatorisch. Die Finanzierung der Kranken-, Invaliden- und Altersversicherung erfolgte über Beiträge, die von Arbeitgebern und Arbeitern je zur Hälfte zu übernehmen waren. Bei der Unfallversicherung hatten die Arbeitgeber sämtliche Kosten zu tragen. Nur für die Invaliden- und Alterssicherung zahlte das Deutsche Reich einen Zuschuss.

Die Leistungen in der Krankenversicherung bestanden in freier ärztlicher Behandlung der Arbeiter und einem Krankengeld bis zu höchstens 13 Wochen. Bei der Unfallversicherung zahlte die Berufsgenossenschaft der Arbeitgeber die Unfallkosten und bei tödlichem Unfall eine Hinterbliebenenrente. Die Alters- und Invaliditätsversicherung sicherte jedem Arbeiter eine Altersrente nach dem 70. Lebensjahr zu sowie eine Invalidenrente bei Arbeitsunfähigkeit.

Diese Gesetze eröffneten ein neues Kapitel der Sozialpolitik. Sie waren ein radikaler Bruch mit der klassischen Doktrin vom automatischen Ausgleich der gesellschaftlichen Interessen und nahmen den Staat in die Pflicht, tätig zu werden, wenn es die Not der Arbeiter erforderte. »Es liegt in diesem Gesetz – so Bismarck – auch die Tendenz, das Gefühl menschlicher Würde, welches auch der ärmste Deutsche meinem Willen nach haben soll, wach zu erhalten, dass er nicht rechtlos als ein Almosenempfänger dasteht, sondern dass er ein peculium an sich trägt, über das niemand außer ihm verfügen kann.«

Doch die Wirkung, die sich Bismarck von dieser Gesetzgebung erhofft hatte, nämlich die Sozialdemokratie zu schwächen und die Arbeiter für den Staat zu gewinnen, stellte sich ebenso wenig ein wie beim Sozialistengesetz. Bebel höhnte im Reichstag, die Sozialdemokraten würden die ganze Reform mit schallendem Gelächter begrüßen, Schwindel und Humbug sei sie. Auch wenn Bismarck darauf antwortete: »Auf die Einwendungen, die von den Führern der Sozialdemokratie kommen, lege ich keinen Wert; auf die Einwendungen, die von den Arbeitern im Allgemeinen kommen, würde ich einen sehr großen Wert legen«, so musste er doch bald erkennen, dass die gleichen Einwendungen von den Arbeitern selbst kamen. Die Arbeiterschaft versammelte sich weiterhin solidarisch um die Führer der Sozialdemokratischen Partei und die Zahl der sozialdemokratischen Stimmen nahm unaufhaltsam zu.

Bismarck war von der Reaktion der Arbeiterschaft enttäuscht und gab in den 1880er-Jahren seine sozialpolitischen Ambitionen auf. Nur das Begonnene sollte vollendet werden, aber mehr gewähren wollte er nicht. Doch damit traf er auf den Widerstand des jungen Kaisers Wilhelm II. (1888–1918), der zu jener Generation gehörte, die Bismarck selbst mit der Arbeiterfrage bekannt gemacht hatte. Doch während Bismarck bei der Arbeiterfrage zur Methode der Repression zurückkehren wollte, vertraute der junge Kaiser darauf, durch rechtzeitige Reformen die rote Revolution verhindern zu können.

Die Differenzen wurden sichtbar, als sich der Kaiser im Sommer 1889 im Verlaufe des Bergarbeiterstreiks entschieden arbeiterfreundlicher zeigte, als das mit Bismarcks Linie vereinbar war. Wilhelm II. drohte damals: »Die Unternehmer und Actionäre müssten nachgeben, die Arbeiter seien seine Untertanen, für die er zu sorgen habe; wollten die industriellen Millionäre ihm nicht zu Willen sein, so würde er seine Truppen zurückziehen; wenn dann die Villen der reichen Besitzer und

Direktoren in Brand gesteckt, ihre Gärten zertreten würden, so würden sie schon klein werden.« Der Kanzler wendete ein, »dass die Besitzenden doch auch Untertanen seien«; die Pläne des Kaisers empfand er als »populären Absolutismus«; er warnte vor der Illusion Wilhelms, »dass sein guter Wille genüge, die Begehrlichkeit der Arbeiter zu beruhigen«, und vor »freiwilligem Rückzuge im Kampf gegen die Sozialdemokratie«.

Wegen zunehmender Differenzen mit Kaiser Wilhelm II. auch in der Außenpolitik sah sich Bismarck veranlasst, sein Rücktrittsgesuch einzureichen. Seine Entlassung erfolgte am 20. März 1890.

Emil Rathenau

Im Sommer 1862 legte Emil Rathenau, Enkel des 1864 verstorbenen Joseph Liebermann, seine Ingenieurprüfung in Zürich ab. Nach einer kurzen Beschäftigung in der Eisenbahnfabrik von Borsig und einem zweijährigen Aufenthalt in England, wo er sich im dortigen Fabrikwesen umsah, gründete er mit einem Bekannten in Berlin eine Maschinenfabrik, mit der er 1873 aber im Gründerkrach scheiterte.

Daraufhin reiste Rathenau im Jahr 1876 zur Weltausstellung nach Philadelphia, weil er glaubte, dass die USA zukünftig bei technischen Entwicklungen führend sein würden. Aus den USA brachte er ein Telefon des Erfinders Thomas Alva Edison mit, für das er den 20 Jahre älteren Werner Siemens zu gewinnen versuchte. Seine Idee war, in Berlin als erster Stadt ein Telefonnetz zu installieren. Siemens zeigte sich aber nicht interessiert. Schließlich wurde das neue Sprechgerät Bismarck vorgestellt, der seine Bedeutung erkannte und dafür sorgte, dass Emil Rathenau eine Probesprechstelle einrichten durfte. Dafür fanden sich aber nicht mehr als 48 interessierte Teilnehmer, sodass Rathenau das Projekt aufgeben musste. Die Zeit war noch nicht reif für diese Neuerung.

Im Jahr 1883 wagte Emil Rathenau dann einen Neuanfang, obwohl die deutsche Industrie ihre Gründungskrise noch nicht wirklich überwunden hatte. Zwei Jahre zuvor hatte er auf der ersten Elektrotechnischen Ausstellung in Paris im Jahr 1881 die Kohlefadenlampe von Edison kennengelernt. Rathenau erkannte sofort, dass die Elektrizität die Kraft der Zukunft sein würde. Spontan erwarb er für die ausgestellte Lampe von Edison alle europäischen Patente.

Auch diesmal korrespondierte Rathenau mit Werner Siemens, der wiederum ablehnte. Daraufhin gründete Emil Rathenau im Jahr 1883 in Berlin mit 14 Banken und Privatpersonen und einem Grundkapital von 5 Millionen Reichsmark die »Deutsche Edison-Gesellschaft für angewandte Elektrizität (DEG)«, aus der im Jahr 1887 die AEG hervorgehen sollte.

Das Unternehmen startete mit 12 Beschäftigten. Schon im ersten Jahr wurden 138 Dynamomaschinen aufgestellt, 12 000 Glühbirnen angeschlossen und ein Reingewinn von 140 000 Reichsmark erzielt, womit ein beispielloser Aufstieg begann. Es war die Ära der zweiten Welle der Industriellen Revolution, in der Elektrotechnik und Chemie die maßgeblichen Wachstumsimpulse setzten.

Berlin hatte 1870 schon mehr als eine Million Einwohner. Die Stadt pulsierte und alles war in Bewegung. 1878 hatte man mit dem Bau der Stadtbahn begonnen. In den Mittagsstunden strebten Tausende Geschäftsleute zur neuen Börse, wo es bereits Dutzende Fernsprechzellen gab. Seit 1880 waren die Straßen der Stadt immerfort aufgerissen, weil Rohre und Kabel verlegt wurden. Das Telefon hatte inzwischen seinen Siegeszug angetreten, den Emil Rathenau vorausgesehen hatte. Ab 1884 wurden die Straßen mit elektrischen Lampen beleuchtet, zuerst die Straße Unter den Linden und der Pariser Platz. Dieses neue Licht veränderte sowohl die Stadt als auch ihre Bewohner. Die Nächte wurden zum Tage.

Die Stadt Berlin hatte an die von Emil Rathenau gegründete »Deutsche Edison-Gesellschaft« für 30 Jahre das Recht vergeben, in einigen Stadtteilen für die elektrische Beleuchtung der Straßen zu sorgen. Bereits zwei Jahre nach der Gründung baute die DEG ihr erstes öffentliches Kraftwerk.

Im Jahr 1887 änderte die Deutsche Edison-Gesellschaft ihren Namen in »Allgemeine Elektricitäts-Gesellschaft – AEG«. Vorausgegangen waren Patentstreitigkeiten mit dem amerikanischen Edison-Konzern, die dazu führten, dass die neue AEG im Jahr 1894 vom amerikanischen Edison-Konzern unabhängig wurde und ihre Tätigkeit auf alle Bereiche der Starkstromtechnik ausdehnen konnte. In Deutschland besaß die AEG nun das Monopol auf die öffentliche Stromversorgung sowie auf alle Maschinen und Materialien, die mit der Elektrifizierung zu tun hatten.

Während der Bedarf nach elektrischer Energie anfangs geweckt werden musste, wuchs er plötzlich auf allen Gebieten mit ungeheurer Geschwindigkeit. Die AEG erzielte phantastische Gewinne, die Emil

Rathenau dazu verwandte, Rücklagen anzulegen und den Strom zur Steigerung des Bedarfs immer billiger zu machen. Gleichzeitig dehnte Rathenau das Geschäftsfeld des Konzerns immer weiter aus. Im Jahr 1907 war die AEG mit einem verschachtelten Konglomerat verschiedenster Industriebetriebe rund um Berlin der größte Konzern der Welt. Ob Drehstromgeneratoren oder Elektroloks, Kaffeekocher oder Radios: Auf dem Gebiet der Elektrotechnik gab es wenig, was die AEG nicht baute oder vertrieb. 1914, am Beginn des Ersten Weltkrieges, hatte das Industrieimperium ein Grundkapital von 155 Millionen Goldmark, beschäftigte 66 000 Mitarbeiter und setzte 450 Millionen Goldmark um. Siemens war abgeschlagen die Nummer zwei.

Emil Rathenau starb im Jahr 1915. Nachfolger wurde sein Sohn Walther, der das Wirken seines Vaters in folgendem Satz zusammenfasste: *»Bedürfnisse erkennen und Bedürfnisse schaffen ist das Geheimnis alles wirtschaftlichen Handelns.«*

Neue Politik

Nach der Entlassung von Bismarck verkündete Wilhelm II., er werde den bewährten Kurs des Altkanzlers fortsetzen. Doch es kam sowohl in der Innen- als auch in der Außenpolitik zu grundlegenden Veränderungen, die als »Neuer Kurs« bezeichnet wurden und die eng mit dem »persönlichen Regiment« des Kaisers zusammenhingen.

In der Innenpolitik strebte Wilhelm II. die Versöhnung mit der Arbeiterschaft und anderen Gruppen der Gesellschaft an, die zu Bismarck in schroffer Opposition gestanden hatten. Das Sozialistengesetz wurde nicht wieder verlängert. Und mit einer umfänglichen Arbeiterschutzgesetzgebung sollten die Industriearbeiter mit dem Staat versöhnt werden. Dazu gehörten u. a. ein generelles Verbot der Sonntagsarbeit und der Fabrikarbeit für Kinder unter 13 Jahren sowie die Begrenzung der Arbeitszeit für Frauen auf elf Stunden täglich, für Jugendliche unter 16 Jahren auf zehn Stunden.

Als es jedoch nicht gelang, die Arbeiterschaft von der Sozialdemokratischen Partei, die bei der Reichstagswahl von 1890 stärkste Partei wurde, zu trennen, und als die Sozialdemokratie ihre Opposition gegen die Regierung nicht aufgab, verlor Wilhelm II. sein Interesse an dem sozialen Programm und ging wieder zur repressiven Politik Bismarcks über.

Zum »neuen Kurs« des Kaisers gehörte auch die vom Nachfolger Bismarcks, Reichskanzler Graf Leo von Caprivi, betriebene Außen- und Handelspolitik, die von einer Annäherung an Großbritannien und der Öffnung der Auslandsmärkte für die deutsche Industrie geprägt war. Ohne eine starke Industrie konnte nach Ansicht von Caprivi das vom Kaiser proklamierte Weltmachtstreben (»Platz an der Sonne«) nicht aufrechterhalten werden.

Zu diesem Zweck förderte er die industrielle Entwicklung mit einer offensiven Handelspolitik, die aus einem System von internationalen Handelsverträgen und dem Abbau von Zollbarrieren bestand. *»Entweder wir exportieren Waren, oder wir exportieren Menschen.«* So wurden langfristige Handelsverträge mit Österreich-Ungarn, mit Italien, der Schweiz und Belgien abgeschlossen. Hinzu kamen Vereinbarungen mit Serbien, Rumänien und Spanien. Mit den Handelsverträgen verfolgte Caprivi auch das außenpolitische Ziel, die Vertragspartner politisch an das Deutsche Reich zu binden. Ein eng verflochtenes »Wirtschaftsgebiet mit 130 Millionen Menschen« sollte eine Barriere gegen mögliche Kriege bilden. Dabei hatte er nicht zuletzt den Aufstieg der Vereinigten Staaten im Blick. Mit dieser Politik hatte Caprivi die Mehrheit des Reichstages hinter sich und der Kaiser erhob ihn in den Grafenstand.

Im Rahmen dieser Handelspolitik wurden auch die Schutzzölle auf ausländisches Getreide abgebaut, wodurch die ostelbischen Großgrundbesitzer einem größeren Innovationsdruck ausgesetzt waren. Dies verbesserte die Beziehungen zu Russland, das als Gegenleistung für den Export deutscher Industriegüter in begrenztem Umfang russisches Getreide nach Deutschland einführen konnte. Dem neuen Kanzler brachten diese Maßnahmen heftige Proteste der ostelbischen Agrarier ein, die im 1893 gegründeten »Bund der Landwirte« eine mächtige Interessenvertretung besaßen.

Für die wirtschaftliche Entwicklung in Deutschland bewirkte die Handelspolitik von Caprivi, dass die aus der Gründerkrise herrührende wirtschaftliche Stagnation in den 1890er-Jahren in einen Aufschwung umschlug. Damit begann eine neue und andauernde Hochkonjunktur, die 1895 einsetzte und fast ungebrochen bis zum Beginn des Ersten Weltkriegs 1914 anhielt. Nur in den Jahren 1901 und 1908 gab es zwei kleinere Rezessionen (Böhme).

Im Großen und Ganzen war die Kaiserzeit eine Periode wirtschaftlicher Blüte und allgemeiner Prosperität, die den Lebensstandard der meisten Bevölkerungsschichten spürbar verbesserte und auch die Arbeiterklasse erfasste. Nicht zuletzt deswegen lebte diese Ära in der historischen Erinnerung vieler Deutscher als die »gute alte Zeit« weiter

Nicht so die Bismarckjahre, die eine Periode allgemeiner Unzufriedenheit waren und trotz des Gründerbooms den Eindruck einer »ewigen Wirtschaftsflaute« hinterlassen hatten. Der Gründerkrach von 1873, begleitet von Konkursen und Skandalen, hatte die Hochkonjunktur beendet, welche die Reichsgründung nach sich gezogen hatte. Es folgte die »Große Depression«, eine Phase streng gebremster Entwicklung, mitunter sogar des Stillstands, die bis in die Mitte der 90er-Jahre dauerte.

Dass die Wilhelminische Regierungszeit auch für die unteren Schichten »gute« Jahre waren, zeigten insbesondere die rückläufigen Auswanderungszahlen, die in den 80er-Jahren des 19. Jahrhunderts ihren Höhepunkt erreichten, danach aber stetig zurückgingen: Während es noch 1882 über 200 000 Auswanderer gegeben hatte, waren es 1895 nur noch 37 498 und 1908 um die 20 000. Aussagekräftig ist auch der Vergleich mit anderen europäischen Ländern: Im Jahr 1912 verzeichnete das Reich 18 545 Auswanderer, Großbritannien mit Irland fast eine halbe Million, Italien mehr als 700 000. Das bedeutete, dass es keineswegs überall in Europa ausreichend Arbeit und Brot für alle gab wie in Deutschland.

Am 20. Januar 1914, also kurz vor dem Ende der Friedenszeit, legte der Staatssekretär des Innern und Vizekanzler Clemens Delbrück eine Vergleichsbilanz für das Kaiserreich vor: »*Ein Vergleich mit Frankreich, Großbritannien und den Vereinigten Staaten von Nordamerika zeigt, dass Deutschland in seinem Gesamthandel noch im Jahre 1891 mit Frankreich und den Vereinigten Staaten von Nordamerika auf einer Stufe gestanden hat, britischerseits um rund 75 Prozent übertroffen wurde. Heute hat Deutschland die beiden erstgenannten Länder weit überflügelt und ist dem britischen Gesamthandel nahegerückt … Der britische Gesamthandel übertrifft hiernach den französischen um 92 Prozent, den amerikanischen um 44 Prozent und den deutschen nur noch um 16 Prozent.*«

Wirtschaftliche Aufholjagd

In den knapp fünf Jahrzehnten des Kaiserreichs wandelte sich Deutschland radikal: Vom rückständigen Agrarstaat in eine führende Industrienation – mit Spitzenleistungen in Wissenschaft und Forschung, mit modernen Großunternehmen in neuen Industrien wie Chemie, Elektrotechnik, Maschinen- und Automobilbau, mit einem selbstbewussten Bürgertum und mit besseren Lebensbedingungen für die wachsende Arbeiterschaft. Vom »ersten deutschen Wirtschaftswunder« sprach deshalb der Historiker Hans-Ulrich Wehler.

Den Übergang von der Agrar- zur Industriegesellschaft demonstrierten die veränderten Anteile der verschiedenen Sektoren an der volkswirtschaftlichen Wertschöpfung. Während Industrie und Handwerk 1883 noch hinter der Land- und Forstwirtschaft zurücklagen, entfielen im Jahr 1913 auf Industrie und Handwerk 19,9 Milliarden Mark und auf die Land- und Forstwirtschaft 11,3 Milliarden Mark. Die Bereiche wie Bergbau, Verkehr und Dienstleistungen waren mit 48,5 Milliarden Mark an der Wertschöpfung beteiligt.

Die unglaublich schnelle Entwicklung der Industrie stand vor allem unter dem Zeichen von »Kohle, Eisen und Stahl«: Von 1891 bis 1912 stieg die Braunkohleförderung von 20,5 auf 80,9 Millionen Tonnen, die Steinkohleförderung von 73,7 auf 174,9 Millionen Tonnen, die Roheisenerzeugung von 4,6 auf 17,9 Millionen Tonnen. Den technischen Fortschritt repräsentierte vor allem die Verwendung von Stahl: Schienen und Waggons, Turbinen und Brücken sowie Maschinen und Schiffe wurden aus diesem formbaren, aber dennoch hochfesten Werkstoff hergestellt. Die Nachfrage nach Stahl war deshalb gewaltig: Zwischen 1867 und 1913 nahm die Produktion dank neuer Schmelzverfahren um 2500 Prozent zu.

An diesen Erfolgen hatten die Regionen Elsass und Lothringen, die nach dem Sieg über Frankreich 1871/72 in den Besitz des Reiches gekommen waren, einen wesentlichen Anteil: In Lothringen befanden sich die größten Steinkohle- und Eisenerzlager Frankreichs; hier wurden vor 1871 zwei Drittel des französischen Stahls produziert. Ohne dieses Potenzial hätte sich die deutsche Schwerindustrie nicht zur führenden in Europa entwickeln können.

Das Deutsche Reich war um die Jahrhundertwende im Begriff, Großbritannien als erste Industriemacht der Welt einzuholen. Hatte die deutsche Stahlproduktion 1880 knapp ein Drittel der englischen erreicht, so produzierte sie zwei Jahrzehnte später bereits 1,5-mal so viel wie England. Der Ruf deutscher Industrie-Artikel stellte die Qualität der englischen Erzeugnisse inzwischen in den Schatten. Das Zeichen »Made in Germany«, das England eingeführt hatte, um deutsche Waren zu deklassieren, war zu einem Zeichen besonderer Güte deutscher Erzeugnisse geworden.

Zu Beginn des neuen Jahrhunderts war Deutschland außerdem weltweit führend im Maschinenbau und in der Elektroindustrie, der Herstellung von Medikamenten und Dünger sowie in der Feinmechanik und Optik. In der Chemie und der Pharmazie hatte Deutschland fast eine Monopolstellung inne, in der Elektronik, der Feinmechanik und Optik eine Spitzenposition. Firmen wie AEG, Siemens und Halske, Robert Bosch, Carl Zeiss, die BASF, Bayer und Hoechst befanden sich auf dem Weg zur Weltgeltung und für die industrielle Zukunft bedeuteten sie inzwischen mehr als Krupp oder Thyssen.

Deutsche Elektrokonzerne wie Siemens und AEG bauten für die Städte eigene Elektrizitätswerke. Sie überspannten das Land mit einem Netz von Fernleitungen, Umspannwerken und Generatoren. Außerdem exportierten sie weltweit ihre Generatoren, Turbinen und Motoren. Der deutsche Anteil am Welthandel mit Elektromaschinen lag 1914 bei gut 50 Prozent. Nach und nach eroberte die Elektroenergie fast alle Lebensbereiche: Straßenbahnen fuhren elektrisch; Elektromotoren verdrängten die Dampfmaschinen aus den Fabriken; die Glühlampe wurde zum Massenartikel.

Neben der Elektroindustrie konnte die chemische Industrie durch ein überdurchschnittliches Wachstum ihr gesamtwirtschaftliches Gewicht kontinuierlich steigern. Ihr wichtigster Bereich war die Herstellung von Farben. Die Produktion synthetischer Farbstoffe hatte in Deutschland in den späten 60er-Jahren etwa zeitgleich mit England und Frankreich begonnen. Während die englischen und französischen Unternehmen aber technologisch bald den Anschluss verloren, erlebte die deutsche Farbstoffindustrie einen steilen Aufstieg. Bereits zu Beginn der 80er-Jahre hatten BASF, Hoechst, Bayer und AGFA einen Anteil von 50 Prozent am Weltmarkt erobert, den sie zur Jahrtausendwende sogar auf 90 Prozent steigern konnten.

Auch die Agrarproduktion wuchs in der Kaiserzeit. Dank des künstlichen Düngers, für den Justus von Liebig die Grundlagen schuf, und dank des verbesserten Saatgutes verdoppelten sich zwischen 1880 und 1912 die Ernteerträge bei Roggen, Weizen, Hafer und Gerste; bei den Kartoffeln gab es einen Anstieg von 19,5 auf 50,2 Millionen Tonnen. Auch die Viehbestände wuchsen und die Anzahl der Pferde stieg von 3,8 auf 4,5 Millionen.

Die Deutschen drängten auch in der Welt weiter nach vorn: Die deutsche Handelsflotte wuchs zwischen 1890 und 1912 von 1,560 auf 4,629 Millionen Bruttoregistertonnen (BRT). Hiermit lag man zwar noch weit hinter dem britischen Empire mit 19,874 Millionen BRT, aber deutlich vor den Vereinigten Staaten mit 2,849 Millionen BRT. Deutsche Schiffe kreuzten auf allen Meeren und die Handelsziffern erreichten immer neue Rekorde: Man riss sich um deutsche Waren, weil sie ganz erheblich unter dem Preis der englischen Güter lagen. Auch im Wettbewerb deutscher und britischer Reedereien um das Blaue Band, eine inoffizielle Auszeichnung für den Geschwindigkeitsrekord auf dem Atlantik zwischen Europa und den USA, lagen deutsche Schiffe zehn Jahre lang vorn: Von 1897 bis 1907 waren deutsche Schiffe die schnellsten der Welt.

Kennzeichnend für die Montan-, Elektro- und Chemieindustrie war der hohe Grad an Konzentration: Es gab vertikale Zusammenschlüsse, die von der Erz- und Kohleförderung über die Eisen- und Stahlproduktion bis zur Fertigung von Endprodukten wie Schienen, Lokomotiven und Maschinen reichten; aber auch horizontale Zusammenschlüsse in Form von Kooperationen, Kartellen und Konzernen. Ein Beispiel hierfür ist die Gründung der »Interessengemeinschaft (IG)« von BASF, Bayer und AGFA. Bestanden 1879 nur 14 deutsche Kartelle, so waren es um die Jahrhundertwende bereits mehr als 300.

Nach damaliger Rechtsauffassung waren Kartelle nicht verboten, sondern Ausdruck unternehmerischer Vertragsfreiheit, auch wenn dadurch der unternehmerische Wettbewerb eingeschränkt wurde. Das damalige Reichsgericht bestätigte diese Rechtsauffassung in seiner Leitentscheidung vom 4. Februar 1897 zum Fall des »Sächsischen Holzstoff-Fabrikanten-Verbandes«, aus der sich ergab, »dass man Kartelle nahezu unbeschränkt zulassen wollte«. Deutschland entwickelte sich auf diese Weise zum »Land der Kartelle«. Im Jahre 1911 schätzte man die Zahl der Kartelle bereits auf etwa 550 bis 600, 1923 dann auf rund 1500.

Die Konzentration hatte zur Folge, dass sich die Produktion auf wenige große Unternehmen verteilte. So hatten im Jahr 1913 die zehn größten Unternehmen des Steinkohlebergbaus einen Produktionsanteil von 59 Prozent. Der Anteil der fünf größten Roheisenproduzenten lag bei 35 Prozent und der Anteil der fünf größten Farbenhersteller sogar bei 90 Prozent. Zahlreiche Großbetriebe traten nach außen zwar als Aktiengesellschaften auf, blieben aber im Familienbesitz wie Krupp, Borsig oder Siemens.

Mit dem starken Wirtschaftswachstum korrespondierte eine enorme Steigerung des Volkseinkommens und des Geldumlaufs: Das deutsche Volkseinkommen verdreifachte sich in der Kaiserzeit nach Schätzungen auf über 50 Milliarden Goldmark. Im Kapitalverkehr erhöhte sich der Gesamtumsatz der Reichsbank von 110 Milliarden Mark im Jahr 1891 auf 414 Milliarden Mark im Jahr 1912. Die Einzahlungen bei den Sparkassen in Preußen wuchsen von 3,552 Milliarden Mark im Jahr 1892 auf 11,837 Milliarden Mark im Jahr 1911. Das durchschnittliche Einzelguthaben stieg in dieser Zeit von 595 auf 882 Mark. Das veranlagte Vermögen in Preußen belief sich 1895 auf 63,857 Milliarden Mark, 1911/13 auf 104,057 Milliarden Mark.

»Glanz und Gloria«

Parallel zum wirtschaftlichen Aufstieg wuchs die Bevölkerung in Deutschland. Im Jahr 1870 betrug seine Einwohnerzahl 41 Millionen; bis 1914 stieg sie auf 67 Millionen. Gleichzeitig veränderten sich die Lebensbedingungen der Menschen radikal.

Tausende verließen auf der Suche nach Arbeit jedes Jahr ihre Heimat. Es trieb sie die Hoffnung auf ein besseres Leben und es zog sie vor allem in die neuen Industriezentren. Allein aus Ostpreußen brachen zwischen 1880 und 1910 220 000 Menschen nach Westen auf. Denn dort, etwa in Sachsen oder an der Ruhr, fanden sie Arbeit in den Fabriken, die zu gewaltigen Industriekomplexen anwuchsen: Allein der Stahlbaron Alfred Krupp beschäftigte 1873 in Essen fast 12 000 Arbeiter.

Die Zahl der Beschäftigten zwischen 1890 und 1913 stieg von 22,4 auf 31 Millionen, also fast um die Hälfte. Mehr als 7 Millionen davon arbeiteten in Fabriken oder im Bergbau. In der Land- und Forstwirtschaft sowie der Fischerei gab es von 1890 bis 1913 nur noch einen bescheidenen Anstieg der Beschäftigten von 9,6 auf 10,7 Millionen. Ebenfalls stagnierten die »häuslichen Dienste« bei 1,5 Millionen Beschäftigten. Dagegen wurden in Industrie und Handwerk 3,5 Millionen neue Arbeitsplätze geschaffen; im Bergbau und vor allem in den neuen Dienstleistungen gab es etwa 4,0 Millionen neue Arbeitsplätze.

Mit der Fabrikarbeit verbesserten sich allmählich auch die Einkommen und Arbeitsbedingungen. Das durchschnittliche Jahreseinkommen in Industrie, Handel und Verkehr wuchs von 493 Mark im Jahr 1871 über

650 Mark im Jahr 1890 auf 1083 Mark im Jahr 1913. Real – in Preisen von 1895 berechnet – war das eine Verdoppelung des Einkommens. Auch die überlangen Arbeitszeiten von 12 bis 14 Stunden täglich gehörten bald der Vergangenheit an. Gegen Ende der Kaiserzeit waren 56 bis 60 Arbeitsstunden in der Sechstagewoche die Regel, mit abnehmender Tendenz.

Ein großes Problem waren jedoch die Wohnungsnot in den Städten und die Wohnverhältnisse. So bestanden in Berlin und Hamburg mehr als ein Viertel aller Behausungen – vor allem von Arbeiterfamilien – aus nur einem beheizbaren Zimmer, in dem sich manchmal ein halbes Dutzend Menschen zusammendrängten. Hinzu kamen oft noch »Schlafgänger«, die nachts für ein paar Stunden ein Bett mieteten. Häufig mussten die Familien umziehen, weil sie die rasch steigenden Mieten nicht mehr bezahlen konnten.

Berlin war die Stadt, die am schnellsten wuchs. Aus Schlesien und Pommern kamen Zuwanderer, die von der Landwirtschaft nicht mehr leben konnten. Bald war die deutsche Hauptstadt eine der größten Metropolen der Welt. Rund 2 Millionen Menschen wohnten hier um die Jahrhundertwende – und waren ständig in Bewegung: 3386 Trambahnwagen, 726 Omnibusse und 8109 Droschken beförderten sie durch die Straßen der Stadt. Riesige Kaufhäuser wurden gebaut.

Nur auf dem Lande ging es oft noch zu wie 100 Jahre zuvor: Die Bauern arbeiteten mit Sense und Dreschflegel und lebten im Rhythmus der Natur. Kinder waren auf dem Land immer noch Arbeitskraft und Alterssicherung. Auf ihren Gutshöfen östlich der Elbe herrschten die Junker auch um 1910 beinahe wie ihre Vorfahren. Doch nach und nach lösten auch hier Kunstdünger und Maschinen die traditionelle Arbeitsweise ab. Um 1900 wurde die deutsche Provinz an das Stromnetz angeschlossen und 1907 liefen im Kaiserreich bereits 1,4 Millionen Dreschmaschinen.

Mit der Industrialisierung veränderte sich auch die Zusammensetzung der Bevölkerung: Der rasche Aufbau der Industrie verlangte nach gut ausgebildeten Angestellten und Ingenieuren, die im Jahr 1914 bereits 15 Prozent der Bevölkerung ausmachten. Diese Mittelschicht organisierte über Jahrzehnte den wirtschaftlichen und technischen Aufstieg und prägte in der aufstrebenden Industriegesellschaft die Werte »Disziplin, Fleiß und Ordnung«, die im Ausland als deutsche Tugenden schlechthin galten. 1882 arbeiteten im Reich etwa 473 000 »Privatbeamte«, wie sich die Angestellten selbst nannten. 1907 waren es bereits 1 291 000.

Dieser neue Typ des Arbeitnehmers legte in den Fabriken großen Wert darauf, sich mit einem »weißen Kragen« von den Arbeitern abzugrenzen, die meistens einfache Hemden ohne Kragen trugen. Weil sie abhängig beschäftigt waren, aber Stil und Sitte des Bürgertums pflegten, schimpften Sozialdemokraten sie »Stehkragenproletarier«. Die Angestellten verdienten jedoch meist mehr als ein Arbeiter, hatten zudem kürzere Arbeitszeiten und einen Urlaubsanspruch.

In der »Gründerzeit« bildete sich außerdem der Typ des Parvenu und Neureichen aus: Menschen, die als Industrielle, Händler oder Spekulanten zu Geld gekommen waren und ihren neuen Wohlstand auch zeigen wollten. Sie errichteten prunkvolle Villen mit reichlich Personal und auch der Konsum sollte in standesgemäßem Rahmen stattfinden. Nach Pariser Vorbild entstanden pompöse Warenhäuser mit immensem Sortiment. Wer in Berlin etwas auf sich hielt, kaufte bei Tietz, Karstadt oder Wertheim ein.

Joseph Alois Schumpeter

Die Begriffe »dynamischer Unternehmer« und »schöpferische Zerstörung« stammen von dem österreichischen Ökonom Schumpeter (1883–1950), der sie erfunden und populär gemacht hat. Sie dienten ihm für wirtschaftliche Wachstumsprozesse als Erklärungsmuster, das noch heute gültig ist und zum Verständnis der Industriellen Revolution des 19. Jahrhunderts beiträgt.

Schumpeter argumentierte so: Der Wohlstand einer Volkswirtschaft ist nicht den vielen kleinen Anbietern zu verdanken, die sich gegenseitig Konkurrenz machen, sondern den wenigen großen Industrieunternehmen, die mit ihrer Kapitalkraft den technischen Fortschritt und die Entwicklung von Produktionsverfahren beschleunigen, wie sie für die Herstellung von preiswerter und qualitativ guter Massenware erforderlich sind. Solche Innovationen führen zwar zur Vernichtung kleinerer und unrentabel arbeitender Konkurrenten, doch steigern sie zugleich den allgemeinen Lebensstandard. Und tatsächlich sind durch die Industrielle Revolution fast alle Güter nicht nur besser, sondern auch – gemessen an den Arbeitsstunden – billiger und für die Massen erreichbarer geworden (Paul-Heinz Koesters).

Unter den Begriff der »Innovation« fällt nach Schumpeter jede denkbare Veränderung in den Methoden der Güterversorgung wie die Erfindung und Entwicklung neuer Produkte, die Einführung neuer Produktionstechniken, die Erschließung neuer Absatz- und Beschaffungsmärkte, die Änderungen in der eigenen Organisation, auch die Bildung von Kartellen. Innovationen sind für Schumpeter also nicht nur bahnbrechende Neuerungen wie die Einführung der Elektrizität. Voraussetzung für das Vorliegen einer Innovation ist jedoch, dass eine neue Idee auch tatsächlich im Betrieb oder auf dem Markt durchgesetzt werden kann.

Für Schumpeter ist der Begriff »Unternehmer« eine Art Adelsprädikat, das nur innovativen Persönlichkeiten zusteht. Dabei kann die schöpferische oder unternehmerische Kraft für Innovationen von ganz verschiedenen Personen ausgehen – vom Eigentümer ebenso wie von einem erfinderischen Techniker oder Wissenschaftler. Der Wille zum Aufstieg in die (oder innerhalb der) Klasse der Unternehmer stellt nach Schumpeter, »den wichtigsten Auftrieb in der kapitalistischen Welt dar«. Jedoch: Mit dem »Prozess des Steigens« entsteht zugleich ein »Prozess des Sinkens«, des »Niederkonkurrierens alter Betriebe und der damit verknüpften Existenzen« (»Prozess der schöpferischen Zerstörung«).

Offensichtlich war die industrielle Revolution des 19. Jahrhundert die historische Vorlage für solche theoretischen Aussagen. Denn tatsächlich waren es technische Innovationen und Erfindungen, die als maßgebliche Treiber den rasanten Wirtschaftsaufschwung in Europa und in Deutschland herbeiführten.

Um die Jahrhundertwende war Deutschland eine Weltmacht des Forschens, was sich schon darin zeigte, dass bis 1918 jeder dritte naturwissenschaftliche Nobelpreis an deutsche Forscher vergeben wurde. Dieser Erfolg war vor allem den mehr als 20 Universitäten zu verdanken, die der Stolz des fortschrittsgläubigen jungen Kaiserreichs waren. Wilhelm Conrad Röntgen erhielt für die Entdeckung der nach ihm benannten Strahlung im Jahr 1901 den Physik-Nobelpreis; Robert Koch wurde 1905 für seine Forschungen über Krankheitserreger mit dem Medizin-Nobelpreis ausgezeichnet; Adolf von Bayer bekam 1905 den Nobelpreis in Chemie für seine Arbeiten über organische Farbstoffe; Karl Ferdinand Braun wurde 1909 mit dem Physik-Nobelpreis für seinen Beitrag zur kabellosen Telegrafie geehrt – um nur einige aus der Reihe der deutschen Nobelpreisträger zu nennen.

Die Erfindungen waren der Treibsatz, um den rückständigen Agrarstaat innerhalb von zwei Generationen zu einer der modernsten und stärksten Wirtschaftsnationen der Welt zu machen. Den Chemikern

Fritz Haber und Carl Bosch gelang es, Ammoniak so zu synthetisieren, dass sich Dünger industriell herstellen ließ. Nicht zuletzt für die Ernährung einer wachsenden Bevölkerung war diese Erfindung von entscheidender Bedeutung.

Mitte der 1880er-Jahre erfanden Gottlieb Daimler (gemeinsam mit Karl Maybach) und Carl Benz unabhängig voneinander das benzinmotorgetriebene Automobil. 16 km/h schnell war der erste Kutschenwagen, den Daimler konstruierte. Schon bald bauten rund 160 Firmen im Kaiserreich Fahrzeuge. Erste Rennen fanden statt und das Automobil wurde zum Verkehrsmittel der Zukunft.

1891 wagte der Ingenieur Otto Lilienthal seinen ersten Gleitflug von einem Berg bei Berlin mithilfe zweier Flügel. Er kam 15 Metern weit. Zwei Jahre später erreichte er schon 250 Meter und sein »Normalsegelapparat« ging in Serie. Doch dann stürzte er 1896 bei einem seiner Flugversuche ab, brach sich die Wirbelsäule und starb. Dank seiner theoretischen und praktischen Flugversuche konnten die Gebrüder Wright schon 1903 in den USA das erste Motorflugzeug konstruieren.

Liberales Zeitalter

»*Nimmt man die wirtschaftlichen Globaldaten der Jahre zwischen 1871 und 1914, so war das Kaiserreich eine einzige Erfolgsgeschichte, sowohl gemessen an der eigenen Entwicklung wie im internationalen Vergleich*«, lautet das übereinstimmende Urteil vieler Wirtschaftshistoriker. Dem ist wenig hinzuzufügen.

Doch wie liberal war die Wirtschaftspolitik des Kaiserreichs? Dazu gibt es unterschiedliche Meinungen. Denn im Kaiserreich wuchsen nicht nur die privaten Unternehmen, sondern auch die Aktivitäten des Staates.

So wurde die Versorgung der schnell wachsenden Städte mit Wasser, Gas und Strom in der zweiten Hälfte des 19. Jahrhunderts zulasten privater Betreiber fast vollständig kommunalisiert. Verstaatlicht wurden auch die ehemals privaten Eisenbahnen. Außerdem griff die kaiserliche Regierung mehrfach mit Schutzzöllen in den freien Außenhandel ein, um Agrarier und Industrie vor Einfuhren von Getreide und Eisen aus dem Ausland zu schützen.

Nicht zuletzt waren auch die Bismarck'schen Sozialversicherungen Maßnahmen, mit denen der Staat tief in das Marktgeschehen eingriff.

Zudem duldete das Reich, dass sich die Unternehmen zu Kartellen, Konzernen und Trusts mit der Begründung zusammenschlossen, für langfristige Investitionen wäre eine solche Koordinierung notwendig. War das liberale Zeitalter also gar nicht so liberal, wie behauptet wird?

Der Wirtschaftspolitik des Deutschen Reiches lag kein für alle Bereiche der Wirtschaft geltendes ordnungspolitisches Leitbild zugrunde. In Art. 3 der Verfassungsurkunde von 1871 war jedoch geregelt, dass die Angehörigen eines jeden Bundesstaates in jedem anderen Bundesstaat als Inländer zu behandeln und demgemäß zum Betrieb eines Gewerbes sowie zur Erwerbung von Grundstücken zuzulassen und als Inhaber aller sonstigen bürgerlichen Rechte unter denselben Voraussetzungen wie die Einheimischen zu behandeln waren. Damit waren im ganzen Deutschen Reich die Freiheit des Handels, die Gewerbefreiheit und die freie Konkurrenz verfassungsrechtlich gewährleistet.

Dementsprechend verfolgten die unterschiedlichen Reichsregierungen keine grundsätzlich gegen die Märkte gerichtete Wirtschaftspolitik, vielmehr setzten sie bei der weiteren Wirtschaftsentwicklung auf die Kräfte der Märkte und taten auch einiges, um Märkte zu installieren und funktionsfähig zu halten (besonders was die Geld-, Währungs- und Kapitalmärkte betraf). Abweichungen von dieser marktorientierten Linie hatten immer besondere Gründe:

So erfolgte die Kommunalisierung der Wasser-, Gas- und Elektrizitätsbetriebe und die Verstaatlichung der Eisenbahnen mit dem Ziel, eine gleichmäßige und flächendeckende Versorgung der Bevölkerung mit Leistungen der Daseinsvorsorge und des Verkehrs sicherzustellen. Zu Beginn der Industrialisierung wollte und konnte man das aus Gründen des Gemeinwohlinteresses nicht den Märkten überlassen.

Die Bevorzugung der Agrarier und Industrie durch Schutzzölle war natürlich in erster Linie auf deren Lobby zurückzuführen. Aber auch dafür gab es eine nachvollziehbare ökonomische Begründung: Die junge deutsche Montanindustrie und die Landwirtschaft sollten vor der englischen Konkurrenz geschützt werden, um weiter wachsen zu können. Für solche Fälle plädierten selbst überzeugte Liberale wie Friedrich List für Schutzzölle.

Bei der Beurteilung der Bismarck'schen Zollpolitik ist zudem zu berücksichtigen, dass sie die wichtigsten Branchen der deutschen Wirtschaft, wie den deutschen Maschinenbau und die Elektrotechnik, beim Export kaum behinderten. Vielmehr schritt die weltwirtschaftliche Integration der deutschen Wirtschaft bis 1913 kontinuierlich voran. Der Ökonom Wilhelm Röpke bezeichnete deshalb die internationale Ordnung des Deutschen Reichs vor dem Ersten Weltkrieg einschließlich des Goldstandards im Nachhinein als vorbildlich.

Bei der Sozialversicherung ging es Bismarck darum, die wachsende Arbeiterschaft mit dem Reich zu versöhnen, indem er deren existenzielle Lebensrisiken (Unfall, Gesundheit und Alter) zum Thema der staatlichen Sozialpolitik machte. Niemand konnte die Notwendigkeit dieser Maßnahmen infrage stellen. Die ablehnende Haltung der damaligen Vertreter der Arbeiterschaft war durch Ressentiments bestimmt.

Die Kartellbildung in der Industrie war natürlich ein schwerwiegender Eingriff in das Marktgeschehen, entstand aber nicht durch staatliches Handeln, sondern war das Werk von Unternehmern, die sich aufgrund der Rechtsprechung des Reichsgerichts dazu berechtigt sahen. Hier hätte die Reichsregierung nicht untätig bleiben dürfen, sondern intervenieren müssen. Zu berücksichtigen ist dabei aber, dass die sich erst entwickelnde deutsche Industrie einer britischen Industrie gegenüberstand, die ihr technisch und wirtschaftlich deutlich überlegen war.

Zusammenfassend lässt sich also feststellen, dass die Wirtschaftspolitik des Kaiserreichs bis zum Ersten Weltkrieg das Merkmal »liberal« durchaus verdient. Das Ergebnis war ein rasanter Wirtschaftsaufschwung, ohne dass der Staat mitwuchs. Die Staatsquote betrug bis 1913 nur 15 Prozent (Richard Tilly).

Kapitel 5

Erster Weltkrieg

Vorgeschichte

Im Jahr 1888 starben sowohl Kaiser Wilhelm I. als auch sein Nachfolger Friedrich III. Neuer Kaiser wurde der 29 Jahre alte Wilhelm II., der nach der Entlassung von Bismarck entschlossen war, selbst zu regieren.

Das Bestreben von Bismarck war, die anderen europäischen Großmächte davon zu überzeugen, dass die neue Großmacht Preußen/ Deutschland keine Bedrohung darstellte und nicht die Absicht hatte, eine europäische Vormachtstellung zu erlangen. Deutschland sei »saturiert«, erklärte Bismarck immer wieder.

Kaiser Wilhelm II. forderte jedoch im Hinblick auf die damalige Kolonialpolitik der europäischen Großmächte auch für das Deutsche Reich einen »Platz an der Sonne«. In seinen Reden und mit dem schnellen Ausbau der Flotte untermauerte er diesen Anspruch. Dass sich das Deutsche Reich damit die Gegnerschaft Großbritanniens zuziehen würde, wollte er nicht sehen.

Bismarcks Außenpolitik orientierte sich außerdem daran, Frankreich möglichst isoliert zu halten, weil er davon ausging, dass es schon wegen des Verlustes von Elsass-Lothringen jede Gelegenheit nutzen würde, um gegen Deutschland einen Revanchekrieg zu führen. Er flankierte aus diesem Grund den im Jahr 1879 mit dem Habsburgerreich abgeschlossenen Bündnisvertrag mit einem geheimen Neutralitätsabkommen mit Russland, dem sogenannten Rückversicherungsvertrag, um der Gefahr eines Zweifrontenkrieges zu begegnen.

Als Russland 1890 auf die Verlängerung des Neutralitätsabkommens drängte, weigerte sich Wilhelm II. mit Rücksicht auf die Verbündeten Österreich-Ungarn und Italien beharrlich, dem russischen Wunsch zu entsprechen. Russland suchte daraufhin die Nähe von Frankreich und vereinbarte mit ihm im Jahr 1892 eine Militärkonvention. Damit war die Möglichkeit eines Zweifrontenkrieges gegeben, was Bismarck unter allen Umständen hatte verhindern wollen.

Der vom Chef des Generalstabes der preußischen Armee, Alfred Graf von Schlieffen, im Jahre 1905 entwickelte Strategieplan ging deshalb für den Fall eines Krieges folgerichtig von einem Zweifrontenkrieg aus. Um dem zu begegnen, sah der Plan vor, dass die deutschen Militärs mit einem Großteil der Streitkräfte zunächst durch einen »Blitzkrieg« die Armeen Frankreichs und Englands ausschalten mussten, um danach die gesamte Heeresmacht dem russischen Aufmarsch entgegensetzen zu können.

Dieser Plan war strategisch gut durchdacht, in seinen politischen Auswirkungen aber fatal: Er setzte nämlich voraus, dass ein deutscher Angriff so früh wie möglich erfolgte, um den Überraschungseffekt voll auszunutzen. Dies bedeutete, dass in einer auf den Krieg zusteuernden Krisensituation nicht die Politiker, sondern die Militärs den Kriegsbeginn bestimmten. Außerdem kalkulierte der Schlieffen-Plan von vornherein die Verletzung der Neutralität Belgiens ein, was den sofortigen Kriegseintritt Großbritanniens an der Seite Frankreichs bedeuten würde.

So kam es dann auch, als der Krisenfall durch das tödliche Attentat eines serbischen Freischärlers auf den österreichischen Thronfolger Erzherzog Franz Ferdinand und seine Ehefrau ausgelöst wurde. Österreich-Ungarn war entschlossen, die Ermordung seines Thronfolgers mit einem militärischen Vorgehen gegen Serbien zu ahnden. Der deutsche Kaiser sagte dazu seine volle Unterstützung zu (»Blankoscheck«).

Russland, das sich als Schutzmacht Serbiens sah, antwortete darauf mit der Mobilmachung. Folgerichtig im Sinne des Schlieffen-Planes drängten die Generäle die deutsche Regierung daraufhin zu einem schnellen Kriegseintritt – mit den zu erwartenden Folgen: Der völkerrechtswidrige Einmarsch in Belgien löste den Kriegseintritt von England aus und Deutschland befand sich in einem Zweifrontenkrieg, im Westen mit Frankreich und Großbritannien, im Osten mit Russland.

Kurze Kriegsbegeisterung

Deutschland war in wirtschaftlicher Hinsicht auf eine solche kriegerische Auseinandersetzung in keiner Weise vorbereitet. Es gab weder einen Plan für die Umstellung der Friedenswirtschaft auf die Kriegswirtschaft noch eine Idee, wie auf die zu erwartende englische Handels- und Seeblockade reagiert werden sollte. Die Versorgung der Bevölkerung im

Krieg war ebenso wenig sichergestellt wie die Finanzierung dieses Krieges. Denn Regierung und Militär hatten unterstellt, dass es ein kurzer Krieg sein würde und die Mittelmächte ihn aufgrund ihrer militärischen Stärke gewinnen würden.

Nur so war zu verstehen, dass der Kriegseintritt nirgendwo Angst oder Entsetzen auslöste, sondern überall Begeisterung und Freudentaumel. In Berlin strömten die Menschenmassen zum Schloss, begrüßten den Kaiser mit Hurrarufen und stimmten patriotische Lieder an. In St. Petersburg versammelten sich Tausende Männer und Frauen vor dem Winterpalast und sangen die Nationalhymne. Auch in London reagierte die Menge mit Jubel auf die Kriegserklärung; drei Millionen Männer meldeten sich freiwillig zum Kriegsdienst.

In seiner Thronrede sagte der Kaiser: »Ich kenne keine Parteien mehr. Ich kenne nur noch Deutsche.« Die von vielen vermisste innere Einheit schien nun durch den Krieg plötzlich Wirklichkeit geworden zu sein. Der deutsche Aufbruch überwältigte auch die Sozialdemokraten. Noch Ende Juli 1914 hatten sie Anstoß erregt, als sie vom »Krieg der Kriege« sprachen und Friedensdemonstrationen ankündigten. Doch schon eine Woche später stimmten ihre Reichstagsabgeordneten den Kriegskrediten zu. Ihr damaliger Fraktionsvorsitzender erklärte dazu: »… machen wir wahr, was wir immer betont haben: Wir lassen in der Stunde der Gefahr das eigene Vaterland nicht im Stich.«

Wie sollte man das alles verstehen? Christian Graf von Krockow schrieb dazu: »Es gibt nicht eine Erklärung, sondern mehrere. Zunächst: Die Völker kannten den Krieg des Industriezeitalters so wenig wie die Generäle. Woran sie sich erinnerten, das waren Feldzüge wie die von 1864, 1866 und 1870/71. Diese Bismarck-Kriege hatten zusammengenommen die preußisch-deutschen Heere gerade einmal 31 351 Tote gekostet; auf Millionenverluste war man darum überhaupt nicht vorbereitet. Überdies waren die vergangenen Kriege kurz gewesen; sie hatten nur wenige Wochen, allenfalls ein paar Monate gedauert. Im Herbst oder spätestens zu Weihnachten glaubte man wieder zu Hause zu sein, von Siegeslorbeer geschmückt. Man nahm also das Vergangene, die Erinnerung – was sonst? – zum Richtmaß der Zukunft …«

Kaum jemand hatte bis dahin eine Vorstellung von der Wirklichkeit des Krieges im 20. Jahrhundert: von der Technisierung des Tötens; von Giftgas, Panzerwagen und Maschinengewehren; von einem Stellungskrieg, der vier Jahre und drei Monate dauerte; von Armeen, die monatelang in Erdlöchern hausten; von Schlachten, in denen Hundertausende für ein paar Kilometer »Geländegewinn« verheizt wurden; von der Verrohung und Brutalisierung der Menschen in solchen Kriegen; von den zig Millionen Gefallenen, Verletzten und Verstümmelten; und von der Verantwortungslosigkeit der obersten Führung.

Kaum jemand konnte sich vorstellen, dass sich moderne Kriege von längerer Dauer zu »Wirtschaftskriegen« und »Materialschlachten« entwickeln, über deren Ausgang nicht allein der Waffengang, sondern letztendlich die wirtschaftlichen Ressourcen entscheiden. Dass hierzu die bisherige Friedenswirtschaft auf eine Kriegswirtschaft umgestellt werden musste und welche Folgen das haben würde, war ebenfalls nur wenigen bewusst. Reichswehr und Reichsregierung erwarteten einen schnellen militärischen Sieg, für den die vorhandenen Kräfte prinzipiell ausreichen sollten. Man plante deshalb nicht langfristig, sondern verließ sich auf das Improvisieren.

Was die Umstellung der Friedenswirtschaft auf die Kriegswirtschaft dann tatsächlich bedeutete, wurde ein allmählicher Lernprozess: Mithilfe von Regierungsanweisungen, Ausschüssen und Staatsaufträgen wurden die Produktionskapazitäten der Industrie vorrangig auf die Herstellung kriegswirtschaftlicher Güter (Uniformen, Gewehre, Panzer, Munition etc.) gelenkt, wodurch sich die Produktion von privaten Konsum- und Investitionsgütern automatisch verringerte. Dafür benötigte die Regierung Unsummen von Geld, das sie nicht hatte. Außerdem musste die weitere Versorgung der Bevölkerung sichergestellt werden, worauf es ebenfalls keine gültigen Antworten gab.

Das benötigte Geld besorgte sich die Reichsregierung von der Reichsbank und über Kriegsanleihen bei den Bürgern. Dafür musste der Goldstandard der Mark (Verpflichtung der Reichsbank, die Mark in Gold zu tauschen) aufgegeben werden. Dadurch verlor die Währung ihren Inflationsschutz, was die Inhaber von Kriegsanleihen spätestens in der Großen Inflation 1923 bitter erfahren mussten. Solche Risiken spielten aber in der Zeit der allgemeinen Kriegseuphorie keine Rolle. Man überließ die Organisation der wachsenden Staatsverschuldung dem dafür zuständigen Finanzstaatssekretär der Reichsregierung.

Angesichts der zu erwartenden britischen Wirtschaftsblockade war auch damit zu rechnen, dass Deutschland aus dem freien Welthandel ausgeschlossen wurde und lebenswichtige Nahrungsmittel sowie kriegswichtige Rohstoffe nicht mehr eingeführt werden konnten. Niemand in der Reichsregierung hatte eine Idee, wie dieses Problem zu lösen war, bis Walther Rathenau auf den Plan trat.

Der bevorstehende Wirtschaftskrieg musste auch die bestehende liberale Wirtschaftsordnung grundlegend verändern. Die Umsteuerung von der Friedens- zur Kriegswirtschaft erfolgte nicht über die Märkte, sondern mithilfe staatlicher Aufträge und Interventionen. Es galt plötzlich nicht mehr das Gesetz des Marktes, sondern das Primat des Staates bis hin zur Militärdiktatur, der sich alles bedingungslos unterzuordnen hatte. Die Folge war eine »Durchstaatlichung« der Gesellschaft und Wirtschaft mit Behörden (Reichswirtschaftsamt, Reichsarbeitsamt etc.) und Vorschriften (Rohstoffbewirtschaftung, Arbeitsdienstpflicht, Lebensmittelrationierung), mit denen niemand zu Beginn des Krieges gerechnet hatte.

Kriegsrohstoffabteilung (KRA)

Schon wenige Tage nach Kriegsbeginn sperrte Großbritannien – wie zu erwarten war – sämtliche Seehandelsrouten nach Deutschland. Patrouillenschiffe und Minen stoppten jeden deutschen Frachter auf seiner Reise. Die Blockade traf die deutsche Wirtschaft völlig unvorbereitet. Im Glauben an einen schnellen Sieg hatte niemand Vorkehrungen für den Fall getroffen, dass die Einfuhr von industriellen Basisgütern – Chrom und Nickel, Salpeter und Schwefel, Baumwolle, Kautschuk und Rohöl – versiegen könnte. Doch schon bald wurden Engpässe bei vielen kriegswichtigen Rohstoffen sichtbar (North).

Das war die Stunde von Walther Rathenau, Aufsichtsratsvorsitzender der AEG und Sohn von Emil Rathenau, der die AEG gegründet hatte. Anfang August 1914 legte er dem Kriegsminister Erich von Falkenhayn eine Denkschrift über die Krise der deutschen Rohstoffversorgung vor und empfahl darin die Errichtung einer zentralen Behörde, welche die Wirtschaft mit notwendigen Rohstoffen versorgen sollte. Falkenhayn war schnell überzeugt. Schon vier Tage später nahm die »Kriegsrohstoffabteilung« (KRA) unter Walther Rathenau ihre Arbeit auf.

Rathenau beschrieb die Aufgabe dieser Einrichtung später so: Es galt, die Wirtschaft, »diese webende und strebende Welt, zusammenzufassen, ihr einen einheitlichen Willen aufzuzwingen und ihre titanischen Kräfte zur Abwehr zu wecken«. In den ersten Wochen machten Rathenau und seine anfangs drei Mitarbeiter vor allem Stichproben bei circa 900 Firmen, um deren Versorgung mit Rohstoffen zu erfahren. Das Ergebnis war ernüchternd: Die Bestände reichten kaum länger als ein halbes Jahr.

Um auf dieser Basis die kriegswichtigen Güter zu erfassen und zu beschaffen bzw. herzustellen, legte Rathenau für die KRA eine Handlungsstrategie fest, die aus den folgenden Schritten bestand: 1.) Alle Rohstoffe des Landes wurden beschlagnahmt und mussten der KRA gemeldet werden. 2.) Die im Ausland verfügbaren Stoffe wurden durch Kauf in neutralen Ländern oder durch zwangsweise »Beitreibung« in besetzten Ländern beschafft. 3.) Unentbehrliche Stoffe wurden mit neuen Erzeugungsmethoden im Inland hergestellt. 4.) Schwer erhältliche Stoffe wurden durch andere, leichter beschaffbare ersetzt.

Die Mitarbeiter der KRA waren anfangs Geschäftsleute und Techniker, die Rathenau aus der AEG und anderen Unternehmen rekrutierte. Die KRA wuchs aber schnell zu einem riesigen Apparat heran; am Ende arbeiteten dort mehr als 2500 Menschen. Rathenau war in seinem Element: Jetzt konnte er, den man als Juden nicht zum Offiziersexamen zugelassen hatte, im Rang eines Generals wie nie zuvor im ganz Großen planen und organisieren – und alles war kriegswichtig und staatstragend.

Ausgerüstet mit Sonderbefugnissen, beschlagnahmte die KRA bei zunächst 5000 Firmen die knappen Reserven und sorgte dafür, dass sie je nach Bedarf auf die Rüstungsproduktion verteilt wurden. Rathenau ließ der Industrie jedoch unternehmerischen Spielraum. Die einzelnen Wirtschaftszweige konnten selbst entscheiden, wie sie die zugeteilten Rohstoffe verwalteten, natürlich unter der strengen Aufsicht der KRA.

Die Beschäftigten der KRA prüften die monatlichen Rohstoffbilanzen der Firmen. Sie konfiszierten kriegswichtige Rohstoffe, darunter auch Haushaltsgegenstände, die Gummi oder Buntmetalle enthielten. Rathenau sorgte auch dafür, dass in den besetzten Gebieten Rohstoffe eingezogen wurden, obwohl das völkerrechtswidrig war. In Belgien wurden selbst die Kupferdächer von Kirchen abgetragen.

Die KRA kümmerte sich auch darum, Ersatzstoffe zu entwickeln. Dank des neuen Haber-Bosch-Verfahrens konnte zum Beispiel Sprengstoff hergestellt werden, ohne dass man dafür Salpeter aus Chile brauchte.

Ende Mai gab Rathenau die Leitung der KRA wie vereinbart ab. Er hinterließ eine leistungsfähige Behörde neuen Stils, die ihm den Ruf eines »Hindenburg der Wirtschaft« eintrug. Doch mit zunehmender Kriegsdauer konnte auch die KRA den überlegenen Ressourcen der Alliierten nichts mehr entgegensetzen.

Kriegsziele

Der Kaiser und die Reichsregierung verbanden mit dem Krieg keine bestimmten Kriegsziele, wohl aber der »Alldeutsche Verband« und erzkonservative Politiker, Großindustrielle oder deutsche Provinzfürsten – sie alle brachten nun, als der Krieg erst wenige Tage alt war, ihre Zielvorstellungen zu Papier. Dass Deutschland den Krieg gewinnen würde, war allen Denkschriften gemeinsam.

Für den Krieg im Westen war es der allgemeine Wunsch, die politische und ökonomische Vorherrschaft über Belgien und Frankreich auf Dauer zu sichern. Frankreich sollte so geschwächt werden, dass es seinen Großmachtstatus verlieren musste. Das Industriegebiet um die Erzlager von Briey sollte annektiert werden. Ob Frankreich zusätzlich Küstengebiete und den Westhang der Vogesen abtreten sollte, wurde der Beurteilung der Militärs überlassen. Belgien wollte man in einen »Vasallenstaat« mit einem selbstständigen Flandern umwandeln.

Im Osten war es das erklärte Ziel, das russische Reich territorial massiv umzugestalten. Es sollten eine Reihe von »Pufferstaaten« gegründet werden, die wirtschaftlich und politisch von Deutschland abhängig sein sollten. Die landwirtschaftlichen Nutzflächen, wobei es hauptsächlich um Polen ging, sollten annektiert werden, um die Versorgung der im Westen neu zu gewinnenden Gebiete sicherzustellen.

Solche Denkschriften, an sich ohne Verbindlichkeit, wurden von der politischen Führung aufmerksam registriert. Das »Septemberprogramm« des deutschen Kanzlers griff viele der völlig überzogenen Forderungen ausdrücklich auf: »Zur Sicherung des Deutschen Reiches nach West und Ost auf erdenkliche Zeit« war Frankreich so zu schwächen, »dass es als Großmacht nicht neu entstehen kann.« Russland soll nach Möglichkeit von der deutschen Grenze »abgedrängt und seine Herrschaft über die nicht-russischen Vasallenvölker gebrochen werden«.

Der Kriegsverlauf brachte solche Wunschträume schon bald zum Platzen: Der Aufmarsch der deutschen Armeen, der sich an den Schlieffen-Plan hielt, erreichte schon Anfang September die Marne. Hier trat ihnen aber zur Verteidigung von Paris eine neu formierte, zahlenmäßig überlegene französisch-britische Streitmacht entgegen, sodass der Vormarsch zum Stehen kam. Als sich nach viertägiger Schlacht in der deutschen Frontlinie eine größere Lücke auftat, zogen sich die deutschen

Armeen sogar auf eine rückwärts gelegene Frontlinie zurück, für Frankreich das »Wunder an der Marne«.

Von da an standen sich die alliierten und deutschen Heere auf einer Frontlänge von rund 700 km von der belgischen Küste bis zur schweizerischen Grenze gegenüber. Der Bewegungskrieg erstarrte zum Stellungskrieg. Ein Schützengrabensystem entstand mit Lauf- und Verbindungsgräben zu den rückwärtigen Stäben und zu Nachschub- und Versorgungsstellen. Der Unterstand, ein mit Brettern notdürftig befestigtes Erdloch, wurde der übliche Aufenthalts- und Schutzraum der Frontsoldaten. Niemand von ihnen ahnte, dass sie dort, wenn sie überlebten, bis zum Frühjahr 1918 würden ausharren müssen.

Während dieser Zeit versuchten beide Seiten, mit dem Einsatz von schwersten Artilleriewaffen und Infanterieeinheiten Geländegewinne zu erzielen. Das geschah unter Inkaufnahme von unvorstellbaren Mengen an Toten und Verletzten. Allein der deutsche Großangriff auf die französische Festung Verdun kostete Deutschland 338 000 und Frankreich 364 000 Tote.

Im Osten verlief die kriegerische Auseinandersetzung nach dem Muster eines Bewegungskriegs. In Ostpreußen befand sich nur eine einzige deutsche Armee, die den russischen Ansturm gemäß dem Schlieffen-Plan so lange aufhalten sollte, bis die im Westen frei gewordene Hauptstreitmacht im Osten zum Großangriff antreten konnte. Der russische Aufmarsch vollzog sich aber schneller als erwartet, sodass sich die deutschen Verbände unter Preisgabe preußischen Bodens zurückziehen mussten. In dieser schwierigen Lage übernahm Paul von Hindenburg das Kommando, dem Erich Ludendorff als Generalstabschef zugeordnet wurde.

Der neuen Armeeführung gelang es, in einer fünftägigen Schlacht bei Tannenberg Ende August 1914 die 2. Russische Armee einzuschließen und vernichtend zu schlagen. Die 1. Russische Armee wurde einige Tage später in der Schlacht an den Masurischen Seen besiegt. Über 137 000 russische Soldaten gingen in deutsche Gefangenschaft. Die Wirkung dieser Siege auf die deutsche Bevölkerung war nach der Niederlage an der Marne ungeheuer und der Hindenburg-Mythos entstand. Als Hindenburg und Ludendorff im Sommer 1916 die Oberste Heeresleitung (OHL) übernahmen, erhoffte sich die Bevölkerung davon eine schnelle Wende im Westen und ein siegreiches Ende des Krieges.

Wirtschaftskrieg

Der Erste Weltkrieg war vor allem ein Wirtschaftskrieg, in dem die Entente-Koalition deutlich überlegen war. Der Wirtschaftshistoriker Niall Ferguson sagte zum Kräfteverhältnis der Kriegsgegner: »Es gab eine überwältigende wirtschaftliche Überlegenheit der Entente-Koalition, schon bevor die Vereinigten Staaten in den Krieg eintraten.« Das begründete er mit den verschiedenen Vorteilen der Entente-Mächte, »einmal die Geographie, dann vor allem mehr Ressourcen, einfach weil Britannien und Frankreich 1914 die größten Kolonialmächte der Welt waren und aus diesen Kolonien die größten Ressourcen, sowohl Menschen als auch Material, ziehen konnten. Wichtiger als das war aber noch der gewaltige finanzielle Vorteil Großbritanniens. Es war bei weitem die reichste Macht, was die Finanzen angeht. Britannien konnte das Vermögen aus seinem jahrhundertealten Empire mobilisieren. Es war zudem so kreditwürdig, dass es sehr viel Geld in den Vereinigten Staaten leihen und damit auch Frankreich, Russland und die kleineren Verbündeten unterstützen konnte. Diese finanzielle Überlegenheit war entscheidend. Das Deutsche Reich hing hauptsächlich von den Ersparnissen seiner eigenen Bürger ab. Seine Feinde hatten tiefere Taschen.«

Wie unvorbereitet auch das Militär auf einen solchen Wirtschaftskrieg war, zeigte sich schon kurz nach Kriegsbeginn, als der deutschen Artillerie die Munition ausging, weil wegen der Seeblockade die Lieferung des dringend für Schießpulver benötigten chilenischen Salpeters unterbrochen war. Das Problem konnte nur dadurch gelöst werden, dass die Chemiker Fritz Haber und Carl Bosch in aller Eile ein industrielles Verfahren zur Ammoniaksynthese aus dem Stickstoff der Luft entwickelten. Das war ein erster Erfolg der von Rathenau aufgebauten Kriegsrohstoffabteilung (KRA) im Kriegsministerium.

Es fehlten aber auch andere Grundstoffe, vor allem Mangan und Kautschuk, die für die Herstellung von Stahl und Reifen benötigt wurden. Hinzu traten eklatante Fehlplanungen: Schon im Oktober des ersten Kriegsjahres musste die Artillerie zu einem schonenden Munitionsverbrauch aufgefordert werden, weil Granatenpressen fehlten und die dafür benötigten Facharbeiter im Felde waren. Weil die für die Eisengewinnung erforderliche Kohle bald knapp wurde, mussten 40 000 Soldaten vom Militär wieder abgezogen werden, um in den Kohlegruben zu arbeiten. Weitere fast 2 Millionen Soldaten wurden von der Front zurückgeholt, um in kriegswichtigen Betrieben, vor allem in der Waffen- und Textilindustrie, zu arbeiten.

Hinzu kamen die Ernährungsprobleme für die Zivilbevölkerung, die anfangs völlig ignoriert wurden, aber aufgrund des Handelsembargos gegen Deutschland und der zunehmend wirksamen Seeblockade immer dringlicher wurden. Bis zum Beginn des Krieges bezog das Deutsche Reich etwa ein Drittel seiner Lebensmittel aus dem Ausland. Diese Lücke konnte nur notdürftig mit Ersatzlebensmitteln, heimischen Kartoffeln und Steckrüben gefüllt werden. Als wegen der Kartoffelfäule im Herbst 1916 ein Mangel an Kartoffeln auftrat, wurden Steckrüben für breite Kreise der Bevölkerung das wichtigste Nahrungsmittel. Man ernährte sich von Steckrübensuppe, Steckrübenauflauf, Steckrübenkoteletts, Steckrübenpudding, Steckrübenmarmelade und Steckrübenbrot. Ernährungswirtschaftlich war der Erste Weltkrieg schon 1916 verloren.

Wie unvorbereitet und unprofessionell der Wirtschaftskrieg geführt wurde, kommt insbesondere auch in dem Schlussbericht einer vom Preußischen Kriegsministerium nachträglich eingesetzten wissenschaftlichen Kommission zum Kriegsgeschehen zum Ausdruck. Darin heißt es unter anderem: »In Anlehnung an die Geschichte früherer Kriege wurde auf deutscher Seite auch der Weltkrieg in seinen ersten Anfängen als eine rein militärische Angelegenheit aufgefasst und durchgeführt. Der unglückliche Ausgang der Marneschlacht aber ließ es langsam deutlich werden, dass auf der gegnerischen Seite von Anfang an Methoden einer neuen – der wirtschaftlichen – Kriegsführung in Anwendung gekommen waren, an die man in Deutschland nicht gedacht hatte. Die von England bereits in den ersten Augusttagen 1914 durchgeführten Maßnahmen, wie die Verhängung der Blockade, die Erweiterung der Bannwarenliste, Beschlagnahme allen deutschen Eigentums und dergleichen mehr, andererseits das lebhafte Interesse amerikanischer Unternehmerkreise für den Krieg zeigen, dass Deutschlands Hauptgegner mit aller Folgerichtigkeit von Anfang an den Weg wirtschaftlicher Erdrosselung gegangen ist.« Deutschland war offenbar »völlig blind für die gewaltigen Aufgaben der wirtschaftlichen Kriegführung in den Krieg hineingetreten«.

Weiter heißt es: »Die Anregung zur Bildung eines wirtschaftlichen Generalstabes blieb (daher) unbefolgt.« Und: »Der aus der Mobilmachung entstehende Arbeitermangel und der Beginn der Operationen hatten einen jähen Absturz der Produktion zur Folge: Die Roheisenerzeugung fiel von 1 561 900 Tonnen im Juli 1914 auf 586 700 Tonnen im August, das heißt um rund 62,5 Prozent. Noch stärker litten die Stahlwerke, deren Produktion von 1 644 700 Tonnen auf 567 600 Tonnen, das heißt um mehr als 65 Prozent sank.«

Deutlicher konnte man das Versagen der militärischen und politischen Führung zu Beginn des Krieges nicht beschreiben.

Gaskrieg

Zum ersten großen Gasangriff von deutscher Seite kam es am 22. April 1915 abends um 18:00 Uhr. Als der Wind günstig stand, ließen deutsche Offiziere nördlich des Städtchens Ypern auf rund sieben Kilometer Frontlänge aus Tausenden von Stahlflaschen etwa 150 Tonnen Chlor abblasen – unter Aufsicht des Chemikers Fritz Haber, der die neue Waffe entwickelt hatte.

Panik breitete sich unter den französischen Truppen in den Schützengräben aus. 1200 Soldaten starben, 3000 erlitten Verletzungen. Die Chemie hatte ihre Kriegstauglichkeit bewiesen und Fritz Haber wurde in einer »Blitzbeförderung« zum Hauptmann ernannt. Er soll Tränen des Glücks vergossen haben, als er davon erfuhr. Fünf Monate nach dem Gasangriff der Deutschen griffen dann britische Truppen mit Chlorgas an. Haber bekam den Auftrag, dagegen eine sichere Maske zu entwickeln.

Seine berühmteste Erfindung gelang Fritz Haber allerdings schon sechs Jahre zuvor: 1909 zeigte er in seinem Karlsruher Labor, wie sich der in der Luft enthaltene Stickstoff in einem Hochdruckverfahren binden lässt. Nach jahrelanger Experimentierarbeit gelang es ihm und seinem Kollegen Carl Bosch, die katalytische Ammoniak-Synthese für die Massenproduktion tauglich zu machen. Diese Entdeckung war eine Sensation; denn Ammoniak ist ein Grundstoff für Kunstdünger. Dafür wurde Haber später mit dem Nobelpreis geehrt.

Doch mithilfe der Ammoniak-Synthese ließ sich auch Salpetersäure produzieren – eine Grundsubstanz für die Herstellung von Schießpulver und Sprengstoff. Als sich in den ersten Kriegsmonaten durch den immensen Munitionsverbrauch im Stellungskrieg Salpetermangel abzeichnete, organisierte Fritz Haber den Nachschub. So wurde er auf deutscher Seite zum Organisator des chemischen Krieges – zum Verbindungsmann zwischen Wissenschaft, Militär und Industrie.

Moralische Bedenken hatte Fritz Haber nicht. Er war davon überzeugt, dass er dem Vaterland so zum schnellen Sieg verhelfen konnte, und pries Gas sogar als »humane Waffe«, die weniger Leiden verursacht als ein konventionelles Geschoss. Fritz Haber, dessen persönliches Motto lautete: »Im Frieden der Menschheit, im Krieg dem Vaterland«, glaubte wegen der Überlegenheit der Alliierten, »dass es nur mit Gas geht«. Er irrte. Zwar starben insgesamt etwa 80 000 Soldaten im Gaskrieg, mehr als eine Million wurden verwundet. Doch kriegsentscheidend wurde diese Waffe nicht.

Hindenburg-Programm

Nachdem Paul von Hindenburg Ende August 1916 die Oberste Heeresleitung (OHL) übernommen hatte, forderte Erich Ludendorff zwei Tage später im Namen der OHL die umgehende Mobilisierung aller noch ausschöpfbaren Reserven an Menschen und Material für die Kriegsführung. Dazu gehörte auch der uneingeschränkte U-Boot-Krieg. Mit der als »Hindenburg-Programm« bezeichneten Mobilmachung zum »totalen Krieg« wurde das bis dahin gängige Neben- und Gegeneinander militärischer und politischer Stellen beseitigt und die OHL begann, sich zu einer förmlichen Militärdiktatur zu entwickeln.

Kern der Forderungen der OHL waren eine Verdoppelung der Munitionszufuhr sowie eine Verdreifachung der Produktion und Lieferung von Maschinengewehren und Geschützen innerhalb des nächsten halben Jahres. Um der Rüstungsindustrie die dafür notwendigen Arbeitskräfte zuzuführen, forderte die OHL eine Ausdehnung der Wehrpflicht auf alle Männer zwischen dem 16. und 60. Lebensjahr und ihren zwangsweisen Einsatz in Rüstungsunternehmen. Auch Frauen sollten zur Arbeit in kriegswichtigen Bereichen verpflichtet werden und alle nicht kriegswichtigen Betriebe und Ausbildungsstätten sollten geschlossen werden.

Diese insbesondere von Ludendorff unter Hinweis auf die bedrohte Front mit massivem Druck vorgetragenen Forderungen nach einer Quasi-Militarisierung der gesamten Gesellschaft stieß auf breiten, durchaus unterschiedlich begründeten Widerstand: Die Rüstungsindustrie begrüßte zwar die beabsichtigte Erhöhung der Rüstungsaufträge und versprach sich von der Ausweitung der Arbeitspflicht durch Militärgesetze zugleich einen Stopp der Lohnsteigerungen, sie lehnte aber die vorgesehene Kontrolle der Betriebe und ihrer Produktion durch die Militärs strikt ab.

Die Reichsregierung unter Theobald von Bethmann Hollweg befürchtete, die von der OHL gewünschte drastische Beschneidung der Rechte der Arbeitnehmer könnte seitens der SPD und der Gewerkschaften zur Aufkündigung des ohnehin schon brüchig gewordenen Burgfriedens führen. Der Reichskanzler verwies auch auf die Gefahr, dass die geforderte Mobilisierung der allerletzten Ressourcen bei den gegnerischen Staaten den Eindruck erwecken könnte, die Kräfte des Deutschen Reichs seien aufgebraucht, womit jede Aussicht auf einen annehmbaren Frieden hinfällig werde.

Die Mehrheitsparteien des Reichstags (SPD, Zentrum und Deutsche Fortschrittspartei sowie Teile der Nationalliberalen) standen dem Grundgedanken einer Dienstverpflichtung für Männer durchaus positiv gegenüber, verwarfen aber die von der OHL gewünschte Arbeitspflicht für Frauen. Das sogenannte »Hilfspflichtgesetz«, das nach langwierigen Verhandlungen am 5. Dezember 1916 in Kraft trat, führte deshalb in abgeschwächter Form nur die Arbeitspflicht für Männer ein. Insoweit hatten sich die Parteien und Gewerkschaften mit ihren Vorstellungen gegenüber den Militärs durchgesetzt. Alle Männer zwischen dem 17. und dem 60. Lebensjahr, die nicht zur Armee eingezogen worden waren, wurden durch dieses Gesetz verpflichtet, in der Rüstungsindustrie oder in einem kriegswichtigen Betrieb zu arbeiten. Damit war für diese Gruppe von Männern die freie Wahl des Arbeitsplatzes aufgehoben. Ein Zugeständnis an die Gewerkschaften dafür waren die ständigen Arbeiterausschüsse, die in allen Betrieben mit mindestens 50 Arbeitern einzurichten waren. Dies war der Beginn der betrieblichen Mitbestimmung in Deutschland.

Ein weiterer Weg, Arbeitskräfte für die Rüstungswirtschaft zu gewinnen, bestand in der Heranziehung von ausländischen Arbeitskräften. 250 000 Arbeitskräfte konnten in den besetzten Ostgebieten »angeworben« werden. Außerdem wurden von den insgesamt 2,5 Millionen Kriegsgefangenen etwa 1,6 Millionen als Arbeitskräfte eingesetzt, davon die Hälfte in der Landwirtschaft und ein Drittel in der Industrie.

Das Hindenburg-Programm zur Steigerung der deutschen Kriegsfähigkeit war zwar ein entscheidender Schritt zu dem insbesondere von Ludendorff propagierten »totalen Krieg«. Die gewünschte Erweiterung der Rüstungsproduktion wurde damit aber nicht erreicht. Erheblicher Rohstoffmangel und die überhastet durchgeführte Umstrukturierung der gesamten Wirtschaft zugunsten der Rüstungsmaximierung verursachten zunächst sogar einen deutlichen Produktionseinbruch. Erst im Frühjahr 1918 wurde die von der OHL im Sommer 1916 geforderte Produktionsmenge an Waffen und Munition erreicht. Gleichzeitig sank die deutsche Industrieproduktion am Ende des Ersten Weltkrieges unter 60 Prozent des Vorkriegsstandes.

Steckrübenwinter

Niemand in Regierungskreisen hatte im August 1914 mit einer längeren Kriegsdauer gerechnet, ein Optimismus, der sich bitter rächen sollte. Denn es wurden kaum Vorkehrungen für die Versorgung der Zivilbevölkerung getroffen. Etwa ein Drittel des deutschen Bedarfs an Lebensmitteln war vor Kriegsbeginn aus dem Ausland bezogen worden. Schon im ersten Kriegswinter zeigten sich deshalb Knappheiten bei Nahrungsmitteln und die Preise stiegen deutlich an. Außerdem ging die deutsche Agrarerzeugung infolge fehlender Düngemittel und zu geringer Arbeitskräfte ständig zurück, bis Kriegsende um mehr als 30 Prozent.

Ab 1915 waren die Lebensmittel rationiert, aber die in den Lebensmittelkarten zugeteilten Mengen an Brot und Kartoffeln verringerten sich ständig und deckten kaum noch die Hälfte des täglichen Kalorienbedarfs. Im Kriegswinter 1916/17 fiel die Kartoffelernte des Jahres 1916 außerordentlich schlecht aus und betrug nur noch 50 Prozent der Vorjahresernte. Dafür wurden als Ersatz, ebenfalls rationiert, Kohlrüben (auch Steckrüben genannt) ausgegeben. Als »Steckrübenwinter« ist dieser Teil des Krieges bis heute im kollektiven Gedächtnis fest verankert.

Betroffen war vor allem die in den Städten hungernde Bevölkerung, die in Scharen aufs Land fuhr, um bei den Bauern zu »hamstern«. Die üblichen Lebensmittel wie Eier, Butter und andere Produkte waren aufgrund der enormen Verteuerung für den Durchschnittsbürger unerschwinglich geworden. So wuchs die Unzufriedenheit der Bevölkerung immer mehr: In Berlin, Aachen und Köln kam es bereits nach dem ersten Kriegswinter zu Hungerrevolten und Plünderungen. Auch in Leipzig, Stralsund, Dresden und Chemnitz gingen die Menschen mit dem Ruf »Frieden und Brot« auf die Straße.

Mit einer rigiden Pressezensur versuchten die Militärbehörden, solche Demonstrationen nicht öffentlich zu machen. Doch in den Arbeitervierteln kursierte schon bald der Spruch: »Die Armen liefern die Leichen, der Mittelstand muss weichen, den Krieg gewinnen die Reichen.« Für die Regierung war das ein Warnsignal dafür, dass die patriotische Stimmung im Reich umzukippen drohte.

Kriegsfinanzierung

Zu Beginn des Krieges verfügte das Reich über einen Kriegsschatz in Höhe von 225 Millionen Mark, der sich im Juliusturm von Spandau befand. Dies bedeutete, dass die Kriegskosten nahezu vollständig über Kredite der Reichsbank oder Anleihen finanziert werden mussten, soweit sie nicht aus Steuern bezahlt werden konnten.

Um sich die Möglichkeit der Geldschöpfung zu eröffnen, wurden die Verpflichtungen aus dem internationalen Goldstandard schon bei Kriegsbeginn durch eine Änderung der Reichsbanksatzung außer Kraft gesetzt. Damit gab man der Reichsbank die Möglichkeit, die Kriegskosten zu kreditieren. Von dieser Möglichkeit machte die Reichsregierung – allein die erste Mobilmachungswoche kostete ca. 750 Millionen Reichsmark – auch sofort Gebrauch.

Anders als England, das erhebliche Teile der Kriegskosten mit Steuern auf Kriegsgewinne bestritt, setzte das Deutsche Reich fast ausschließlich auf Kredite und Anleihen. Die föderale Struktur des Reiches ließ dem für die kaiserlichen Finanzen verantwortlichen Staatssekretär Karl Helfferich bei der Finanzierung des Krieges keine andere Wahl, als auf das Mittel der Verschuldung des Reichs zu setzen. Die während des Krieges neu eingeführten Steuern (1916: Kriegsgewinnsteuer und Warenumsatzsteuer; 1918: Verbrauchssteuern) dienten dem Ausgleich des ordentlichen Haushalts und nicht der Kriegsfinanzierung.

Die Kriegsausgaben des Deutschen Reichs von insgesamt ca. 150 Milliarden Mark wurden fast ausschließlich mit Schatzanleihen (100 Mrd. Mark) und der Erhöhung schwebender Schulden (50 Mrd. Mark) finanziert. Während des Krieges wurden neun Kriegsanleihen aufgelegt, die mit einem enormen Propagandaaufwand insgesamt einen Erlös von 97 Milliarden Reichsmark einbrachten.

Außerdem wurden im August 1914 besondere Darlehnskassen geschaffen, die eigene jederzeit in Geld umwandelbare Darlehnskassenscheine gegen Verpfändung von Waren und Wertpapieren ausgeben konnten. Die Geldschöpfung zugunsten der privaten Rüstungswirtschaft wurde auf diese Weise zum Teil von der Reichsbank zu den Kassen verlagert. Insbesondere in der zweiten Kriegshälfte wuchs diese schwebende Schuld auf weit über 50 Milliarden an (Tilly).

Am Ende des Krieges belief sich die Verschuldung des Reiches auf über 150 Milliarden Reichsmark, wovon fast die Hälfte zu tilgen war. Die Verschuldung entsprach etwa dem Vierfachen des gesamten deutschen Volkseinkommens des Jahres 1913. Sie lag mehr als 30-mal so hoch wie vor Beginn des Krieges und betrug etwa die Hälfte des geschätzten Volksvermögens. Allein der Zinsdienst für diese enorme, nach Kriegsende weiter anwachsende Schuldenlast verbrauchte im letzten Kriegsjahr 90 Prozent des ordentlichen Reichshaushaltes.

Getilgt werden sollte der riesenhafte Schuldenberg eigentlich durch die vermeintlich besiegten Kriegsgegner, die das »Bleigewicht der Milliarden (…) durch die Jahrzehnte schleppen« sollten, »nicht wir«, wie der Staatssekretär im Reichsschatzamt Karl Helfferich im August 1915 vor dem Reichstag erklärte. Tatsächlich stellte sich die Situation bei Kriegsende jedoch genau anders dar: Zu den gewaltigen Kriegsschulden, welche die Deutschen zu tragen hatten, traten noch die Reparationsforderungen der Sieger hinzu.

Weil dem neu geschaffenen Geld keine nachhaltige Wertschöpfung gegenüberstand, mussten die Preise steigen. Um das zu verhindern, wurden für Lebensmittel zunächst Höchstpreise festgesetzt und dann ab Januar 1915 der Verbrauch bestimmter Waren durch Lebensmittelkarten rationiert. Der Boden für Preissteigerungen war damit vorbereitet, wie sie sich in der Hyperinflation der Jahre 1921 bis 1923 zeigten und den Großteil des privaten Geldvermögens der Deutschen vernichteten. Damit hatte dieser Teil der Bevölkerung die Kosten des Krieges tatsächlich bezahlt.

Kriegsende

So wie die Militärs über den Kriegseintritt entschieden hatten, bestimmten sie auch das Kriegsende. Als die Frühjahrsoffensive 1918, die im Westen die militärische Entscheidung herbeiführen sollte, gescheitert war und sich die Armeen der mit dem Reich verbündeten Mächte bereits in Auflösung befanden, räumte Ludendorff die Niederlage ein und forderte am 29. September 1918 von der Reichsregierung sofortige Waffenstillstandsverhandlungen. Bei den Politikern und in der Öffentlichkeit löste dieses Eingeständnis, nachdem bis zuletzt nur Optimismus gezeigt und Siegesmeldungen verbreitet worden waren, einen schweren Schock aus.

Anfang Oktober 1918 übernahm der als liberal angesehene Prinz Max von Baden als neuer Kanzler die Reichsregierung, in die auf Verlangen Ludendorffs auch Vertreter der im Reichstag die Mehrheit bildenden Parteien (Zentrum, Fortschrittspartei, SPD und Nationalliberale) aufgenommen wurden. Damit stahl sich das Militär aus der Verantwortung für das militärische Desaster. In den Augen der deutschen Öffentlichkeit hatten nun die Parteien, die in der Kaiserzeit intensiv bekämpft worden waren, die Verantwortung für die Niederlage und die nachfolgenden Friedensverhandlungen. Genau das war Ludendorffs Plan.

Am 4. Oktober 1918 sandte die neue Reichsregierung ihr Waffenstillstandsgesuch an den amerikanischen Präsidenten Woodrow Wilson. Als daraufhin Ende Oktober die Marineleitung der in den Nord- und Ostseehäfen untätig liegenden Hochseeflotte den Befehl gab, zu einem letzten großen Gefecht gegen die britische Flotte auszulaufen, um »die Ehre der Waffengattung« zu retten, weigerten sich die Matrosen, diesen völlig sinnlosen Befehl zu befolgen.

Am 5. November übernahm ein Matrosenrat im Flottenstützpunkt Wilhelmshaven die Macht; von hier aus sprang die Meuterei auf die anderen Hafenstädte über und erfasste bald die Arbeiterschaft in allen größeren Industriestandorten. Überall bildeten sich Arbeiter- und Soldatenräte. Der Kaiser floh nach Spa in Belgien, das militärische Hauptquartier. Am 9. November trat Reichskanzler Prinz Max von Baden unter dem Druck der Massen von seinem Amt zurück, kündigte die Abdankung des Kaisers an und übergab die Regierungsgeschäfte an Friedrich Ebert, den Führer der Mehrheitssozialdemokraten. Auf den Straßen Berlins fand die Novemberrevolution statt.

Die neue Regierung übernahm ein schweres Erbe: Im Ersten Weltkrieg verloren durch direkte oder indirekte Kriegseinwirkungen insgesamt ca. 22 Millionen Menschen ihr Leben, die Bevölkerungsverluste in Russland nicht mitgerechnet. Nach Schätzungen beliefen sich die zerstörten Vermögenswerte auf rund 200 Milliarden englische Pfund. Dafür machte die Welt Deutschland verantwortlich.

Stinnes-Legien-Abkommen

In dieser Zeit (Anfang November 1918) trafen sich Vertreter der Großindustrie und der Spitzen der Gewerkschaften in Berlin im Hotel Continental am Bahnhof Friedrichstraße. Die Gruppe der Industriellen wurde von Hugo Stinnes angeführt, der den Auftrag hatte, mit den Führern der Gewerkschaften über das zukünftige Verhältnis zwischen Industrie und Gewerkschaften zu verhandeln. Stinnes war im Unterschied zu vielen Kollegen kein Feind der Arbeiter, er legte auch keinen Wert auf feine Manieren und luxuriöses Leben. In 25 Jahren hatte er sich ein Riesenimperium aufgebaut mit Kohlehandel und Schifffahrt, Bergbau, Eisen und Stahl, Elektrizitätswerken, Druckereien und Hotels.

An der Spitze der Gewerkschaftsvertreter stand Carl Legien, Drechslergeselle, aufgewachsen in einem Waisenhaus, der durch Intelligenz, Sachlichkeit und die Kraft seiner Rede imponierte. Seit 30 Jahren war er Vorsitzender der Generalkommission der deutschen Gewerkschaften – dem Vorläufer des DGB – und Präsident des Internationalen Gewerkschaftsbundes. Auch er konnte darauf vertrauen, dass die einzelnen Gewerkschaften hinter ihm stehen würden.

Der Zweck der Zusammenkunft bestand darin, angesichts der öffentlichen Unruhen und der revolutionären Bestrebungen das belastete Verhältnis zwischen Industrie und Gewerkschaften zu bereinigen. Die Industriellen hatten die Sorge, dass ihre Betriebe bei einem Umsturz nach dem Muster der russischen Revolution von 1917 enteignet werden könnten. Das Vertrauen in die Regierung hatten sie verloren, weil diese selbst in Gefahr war, gestürzt zu werden. Also blieben für die Industrie nur noch die sozialdemokratischen Gewerkschaften, die sie bisher bekämpft und nicht anerkannt hatten, als Bundesgenossen übrig. Diese waren inzwischen auf 4,5 Millionen Mitglieder gewachsen und hatten weiterhin starken Zulauf. Ihre Führer waren Mitglieder der SPD, der gemäßigten Mehrheitssozialdemokraten, die ebenfalls Angst vor dem revolutionären Chaos hatten. Davor wollten sie ihre Mitglieder bewahren. Es gab also gemeinsame Interessen zwischen Industrie und Gewerkschaften.

Über bestimmte Punkte wurde man sich in den Verhandlungen schnell einig: die Anerkennung der Gewerkschaften als legitime Vertreter der Arbeiterschaft, die Koalitionsfreiheit und die Gültigkeit von Tarifverträgen. Widerstand leisteten die Unternehmer jedoch bei den gewerkschaftlichen Forderungen nach dem Achtstundentag und der

Bildung von Arbeiterausschüssen, welche die Einhaltung der Kollektivvereinbarungen kontrollieren sollten.

Doch dann wurde die Verhandlungsrunde überrascht von der Revolution, die am 9. November auch die Hauptstadt Berlin erreichte. Im Hotel Continental hörte man die Schüsse von Kanonen und Maschinengewehren. Das stärkte die Position der Gewerkschaften und verringerte den Widerstand der Unternehmer. Als Walther Rathenau, einer der Teilnehmer aufseiten der Industrie, sich für die umstrittenen Forderungen der Gewerkschaften aussprach, akzeptierten die Industrievertreter auch den Achtstundentag und die Einsetzung von Arbeiterausschüssen (Betriebsräten) für Unternehmen mit mehr als 50 Beschäftigten.

Für die Groß- und Schwerindustrie bedeutete diese Vereinbarung eine radikale Abkehr von ihrer bisherigen antigewerkschaftlichen Einstellung. Für die Gewerkschaften war es ein sozialpolitischer Durchbruch, mit dem sie in Friedenszeiten gescheitert waren. Nachdem der Staat die Gewerkschaften im Hilfsdienstgesetz vom 5. Dezember 1916 bereits als legitime Interessenvertreter der Arbeiter anerkannt hatte, wurden sie nun auch von den Arbeitgebern als Tarifpartner akzeptiert.

Das Stinnes-Legien-Abkommen vom 15. November 1918 (amtlich: Satzung für die Arbeitsgemeinschaft der industriellen und gewerblichen Arbeitgeber und Arbeitnehmer Deutschlands) war eine Kollektivvereinbarung zwischen 21 gewerblichen und industriellen Arbeitgeberverbänden und sieben Gewerkschaften (Freie, christliche und polnische Gewerkschaften). Seinen Namen verdankt es den beiden federführenden Unterzeichnern: dem Ruhrindustriellen Hugo Stinnes und dem Vorsitzenden der Generalkommission der Gewerkschaften Deutschlands Carl Legien.

Für die Gewerkschaften war das Vertragswerk aufgrund der Neuordnung des Verhältnisses zwischen Kapital und Arbeit von grundsätzlicher Bedeutung. Für die Unternehmer war es eher ein Not- und Zweckbündnis. »Die Großindustriellen waren in schwerster Sorge vor einer kommenden Sozialisierung […] Sie waren zu allem bereit, wenn sie nur ihr Eigentum behielten.« Aus Furcht vor der Sozialisierung ihrer Fabriken in der Novemberrevolution hatten sie das Abkommen unterzeichnet (Uwe Wesel).

Kapitel 6

Weimarer Republik

Weimarer Verfassung

Nachdem der letzte kaiserliche Reichskanzler, Prinz Max von Baden, die Regierungsgeschäfte an Friedrich Ebert übergeben hatte, wurde am 10. November 1918 der »Rat der Volksbeauftragten« als erste provisorische Regierung der Republik gebildet. Dieser schrieb Wahlen zu einer Nationalversammlung aus, die eine neue Reichsverfassung erarbeiten und beschließen sollte.

Bei der Wahl zur Nationalversammlung am 19. Januar 1919 wurde die SPD stärkste Partei, sie war aber auf die Zusammenarbeit mit dem Zentrum und der linksliberalen DDP angewiesen (Weimarer Koalition). Gemeinsam verfügten sie über 78 Prozent der Stimmen. Am 11. Februar 1919 wählte die Nationalversammlung Friedrich Ebert (SPD) zum ersten Reichspräsidenten.

Mit der Ausarbeitung der neuen Reichsverfassung hatte der Rat der Volksbeauftragten den Berliner Staatsrechtler Professor Hugo Preuß beauftragt. Die Nationalversammlung beschloss die endgültige Verfassungsurkunde am 31. Juli 1919, die mit der Unterzeichnung durch den Reichspräsidenten am 11. August 1919 in Kraft trat.

Die Weimarer Reichsverfassung regelte den Aufbau und die Aufgaben des Reiches (Artikel 1–108) und die Grundrechte und Grundpflichten der Deutschen (Artikel 109–165). Das grundsätzlich Neue in dem Verfassungstext bestand darin, dass dem »Wirtschaftsleben« ein ganzer Abschnitt mit 15 Artikeln (Artikel 151–165) gewidmet und darin auch soziale Grundrechte geregelt wurden:

In Artikel 151 zeigte die Verfassung die Grenzen wirtschaftlicher Freiheit auf: »*Die Ordnung des Wirtschaftslebens muss den Grundsätzen der Gerechtigkeit mit dem Ziel der Gewährleistung eines menschenwürdigen Daseins für alle entsprechen. In diesen Grenzen ist die wirtschaftliche Freiheit des einzelnen zu sichern.*« Gleichzeitig wurde die Gewerbefreiheit garantiert: »*Die Freiheit des Handels und Gewerbes wird nach Maßgabe der Reichsgesetze gewährleistet.*«

Artikel 153 schützte das Eigentum: »*Das Eigentum wird von der Verfassung gewährleistet.*« Artikel 154 sicherte das Erbrecht: »*Das Erbrecht wird nach Maßgabe des bürgerlichen Rechtes gewährleistet.*« Mit der Verankerung dieser Rechte knüpfte die Verfassung an die liberalen Grundsätze der Vorkriegszeit an und gab ihnen sogar Verfassungsrang.

Den wirtschaftlichen Freiheitsrechten wurden mehrere soziale Rechte hinzugefügt. In Artikel 153 hieß es: »Eigentum verpflichtet. Sein Gebrauch soll zugleich Dienst sein für das Gemeine Beste.« Außerdem sah Artikel 155 Enteignungsmöglichkeiten vor: »*Grundbesitz, dessen Erwerb zur Befriedigung des Wohnbedürfnisses … nötig ist, kann enteignet werden.*« Für Unternehmen gab es darüber hinausgehende Enteignungsmöglichkeiten: »*Das Reich kann durch Gesetz, unbeschadet der Entschädigung, … für die Vergesellschaftung geeignete private wirtschaftliche Unternehmungen in Gemeineigentum überführen.*«

Zu den neuen Rechten gehörte auch die in Artikel 159 geregelte Koalitionsfreiheit: »*Die Vereinigungsfreiheit zur Wahrung der Arbeits- und Wirtschaftsbedingungen ist für jedermann und für alle Berufe gewährleistet.*« Außerdem wurde das Bismarck'sche Versicherungssystem in Artikel 161 verfassungsfest gemacht: »*Zur Erhaltung der Gesundheit und Arbeitsfähigkeit, zum Schutz der Mutterschaft und zur Vorsorge gegen die wirtschaftlichen Folgen von Alter, Schwäche und Wechselfällen des Lebens schafft das Reich ein umfassendes Versicherungswesen unter maßgeblicher Mitwirkung der Versicherten.*« Zum Arbeitsschutz regelte Artikel 157: »*Die Arbeitskraft steht unter dem besonderen Schutz des Reichs. Das Reich schafft ein einheitliches Arbeitsrecht.*«

Außerdem sah Artikel 165 ein wirtschaftliches Rätesystem vor: »*Die Arbeiter und Angestellten sind dazu berufen, gleichberechtigt in Gemeinschaft mit den Unternehmern an der Regelung der Lohn- und Arbeitsbedingungen sowie an der gesamten Entwicklung der produktiven Kräfte mitzuwirken.*« Dazu sollten laut Verfassung auf allen Stufen des Staates Arbeiterräte gebildet werden.

Die Verfassungsgrundsätze zum Wirtschaftsleben und insbesondere die sozialen Verfassungsrechte spiegelten die Mehrheitsverhältnisse in der Nationalversammlung. Die SPD hatte dort die meisten Abgeordneten, war aber auf die Zusammenarbeit mit dem Zentrum und der linksliberalen DDP angewiesen. Der gemeinsame Wille dieser Parteien war, der Weimarer Republik eine Wirtschaftsordnung zu geben, die einerseits den liberalen Grundsätzen des Kaiserreichs folgte, andererseits die soziale Gebundenheit der Wirtschaft im Interesse des Gemeinwohls herausstellte. Das Sozialinteresse sollte auch im Wirtschaftsleben Richtschnur und Schranke für das Individualinteresse sein.

Wirtschaftsverfassungsrechtlich stellte die Weimarer Verfassung somit einen Kompromiss zwischen unterschiedlichen Zielen dar: Sicherung und Regulierung der wirtschaftlichen Einzelbetätigung; Behandlung der Arbeitskraft als besonderes Rechtsgut; Schaffung eines Rätesystems mit sozial- und wirtschaftspolitischen Zuständigkeiten« (Willi Thiele). In dieser »gebrochenen Linie« lag gleichzeitig die Schwäche der Vorschriften über das Wirtschaftsleben: Die Ziele widersprachen sich und die strikte Trennung von Staat und Wirtschaft, die für eine liberale Wirtschaftsordnung konstituierend ist, wurde zugunsten eines staatlichen Interventionismus aufgegeben.

Wohin das führen konnte, ließ sich an der Entwicklung der in Artikel 159 garantierten Koalitionsfreiheit ermessen: Der Staat überließ die Schlichtung von Tarifstreitigkeiten zunächst der Autonomie der Gewerkschaften und Arbeitgeberverbände. Als jedoch ausgedehnte Arbeitskämpfe nicht durch Schlichtungsverfahren der Tarifpartner beendet werden konnten, wurde im Oktober 1923 mithilfe eines Ermächtigungsgesetzes – also ohne parlamentarische Zustimmung – die »Schlichtungsverordnung« mit der Möglichkeit einer Zwangsschlichtung eingeführt. Gelang den Tarifparteien keine Einigung, so konnte ein im Beamtenstatus stehender Schiedsmann eine Zwangsschlichtung durchführen, die – auch ohne Zustimmung der Tarifparteien – als verbindlich galt.

Eine weitere Schwäche der Weimarer Verfassung bestand darin, dass sie zwar Grundrechte kannte, was ohne Zweifel ein Fortschritt war, aber unter den Grundrechten nicht Naturrechte verstand, sondern Rechte, die der Staat den Bürgern gewährte. Der Gesetzgeber behielt damit die Disposition über sie und konnte sich damit jederzeit von ihnen lösen. »Der Gesetzgeber ist selbstherrlich und an keine anderen Schranken gebunden als diejenigen, die er sich selbst in der Verfassung oder anderen Gesetzen gezogen hat« (RGZ 118, S. 325 ff.). Damit verloren die Grundrechte ihre Schutzfunktion gegenüber parlamentarischen Mehrheiten und Notverordnungen.

Zu den besonderen Schwachpunkten der Weimarer Wirtschaftsordnung zählte zudem aus ordnungspolitischer Sicht, dass sich die vor dem

Krieg entstandene und im Krieg unverzichtbare Schwerindustrie weiterhin auf den Schutz des Staates verlassen konnte. Monopole und Kartelle wurden zum Schaden der Volkswirtschaft toleriert und, soweit dies möglich war, auch außenwirtschaftlich geschützt. Entgegen dem in der Weimarer Verfassung zum Ausdruck gebrachten Verständnis von einer eingeschränkten unternehmerischer Vertragsfreiheit gab es in Deutschland während der Weimarer Zeit insgesamt 2500 Kartelle.

Versailler Vertrag

Die Friedensverhandlungen begannen unter dem Vorsitz des französischen Ministerpräsidenten Clemenceau am 18. Januar 1919, dem Jahrestag der deutschen Reichsgründung, im Beisein von Delegierten aus 32 Staaten. Vertreter der ehemaligen Feindmächte waren nicht zugelassen. Und in jenem Spiegelsaal des Schlosses von Versailles, in dem der preußische König Wilhelm I. zum Kaiser proklamiert worden war, fand später auch die Unterzeichnung des Versailler Vertrages statt.

Die Entscheidungen über die wesentlichen Friedensbedingungen fielen im »Rat der Vier«, zu dem die Regierungschefs von Großbritannien, Frankreich, Italien und den USA gehörten. Die deutschen Abgesandten erhielten am 7. Mai 1919 den Vertragstext ausgehändigt. Clemenceau erklärte dazu: »Es wird keine mündliche Verhandlung geben, und die Bemerkungen werden schriftlich vorgebracht werden müssen.«

Daraufhin folgte ein lebhafter Notenwechsel zwischen den Delegationen, an dessen Ende der deutschen Delegation das endgültige Vertragswerk übergeben wurde mit der Aufforderung, es binnen sieben Tagen bedingungslos zu unterzeichnen. Ansonsten würde nach Ablauf dieser Frist der Kriegszustand zwischen den Siegermächten und Deutschland wieder aufleben.

Die Bekanntgabe der Friedensbedingungen rief in Deutschland über alle Parteien hinweg helle Empörung hervor. Neben den immensen Gebietsverlusten und der demütigenden Behandlung der deutschen Delegation in Versailles waren es vor allem die Entwaffnungsbestimmungen, die geforderte Auslieferung des ehemaligen Kaisers als Kriegsverbrecher sowie der Kriegsschuld-Artikel, die auf einhellige und entschiedene Ablehnung im Volk und in der Nationalversammlung stießen. Die Regierung Scheidemann trat zurück. In der Weimarer Nationalversammlung wurde heftig über die Frage der Unterzeichnung gestritten, bis sich angesichts der Drohung der Alliierten, den Krieg wieder aufzunehmen, bei der Mehrheit die Überzeugung bildete, dass dem entwaffneten Land keine andere Möglichkeit mehr blieb, als den Vertrag zu unterzeichnen.

Der Kriegsschuld-Artikel (Artikel 31) lautete:

»*Die Alliierten und assoziierten Regierungen erklären, und Deutschland erkennt an, dass Deutschland und seine Verbündeten als Urheber für alle Verluste und Schäden verantwortlich sind, die die alliierten und assoziierten Regierungen und ihre Staatsangehörigen infolge des ihnen durch den Angriff Deutschlands und seiner Verbündeten aufgezwungenen Krieges erlitten haben.*«

Diese These von der Alleinschuld Deutschlands wurde das Fundament für alle Wiedergutmachungsforderungen der Alliierten. Um die Höhe dieser Forderungen zu bestimmen, wurde eine internationale »Reparationskommission« gebildet, an der Deutschland ebenfalls nicht beteiligt war. Die Kommission sollte die Leistungsfähigkeit der jungen Republik beurteilen und besaß als Vollstreckungsorgan weitreichende Kontrollbefugnisse.

Reparationen

Das Reparationsproblem stand in den Jahren der Weimarer Republik im Zentrum der Außenpolitik und belastete als »Erfüllungspolitik« auch die Innenpolitik schwer. Im Jahr 1921 wurde die Gesamtsumme der Reparationen mit 132 Milliarden Goldmark (= 33 Mrd. Dollar) festgelegt, zahlbar in unterschiedlichen Tranchen über 30 Jahre. Die Forderungen wurden als sog. »Londoner Ultimatum« am 5. Mai 1921 der Reichsregierung mit der Drohung übergeben, bei Nichtannahme das Ruhrgebiet zu besetzen.

Ein Grund dafür, dass die Alliierten – vor allem Frankreich – so hartnäckig auf deutschen Reparationszahlungen bestanden, hing mit ihren eigenen Kriegsschulden zusammen, die etwa 26,5 Milliarden Dollar betrugen. Hauptgläubiger waren die USA und Großbritannien, Hauptschuldner Frankreich. Da die USA auf die Rückzahlung ihrer Kriegskredite bestanden, blieb den Schuldnern keine andere Möglichkeit, als auf Zahlung der Reparationen zu bestehen.

Nach diesem Ultimatum kam es in Deutschland zu einem weiteren Regierungswechsel. Neuer Reichskanzler wurde der Zentrumspolitiker

Joseph Wirth, der die Reparationsforderungen akzeptierte, um das Verhältnis zu den Siegermächten nicht zu belasten. Letztlich ging es seiner Regierung aber darum, den Alliierten klarzumachen, dass die überhöhten Forderungen nicht zu erfüllen waren.

Aufseiten der Alliierten hatte unter anderem der englische Ökonom John Maynard Keynes an den Friedensverhandlungen teilgenommen. Keynes hatte sich einen Einblick in die Leistungsfähigkeit der deutschen Wirtschaft verschafft und versuchte, die Reparationsforderungen der Alliierten in Grenzen zu halten. Dabei fragte er nicht, ob die Forderungen gerecht, sondern ob sie realistisch waren. Doch das interessierte die Siegermächte nicht, sodass Keynes drei Wochen vor Abschluss des Versailler Vertrages (28. Juni 1919) seinen Posten quittierte und ein Buch über »Die wirtschaftlichen Folgen des Friedensvertrags« schrieb. Darin rechnete er den Alliierten vor, dass Deutschland aufgrund der ihm verbliebenen Wirtschaftskraft allenfalls Reparationen in Höhe von 9 Milliarden Dollar zahlen konnte. Das war gut ein Viertel der verlangten Summe von 132 Milliarden Goldmark.

Grundsätzlich konnten Reparationen nur durch Lieferung deutscher Güter oder Überweisung von Devisen geleistet werden. Güterlieferungen lehnten die Alliierten paradoxerweise jedoch ab, weil sie notwendigerweise zulasten ihrer eigenen Industrie gehen mussten. So blieb der deutschen Regierung nur die Möglichkeit, mit frisch gedrucktem Geld Devisen aufzukaufen, um so die Reparationen zu bezahlen. Das führte jedoch zu einem sinkenden Außenwert der Mark, was die deutschen Exporteure nutzten, um auf Kosten der Produzenten der Siegermächte in deren Märkte einzudringen. Auf alliierter Seite führte das zu Verstimmungen und zu der Forderung, Deutschland solle seine Währung stabilisieren.

In die Reparationsfrage kam erstmals Bewegung, als zwischen den USA, die den Versailler Vertrag nicht ratifiziert hatten, und Deutschland mit dem »Berliner Vertrag« vom 25. August 1921 ein Separatfrieden geschlossen wurde. Darin wurde vereinbart, dass die Reparationsleistungen von den Vereinigten Staaten nicht einseitig gegen Deutschland festgesetzt werden, wie es der Versailler Vertrag vorsah. Vielmehr wurde die Feststellung von Reparationen und Schadensersatz einem bilateralen Schiedsgericht überlassen. Einen weiteren Erfolg erzielte die Reichsregierung in Sachen Reparationen im April 1922 mit dem »Vertrag von Rapallo« zwischen Deutschland und der Sowjetunion, in dem beide

Seiten auf die Aufrechnung der Kriegskosten und Kriegsschulden verzichteten.

Wirtschaftliche Herausforderungen

Durch den Versailler Vertrag verlor Deutschland neben sämtlichen Kolonien in Übersee an seinen Grenzen Gebiete in der Größe von rund 71 000 qkm mit einer Bevölkerung von annähernd 7 Millionen Menschen. Fast die ganze ehemalige Provinz Posen, ferner drei Viertel der Provinz Westpreußen sowie Teile von Ostpreußen und Schlesien mit insgesamt 4,4 Millionen Einwohnern fielen an die neuen Oststaaten. Davon erhielt Polen ein Gebiet von 46 000 qkm mit fast 4 Millionen Einwohnern.

Durch die Gebietsverluste verschlechterten sich die Ernährungsmöglichkeiten in Deutschland, weil die verlorenen Gebiete als landwirtschaftliche Überschussgebiete das industrielle Mittel- und Westdeutschland mitversorgt hatten. Mit den Gebietsverlusten verband sich aber auch eine starke Einbuße an industriellen Rohstoffvorkommen. Verloren gingen ein Drittel der Kohlevorräte und vier Fünftel der Eisenerze in Lothringen und Oberschlesien, außerdem wertvolle Blei-, Zink- und Kupfervorkommen und die damit verbundenen Verarbeitungsbetriebe.

Die Industrie stand damit vor großen Herausforderungen: Sie musste unter verschlechterten Rahmenbedingungen von der Kriegs- zur Friedensproduktion zurückkehren. Das erforderte nicht nur technische Umstellungen, sondern häufig auch die Verlegung von Standorten. Vor allem mussten Ausfuhrgüter hergestellt werden, um Rohstoffe und Nahrungsmittel einführen zu können. Denn Einfuhren konnten in den ersten Nachkriegsjahren nur mit Ausfuhren bezahlt werden. Die negative Handelsbilanz mit einer aktiven Zahlungsbilanz auszugleichen war nach dem Kriege nicht möglich, weil die deutschen Kapitalanlagen im Ausland einschließlich Erträgen von der Entente als Feindvermögen beschlagnahmt worden waren.

Zudem litt der Außenhandel darunter, dass die deutsche Handelsflotte, die vor dem Krieg rund 5 Millionen Bruttoregistertonnen (BRT) umfasst hatte, aufgrund des Krieges und der zu leistenden Reparationen auf 419 000 BRT (Schlepper und Flussfahrzeuge) zusammengeschmolzen war. Der Wiederaufbau der Handelsflotte schritt nur langsam voran, weil nach dem Versailler Vertrag fünf Jahre lang jährlich 200 000 BRT mit Vorrang für die Entente auf Kiel gelegt werden mussten.

Zu einer der wichtigsten Aufgaben nach dem Kriege gehörte, für die Frontsoldaten und die Beschäftigten in der Kriegsindustrie neue Erwerbsmöglichkeiten zu schaffen. Planbar war diese Aufgabe nicht, weil sich nicht nur für die Industrie, sondern auch für den Mittelstand die Verhältnisse entscheidend geändert hatten. Während die Zahl der Arbeiter und Angestellten während des Krieges erheblich zugenommen hatte, ging die Zahl der Selbstständigen auch nach dem Ersten Weltkrieg weiter zurück. Dafür gab es Gründe: Die Kaufkraft der Bevölkerung war dramatisch gesunken. Außerdem hatten viele Selbstständige ihr in Kriegsanleihen angelegtes Vermögen verloren und drohten sozial abzusinken. Und schließlich machten die Kaufhäuser den Einzelhändlern und die Fabriken den Handwerkern Konkurrenz (North).

Walther Rathenau

Walther Rathenau war seit 1899 in leitenden Positionen für die AEG tätig, zunächst im Vorstand, seit 1904 im Aufsichtsrat, dessen Vorsitzender er 1912 wurde. Während des Ersten Weltkriegs beteiligte sich Walther Rathenau an der Organisation der Kriegswirtschaft und setzte sich für einen »Siegfrieden« ein. In der Weimarer Republik gehörte er der linksliberalen Deutschen Demokratischen Partei (DDP) an und wurde im Februar 1922 unter dem Reichskanzler Joseph Wirth Reichsaußenminister. Als solcher war er an dem Abschluss des Vertrages mit Sowjetrussland in Rapallo beteiligt, um Deutschland außenpolitisch mehr Handlungsfreiheit zu verschaffen.

Rechtsradikale Gruppen warfen Rathenau vor, dass er sich an der »Erfüllungspolitik« gegenüber den Siegermächten beteiligte. Von dem tödlichen Hass, mit dem er deshalb verfolgt wurde, wusste er lange vor dem 24. Juni 1922. An diesem Tag machten Offiziere der »Organisation Consul (O.C.)« ihre Drohungen wahr und ermordeten ihn mit fünf Schüssen und einer Handgranate aus nächster Nähe, als er zum Außenministerium unterwegs war.

Für die Familien Rathenau und Liebermann war dieses Attentat ein tiefer Schock. Bisher hatten sie geglaubt, »dass ihre Leistungen, ihre Häuser, ihre Bankkonten sie schützen würden. Nun ahnten sie, dass sie die Fremden geblieben waren in den Augen der anderen, dass ihre Herkunft ihnen anhing und der Hass jederzeit hervorbrechen konnte, plötzlich, tödlich«, schreibt Regina Scheer.

Das sollte wahr werden, als neun Jahre später die Nationalsozialisten an die Macht kamen. Der Maler Max Liebermann und seine Frau Martha erlebten in ihrem Haus am Brandenburger Tor den Reichstagsbrand aus nächster Nähe, die Fackelzüge der Nazis, den Anfang vom Ende. Der Ausspruch des alten Malers, dass er »gar nicht so viel essen könne, wie er kotzen möchte«, stammt aus diesen Tagen.

Zwei Jahre später, am 8. Februar 1935, starb Max Liebermann. Seine Beerdigung auf dem Jüdischen Friedhof in der Schönhauser Allee wurde noch einmal eine kleine Demonstration des Mutes der Familien Liebermann und Rathenau. Ein halbes Jahr später wurden die Nürnberger Rassengesetze verabschiedet. Einige aus der großen Liebermann-Familie konnten ins Ausland fliehen, manche wurden aber auch dort von den Nazis eingeholt und in die Vernichtungslager gebracht. Ihr Eigentum war ihnen längst genommen, alle Rechte, die Freiheit, am Ende stand der Tod. Auch Martha Liebermann sollte 1943 nach Theresienstadt deportiert werden. Die 86-Jährige nahm sich vorher das Leben.

Ruhrkampf

Mit wachsendem Misstrauen beobachtete der französische Ministerpräsident Poincaré die Bemühungen der Deutschen, unter Hinweis auf ihre zerrütteten Währungsverhältnisse Erleichterungen und Aufschübe bei der Erfüllung der Reparationsverpflichtungen zu erreichen. Als die Reparationskommission Ende 1922 einen Rückstand bei Telegrafenmasten und Kohlelieferungen meldete, ließ Poincaré am 9. Januar 1923 das Ruhrgebiet besetzen. Die französischen und belgischen Truppen sollten die Arbeit der gleichzeitig entsandten Kontrollkommission absichern.

In Deutschland erhob sich ein Sturm der Entrüstung, der plötzlich alle Parteien- und Klassengegensätze in den Hintergrund treten ließ. Die Reichsregierung unter Wilhelm Cuno protestierte gegen die Besetzung und stellte umgehend alle Reparationsleistungen an Frankreich und Belgien ein. Die Bevölkerung des besetzten Gebietes wurde von der Regierung zum passiven Widerstand aufgefordert, wobei sie versprach, die wirtschaftlichen Folgen dieses »amtlichen Generalstreiks« zu übernehmen. Den deutschen Beamten wurde die Ausführung von Anordnungen der Besatzungsmächte untersagt und den Eisenbahnern verboten, Kohle für Frankreich zu transportieren.

Reichskanzler Cuno erklärte dazu der Presse: »Unsere Bereitschaft zur freiwilligen Leistung des Möglichen haben wir durch die Tat bewiesen. Das deutsche Volk wird aber, wenn es sein muss, ebenso entschlossen den Weg des Leidens gehen. Unter Druck und Drohungen werden wir nicht handeln. Wir können der Gewalt nicht mit Gewalt entgegentreten. Was wir aber in voller Entschlossenheit und voller Übereinstimmung mit dem deutschen Volke tun können, das ist, die wirtschaftliche Unvernunft und Rechtlosigkeit des französischen Vorhabens der Welt in ihrem wahren Lichte zu zeigen. Gewalt bleibt Gewalt!«

Die Besatzungstruppen reagierten auf diesen Widerstand mit der Beschlagnahme von Betrieben sowie mit Verhaftungen der Streikenden bzw. deren Ausweisung ins nicht besetzte deutsche Gebiet. Doch für Frankreich zahlte sich die Ruhrbesetzung letztendlich nicht aus. Poincaré wurde von Großbritannien und den USA heftig kritisiert, weil er mit seiner Politik die Leistungs- und Zahlungsfähigkeit Deutschlands endgültig ruinierte.

Für den deutschen Fiskus war der Ruhrkampf eine ungeheure finanzielle Zusatzbelastung in Höhe von etwa 40 Millionen Mark täglich. Diese Summe wurde benötigt, um die Streikenden zu unterstützen und die fehlenden Einnahmen der Gebietskörperschaften auszugleichen. Diese Zahlungen, die mithilfe der Notenpresse erfolgten, gaben der durch die Kriegsfinanzierung ohnehin angeschlagenen Währung den Rest. Der Außenwert der Mark sank ebenso ins Bodenlose wie die Binnenkaufkraft des Geldes.

Gleichzeitig machten sich bürgerkriegsähnliche Zustände breit. Wilde Streiks und Hungerkrawalle waren in vielen Städten bis in den Herbst des Jahres an der Tagesordnung. Französische Soldaten wurden erschossen. Außerdem ermutigte die aufgeputschte Stimmung rechts- und linksextreme Gruppierungen zu politischen Aufständen (Hitlers Putsch im Bürgerbräukeller, Hamburger Aufstand der KPD 1923).

Führende Leute aus Wirtschaft und Politik forderten deshalb von der Reichsregierung die Beendigung des Ruhrkampfes, weil er die Leistungsfähigkeit des Reiches deutlich überforderte. Da Reichskanzler Cuno jedoch auf seiner Position beharrte, übernahm Gustav Stresemann, Vorsitzender der Deutschen Volkspartei, am 13. August 1923 das Amt des

Reichskanzlers und bildete eine »Große Koalition« aus SPD, Zentrum, DDP und DVP. Die erste Amtshandlung der neuen Regierung bestand darin, den Widerstand im Ruhrgebiet zum 26. September 1923 zu beenden. Gleichzeitig wurde per Notverordnung der Ausnahmezustand angeordnet.

Galoppierende Inflation

In Zeiten des Goldstandards, bei dem die Staatsbank verpflichtet war, Banknoten zu einem festen Kurs in Gold zu tauschen, hatte es das Phänomen einer Inflation, die durch ein Übermaß an Geldschöpfung entstand, nicht gegeben. Soweit Preissteigerungen stattfanden, waren diese durch Knappheiten beim Güterangebot bedingt. Das Wesen und die Gefährlichkeit eines Inflationsprozesses durch übermäßige Geldschöpfung waren deshalb vor dem Ersten Weltkrieg kaum bekannt und auch kein Thema, mit dem sich die Ökonomen ernsthaft beschäftigten.

Das änderte sich grundlegend im 20. Jahrhundert mit der Aufhebung der Golddeckung im August 1914, wodurch die Reichsbank den Spielraum bekam, die staatlichen Kriegsausgaben zu kreditieren. Schon dadurch kam ein erhebliches Kaufkraftvolumen zusätzlich in den Wirtschaftskreislauf, das jedoch durch die Kriegsanleihen wieder abgeschöpft wurde, sodass es nicht inflatorisch wirken konnte.

Auch nach dem Krieg war die Reichsregierung darauf angewiesen, dass die Reichsbank ihr im Wege der Geldschöpfung Mittel zur Verfügung stellte, um die laufenden Haushaltsdefizite zu finanzieren. Der dadurch entstehende Nachfrageüberhang konnte jedoch anfangs durch ein erhöhtes Güterangebot der Wirtschaft abgedeckt werden, weil der Anpassungsschock der Kriegsindustrie rasch überwunden war und die Wiedereingliederung der Soldaten in den Arbeitsprozess relativ problemlos gelang. Die Wirtschaft erlebte sogar eine Sonderkonjunktur, weil der Außenwert der Mark schneller sank als ihr Binnenwert. Das regte nicht nur die Exporte an, sondern gab Ausländern auch die Chance, in Deutschland günstig zu investieren.

Mit dem Kapp-Putsch vom März 1920 endete diese relativ ruhige Zwischenphase, in der die Festsetzung der endgültigen Reparationssumme noch offen war. Als die Reparationskommission dann aber mit dem Londoner Ultimatum vom Mai 1921 die Reparationssumme auf 130 Milliarden Goldmark festsetzte, brach ein Sturm der Entrüstung aus. Obgleich die Wirth-Regierung sich zur »Erfüllung« dieser Leistung bekannte, waren sich alle darüber im Klaren, dass das nicht möglich sein würde. Schon dadurch ging Vertrauen in die Stabilität der deutschen Währung verloren.

Als die Reichsregierung dann im Rahmen der Ruhrbesetzung den Generalstreik anordnete und die dadurch entstehenden Kosten mithilfe der Notenpresse finanzierte, begannen die Preise zu galoppieren. Dem rasant wachsenden Banknotenumlauf stand ein schrumpfendes Güter- bzw. Dienstleistungsangebot gegenüber, sodass die Mark ständig an Wert verlor, die Umlaufgeschwindigkeit des Geldes zunahm und sich die Preise immer schneller in schließlich astronomische Höhen schraubten. Was das zum Beispiel für den Zeitungsleser bedeutete, zeigt die Entwicklung des Preises für eine Tageszeitung: »Anfang 1922 kostete eine Tagezeitung 40 Pfennig, ein Jahr später schon 30 Mark, am 1. Juli 1923 dann 700 Mark, am 1. September schon 150 000 Mark, am 1. Oktober dann 10 Millionen Mark und am 22. November 1923 schließlich 100 Milliarden Mark.«

Solche Preissteigerungen gab es bei nahezu allen Wirtschaftsgütern. Am 13. September 1923 kostete zum Beispiel ein Ei in Frankfurt eine Million Mark. Ein Leser der *Frankfurter Zeitung* kommentierte das mit Galgenhumor: »Es ist zu befürchten, dass die Hühner jetzt den Größenwahn bekommen, wenn sie erfahren, dass die Eier, die sie legen, mit 1,2 Millionen Mark für das Stück bezahlt werden.« Damals konnte der Leser freilich noch nicht ahnen, dass das noch nicht das Ende der Preisentwicklung war.

In den Städten fehlten schon bald die Grundnahrungsmittel, vor allem Kartoffeln. Die Bauern verkauften ihre Produkte nur noch ungern, zumindest nicht gegen Papiergeld. Feld- und Gartendiebstähle waren an der Tagesordnung. Die Stadtverwaltungen taten, was sie konnten: Sie gaben Notgeld und Lebensmittelkarten aus, sie subventionierten das sogenannte Stadt-Brot und besorgten Kartoffel-Großhändlern Kredite, damit diese von den Bauern Kartoffeln kaufen konnten. Doch die Hilfen reichten vorn und hinten nicht aus, weil täglich alles teurer wurde.

Größere Firmen gingen angesichts der rasenden Geldentwertung dazu über, die Banknoten für die täglichen Gehaltszahlungen jeden Morgen in großen Wäschekörben von der Bank zu holen, denn mittags war das Geld schon deutlich weniger wert. Neben dem Verlust des Binnenwerts der Währung verfiel auch der Außenwert der Reichsmark, wie sich an der Entwicklung der Dollarnotierungen zeigte: Im Juli 1914 kostete der Dollar 4,2 Mark, im Juli 1919 dann 14 Mark, im Juli 1921 schon 76,7 Mark, im Juli 1923 bereits 353 412 Mark und am 15. November schließlich 4,2 Billionen Mark.

Die Menschen erlebten zum ersten Mal und hautnah, was der Verlust des Vertrauens in die Währung konkret bedeutete. Die Mark als Währung hatte in knapp zwei Jahren ihre Funktion als Tausch- und Wertaufbewahrungsmittel sowie als Recheneinheit vollständig verloren. Teilweise kehrte man deshalb zum Tauschhandel zurück.

Zu den Opfern der Inflation zählten namentlich jene bürgerlichen Kreise, die von festen, nicht laufend an die Inflation angepassten Gehältern leben mussten, ihr Erspartes entwertet sahen und die Wertgegenstände, die sie noch besaßen, auf den grauen Märkten verramschen mussten. Dazu gehörten auch die Inhaber von Kriegsanleihen, die solche Papiere aus patriotischer Gesinnung erworben hatten und nun durch die Inflation ihr Vermögen verloren. Verbunden damit war ein erheblicher Vertrauensverlust in den Staat. »Nichts hat das deutsche Volk – dies muss immer wieder ins Gedächtnis gerufen werden – so erbittert, so hasswütig, so hitlerreif gemacht wie die Inflation«, schrieb Stefan Zweig in seinen Erinnerungen.

Zu den Gewinnern dieser galoppierenden Inflation gehörte der Staat, der sich dadurch von einem wesentlichen Teil seiner Kriegsschulden befreite. Auch Besitzer von Sachwerten und Unternehmen profitierten von der Inflation, weil deren Preise stiegen und die zur Finanzierung aufgenommenen Schulden an Wert verloren. Der Ruhr-Industrielle Hugo Stinnes wurde hierfür sprichwörtlich. Schließlich rief die Inflation auch Spekulanten und Schieber auf den Plan, welche die unterschiedliche Wertentwicklung von Sach- und Nominalwerten sowie Devisen nutzten, um schnelle Gewinne zu machen.

Die deutschen Ökonomen standen dem Ausbruch der galoppierenden Inflation hilflos gegenüber. Sie glaubten, wie auch der damalige Präsident der Reichsbank Rudolf Havenstein, die Ursache für die rasanten Preissteigerungen liege nicht in der Geldschöpfung der Reichsbank, sondern im deutschen Außenhandelsdefizit. »Das führe dazu, dass die Mark am Devisenmarkt verfalle, was wiederum die Importpreise erhöhe und damit das gesamte Preisniveau anhebe. Als Folge davon müsse die Reichsbank immer mehr Geld drucken – man sah das Gelddrucken also als Folge der Inflation, nicht als Ursache« (Frank Stocker in der *FAZ* 30.08.2022).

Diese Erklärung war vor allem bei Unternehmern populär, weil sich daraus ableiten ließ, dass die Arbeitszeiten ohne Lohnausgleich verlängert werden mussten. Das würde die Produktivität erhöhen, deutsche Produkte billiger machen und so das Außenhandelsdefizit verringern.

Im Ausland wunderte man sich jedoch über die in Deutschland weitverbreitete Erklärung der Inflation. Der britische Botschafter Edward V. D'Abernon schrieb in seinen Erinnerungen: »Ich machte in Privatgesprächen mit führenden Persönlichkeiten immer wieder darauf aufmerksam, dass Havenstein eine öffentliche Gefahr sei, und dass er in jedem Staat, der vernünftige Ansichten über die Währung hätte, dem Henker ausgeliefert werden würde.« Es brauchte den völligen Zerfall der Währung, bis sich auch in Deutschland die Erkenntnis durchsetzte, dass die Hyperinflation doch etwas mit dem Gelddrucken zu tun hatte.

Rentenmark

Nach dem Ende des Ruhrwiderstandes gelang es der Großen Koalition unter Reichskanzler Stresemann im November 1923, mit der Errichtung der Deutschen Rentenbank und der Ausgabe von Rentenbanknoten eine neue Währung einzuführen. Bis zum November 1924 zirkulierten diese Noten neben der Papier-Mark, deren Kurs zu 1 Billion Papier-Mark = 1 Goldmark festgelegt wurde.

Die Rentenmark war eine provisorische Zwischenwährung, die von der Deutschen Rentenbank herausgegeben wurde. Da das Reich keine Goldbestände besaß, wurde der Immobilienbesitz von Landwirtschaft, Industrie und Gewerbe zwangsweise zugunsten der Deutschen Rentenbank mit Hypotheken und Grundschulden belastet. Unter der Hyperinflation hatten diese Sachwerte nicht gelitten. Die Gesamtsumme der Hypotheken und Grundschulden belief sich auf über 3,2 Milliarden Mark in Gold (»Goldmark«), wovon die Rentenbank als Höchstbetrag 2,4 Milliarden Rentenmark in Noten ausgeben durfte, die eine Hälfte als Darlehen an die Reichsregierung, die andere Hälfte als Kredit an die Wirtschaft.

Die Rentenmark wurde nicht anstelle der alten Mark in Umlauf gesetzt, sondern war ein zusätzliches Zahlungsmittel, das als Übergangswährung dienen sollte. Im Gegensatz zur inflationierten Reichsmark wurde ihr in der Bevölkerung großes Vertrauen entgegengebracht. Sie stoppte die Inflation und man sprach vom »Wunder der Rentenmark«.

Die wichtigste Eigenschaft der Rentenmark war nicht die Tatsache, dass sie (auf eher theoretische Weise) an Grund und Boden gekoppelt war, sondern dass ihr Gesamtvolumen strikt begrenzt war: Rentenmarkscheine wurden im Wert von 2,4 Milliarden Reichsmark (damals 600 Millionen Dollar) ausgegeben. Außerdem profitierte die Rentenmark entscheidend von der Tatsache, dass die Regierung zu einer restriktiven Geld- und Haushaltspolitik überging und die Reichsbank von der Reichsregierung unabhängig wurde. Die Zeit des Gelddruckens war damit vorbei. Trotz politischen Drucks weigerte sich Reichsbankpräsident Hjalmar Schacht konsequent, die Menge nachträglich zu erhöhen. Sein Ziel war, Geld in Deutschland wieder knapp und somit wertvoll zu machen. Und tatsächlich erwies sich die Rentenmark als erstaunlich stabil.

Das Ende der Inflation war aber kein Aufbruch in eine neue Zeit, sondern erzwang eine nüchterne Auseinandersetzung mit den großen Problemen der Nachkriegswirtschaft, die durch die Inflation nur verschleiert worden waren. So stieg die Arbeitslosigkeit, da es wieder reale Lohnkosten gab. Offenkundig wurde auch, dass ein Großteil der Bevölkerung infolge der Inflation verarmt war. Der Staat war zwar seine Schulden aus der Kriegszeit los, an die Stelle der Inlandsverschuldung traten aber die Reparationslasten. Außerdem belasteten umfangreiche Konjunkturprogramme zur Beseitigung der Arbeitslosigkeit und die Erhöhung der Beamtenbezüge den Staatshaushalt, der ab 1926 chronisch defizitär war (Werner Plumpe in *FAS* 01.01.2023).

In der Wirtschaft folgte dem Währungsschnitt eine Stabilisierungsphase, in der unrentable Unternehmen, die in der Inflationszeit gegründet worden waren, Konkurs anmeldeten oder liquidiert wurden. Gleichzeitig nahm die Konzentration der Wirtschaft durch spektakuläre Zusammenschlüsse von Unternehmen weiter zu, die mit der Notwendigkeit von »Rationalisierungen« begründet wurden. Die bekanntesten Beispiele sind die Gründung der IG-Farben und der Vereinigten Stahlwerke AG mit jeweils 200 000 Beschäftigten.

Ein wichtiger Schritt auf dem Weg zur Erholung der Staatsfinanzen war der Dawes-Plan vom August 1924, der durch amerikanischen Druck und Gustav Stresemann möglich gemacht wurde. Der Plan sah vor, dass die jährlichen Reparationszahlungen an die Wirtschaftskraft der Weimarer Republik angepasst werden sollten. Der übergeordnete Zweck dieses Planes bestand darin, aus einem außenpolitischen Problem ein wirtschaftliches zu machen, damit die deutsche Wirtschaft wieder eine Perspektive bekam und sich erholen konnte. Zugleich wurde eine internationale Anleihe aufgelegt, auf deren Deckung Kredite an die deutsche Wirtschaft vergeben werden konnten.

Auf dieser Grundlage fasste die deutsche Wirtschaft wieder Schritt. Zudem floss aus dem Ausland Kapital ins Land, mit dem umfangreiche Investitionen finanziert wurden, die wiederum die Konjunktur anheizten. Deutschland erlebte wirtschaftlich und kulturell die »Goldenen Zwanziger«. Nicht nur in Berlin pulsierte das Leben, sondern zwischen 1924 und 1929 steigerte sich das Nettosozialprodukt um insgesamt 25 Prozent. Schon 1928 wurde das Produktionsniveau der Vorkriegszeit überschritten (Dirk Hempel/Friederike Weimar).

Dieser Aufschwung war allerdings weitgehend fremdfinanziert. Die in dieser Zeit getätigten Nettoinvestitionen der deutschen Wirtschaft in Höhe von 45 Milliarden Reichsmark wurden fast zur Hälfte mit Geld finanziert, das sich die Unternehmen bzw. Banken im Ausland, großenteils in den USA, geliehen hatten. Davon profitierte unter anderem die Autoindustrie: Ford gründete neue Werke in Berlin und Köln; General Motors kaufte 1929 die Adam Opel AG in Rüsselsheim.

Auch die Reparationsfrage hing eng mit den Finanzbeziehungen zwischen Deutschland und den USA zusammen. Mit dem Dawes-Plan wurden die Zahlungsraten auf 1 Million Goldmark herabgesetzt und sollten bis 1929 stetig auf 2,5 Millionen steigen. Aus eigener Kraft konnte Deutschland diese Zahlungen nicht leisten, weil die deutsche Handelsbilanz negativ war. Dennoch war Deutschland zwischen 1924 und 1928 in der Lage, die Reparationen zu leisten. Grund hierfür waren die ausländischen Kapitalimporte, vor allem aus den USA, mit denen die Reparationen finanziert wurden.

Was in den USA geschah, konnte Deutschland deshalb nicht unberührt lassen, wie sich dann in der Weltwirtschaftskrise zeigen sollte.

Weltwirtschaftskrise

Der konjunkturelle Aufschwung, den Deutschland seit den 1924er-Jahren erlebte hatte, erreichte seinen Höhepunkt im Jahre 1928 und endete am 25. Oktober 1929 jäh mit dem »Schwarzen Freitag« an der New Yorker Börse. Damit begann die Weltwirtschaftskrise, die der Historiker

Hans-Ulrich Wehler als »Höllenfahrt in den Abgrund einer beispiellosen Depression« beschrieben hat.

Dem Börsencrash in den USA war ein tief greifender Wandel in der amerikanischen Industrie vorausgegangen. Die Aktienkurse von Unternehmen, die massenweise langlebige Konsumgüter wie Kühlschränke, Radioempfänger oder Staubsauger herstellten und dadurch das tägliche Leben erleichterten, waren stetig gestiegen. Außerdem begeisterten bahnbrechende Technologien wie das Automobil, die Luftfahrt oder der Rundfunk die Anleger. Die Aktie der »Radio Corporation of America« zum Beispiel konnte ihren Wert zwischen 1924 bis 1929 verzehnfachen. Immer mehr Anleger spekulierten deshalb an der Börse, nicht selten kauften sie Aktien auf Pump.

Unterschätzt wurden dabei nicht nur die mit solchen Aktienengagements verbundenen Risiken, sondern auch der Umstand, dass die amerikanische Industrie mit dem steigenden Anteil langlebiger Konsumgüter am Gesamtkonsum anfälliger gegenüber zyklischen Schwankungen geworden war. Außerdem hatten die Arbeitsmärkte in den USA aufgrund gewachsener Gewerkschaftsmacht an Flexibilität eingebüßt, was bei rückläufiger Konjunktur zu wachsender Arbeitslosigkeit führen musste.

Vor diesem Hintergrund brauchte es nur einen geringen Anlass, um die Aktienkurse an der New Yorker Börse zum Absturz zu bringen. In nur sechs Tagen halbierte sich bei manchen Aktien das Kursniveau. Der Dow Jones stürzte von 381 Punkten im September 1929 auf 41 Punkte im Juli 1932 ab. Die Verluste waren gewaltig und trieben viele Menschen in den Selbstmord. Unzählige Banken schlossen ihre Schalter mit der Folge, dass die Geldmenge in den USA um ein Drittel schrumpfte. Die industrielle Produktion und die Einkommen der Farmer in den USA sanken auf die Hälfte. 1932 war jeder vierte Amerikaner arbeitslos.

Kein Land wurde von dieser Krise jedoch so erschüttert wie Deutschland. Der Grund war nicht der Absturz der Börsenkurse, sondern der dem Börsenkrach folgende Kollaps der internationalen Finanzbeziehungen, insbesondere zu den USA. Solange die amerikanischen Kapitalgeber bereit und in der Lage waren, ihre kurzfristigen Gelder zu verlängern, war das nicht problematisch. Ein Stocken der amerikanischen Kapitalzufuhr nach Deutschland oder der Rückruf von in Deutschland angelegtem Kapital musste das deutsche Bankensystem jedoch unweigerlich in Liquiditätsschwierigkeiten bringen (Richard Tilly).

Wie dramatisch der Geldfluss aus den USA beim Beginn der Krise versiegte, zeigte der Rückgang der Emissionen von US-Auslandsanleihen in Deutschland. Während die USA dem Deutschen Reich im Jahr 1928 über solche Anleihen noch Kredite im Wert von 277 Millionen Dollar gewährten, waren es im Krisenjahr 1929 gerade noch 29,5 Millionen Dollar. Da ein solcher Rückgang nicht nur bei Auslandsanleihen, sondern auch bei anderen Finanzierungsformen stattfand, stürzte das finanzielle Gebäude, auf dem die deutsche Wirtschaft ruhte, in sich zusammen.

Als Erste bekamen die deutsche Exportwirtschaft und die Bauindustrie zu spüren, dass es sich bei dem Aufschwung um eine fremdfinanzierte Scheinblüte gehandelt hatte. Die Exporte sanken von 12,3 Milliarden Reichsmark im Jahr 1928 auf 5,7 Milliarden 1932. Die Zahl der Beschäftigten in der Bauwirtschaft ging von rund 2 Millionen auf 775 000 zurück. Investoren stellten Bauprojekte zurück und Unternehmer kauften keine neuen Maschinen, weil die Banken ihnen keinen Kredit mehr gaben. »Allenthalben macht sich der Kapitalmangel in Betriebseinschränkungen und Zahlungsstockungen bemerkbar«, hieß es im Vorstandsbericht der Vereinigten Stahlwerke zum Geschäftsjahr 1929.

Zahlreiche Unternehmen bauten Personal ab. Die Arbeitslosenversicherung, die 1927 in einer vergleichsweise günstigen konjunkturellen Lage gegründet worden war, rutschte tief ins Defizit. Je mehr Menschen arbeitslos wurden, desto stärker schrumpfte die Nachfrage nach Waren und Dienstleistungen, worauf die Industrie ihre Produktion drosselte. Die deutsche Wirtschaft geriet in eine gefährliche Abwärtsspirale.

Es war nur eine Frage der Zeit, bis die Wirtschaftskrise auch die Banken in Deutschland erreichen würde. Als die Wiener Creditanstalt, die größte Geschäftsbank Österreichs, im Mai 1931 ein Defizit von 140 Millionen Schilling meldete, löste das einen allgemeinen Run in- und ausländischer Gläubiger auf deutsche Banken aus. Im Juli desselben Jahres kamen dann auch die Dresdner Bank und die Danatbank infolge des Zusammenbruchs des Nordwolle-Konzerns in Schwierigkeiten. Die Regierung Brüning zog daraufhin die Notbremse und ordnete zwei »Bankfeiertage« an, weil die anderen Großbanken in ähnlichen Liquiditätsschwierigkeiten waren. Als Ergebnis mussten viele Banken schließen, Unternehmen gingen in Konkurs und Millionen Arbeitnehmer wurden arbeitslos.

Die Wirtschaftskrise erfasste inzwischen nahezu alle Branchen und Sektoren. Die Nettoproduktion in der Industrie sank von 102,7 (1929) auf 52,7 (1932), in der Landwirtschaft von 100 (1929) auf 70 (1932). Besonders gravierend war die Entwicklung der Anlageinvestitionen. In jeweiligen Preisen gerechnet, gingen die Bruttoanlageinvestitionen von 12,8 Mrd. RM (1929) bis auf 4,2 Mrd. RM (1932) zurück. Das bedeutete, dass sich der Anlagebestand der deutschen Wirtschaft im Jahr 1932 im Umfang von 1,7 Mrd. RM verkleinert hatte.

Reichsregierung und Reichsbank retteten am laufenden Band Bankinstitute, indem sie sich daran mit frischem Geld beteiligten (Dresdner Bank 91 %; Commerzbank 70 %; Deutsche Bank 35 %). 43 größere Banken schlossen sich zu einer Haftungsgemeinschaft zusammen, um das Vertrauen der Kundschaft wiederherzustellen.

Die Einnahmen des Reiches, der Länder und Kommunen sanken von 20,1 Mrd. RM (1929/30) auf 13,8 Mrd. RM (1932/33). Dennoch schlossen die vier Haushaltsrechnungen, die in den Krisenzeitraum fielen, infolge rigoroser Ausgabenkürzungen mit relativ geringen Defiziten ab.

Die Beschäftigungsziffer ging von 17,9 Millionen (1929) auf 12,7 Millionen (1932) zurück. Zugleich stieg die Zahl der Arbeitslosen von 1,9 Millionen (1929) auf 5,6 Millionen (1932). Damit war jeder dritte deutsche Arbeitnehmer ohne Arbeitsplatz. Hinzu kam, dass viele von ihnen nur in Kurzarbeit weiter beschäftigt wurden. Das Realeinkommen sank um ein Drittel, Armut und Kriminalität nahmen sprunghaft zu. Massenverelendung kennzeichnete das Alltagsleben breiter Bevölkerungsschichten.

Brünings Krisenpolitik

Die Amtszeit von Heinrich Brüning (Zentrum) als Reichskanzler (vom 30. März 1930 bis 30. Mai 1932) fiel mit dem Höhepunkt der Wirtschaftskrise zusammen. Sein oberstes Ziel war aber nicht, den Niedergang der Wirtschaft zu bekämpfen; er wollte die Wirtschaftskrise vielmehr nutzen, um den Siegermächten zu beweisen, dass Deutschland an den Grenzen seiner wirtschaftlichen Möglichkeiten angekommen war, um die festgesetzten Reparationszahlungen zu leisten (Michael North).

Gleichzeitig wollte Brüning den Alliierten einerseits seinen guten Willen zeigen, dass Deutschland die Reparationen leisten wollte – was die französische Regierung bestritt –, und nachweisen, welche Reparationen geleistet werden konnten.

Hierzu hatte Brüning die Vorstellung, dass die deutsche Wirtschaft am Weltmarkt durch Lohn- und Preissenkungen wettbewerbsfähig gemacht werden müsste, um über höhere Exporte die nationale Handels- und Devisenbilanz zu verbessern.

Zu diesem Zweck betrieb Brüning ganz bewusst mit einer großen Zahl von Gesetzen und Verordnungen, die Reichspräsident Hindenburg nach Artikel 48 Abs. 2 der Reichsverfassung als »Notverordnungen« erließ, eine deflatorische Wirtschafts- und Finanzpolitik. Diese Politik, deren Intensität mit fortschreitender Wirtschaftsrezession zunahm, lässt sich in drei Kategorien zusammenfassen:

Zur ersten Kategorie gehörten die Maßnahmen, die auf Anpassung der innerdeutschen Preise an die Weltmarktpreise gerichtet waren. Anfangs bestanden sie nur in Appellen (»moral suasion«) an die Unternehmer, die Preise zu senken. Später wurden jedoch die gebundenen Preise für Markenartikel und für Güter kartellierter Branchen zwangsweise herabgesetzt. Gekoppelt war das mit der zwangsweisen Senkung der Zinssätze, der Tariflöhne sowie der Mieten.

Zur zweiten Kategorie zählten die Bemühungen, die öffentlichen Haushalte trotz sinkender Einnahmen im Gleichgewicht zu halten. Zu diesem Zweck wurden Gehälter, Pensionen, Diäten und Sozialleistungen gekürzt. Außerdem wurden Steuern zum Teil mehrfach erhöht und neue Steuern geschaffen.

Zur dritten Kategorie rechneten Maßnahmen zum Schutz des Agrarbereichs. Hierher gehörten Zollerhöhungen für landwirtschaftliche Produkte und Fördermaßnahmen für die Landwirtschaft.

Es steht außer Zweifel, dass die Maßnahmen der ersten und zweiten Kategorie »depressionsverschärfend« und damit prozyklisch wirkten. Die mit diesen Maßnahmen verbundenen Einkommensminderungen, gekoppelt mit der Erwartung von Preissenkungen, führten zu einer Drosselung der privaten Konsum- und Investitionsausgaben und damit zu einer Verschärfung der Rezession und höherer Arbeitslosigkeit (Tilly).

Ebenso problematisch war die Annahme, mit einer »inneren Abwertung«, also durch Absenkung der Löhne, Kosten und Preise, die internationale Wettbewerbsfähigkeit der deutschen Wirtschaft verbessern zu können, um auf diese Weise die Exporte zu steigern. Die USA und viele andere Staaten hatten schon vor der Weltwirtschaftskrise auf Industrieprodukte hohe Einfuhrzölle festgesetzt. Demzufolge sank das Welthandelsvolumen von 1929 bis zum Tiefpunkt der Rezession 1932 um 25 Prozent, was auch Deutschland zu spüren bekam. Die deutschen Warenexporte gingen in diesem Zeitraum von 13,5 auf 5,7 Milliarden Reichsmark zurück.

Mit den Reichstagswahlen im September 1930, bei denen die NSDAP zweitstärkste Partei wurde und mit 107 Abgeordneten in den Reichstag einzog, rückten die Reparationen immer stärker in das Zentrum der politischen Auseinandersetzung. Die sog. Erfüllungspolitik diente den Gegnern von rechts und links für eine beispiellose Agitation gegen die Weimarer Republik. Nach dem 1929 verabschiedeten Young-Plan waren damals immer noch 112 Milliarden Mark offen.

So setzte Brüning alles auf die Karte einer außenpolitischen Lösung der Reparationsfrage und nutzte die Weltwirtschaftskrise, um dieses verhängnisvolle Erbe des Krieges endlich loszuwerden. Sein Kalkül schien sogar aufzugehen: Deutschland steckte so tief im Abgrund, dass auch bei den Alliierten die Einsicht wuchs, dass von diesem Land kein Geld mehr zu erwarten war. Gleichzeitig hatte Brüning jedoch an seiner grundsätzlichen Erfüllungsbereitschaft keinen Zweifel aufkommen lassen. Konjunkturelle Maßnahmen zur Kreditausweitung und zur Arbeitsbeschaffung wollte er erst ergreifen, wenn der Tiefpunkt der Wirtschaftskrise durchschritten war. Doch eine Intrige im Umfeld des Reichspräsidenten führte am 30. Mai 1932 zum Sturz Brünings. Brüning befand sich nach eigener Erklärung bei seinem Sturz »100 Meter vor dem Ziel«.

Auf der am 16. Juni 1932 beginnenden Konferenz von Lausanne signalisierten Frankreich, Großbritannien und die USA ihre Bereitschaft zu einer Neuregelung der Reparationen, um sie den veränderten Wirtschaftsverhältnissen anzupassen. Die Konferenz führte zu einer fast vollständigen Aufhebung des Young-Plans und zum Ende der deutschen Reparationsverpflichtungen. Franz von Papen, der neue Reichskanzler nach dem Sturz von Brüning, verpflichtete sich lediglich zu einer Abschlusszahlung von 3 Milliarden Reichsmark, die aber nie geleistet wurde.

Damit hatte Deutschland dank der Vorarbeit Brünings ein wichtiges Ziel erreicht, wenngleich es ihm selbst nicht vergönnte war, dieses Ergebnis noch als amtierender Kanzler zu verkünden.

Herrschende Wirtschaftsdoktrin

Brünings Deflationspolitik entsprach durchaus den damals herrschenden Wirtschaftstheorien.

Nach klassischer Theorie waren Wirtschaftskrisen unvermeidbar, weil der Wechsel von Aufschwung und Abschwung dem natürlichen

Entwicklungsgesetz der Marktwirtschaft entsprach. Krisen dienten dazu, die notwendige Selbstreinigung der Wirtschaft von ungesunden Übersteigerungen zu ermöglichen. Daher hielt man es nicht für zweckmäßig, Krisen in ihren Wirkungen zu mildern oder ihre Dauer abzukürzen; denn dies würde den Gesundungsprozess nur behindern.

Im Mittelpunkt dieser in langer liberaler Tradition gewachsenen Theorie stand die Vorstellung, dass die Marktwirtschaft aufgrund ihrer inneren Gesetzlichkeit von selbst zum Gleichgewicht zurückfindet und dieser Prozess durch Staatseingriffe nur gestört wird. Folglich kam es darauf an, solche Eingriffe auf das Notwendigste zu beschränken. Dem entsprach in der Fiskalpolitik das Gebot des ausgeglichenen Haushalts, um sicherzustellen, dass der Fiskus der Wirtschaft genau das zurückgab, was er ihr über Steuern entzogen hatte. Ausgabenkürzungen waren deshalb die natürliche Reaktion auf Einnahmenrückgänge, die sich bei Wirtschaftskrisen zwangsläufig einstellen.

Außerdem glaubten die Regierungen, in der Krise ließe sich wie in Zeiten des Merkantilismus mit höheren Einfuhrzöllen und exportfördernden Abwertungen die Handelsbilanz aufbessern. So trieben die USA im Frühjahr 1930 die Einfuhrzölle auf sämtliche Industrieprodukte nach oben und animierten dadurch viele andere Staaten, es den USA gleichzutun. Infolgedessen brach der Welthandel zusammen, wodurch die Wirtschaftskrise weiter verschärft wurde. Auch die Notenbanken verschärften die Krise, indem sie das Geld verteuerten, anstatt die Geldhähne aufzudrehen, um keine Liquiditätsklemme entstehen zu lassen. Die Deutsche Reichsbank erhöhte mitten in der Krise den Diskontsatz auf 16 Prozent. Damit hoffte sie vergeblich, den Abfluss von Devisen zu stoppen, um Reparationen bezahlen zu können. Tatsächlich beschleunigte sie dadurch aber nur die konjunkturelle Talfahrt.

Es gab damals nur wenige Ökonomen, die sich um eine neue Sicht der Dinge bemühten und erkannten, dass sich Konjunkturen aus Schwankungen der volkswirtschaftlichen Gesamtnachfrage nach Gütern und Dienstleistungen ergeben und Depressionen demnach auf einer zu geringen Gesamtnachfrage beruhen. Folglich musste man, sollte der Abschwung gestoppt werden, die Gesamtnachfrage erhöhen.

So empfahl der Ökonom John Maynard Keynes der britischen Regierung schon im Jahr 1929, sie solle sich bei den Banken pro Jahr 100 Millionen Pfund leihen und mit diesem Geld Jobs für Arbeitslose schaffen. Weshalb, so argumentierte er, sollte der Staat nicht Aufträge vergeben können, wenn die Unternehmen aufgrund ungünstiger Gewinnerwartungen nicht investierten. Den aufgenommenen Kredit könnte die Regierung immer zurückzahlen, weil in der nachfolgenden Konjunkturerholung auch die Steuereinnahmen steigen würden.

Keynes profilierte sich mit diesem Vorschlag erneut als Außenseiter. Denn realistischerweise konnte man eine »aktive Konjunkturpolitik« nur von einer Ausweitung der Staatsausgaben erwarten, die in der Krise nicht den Haushaltsausgleich, sondern ein Haushaltsdefizit zur Folge hatte, welches die Notenbank finanzieren musste.

Bei einer von der klassischen Theorie dominierten Wirtschaftspolitik stießen solche Vorschläge fast auf einhellige Ablehnung. Die Kritik richtete sich dabei auf den entscheidenden Gedanken: die Finanzierung eines Budgetdefizits durch staatliche Kredite. Angesichts der gigantischen Inflation der 20er-Jahre, die durch Budgetdefizite entstanden war, hatten die Vertreter solcher Vorschläge (siehe Keynes!) deshalb einen schweren Stand.

Dass eine aktive Konjunkturpolitik Inflation bedeuten würde, war auch die Überzeugung des Reichskanzlers Brüning, der dazu am 5. 11. 1931 vor dem Reichsausschuss des Zentrums sagte: »*Ich werde mich bis zum letzten dagegen wehren, irgendeine inflatorische Maßnahme irgendeiner Art zu treffen, und zwar nicht nur aus Gerechtigkeit, nicht nur zum Schutz der Schwachen, sondern weil ich der Ansicht bin, dass die ehrliche Bilanz in der deutschen Wirtschaft trotz aller Bitternisse wieder hergestellt werden muss und dass jeder Versuch und jedes Verlangen nach inflatorischen Maßnahmen letzten Endes nur den Zweck haben kann, diesen Prozess der klaren Bilanz der gesamten deutschen Wirtschaft zuschanden zu machen und wieder einen Schleier über die Fehler der Vergangenheit zu ziehen.*«

Ordnungspolitiker

Mit der Weimarer Verfassung wurde die liberale Wirtschaftsordnung der Vorkriegszeit in entscheidenden Punkten geändert. Ordnungspolitiker wie Walter Eucken und Wilhelm Röpke machten früh auf diesen Verfassungswechsel aufmerksam. Sie kritisierten, dass mit der neuen Verfassung die ordnungspolitisch gebotene Trennung von Staat und Wirtschaft aufgehoben worden sei und Interessengruppen dadurch die Möglichkeit gegeben wurde, die Politik in ihrem Sinn zu beeinflussen. Die Kritik betraf Unternehmen und Gewerkschaften gleichermaßen.

Die Kritik erledigte sich nicht dadurch, dass die ordoliberalen Forderungen später um eine »sozialpolitische Komponente« erweitert wurden. Der entscheidende Punkt für Eucken und Röpke war, dass mit der Weimarer Verfassung die strikte Trennung von Staat und Markt, die für eine liberale Wirtschaftsordnung als konstituierend angesehen wurde, zugunsten eines staatlichen Interventionismus aufgegeben wurde, dessen Ausmaß unbestimmt blieb und deshalb Unsicherheiten schuf.

Zu den ordnungspolitischen Schwachstellen der Weimarer Republik gehörte nach Auffassung von Eucken und Röpke auch die hohe Konzentration in der Wirtschaft. Monopole und Kartelle wurden zum Schaden der Volkswirtschaft wie in der Vorkriegszeit toleriert und, soweit dies möglich war, außenwirtschaftlich geschützt. Ein solcher Staat »hemmt nicht nur die Wirtschaftsinitiative, sondern er macht vor allem den bisherigen Regulator der Volkswirtschaft, das Preissystem, funktionsunfähig«, kritisierte Eucken. Zu ergänzen wäre, dass mit dem Konzentrationsgrad der Wirtschaft auch die Gefahr einer interessengeleiteten Wirtschaftspolitik wuchs.

Gerhard Wegner fasste seine Kritik an der Wirtschaftspolitik in der Weimarer Zeit folgendermaßen zusammen: »*Ungewissheit wurde zum Signum der Epoche. Politische Rationalität band die politischen Akteure sowohl binnen- als auch außenwirtschaftlich an kurzfristige Interessen. Stabilität, Verlässlichkeit und Kontinuität gingen verloren; ›hastiges Vorteilsstreben‹ (Röpke) und ›nervöse Unrast‹ (Eucken) bestimmten das Handeln der politischen Akteure. Am Ende trugen wirtschaftspolitische Regellosigkeit und Wirtschaftsnationalismus dazu bei, Marktwirtschaft und Demokratie gleichermaßen zu untergraben.*«

In diesem Sinn deuteten Eucken und Röpke auch die Wirtschaftskrisen in der Weimarer Zeit nicht als Konjunkturkrisen, sondern als generelle Krise der Wirtschaftsordnung, die sie in einen engen Zusammenhang mit der Weimarer Verfassung stellten. Diesen Befund untermauerten sie damit, dass die 15 Weimarer Jahre anders als die letzten 15 Jahre der Kaiserzeit nicht zu einem wirtschaftlichen Aufschwung führten. Im Gegenteil: Die Weimarer Republik war durch eine hohe Anzahl schwerer Wirtschaftskrisen (Staatsverschuldung, galoppierende Inflation, Weltwirtschaftskrise, Arbeitslosigkeit) geprägt. Das Bruttoinlandsprodukt des Vorkriegsjahres 1913 wurde in keinem dieser Jahre erreicht, nicht einmal in der Stabilisierungsphase nach 1923.

Kapitel 7

Nationalsozialismus

Machtergreifung

Bei den Reichstagswahlen Ende 1928 erhielten die Nationalsozialisten nur 12 Sitze; bei den Wahlen im September 1930 während der Wirtschaftskrise waren es bereits 107 Sitze; und bei den Wahlen im Juli 1932 wurden die Nationalsozialisten mit 230 Mandaten stärkste Partei im Reichstag. Große Teile der Bevölkerung hatten das Vertrauen in die »Weimarer Republik« verloren und hofften auf einen politischen und wirtschaftlichen Neuanfang. Am 30. Januar 1933 ernannte Reichspräsident Paul von Hindenburg Adolf Hitler zum Kanzler des Deutschen Reiches.

Den Nationalsozialisten gelang es, in kurzer Zeit einen kaum für möglich gehaltenen politischen, gesellschaftlichen und wirtschaftlichen Systemwechsel herbeizuführen, »der alle Elemente einer Revolution in sich trug« und von vielen Zeitgenossen in- und außerhalb Deutschlands »als tief greifender Einschnitt, als Epochenbruch empfunden wurde« (Ulrich Herbert).

Die von den Nationalsozialisten ausgeübte Gewalt spielte bei der »Machtergreifung« von Beginn an eine entscheidende Rolle: Ende Februar 1933 wurde die SA, die Sturmtruppe in den braunen Hemden, auf Anweisung Görings als »Hilfspolizei« eingestellt. Gleichzeitig wurde die sogenannte Schutzhaft eingeführt. Von da an herrschte auf Deutschlands Straßen der Terror: Gewalttätige Übergriffe waren an der Tagesordnung. Gewerkschaftsbüros wurden gestürmt und in Brand gesetzt; Kommunisten wurden verhaftet und eingesperrt. »Jüdisch« aussehende Personen mussten damit rechnen, zusammengeschlagen zu werden. Jüdische Geschäfte wurden boykottiert oder überfallen.

Am 23. März 1933 legte Hitler dem Reichstag das »Ermächtigungsgesetz« vor, das der Regierung das Recht gab, Gesetze – auch verfassungsändernde Gesetze – ohne Beteiligung des Reichstages zu erlassen. Hitler gelang es, mit den Stimmen der bürgerlichen Parteien, insbesondere des

Zentrums, die erforderliche Zweidrittelmehrheit zu erhalten. Der mit dem Ermächtigungsgesetz verhängte Ausnahmezustand in Deutschland galt bis zum Zusammenbruch im Mai 1945.

Mit dem »Gesetz zur Wiederherstellung des Berufsbeamtentums« vom April 1933 erfolgte die »Gleichschaltung des öffentlichen Dienstes« durch die Entlassung von Gegnern des NS-Regimes. Davon betroffen waren auch alle Beamten und Angestellten jüdischen Glaubens. Das war der Anfang vom Ende der persönlichen Freiheit in Deutschland.

Gleichzeitig bauten die Nationalsozialisten mit Arbeitsbeschaffungsmaßnahmen (Straßen- und Wohnungsbau), der Ankurbelung der Konsumnachfrage (Ehedarlehen für Möbel und Hausrat), der Bevorzugung von Familienvätern bei der Arbeitssuche etc. ihre Popularität in großen Teilen der Bevölkerung weiter aus. Der 1. Mai wurde als »Tag der nationalen Arbeit« deklariert. Überall fanden staatlich organisierte Massenkundgebungen statt. Die Deutsche Arbeitsfront (DAF) wurde als Zwangsvereinigung der Arbeiter, Angestellten und Unternehmen gegründet und der NSDAP angeschlossen. Es folgten Kampagnen wie »Schönheit der Arbeit« und Freizeitprogramme der »NS-Gemeinschaft Kraft durch Freude«.

In der deutschen Wirtschaft fand der Systemwechsel in Form einer »geräuschlosen Gleichschaltung« statt. Die öffentlich-rechtlichen Wirtschaftskammern, die Wirtschaftsverbände und Zwangskartelle wurden mit Parteigängern oder Sympathisanten auf Linie gebracht. Im Übrigen konnten sich die Nationalsozialisten darauf verlassen, dass das von ihnen propagierte »Führerprinzip« sowie das Verbot von Gewerkschaften bei vielen Fabrikbesitzern und Direktoren auf Sympathien stieß.

Die deutsche Industrie stand in dieser Zeit mit dem Rücken zur Wand: Infolge der Weltwirtschaftskrise war die Nachfrage aus dem In- und Ausland zusammengebrochen, es fehlten Rohstoffe und Devisen. Und in vielen Unternehmen regierten die Treuhänder der kreditgebenden Banken. Selbst Konzerne wie die AEG und Krupp standen vor der Insolvenz. Ihre letzte Hoffnung war, dass die allgemeine Euphorie, die Hitlers Machtübernahme auslöste, in einen wirtschaftlichen Aufschwung münden würde. Sie unterstützten Hitler nicht wegen seiner kruden Ideen, sondern weil sie sich von dem Systemwechsel eine bessere Zukunft für ihre Unternehmen erhofften.

Hitlers Ideologie

Die Ideologie der Nationalsozialisten bestand aus einer Mixtur von nationalistischem, antidemokratischem und sozialdarwinistischem Gedankengut, so wie es Adolf Hitler in einer Rede aus dem Jahr 1928 zum Ausdruck brachte: »Ersten muss unser Volk von dem hoffnungslos wirren Internationalismus befreit und bewusst und systematisch zum fanatischen Nationalismus erzogen werden … Zweitens werden wir unser Volk, indem wir es dazu erziehen, gegen den Irrsinn der Demokratie zu kämpfen und wieder die Notwendigkeit von Autorität und Führertum einzusehen, von dem Unsinn des Parlamentarismus fortreißen. Drittens werden wir, indem wir das Volk von dem jämmerlichen Glauben an eine Hilfe von draußen, das heißt von dem Glauben an Völkerversöhnung, Weltfrieden, Völkerbund und internationale Solidarität, befreien, diese Ideen zerstören. Es gibt nur ein Recht in der Welt, und dieses Recht liegt in der eigenen Stärke …«

Das politische Denken und Handeln der Nationalsozialisten war völkisch und egalitär zugleich. Nach ihrem Programm aus dem Jahr 1920 sollten die unterschiedlichen Klassen, Parteien und Gruppierungen abgeschafft und alle Deutschen zu einer einheitlichen »Volksgemeinschaft« zusammengeschlossen werden. Dazu sah das Programm von 1920 vor, dass »Staatsbürger nur sein kann, wer Volksgenosse ist. Volksgenosse kann nur sein, wer deutschen Blutes ist, ohne Rücksichtnahme auf Konfession. Kein Jude kann deshalb Volksgenosse sein.«

Die geforderte »Volksgemeinschaft« diente den Nationalsozialisten sowohl zur Agitation gegen den Parteienstaat der Weimarer Republik als auch zur Ausgrenzung der nicht »arischen« Bevölkerung, insbesondere der Juden. Den Weimarer Regierungen warfen die Nationalsozialisten vor, die deutsche »Nation« zugrundegerichtet und ein Trümmerfeld hinterlassen zu haben. Ihre Aufgabe werde es deshalb sein, »über Stände und Klassen hinweg die geistige und willensmäßige Einheit unseres Volkes wiederherzustellen«. Damit trafen sie den Nerv vieler, die den Parteienstreit und die sozialen Unruhen leid waren und nach klarer Führung verlangten.

An die Stelle von Individualismus und Gewinnstreben setzten die Nationalsozialisten in ihrem Programm den zentralen Wahlspruch: »Gemeinnutz geht vor Eigennutz.« Zur Durchsetzung solcher Leitsätze forderten sie: »Die Schaffung einer starken Zentralgewalt des Reiches.

Unbedingte Autorität des politischen Zentralparlaments über das ganze Reich und seine Organisation.« Die Nationalsozialisten hielten also mit ihren Plänen nicht hinter dem Berg. Führerprinzip und Diktatur sollten an die Stelle von Demokratie und Parlamentarismus treten.

Welche politischen Ziele Adolf Hitler erreichen wollte, beschrieb er am 3. Februar 1933 gegenüber der Reichswehrführung wie folgt: »die Ausrottung des Marxismus mit Stumpf und Stiel«, »die Stärkung des Wehrwillens mit allen Mitteln«, »straffeste autoritäre Staatsführung« und »Aufbau der Wehrmacht«. Man darf vermuten, dass die Reichswehrführung mit diesen Zielen einverstanden war.

Wirtschaftspolitische Ideen

In wirtschaftspolitischer Hinsicht waren die Vorstellungen der Nationalsozialisten außerordentlich nebulös. Für Adolf Hitler war die Wirtschaft keine »staatsbildende und staatserhaltende Kraft«. Entscheidend für ihn war die »Stärke des Staates«, von der die Stärke der Wirtschaft abhängig wäre. »Stets, wenn in Deutschland ein Aufschwung machtpolitischer Art stattfand, begann sich auch die Wirtschaft zu heben; immer aber, wenn die Wirtschaft zum einzigen Inhalt des Lebens unseres Volkes wurde und darunter die ideellen Tugenden erstickte, brach der Staat wieder zusammen und riss in einiger Zeit die Wirtschaft mit sich« (Mein Kampf, Seite 167).

Zu den staatserhaltenden Kräften rechnete Hitler in erster Linie »Aufopferungsfähigkeit und Aufopferungswille der einzelnen für die Gesamtheit«, wobei er anmerkte, dass diese Tugenden »mit Wirtschaft auch nicht das Geringste zu tun haben«. Denn der Mensch »stirbt nicht für Geschäfte, sondern nur für Ideale«.

Zur Industriellen Revolution des 19. Jahrhunderts, die nicht zuletzt das Ergebnis einer liberalen Staatsauffassung war, schrieb Hitler: »Mit dem Siegeszug der deutschen Technik und Industrie, den aufstrebenden Erfolgen des deutschen Handels, verlor sich immer mehr die Erkenntnis, dass dies alles doch nur unter der Voraussetzung eines starken Staates allein möglich sei. Im Gegenteil, man ging schon in vielen Kreisen so weit, die Überzeugung zu vertreten, dass der Staat selber nur diesen Erscheinungen sein Dasein verdanke, dass er selber in erster Linie eine wirtschaftliche Institution darstelle, nach wirtschaftlichen Belangen zu regieren sei und demgemäß auch in seinem Bestande von der Wirtschaft abhänge, welcher Zustand dann als der weitaus gesündeste wie natürlich angesehen und gepriesen wurde.«

Einem solchen liberalen Verständnis von Wirtschaft stellte Hitler das absolute »Primat des Staates« gegenüber. Nach seiner Auffassung war der Staat »nicht eine Zusammenfassung wirtschaftlicher Kontrahenten in einem bestimmt umgrenzten Lebensraum zur Erfüllung wirtschaftlicher Aufgaben, sondern die Organisation einer Gemeinschaft physisch und seelisch gleicher Lebewesen zur besseren Ermöglichung der Forterhaltung ihrer Art sowie die Erreichung des dieser von der Vorsehung vorgezeichneten Zieles ihres Daseins. Dies und nichts anderes ist der Zweck und Sinn eines Staates. Die Wirtschaft ist dabei nur eines der vielen Hilfsmittel, die zur Erreichung dieses Zieles eben erforderlich sind.«

So ähnlich formulierte es auch der *Völkische Beobachter* am 4. April 1933: »Da die Wirtschaft einen Teil des Volkstums ausmacht, gibt es keine Wirtschaftsgewalt, keine Wirtschaftsfreiheit, keine Wirtschaftsknechtschaft. Wirtschaft ist eine der Staatsfunktion untergeordnete Teilverrichtung der Volksgemeinschaft.« Die Wirtschaft spielte nach nationalsozialistischer Doktrin also keine eigenständige Rolle; sie war lediglich ein Mittel zur Erreichung staatlicher Zwecke. Somit konnte es auch keine Wirtschaftspolitik im eigentlichen Sinne geben, weil Staat und Wirtschaft prinzipiell eins waren (Tilly).

Das bedeutete für private Unternehmen, dass auch für sie das nationalsozialistische Prinzip »Gemeinwohl vor Eigenwohl« galt, womit sie den staatlichen Unternehmen gleichgestellt waren. Der Privatunternehmer konnte also nicht mehr frei über sein Unternehmen bestimmen; er behielt sein Eigentum, hatte aber gegenüber der Partei die Stellung eines NS-Betriebsleiters.

Unter denselben Voraussetzung akzeptierten die Nazis auch die Existenz von Märkten, wenn und solange sie dem Primat des Gemeinwohls im Sinne der nationalsozialistischen Wirtschaftspolitik dienten. Die Märkte wurden dadurch öffentliche Einrichtungen, die nach Belieben reguliert und dirigiert werden konnten.

Die Gleichschaltung von Wirtschaft und nationalsozialistischer Politik erfolgte nicht sofort mit Hitlers Machtergreifung, sondern in drei unterschiedlichen Phasen:

In einer ersten Phase (1933–1936) wurden bestimmte Wirtschaftsbereiche (z. B. Außenhandel und Devisenwirtschaft, Landwirtschaft und

Arbeitsmarkt) mit »punktuellen Eingriffen« unter staatliche Kontrolle gestellt. In einer zweiten Phase (1936–1939) wurden diese Interventionen auf nahezu alle Wirtschaftsbereiche ausgedehnt. In der dritten Phase (1939–1945) erfolgte dann die Einbeziehung der Wirtschaft als Teil der gesamtstaatlichen Planung und Lenkung.

Arbeitsbeschaffung

Die nationalsozialistische Führung hatte sehr präzise Vorstellungen, wie die Arbeitslosigkeit überwunden werden sollte. Anfang 1933 waren ungefähr 6,5 Millionen Deutsche arbeitslos und erhielten nur eine minimale Arbeitslosenunterstützung. Doch wenig später begannen die Arbeitslosenzahlen rapide zu sinken. Im Oktober 1933 erklärte Hitler einem Korrespondenten der *Daily Mail*, seine Regierung habe innerhalb eines Dreivierteljahres die Zahl der Arbeitslosen auf nur noch 3,7 Millionen zurückgeführt. Schon im Juni 1934 konnte Hitler eine Reduzierung auf 2,5 Millionen Arbeitslose bekannt geben. Ende August 1935 waren es nur noch 1,1 Millionen.

An diese Zahlen knüpft sich der Mythos, dass es Hitler mit einer keynesianisch inspirierten Nachfragepolitik gelungen wäre, die darniederliegende deutsche Wirtschaft in kurzer Frist zu vitalisieren und Millionen von Arbeitslosen wieder in Lohn und Brot zu bringen. Als Beweis dafür wird gern auf den Autobahnbau hingewiesen – ein staatliches Infrastrukturprojekt, das tatsächlich viele Arbeitslose von der Straße in den Straßenbau holte. Doch waren dort nie mehr als 125 000 Personen beschäftigt.

Tatsächlich hatte der schnelle Rückgang der Arbeitslosigkeit andere Gründe: So profitierte Hitler davon, dass die Weltwirtschaftskrise schon im Laufe des Jahres 1932 – also vor der Machtübernahme – ihren Tiefpunkt in Deutschland sowie auch in den meisten anderen Ländern überwunden hatte. Frühindikatoren wie steigende Inlandsaufträge im Maschinenbau, ein höherer Versand von Koks und der steigende Verbrauch von Walzeisen zeigten an, dass sich die Wirtschaft wieder auf dem Weg zu einem sich selbst tragenden Aufschwung befand. Unterstützt wurde diese Konjunkturbelebung durch das von der Brüning-Regierung eingeleitete Beschäftigungsprogramm für die Landwirtschaft und den Straßenbau. Auch mit der Planung und dem Bau der Autobahnen, dem Reinhardt-Programm, hatte man bereits vor 1933 begonnen. Hitler konnte also auf vorbereitete Pläne zurückgreifen. Nach der Machtübernahme wurde der Ausbau jedoch erheblich beschleunigt. Hatten die bisherigen Programme einige Hundert Millionen Reichsmark gekostet, umfassten die seit Juni 1933 aufgelegten Arbeitsmarktprogramme der Regierung Hitler 5 Milliarden Reichsmark. Das vermittelte überall den Eindruck von Schwung und Dynamik, obgleich die Maßnahmen der neuen Regierung erst ab 1934 voll zur Wirkung kamen.

In der Regierung setzten die Nazis diese Politik mit eigenen Programmen fort: Zunächst wurde im Juni 1933 mithilfe der Reichsbank ein »großes Arbeitsbeschaffungsprogramm« in Höhe von 1 Milliarde Reichsmark aufgelegt, das auf die Förderung von Ersatzinvestitionen und auf den Wohnungsbau zielte. Bei den folgenden Arbeitsbeschaffungsmaßnahmen, die ab dem Frühjahr 1934 auf den Weg gebracht wurden, handelte es aber nur noch um Rüstungs- und direkte Staatsaufträge. Den größten Zuwachs an Arbeitskräften versprach man sich im Fahrzeugbau sowie im Schiffs- und Flugzeugbau, also in Wirtschaftsbereichen, die mit Vorrang für die Aufrüstung produzierten.

Ordnungspolitisch stellte sich der Übergang von der Weimarer Republik zur Hitler-Diktatur als ein fließender Prozess dar. Die Weimarer Republik hinterließ dem nationalsozialistischen Staat eine Wirtschaftsverfassung, die dem Modell eines staatlichen Sozialismus durchaus ähnelte: Die großen Banken befanden sich nach der Bankenkrise im Sommer 1931 aufgrund der Reichs- und Reichsbankhilfen überwiegend im Besitz der öffentlichen Hand (Dresdner Bank zu 91 %, Commerzbank zu 70 %, Deutsche Bank zu 35 %). Infolgedessen kontrollierte das Reich indirekt auch einen großen Teil der Industrie. Außerdem regelte der Staat über das Instrument der Zwangsschlichtung die Lohn- und Arbeitsfragen, legte die Kartellpreise fest und bewirtschaftete die Devisen.

Gleichschaltung

Dem Nationalsozialismus spielte außerdem in die Hände, dass sich der Wirtschaftsliberalismus überall in Europa auf dem Rückzug befand und durch kollektive oder interventionistische Wirtschaftsordnungen abgelöst wurde. Dieser Trend hatte sich durch die Weltwirtschaftskrise verstärkt, die in nahezu allen Industriestaaten zum Zusammenbruch ihrer

Wirtschaft führte und eine Diskreditierung liberaler Wirtschaftspolitik nach sich zog. Es schien, als wäre der Markt nicht mehr in der Lage, aus eigener Kraft einen Weg aus der Krise zu finden. Überall rief man nach dem Staat als dem »Retter letzter Instanz« und überall in Europa drängten deshalb die antiliberalen und etatistischen Parteien nach vorn. Auch die Wirtschaft setzte auf »starke« Führer.

Hitler lag also durchaus im Trend, als er im September 1933 umfangreiche Marktordnungen für die Organisation des »Reichsnährstandes« in Kraft setzte, mit denen Produktionsmengen, Preise und Absatz für Nahrungsmittel festgesetzt werden konnten. Ziel dieser Maßnahme war, bei der Lebensmittelversorgung vom Ausland unabhängig zu sein (angestrebte Autarkie). Es folgte das »Reichserbhofgesetz«, mit dem der Staat massiv in die Eigentumsrechte der Landwirte eingriff und dadurch deren Kapitalaufnahme erschwerte, wodurch die Entwicklungschancen im ländlichen Raum massiv eingeschränkt wurden.

Außerdem wurde ab 1934 eine umfangreiche Bewirtschaftung aller wichtigen Rohstoffe angeordnet, um die Rohstoffknappheit in den Griff zu bekommen. 28 Überwachungsstellen sorgten für die Kontingentierung der Rohstoffe unter Bevorzugung der kriegswichtigen Großindustrie. Im Unterschied zur Landwirtschaft konnten größere Lücken bei den Industrierohstoffen jedoch erst im Krieg durch Importe aus den besetzten Ländern geschlossen werden.

Die Unternehmenskonzentration hatte bereits vor der Machtübernahme ein hohes Niveau erreicht, von der NS-Wirtschaftspolitik wurde sie jedoch weiter verstärkt und planmäßig als Werkzeug staatlicher Politik eingesetzt. Zwischen 1933 und 1936 wurden vom Landwirtschafts- und Wirtschaftsministerium etwa 1600 Kartellvereinbarungen getroffen. Kartelle und Konzernunternehmen hatten den Vorteil, dass sie sich vor allem zur Erfüllung großer Rüstungsaufträge leichter steuern ließen als eine dezentral strukturierte Wirtschaft.

Außerdem wurde der Reichswirtschaftsminister mit dem »Gesetz zur Vorbereitung des organischen Aufbaus der deutschen Wirtschaft (Wiederaufbaugesetz) vom 27. Februar 1934« ermächtigt, Wirtschaftszwangsverbände zu errichten und deren Führer zu bestellen bzw. abzuberufen. Zweck dieses Gesetzes war, die staatlichen Ziele und Pläne für die Wirtschaft (z. B. Autarkie, Militarisierung) mit denen der Unternehmen zu koordinieren und abzustimmen. Das Gesetz galt als »Ermächtigungsgesetz für die Wirtschaft«.

In dem Programm der NSDAP von 1920 war darüber hinaus vorgesehen, die kapitalistisch organisierte Wirtschaft nach *ständischen* Kriterien neu zu ordnen. Großbetriebe sollten enteignet und der Mittelstand gefördert werden. »*13. Wir fordern die Verstaatlichung aller (bisher) bereits vergesellschafteten (Trusts) Betriebe. 14. Wir fordern Gewinnbeteiligung an Großbetrieben. 16. Wir fordern die Schaffung eines gesunden Mittelstandes und seine Erhaltung, sofortige Kommunalisierung der großen Warenhäuser…17. Wir fordern eine unseren nationalen Bedürfnissen angepasste Bodenreform …*«

Solche Sozialisierungs- und Mittelstandspläne verschwanden aber schon bald wieder von der Agenda, weil Hitler die Industrie zur Kriegsvorbereitung benötigte. Außerdem stand Hitler schon vor der Machtübernahme mit der Großindustrie in Kontakt, die ihn auch finanziell unterstützte.

Spätestens 1935/36 war es auch mit der Unterstützung des Mittelstandes vorbei. Vielmehr wurden im Verlauf der sog. »Auskämmaktionen« zwischen 1936 und 1939 über 190 000 Handwerksbetriebe (11 %) geschlossen, um deren Arbeitskräfte der Rüstungsindustrie zuzuführen. Ähnliche Ziele verfolgten die Nazis mit Verordnungen zur »Beseitigung der Überbesetzung im Einzelhandel«. Berufsverbote für Angehörige des jüdischen Glaubens und die Liquidierung jüdischer Betriebe ergänzten das Bild.

Mit dem Gesetz über die »Treuhänder der Arbeit« wurden die Gewerkschaften bereits 1933 in die »Deutsche Arbeitsfront« (DAF) überführt und dadurch entmachtet. Gewerkschaftlich ausgehandelte Tarifverträge und Lohnkämpfe gab es nicht mehr, was faktisch zu einem Lohnstopp führte. Die »Treuhänder der Arbeit« vertraten in der Regel Arbeitgeberstandpunkte. Nach dem man der DAF 1934 die sozialpolitischen Kompetenzen nahm, fungierte sie als Reisegesellschaft »Kraft durch Freude« (KdF) mit propagandistischen Aufgaben für den nationalsozialistischen Staat.

Eine weitere Zwangsmaßnahme war der Arbeitsdienst, der bereits aus der Weimarer Zeit stammte, aber von den Nazis mit dem Slogan »Arbeit adelt« umorganisiert wurde. Zunächst entlastete der Arbeitsdienst den Arbeitsmarkt, nach Eintritt der Vollbeschäftigung wurde er jedoch ein Instrument der Arbeitskräftelenkung. 1935 arbeiteten im obligatorischen Arbeitsdienst 250 000 junge Männer und Frauen für ein Taschengeld. Die allgemeine Arbeitsdienstpflicht wurde 1938 eingeführt und ab 1939 waren die Auflösung und Bildung von Arbeitsverhältnissen von der Zustimmung der Arbeitsämter abhängig.

Schon bald nach ihrem Machtantritt befürchteten die Nazis infolge ihrer expansiven Finanzpolitik inflationäre Tendenzen. Aus diesem Grund setzten sie zum Lohnstopp ab Ende 1933 eine verschärfte Preisüberwachung ein, die 1936 in einen allgemeinen Preisstopp mündete. Insgesamt war dieses System recht stabil, sodass der schnelle Zusammenbruch der Währung verhindert werden konnte. Die Entstehung von Schwarzmärkten und Tauschgeschäften ließ sich aber nicht vermeiden.

Rüstungspläne

Parallel zu den öffentlich verkündeten Arbeitsbeschaffungsprogrammen wurden im Hintergrund – unter Einbeziehung von Armee und Wirtschaftsvertretern – die Vorbereitungen für eine *Kriegswirtschaft* getroffen, wozu Hitler auch die Arbeitsbeschaffung rechnete. Bereits in der ersten Sitzung seines Kabinetts am 8. Februar 1933 ließ Hitler keinen Zweifel daran, dass die Aufrüstung sein wichtigstes Ziel war und dass auch die Arbeitsbeschaffung vorrangig der »Wiederwehrhaftmachung« Deutschlands zu dienen hatte: *»Alles für die Wehrmacht. Deutschlands Stellung in der Welt wird ausschlaggebend bedingt durch die deutsche Wehrmachtstellung. Davon hängt auch die Stellung der deutschen Wirtschaft in der Welt ab.«*

Seine Ziele fasste Hitler in zwei zentralen Forderungen zusammen: *»1. Die deutsche Armee muss in vier Jahren einsatzfähig sein. 2. Die deutsche Wirtschaft muss in vier Jahren kriegsfähig sein.«* Um im Fall einer Wirtschaftsblockade handlungsfähig zu bleiben, sollte die Wirtschaft weitgehend »autark« werden. Die erforderlichen Ressourcen für den Kriegsfall wollte sich Hitler in den besiegten Ländern besorgen. Die Finanzierung der Aufrüstung sollte die staatseigene Reichsbank sicherstellen.

Hitlers geheimer Plan sah vor, dass das Heer entgegen der Begrenzung im Versailler Vertrag rasch auf 300 000 Mann aufgestockt werden sollte. Im März 1935 wurde dazu die Wehrpflicht eingeführt. Zugleich begann man mit dem Aufbau einer Luftwaffe, für die schon im Mai 1933 ein eigenes Ministerium unter Leitung Görings geschaffen worden war. Auch für die Marine war bereits ab 1934 eine Größe vorgesehen, die über die im Versailler Vertrag fixierten Grenzen hinausging.

Dementsprechend stiegen die staatlichen Ausgaben für das Militär exponentiell – von 1,9 Milliarden Reichsmark im Jahr 1933 und auf 4,1 Milliarden Reichsmark im Jahr 1934. Im Jahr 1936 waren bereits 10,3 Milliarden erreicht, 1937 wuchsen die militärischen Ausgaben auf 11,0 Milliarden und 1938 schließlich auf 17,2 Milliarden. Der Anteil der Wehrmachtsausgaben an den öffentlichen Haushalten stieg in diesem Zeitraum von 4 Prozent (1933) auf mehr als 50 Prozent (1938) an. Dementsprechend lagen der Privatverbrauch und die privaten Investitionen selbst 1935 noch deutlich unter den Margen der Vorkrisenzeit.

Die Explosion der Rüstungsausgaben zog ein steiles Wirtschaftswachstum nach sich. Bereits ab 1936 wurde in einigen Branchen, ab 1937 überall Arbeitskräftemangel gemeldet. Nicht zuletzt darauf war die wachsende Popularität des NS-Regimes zurückzuführen. Auch das Ausland staunte über den rasanten Wirtschaftsaufstieg der Deutschen. Über die Gründe erfuhren sie nichts (Ulrich Herbert).

Autarkie

Außenwirtschaftlich strebten die Nationalsozialisten nach *wirtschaftlicher Autarkie*. Die Weltwirtschaft sollte durch eine Großraumwirtschaft abgelöst werden, passend zur »Lebensraumideologie« von Hitler, die er im Osten verwirklichen wollte. Auch das passte in die damalige Zeit.

Die meisten Industrieländer hatten als Reaktion auf die Weltwirtschaftskrise damit begonnen, sich vom Weltmarkt abzukoppeln und den wirtschaftspolitischen Schwerpunkt auf die Entwicklung der eigenen Volkswirtschaft zu legen. Die Regierung Brüning hob 1931 die Konvertibilität der Reichsmark auf und führte die Kontingentierung von Devisen ein. Ähnliche Maßnahmen ergriffen auch die englische und die französische Regierung. Selbst die Vereinigten Staaten koppelten sich mit der Aufhebung der Goldkonvertibilität, der Abwertung des Dollar 1933, mit Schutzzöllen, Devisenbewirtschaftung und Dumpingpreisen vom Weltmarkt ab.

Insoweit war es wirtschaftspolitisch konsequent, dass sich auch Deutschland um eine größere Autarkie der Wirtschaft bemühte. Für Hitler war das Bestreben nach nationaler »Autarkie« jedoch von Beginn an ein bestimmendes Merkmal für die Vorbereitung auf den Krieg. Man wollte nicht wieder wie im Ersten Weltkrieg durch eine Blockade von kriegswichtigen Rohstoffen abgeschnitten sein.

Im Rahmen der Autarkiepolitik war die Mineralölindustrie für die Nazis von Beginn an eine Schlüsselbranche. Schon Anfang 1934 rief das Reichswirtschaftsministerium Vertreter der deutschen Erdölindustrie in Berlin zusammen, um herauszufinden, was der deutsche Boden hergab. Das folgende Reichsbohrprogramm erwies sich als durchaus lohnend: Von 214 000 Tonnen Rohöl im Jahr 1932 stieg die Förderleistung bis 1940 auf 1,06 Millionen Tonnen.

Außerdem forcierte die Regierung auf vielen Gebieten die Produktion von »Ersatzstoffen« für Importgüter, so bei der Benzin- und Kautschuksynthese sowie der Kunstfaserproduktion. Tatsächlich gelang es dadurch, die Importabhängigkeit etwas zu mildern. Das Grundproblem wurde dadurch aber nicht gelöst: Die »Buna-Werke« etwa deckten den deutschen Bedarf an Kautschuk nur zu 5 Prozent ab.

Exkurs

Auch der heimische Anbau von Raps zur Gewinnung von Fetten diente dem Ziel, auf dem Gebiet der Fettgewinnung autark zu werden. Damit beschäftigte sich der Unternehmer und Ölmüller Wilhelm Adolf Farenholtz, Teilhaber und Betriebsleiter die Firma Vereinigte Ölfabriken Hubbe & G.W. Farenholtz in Magdeburg. Im Sinne der Autarkiepolitik setzte er sich in verschiedenen Gruppen für den Rapsanbau in Deutschland als Rohstoffbasis für die Fettversorgung ein.

Farenholtz war von 1929 an Mitglied der Industrie- und Handelskammer (IHK) in Magdeburg, ab 1933 war er deren Präsident. 1934 wurde er Ratsherr in Magdeburg. Es folgten die Präsidentschaft der Wirtschaftskammer Mittelelbe und die Leitung der Industrieabteilung Mittelelbe. Außerdem wurde er stellvertretender Leiter der Wirtschaftsgruppe Lebensmittelindustrie und Leiter der Fachgruppe Öle und Fette in der Reichsgruppe der Industrie. In den 1930er-Jahren war er aktives Mitglied der NSDAP und wurde 1938 zum Wehrwirtschaftsführer ernannt. Er unterstützte die Maßnahmen der NS-Regierung zur Wirtschaftsautarkie. Am 6. August 1945 wurde er von den Russen verhaftet und in das Speziallager Nr. 1 Mühlberg transportiert, wo er kurze Zeit später starb.

Wilhelm Adolf Farenholtz schrieb zum 175. Jubiläum seines Unternehmens: »Die Firma war 1932 äußerlich frei, und doch war sie genauso ungesichert in ihrer Existenz wie bei Kriegsausbruch (1914). Die zu wirklicher Freiheit nötige Rohstofffreiheit war in keiner Weise vorhanden. Die Lehre des Krieges, daß nur eine eigene deutsche Rohstoffbasis gerade auf dem entscheidend wichtigen Gebiet der Fettversorgung Sicherheit gewähren kann, schien vergessen. Die Jugend stellte sich unter die Fahnen Adolf Hitlers. Der Endkampf begann, der am 30. Januar 1933 die Wendung brachte. Der Weg war offen, das Reich und die Freiheit zu erringen. Auch für uns war die Aufgabe vorgezeichnet: die Rohstofffreiheit gewinnen.«

Hitlers Bankier

Für die Finanzierung seiner wirtschafts- und rüstungspolitischen Ziele benötigte Hitler einen ihm geneigten Präsidenten der Reichsbank. Sein Auge fiel auf den ehemaligen Reichsbankpräsidenten Hjalmar Schacht, der maßgeblich an der Einführung der Rentenmark (15. November 1923) mitgewirkt und bei verschiedenen internationalen Reparationsverhandlungen die deutschen Delegationen angeführt hatte. Wegen Unstimmigkeiten mit der Regierung über den Young-Plan war Schacht im März 1930 als Reichsbankpräsident zurückgetreten. Sein Nachfolger wurde der ehemalige Reichskanzler Hans Luther. Nach seinem Rücktritt widmete sich Schacht der Bewirtschaftung seines Hofes in der Mark Brandenburg. Am 17. März 1933 wurde er von Hitler zum Reichsbankpräsidenten ernannt.

Dieser Ernennung war ein Treffen von 25 führenden Industriellen vorausgegangen, das Hermann Göring organisiert hatte. Anlass war die Finanzierung der von Hitler für den 5. März 1933 angekündigten Neuwahlen. Göring, eifrig assistiert von Hjalmar Schacht, erklärte seinen Gästen, wie wichtig es sei, dass sie sich an der Finanzierung dieses entscheidenden Wahlkampfes beteiligten, und versicherte ihnen, »dass die Wahl am 5. März die letzte sicherlich innerhalb zehn Jahren, voraussichtlich aber in hundert Jahren sei«.

Er brauchte sie nicht mehr zu überzeugen. Denn sie hatten ihren Widerstand gegen Hitler schon aufgegeben. Ihr Wortführer Gustav Krupp erhob sich und erklärte im Namen der Gruppe, der neue Reichskanzler könne mit ihrer vollen Unterstützung rechnen. Gastgeber Göring verließ daraufhin den Raum. Sogleich rief Schacht gut gelaunt: »Und nun, meine Herren, an die Kasse!« (John Weitz, Hitlers Bankier)

Hjalmar Schacht war kein Parteimitglied. Um die mit dem Amt des Reichsbankpräsidenten verbundenen Aufgaben durchführen zu können, benötigte er allerdings das volle Vertrauen des neuen Reichskanzlers Adolf Hitler. Zunächst sah sich Schacht mit einem riesigen Berg öffentlicher und privater Auslandsschulden konfrontiert. Die Devisenreserven der Reichsbank waren so gut wie erschöpft. Die wichtigsten Währungen Dollar, Pfund und Franc waren stark abgewertet worden, wodurch sich die deutschen Exporte verteuert und die Importe verbilligt hatten.

Eine der ersten Maßnahmen Schachts bestand darin, den Vertretern der ausländischen Gläubiger Deutschlands mitzuteilen, dass die Reichsbank kaum noch Devisenreserven hatte und die deutsche Handelsbilanz defizitär war. Deutschland würde deshalb die Zinszahlungen auf ausländische Anleihen vorläufig einstellen müssen. Diese Ankündigung löste bei den Gläubigern Bestürzung aus, wurde aber zunächst als eine der üblichen Drohungen betrachtet. Doch Schacht machte Ernst: Ein neues Gesetz vom 9. Juni 1933 ermöglichte die Gründung einer »Konversionskasse«, die von der Reichsbank verwaltet wurde.

Die Konversionskasse funktionierte in der Weise, dass die deutschen Schuldner ihre Auslandskredite an die Konversionskasse zurückzuzahlen hatten und dadurch schuldenfrei wurden. Die ausländischen Gläubiger erhielten dann von der Reichsbank das Angebot, dass eine Hälfte ihrer Forderung verzinslich in Devisen und die andere Hälfte in Markguthaben (sog. Scrips) zurückgezahlt würden. Die Scrips konnten in verschiedene Marktsorten umgetauscht werden, die jedoch im Inland nur für bestimmte Zwecke verwendet werden konnten (Reisen, Investitionen oder Ankauf von Produkten, finanzielle Unterstützung von Menschen).

Natürlich belastete diese Regelung das Verhältnis zwischen den deutschen Importeuren bzw. Schuldnern und ihren ausländischen Lieferanten bzw. Gläubigern. Das interessierte Schacht aber nicht, sondern ihm ging es nur darum, das Problem der Auslandsschulden in den Griff zu bekommen. Um das zu erreichen, kündigte er sogar an, die 50-Prozent-Regelung für das folgende Jahr 1934 durch eine 30-Prozent-Regelung ersetzen zu wollen.

Darüber hinaus sah Schacht seine Hauptaufgabe darin, die Arbeitslosigkeit durch Ankurbelung der Rüstungsindustrie zu bekämpfen. Er hielt nicht viel vom Autobahnbau und anderen Verkehrsprojekten wie den Bau von Staudämmen oder die Regulierung von Wasserläufen, die zwar vielen Arbeitslosen zu einem Arbeitsplatz verhalfen, aber im Endeffekt dem Staat keine Einnahmen und Steuern brachten. Deshalb schlug Schacht vor, dass der Staat der Industrie im Rahmen der Wiederaufrüstung Aufträge erteilte, was er und Hitler als wichtigste Aufgabe des Staates ansahen.

Schacht fand auch einen Weg, um die Finanzierung der Aufrüstung ebenso geräuschlos wie effektiv zu gestalten und das Reichsbankgesetz, das die Kreditierung des Reiches nur in einem engeren Rahmen zuließ, zu umgehen. Dazu ließ er von den vier großen Industriekonzernen Krupp, Rheinstahl, Gutehoffnungshütte und Siemens die »Metallurgische Forschungsgesellschaft«, kurz »Mefo« genannt, mit einem Grundkapital von einer Million Mark gründen, wovon die Gesellschafter jeweils 250 000 RM übernahmen. Der einzige Zweck der »Mefo« war die Finanzierung von Rüstungsaufträgen der Reichsregierung, deren Bezahlung durch die Reichsbank garantiert wurde. Das Personal dieser Scheinfirma rekrutierte sich ausschließlich aus Mitgliedern der Reichsbank.

Das Geschäftsmodell sah vor, dass die Rüstungsfirmen für die Lieferung von Rüstungsgütern von der Regierung Mefo-Wechsel erhielten, die anschließend von der Reichsbank eingelöst wurden. Insgesamt wurden bis 1938 Mefo-Wechsel im Wert von 12 Mrd. RM ausgegeben. Bei dieser Finanzierung handelte es sich um eine verdeckte Form der Geldschöpfung durch die Reichsbank, die nur deshalb keine inflationäre Entwicklung auslöste, weil die Preise und Löhne staatlich fixiert waren. Bis Kriegsausbruch deckten die Mefo-Wechsel etwa 20 Prozent der gesamten Rüstungsausgaben.

Da der NS-Staat aber für seine Rüstungspläne immer größere Anteile am Sozialprodukt forderte, kamen ab 1935 zwei weitere Finanzierungsquellen hinzu: erstens das wachsende Steueraufkommen und zweitens die Ausgabe von Staatsanleihen. Die Steuereinnahmen stiegen wegen höherer Steuersätze und Ausbeutung der Juden von 6,9 Mrd. RM im Jahr 1933/34 auf 18,2 Mrd. RM im Jahr 1938/39 an. Die Ausgabe von Staatsanleihen erfolgte, indem die Geldinstitute verpflichtet wurden, große Teile ihrer privaten Depositen in Staatsanleihen anzulegen. Außerdem gab es für Unternehmen steuerliche Anreize, Gewinne nicht auszuschütten, sondern in Staatsanleihen anzulegen.

Die gesamten Staatsausgaben des NS-Regimes bis zum Beginn des Krieges beliefen sich auf 105 Mrd. RM; davon wurden etwa 60 Mrd. RM für die Aufrüstung ausgegeben. Diese Ausgaben wurden zu 50 Prozent durch Mefo-Wechsel und Staatsanleihen, zu 30 Prozent mit Steuereinnahmen und zu 20 Prozent mit den Einnahmen von Bahn, Post und Reichsbank finanziert.

Versorgung

Für die Verbraucher gab es bei der Versorgung bis zum Beginn des Krieges nur geringe Einschränkungen. Bilder mit langen Warteschlangen waren für die Vorkriegszeit nicht typisch. Im internationalen Vergleich des Pro-Kopf-Einkommens lag Deutschland jedoch in den 1930er-Jahren um die Hälfte gegenüber den USA zurück, auch weit hinter Großbritannien oder Frankreich.

Das NS-Regime versuchte deshalb, die Konsumwünsche mit subventionierten »Volksprodukten« zu befriedigen. Das gelang mit dem »Volksempfänger«, der 1933 in Produktion ging und der 1938 in 50 Prozent der deutschen Haushalte stand – für die Nazis das wichtigste Propagandamittel. Bei dem Projekt »Volkswagen« (Robert Ley 1938: »In 10 Jahren jedem schaffenden Deutschen einen Volkswagen!«) fand sich jedoch kein Unternehmen, das ein solches Auto bauen wollte, obgleich 336 000 Menschen dafür wöchentliche Anzahlungen leisteten. Stattdessen lieferte »Porsche« Militärfahrzeuge für die Wehrmacht. Die Einzahlungen der VW-Anwärter in Höhe von 275 Millionen RM strich die DAF ein.

Im August 1939, kurz vor Kriegsbeginn, ließ die NS-Führung Ernährungsämter errichten und machte Fleisch, Fett, Zucker, Seife, Kohle, Textilien und Schuhe »bezugsscheinpflichtig«. Außerdem wurden sämtliche landwirtschaftlichen Produkte, mit Ausnahme von Saatgut, Viehfutter und die Eigenversorgung, »zugunsten des Deutschen Reichs für beschlagnahmt erklärt«, weil es die Bauern mit der »Ablieferungsmoral« nicht so genau genommen hatten.

Mit dem Kriegseintritt mussten sich die deutschen Verbraucher spürbar einschränken. Betroffen waren davon in erster Linie Personen, die auf Lebensmittelkarten angewiesen waren. Nach Erhebungen von 1943 erhielten körperlich Arbeitende im Durchschnitt nur drei Viertel ihres Mindestbedarfs an Kalorien. Das betraf etwa 7 Millionen Personen, »die demnach chronisch unterversorgt waren«. Selbstversorger waren gegenüber diesen Personen deutlich besser gestellt.

Seit Mitte 1943 konnten Erwachsene »im Normalfall« keine Kleider und Gebrauchsgüter mehr kaufen. Die Bewirtschaftung erfolgte durch »Reichskleiderkarten«, von denen zwischen 1939 und 1944 nur fünf ausgestellt wurden. Schuhe wie auch Möbel und Hausrat wurden ab 1943 ebenfalls in die Bewirtschaftung einbezogen und bevorzugt Bombenkriegsopfern zugeteilt.

Die von Götz Aly mit seinem Buch *Hitlers Volksstaat* verbreitete Annahme »Den Deutschen ging es im Zweiten Weltkrieg besser als je zuvor« entspricht in seiner Pauschalität nicht den Fakten. Nur etwa 1 Prozent der Deutschen befand sich nach den Recherchen des Wirtschaftshistorikers Christoph Buchheim trotz des Krieges »im Vergleich zu der immer karger werdenden Lebensführung der Masse des deutschen Volkes in einer entsprechend oder sogar noch stärker abgehobenen Versorgungslage«. Am komfortabelsten lebten die Oberschicht von Unternehmern, die Angehörigen der Staats- und Parteielite sowie die Wehrmachtsführung.

Kriegswirtschaft

Der Wechsel von der Friedens- zur Kriegswirtschaft erfolgte 1936 mit der »Verordnung zur Durchführung des Vierjahresplanes vom 18. Oktober 1936«. Die Verordnung diente der weiteren Aufrüstung und sollte Deutschland auf den Krieg vorbereiten.

Die Leitung der dafür zuständigen Behörde übertrug Hitler Hermann Göring als »Beauftragten für den Vierjahresplan«, der damit praktisch zum Diktator auf dem Gebiet der Kriegswirtschaft aufstieg. Denn der Vierjahresplan war für die gesamte Regierung und Verwaltung verbindlich und Göring stand in Wirtschaftsfragen gegenüber allen Reichsministern und höchsten Parteiinstanzen ein Weisungsrecht zu. Nach Auffassung von Schacht hatte Göring jedoch »von all den wirtschaftlichen Dingen, die Hitler ihm im Herbst 1936 anvertraute, nicht den leisesten Schimmer«.

Als Erstes ließ Göring alle privaten Erzfelder enteignen und beschlagnahmte den Vorrat an einsatzbereitem Rüstungsmaterial. Außerdem brachte er die gesamte Stahlproduktion unter seine Kontrolle. Göring gelang es aber nicht, für die Umsetzung des Vierjahresplans eine klare und systematische Organisation zu schaffen, sodass erhebliche Ineffizienzen entstanden.

Die Entwicklung und Umsetzung dieses Vierjahresplanes erfolgte in drei unterschiedlichen Phasen: Die erste Phase zwischen 1936 bis 1938 war durch eine relativ weit gefächerte Planung gekennzeichnet; die zweite Phase von 1938 bis zum Kriegsausbruch im September 1939 war schon eine ganz auf die kriegswirtschaftliche Mobilmachung hin orientierte Schwerpunktplanung; und in der dritten Phase vom Herbst 1939 bis 1942 ging es um die Verschmelzung des Vierjahresplanes mit der eigentlichen Kriegswirtschaft, in der alle Bereiche der Wirtschaft mithilfe eines umfassenden Systems von Vorschriften, Anordnungen und Kontrollen einer staatlichen Wirtschaftslenkung untergeordnet wurden (Willi Thiele).

Aufgrund der massiven Aufrüstung war Deutschland im Jahr 1939 auf einen Krieg deutlich besser vorbereitet als bei Beginn des Ersten Weltkrieges. Hitler verfügte über die bei Weitem größte und am besten ausgerüstete Armee Europas, vor allem über die modernste Luftwaffe und infolge der Gebietserweiterungen um Österreich und Tschechien auch über erhebliche rüstungswirtschaftliche Ressourcen. Außerdem war die Versorgung mit Rohöl, Metallen und Getreide aufgrund des Hitler-Stalin-Paktes vom August 1939 gesichert. Hitler entschied sich deshalb für einen frühen Kriegseintritt und glaubte, mit einem »Blitzkrieg« Materialschlachten wie im Ersten Weltkrieg vermeiden zu können.

Der Zweite Weltkrieg begann am 31. August 1939 mit dem deutschen Überfall auf Polen, das Deutschland und die Sowjetunion schon mit dem Hitler-Stalin-Pakt zwischen sich aufgeteilt hatten. Der Beginn der Kampfhandlungen wurde den Deutschen von Hitler persönlich über den Großdeutschen Rundfunk mitgeteilt: »Polen hat heute Nacht zum ersten Mal auf unserem eigenen Territorium auch mit bereits regulären Soldaten geschossen. Seit 5:45 Uhr wird jetzt zurückgeschossen! Und von jetzt ab wird Bombe mit Bombe vergolten! Wer mit Gift kämpft, wird mit Giftgas bekämpft. Wer selbst sich von den Regeln einer humanen Kriegsführung entfernt, kann von uns nichts anderes erwarten, als dass wir den gleichen Schritt tun. Ich werde diesen Kampf, ganz gleich, gegen wen, so lange führen, bis die Sicherheit des Reiches und bis seine Rechte gewährleistet sind.«

Bis zur Kapitulation Polens am 27. September dauerte der Krieg nur wenige Wochen. Von einer allgemeinen Kriegsbegeisterung wie im Ersten Weltkrieg war in Deutschland nichts zu spüren. Vor allem die anschließenden Kriegserklärungen von Großbritannien und Frankreich an Deutschland besorgten die Menschen; in der Reichskanzlei lösten sie ratlose Betroffenheit aus, was Göring zu der Bemerkung veranlasste: »Wenn wir diesen Krieg verlieren, dann möge uns der Himmel gnädig sein.«

Ebenso beunruhigt reagierten die Menschen, als Hitler sieben Monate später, im April 1940, deutsche Truppen in Dänemark und Norwegen einmarschieren ließ, um die Erzlieferungen aus Schweden (Kiruna) über den norwegischen Hafen Narvik zu sichern. In Dänemark gelang das ohne Gegenwehr, in Norwegen stießen die deutschen Verbände jedoch auf starken Widerstand norwegischer sowie britischer und französischer Truppen. In der Seeschlacht vor Narvik erlitt die deutsche Marine erstmals starke Verluste und wurde langfristig geschwächt.

Wenig später, am 10. Mai 1940, begann dann der deutsche Angriff auf Frankreich nach dem bekannten Muster des Schlieffen-Plans. Wie im Ersten Weltkrieg marschierten deutsche Truppen in die Niederlande und Belgien ein – unter Verletzung der Neutralität dieser Länder. Den überlegenen deutschen Panzerverbänden gelang jedoch ein überraschender und schneller Durchbruch in den Ardennen, worauf die französischen Verbände eingekesselt und besiegt wurden. Deutsche Truppen marschierten bereits am 14. Juni 1940 in Paris ein.

Der deutsche Blitzsieg war überwältigend und löste in Deutschland Erleichterung und Jubel aus. Frankreich, Belgien und die Niederlande waren von Deutschen besetzt. Etwa 1,9 Millionen alliierte Soldaten befanden sich in deutscher Kriegsgefangenschaft. Das Trauma der Niederlage von 1918 war überwunden und das Vertrauen in die Führerschaft von Adolf Hitler erreichte ungeahnte Höhen.

Mit dem Sieg über Polen und Frankreich konnte Deutschland auch das Arbeitsproblem lösen, das in den Betrieben und in der Landwirtschaft aufgrund des Kriegseinsatzes von Arbeitnehmern entstanden war. So kamen 1940 etwa 700 000 polnische Kriegsgefangene und Zwangsarbeiter zum Arbeitseinsatz, entweder im besetzten Polen oder im »Altreich«. Aus Frankreich wurden etwa eine Million Kriegsgefangene und mehrere Hunderttausend verschleppte Juden zur »Zwangsarbeit« in Deutschland eingesetzt.

Im August 1940 gab Hitler den Befehl, mit einem Großangriff deutscher Luftwaffenverbände die Invasion Englands vorzubereiten, nachdem Winston Churchill ein Friedens- und Verhandlungsangebot Hitlers unbeachtet gelassen hatte. Bei den Luftkämpfen erlitten beide Seiten schwere Verluste, die Verluste auf deutscher Seite fielen aber deutlich höher aus, weil die deutschen Bomberverbände auf englischem Gebiet ohne den erforderlichen Begleitschutz operieren mussten. Allein von August bis Oktober wurden 1733 deutsche Flugzeuge abgeschossen, auf britischer Seite waren es nur 915 Flugzeuge. Anfang 1941 brach Hitler deshalb den Luftkampf ab. Es war seine erste große Niederlage.

Nach diesem Fehlschlag gab Hitler den Befehl, den Angriffskrieg gegen die Sowjetunion (»Unternehmen Barbarossa«) vorzubereiten. Hitler verband damit politische, ideologische und wirtschaftliche Ziele: Mit der Sowjetunion sollte nicht nur eine europäische Großmacht besiegt, sondern auch der angeblich von Juden beherrschte Bolschewismus ausgerottet werden. Außerdem sollten die zu erobernden Gebiete dazu dienen, landwirtschaftliche Produkte, Rohstoffe und Arbeitskräfte zu liefern. Das kriegswirtschaftliche Ziel bestand nach Hermann Göring darin, »so viel wie möglich Lebensmittel und Mineralöl für Deutschland zu gewinnen«. Denn ohne die Rohstoffimporte aus der UdSSR war eine Fortsetzung des Krieges nicht mehr möglich.

Nach Überzeugung Hitlers und der Generäle sollte der Russlandfeldzug nicht länger als einige Monate dauern, ganz so wie die Feldzüge gegen Polen und Frankreich. Schon die Ausschaltung der bolschewistischen, jüdisch dominierten Führungsschicht würde genügen, um den »Koloss auf tönernen Füßen« niederzuringen, tönte Hitler.

Als der Angriff auf die Sowjetunion am 22. Juni 1941 begann, waren die meisten Deutschen überrascht und reagierten wie schon im September 1939 mit Bestürzung und Angst. Doch mit dem schnellen Vormarsch der deutschen Armeen, den großen Geländegewinnen und der hohen Anzahl russischer Kriegsgefangener schien das Kalkül Hitlers und seiner Generäle auch dieses Mal aufzugehen. Aber schon im Herbst blieb die Heeresgruppe Mitte vor Moskau im Schlamm stecken und musste schließlich im Winter 1941/1942 mit schweren Verlusten den Rückzug antreten. Am Ende des Jahres 1941 zählte die Wehrmacht schon fast eine Million Tote, Verwundete und Vermisste – etwa ein Drittel der Ausgangsstärke.

Angesichts dieser Lage trat Hitler die Flucht nach vorn an und erklärte den USA am 11. Dezember 1941 den Krieg. Er hatte keinen Zweifel mehr, dass Roosevelt mit allen Mitteln, notfalls auch mit einem offenen Kriegseintritt, gegen Deutschland zu kämpfen entschlossen war. Hitler wollte aber »lieber Initiator denn Adressat einer Kriegserklärung sein«, um seine Handlungsfreiheit und seine Bündnissolidarität mit Japan zu demonstrieren. Der Staatssekretär des Auswärtigen Amtes, Ernst von Weizsäcker, notierte dazu: »Man legt bei uns Wert darauf, dass die U.S.A. nicht uns, sondern wir ihnen den Kriegszustand erklären.«

Totaler Wirtschaftskrieg

Nach dem Kriegseintritt der USA galt es, alle verfügbaren Ressourcen zu mobilisieren. Diese Aufgabe übertrug Hitler Anfang 1942 seinem Architekten Albert Speer als Nachfolger des tödlich verunglückten Fritz Todt, Reichsminister für Bewaffnung und Munition. Durch einen Führerbefehl erhielt Speer für diese Aufgabe alle erforderlichen Vollmachten.

Als Speer das Ministerium übernahm, krankte die Rüstungsproduktion an zahlreichen Versäumnissen und Fehlentwicklungen. Infolge des »Blitzkriegskonzepts« hatte man darauf verzichtet, die vielfältigen und sich überschneidenden Zuständigkeiten von Regierung, Wehrmacht und Industrie zu ordnen und zu zentralisieren. Außerdem wurden die Rüstungsanstrengungen noch Anfang 1941 auf rund ein Drittel ihrer Fertigungsmöglichkeiten zurückgeführt, weil Hitler in ständiger Sorge war, die Bevölkerung durch den Krieg zu überfordern und dadurch sein Ansehen zu gefährden. Speer, der sich unverzüglich an die Arbeit machte, beendete diese Art von Kriegsrüstung und forderte stattdessen den »totalen Krieg«.

Speer gliederte das gesamte Rüstungswesen nach Waffensystemen wie Panzer, Flugzeuge, Geschütze oder Schienenfahrzeuge und stellte an die Spitze jeweils einen »Hauptausschuss«, der die Verantwortung für das fertige und einsatzbereite Produkt trug. Insgesamt gab es 13 solcher Hauptausschüsse, denen sogenannte Ringe zugeordnet wurden, welche die Zulieferung von Rohstoffen, Einzelteilen oder Betriebsmitteln sicherzustellen hatten. An die Spitze dieser Ämter berief er nicht Beamte oder Generäle, sondern bewährte Wirtschaftsführer, Techniker oder Ingenieure, die in Ergebnissen zu planen gewohnt waren.

Von den Betrieben der Rüstungsproduktion verlangte Speer die Rationalisierung und Standardisierung aller Produktionsvorgänge sowie die Umstellung auf Serienfertigung, ganz nach US-amerikanischem Vorbild, wo die Produktion von Waffen, Panzern und Flugzeugen auf wenige Typen reduziert worden war, die in wenigen Großfabriken in riesigen Stückzahlen hergestellt wurden. Die Erfolge dieser Maßnahmen waren verblüffend. Lediglich aufgrund der verbesserten Organisation sowie wirksamer Kontrollen konnte die Gesamtleistung der Rüstungsindustrie bei gleich bleibender Beschäftigungszahl um annähernd 60 Prozent gesteigert werden (Michael North).

Als eines der Schlüsselprobleme für die Steigerung der Rüstungsproduktion stellte sich schon bald der Mangel an Arbeitskräften heraus. Um diesem Mangel zu begegnen, wurde die Wochenarbeitszeit zunächst auf bis zu 70 Stunden angehoben. Außerdem mussten sich Frauen bis zum 50. Lebensjahr für den Arbeitseinsatz bereithalten.

Als die deutschen Arbeitsreserven voll ausgeschöpft waren, wurden Arbeitskräfte aus den von der Wehrmacht besetzten Gebieten herbeigeschafft. Diese Aufgabe übernahm der von Hitler als »Generalbevollmächtigter für den Arbeitseinsatz« eingesetzte Fritz Sauckel, der mit rigorosen Methoden und ohne »Humanitätsduselei«, wie er selbst bemerkte, in den besetzten Gebieten Hunderttausende von Zwangsarbeitern zusammentrieb. Außerdem wurden Kriegsgefangene und KZ-Häftlinge in der Rüstungsproduktion beschäftigt. Denn ohne das Millionenheer deportierter Fremdarbeiter und Kriegsgefangener, deren Zahl von 1,2 Millionen im Jahr 1941 auf 7,8 Millionen im Jahr 1944 anstieg (davon knapp 5 Millionen Russen und Polen), und etwa 450 000 KZ-Häftlingen wäre die deutsche Kriegsproduktion einschließlich Landwirtschaft schnell zusammengebrochen.

Speer gelang es mit solchen Methoden, die Rüstungsfertigung trotz starker Bombardierungen zwischen 1942 und 1944 zu verdreifachen und bis zum Kriegsende weiter zu erhöhen. Im Jahr 1942 wurden in Deutschland etwa 15 000 Flugzeuge fertiggestellt – fast 50 Prozent mehr als ein Jahr zuvor; 1943 erhöhte sich die Fertigung auf über 25 000 Maschinen. Bei den Panzerfahrzeugen stieg die Stückzahl von 140 000 auf knapp 370 000, sodass man in Deutschland von einem »Rüstungswunder« sprach. Doch angesichts der riesigen Mengen an Rüstungsgütern, welche die Alliierten produzierten, waren solche Steigerungen völlig unzureichend: In der Sowjetunion wurden im selben Jahr bereits 27 000, in Großbritannien 23 000 und in den USA 48 000 Flugzeuge gebaut.

Trotz dieses ungleichen Kräfteverhältnisses gelang es den deutschen Verbänden im Sommer 1942, bis nach Stalingrad und zu den Höhen des Kaukasus vorzurücken. Dabei ging es darum, die Versorgung der Wehrmacht mit Öl und Treibstoff sicherzustellen – während des gesamten Krieges die Achillesferse der Kriegsführung.

Nach den Berechnungen des Reichswirtschaftsministeriums reichte der Treibstoff für Flugzeuge und Fahrzeuge bei Kriegsbeginn nur für viereinhalb Monate. Für 1941 berechnete das Wehrwirtschaftsamt schon einen monatlichen Fehlbedarf von 400 000 Tonnen Treibstoff. Mit dem Vorstoß der Heeresgruppe Süd in Richtung der kaukasischen Ölfelder sollte dieses Problem laut Generalfeldmarschall Wilhelm Keitel gelöst werden: »Klar ist, dass die Operationen des Jahres 1942 uns an das Öl bringen müssen. Wenn dies nicht gelingt, können wir im nächsten Jahr keine Operationen führen.«

Doch auch diese Unternehmung scheiterte: In Stalingrad führte die sowjetische Gegenoffensive zur Einkesselung der 6. Armee und Anfang Februar 1943 zu ihrem Untergang. Von nun an war der Krieg im Osten von Abwehrschlachten und Rückzugsbewegungen geprägt. Anfang Januar 1945 begann der sowjetische Großangriff auf das Reichsgebiet, der mit der Einnahme Berlins am 2. Mai 1945 und der Kapitulation der deutschen Wehrmacht am 8. Mai 1945 endete.

Die Zahlen der deutschen Rüstungsproduktion erreichten in der zweiten Hälfte 1944 ihren Höhepunkt. So eindrucksvoll sie waren, in der Endphase des Krieges machten sie nur noch den Widersinn der von Speer betriebenen Rüstungsanstrengungen deutlich. Sein Apparat produzierte Ausrüstung und Gerät für rund 270 Heeresdivisionen, während die Wehrmacht nur noch 150 Divisionen im Einsatz hatte. Die Mehrproduktion von Jagdflugzeugen und Panzern war zu großen Teilen nutzlos, weil vieles davon gar nicht mehr zum Einsatz kam: Es war kein Treibstoff vorhanden oder Ersatzteile konnten nicht mehr geliefert werden; neue Panzer und Flugzeuge warteten häufig vergebens auf ihre Abholung. Und wenn sie dann doch noch zum Einsatz kamen, dienten sie nur noch der Verlängerung eines aussichtslosen Krieges.

Kriegsende

Deutschland kapitulierte am 8. Mai 1945 mit einer Bilanz des Schreckens: Etwa 50 Millionen Menschen verloren auf den europäischen Kriegsschauplätzen ihr Leben, darunter 6 Millionen im Holocaust. Am stärksten war die Sowjetunion betroffen mit 9,7 Millionen gefallenen Soldaten und 14,2 Millionen zivilen Opfern. Deutschland folgte mit 5,5 Millionen gefallenen Soldaten und 2,2 Millionen zivilen Opfern. Danach kam Polen mit 0,24 Millionen gefallenen Soldaten und 5,3 Millionen zivilen Opfern.

Die materiellen Kosten des Krieges sind nur schwer zu beziffern. Bei Kriegsende waren die meisten Groß- und Mittelstädte in Deutschland und Osteuropa zerstört und große Teile der Infrastruktur (Straßen, Brücken, Eisenbahnen) sowie der Industrie schwer beschädigt. Auch England hatte unter den deutschen Bombenangriffen erheblich gelitten.

Besser lassen sich die finanziellen Kosten des Krieges beziffern. Nach Schätzungen gab das Dritte Reich zwischen 1939 und 1945 ungefähr 657,4 Milliarden Reichsmark (RM) zur Kriegsfinanzierung aus. Das entsprach dem 81-Fachen des ersten Reichshaushalts unter Hitler 1933/34, dessen Volumen 8,1 Milliarden Reichsmark betrug.

Aus Steuern wurden für die Kriegsfinanzierung 184,4 Milliarden RM (28,1 %) aufgebracht, weitere 130 Milliarden RM (19,8 %) stammten von Plünderungen deutschen und ausländischen Vermögens und 342,6 Milliarden RM (52 %) wurden über die Aufnahme von Krediten finanziert. Dazu gehörten insbesondere die Sparguthaben deutscher Bürger bei den Sparkassen und Banken.

Kapitel 8
Besatzungszeit

Stunde Null?

Die Geschichte Deutschlands in der unmittelbaren Nachkriegszeit wurde durch die Siegermächte geprägt, die das verbliebene Staatsgebiet in vier Besatzungszonen aufteilten. Eine deutsche Zentralregierung gab es nicht mehr.

Die Besatzungszonen wurden nicht gemeinschaftlich verwaltet, sondern standen unter der Hoheit der jeweiligen Militärverwaltung. Für gemeinsame Entscheidungen errichtete man den »Alliierten Kontrollrat«, der so etwas wie eine provisorische Übergangsregierung für Deutschland war. Der Kontrollrat, der nur einstimmig entscheiden konnte, hatte aber keine Exekutivgewalt, sondern war darauf angewiesen, dass seine Beschlüsse von den vier Militärgouverneuren durchgeführt wurden.

Die alliierten Siegermächte hatten sich auf der Gipfelkonferenz von Potsdam (17. Juli bis 2. August 1945) nur in wenigen Fragen zum weiteren Schicksal des besetzten und zerstörten Deutschlands einigen können. Dazu gehörte insbesondere die Abtrennung der Ostgebiete und die Vertreibung der dortigen Deutschen, die Vernichtung des deutschen Rüstungspotenzials, die Bestrafung der Kriegsverbrecher und die Entnazifizierung. Wirtschaftspolitische Kompetenzen zum Wiederaufbau der deutschen Wirtschaft hatte der Alliierte Kontrollrat nicht.

Die Versorgung der Bevölkerung mit Lebensmitteln und der unternehmerische Warenverkehr erfolgten deshalb weiterhin mithilfe des von den Nazis eingerichteten Bewirtschaftungssystems, das nahezu alle produzierten Waren erfasste. Für deren Bezug benötigte man Lebensmittelkarten und Bezugsscheine, die von den Kommunen ausgestellt wurden. Trotz eines enormen bürokratischen Aufwandes mit Verwaltungsinstitutionen wie dem »Zentralamt für Ernährung und Landwirtschaft« (ZEL) in der englischen Zone wurde aber nur der Mangel verwaltet. Die Landwirtschaft in Westdeutschland konnte die Versorgung der dort Lebenden nicht einmal annähernd sicherstellen. Aus den zerstörten Städten zogen deshalb die Menschen, vom Hunger getrieben, jeden Tag scharenweise aufs Land, um bei den Bauern zu »hamstern«. Andere bemühten sich, auf Schwarzmärkten zu »organisieren«, was sie zum Leben brauchten. In der Regel wurde Ware gegen Ware getauscht, weil die Reichsmark nahezu wertlos war.

Das Ende des totalen Krieges bedeutete jedoch nicht den totalen Zusammenbruch der Wirtschaft, wie es den Menschen damals erschien und wie es der Mythos wollte. Tatsächlich waren die gesamtwirtschaftlichen Schäden viel geringer, als die Fotos von den Ruinenfeldern in den Städten glauben machten.

Nach Schätzungen des Deutschen Instituts für Wirtschaftsforschung (DIW) vernichtete der Krieg in Westdeutschland etwa 15 Prozent und in Ostdeutschland etwa 12 Prozent des Volksvermögens. Die Schäden im Westen waren durchgängig höher, weil dort die Bombardierungen ein Jahr früher begonnen hatten. In den dortigen Betrieben war jede fünfte Produktionsanlage zerstört. Allerdings waren die Produktionskapazitäten insgesamt immer noch höher als im letzten Friedensjahr 1939.

Einen Neuanfang aus dem Nichts gab es natürlich für diejenigen, die ihre Familien verloren hatten, die ausgebombt waren, die vertrieben oder enteignet wurden. Doch die meisten Eigentümer von Sachwerten im Westen behielten ihren Besitz. Dazu gehörten auch Unternehmerfamilien wie die Flicks, Quandts oder Krupps, deren Fabrikanlagen schon bald wieder funktionsfähig waren. Dass sie häufig erst Jahre später die Produktion wieder hochfahren konnten, hatte andere Gründe als den Krieg. Zu diesen Gründen zählten die Reparationspläne der Alliierten, die Aufteilung Deutschlands in vier getrennte Besatzungszonen, das Fehlen einer funktionsfähigen Währung und das weiterhin geltende Bewirtschaftungssystem.

Morgenthau-Plan

Schon während des Krieges verständigten sich die Siegermächte auf der Konferenz in Jalta (Februar 1945) darüber, was aus Deutschland nach der Niederlage wirtschaftlich werden sollte: Übereinstimmung bestand, dass das Land durch Abtretung wichtiger Industriegebiete an Polen und Frankreich und durch eine völlige Deindustrialisierung daran gehindert werden sollte, jemals wieder einen Krieg zu beginnen. Hierfür vorgesehen waren die Kontrolle und Begrenzung der »Erzeugung von Metallen und Chemikalien, des Maschinenbaus und die Erzeugung anderer Gegenstände, die unmittelbar für die Kriegswirtschaft notwendig sind«. Der im Jahr 1944 von dem amerikanische Finanzminister Henry Morgenthau dazu entwickelte Plan stand unter dem Motto »Deutschlands Weg zum Frieden führt über den Bauernhof« und schlug vor, Deutschland in »ein Land von vornehmlich agrarischem und Weidecharakter« umzuwandeln.

Die amerikanische Militärverwaltung in Deutschland unter der Leitung von General Lucius D. Clay widersprach solchen Ideen, weil im Falle einer Deindustrialisierung Westdeutschlands mit einer nicht mehr zu beherrschenden Hungersnot zu rechnen war. US-Präsident Franklin D. Roosevelt ließ den Morgenthau-Plan deshalb fallen. Doch folgenlos blieb er nicht: Im Mai 1945 wurde das alliierte Hauptquartier mit der Richtlinie JCS angewiesen, »keine Maßnahmen zu ergreifen, die a) die wirtschaftliche Aufrichtung Deutschlands oder b) die Aufrechterhaltung oder Stärkung der deutschen Wirtschaft zum Ziel haben«. Dem folgte im März 1946 der erste Industrieplan des Alliierten Kontrollrates, der das Produktionsvolumen auf rund die Hälfte des Maximums von 1938 festsetzte. In einer Liste wurden 1800 Betriebe genannt, die demontiert werden sollten.

Der Abbau von Fabriken und Bahnanlagen erfolgte in den vier Besatzungszonen mit unterschiedlicher Intensität und Geschwindigkeit. Nur in der sowjetischen liefen die Demontagen auf Hochtouren. Allein im ersten Jahr nach Kriegsende wurden in der sowjetischen Zone mehr als 2000 Betriebe demontiert; 11 800 Kilometer Eisenbahnschienen abtransportiert; Oberleitungen abgebaut und Lokomotiven in die UdSSR verbracht. Infolgedessen sank die Transportleistung in der sowjetisch besetzten Zone (SBZ) 1946 auf ein Viertel des Wertes von 1936. Das industrielle Anlagevermögen von 1944 wurde um fast ein Drittel reduziert. Nach Abschluss der Demontagen gab es in der SBZ praktisch keine Eisen- und Stahlindustrie mehr. In Preisen von 1938 erbrachte die sowjetische Besatzungszone mit 14 Milliarden Dollar bei Weitem die höchsten Reparationsleistungen, gefolgt von der französischen Zone.

Vier Besatzungszonen

Die Differenzen und ideologischen Unterschiede zwischen den vier Besatzungsmächten zeigten sich vor allem bei der Frage, wie die politische Verfassung und Zukunft Deutschlands aussehen sollte. Da sich der Alliierte Kontrollrat auf keine gemeinsame Line verständigen konnte, operierten die Militärverwaltungen anfangs auf ihren Gebieten nach den speziellen Vorstellungen ihrer jeweiligen Regierung (Ulrich Herbert).

Während sich Roosevelt der Neuordnung der Weltordnung widmete, konzentrierte sich Stalin auf die Arrondierung des russischen Einflusses auf Ost- und Zentraleuropa. Nach seinen Vorstellungen sollte Ostdeutschland ein Vorposten der sozialistischen Welt gegen die westliche kapitalistische Welt werden. Aus diesem Grund machten sich die Sowjets in ihrer Besatzungszone mithilfe von kommunistischen Funktionärskadern sofort an die Organisation eines Zentralstaates mit einem planwirtschaftlichen Wirtschaftssystem nach russischem Vorbild.

Die Großgrundbesitzer (mehr als 100 Hektar Grundbesitz) und die Großindustriellen in der sowjetischen Zone wurden enteignet. Wer nicht in den Westen ging oder nicht kooperierte, wurde verhaftet und in NKWD-Lagern interniert, in denen nur wenige überlebten. Die Organisation der Wirtschaft wurde nach »sozialistischen Gesichtspunkten« umgestaltet, wobei parteiinterne »Wirtschaftsämter« die Wirtschaftsplanung übernahmen. Gleichzeitig beuteten die Sowjets »ihre« Zone mit Reparationen und Demontagen aus. Wichtige Großbetriebe wurden beschlagnahmt und arbeiteten als sogenannte »Sowjetische Aktien-Gesellschaften« für Rechnung der Sowjetunion.

An einem gemeinsamen, alle vier Zonen umfassenden Wirtschaftsraum waren die Sowjets entgegen der im Potsdamer Abkommen geäußerten Absicht nicht interessiert. Die politische und militärische Grenze zwischen Ost- und Westdeutschland entwickelte sich dadurch auch zu einer ökonomischen Trennlinie, die Ostdeutschland von seinen traditionellen Lieferbeziehungen im Westen abschnitt. Umgekehrt erhielt Westdeutschland keine Nahrungsmittel aus den Ostgebieten, was neben dem Mangel an Düngemitteln eine der Ursachen für den Hungerwinter 1946/47 war.

Auch Frankreich betrieb in seiner Besatzungszone eine Politik, die in erster Linie an französischen Interessen ausgerichtet war. Während sich die amerikanische und britische Militärverwaltung über die Notwendigkeit einer Stärkung der deutschen Industrie bald einig waren, blieb die französische Regierung in ihrer Besatzungszone bei einer harten Reparationspolitik. An einem gemeinsamen Wirtschaftsraum war sie nicht interessiert, sondern gliederte ihre Besatzungszone in den für ganz Frankreich geltenden zentralen Wirtschaftsplan ein. Eine für Westdeutschland geltende einheitliche Transport- und Eisenbahnverwaltung und den britisch-amerikanischen Vorschlag, die Zonengrenzen für den Personenverkehr zu öffnen, lehnte das französische Mitglied im Kontrollrat ab.

Als Folge dieser Vetopolitik wurden die Gräben zwischen den Besatzungszonen immer tiefer, was sich für die Wirtschaftsentwicklung in Deutschland außerordentlich nachteilig auswirkte. Die Folgen zeigten sich im Winter 1946/47, als eine Kältewelle hereinbrach und trotz voller Halden im Ruhrgebiet die Kohle knapp wurde, weil das Verkehrssystem nicht funktionierte. Die frierenden Menschen in ihren Wohnungen reagierten darauf damit, dass sie die für ihren Bedarf benötigte Kohle von den Kohlezügen »klauten«, was die Besatzungsmächte natürlich zu unterbinden versuchten. Das veranlasste den Kölner Erzbischof Joseph Kardinal Frings, in seiner Silvesterpredigt den Diebstahl von Kohle ausdrücklich für rechtens zu erklären. Seitdem hieß der verbotene Kohlenklau am Niederrhein nur noch »fringsen«.

Anfangs war der Waren- und Personenverkehr zwischen den vier Zonen fast völlig unterbunden. Wer von einer Zone in die andere wollte, brauchte dafür einen Passierschein. Wenigstens für den größeren Teil Westdeutschlands wurden solche Nachteile im Herbst 1946 dadurch beseitigt, dass die britische und amerikanische Besatzungszone zu einem »vereinigten Wirtschaftsgebiet« verbunden wurden. Für diese »Bizone« wurde Mitte 1947 in Frankfurt ein deutscher »Wirtschaftsrat« ins Leben gerufen, der sich mit zahlreichen Gesetzen vor allem um die Aufrechterhaltung und Verbesserung der Versorgung der Bevölkerung kümmerte. Trotzdem kam die Wirtschaft aus dem Nachkriegselend nicht heraus. Machtlos musste der Wirtschaftsrat vor allem den Demontage- und Reparationsplänen der Siegermächte zusehen.

Entmachtung der Wirtschaft

Zu den wenigen wirtschaftlichen Zielen, auf die sich die Alliierten in Potsdam einigten, gehörte die Entflechtung der hoch konzentrierten deutschen Wirtschaft. Um deren Macht zu zerschlagen, wurden drei Maßnahmen in Betracht gezogen: 1.) Die Entflechtung der Industriekomplexe. 2.) Die Sozialisierung von Unternehmen und 3.) die Demontage von Fabriken. Keines dieser Vorhaben wurde dann jedoch von den westlichen Militärregierungen mit der ursprünglich geplanten Intensität und Nachhaltigkeit betrieben. Der Grund war die wachsende Einsicht in den USA, dass Westdeutschland angesichts der zunehmenden Spannungen mit der Sowjetunion als zukünftiger Partner des Westens nicht weiter geschwächt, sondern wirtschaftlich gestärkt werden musste.

Zum Punkt »Entflechtung« sah das Potsdamer Abkommen vor, dass das in Deutschland vorherrschende System der Wirtschaftskartelle, Syndikate und Trusts beseitigt werden sollte. Hierzu erließen die drei westlichen Militärregierungen im Jahre 1947 verschiedene Dekartellierungsgesetze bzw. Verordnungen, deren Ziel es war, die Macht der Wirtschaft zu begrenzen und den unternehmerischen Wettbewerb in Westdeutschland wiederherzustellen.

Die alliierten Dekartellierungsgesetze vom Februar 1947, die bis zum Inkrafttreten des Kartellgesetzes (GWB) im Januar 1958 weiter galten, richteten sich vornehmlich auf die Auflösung der kriegsbedingten Zwangskartelle. Zur Zerschlagung und Entflechtung von Unternehmen kam es jedoch nur in Einzelfällen wie:
(1) die Zerschlagung der I.G. Farben in vier selbstständige Konzerne;
(2) die Aufteilung der drei Großbanken in 30 Regionalbanken (eine temporäre »Scheinentflechtung«);
(3) die Zerlegung der Vereinigten Stahlwerke (die ca. 40 % der Stahl- und über 50 % der Steinkohlekapazität auf sich vereinigten) in mehrere Stahl- und Bergbauunternehmen.

Von der Möglichkeit der »Sozialisierung« wurde in den westlichen Besatzungszonen überhaupt nicht Gebrauch gemacht. Die in Hessen und in der Nordrhein-Provinz beschlossenen Sozialisierungsgesetze kamen nie zur Anwendung. Allenfalls wurden Unternehmen unter zeitlich begrenzte Treuhandschaft gestellt.

So wie bei der Entflechtung und Sozialisierung verzichteten die westlichen Alliierten auch bei den »Demontagen« auf radikale Maßnahmen, nachdem man das Ziel der sowjetischen Expansionspolitik erkannt hatte. Jetzt galt nicht mehr Deutschland als der eigentliche Feind, sondern die Sowjetunion. Man brauchte Westdeutschland als Bollwerk gegenüber der kommunistischen Bedrohung. Dazu musste Westdeutschland wirtschaftlich möglichst schnell wieder auf die Beine kommen.

Nach und nach lockerten die westlichen Alliierten deshalb die rigiden Beschränkungen für die deutsche Industrie. Der erste Industrieplan des Kontrollrats vom Frühjahr 1946, der noch unter der Ägide des amerikanischen Morgenthau-Plans (weitgehende Deindustrialisierung Deutschlands) entstanden war und die deutsche Industrieproduktion auf die Hälfte von 1938 begrenzte, wurde schon im August 1947 durch einen zweiten Industrieplan ersetzt, der für die Bizone ein deutlich höheres Produktionspotenzial gestattete.

Trotz solcher Erleichterungen blieben die Demontagen für die deutsche Öffentlichkeit ein Ärgernis. Am 4. Januar 1948 platzte dem ersten Direktor des Wirtschaftsrates, dem CSU-Politiker Dr. Johannes Semler, der Kragen. Vor Parteifreunden wagte er offene Kritik an der Besatzungspolitik. *»Man muss es den Engländern abgewöhnen, drei Jahre nach Kriegsende die deutsche Wirtschaft auszuplündern.«* Für diese Äußerung wurde Semler in Deutschland zum Volkshelden, der endlich gesagt hatte, was viele dachten. Die amerikanische Militärführung beeindruckte das allerdings nicht. General Clay entließ Semler als Direktor der Wirtschaft der Bizone. Für die Nachfolge Semlers präsentierten die Freien Demokraten als Kandidaten den Leiter der »Sonderstelle Geld und Kredit«, die kurz zuvor mit Billigung der Militärregierung vom Wirtschaftsrat eingesetzt worden war. Sein Name war Ludwig Erhard.

Die Demontagen, deren Bedeutung von der deutschen Öffentlichkeit überschätzt wurde, dauerten in Westdeutschland bis 1951 an. Von den 1800 Anlagen, die nach dem Plan des Kontrollrats vom März 1946 demontiert werden sollten, blieben in dem revidierten Plan von August 1947 nur noch 858 Anlagen übrig. Nach dem Petersberger Abkommen vom 22. November 1949 waren es dann nur noch 680 Anlagen, die demontiert werden konnten. Die gesamten Demontagen im Westen hatten, gemessen am Industriekapital von 1936, nur eine Kapazitätsminderung von 3 bis 5 Prozent zur Folge.

Produktionspotenzial

Doch welches »Produktionspotenzial« besaß Westdeutschland am Ende des Krieges überhaupt noch? Die deutschen Großstädte lagen in Trümmern. Die Verkehrsinfrastruktur war schwer beschädigt. 6,3 Millionen Kriegstote waren zu beklagen, darunter 5,2 Millionen deutsche Soldaten.

Die Industrieanlagen waren jedoch viel weniger beschädigt, als es der äußere Schein vermuten ließ. Bezogen auf das Vorkriegsjahr 1936 war das Brutto-Anlagevermögen der Industrie im Krieg sogar um rund 20 Prozent angewachsen. Zwar waren manche Werke gänzlich zertrümmert, bei vielen anderen aber dauerte es nicht lange, bis sie wieder funktionstüchtig waren. Die IG Farben in Hoechst zum Beispiel wiesen kaum Schäden auf, ebenso die meisten Bergwerke im Ruhrgebiet. Der Schwerpunkt der Bombenangriffe lag nämlich, neben den Flächenbombardierungen von Wohngebieten, auf Zielen im Transportsystem.

Auch der Produktionsfaktor »Arbeitskraft« war in den westlichen Besatzungszonen keineswegs knapp: Bei Kriegsende arbeiteten zwar etwa 8 Millionen Kriegsgefangene und Zwangsarbeiter in deutschen Fabriken, die nach der Befreiung »repatriiert« wurden. Es fehlten auch die im Krieg gefallenen oder in Gefangenschaft geratenen Soldaten. Aber gleichzeitig stieg die Einwohnerzahl in den vier Zonen durch den Zuzug der Flüchtlinge und Vertriebenen aus den Ostgebieten um mehr als 20 Prozent – in der amerikanischen und englischen Zone lebten 1946 schon nahezu 7 Millionen zugewanderte Personen. Die Angebotsbedingungen für einen Neustart der Wirtschaft in den westlichen Zonen waren deshalb keineswegs ungünstig.

Ungünstig waren jedoch die politischen Rahmenbedingungen: die Teilung Westdeutschlands in drei Besatzungszonen, die inflationierte Reichsmark, die staatliche Zwangsbewirtschaftung sowie die fehlenden Auslandsmärkte. Nur bei Verbesserung dieser Rahmenbedingungen konnten die Westdeutschen hoffen, von ihrem Elend befreit zu werden. Das setzte jedoch den Willen der drei westlichen Besatzungsmächte voraus, Westdeutschland angesichts der wachsenden Spannungen im Ost-West-Verhältnis zukünftig als Partner und Bundesgenossen zu akzeptieren (Abelshauser).

Marshallplan

Der britische Premierminister Winston Churchill sagte schon Anfang 1946 voraus, dass bald ein »Eiserner Vorhang« quer durch Europa fallen werde. Die Sowjetunion versuche immer aggressiver, ihren neu gewonnenen Einflussbereich in Deutschland und Osteuropa zu festigen und auszubauen. Zeitgleich verkündete der amerikanische Präsident Truman, man werde die kommunistische Gefahr mit aller Kraft eindämmen (»containment policy«). Damit begann der »Kalte Krieg«, in dessen Verlauf Deutschland sowohl Opfer als auch Nutznießer wurde: Opfer, weil der Ost-West-Konflikt zur deutschen Spaltung führte, und Nutznießer, weil damit für Westdeutschland die Einbindung in das westliche Bündnissystem und der wirtschaftliche Aufstieg möglich wurden.

Ein wesentlicher Baustein für diesen Neuanfang war das Mitte 1947 vom amerikanischen Außenminister George Marshall in einer Rede an der Harvard-Universität angekündigte Wiederaufbauprogramm für Europa unter Einbeziehung Deutschlands. Der amerikanische Kongress verabschiedete das European Recovery Program (ERP), das den Namen Marschallplan erhielt und für ganz Europa galt, am 3. April 1948.

ERP-Mittel sollten in erster Linie zur Finanzierung von europäischen US-Dollar-Importen dienen. Aber der Gegenwert der umgesetzten Importwaren in deutscher bzw. europäischer Währung sollte an eine Sonderinstitution fließen. In Westdeutschland war das die Kreditanstalt für Wiederaufbau, die damit Investitionen – vornehmlich im Infrastrukturbereich – finanzierte. Insgesamt wurden im Rahmen des ERP von 1948 bis 1952 15,6 Milliarden Dollar aufgebracht und verteilt. Deutschland erhielt davon etwa 10 Prozent.

Eine Bedingung des Marshallplans war die Gründung der »Organization for European Economic Cooperation (OEEC)«, welche die ERP-Mittel in den verschiedenen Ländern koordinieren, über technischen Fortschritt informieren und auch Verhandlungen über Handelsliberalisierungen anregen sollte. Fast alle in den 1950er-Jahren vereinbarten Wirtschaftskooperationen zwischen den westeuropäischen Staaten gehen auf Ideen zurück, die in der OEEC diskutiert und verhandelt wurden. Dazu gehörten die Europäische Zahlungsunion (1. Juli 1950), die Montanunion (18. April 1951) sowie der Beitritt der Bundesrepublik zum Bretton-Woods-System (28. Juli 1952).

Eine weitere Bedingung für die Gewährung von Marshallplan-Hilfe war, dass Empfängerländer ernsthafte Bemühungen unternahmen, quantitative Handelshemmnisse abzubauen. Hierbei wurden schnelle Fortschritte erreicht: Gemessen am Niveau von 1948 waren bis 1951 65 Prozent der Importe aus 17 Ländern der OEEC von quantitativen Restriktionen befreit.

Für Ludwig Erhard schloss die ERP-Hilfe eine Lücke im deutschen Kapitalmarkt, erlaubte zusätzliche Investitionen und setzte somit Mittel zur Deckung des Konsums frei. Ihre langfristige Wirkung hinsichtlich des bald einsetzenden Wirtschaftsaufschwungs schätzte er jedoch eher gering ein. *»Der Wirtschaftsaufschwung wurde ausschließlich aus eigener Kraft erreicht.«*

Erhard wusste aber genau, dass der eigentliche Wert des Marshallplans in der mit ihm verbundenen Aufbruchstimmung und in der Einbindung der zukünftigen Bundesrepublik in die westliche Wirtschafts- und Staatengemeinschaft lag. Vor allem erhielten dadurch politische Kräfte in Deutschland Rückendeckung, die sich – wie Ludwig Erhard selber – für den marktwirtschaftlichen Weg beim Wiederaufbau starkmachten (Michael North).

Letzteres war keineswegs selbstverständlich, weil es in der westdeutschen Bevölkerung der Nachkriegszeit viel Sympathie für das Konzept einer zentral gelenkten Wirtschaft gab. Staatliche Bewirtschaftung und Zuteilung, so wie man sie seit Beginn des Krieges kannte, erschien einem Großteil der Bevölkerung als die einzige Methode, die knappen Nahrungsmittel, Kleider und Wohnungen einigermaßen gerecht zu verteilen.

In den vier Besatzungszonen stießen solche sozialistischen Gedanken anfangs nur bei den amerikanischen Dienststellen auf eindeutige Ablehnung. Vor allem General Lucius D. Clay trat für ein möglichst liberales Wirtschaftssystem ein, um den amerikanischen Kongress zu gewinnen, die für den Wiederaufbau Deutschlands erforderlichen Kredite zu gewähren. Insofern war der Marshallplan auch ein wichtiges Signal für den Weg in ein liberales Wirtschaftsmodell, wie es Ludwig Erhard vorschwebte.

Bretton-Woods-System

Als Bretton-Woods-System wird die noch während des Zweiten Weltkrieg neu geschaffene internationale Währungsordnung bezeichnet, die vom US-Dollar als Ankerwährung bestimmt war.

Benannt wurde das System nach dem Ort Bretton Woods im US-Bundesstaat New Hampshire, wo die Finanzminister und Notenbankgouverneure von 44 Staaten vom 1. bis zum 22. Juli 1944 zu einer Konferenz zusammenkamen und zum Abschluss das Bretton-Woods-Abkommen unterzeichneten. Die Bundesrepublik Deutschland trat dem Bretton-Woods-System im Jahr ihrer Gründung 1949 bei und ratifizierte das Abkommen per Gesetz vom 28. Juli 1952. Zur Kontrolle und Durchsetzung des Abkommens wurden in der Folge die Bretton-Woods-Institutionen »Weltbank« und »Internationaler Währungsfonds (IWF)« geschaffen.

Die Aufgabe des Bretton-Woods-Abkommens war, den internationalen Güterverkehr durch die Bereitstellung allgemein anerkannter und wertbeständiger Zahlungsmittel wieder in Gang zu bringen. Die Weltwirtschaftskrise und der Zweite Weltkrieg hatten die internationalen Handelsbeziehungen weitgehend zum Erliegen gebracht. Die gegenseitige Austauschbarkeit der nationalen Währungen (»Konvertibilität«) war begrenzt. Und das britische Pfund hatte seine alte Funktion als »Welt-Zahlungsmittel« zugunsten des amerikanischen Dollar eingebüßt.

Zwei Pläne standen zur Lösung dieser Aufgabe zur Diskussion: der britische Keynes-Plan und der amerikanische White-Plan. Der von dem britischen Ökonom John Maynard Keynes ausgearbeitete Vorschlag sah die Gründung einer internationalen Clearing Union vor. Die beteiligten Staaten sollten innerhalb dieser Union ihre jeweiligen Forderungen und Verpflichtungen aus dem Güterhandel gegenseitig aufrechnen können. Die Clearing Union sollte ferner die Berechtigung haben, Kredite zu vergeben, um damit einem Mitgliedsland zu ermöglichen, vorübergehende Zahlungsbilanzdefizite zu überbrücken.

Der White-Plan sah vor, einen internationalen Fonds zu gründen, der durch Einzahlungen der beteiligten Staaten aufgefüllt werden sollte. Dieser Fonds sollte auch Kredite vergeben können, deren Höhe aber sehr viel enger bemessen war, als es Keynes in seinem Plan vorgesehen hatte. Wie nicht anders zu erwarten war, setzte sich im Wesentlichen der US-amerikanische White-Plan durch.

Im Zentrum des Bretton-Woods-Abkommens stand die Verpflichtung aller Mitgliedsländer zu einem System fester Wechselkurse, von denen nur Abweichungen innerhalb eines Bandes von +/- 1 % gegenüber dem US-Dollar zulässig waren. Nur bei »fundamentalen Zahlungsbilanzungleichgewichten« sollte eine Anpassung (»realignment«) der Wechselkurse vorgenommen werden können. Gleichzeitig verpflichteten sich die USA, auf Verlangen anderer Länder deren Dollar-Guthaben zu einem festen Kurs in Gold einzutauschen.

Jeder Vertragsstaat des Bretton-Woods-Abkommens war ferner berechtigt, gegenüber dem IWF im Rahmen genau festgelegter »Ziehungsrechte« Zahlungsmittel anderer Länder – insbesondere US-Dollar – abzurufen. Darüber hinaus konnte jeder Staat Kredite des IWF in Anspruch nehmen, sofern der IWF durch die Einzahlungen seiner Mitglieder sowie durch eigene Kreditaufnahme auf den Kapitalmärkten zu einer Kreditgewährung in der Lage war.

Das Bretton-Woods-System blieb bis zum Beginn der 1970er-Jahre in Kraft. Das System fester und nur begrenzt anpassungsfähiger Wechselkurse verlor aber seine Gültigkeit, als die USA im Jahre 1971 ihre Verpflichtung aufkündigten, die weltweit verfügbaren Dollar-Guthaben in Gold einzulösen, und gleichzeitig den US-Dollar abwerteten. Dieser Schritt war unvermeidlich geworden, nachdem die USA eine inflatorische Politik betrieben hatten und die außerhalb des Landes stark angewachsenen Dollarbestände faktisch nicht mehr eingelöst werden konnten.

Nicht zuletzt waren es aber auch die immanenten Widersprüche des Bretton-Woods-Systems, die zu seinem Scheitern führten: Grundsätzlich sind stabile Wechselkurse nicht aufrechtzuerhalten, wenn bei freiem internationalen Zahlungsverkehr die beteiligten Länder eine eigene Geldpolitik betreiben und ihre gesamtwirtschaftliche Entwicklung unterschiedlich verläuft. Dann entstehen zwangsläufig Zahlungsbilanzdefizite oder -überschüsse, die eine Währung unter Druck setzen.

Kapitel 9

Adenauer und Erhard

Währungsreform

Das Fehlen einer funktionsfähigen Währung war in der Nachkriegszeit das größte Hindernis für die wirtschaftliche Erholung Deutschlands. Infolge der nationalsozialistischen Kriegswirtschaft war eine riesige Geldmenge entstanden, der ein nur dürftiges Warenangebot gegenüberstand, sodass die Reichsmark (RM) rapide an Wert verlor. Das Geld bedeutete keine Kaufkraft mehr – wohl aber Bezugsscheine und Lebensmittelkarten, die für den Kauf der meisten Güter benötigt wurden.

Ohne eine Währung, die als Tausch- und Wertaufbewahrungsmittel akzeptiert wird, kann eine arbeitsteilige Wirtschaft nicht arbeiten. Diese Funktionen hatte die Reichsmark aber verloren. Um nicht auf der wertlosen Reichsmark sitzen zu bleiben, horteten die Händler ihre Ware, weil sie im Falle des Verkaufs für das Geld keine neue Ware erhielten. Die Fabrikanten weigerten sich, ihre Rohstoffe für die Produktion einzusetzen, weil sie mit den Erlösen aus der Produktion keine neuen Rohstoffe kaufen konnten. Es gab zwar die illegalen »Schwarzen Märkte«, auf denen im Tauschhandel oder gegen astronomische Summen vieles zu bekommen war. Auf einer solchen Basis konnte eine Volkswirtschaft aber nicht funktionieren.

Auf deutscher Seite und bei den Besatzungsmächten war man sich grundsätzlich einig, dass zur wirtschaftlichen Erholung Deutschlands eine neue Währung gehörte. Der riesige Geldüberhang musste beseitigt werden, wofür es zwei Möglichkeiten gab: eine Währungsreform oder Preissteigerungen. Die westlichen Militärregierungen zögerten lange mit einer Entscheidung und versuchten zunächst, die öffentlichen Haushalte mittels exorbitanter Steuererhöhungen auszugleichen. Dies geschah mit dem Kontrollratsgesetz Nr. 12, das den Höchstsatz der Einkommensteuer auf 95 Prozent und der Körperschaftsteuer auf 65 Prozent festsetze. Das Problem der verdeckten Inflation wurde dadurch jedoch nicht gelöst, vielmehr hemmten solche Steuersätze den Wiederaufbau.

Drei Jahre lang diskutierte man öffentlich über den richtigen Weg zur Reform des Geldwesens. Die einen vertraten den Standpunkt, dass eine solche Reform erst vorgenommen werden durfte, wenn sich die Güterversorgung wesentlich verbessert hatte. Andere meinten, solange das Geldwesen nicht in Ordnung gebracht sei, könnte es überhaupt keinen Fortschritt bei der Güterversorgung geben. Umstritten war auch, wie tief ein Währungsschnitt gehen musste und ob für kleine Sparer sowie Bombengeschädigte und Heimatvertriebene Ausnahmen gemacht werden sollten.

Unter der Federführung amerikanischer Wirtschaftswissenschaftler waren 1945 erste Konzepte für eine gesamtdeutsche Währungsreform im Nachkriegsdeutschland erarbeitet und mit deutschen Finanzwirtschaftlern und Bankiers beraten worden. Der »Colm-Dodge-Goldsmith-Plan«, den die amerikanische Regierung Mitte 1946 genehmigte, enthielt bereits wesentliche Elemente der späteren Währungsreform. Der Plan sollte allerdings für ganz Deutschland gelten, was die Zustimmung der Sowjets im Alliierten Kontrollrat voraussetzte, die von sowjetischer Seite aber immer wieder verzögert wurde. Erst mit dem Auszug der Sowjets aus dem Alliierten Kontrollrat am 19. März 1948 stand endgültig fest, dass es eine gesamtdeutsche Währungsreform nicht geben würde.

Den ersten Schritt zu einer Währungsreform machten die amerikanische und die britische Militärverwaltung, indem sie für die Doppelzone mit Wirkung vom 1. März 1948 die »Bank deutscher Länder« gründeten, die als Zentralbank fungieren sollte. Das Recht der Notenausgabe hatte diese Bank anfangs allerdings nicht. Die französische Zone trat dieser Bank rückwirkend am Tag der eigentlichen Währungsreform bei.

Danach beschleunigten sich die Vorbereitungen für eine rasche Geldumstellung. Von den Alliierten wurde dazu im April 1948 ein kleiner Kreis deutscher Experten zur »Währungskonklave von Rothwesten« eingeladen, um über die Währungsreform zu beraten. Sieben Wochen dauerte die Arbeit dieses geheimen Gremiums. Am 16. Juni erklärten die drei Westmächte dann definitiv, dass sie eine einheitliche Währungsumstellung vornehmen würden. Darauf stiegen die Preise auf den Schwarzen Märkten schlagartig an, weil jeder seine Reichsmarktbestände gegen Waren eintauschen wollte; wer Waren hatte, hielt diese zurück.

Am 19. Juni 1948 veröffentlichten die westlichen Alliierten dann, dass die Währungsreform am nächsten Tag – einem Sonntag – in Kraft treten werde: »Das neue Geld heißt Deutsche Mark, jede Deutsche Mark hat hundert Deutsche Pfennige. Das alte Geld, die Reichsmark, die Rentenmark und die Alliierte Militärmark, ist vom 21. Juni an ungültig.« Die Banknoten für die neue Währung waren in New York City und Washington D.C. gedruckt und durch einen geheimen Geldtransport mit der Bezeichnung »Operation Bird Dog« nach Deutschland gebracht worden.

Am Zahltag erhielten alle Deutschen einen Betrag von 60 DM pro Kopf im Umtausch gegen 60 Reichsmark, wovon aber nur 40 DM ausbezahlt wurden. Die restlichen 20 DM wurden erst Monate später ausbezahlt. Altgeldnoten und Münzen mit einem Nennwert von bis zu einer Mark blieben mit einem Zehntel ihres Wertes vorerst im Umlauf.

Mit dem Kopfgeld wurden gleichzeitig Formulare ausgegeben, mit denen das übrige Altgeld sowie die Bank- und Sparguthaben angemeldet werden mussten. Es wurde im Verhältnis 10 zu 1 gegen die neue DM eingetauscht, d.h.: Je 10 Mark Altgeld wurden zu einer Deutschen Mark zusammengelegt. Über die Hälfte davon konnte verfügt werden, die andere Hälfte wurde zunächst blockiert, um die weitere wirtschaftliche Entwicklung abzuwarten.

Das »Festkontengesetz« vom 7. Oktober 1948 bestimmte dann, dass von der blockierten Hälfte der umgestellten Spar- und Bankeinlagen 70 Prozent nicht umgestellt wurden. Die Reichsmark wurde deshalb im Endeffekt nicht im Verhältnis 10 zu 1, sondern nur 10 zu 0,65 umgestellt. Von der Umstellung waren die regelmäßig wiederkehrenden Leistungen wie Löhne, Mieten, Renten etc. ausgenommen. In diesen Fällen war das Umtauschverhältnis 1 zu 1.

Auch bei der Festlegung des Umtauschverhältnisses spielten die Amerikaner eine maßgebliche Rolle. Im Unterschied zu deutschen Vorstellungen bestanden sie auf einem scharfen Geldschnitt, um den aus der Nazi-Zeit stammenden Geldüberhang zu beseitigen. So wurden insgesamt 93,5 Prozent des alten Reichsmarkvolumens aus dem Verkehr gezogen – der schärfste Währungsschnitt, der in der deutschen Währungsgeschichte bisher gemacht wurde.

Auch wenn die Währungsreform von der deutschen Bevölkerung als ein notwendiger Neubeginn begrüßt wurde, beklagte man, dass keine Unterschiede gemacht wurden zwischen denen, die ihr Vermögen behalten hatten, und jenen, die alles verloren hatten. So kritisierte der baden-württembergische Ministerpräsident Reinhold Meier: *»Für die Deutschen ist unverständlich, dass bei der Währungsreform soziale Gesichtspunkte nicht berücksichtigt worden sind. Es ist untragbar, dass die*

Währungsreform die Notpfennige und Spargroschen der Alten unterschiedslos mit Bankkonten aller Art gleichstellt.«

Die Befürworter der Währungsreform hielten dem entgegen, dass soziale Differenzierungen das Projekt erheblich kompliziert und verzögert hätten. Zunächst habe man ein funktionsfähiges Geldwesen herstellen und die Wirtschaft in Gang setzen müssen. Der soziale Ausgleich im deutschen Nachkriegschaos könnte nur durch eine eigene Lastenumverteilung geregelt werden.

Berliner Blockade

Mit der Währungsreform in den drei westlichen Besatzungszonen endete das gemeinsame Währungsgebiet mit der sowjetischen Zone, in der die alte Reichsmark ebenfalls überlebt hatte. Es stellte sich deshalb die Frage, was die Sowjets in ihrer Zone mit dieser Währung machen würden.

Die Reaktion der Sowjetunion auf die neue Währung in den drei Westzonen kam prompt: Schon am 23. Juni 1948, also zwei Tage nach der Währungsreform im Westen, wurde auch in der sowjetischen Zone eine Währungsreform durchgeführt und die Reichsmark durch die Mark ersetzt. Der Berliner Magistrat wurde von den Sowjets aufgefordert, die Befehle zu veröffentlichen und »im ganzen Gebiet von Groß-Berlin unverzüglich in Kraft zu setzen«. Die westlichen Stadtkommandanten konterten mit einer Gegenorder: »In den französischen, britischen und amerikanischen Sektoren von Groß-Berlin sind diese Befehle null und nichtig und finden keine Anwendung.« Zugleich wurde bestimmt, dass die für die drei Westzonen angeordnete Währungsreform auch für die drei westlichen Sektoren von Berlin gelten sollte.

In der sowjetischen Besatzungszone waren aber noch keine neuen Banknoten gedruckt worden, weshalb die Reichsmarkscheine zunächst mit Coupons beklebt wurden. Jeder Bewohner konnte 70 Reichsmark im Verhältnis 1:1 in »Deutsche Mark« der Deutschen Notenbank (Ostmark) umtauschen; höhere Summen konnten im Verhältnis 1:5 umgetauscht werden und Beträge ab 1000 Reichsmark im Verhältnis 1:10.

In Westberlin gab es nunmehr zwei als Zahlungsmittel anerkannte Währungen, die D-Mark und die Ostmark. In Ostberlin und der SBZ war zwar der Besitz von D-Mark (bis 1974) verboten. Es entwickelte sich jedoch schnell ein innerstädtischer Devisenhandel als Schwarzmarkt.

Um diesen auszutrocknen, gestatteten die Westalliierten Wechselstuben, die ab August 1948 tätig wurden. Die ersten Tauschkurse kamen auf der Basis 1,00 D-Mark = 2,20 Ostmark zustande und veränderten sich später auf eine Bandbreite von 4 bis 7 Ostmark.

Die Ostmark war aber nicht die einzige Reaktion der Sowjetunion auf den gescheiterten Versuch, die Währungsreform der sowjetischen Besatzungszone auf ganz Berlin auszudehnen. Am 24. Juni 1948 begannen die Sowjets mit der sogenannten Berlin-Blockade. In der Nacht zum 24. Juni 1948 wurden zunächst der gesamte Passagierverkehr und dann auch der Gütertransport durch die sowjetische Zone nach Berlin gesperrt. Berlin war plötzlich von allen Seiten abgeriegelt. Gleichzeitig wurde für den sowjetischen Sektor jede Zahlung in Westmark bei Strafe verboten. Damit erklärte die Sowjetunion die Vier-Mächte-Verwaltung für Groß-Berlin »praktisch für beendet«. Der Kalte Krieg hatte seinen ersten Höhepunkt erreicht.

Die Amerikaner beantworteten die Blockade Berlins mit der »Luftbrücke«. Über ein Jahr lang wurde Westberlin mit amerikanischen Flugzeugen aus der Luft versorgt – ein bis dahin beispielloses Unternehmen. Über die »Luftbrücke« wurden auf 275 000 Flügen mehr als 2,3 Millionen Tonnen Fracht bewegt. Die Kosten der Luftbrücke betrugen mehr als 200 Millionen Dollar allein für Amerikaner und Briten. Die drei Westzonen beteiligten sich an den Kosten mit dem »Notopfer Berlin«, das aus einem zehnprozentigen Zuschlag auf die Lohn- und Einkommensteuer und einem Zuschlag auf das Briefporto bestand.

Ludwig Erhards Stunde

Die Einführung einer neuen Währung war nur der erste Schritt auf dem Wege zur Gesundung der deutschen Wirtschaft. Als zweiter Schritt musste die Wiederherstellung marktwirtschaftlicher Verhältnisse folgen. Die *Basler Zeitung* schrieb dazu: »*Die deutsche Währungsreform wird, wenn sie nicht mit einer grundlegenden Reform des Wirtschaftssystems verbunden ist, wirtschaftlich nur einen kleinen Teilerfolg haben, aber ganz bestimmt politisch zu einem eklatanten Misserfolg führen.*«

Das war die Stunde von Ludwig Erhard: Er hatte nicht nur klare Vorstellungen von einem liberalen Wirtschaftssystem, sondern er wusste auch, dass der Währungsschnitt nur erfolgreich sein konnte, wenn mit der staatlichen Plan- und Zuteilungswirtschaft rasch Schluss gemacht wurde. Und er war entschlossen, diesen Schritt zu wagen, obgleich die Militärregierung davon abgeraten hatte. Noch in letzter Minute versuchte General Clay vergeblich, Ludwig Erhard von seinem Vorhaben abzubringen.

Die deutsche Öffentlichkeit war auf den Umstieg von der staatlichen Zwangswirtschaft in eine liberale Marktwirtschaft in keiner Weise vorbereitet. Wie nach dem Ersten Weltkrieg dominierten auch nach dem Zweiten Weltkrieg die sozialistischen Heilslehren. Weit über Deutschland hinaus war die Ansicht verbreitet, dass das »kapitalistische System« versagt habe. Es gewährleiste keine soziale Gerechtigkeit, insbesondere keine ausreichenden Arbeitsplätze, und habe so den Aufstieg der Nazis möglich gemacht. Viele setzten deshalb auf staatliche Wirtschaftslenkung und die Entmachtung der Großindustrie durch Sozialisierung.

Solche Vorstellungen fanden Sympathien bis weit ins bürgerliche Lager hinein, selbst bei der neu gegründeten CDU. In ihrem »Ahlener Programm« vom Februar 1947 war die Rede von staatlicher Planung und Lenkung sowie von einer Verstaatlichung des Bergbaus und der Stahlindustrie. Und in die Hessische Landesverfassung wurde damals durch Volksabstimmung der Artikel 41 (der sogenannte Sozialisierungsartikel) eingefügt, der Sozialisierungen in den Bereichen Bergbau, Eisen und Stahl sowie Energie und Verkehr vorsah.

Ludwig Erhard hielt davon nichts und verfolgte konsequent den marktwirtschaftlichen Weg. Diesen erklärte er am 21. April 1948 vor der Vollversammlung des Wirtschaftsrats folgendermaßen: »*Die Richtung ist klar, die wir einzuschlagen haben – die Befreiung von der staatlichen Befehlswirtschaft, die alle Menschen in das entwürdigende Joch einer alles Leben überwuchernden Bürokratie zwingt, die … den frömmsten Staatsbürger zum Rebellen machen muss … Im Konkreten heißt das, dass wir nach der Währungsreform dem menschlichen Willen und der menschlichen Bestätigung sowohl nach der Produktions- als auch nach der Konsumseite hin wieder größeren Spielraum setzen und dann auch automatisch dem Leistungswettbewerb Möglichkeiten zur Entfaltung eröffnen müssen.*«

Nur wenig später, am 18. Juni 1948, beschloss der bizonale »Wirtschaftsrat« in einer dramatischen Nachtsitzung gegen den erbitterten Widerstand von SPD und KPD das »Gesetz über Leitsätze für die Bewirtschaftung und Preispolitik« (kurz »Leitsätzegesetz« genannt). Das Gesetz ermächtigte die von Ludwig Erhard geführte »Verwaltung für

Wirtschaft«, die geltenden Bewirtschaftungs- und Preisvorschriften für die deutsche Wirtschaft zu ändern bzw. aufzuheben.

Von dieser Möglichkeit machte Ludwig Erhard unverzüglich und umfänglich Gebrauch: Noch am Tage der Währungsreform verkündete er im Rundfunk eine weitgehende Aufhebung der Bewirtschaftung und der Preisbindung für fast alle Konsum- und Investitionsgüter. Hunderte von Vorschriften wurden außer Kraft gesetzt, darunter auch der gesetzliche Lohnstopp. Gleichzeitig wurden die Steuern gesenkt. Erhard ging dabei weit über das hinaus, was die Militärverwaltungen erlaubt hatten. Clay stellte Erhard deshalb zur Rede und warf ihm vor, das Bewirtschaftungsgesetz über das zugelassene Maß hinaus abgeändert zu haben. Erhard antwortete trocken: *»Ich habe sie nicht abgeändert. Ich habe sie aufgehoben!«*

Das war der Startschuss für die Einführung der Marktwirtschaft in Deutschland. In rascher Folge wurden für immer mehr Waren die Bewirtschaftungs- und Preisvorschriften aufgehoben. Auch die Vorschriften, wonach Güter nur mit Bezugsmarken gekauft werden konnten, wurden abgeschafft. Es ging um mehr als 500 Gesetze und Verordnungen aus den Bereichen Rohstoffzuteilung, Produktion und Handel, die davon betroffen waren. Nur für die wichtigsten Rohstoffe sowie für Mieten und Pachten blieben die Höchstpreise bestehen.

Was produziert und angeboten wurde und welche Preise galten, darüber entschieden plötzlich nicht mehr die Bürokraten, sondern Unternehmer, Händler und Verbraucher auf den Märkten. Angesichts der allgemeinen Notlage und der politischen Stimmung war das eine äußerst riskante Entscheidung. Aber der Erfolg gab Ludwig Ehrhard recht: Über Nacht landeten die zuvor gehorteten Waren mit neuen Preisschildern in den Schaufenstern. Das Handeln auf Schwarzmärkten hörte schlagartig auf.

In der Bevölkerung war der Nachholbedarf an lebensnotwendigen Gütern riesengroß. Vor den Geschäften bildeten sich Schlangen und so mancher Laden war bald leer gekauft. Hauptgesprächsthema war, wo es dieses, wo es jenes zu kaufen gab. Und sofort bemühten sich Anbieter und Händler, die nachgefragten Waren möglichst schnell zu besorgen. Ein neuer Schaffensimpuls erfasste die Menschen und Unternehmen.

Als dann im Juli 1948 die ersten Löhne und Gehälter in D-Mark ausgezahlt wurden, begann ein regelrechter Sturm auf die Läden und Geschäfte. Gleichzeitig stiegen aber auch die Preise, weil das mit der

Währungsumstellung geschaffene Geldvolumen für das damalige Warenangebot entschieden zu groß war und das neue Geld infolge der Ausgabenfreudigkeit der Bevölkerung eine ungewöhnlich hohe Umlaufgeschwindigkeit besaß. Beispielsweise musste man für ein Ei, das nach der Währungsreform im Juli 35 Pfennige kostete, im August schon 56 Pfennige und im Oktober sogar 85 Pfennige zahlen.

Um das Vertrauen in die neue Währung durch solche Preissteigerungen nicht zu gefährden, entschied die Bank Deutscher Länder, den Kreditspielraum der Banken zu verkürzen. Der Mindestreservesatz wurde von 10 auf 15 Prozent erhöht. Außerdem wurden die Banken aufgefordert, ihr Kreditvolumen nur in dringenden Fällen und nach Genehmigung durch die Zentralbank zu erhöhen. Auch die Rediskontfähigkeit von Wechseln wurde eingeschränkt.

Das Bremsmanöver der Bank Deutscher Länder zeigte bald Wirkung. Die Kreditexpansion verlangsamte sich spürbar und die Preisentwicklung beruhigte sich wieder – eine Entwicklung, die bis Mitte 1950 währte. Die D-Mark hatte ihre erste Bewährungsprobe bestanden.

Generalstreik

Die Gegner der Marktwirtschaft nutzten die Preissteigerungen, Ludwig Erhard und seine Wirtschaftspolitik heftig zu attackieren: Auf Transparenten war damals zu lesen: »Erhard an den Galgen« und »Marktwirtschaft ist Ausbeutung«. Vor allem die Sozialdemokraten machten Erhard schwere Vorwürfe:

»Ihre Form des Liberalismus, ganz gleich, ob sie sich als Neo-Liberalismus oder sozialer Liberalismus bezeichnet, ist ein angestaubter Ladenhüter. Auf dem Rücken der kleinen Lohn- und Gehaltsempfänger und Sozialrentner vollzieht sich der Aufbau. Soziale Gerechtigkeit ist nicht einfach ein natürliches Kind der Freiheit. Nie war es so notwendig, dass der Staat fördert, ausgleicht, zurechtrückt und abwehrt. Man kann heute nicht mit dem Lehrbuch von Adam Smith durch die Wirtschaft stolpern.«

Die sozialdemokratische Opposition im Frankfurter Wirtschaftsrat versuchte mehrfach, Erhard vom Posten des Wirtschaftsdirektors abzuberufen, erhielt dafür aber nicht die notwendige Mehrheit. Die *Neue Zürcher Zeitung* schrieb erleichtert, dass bei einem anderen Abstimmungsergebnis unter sozialdemokratischer Führung die Preisbindung und Bewirtschaftung wieder eingeführt worden wäre. Doch mit dem Vertrauensvotum des Wirtschaftsrats für Erhard war der grundsätzliche Streit um die Marktwirtschaft nicht beigelegt.

Im November 1948 rief der bizonale Gewerkschaftsbund einen Generalstreik gegen die neue Wirtschaftspolitik aus. Für 24 Stunden sollte in Westdeutschland die Arbeit ruhen. Die Forderungen der Gewerkschaft: Verkündung des Wirtschaftsnotstandes; Einsetzung eines Preiskommissars; Lenkung der Rohstoffe, Kredite und Ähnliches mehr. Dem Generalstreik folgten zwar einige Millionen Menschen, mehrheitsbildend wirkte er aber nicht, weil die Menschen zum System der Bezugsscheine und Lebensmittelkarten nicht zurückwollten.

Doch der Kampf um die Marktwirtschaft ging unvermindert weiter und wurde zu einer prägenden Auseinandersetzung für die frühe Bundesrepublik. Ludwig Erhard beschrieb diesen Kampf später so:

»Die Marktwirtschaft war wenige Tage nach ihrem Beginn in einen Sturm geraten, der gute Nerven und klaren Kurs verlangte. Eine über Jahre hinweg aufgestaute Konsumnachfrage und ein in allen Bereichen der Wirtschaft fast unbegrenzter Nachhol- und Ersatzbedarf drängten mit ungestümer Gewalt auf die von den gröbsten Fesseln der Bewirtschaftung befreiten Märkte. Das Angebot aus Produktion und aus Lagerbeständen nahm zwar kräftig zu. Preissteigerungen waren jedoch nicht zu vermeiden. Da riefen die Gewerkschaften zum Generalstreik auf. Anpassungsschwierigkeiten und auf einzelnen Märkten aufgetretene Störungen wurden von den Gegnern der Marktwirtschaft voreilig als Versagen der neuen Wirtschaftsordnung deklariert. Nicht wenige forderten die Rückkehr zur Bewirtschaftung, wobei an gehässigen und demagogischen Argumenten nicht gespart wurde.«

Lastenausgleich

Die Westalliierten überließen es den Deutschen, wie sie die vielfältigen Ungerechtigkeiten und Lasten durch Krieg, Flucht und Vertreibung ausgleichen wollten. Sie ordneten aber mit dem Währungsumstellungsgesetz an, dass die dafür »erforderlichen Mittel durch besondere Vermögensabgaben aufzubringen« und deren Erträge einem »außeretatmäßigen Ausgleichsfonds« zuzuführen seien. Das Nähere sollte in einem bis zum 1. Dezember 1948 zu erlassenden deutschen Gesetz geregelt werden.

Im Vorgriff auf dieses Gesetz wurde schon am 8. August 1949 für dringende Notfälle ein Soforthilfegesetz erlassen, um Abgaben erheben und Leistungen gewähren zu können. Die endgültige Regelung folgte jedoch erst mit dem »Gesetz über den Lastenausgleich« vom 14. August 1952.

Mit diesem Gesetz wurden zum Ausgleich der Kriegs- und Folgelasten drei einmalige Sondersteuern eingeführt: 1. Die Vermögensabgabe, die von dem steuerpflichtigen Vermögen in Höhe von 50 Prozent erhoben wurde, wobei die Abgabe auf 30 Jahre verteilt wurde. 2. Die Hypothekengewinnabgabe, die dem Hypothekenschuldner den Vorteil nahm, den er aus der Umstellung seiner Schulden im Verhältnis 10 zu 1 gezogen hatte. 3. Die Kreditgewinnabgabe für Gewerbebetriebe zum Ausgleich des Vorteils, den sie aus der Umstellung ihrer Schulden im Verhältnis 10 zu 1 im Rahmen der Währungsreform genossen hatten.

Aus diesen Sonderabgaben sowie zusätzlichen Zuschüssen von Bund und Ländern wurden die Leistungen von den Ausgleichsämtern an die Geschädigten gezahlt. Bis 1982 summierten sich die Zahlungen aus dem Ausgleichsfonds auf die gewaltige Summe von 115 Milliarden DM.

Der Lastenausgleich bildete lediglich einen Ausgleich für die materiellen Folgen von Krieg und Vertreibung. Ihm lag das Bekenntnis zur Solidarität mit den Geschädigten zugrunde. Diejenigen, die ihr Vermögen und ihre wirtschaftliche Existenz über den Krieg gerettet hatten, sollten die materiellen Lasten derjenigen ausgleichen, die fast alles verloren hatten. Insofern war der Lastenausgleich ein wesentlicher Baustein der Sozialen Marktwirtschaft und ein konkreter Anwendungsfall der Sozialstaatsverpflichtung der Bundesrepublik.

Neoliberalismus

Ludwig Erhard wird gern als Vater der Sozialen Marktwirtschaft bezeichnet. Dabei wird vergessen, dass an der Erarbeitung und Umsetzung dieses wirtschaftlichen Ordnungsmodells viele Personen mitgewirkt haben, die in der Öffentlichkeit kaum noch bekannt sind. Dazu gehören insbesondere liberale Persönlichkeiten, die den Machtmissbrauch totalitärer Staaten selbst kennengelernt hatten und den Wert individueller Freiheit zu schätzen wussten. Ihr Ziel war, die Wirtschaft von den Zwängen einer Lenkungs- und Planwirtschaft zu befreien und eine freiheitliche Wirtschaftsordnung aufzubauen, ohne die im 19. Jahrhundert gemachten Fehler zu wiederholen.

So traf sich schon im August 1938 in Paris auf Einladung des US-Amerikaners Walter Lippmann ein bunter Kreis von liberalen Ökonomen, Philosophen und Publizisten zu einem Kolloquium, um über die Zukunft des in Misskredit geratenen Wirtschaftsliberalismus nachzudenken. Unter den Teilnehmern waren auch die deutschen Ökonomen Alexander Rüstow, Wilhelm Röpke, Friedrich A. Hayek und Ludwig von Mises, von denen einige später als Berater von Ludwig Erhard eine wichtige Rolle spielen sollten.

Schnell waren sich die Teilnehmer des Treffens einig: Der Liberalismus des »Laissez-faire«, wie er das 19. Jahrhundert dominiert hatte, war gescheitert. Er hatte mit der Duldung von Kartellen, Konzernen und Trusts im Unternehmensbereich das Entstehen wirtschaftlicher Macht zugelassen und auf die sozialen Fragen der damaligen Zeit keine ausreichenden Antworten gegeben.

Alexander Rüstow forderte deshalb in der Versammlung, dass eine freie Wirtschaft einen »starken Staat« benötige – »oberhalb der Wirtschaft, oberhalb der Interessen, da, wo er hingehört«. Er begründete seine Forderung mit der zunehmenden Konzentration und Macht der Unternehmen, wodurch der unternehmerische Wettbewerb zulasten der Verbraucher und des Mittelstandes eingeschränkt würde. Der Staat dürfte sich deshalb bei der Wiederherstellung einer freien und gerechten Wirtschaftsordnung nicht ausschließlich auf die Selbstordnungskräfte der Märkte verlassen, sondern müsste der Wirtschaft einen normativen und durchsetzbaren Ordnungs- und Wettbewerbsrahmen vorgeben.

Auf Vorschlag von Alexander Rüstow verständigten sich die Teilnehmer des Kolloquiums darauf, diese neue Denkschule »Neoliberalismus« zu nennen. Darunter verstanden sie nicht Marktradikalismus, wie heute diskreditierend behauptet wird, sondern im Gegenteil eine vom Staat organisierte Wettbewerbswirtschaft. Der Staat sollte weiterhin schlank bleiben, aber gleichzeitig stark genug sein, um sich gegenüber gesellschaftlichen und wirtschaftlichen Interessengruppen durchzusetzen. Das war die neue liberale Botschaft, die von dem Pariser Treffen ausging.

Ordo-Liberalismus

Zu den späteren Beratern von Ludwig Erhard gehörte insbesondere der Freiburger Ökonom Walter Eucken, der den sogenannten Ordo-Liberalismus begründet hatte. Das Charakteristische an dieser ökonomischen Schule war das »Denken in Ordnungen«, daher der Name »Ordo-Liberalismus«.

Die zentrale Aufgabe der Wirtschaftspolitik sah Walter Eucken darin, der »Wirtschaft eine funktionsfähige und menschenwürdige Dauerordnung zu geben«. Eine solche Ordnung, so seine Meinung, sei keine natürliche Ordnung, die sich von selbst bildet, wenn den Marktkräften freie Bahn gelassen wird. Sie sei vielmehr ein »Kulturwerk«, das geschaffen und bewahrt werden müsse. Er sah es als eine zentrale Aufgabe der Politik an, eine solche Ordnung zu schaffen und sie vor Interessengruppen zu schützen. Hierzu stellte Walter Eucken in seinem Hauptwerk *Grundsätze der Wirtschaftspolitik* zwei staatspolitische Grundsätze in den Mittelpunkt der Wirtschaftspolitik:

Erster Grundsatz: *Die Politik des Staates sollte darauf gerichtet sein, wirtschaftliche Machtgruppen aufzulösen oder ihre Funktionen zu begrenzen.*

Zweiter Grundsatz: *Die wirtschaftspolitische Tätigkeit des Staates sollte auf die Gestaltung der Ordnungsformen der Wirtschaft gerichtet sein, nicht auf die Lenkung des Wirtschaftsprozesses.*

In diesen staatspolitischen Grundsätzen sah Eucken die entscheidenden Grundregeln für die Wirtschaftspolitik in einer marktwirtschaftlichen Ordnung. Der erste Grundsatz sollte sicherstellen, dass die Wirtschaftspolitik dem Gemeinwohl dient und nicht bestimmten gesellschaftlichen oder wirtschaftlichen Gruppen. Der zweite Grundsatz hatte das Ziel, der staatlichen Wirtschaftspolitik dadurch Grenzen zu setzen, dass der Staat Ordnungspolitik betreibt und sich aus der Lenkung der Wirtschaftsprozesse heraushält.

Im Zentrum des Denkens von Walter Eucken standen die Freiheit und die Würde des Menschen. Aufgrund der persönlichen Erfahrungen sah er beides bedroht, sowohl von der Staatsmacht als auch von der Wirtschaftsmacht. Beide Mächte mussten gebändigt und begrenzt werden. Denn »wer Macht hat, soll nicht frei sein« (Franz Böhm).

Neben diesen staatspolitischen Grundsätzen erarbeitete die sog. Freiburger Schule ein System von »Ordnungsprinzipien«, an denen sich die konkrete Wirtschaftspolitik ausrichten sollte. Die Prinzipien lassen sich grob in drei Gruppen einteilen:

Zur ersten Gruppe gehören die rechtlichen Institutionen, die für eine marktwirtschaftliche Ordnung konstitutiv sind, nämlich das Privateigentum, die Vertragsfreiheit und das Haftungsprinzip. Zur zweiten Gruppe zählen offene Märkte, fairer Wettbewerb, Geldwertstabilität sowie die Konstanz der Wirtschaftspolitik. Mit diesen Prinzipien soll die Funktionsfähigkeit der Märkte gesichert werden. Zur dritten Gruppe gehören Regeln, die staatliches Eingreifen ausnahmsweise rechtfertigen, z. B. beim Versagen von Märkten.

Die Grundsätze und Ordnungsprinzipien der Freiburger Schule waren wichtige Orientierungspunkte für die Wirtschaftspolitik von Ludwig Erhard. Sie begrenzten und gaben wichtige Hinweise für die Ausübung des Ermessens, das der Verfassungsgeber dem Wirtschaftspolitiker üblicherweise zugesteht. Laut Freiburger Schule sollte sich die Wirtschaftspolitik auf die Ordnungspolitik mit dem Ziel konzentrieren, eine funktionsfähige und menschenwürdige Wirtschaftsordnung herzustellen.

Ihren Höhepunkt hatte die Ordnungspolitik, als es in den Fünfzigerjahren um die Durchsetzung der Sozialen Marktwirtschaft ging. In der wirtschaftspolitischen Praxis war es insbesondere die Grundsatzabteilung des von Ludwig Erhard geleiteten Wirtschaftsministeriums, die gegenüber den anderen Fachressorts auf die Anwendung marktwirtschaftlicher Grundregeln achtete. Die dort tätigen Beamten hatten den Anspruch, *»die Speerspitze einer erfolgreichen Wirtschaftsordnung zu sein«*.

Müller-Armack

Leiter der Grundsatzabteilung war Alfred Müller-Armack, der den Begriff »Soziale Marktwirtschaft« schon 1946 mit seiner Schrift »Wirtschaftslenkung und Marktwirtschaft« in die öffentliche Diskussion einführte. Nach Müller-Armack lag der Sinn einer solchen Wirtschaftsordnung darin, *»das Prinzip der Freiheit des Marktes mit dem des sozialen Ausgleichs zu verbinden«*. Ludwig Erhard übernahm den Begriff der »Sozialen Marktwirtschaft« für die politische Praxis und sorgte für seine Popularität.

Die Verbindung der Marktwirtschaft mit dem sozialen Ausgleich war für Müller-Armack das entscheidende Merkmal für den Unterschied zwischen der Sozialen Marktwirtschaft und dem Marktliberalismus des 19. Jahrhunderts. Der Marktliberalismus beruhte auf dem Grundwert der Freiheit (»laissez faire«), die Soziale Marktwirtschaft stützte sich demgegenüber auf zwei Grundwerte: die Idee der Freiheit und die Idee der sozialen Gerechtigkeit, die zusammengehören und zwei Seiten einer Medaille bilden.

Die Auseinandersetzung um das Verhältnis von Marktfreiheit und sozialer Gerechtigkeit prägte die Politik der frühen Bundesrepublik ebenso wie der Kampf um die Marktwirtschaft selbst. Für Ludwig Erhard war die Marktwirtschaft an sich sozial und musste nicht sozial gemacht werden. Die soziale Kraft der Marktwirtschaft sah er darin, dass sie im Unterschied zum Sozialismus dank ihrer überlegenen Effizienz den »Wohlstand für alle« herbeiführen konnte. Daraus leitete Erhard in den Aufbaujahren das Primat der Wirtschaftspolitik gegenüber der Sozialpolitik ab; denn verteilt werden konnte nur das, was produziert wurde.

Mit dieser Ansicht stieß Erhard auf den erbitterten Widerstand von Sozialpolitikern, die unter »Sozialer Marktwirtschaft« eine Wirtschaftsordnung verstanden, »in der dem Gewinnstreben und dem Wettbewerb die Zähne gezogen und Grenzen gesetzt sind, um die Betroffenen vor den schmerzlichen Auswirkungen der Marktwirtschaft pur zu schützen« (Karl Homann). Die Funktion des Sozialen sollte also in der Bändigung und Zähmung der Marktwirtschaft liegen, die erst nach einer solchen Korrektur sittlich akzeptabel wäre.

Eine solche Ansicht widersprach jedoch dem Grundverständnis der Ordoliberalen, wonach die Marktwirtschaft nicht etwas Falsches oder Unsittliches ist, sondern unmittelbar sowohl der Idee der Freiheit als auch der Idee der Gerechtigkeit dient. Denn sie schafft Arbeit, Einkommen und Wohlstand und folgt dabei dem Prinzip der Leistungsgerechtigkeit. Im Sozialen sahen Ordoliberale deshalb kein ethisches Korrektiv der Marktwirtschaft, sondern allenfalls eine Verbesserung ihrer »Qualität«.

Inzwischen ist die »Soziale Marktwirtschaft« als maßgebliche Wirtschaftsordnung fester Bestandteil der deutschen und europäischen Rechtsordnung. Was sie inhaltlich kennzeichnet, wurde im Zuge der deutsch-deutschen Wiedervereinigung im »Staatsvertrag über die Währungs-, Wirtschafts- und Sozialunion zwischen der BRD und der DDR« vom 8. Mai 1990 festgeschrieben:

Danach wird die Soziale Marktwirtschaft materiell durch die Merkmale »*Privateigentum, Leistungswettbewerb, freie Preisbildung und grundsätzlich volle Freizügigkeit von Arbeit, Kapital und Dienstleistungen*« (Artikel 1, Absatz 3 des Staatsvertrages) bestimmt. Die dieser Wirtschaftsordnung zugrunde liegende Sozialordnung wird geprägt »*durch eine der Sozialen Marktwirtschaft entsprechende Arbeitsmarktordnung und ein auf den Prinzipien der Leistungsgerechtigkeit und des sozialen Ausgleichs beruhendes umfassendes System der sozialen Sicherung*« (ebd. Absatz 4).

Die gesetzliche Definition folgt grundsätzlich der Begrifflichkeit, die Müller-Armack geprägt hat. Sie zeigt aber auch, dass die Soziale Marktwirtschaft nach heutigem Verständnis aus zwei selbstständigen Ordnungen besteht, nämlich aus der Marktordnung und der Sozialordnung. Beide Ordnungen sind autonom und haben ihre eigene Dynamik entwickelt. Die Meinung von Walter Eucken, wonach eine funktionierende und menschenwürdige Wirtschaftsordnung zugleich die beste Sozialordnung darstellt, hat sich in der Geschichte der Bundesrepublik nicht durchsetzen können.

Wirtschaftsverfassung?

Gut eine Woche nach der Währungsreform wurden die elf Ministerpräsidenten der westdeutschen Länder von den Militärgouverneuren angewiesen, unverzüglich eine verfassungsgebende Nationalversammlung einzuberufen. Die Ministerpräsidenten fügten sich, betonten aber, dass der von den Alliierten gewünschte West-Staat nur ein »Provisorium« sein könnte. Statt einer verfassungsgebenden Nationalversammlung sollte ein »Parlamentarischer Rat« einberufen werden, der keine Verfassung, sondern ein »Grundgesetz« beschließen sollte. Eine Volksabstimmung sollte es auch nicht geben, sondern die Länderparlamente sollten das Werk ratifizieren.

Der Parlamentarische Rat trat erstmals am 1. September 1948 in Bonn zusammen, um über den Entwurf eines Grundgesetzes zu beraten, den ein »Verfassungskonvent« in Herrenchiemsee erarbeitet hatte. Der Rat bestand aus insgesamt 65 Abgeordneten, die von den Landtagen entsandt worden waren. Zum Präsidenten wählten sie den 72 Jahre alten Konrad Adenauer. Nach einem halben Jahr kontroverser Debatten nahm der Parlamentarische Rat das Grundgesetz am 8. Mai 1949 mit 53 gegen 12 Stimmen an – genau vier Jahre nach der Kapitulation. Nachdem die drei Militärgouverneure es genehmigt hatten, trat es am 24. Mai 1949 in Kraft.

Gemeinsame Grundlage des Grundgesetzes waren ein durch die Erfahrung mit der NS-Diktatur gefestigter Wertekonsens der Abgeordneten und der Wille, den Einzelnen zukünftig vor Übergriffen der staatlichen Gewalt bestmöglich zu schützen. Vor allem die Statuierung von Grundrechten und ihre prinzipielle Unverletzlichkeit sollten nach Meinung des Parlamentarischen Rates ein Schutz vor jeglicher Form von Diktatur sein. Hier hatte die Weimarer Verfassung nach Auffassung der Abgeordneten versagt.

Aus diesem Grund wurde der Grundrechtekatalog im Grundgesetz nicht nur erweitert, sondern auch in einem entscheidenden Punkt aufgewertet: Während es sich bei den Grundrechten der Weimarer Reichsverfassung um vom Staat verliehene Rechte handelte, die der Gesetzgeber jederzeit einschränken oder sogar entziehen konnte, stellen die Grundrechte des Grundgesetzes unveräußerliche Rechte dar, die jedem Menschen zustehen, seiner Würde dienen und nicht änderbar sind. Das bedeutet, dass alle staatliche Gewalt bei ihrem Handeln an die Grundrechte gebunden ist. Stehen ein Gesetz, ein Verwaltungsakt oder ein gerichtliches Urteil im Widerspruch zu einem Grundrecht, bedeutet das eine Verletzung der Verfassung, die beim Bundesverfassungsgericht angegriffen werden kann. »Damit ist der parlamentarische Gesetzgeber, auf den die Weimarer Republik abstellte, entthront. Er ist selber um des Menschen willen einem höheren Menschenrecht unterworfen«, schrieb Gustav W. Heinemann dazu (Willi Thiele).

Im Unterschied zur Weimarer Verfassung, die ein eigenes Kapitel zum »Wirtschaftsleben« enthielt, wurden Fragen der Wirtschaftsordnung im Grundgesetz allerdings nur in groben Zügen geregelt. Der Grund dafür war die Besetzung des Parlamentarischen Rates mit Mitgliedern aus verschiedenen Parteien und die fehlende Einigkeit in wirtschaftspolitischen Grundfragen.

Bei den SPD-Mitgliedern des Parlamentarischen Rates dominierten Sozialisierungs- und Mitbestimmungspläne, verbunden mit Ideen von einer Wirtschaftsdemokratie. Solche Ideen passten gut zu den von der

Labour Party geprägten Ansichten der britischen Besatzungsbehörden, aber weniger gut zu den marktwirtschaftlich ausgerichteten Vorstellungen der Amerikaner. Bei diesen wie in Kreisen der FDP standen die Freiheit des privaten Unternehmertums und die Sicherung des wirtschaftlichen Wettbewerbs im Vordergrund. Bei den CDU-Mitgliedern gab es unterschiedliche Anschauungen: Vertreter der katholischen Soziallehre sympathisierten mit einem christlichen Sozialismus, während Vertreter des Mittelstandes für eine gemäßigte Form des Wirtschaftsliberalismus eintraten.

Die divergierenden Auffassungen zu grundsätzlichen Wirtschaftsfragen und die Mehrheitsverhältnisse im Parlamentarischen Rat führten dazu, dass im Grundgesetz nur rudimentäre Aussagen zur Wirtschaftsverfassung der Bundesrepublik zu finden sind. Die Mehrheit der Parlamentarier wollte aber weder eine Rückkehr zum ökonomischen Liberalismus des 19. Jahrhunderts noch zum System der Zwangswirtschaft, wie es unter den Nazis geherrscht hatte. Das waren die absoluten Grenzlinien, auf die sich die Parlamentarier mit großer Mehrheit verständigen konnten und die dann Eingang in das Grundgesetz fanden.

Führende Verfassungsrechtler haben daraus den Schluss gezogen, dass sich das Grundgesetz nicht für ein bestimmtes Wirtschaftssystem entschieden hatte, auch nicht für die Soziale Marktwirtschaft. Ihrer Ansicht nach ist das Grundgesetz in wirtschaftspolitischer Hinsicht neutral. Das Bundesverfassungsgericht hat sich dieser Meinung in der Entscheidung zum Investitionshilfegesetz angeschlossen: »*Ein bestimmtes Wirtschaftssystem ist durch das Grundgesetz nicht gewährleistet*« (BVerfGE 4, S. 8).

Die Aussage des Gerichts würde aber missverstanden werden, wenn daraus der Schluss gezogen würde, dass der Gesetzgeber im Bereich der Wirtschaftspolitik in einem rechtsfreien Raum außerhalb des Grundgesetzes agieren kann. Im Unterschied zur Weimarer Verfassung ist der Bundestag, wenn er wirtschaftspolitische Gesetze erlässt, an die Grundrechte und das Sozialstaatsprinzip des Grundgesetzes gebunden. Verstößt er dagegen, können Politiker oder betroffene Bürger sich dagegen beim Bundesverfassungsgericht mit einer Normenkontrollklage oder mit einer Verfassungsbeschwerde zur Wehr setzen. Auch das war ein Fortschritt gegenüber der Weimarer Verfassung.

Bundestagswahl 1949

Das Anfang Februar 1947 in Nordrhein-Westfalen verabschiedete »Ahlener Programm« der CDU folgte in wesentlichen Teilen einem mit der katholischen Soziallehre verbundenen christlichen Sozialismus. Die Präambel des Programms lautete: »Das kapitalistische Wirtschaftssystem ist den staatlichen und sozialen Lebensinteressen des deutschen Volkes nicht gerecht geworden. Nach dem furchtbaren politischen, wirtschaftlichen und sozialen Zusammenbruch als Folge einer verbrecherischen Machtpolitik kann nur eine Neuordnung von Grund aus erfolgen. Inhalt und Ziel dieser sozialen und wirtschaftlichen Neuordnung kann nicht mehr das kapitalistische Gewinn- und Machtstreben, sondern nur das Wohlergehen unseres Volkes sein.«

Konkret hieß es dann: »Wir fordern die Vergesellschaftung der Bergwerke.« Und: »Planung und Lenkung der Wirtschaft wird auf lange Zeit in erheblichem Umfange notwendig sein.« Es fand sich aber auch folgender Satz in dem Programm: »Es muss vermieden werden, dass der private Kapitalismus durch den Staatskapitalismus ersetzt wird.« Für das Programm war Konrad Adenauer verantwortlich, der als Vorsitzender der CDU-Fraktion im Düsseldorfer Landtag schon damals einer der einflussreichsten Christdemokraten war.

Adenauer war es aber auch, der zweieinhalb Jahre später das Ahlener Programm umschreiben ließ, weil sich die süddeutschen Landesverbände der CDU damit nicht einverstanden erklärten. Außerdem hatte Ludwig Erhard mit einer großen Rede vor dem 2. CDU-Parteitag am 28. August 1948 einen nachhaltigen Einfluss auf die wirtschafts- und gesellschaftspolitische Orientierung der Unionsparteien genommen. Auch die Tatsache, dass sich bereits zu diesem Zeitpunkt die Währungsreform und die Aufhebung der Bewirtschaftung als Erfolg erwiesen hatten, wenn auch die Arbeitslosigkeit bis Anfang der 1950er-Jahre relativ hoch blieb, ließen Gegenmodelle zur »Sozialen Marktwirtschaft« in der bundesdeutschen Innenpolitik immer weniger attraktiv erscheinen.

In der CDU erstellte daraufhin eine Kommission unter der Leitung von Franz Etzel ein neues Programm, das sich für eine freiheitliche und soziale Wirtschaftspolitik aussprach. Am 15. Juli 1949 wurde es unter dem Namen »Düsseldorfer Leitsätze« von den Gremien der Union in den westlichen Besatzungszonen einmütig beschlossen. Darin hieß es, dass die »Inkraftsetzung marktwirtschaftlicher Grundsätze« der wesentlichste Impuls für den Aufschwung seit der Währungsreform gewesen sei. Ausdrücklich wurde gefordert, dass »der Leistungswettbewerb gesetzlich sicherzustellen ist«. Die Bildung privaten Eigentums wurde besonders hervorgehoben: »Die soziale Marktwirtschaft bejaht und fördert das private Eigentum. Eine gerechte Verteilung der wirtschaftlichen Erträge und eine soziale Gesetzgebung müssen aus den vermögenslosen Schichten unseres Volkes in großem Umfange besitzende Eigentümer machen.«

Der erste Bundestag wurde am 14. August 1949 gewählt. Im Wahlkampf ging es vor allem um die Frage, ob sich die Wähler für die Marktwirtschaft oder die Planwirtschaft entscheiden würden. Bei dieser Wahl wurde Ludwig Erhard der entscheidende Wahlkämpfer für die Union. Er war kein Parteimitglied, personifizierte aber das marktwirtschaftliche Programm der CDU. »Die SPD steht nach wie vor auf dem Boden des Klassenkampfes, und ich sage Ihnen, wer in der heutigen Zeit in Deutschland auf dem Boden des Klassenkampfes steht, der handelt gegen die Interessen des deutschen Volkes«, spitzte Adenauer die Auseinandersetzung zu.

Kurt Schumacher (SPD) wurde ebenso deutlich. Er sagte der »freien Marktwirtschaft Professor Erhards« einen erbitterten Kampf an und stellte im Falle eines sozialdemokratischen Wahlsiegs die Sozialisierung der Großindustrie, des Banken- und Versicherungswesens in Aussicht. Vor allem die steigenden Arbeitslosenzahlen und Preisturbulenzen nach der Währungsreform dienten der SPD als Zielscheibe ihrer Kritik.

Der Union half jedoch der rasch an Kraft gewinnende Wirtschaftsaufschwung. Trotz der Arbeitslosenzahlen spürten die Menschen, dass es langsam besser wurde. Die Industrieproduktion, die im 1. Halbjahr 1948 erst die Hälfte des Niveaus von 1936 erreicht hatte, näherte sich nun der alten Zielmarke in raschen Schritten.

Die Union (CDU/CSU) ging mit 31 Prozent als knapper Wahlsieger aus diesem Rennen hervor. Mit einer Mehrheit von nur einer Stimme wählte der Bundestag am 15. September den CDU-Vorsitzenden der britischen Zone, Konrad Adenauer, zum ersten Bundeskanzler der neuen Republik. Adenauer ließ keinen Zweifel aufkommen, wie er das Wahlergebnis interpretierte: *»Die Frage Soziale Marktwirtschaft oder Planwirtschaft hat im Wahlkampf eine überragende Rolle gespielt. Das deutsche Volk hat sich mit großer Mehrheit gegen die Planwirtschaft ausgesprochen.«*

Damals wurden die politischen Weichen für die junge Bundesrepublik gestellt: Konrad Adenauer stand für die Rückgewinnung der nationalen Souveränität und die Westbindung Deutschlands, Ludwig Erhard für die Soziale Marktwirtschaft und die wirtschaftliche Erholung Deutschlands. Doch während Erhard mit der Währungsreform und der Aufhebung der Bewirtschaftung schon etwas vorzuweisen hatte, stand Adenauer als Bundeskanzler erst am Beginn seines Wirkens (Baring).

Sozialpolitische Initiativen

Schon bald nach der gewonnenen Bundestagswahl traf die Regierung Adenauer die ersten sozialpolitischen Entscheidungen. Die Leute sollten erkennen, dass es sich bei dem eingeschlagenen wirtschaftspolitischen Weg tatsächlich um eine »Soziale Marktwirtschaft« handelte.

Hierzu eignete sich bei der herrschenden Wohnungsnot insbesondere der Wohnungsbau. Das erste Wohnungsbaugesetz vom 24. April 1950 sah die Errichtung von 1,8 Millionen Wohnungen binnen sechs Jahren vor und leitete den sozialen Wohnungsbau ein. Bereits in den Jahren 1949/50 wurden über 500 000 Wohnungen fertiggestellt. Gleichzeitig wurden am 30. November 1951 zur Belebung des Mietmarktes die Altbaumieten gelockert und die Mieten für gewerbliche Räume freigegeben. Der Preisstopp für bebaute Grundstücke und Trümmergrundstücke wurde 1952 aufgehoben, um das Horten von Grundstücken zu beenden und die Bautätigkeit anzuregen.

Das zweite sozialpolitische Vorhaben betraf die Mitbestimmung der Arbeitnehmer in den Betrieben. In der Montanindustrie hatte die britische Besatzungsmacht die paritätische Mitbestimmung mit je fünf Vertretern der Aktionäre und der Arbeitnehmer sowie einem neutralen Aufsichtsratsmitglied eingeführt. Dieses Modell wollte der neu gegründete Deutsche Gewerkschaftsbund (DGB) auf die gesamte Wirtschaft übertragen, wogegen die Industrie mit dem Argument, dass es sich dabei um »verkappte Enteignung« handele, energisch protestierte.

Als wegen dieser Frage im Winter 1950/51 ein bundesweiter Streik drohte, erreichten der DGB-Vorsitzende Hans Böckler und Bundeskanzler Konrad Adenauer einen Kompromiss. Danach blieb die paritätische Mitbestimmung auf die Montanindustrie bestehen (Mitbestimmungsgesetz für Bergbau und Stahlindustrie vom 21. Mai 1951). Für die übrige Wirtschaft wurde die Mitwirkung der Arbeitnehmer einheitlich im Betriebsverfassungsgesetz vom 11. Oktober 1952 geregelt: Danach waren die Aufsichtsräte in Kapitalgesellschaften zu einem Drittel mit Arbeitnehmervertretern zu besetzen. Außerdem waren Betriebsräte zu wählen, die in Sozialbelangen der Arbeitnehmer mitbestimmen konnten, in wirtschaftlichen Angelegenheiten aber nur Informationsrechte hatten.

Im Lager der Unternehmer stießen solche Mitwirkungsrechte der Arbeitnehmer wie auch das Kündigungsschutzgesetz von 1951 nicht auf Gegenliebe. Das galt auch für die von Ludwig Erhard konsequent verfolgte Liberalisierung des deutschen Außenhandels. Die Wirtschaftsverbände argumentierten, dafür sei es noch zu früh, die eigene Position sei noch nicht stark genug und die Ausländer hätten bessere Startbedingungen. In der Tat fiel es manchem Unternehmer schwer, nach der langen Zeit der politischen Autarkie sich dem internationalen Wettbewerb zu stellen.

Petersberger Abkommen

Schon bei seinem Antrittsbesuch bei der Alliierten Hohen Kommission auf dem Petersberg bei Königswinter machte Adenauer deutlich, dass die Zeit für eine Revision des Besatzungsstatuts reif sei. Das neue Selbstbewusstsein zeigte er in der Weise, dass er im Empfangssaal absichtlich den Teppich betrat, der nach dem Protokoll den Hohen Kommissaren vorbehalten war.

Adenauer verfolgte mit dem Besuch das Ziel, die Hohen Kommissare davon zu überzeugen, dass die neu gebildete Bundesregierung größere Kompetenzen benötigte. Hierzu wies er auf Unruhen in der Bevölkerung wegen der weiterhin hohen Arbeitslosigkeit und der fortdauernden Demontagen hin. Er drängte die Besatzungsmächte auf schnelle Lösungen, um Nationalisten nicht wie in der Weimarer Republik Anlass für Agitation gegen die Siegermächte zu geben.

Die anschließenden Verhandlungen zwischen den drei Hohen Kommissaren und der jungen Bundesregierung über den zukünftigen Status der neuen Bundesrepublik führten am 22. November 1949 zum Abschluss des »Petersberger Abkommens«, das ein wichtiger Meilenstein für die Rückgewinnung der Souveränität und für den Anschluss von Deutschland an den Westen sein sollte.

Mit dem Petersberger Abkommen gestanden die drei Westmächte der weiterhin unter Besatzungsstatut stehenden Bundesrepublik Deutschland auf verschiedenen Gebieten erste Erleichterungen zu, so unter anderem das Recht, konsularische Beziehungen zu ausländischen Staaten aufzunehmen und in internationalen Organisationen mitzuarbeiten. Die Bundesrepublik wurde gleichberechtigter Partner in der Marshallplan-Organisation und arbeitete fortan mit in der Weltbank, dem Weltwährungsfonds, dem Internationalen Arbeitsamt und der Welternährungsorganisation zusammen. Gleichzeitig wurde die für die Stimmung in der Bevölkerung besonders wichtige Revision des Demontageprogramms vereinbart: 18 großer Industrieanlagen wurden von der Demontageliste gestrichen und der Bau von Hochseeschiffen erleichtert.

Als Gegenleistung sagte die Bundesregierung ihren Beitritt zur Internationalen Ruhrbehörde und zum Europarat zu und erklärte sich zur sicherheitspolitischen Zusammenarbeit bereit. Das der Internationalen Ruhrbehörde zugrunde liegende Ruhrstatut war am 29. Dezember 1948 von den USA, Großbritannien, Frankreich, den Niederlanden, Belgien und Luxemburg beschlossen worden. Die Behörde kontrollierte die Kohle-, Koks- und Stahlproduktion des Ruhrgebiets und setzte Verbrauchs- und Exportquoten sowie Preise fest.

Der Beitritt zur Ruhrbehörde löste auf deutscher Seite erhebliche Befürchtungen aus: Sollte das industrielle Herz der Bundesrepublik durch die Siegermächte überwacht werden? Drängte Frankreich möglicherweise darauf, das Ruhrgebiet ähnlich wie das Saarland aus der Bundesrepublik herauszulösen?

Hierzu erstattete Bundeskanzler Adenauer dem Bundestag am 24./25. November 1949 in einer Regierungserklärung Bericht. In der anschließenden Aussprache warf ihm die SPD-Fraktion Verfassungsbruch und Missachtung des Parlaments vor, weil er das Abkommen ohne Hinzuziehung der Abgeordneten abgeschlossen hatte. Die Opposition meinte, der Beitritt der Bundesrepublik Deutschland zur Ruhrbehörde wäre nur zu rechtfertigen, wenn sich deren Kontrolle auf die Schwerindustrie in ganz Westeuropa erstrecke. Adenauer entgegnete dem, dass Deutschland schon vor dem Beitritt faktisch Mitglied der Ruhrbehörde war – mit Verpflichtungen, aber ohne Rechte. Als offizielles Mitglied könnte sie jetzt auch mitbestimmen. Außerdem wäre die Einstellung der Demontage ohne den Beitritt zur Ruhrkontrolle nicht möglich gewesen.

Auf dem Höhepunkt der sich zuspitzenden Debatte des Bundestages beschimpfte Oppositionsführer Kurt Schumacher in einem Zwischenruf Konrad Adenauer als »Bundeskanzler der Alliierten«. Daraufhin entstand Tumult, die Sitzung wurde unterbrochen und der angerufene Ältestenrat legte Schumacher nahe, sich offiziell zu entschuldigen. Doch dieser lehnte ab, worauf er wegen grober Verletzung der Parlamentsordnung für 20 Sitzungstage aus dem Bundestag verbannt wurde.

In Bezug auf die Westbindung der Bundesrepublik setzte Adenauer vor allem auf die deutsch-französische Zusammenarbeit. Schon in der Weimarer Zeit war in Adenauer die Überzeugung gewachsen, dass nationalistisches Denken und insbesondere die deutsch-französische »Erbfeindschaft« durch die Verflechtung der wirtschaftlichen Interessen beider Staaten überwunden werden müsste. Nach dem Ende des Zweiten Weltkriegs knüpfte Adenauer an diese Überlegungen an und verband sie mit den Gedanken einer europäischen Einigung.

Als der französische Außenminister Robert Schuman Adenauer nach dem Beitritt der Bundesrepublik zur internationalen Ruhrbehörde vorschlug, die europäische Kohle- und Stahlproduktion auch politisch zu »fusionieren«, sah er darin eine Chance, seine Idee der wirtschaftlichen Verflechtung zu verwirklichen. Er stimmte dem Vorschlag grundsätzlich zu. Und Jean Monnet, ein weitsichtiger französischer Wirtschaftspolitiker, entwickelte daraus die Konzeption einer gemeinsamen Behörde für Kohle und Stahl.

Das neue, im Völkerrecht bisher nicht bekannte Element dieses Vorschlags war, dass ihre Mitglieder Teile ihrer hoheitlichen Rechte auf diese neue Gemeinschaft übertrugen, sodass sie aus eigenem Recht im Rahmen ihrer Aufgaben entscheiden konnte, ohne dass ihre Entscheidungen durch die nationalen Parlamente ratifiziert werden mussten. Gleichrangig und gemeinsam sollte die deutsche und die französische Kohle- und Stahlwirtschaft weiterentwickelt werden – ohne Kontrolle des einen über den anderen und ohne nationale Vorbehalte.

Monnet schrieb dazu in seinen Memoiren: »Dieser Vorschlag hat eine wesentliche politische Bedeutung: in die Wälle der nationalen Souveränität eine Bresche zu schlagen, die so begrenzt ist, dass sie die Zustimmung erlangen kann, aber tief genug, um die Staaten zu der für den Frieden notwendigen Einheit zu bewegen.«

Robert Schuman griff diese Idee auf und legte sie auf dem Außenministertreffen am 10. Mai 1950 in London seinen Kollegen vor. Das Aufsehen war erheblich. Sechs Staaten (Belgien, Deutschland, Frankreich, Italien, Luxemburg und die Niederlande) unterschrieben am 18. April 1951 den Vertrag zur Gründung einer Gemeinschaft für Kohle und Stahl und gründeten miteinander die Montanunion, die am 10. August 1952 ihre Arbeit aufnahm. Das umstrittene Ruhrstatut war damit erledigt und mit der Montanunion als supranationale Behörde entstand der erste Grundpfeiler der späteren Europäischen Wirtschaftsgemeinschaft.

Korea-Boom

Kaum dass die Inflationstendenzen nach der Währungsreform eingedämmt waren, kam die wirtschaftliche Entwicklung der neu gegründeten Bundesrepublik ins Stocken. Im Verlauf des Jahres 1949 übten die Verbraucher plötzlich Zurückhaltung; außerdem gelangten aufgrund der Einfuhrliberalisierung immer mehr Importwaren auf den deutschen Markt. Die Industrieproduktion geriet ins Stocken und der unternehmerische Wettbewerb verschärfte sich, wodurch vor allem neu gegründete Firmen in Bedrängnis gerieten. Gleichzeitig begann die Zahl der Arbeitslosen anzusteigen.

Als die Notenbank erkannte, dass die Konjunktur zu kippen drohte, lockerte sie die geldpolitischen Bremsen. Sie setzte den Diskontsatz sowie die Mindestreserve für Banken herab und hob die Begrenzung für Bankkredite auf. Außerdem erhielten die Banken eine »außergewöhnliche Refinanzierungshilfe«, um ihnen die Vergabe von Investitionskrediten an die Unternehmen zu erleichtern.

Das Problem der wachsenden Arbeitslosigkeit war damit aber nicht gelöst: Die Zahl der Arbeitslosen stieg von 603 000 in 1948 auf 1,26 Millionen in 1949 und im Februar 1950 erreichte sie ihren absoluten Höhepunkt: Bei 13,6 Millionen Beschäftigten waren 1,89 Millionen ohne Arbeit. Ein Großteil des Beschäftigungsproblems ergab sich allerdings aus der massiven Zuwanderung von Flüchtlingen und Vertriebenen sowie der Rückkehr von Kriegsgefangenen.

Gleichwohl geriet Ludwig Erhard erneut in Begründungszwang für seinen marktwirtschaftlichen Kurs, den die SPD für die steigende Arbeitslosigkeit verantwortlich machte. Kritik kam auch vonseiten der Alliierten, die ein Kreditexpansionsprogramm zur Konjunkturbelebung vermissten. Die Bundesregierung beschloss daraufhin ein Konjunkturprogramm im Umfang von 5,4 Millionen DM (!).

Unterstützung für Ludwig Erhard kam von der liberalen *Frankfurter Allgemeinen Zeitung* (FAZ), die schrieb: »Statt Erhard und den übrigen verantwortlichen Deutschen den Rücken auf ihrem wirtschaftspolitischen Kurs zu stärken, haben Vertreter der Alliierten im Bann jener bekannten Mischung von Sozialismus und Keynesianismus, die als moderne Ökonomie gilt, immer wieder versucht, die Deutschen auf den Weg inflationärer Expansion und kollektivistischer Zwangswirtschaft zurückzuleiten.«

Doch bevor das Konjunkturprogramm in Kraft trat, wurde die wirtschaftliche Lage durch die Korea-Krise grundlegend verändert. Der Korea-Krieg war für die Weltwirtschaft ein Schock; für die deutsche Volkswirtschaft löste er einen überraschenden Boom aus: Die deutsche Industrie erhielt zusätzliche Auslandsaufträge, die sich in vielen Branchen belebend auswirkten. Der Export stieg zwischen 1950 und 1952 um 200 Prozent. Zusätzlich kam es im Inland zu einem Nachfrageschub nach Konsumgütern.

War der bisherige Aufschwung der westdeutschen Wirtschaft vor allem über den Binnenmarkt erfolgt, löste der Korea-Boom erstmals nach 1945 einen Wachstumsschub der Außenwirtschaft aus. Dabei erwiesen sich die ungenutzten Produktionskapazitäten in Deutschland zu Beginn des Korea-Krieges als ein entscheidender Vorteil gegenüber den ausländischen Mitbewerbern. Innerhalb des Jahres 1950 stiegen die Produktionszahlen stark an und lagen bis zu einem Drittel über denen des Jahres 1949. Die Arbeitslosenzahlen nahmen allerdings wegen der hohen Zahl von Flüchtlingen und Spätaussiedlern zunächst noch nicht deutlich ab.

Der Korea-Boom war aber auch mit einer Reihe von Anpassungsproblemen verbunden. Auf den internationalen Rohstoffmärkten stiegen infolge von Angst- und Vorratskäufen die Preise, sodass die Handelsbilanz aufgrund gestiegener Einfuhren vorübergehend defizitär wurde. Die Einfuhrliberalisierung musste deshalb 1951 vorläufig suspendiert werden. Die Bank Deutscher Länder erhielt die volle Devisenkontrolle und verkürzte den Kreditrahmen für die Wirtschaft. Die Finanzierung der Einfuhren erfolgte im Kreditwege über die am 19. September 1950 gegründete Europäische Zahlungsunion (EZU), die im Rahmen eines multilateralen Verrechnungs- und Kreditsystems den Zahlungsverkehr zwischen den Mitgliedstaaten regelte.

Letztlich trug der Aufschwung durch den Korea-Boom aber maßgeblich dazu bei, die wirtschaftlichen Probleme im Zuge des Wiederaufbaus der Wirtschaft nach 1945 zu überwinden. Ab Mitte des Jahres 1952 wies die westdeutsche Wirtschaft wieder ein sich selbst tragendes Wachstum auf. Die bei der Europäischen Zahlungsunion aufgenommenen Kredite waren zurückgezahlt. In den Jahren 1952/1953 wurden auch die Einfuhr wieder liberalisiert und die Devisenkontrolle gelockert.

Infolge der verstärkten Außenhandelsaktivitäten während des Korea-Krieges wuchs in Deutschland auch das politische und wirtschaftliche Interesse, zur Förderung des Außenhandels das offene Problem der deutschen Auslandsverschuldung generell zu lösen. Dabei ging es um Vorkriegsschulden von mehr als 24 Milliarden Reichsmark und Marshallplan-Kredite von insgesamt 3,2 Milliarden Dollar. Ohne eine endgültige Schuldenregelung war die Bundesrepublik international nicht kreditfähig und die D-Mark konnte nicht konvertierbar werden.

Bundeskanzler Adenauer teilte deshalb den Westmächten im März 1951 mit, dass die Bundesrepublik die Auslandsschulden der Vorkriegszeit übernehmen würde und zur sofortigen Aufnahme von Verhandlungen über die Schuldenfrage bereit wäre. Insgesamt waren 65 Gläubigerstaaten betroffen.

Daraufhin wurde eine Verhandlungsdelegation unter der Führung des Bankiers Hermann J. Abs zusammengestellt, die mit den Gläubigerstaaten in London verhandelte. Am 27. Februar 1953 konnte das »Londoner Schuldenabkommen« unterzeichnet werden. Der Gesamtbetrag der deutschen Vorkriegsschulden wurde auf 13,7 Milliarden DM festgesetzt, die in 20 Jahresraten abgezahlt werden konnten.

Kartellgesetzgebung

Im Jahr 1951 legte Ludwig Erhard dem Bundeskabinett den Entwurf eines »Gesetzes gegen Wettbewerbsbeschränkungen (GWB)« vor, mit dem die Bildung von Kartellen verboten und marktbeherrschende Unternehmen einer Missbrauchsaufsicht unterworfen werden sollten. Mit diesem Gesetz sollte sichergestellt werden, dass der zur marktwirtschaftlichen Ordnung gehörende unternehmerische Wettbewerb nicht erneut durch Kartelle und Konzerne ausgehebelt wurde. Der Entwurf, kurz als »Kartellgesetz« bezeichnet, wurde vom Kabinett verabschiedet und in erster Lesung im Bundestag behandelt, aber nicht beschlossen, weil die Industrie dagegen heftigen Widerstand leistete.

Die meisten Industriellen sahen sich durch ein solches Gesetz in ihrer unternehmerischen Freiheit begrenzt und waren der Meinung, dass mit der Beseitigung der Bewirtschaftung, der Freigabe der Preise und der Liberalisierung des Außenhandels der »Marktwirtschaft« Genüge getan worden sei. Die Verfechter der Sozialen Marktwirtschaft und insbesondere Ludwig Erhard wollten die »marktwirtschaftliche Ordnung« jedoch nicht nur vor staatlichen Eingriffen, sondern auch vor »unternehmerischer Macht« in Form von privaten Kartellen und marktbeherrschenden Unternehmen schützen.

Hierüber kam es zu einer tief greifenden Kontroverse zwischen Ludwig Erhard und dem Bundesverband der Deutschen Industrie (BDI), vertreten durch seinen Präsidenten Fritz Berg. Die Industrie begründete ihren Standpunkt wie schon das Reichsgericht im 19. Jahrhundert mit dem Prinzip der Vertragsfreiheit. Ludwig Erhard antwortete darauf mit folgendem Brief: »Was endlich das Prinzip der Freiheit an sich anbelangt, so mutet es fast grotesk an, wenn die Kartellfreunde das Recht auf solche Zusammenschlüsse mit dem Anspruch auf Freiheit begründen wollen. Die Freiheit ist ein staatsbürgerliches Recht, das von niemandem außer Kraft gesetzt werden darf. Wer im Zusammenhang mit diesem Kartellgesetz von dem Aufkommen einer neuen Planwirtschaft spricht, der ist entweder bösen Willens oder er hat von dem wirklichen Geist dieses Gesetzes nichts, aber auch gar nichts erahnt.«

Konrad Adenauer kam dieser Konflikt äußerst ungelegen, weil sich die Bundesregierung damit gegen den BDI stellte, auf dessen politische Pflege er großen Wert legte. Erst durch den Druck der Amerikaner, die immer wieder mit einem »alliierten Antikartell-Oktroi« (Tilly) drohten, kam 1954 ein Kompromiss zwischen der Regierung und dem BWM einerseits und dem BDI andererseits zustande: Es sollte ein Kartellverbot geben, aber mit Ausnahmeregelungen für bestimmte Wirtschaftsbereiche (Verkehrswirtschaft, Land- und Forstwirtschaft, Kredit- und Versicherungswesen, Versorgungswirtschaft). Ferner klammerte das GWB die Fusionskontrolle und die Möglichkeit der Entflechtung aus.

Trotz solcher Lücken stellte das Kartellgesetz angesichts einer hundertjährigen Tradition, in der sich die Wirtschaft nach Belieben zusammenschließen konnte, einen wirtschaftspolitischen Epochenbruch dar. Es war der Erfolg von Ludwig Erhard und der Freiburger Schule, die dafür die ordnungspolitischen Grundlagen gelegt hatten. Die Institution des wirtschaftlichen Wettbewerbs wurde mit dem Kartellgesetz zu einem der wesentlichen Gestaltungsmerkmale der Sozialen Marktwirtschaft. Damit sollte der Leistungswettbewerb auf den Märkten und die bestmögliche Verwendung der knappen Produktionsfaktoren gesichert und nicht zuletzt der Staat und die Gesellschaft vor wirtschaftlicher Macht geschützt werden.

Es dauerte dann aber noch fast drei Jahre, bis das Gesetz gegen Wettbewerbsbeschränkungen (GWB) im Jahr 1957 verabschiedet wurde. Am 1. Januar 1958 trat es in Kraft und löste damit die alliierten Dekartellierungsregelungen ab.

Deutschlandvertrag

Der Korea-Krieg verschaffte der Bundesrepublik nicht nur einen außenwirtschaftlich veranlassten Wirtschaftsboom, sondern markierte auch das Ende der turbulenten Nachkriegszeit. Die D-Mark hatte sich bewährt, die staatliche Zwangsbewirtschaftung war nahezu verschwunden und die Soziale Marktwirtschaft hatte sich als Wirtschaftsordnung gegen alle Widerstände durchgesetzt. Die Bundesrepublik war inzwischen auch relativ fest in die westliche Staatengemeinschaft eingebunden.

Unter dem Eindruck der Ereignisse in Korea erklärten die Westmächte deshalb, dass sie »die Regierung der Bundesrepublik als die einzige freie und gesetzlich konstituierte deutsche Regierung« ansähen. Außerdem stellten sie in Aussicht, das Besatzungsstatut zu beenden, die Kompetenzen der Bundesregierung zu erweitern und die wirtschaftlichen Beschränkungen aufzuheben.

Eine erste Modifizierung des Besatzungsstatuts war bereits durch das Petersberger Abkommen vom 22. November 1949 erfolgt, welches Konrad Adenauer mit den Alliierten Hohen Kommissaren ausgehandelt hatte. Kernpunkte des Abkommens waren die Begrenzung der Demontagen und der Beitritt der Bundesrepublik zur Ruhrbehörde.

Im März 1951 erfolgte eine zweite Revision des Besatzungsstatuts, wodurch der Bundesregierung de facto die politische Verantwortung für die inneren und äußeren Angelegenheiten übertragen wurde. Die Alliierte Hohe Kommission verzichtete auf die Überwachung der Bundes- und Ländergesetzgebung, akzeptierte weitgehend die bundesdeutsche Devisenhoheit und erlaubte die Einrichtung eines Auswärtigen Amtes. Das Ressort des Außenministers übernahm Adenauer selbst. Dafür erkannte die Bundesrepublik die deutschen Auslandsschulden an und stimmte seine Rohstoffpolitik mit den Westalliierten ab.

Im Mai 1952 wurde in Bonn der zwischen der Bundesrepublik und den drei Westmächten ausgehandelte »Deutschlandvertrag« unterzeichnet. Dadurch wurde das bis dahin geltende Besatzungsstatut abgelöst und die Arbeit der Alliierten Hohen Kommission beendet. Der Bundesrepublik wurde von den westlichen Besatzungsmächten die volle (nur noch durch die offene deutsche Einigungsfrage und gewisse Besatzungsvorhalte begrenzte) staatliche Souveränität zuerkannt.

Der Vertrag sollte zusammen mit dem Vertrag über die Europäische Verteidigungsgemeinschaft (EVG) das Besatzungsstatut endgültig ablösen. Doch Frankreichs Nationalversammlung lehnte die Ratifizierung des EVG-Abkommens im August 1954 ab. Der Deutschlandvertrag trat deshalb erst 1955 in aktualisierter Fassung als Teil der Pariser Verträge in Kraft.

Am 10. März 1952 – kurz vor Unterzeichnung des Deutschland- und EVG-Vertrages – schlug die Sowjetunion in einer offiziellen Note vor, über einen Friedensvertrag und die Wiedervereinigung Deutschlands zu verhandeln. Deutschland müsse sich nur verpflichten, »keinerlei Koalitionen oder Militärbündnisse einzugehen, die sich gegen irgendeinen Staat richten, der mit seinen Streitkräften am Krieg gegen Deutschland teilgenommen hat«.

Für Adenauer und die Westmächte war klar, dass es sich bei diesem Angebot um ein Störmanöver der Sowjets bei der westlichen Allianzbildung handelte. Die Neutralisierung Deutschlands war den Machthabern in Moskau lieber als die Westintegration der Bundesrepublik. Die Westmächte stellten Verhandlungen über einen Friedensvertrag deshalb unter die Bedingung, dass zuvor freie und gesamtdeutsche Wahlen stattfinden müssten. Darauf wollten sich wiederum die Sowjets nicht einlassen.

Die zweite Bundestagswahl fand im Sommer 1953 statt. Adenauers Aussichten auf eine Wiederwahl schienen – trotz einer hitzigen Wiederbewaffnungsdebatte – recht günstig. Die Souveränitätsgewinne und die Westbindung stießen auf viel Zustimmung. Ebenso populär war Ludwig Erhard, der die Wirtschaft mit seiner konsequenten Wirtschaftspolitik auf Kurs gebracht hatte. Die Kriegsschäden waren inzwischen zu einem großen Teil beseitigt. 1951 waren rund 430 000 Wohnungen gebaut worden. 1952 kamen noch einmal 440 000 hinzu. Die Bauwirtschaft wurde zum wichtigsten Motor des Aufschwungs. Auch der Fahrzeug- und Maschinenbau meldete Vollauslastung. Der Schiffbau, der bis 1950 verboten war, boomte wieder. Und der Wiederaufbau in der Bundesrepublik gelang viel rascher als in den meisten anderen Staaten Europas.

So konnte es nicht überraschen, dass dem Gespann Adenauer/Erhard bei der Bundestagswahl am 6. September 1953 ein Erdrutschsieg gelang: Die Union aus CDU/CSU errang 45 Prozent der Stimmen und eroberte damit die absolute Mehrheit der Sitze im Bundestag. Doch mit den wirtschaftlichen und politischen Erfolgen stiegen auch die Herausforderungen an die Regierung.

Exkurs

Ernst Benda, Präsident des Bundesverfassungsgerichts a. D., schrieb in der *FAZ* vom 3. Januar 2005 über »Deutschland im Jahr 1955« den folgenden (stark gekürzten) Bericht:

Mein erstes Auto war eine Isetta, wie sie BMW seit 1955 herstellte. Damals erschienen auf den deutschen Straßen neben dem Volkswagen-Käfer die Autozwerge: der Kabinenroller von Messerschmitt, das Goggomobil und eben auch die Isetta. Täglich wurden 100 Stück dieser 12-PS-Fahrzeuge produziert, in die man durch die Vorderfront einstieg. In dem winzigen Gefährt fanden zwei Personen Platz.

Aber Deutschland produzierte nicht nur Autozwerge. Die Wirtschaft lief auf vollen Touren. Der Arbeitsmarkt war leergefegt. Wirtschaftsminister Ludwig Erhard sprach zum ersten Mal von der Notwendigkeit, Gastarbeiter ins Land zu holen. Sie sollten aus Italien kommen. Die Kohleförderung an der Ruhr ging zurück, da jeder zehnte Grubenarbeiter die mühsame und gefährliche Arbeit unter Tage aufgab in der sicheren Gewissheit, jederzeit eine andere Beschäftigung zu finden. Die Stahlwerke mussten die teure amerikanische Kohle importieren, um die Produktion aufrechterhalten zu können. Zehn Jahre nach dem Ende des Krieges war der westliche Teil Deutschlands wieder auf dem Wege, die stärkste Industriemacht Europas zu werden. Im Vergleich zu 1936 hatte sich in dem Gebiet der Bundesrepublik die Industrieproduktion nahezu verdoppelt.

Wirtschaftlich war Deutschland wieder auf dem Weg zur Großmacht. Politisch sah das anders aus. Im September 1955 flog Bundeskanzler Adenauer nach Moskau, um über die Aufnahme diplomatischer Beziehungen zu verhandeln. Dabei erreichte er nach schwierigen Gesprächen, dass die letzten noch in Russland festgehaltenen Kriegsgefangenen (es waren

9600) heimkehren durften. Im Gespräch mit dem Ministerpräsidenten Nikolai Bulganin meinte Adenauer, die Bundesrepublik sei doch nur eine kleine Macht. »Nein, nein«, antwortete Bulganin, »ihr seid eine Großmacht, ob ihr es nun wollt oder nicht.«

Es war die Zeit der alten Männer in der deutschen Politik: Adenauer, Theodor Heuss, Erich Ollenhauer – Politiker, die sich schon in der Zeit der Weimarer Republik betätigt und den Nationalsozialismus im Exil, zeitweise im Gefängnis oder in unauffälligen Berufen verbracht hatten. Die nächste Generation fehlte weitgehend. Wo sie da war, konnte sie sich noch kaum durchsetzen. Auch die politischen Spitzenpositionen in den Ländern besetzten überwiegend Persönlichkeiten der älteren Generation, knorrige Gestalten wie Wilhelm Kaisen in Bremen oder Hinrich Kopf in Niedersachsen. Solche Persönlichkeiten konnten reiche Lebenserfahrung vermitteln, aber ihre Politikerfahrung stammte aus einer längst vergangenen Zeit.

Dennoch und ganz anders, als später im unruhigen Jahr 1968 behauptet wurde, war die Zeit um 1955 nicht eine der Restauration, sondern des Aufbruchs in eine bessere Zeit. Millionen von aus ihrer Heimat Vertriebenen fanden nach einer erstaunlichen und erfolgreichen Anstrengung der Politik und vor allem durch die eigene hartnäckige Tüchtigkeit eine neue Existenz. Und die durch die Währungsreform von 1948 und die mutige Entscheidung von Ludwig Erhard für die Soziale Marktwirtschaft freigesetzten Kräfte trugen Früchte. »Wohlstand für alle« war die von Erhard ausgegebene Losung. Das nahmen ihm die Menschen ab, als sich ergab, dass das keine Illusion, sondern eine realistische Vision war. Verzweiflung und Resignation, die nach dem totalen Zusammenbruch die ersten Jahre nach 1945 beherrscht hatten, wurden durch die Zuversicht für die Zukunft ersetzt.

Der später erhobene Vorwurf, dass die Auseinandersetzung mit der nationalsozialistischen Zeit in den Jahren um 1955 nur wenige beschäftigte, trifft zu. Die Begegnung mit der eigenen Vergangenheit begann erst zehn Jahre später, als die ersten von deutschen Gerichten zu entscheidenden großen Prozesse über Auschwitz und andere Stätten des Verbrechens das volle Ausmaß des Schrecklichen deutlich machten. Die Hauptschuldigen waren in den von den Besatzungsmächten durchgeführten Nürnberger Prozessen verurteilt worden und viele meinten, dass damit die Verantwortlichen zur Rechenschaft gezogen seien und damit die Sache abgeschlossen werden könnte.

1955 war auch ein Jahr großer politischer Entscheidungen. Am 27. Februar entschied der Bundestag über die Pariser Verträge – die Beendigung des Besatzungsregimes, den Beitritt zur Nato und das Saarstatut, welches das Saarland »europäisieren« sollte. Dies war einer der Tage, in denen über das künftige Schicksal Deutschlands entschieden wurde, mit Auswirkungen bis in die Gegenwart hinein. Konrad Adenauer konnte gegen die oppositionelle SPD bei der abschließenden Abstimmung eine sichere Mehrheit für die entscheidenden Fragen aufbringen – Ende der Besatzungszeit, Aufenthaltsrecht für die alliierten Truppen in Deutschland und Beitritt zur Nato mit der Aufstellung von 12 deutschen Divisionen mit 500 000 Mann.

Am Jahresende 1955 meldete das Bundesministerium für gesamtdeutsche Fragen, dass im Verlauf des Jahres 252 870 Menschen aus der DDR nach Westen geflüchtet waren. Im Mai war als Antwort auf die Aufnahme der Bundesrepublik in die NATO der Warschauer Pakt gegründet worden, dem auch die DDR angehörte. Damit standen sich im Herzen Europas zwei mächtige Militärbündnisse gegenüber, die sie trennende Linie lief mitten durch Deutschland. Dieses Jahr schien die Teilung Deutschlands und Europas zu besiegeln.

Am Ende des Jahres 1955 bekräftigte die Bundesregierung mit Zustimmung des Bundestages die Hallstein-Doktrin. Nach ihr sollte nur die Bundesrepublik legitimiert sein, für ganz Deutschland zu sprechen, und die offizielle Anerkennung der DDR durch ein anderes Land sollte durch den Abbruch der diplomatischen und wirtschaftlichen Beziehungen vonseiten der Bundesrepublik beantwortet werden. Es sollte noch viele Jahre dauern, bis diese lange durchgehaltene Politik durch die allmähliche Annäherung beider deutscher Staaten ersetzt wurde.

Deutschland im Jahr 1955 – das war alles in allem der langsame und schwierige Abschied von der Nachkriegszeit. Die Trümmer wurden beseitigt, die Städte wieder aufgebaut und die Wirtschaft erfuhr einen unerhörten, auch von der Welt bestaunten Aufschwung. Noch regierten die alten Männer das Land. Eine neue Zeit stand bevor, aber sie hatte eben erst begonnen. Die Zukunft war ungewiss, aber die Menschen erwachten aus dumpfer Resignation. Sie nahmen ihr Leben in die Hand und Zuversicht besiegte die Ermattung. Es war ein schwieriges, aber auch ein gutes Jahr.

Landwirtschaftspolitik

Zu den besonderen Aufgaben der Bonner Politik gehörte insbesondere die Landwirtschaft, die ebenfalls spektakuläre Produktionssteigerungen vorzuweisen hatte. Schon 1950/51 erreichte die Nahrungsmittelproduktion wieder den Umfang der Vorkriegszeit. Bis ins Wirtschaftsjahr 1958/59 wurde sie um weitere 38 Prozent gesteigert. Dies gelang, weil die Bauern ihre Betriebe mechanisierten und die Ernteerträge durch den Einsatz von Dünger erhöhten. In den Fünfzigerjahren verdoppelte sich so die Arbeitsproduktivität der Landwirtschaft.

Zwei Dinge liefen jedoch anders als in der gewerblichen Wirtschaft: Der Aufschwung wurde nicht von einem Beschäftigungszuwachs begleitet, sondern war im Gegenteil mit einem dramatischen Abbau von Arbeitsplätzen verbunden. Allein zwischen 1950 und 1962 fielen 1,5 Millionen Arbeitsplätze in der Landwirtschaft weg.

Der Unterschied zur übrigen Wirtschaft bestand außerdem darin, dass für den Agrarsektor Marktordnungen galten. Während die gewerbliche Wirtschaft auf liberalisierten Märkten arbeitete, geschah in der Landwirtschaft das Gegenteil: Die Agrarbetriebe arbeiteten in einem immer dichteren Netz von Subventionen, Preisregulierungen und Staatseingriffen.

Diese Besonderheiten hatten mehrere Gründe: Es gab das politische Ziel, die Ernährung der eigenen Bevölkerung weitgehend durch die »heimische Scholle« sicherzustellen. Außerdem besaß die Landwirtschaft eine starke Lobby, die sich in den Parlamenten auf einen starken Block von Abgeordneten verlassen konnte. Der eigentliche Grund lag aber darin, dass die deutsche Landwirtschaft trotz ihrer beachtlichen Erfolge weder international wettbewerbsfähig war noch für ihre Beschäftigten die in der Industrie üblichen Einkommen erwirtschaften konnte. Die Lösung sah die Agrarlobby daher in einer doppelten Protektion durch den Staat: nach außen durch Zölle und Kontingente und nach innen durch Preisgarantien und Subventionen.

Diese Strategie gipfelte im Landwirtschaftsgesetz vom 5. September 1955, mit dem das Paritätspreissystem – gleiche Preise in der Landwirtschaft und der Industrie – und höhere Subventionen beschlossen wurden. Dazu verpflichtete das Landwirtschaftsgesetz die Bundesregierung, alljährlich den Bundestag über die aktive Agrarpolitik zu unterrichten (»Grüner Bericht«) und Vorschläge für Interventionen und Subventionen zu machen (»Grüner Plan«).

So entstand eine bunte Palette von Milchprämien, Förderbeiträgen für Melk- und Kühleinrichtungen, Düngemittelsubventionen, Dieselverbilligungen, Umsatzsteuervergünstigungen, Sonderkrediten und vielem mehr. In den Grünen Plänen von 1956 bis 1961 wurden dafür insgesamt 7,6 Milliarden DM zur Verfügung gestellt. Erhard musste es zähneknirschend zur Kenntnis nehmen.

Ein ähnliches Interventions- und Subventionssystem für die Landwirtschaft gab es auch in anderen Ländern Europas. Als sich Ende der Fünfzigerjahre die Europäische Wirtschaftsgemeinschaft formierte, setzte sich neben der deutschen Lobby vor allem Frankreich dafür ein, dass die Subventionsmodelle europaweit fest installiert wurden. Ludwig Erhard war entsetzt.

Steigende Ansprüche

Die Fünfzigerjahre waren die Zeit des eigentlichen »Wirtschaftswunders«. Das Bruttosozialprodukt (in Mrd. DM zu Preisen von 1954) stieg von 113,1 (1950) über 174,4 (1955) auf 235,5 (1960). Der private Verbrauch (in Mrd. DM) wuchs noch schneller: von 62,5 (1950) über 103,4 (1955) auf 157,2 (1960). Gleichzeitig verdoppelten sich die Bruttolöhne (Index 1950 = 100) auf 209 (1960) bei stetig sinkender Arbeitslosigkeit (1950: 10,4 %; 1955: 5,2 %; 1960: 1,3 %).

Mit dem Erreichen der Vollbeschäftigung im Jahre 1955 begann sich die Stimmung in der Bundesrepublik jedoch zu wandeln. Der Einfluss der Gewerkschaften wurde größer und nach den entbehrungsreichen Jahren nahm die Anspruchsmentalität in der Gesellschaft zu. Den Anfang machten die Gewerkschaften, die für ihre Klientel einen noch größeren Anteil am Gesamteinkommen beanspruchten. Mit dem Metallarbeiterstreik in Schleswig-Holstein begann am 24. Oktober 1955 der erste große Arbeitskampf in der Geschichte der Bundesrepublik, der bis Februar 1957 dauerte.

Die *FAZ* warnte frühzeitig: »Was besondere Sorge macht, ist der Arbeitsmarkt. Dass heute selbst Hilfsarbeiter nicht mehr zu beschaffen sind, ist ein ernstes Zeichen. Wohl in keinem Zeitpunkt seit der Korea-Hausse waren Lohnerhöhungen, vom Konjunkturellen her gesehen, so gefährlich wie im Augenblick. Wenn die jetzt so heiße Konjunktur noch durch übertriebene Lohnerhöhungen angeheizt wird, wird die Lohn-

Preis-Spirale mit tödlicher Sicherheit in Bewegung kommen, eine inflationäre Entwicklung begänne.«

Zur Konjunkturberuhigung hob der Zentralbankrat den Diskontsatz zunächst um 0,5 Prozent und die Mindestreserve um 1 Prozent an. Als diese Signale nicht ausreichten, wurde der Leitzins auf 5,5 Prozent erhöht. »Ein Schuss vor den Bug der Überkonjunktur«, betitelten die Zeitungen diese Maßnahmen. Bei den Wirtschaftsverbänden und im Kanzleramt hielt man diese Schritte jedoch für überflüssig. Adenauer wetterte auf einer Veranstaltung des BDI im Kölner Gürzenich am 24. Mai 1955, die Politik der Notenbank sei ein schwerer Schlag gegen die Konjunktur. Er sprach von einem »Fallbeil« und erhob den Vorwurf, der Zentralbankrat denke nicht »politisch«.

Unterstützung für die Notenbank kam von der *FAZ*: »Gerade in Bezug auf die Notenbankpolitik kann der Hinweis auf den Mangel an politischem Denken leicht als der Wunsch ausgelegt werden, die Notenbank möge sich den jeweiligen Bedürfnissen der Politiker gefügig erweisen. So manche politische Katastrophe fing damit an, dass die Notenbank in diesem Sinne politisch dachte.« (Wolfram Weimer)

Von dem starken Konjunkturaufschwung profitierten auch die öffentlichen Haushalte in Form wachsender Steuereinnahmen, die zur Deckung der Staatsausgaben dienten oder auf die hohe Kante gelegt wurden. Der Staatsverbrauch (in Mrd. DM) stieg in den Fünfzigerjahren von 14,0 (1950) über 23,8 (1955) auf 37,8 (1960). Gleichzeitig bildete Bundesfinanzminister Fritz Schäffer Reserven, um für die zukünftigen Ausgaben der 1955 gegründeten Bundeswehr gerüstet zu sein. Man sprach vom Juliusturm in Anlehnung an den so genannten Turm der Spandauer Festung, in dem bis zum Jahr 1914 »für Zwecke der Mobilmachung« Gold aufbewahrt worden war. Im Jahr 1956 erreichten die von Fritz Schäffer angesparten Reserven schon die Summe von 7,8 Milliarden DM.

Der Entzug von Geld in diesem Umfang hätte unter normalen Umständen zu einer Konjunkturdämpfung führen müssen. Die Unternehmen ersetzten die im Wirtschaftskreislauf fehlenden Geldmittel jedoch durch zusätzliche Bankkredite und Auslandsumsätze. Die Wirtschaft unterlief dadurch die restriktive Notenbankpolitik und holte sich als Kredit oder im Ausland das zurück, was die Notenbank ihr verweigerte.

Zum eigentlichen Problem wurde das im Juliusturm angehäufte Geld, als die CDU-Fraktion im Vorfeld der Bundestagswahl 1957 einen sogenannten »Kuchen-Ausschuss« einrichtete, der die zahlreichen Begehrlichkeiten ordnete und sich darin gefiel, die Mittel vornehmlich zur Finanzierung von Sozialausgaben zu verwenden. In dieser Zeit leistete sich die Bundesrepublik eine stattliche Anzahl von »sozialen Errungenschaften«, die den Grundstein zu den wachsenden Haushaltsproblemen der Zukunft legten: vom Soforthilfegesetz über die Wohnungsbaugesetze, das Bundesversorgungsgesetz, das Lastenausgleichsgesetz, das Mutterschutzgesetz, das Schwerbeschädigtengesetz bis hin zum Kindergeldgesetz und der Dynamisierung der Renten. Hatten die Sozialleistungen im Jahr 1951 noch 36,5 Prozent am Bundeshaushalt betragen, so lag der Anteil fünf Jahre später bereits bei 42 Prozent (Wolfram Weimer).

Rentenreform 1957

Bundeskanzler Adenauer hatte bereits in seiner Regierungserklärung vom 20. Oktober 1953 eine umfassende Sozialreform angekündigt. Doch in den Regierungsparteien gab es bald Widerstand gegen das Projekt und auch die Abstimmung mit den Gewerkschaften und der SPD erwies sich als schwierig. Die Opposition forderte eine leistungsunabhängige und einheitliche Volksrente, während die Wirtschaftsliberalen die Rentenhöhe an das eingezahlte Kapital binden wollten. Dem Minister für Arbeit und Soziales, Anton Storch, gelang es nicht, einen mehrheitsfähigen Gesetzentwurf vorzulegen.

Doch dann kam Konrad Adenauer die erlösende Idee: Sein Sohn Paul Adenauer, der sich als Student der Theologie in Münster mit der katholischen Soziallehre beschäftigte, machte seinen Vater auf einen Beitrag des Privatdozenten Wilfried Schreiber aufmerksam, den dieser unter dem Titel »Existenzsicherheit in der industriellen Gesellschaft« veröffentlicht hatte. Schreiber entwickelte in dem Artikel ein Reformkonzept für die Rentenversicherung, das völlig neu war.

Statt einer »Volksrente« im Sinne der SPD oder eines »Sparvertrages« gemäß dem Vorschlag der FDP schlug Schreiber einen sogenannten »Generationenvertrag« vor: Der arbeitende Teil der Bevölkerung sollte einen bestimmten Satz seines Arbeitslohnes in eine öffentliche Rentenkasse einzahlen, aus der die Rente an den nicht mehr arbeitenden Teil der Bevölkerung bezahlt werden konnte. Die Renten sollten also nicht aus der Staatskasse bezahlt oder aus dem ersparten Vermögen stammen, sondern im Umlaufverfahren durch eine Abgabe auf die Arbeitslöhne finanziert und in ihrer Höhe an diese gekoppelt sein.

Das war die Erfindung der »dynamischen Rente«, deren politische Logik Adenauer sofort verstand. Er lud deshalb Wilfried Schreiber ein, in seinem Sozialkabinett einen Vortrag zu halten, und zeigte sich von dem Konzept begeistert. Viele seiner Ministerkollegen blieben aber skeptisch. Finanzminister Schäffer hielt die Pläne für ruinös, Ludwig Erhard machte ordnungspolitische Bedenken geltend. Auch die Wirtschaftsverbände und die ökonomischen Berater der Bundesregierung stellten sich gegen die »dynamische Rente«. Alle warnten vor den unabsehbaren Risiken der beabsichtigten Finanzierung.

Besonders schwierig war die Verständigung zwischen Adenauer und Erhard: Sie waren sich grundsätzlich einig, dass die aus der Bismarck-Zeit stammenden Sozialsysteme reformiert werden mussten. Dies galt auch für die Rentenversicherung, die durch die Geldentwertung von 1921 fast ihr gesamtes Vermögen verloren hatte. Entsprechend niedrig war das Rentenniveau in den Fünfzigerjahren. Für Ludwig Erhard war jedoch die Koppelung der Renten an die Entwicklung der Bruttolöhne ein Dorn im Auge. Er sah darin eine Hinwendung zum kollektiven Versorgungs- und Wohlfahrtsstaat, der die Wirtschaft überfordern musste. Zudem befürchtete er, dass das Rentensystem mit einer solchen Koppelung von der ungewissen demografischen Entwicklung ebenso abhängig sein würde wie vom weiteren Konjunkturverlauf. Darin sah er eine erhebliche Gefahr für die Stabilität der Renten.

Auf solche ordnungspolitischen Bedenken antwortete Adenauer mit dem Hinweis, dass die Renten viel zu niedrig wären und die Rentner zu Recht hohe Erwartungen hätten, welche die Union vor der Bundestagswahl 1957 nicht enttäuschen dürfte. Dem Hinweis auf die demografischen Risiken begegnete er mit dem Argument: »Kinder kriegen die Leute immer.« Zudem hätte die Union eine Sozialreform angekündigt und müsste jetzt Handlungsfähigkeit beweisen.

In endlosen Sitzungen und Beratungen brachte Adenauer schließlich das widerstrebende Kabinett sowie seine Partei hinter sich. Auch die oppositionelle SPD erklärte sich mit einer solchen Rentenreform einverstanden. Nur Finanzminister Fritz Schäffer verweigerte bis zum Schluss seine Zustimmung.

So passierte der Gesetzesentwurf für die dynamische Rente am 23. Februar 1957 den Deutschen Bundestag und trat rückwirkend zum 1. Januar

1957 in Kraft. Die Reform bedeutete für die Rentner (ohne Berücksichtigung von Sonderzulagen) eine unmittelbare Rentensteigerung um 58 Prozent bei Arbeitern und um 65 Prozent bei Angestellten sowie um 73 bis 87 Prozent bei Witwen und Waisen. Die Jahresleistungen an die Rentner, die 1956 noch 7,4 Milliarden DM betrugen, verdoppelten sich nahezu und stiegen durch die Reform auf 13 Milliarden DM im Jahr 1957.

So ging Konrad Adenauer wohlgerüstet in die Bundestagswahl 1957, die er mit dem Slogan bestritt: »Sicherheit – keine Experimente.« Damit traf er den Nerv der Mehrheit der Wähler, die Kontinuität und Sicherheit wollten. Bei einer Wahlbeteiligung von 87 Prozent gewann die CDU/CSU die absolute Mehrheit der Stimmen und Mandate.

Römische Verträge

Trotz des Rückschlags mit der Europäischen Verteidigungsgemeinschaft (EVG) verloren die sechs Länder der Montanunion das Ziel einer vertieften Integration in Europa nicht aus den Augen. Ein von dem belgischen Außenminister Paul Henri Spaak 1956 vorgelegter Bericht hatte einen bedenklichen Rückstand Europas gegenüber den USA auf wirtschaftlichem und technologischem Gebiet diagnostiziert. Der Bericht forderte die Schaffung zweier Gemeinschaften: einer Europäischen Wirtschaftsgemeinschaft (EWG) und einer Europäischen Atomgemeinschaft (Euratom).

Auf der Grundlage des Spaak-Berichts begannen am 26. Juni 1956 in Brüssel die Verhandlungen zur Gründung von EWG und Euratom zwischen Frankreich, Deutschland, Italien, Belgien, Luxemburg und den Niederlanden. Großbritannien war eingeladen worden, lehnte aber eine Teilnahme ab. Die sechs Staaten wurden sich schnell einig. Bereits am 25. März 1957 wurden beide Staatsverträge auf dem Kapitol in Rom feierlich unterzeichnet. Die sogenannten »Römischen Verträge« über die Gründung von EWG und Euratom traten am 1. Januar 1958 in Kraft.

Die maßgeblich vom französischen Außenminister Robert Schuman und vom deutschen Bundeskanzler Konrad Adenauer gestalteten Verträge schufen eine völlig neue Qualität der europäischen Wirtschaftskooperation: Konkret sah der EWG-Vertrag eine Zollunion und die Beseitigung der Hindernisse für den freien Personen-, Dienstleistungs- und Kapitalverkehr vor. Innerhalb der Gemeinschaft sollte die Landwirtschaftspolitik vergemeinschaftet und die Wirtschaftspolitik zwischen den Mitgliedern koordiniert werden. Außerdem sollten die Rechtsvorschriften angeglichen und ein Sozialfonds sowie eine Europäische Investitionsbank errichtet werden.

Zugleich wurde das Stabilitätsziel festgeschrieben: *»Jeder Mitgliedstaat betreibt die Wirtschaftspolitik, die erforderlich ist, um unter Wahrung eines hohen Beschäftigungsstandes und eines stabilen Preisniveaus das Gleichgewicht seiner Gesamtzahlungsbilanz zu sichern und das Vertrauen in die Währung aufrechtzuerhalten.«* (Art. 104)

Ziel des Euratom-Vertrages sollte sein, durch die »Entwicklung von Kernindustrien« die erforderlichen Voraussetzungen »zur Hebung der Lebenshaltung in den Mitgliedstaaten« zu schaffen. Dazu sah der Vertrag eine »gemeinsame Grundlagenforschung, einheitliche Sicherheitsnormen und eine gemeinsame Versorgungspolitik bei Spaltstoffen vor«. Europaweit sah man in der Atomkraft eine Zukunftsindustrie.

Über den Rechtscharakter der Gemeinschaft schrieb der Europa-Abgeordnete Hans-Joachim Seeler später: »Die EG ist kein Staat, aber mehr als die klassische Form internationaler Staatenkooperation. Die EG übt staatliche Funktionen in den hoheitlichen Bereichen aus, die die Mitgliedstaaten auf sie übertragen haben. Als supranationale Gemeinschaft ist die EG sowohl ein Teilstaat mit Teilstaatsgewalt, die abgeleitet ist aus der originären Staatsgewalt der Mitgliedstaaten und insoweit begrenzt ist. Allerdings hat die Tatsache übertragener hoheitlicher Gewalt zur Folge, dass aus der Quantität übertragener Kompetenzen sich eine neue eigene EG-Qualität als supranationale Gemeinschaft entwickelt hat. Die EG besitzt volle Legislativgewalt in dem ihr gesetzten vertraglichen Rahmen. Ihre Rechtsakte – insbesondere Verordnungen und Richtlinien – bedürfen keiner Legitimation durch die nationalen Parlamente. Sie sind bindend, sobald das Rechtsetzungsverfahren in der EG abgeschlossen ist.«

Für die exportorientierte Industrie in Deutschland waren die Römischen Verträge ein großer Durchbruch. Bereits zum 1. Januar 1959 gab es die erste zehnprozentige Zollsenkung, der weitere Senkungen folgten. Bis zum 1. Juli 1968 waren die Binnenzölle fast vollständig abgeschafft.

Für Frankreich war vor allem der mit Nachdruck angestrebte gemeinsame europäische Agrarmarkt ein wesentliches Element der Wirtschaftsgemeinschaft. Das war der Preis, den die Deutschen für den gemeinsamen Industriemarkt zahlen mussten. Nach und nach sollten Marktordnungen für fast alle Agrarprodukte geschaffen werden, die den

Landwirten feste – und vor allem hohe – Preise sowie eine Absatzgarantie sicherten. Die Folge waren Überschüsse in Form von Butterbergen und Milchseen, die den klassischen Agrarproduzenten auf dem Weltmarkt Konkurrenz machten.

Vonseiten wirtschaftsliberaler Politiker wurde das geplante Interventions- und Subventionssystem für die Landwirtschaft scharf kritisiert. Für Ludwig Erhard war die Sechser-Gemeinschaft außerdem zu begrenzt und zu bürokratisch. Er war vor allem misstrauisch gegenüber der französischen Wirtschaftspolitik, die auf Planung und sozialer Harmonisierung beruhte.

Erhard wollte kein Organisationsprogramm für Europa, sondern einen Ordnungsrahmen für den gemeinsamen Markt. Er sah Europas Stärke in seiner Vielfalt, nicht in der aus Brüssel immer wieder gern beschworenen Vereinheitlichung von Regeln und Normen. Erhard ging es vornehmlich um eine freizügige und offene Verbindung zwischen allen westlichen Ländern, Nordamerika eingeschlossen. Bundeskanzler Konrad Adenauer wollte dagegen die schnelle Einbindung der Bundesrepublik in den Westen und die Verständigung mit Frankreich. Gelöst wurde dieser Konflikt nie.

Godesberger Programm

Nach der Niederlage der SPD bei den Bundestagswahlen von 1957 begann bei den Sozialdemokraten eine Diskussion über die zukünftige programmatische Ausrichtung der SPD. Die unübersehbaren Erfolge des marktwirtschaftlichen Konzepts der Union ließen die Erkenntnis reifen, dass sich die Partei von einer klassenkämpferischen Arbeiterpartei zu einer modernen Volkspartei wandeln müsste.

Auf dem SPD-Parteitag 1958 in Stuttgart kam es bei den Vorstandswahlen zu einem Generationswechsel, bei dem elf neue Vorstandsmitglieder gewählt wurden, darunter Willy Brandt, Helmut Schmidt und Gustav Heinemann. Mit den neuen Vorstandsmitgliedern nahm die Programmdebatte Fahrt auf. Dies führte zu einer grundsätzlichen Erneuerung des Parteiprogramms, das 1959 auf dem Parteitag der SPD in Bad Godesberg beschlossen wurde.

Das »Godesberger Programm« wurde zu einem Wendepunkt in der Geschichte der SPD. Marxistische Grundpositionen wurden aufgegeben und die marktwirtschaftliche Ordnung grundsätzlich akzeptiert. An die Stelle der Beseitigung kapitalistischer Produktionsverhältnisse durch Sozialisierung und Planwirtschaft traten die gewerkschaftliche Forderung nach Mitbestimmung und der Ausbau des Sozialstaates. Wörtlich hieß es: »Die Sozialdemokratische Partei ist von einer Partei der Arbeiter zu einer Partei des Volkes geworden.«

Der wirtschaftspolitische Teil des neuen SPD-Programms zeigte bereits die Handschrift des späteren Wirtschaftsministers Karl Schiller (SPD). Seine griffige Formel »So viel Markt wie möglich, so viel Planung wie nötig« leitete den Unterabschnitt über »Planung und Wettbewerb« ein. Die SPD änderte damit ihre Einschätzung von plan- und marktwirtschaftlichen Prinzipien; von nun an sollte der Markt die Priorität vor der Planung haben. Über allgemeine Sozialisierungen wurde im Aktionsprogramm nicht mehr gesprochen. Es forderte allein die Überführung der Grundstoffindustrie in Gemeineigentum mit dem Ziel der Vollbeschäftigung.

Die programmatische Erneuerung der SPD bewirkte auch für die Wirtschafts- und Sozialgeschichte der Bundesrepublik eine entscheidende Weichenstellung. Mit der Akzeptanz der Markwirtschaft durch die SPD war die Phase der ordnungspolitischen Grundsatzdebatte über Markt- und Planwirtschaft beendet. Fortan stritt man sich zwischen den großen Parteien nur noch über eine mehr liberale oder mehr etatistische bzw. sozialstaatliche Wirtschaftspolitik.

Kohle- und Textilkrise

1958 war das Jahr, in dem im Ruhrgebiet die Kohlekrise begann, weil die deutsche Wirtschaft die Energieversorgung von Kohle auf Erdöl umstellte. In diesem Jahr mussten im Steinkohlenbergbau erstmals Feierschichten eingelegt werden. Der Absatzrückgang erfasste bald alle westeuropäischen Steinkohlenreviere. In den Mitgliedsländern der Montanunion (EGKS) sank der Anteil der Steinkohle an der Deckung des gesamten Energiebedarfs von 74 Prozent im Jahr 1950 auf 53 Prozent im Jahr 1960. Weitere fünf Jahre später (1965) wurden nur noch 38 Prozent des Energiebedarfs durch Steinkohle gedeckt.

In demselben Zeitraum stieg der Anteil des Erdöls zunächst von 10 auf 27 Prozent und dann auf 45 Prozent. Parallel zum zunehmenden Verbrauch von Erdöl stiegen die Investitionen in Pipelines für den Transport von Öl: von der Nordsee in das Ruhrgebiet mit einer Verlängerung in das Rhein-Main-Gebiet; aus dem Mittelmeer nach Baden-Württemberg und Bayern. Nicht nur für die fortschreitende Industrialisierung dieser Gebiete war der Anschluss an das Pipeline-Netz ein unverzichtbarer Impulsgeber, sondern in ganz Deutschland wurde die Heiztechnik wegen der deutlichen Kostenvorteile von Kohle auf Öl umgestellt.

Zur gleichen Zeit gingen die Umsätze in einigen Branchen der Textilindustrie zurück, worauf die Unternehmen mit Kurzarbeit reagierten. Von den 40 000 Kurzarbeitern in der westdeutschen Industrie entfielen 1957 mehr als die Hälfte (21 000) auf Textilbetriebe. Auch dieser Umsatzrückgang hatte strukturelle Gründe: Der textile Nachholbedarf hatte sich beruhigt und die Verbraucher kauften vermehrt langlebige Verbrauchsgüter. Außerdem überschwemmten die ostasiatischen Länder den deutschen Markt mit billigen Textilien. Und nicht zuletzt gefiel vielen deutschen Verbrauchern die modische Ware aus Italien und Frankreich besser als die heimischen Angebote.

Plötzlich war die Bundesrepublik mit wirtschaftlichen Strukturproblemen und den daraus folgenden Umstellungsprozessen konfrontiert. Ludwig Erhard nahm hierzu auf dem 2. Wirtschaftstag der CDU am 10. April 1959 Stellung: »Es hört sich zwar gut an, dass uns das Hemd näher liegt als der Rock, aber ich bin nicht der Meinung, dass wir mit jenem Kleidungsstück (nämlich dem Hemd) allein durch die Lande wandeln dürfen. Ich möchte damit sagen, dass wir nicht den eigensinnigen Versuch unternehmen dürfen, dem technischen Fortschritt zuwiderlaufend, die Kohle gegenüber allen anderen Energieträgern künstlich abzuschirmen und dass es daneben auch einen Versuch am untauglichen Objekt bedeuten würde, wenn wir glaubten, den Verbraucher zugunsten eines zusätzlichen Konsums von Textilien vom Erwerb begehrter langlebiger und hochwertiger Gebrauchsgüter fernhalten zu wollen. Gleichwohl dürfen wir die tröstliche Gewissheit haben, dass – wenn auch mit gewissen strukturellen Verlagerungen – sowohl die deutsche Kohleförderung als auch die Produktion von Textilerzeugnissen und Bekleidungsgegenständen ihren Markt behalten werden.«

Mit seiner wirtschaftspolitisch richtigen Ansicht konnte sich Ludwig Erhard wohl gegen die Textilindustrie, nicht aber gegen die mächtige Kohlelobby durchsetzen. Der Bergbau setzte alle Hebel in Bewegung, um den Absatz der Kohle zu stabilisieren. Als Erstes schloss er mit der

Mineralölindustrie ein sogenanntes »Selbstbeschränkungsabkommen« (22.12.1958), mit dem der Verbrauch von Mineralöl gedrosselt werden sollte. Das Abkommen blieb jedoch ohne sichtbares Ergebnis. Im Jahr 1959 mussten die Zechen bereits 4,5 Millionen Feierschichten einlegen, weil 18 Millionen Tonnen überflüssige Kohle, d. h. 12 Prozent der Jahresförderung 1958, auf Halde lagen.

Um den Bergbauunternehmen zu helfen, wurde die »Notgemeinschaft deutscher Steinkohlenreviere GmbH« gegründet, die befristet bis Ende 1977 bis zu 10 Millionen Tonnen Kohle ankaufte und einlagerte. Damit sollten vor allem die Verträge über den Import von US-amerikanischer Steinkohle abgelöst und durch deutsche Kohle ersetzt werden. Aber trotz rückläufiger Steinkohlenimporte gingen die Förderzahlen und die Zahl der Beschäftigten im Bergbau weiter zurück. Waren 1957 noch 397 000 Menschen in den Zechen an der Ruhr beschäftigt, gab es trotz massiver Subventionierung 1961 nur noch 296 000 und 1966 circa 200 000 Zechenarbeiter.

Das Bundeswirtschaftsministerium unterstützte die Anpassungsmaßnahmen großzügig mit finanziellen Hilfen. So wurde 1960 auf Drängen des Ruhrbergbaus zum Schutz der Steinkohle die Heizölsteuer eingeführt, wodurch der Ölpreis künstlich angehoben wurde. Aber auch das half der Ruhrkohle nicht, sodass es in den Jahren 1961 und 1962 zu erneuten Zechenschließungen kam. Demonstrationen der Kumpel gegen die Energiepolitik der Bundesregierung und Zechenschließungen gehörten nun zur Tagesordnung.

Unter dem Druck einer kräftigen Kohlelobby suchte die Bundesregierung schließlich die Lösung in einer großzügigen und langfristigen Subventionslösung. Mit dem am 1. September 1963 in Kraft getretenen »Gesetz zur Förderung der Rationalisierung im Steinkohlenbergbau« wurde dafür das erforderliche Instrumentarium geschaffen. Vorgesehen waren die Subventionierung von Rationalisierungsinvestitionen und die Zahlung von beachtlichen Stilllegungsprämien. Die Durchführung des Gesetzes lag bei einem als öffentlich-rechtliche Körperschaft gegründeten Rationalisierungsverband, bei dem die Zechengesellschaften bis zum 31. Oktober 1964 insgesamt 31 Schachtanlagen und 20 Kleinzechen zur Stilllegung anmeldeten.

Die Wirkung dieser Subventionslösung war in jeder Beziehung kontraproduktiv: Bei der Subventionierung von Rationalisierungsinvestitionen handelte sich in Wahrheit um Zuschüsse zu den Betriebskosten. Die

Zahlung von staatlichen Stilllegungsprämien erhöhte zwar die Zahl der Schließungen, führte aber nicht zur Aufgabe der unrentabelsten Zechen des Ruhrbergbaus, sondern zur Stilllegung der im jeweiligen Unternehmensverbund defizitären Zechen. Die staatlichen Subventionen hemmten zudem die Ansiedlung neuer Industrien, weil die Zechenunternehmen keinen unmittelbaren finanziellen Druck zur Veräußerung von Flächen spürten.

Eine weitere Verschärfung der Absatzkrise Mitte der 1960er-Jahre mündete schließlich in Verhandlungen über eine Einheitsgesellschaft für die gesamte Ruhrkohle. Als Ergebnis wurde 1969 die »Ruhrkohle AG« als Konsolidierungsunternehmen für den Kohlebergbau gegründet. Darin wurden die Bergbau-Anteile von insgesamt 25 Unternehmen zusammengeführt, die zusammen mit dem Staat die Hauptaktionäre der Ruhrkohle AG wurden.

Die Ruhrkohle AG umfasste zu diesem Zeitpunkt etwa 80 Prozent der bundesdeutschen Steinkohlenbergwerke. Ihre Geschäftsgrundlage bestand darin, mit den Bergbaubetrieben Hüttenverträge abzuschließen, aufgrund deren sie 1972 mit 168 400 Mitarbeitern einen subventionierten Jahresumsatz von 7,2 Milliarden DM erwirtschaftete.

Damit war aber die Subventionierung der Kohle noch nicht beendet. Als weitere Subvention wurde 1975 der Kohlepfennig als Aufschlag auf den Strompreis eingeführt. Nachdem der Kohlepfennig 1994 vom Bundesverfassungsgericht für verfassungswidrig erklärt worden war, verständigte sich die Bundesregierung mit der Ruhrkohle AG in verschiedenen Abkommen über neue Subventionsmöglichkeiten und den Abbau von Förderkapazitäten bis 2012.

Das »Bergwerk Prosper-Haniel« in Bottrop war die letzte im rheinisch-westfälischen Steinkohlerevier betriebene Zeche. Erst als sie in Anwesenheit des Bundespräsidenten Frank-Walter Steinmeier im Jahr 2018 geschlossen wurde, endete die mit unvorstellbaren Summen subventionierte Stilllegung des deutschen Kohlebergbaus. Nach Berechnungen, die das Forum Ökologisch-Soziale Marktwirtschaft (FÖS) in Auftrag gegeben hatte, belief sich die Fördersumme zur Beendigung des Kohlebergbaus in der Zeit von 1950 bis 2008 auf insgesamt 432 Milliarden Euro.

Von einem solchen Subventionsregen konnte die deutsche Textilindustrie nur träumen, als sie ebenfalls im Jahr 1958 infolge veränderter Angebots- und Nachfragebedingungen unter erheblichen Anpassungsdruck geriet. Während Länder wie Frankreich und Belgien ihre Textilindustrie stark subventionierten, erhielt die deutsche Textilindustrie trotz intensiver Lobbyarbeit keine Anpassungshilfen.

Gewitzt durch das Beispiel der Ruhrkohle, die zuvor durch fleißige Proteste in Bonn Zugeständnisse, darunter den Stopp für neue Kohleimportverträge, herausholen konnte, bemühten sich auch die Vertreter der Textilbranche um ähnliche Hilfsmaßnahmen. Zur Unterstützung schaltete die Textilindustrie sogar Anzeigen, in denen indirekt zum Boykott ausländischer Textilien aufgerufen wurde: »Wer heute ein Textilerzeugnis, das gegenwärtig unter ungleichen Bedingungen nach Deutschland hereinkommt, verkauft oder kauft, verkauft oder kauft damit ein Stück Arbeitslosigkeit und Schmälerung der Kaufkraft.«

Als das alles nichts half, wandten sich 15 CDU-Bundestagsabgeordnete an das Bonner Wirtschaftsministerium, um Staatssekretär Ludger Westrick, Stellvertreter des Bundeswirtschaftsministers, persönlich die Notlage der mittelständischen Textilbranche zu schildern und auf Abhilfe zu drängen. Aber auch diese Form der Lobbyarbeit war vergeblich. Das Bundeswirtschaftsministerium blieb bei seiner grundsätzlichen Entscheidung, keine Wirtschaftspolitik für einzelne Sektoren zu machen. Würde es davon abweichen, so die Begründung von Westrick, bestünde die Gefahr, dass nach der Landwirtschaft und der Kohle schon bald weitere Sektoren um staatliche Hilfe bitten würden.

Aufwertungsdebatte

Ende 1958, zehn Jahre nach der Währungsreform, wurde die D-Mark konvertierbar. Das bedeutete die Möglichkeit, die D-Mark frei gegen andere Währungen, insbesondere gegen den Dollar, einzutauschen. Nicht nur die Devisenzwangswirtschaft, sondern auch die damit verbundenen Beschränkungen für den internationalen Handels- und Kapitalverkehr wurden abgeschafft.

Zeitgleich mit Deutschland verkündeten elf europäische Staaten die Konvertibilität ihrer Währungen, die meisten jedoch nur für Ausländer, sodass es für Inländer bei den bisherigen Beschränkungen blieb. Die Konvertierbarkeit der D-Mark galt demgegenüber für Inländer und Ausländer, was für die Stärke der D-Mark sprach.

Die Konvertibilität der nationalen Währungen war erst möglich, nachdem sich die wirtschaftlichen Verhältnisse einschließlich der Zahlungsbilanzen und Währungsreserven in den europäischen Ländern deutlich verbessert hatten. Das war für Deutschland der Fall, wie die Deutsche Bundesbank in ihrem Geschäftsbericht für 1958 feststellte: »Die Bundesbank kann auf das Jahr 1958 mit einer gewissen Befriedigung zurückblicken. Man kann sagen, dass die Wirtschaft dem berühmten magischen Dreieck – optimale Beschäftigung, Preisstabilität und Gleichgewicht der Zahlungsbilanz – näher war als wohl in jedem der vorangegangenen Jahre.«

In den drei Jahren zwischen 1956 und 1959 summierten sich die deutschen Außenhandelsüberschüsse auf fast 20 Milliarden DM. Außerdem verdoppelten sich bei der Bundesbank die Reservebestände von 12,3 auf 26,1 Milliarden DM. Die USA kämpften in diesen Jahren mit einer Rezession, Frankreich musste bei der Europäischen Gemeinschaft hohe Schulden machen und das britische Pfund durchlitt eine weitere Krise.

Die deutschen Außenhandelsüberschüsse erweckten jedoch im Ausland nicht nur Bewunderung, sondern sorgten auch für Verdruss. Die Vorwürfe mehrten sich, dass Deutschland zu wenig unternehme, um seine Handels- und Zahlungsbilanz auszugleichen. Die Deutschen exportierten zu viel und importierten zu wenig, was an ihrer »Gier nach Währungsreserven« liege, so lautete die internationale Klage.

Bundesregierung und Bundesbank widersprachen diesem Vorwurf mit dem Hinweis auf ihre Bemühungen, der ausländischen Konkurrenz den Zugang zum deutschen Markt zu erleichtern. Die Debatte, die sich schließlich auf die Wechselkurse konzentrierte, wollte aber nicht verstummen. Im Juni 1957 argumentierte die *Financial Times*: »Die Unterbewertung der D-Mark ist die Hauptursache für das Ungleichgewicht der Währungsparitäten.« Das bedeutete im Klartext, dass der Umtauschkurs der D-Mark zum Dollar und damit auch zu allen anderen Währungen heraufgesetzt werden sollte.

Die Bundesbank lehnte dieses Argument ab. Sie berief sich darauf, dass der Anstieg der deutschen Preise zwar niedriger als in anderen europäischen Ländern war, aber im Vergleich zu den Vereinigten Staaten keine Abweichungen bestanden. Die *FAZ* kommentierte: »Nicht die D-Mark ist unterbewertet, sondern einige andere Währungen sind überbewertet, weil die Preise in diesen Ländern davongelaufen und dadurch die früher einmal richtigen Wechselkurse unrealistisch geworden sind.«

Als die Aufwertungsdebatte nicht enden wollte, begannen Anleger und Spekulanten verstärkt auf eine mögliche Abwertung des Pfundes und des Franc zu wetten, wodurch die deutschen Devisenbestände noch stärker wuchsen. Die Spekulation kam erst zum Stillstand, als der deutsche und englische Sprecher auf der Jahrestagung des Internationalen Währungsfonds versicherten, dass an den Wechselkursparitäten nicht gerüttelt würde.

Doch als im Jahr 1959 der nächste Boom losbrach, weil die deutsche Investitionsgüterindustrie mit ausländischen Aufträgen überschwemmt wurde und gleichzeitig die Baukonjunktur anzog, strömten wieder vermehrt Auslandsgelder in die deutschen Banken. Die Konjunktur drohte zu überhitzen, wobei die Impulse auch diesmal aus dem Ausland kamen. Vergeblich versuchte die Bundesbank, mit Kürzung der Rediskont-Kontingente, Heraufsetzung der Mindestreservesätze und freiwilligen Maßnahmen der Banken gegenzusteuern.

Die Bundesbank saß jedoch in einer Zwickmühle: Einerseits drohte im Inland ohne eine straffe Geldpolitik wegen der konjunkturellen Überhitzung eine ernste Inflation. Andererseits lockte sie aber mit jeder weiteren Zinserhöhung noch mehr Auslandsgeld herbei, das die Konjunktur weiter anheizte.

Aus dieser Lage befreite sich die Bundesbank mit einer geldpolitischen Kehrtwende, indem sie den Diskontsatz wieder senkte und die Kreditrestriktionen lockerte, die straffe Geldpolitik also aufgab. Damit gestand sie ein, dass sie dem Ziel der ausgeglichenen Zahlungsbilanz den Vorrang vor der Preisstabilität gab, weil sie die nötige Bremsarbeit gegen die überschäumende Konjunktur nicht mehr leisten konnte.

In ihrem Geschäftsbericht sagte sie dazu: »Das Ziel der Kreditrestriktionen wurde also im Großen und Ganzen nicht erreicht, aber aufgrund der gleichen Entwicklungen, die dies verhinderten, erhöhten sich die Zahlungsbilanzüberschüsse und die außenwirtschaftlichen Schwierigkeiten, unter denen die Bundesrepublik ohnehin schon litt, nahmen zu. Als dies evident wurde, hat die Bundesbank nicht gezögert, die Konsequenzen zu ziehen und ihre Politik wieder zahlungsbilanzkonform zu machen.«

Mit dem letzten Satz nahm die Bundesbank die DM-Aufwertung vorweg, welche die Bundesregierung am 4. März 1961 mit Zustimmung der Bundesbank beschloss. Die Parität gegenüber dem Dollar wurde von bisher 4,20 DM auf 4 DM je Dollar verändert. Ludwig Erhard sagte zum Zweck der Aufwertung: »Ich will aus Sorge um die Sicherung einer stetigen und sicheren Aufwärtsentwicklung mit der Aufwertung wieder die festen Grundlagen für eine zielbewusste und aktive Konjunkturpolitik zurückgewinnen.« (Wolfram Weimer)

Die Exportindustrie vertrat aus verständlichem Eigeninteresse eine gegenteilige Meinung. Doch zur Aufwertung der D-Mark gab es keine vernünftige Alternative, wie die *FAZ* kommentierte: »Wenn eine internationale Inflation einsetzt und die Wechselkurse starr bleiben, dann kann sich keine Notenbank der Welt – mit welchem Instrumentarium auch immer – dem Einfluss von draußen entziehen, wenn die Konvertibilität aufrechterhalten werden soll. Die Frage kann daher nur lauten, ob wir die internationale Entwicklung mitmachen oder ob wir uns durch eine Änderung des Wechselkurses von ihr distanzieren wollen.«

Der Aufwertungsbeschluss wurde im In- und Ausland überwiegend positiv aufgenommen. In der englischen *Financial Times* war zu lesen: »Wichtig bei der Neubewertung der D-Mark ist nicht das bescheidene Ausmaß der Aufwertung, sondern die Tatsache, dass es überhaupt dazu gekommen ist.« Tatsächlich wirkte der Beschluss nicht sofort. Es waren vielmehr die verschärften Ost-West-Spannungen, die den spekulativen Kapitalstrom nach Deutschland versiegen ließen.

Ost-West- Konflikte

Am 15. Juli 1961 erklärte der Staatsratsvorsitzende der DDR Walter Ulbricht: »Niemand hat die Absicht, in Berlin eine Mauer zu errichten.« Aber schon am 13. August 1961 kappten DDR-Sicherheitskräfte alle Verbindungen zwischen Ost- und Westberlin und Bautrupps begannen mit dem Bau einer Mauer quer durch das Stadtgebiet. Den Ostdeutschen war damit der Weg nach Westdeutschland versperrt und die DDR wurde zum Volksgefängnis.

Wenige Monate später kam es zu einem weiteren Höhepunkt im Ost-West-Konflikt, als Moskau die Stationierung sowjetischer Raketen auf Kuba vorbereitete und der amerikanische Präsident John F. Kennedy eine Seeblockade Kubas anordnete, um die sich nähernden Sowjetschiffe mit den Rüstungsgütern zum Abdrehen zu bewegen. In Deutschland wurde die NATO in höchste Alarmbereitschaft versetzt und die Furcht vor einem Atomkrieg ging um.

Beide Krisen machten die besondere Verletzlichkeit der Bundesrepublik im Ost-West-Verhältnis deutlich. Der Mauerbau stoppte die

Abwanderung von Arbeitskräften aus der DDR in die Bundesrepublik. Außerdem beschloss die NATO im November 1962 infolge der Kuba-Krise einen sofortigen Lieferstopp für alle Lieferungen an die Sowjetunion. Das traf insbesondere die westdeutschen Firmen Mannesmann, Hoesch und Phoenix-Rheinrohr, die trotz wachsender internationaler Spannungen in großem Umfang Röhren an die UdSSR verkauft hatten.

Die Stahlkonzerne glaubten zunächst, sich dem Lieferstopp mit Hinweis auf die abgeschlossenen Verträge entziehen zu können. Dafür fanden sie Unterstützung bei den Gewerkschaften und der SPD sowie bei der CDU-Landesregierung in Nordrhein-Westfalen. Adenauer und sein Außenminister sahen jedoch in dem Röhrenembargo eine Probe für die Bündnistreue mit den USA und verhängten am 18. Dezember 1962 ein Verbot für den Export deutscher Stahlröhren in die Sowjetunion. Das Embargo blieb bis 1966 in Kraft.

Der Röhrenstreit wurde zum ersten großen Beispiel für den möglichen Konflikt zwischen den Bündnisverpflichtungen der Bundesrepublik und den Handelsgeschäften deutscher Unternehmen mit der Sowjetunion. Daraus konnte man die Lehre ziehen, dass die Bundesregierung im Konfliktfall nicht automatisch den Interessen der Wirtschaft Priorität einräumt, sondern eher den Anforderungen der Schutzmacht USA folgt. Das war nicht überall so: Großbritannien wirkte am NATO-Embargo nicht mit, sodass sich die britische Stahlindustrie alsbald um die Übernahme der deutschen Lieferungen an die UdSSR bemühen konnte.

Führungswechsel

Mit der Bundestagswahl 1961 veränderten sich die politischen Machtverhältnisse in Bonn. Die Union verlor ihre absolute Mehrheit. SPD und FDP gewannen Stimmen hinzu und stellten die Mehrheit der Abgeordneten im Bundestag. Besonders spektakulär war das Abschneiden der FDP, die mit dem Wahlziel angetreten war, Konrad Adenauer als Bundeskanzler zu verhindern. Bei den Koalitionsverhandlungen zwischen Union und FDP musste sich der 85-jährige Adenauer deshalb verpflichten, nach der ersten Hälfte der neuen Legislaturperiode das Amt des Bundeskanzlers einem jüngeren Nachfolger zu übergeben.

Als Konrad Adenauer am 15. Oktober 1963 vereinbarungsgemäß als Bundeskanzler zurücktrat, wurde Ludwig Erhard sein Nachfolger. Der

Druckereibesitzer und Mittelstandspolitiker Kurt Schmücker übernahm das Wirtschaftsministerium. Als Bundeskanzler konnte Erhard im September 1965 die Bundestagswahl mit der CDU/CSU zwar gewinnen, aber schon bei der Regierungsbildung gab es Schwierigkeiten, weil sich die FDP gegen den Eintritt des CSU-Vorsitzenden Franz Josef Strauß in die neue Koalitionsregierung wehrte.

Auch außenpolitisch lief es für die neue Regierung nicht gut. Erhard und sein Außenminister Gerhard Schröder galten als »Atlantiker«, die dem Bündnis mit den USA gegenüber den Europa-Vorstellungen des französischen Staatspräsidenten de Gaulle den Vorrang einräumten. Demgegenüber setzten die sogenannten »Gaullisten« in der CDU/CSU, angeführt von Franz Josef Strauß, auf eine noch engere Zusammenarbeit mit Frankreich.

Innenpolitisch stand die neue Regierung vor der undankbaren Aufgabe, die zahlreichen Wahlgeschenke der Regierungsparteien wieder einzusammeln. In seiner Regierungserklärung am 10. November 1965 sagte Ludwig Erhard: »Wir müssen unsere Ansprüche zurückstecken oder mehr arbeiten.« Er begründete das vor allem mit dem stark rückläufigen Handelsbilanzüberschuss und dem »von Jahr zu Jahr unmäßig steigenden Subventionsaufwand der öffentlichen Hand«.

Unverzüglich nach der Regierungsbildung wurde eine »Sparkommission« mit dem Auftrag gebildet, den Etat-Entwurf für 1966 auf Kürzungsmöglichkeiten zu untersuchen. Das Ergebnis war ein »Haushaltssicherungsgesetz«, das zu Änderungen bei 17 zuvor beschlossenen Gesetzen notwendig machte. Nur die SPD stimmte dagegen.

Solche Appelle zum Maßhalten vom »Vater des Wirtschaftswunders« irritierten natürlich die Öffentlichkeit. Bundesbankpräsident Karl Blessing sah sich deshalb veranlasst, den Bundeskanzler bei seinem Bemühen zu unterstützen: »Es scheint mir an der Zeit zu sein, dass diejenigen, die mit dem Blick auf die Wahlurne, den diversen Forderungen nachgebend, immer neue Ausgaben beschließen, sich Rechenschaft über ihr Tun ablegen, damit die beschlossenen Ausgaben nicht eines Tages mangels Masse unerfüllbar sind oder nur im Wege der Geldschöpfung erfüllbar wären.«

Auch der Sachverständigenrat kritisierte in seinem Jahresgutachten 1965/66, *»dass das Ausmaß der staatlichen Ausgabensteigerung (rund 10 Prozent) im Vergleich zum Wachstum des Bruttosozialprodukts (5 Prozent) Ausdruck dafür ist, wie stark der Staat 1965 zum Fortgang der schleichen-*

den Inflation in der Bundesrepublik beigetragen hat«. Von nun an wurden Haushaltsdebatten und Sparpläne zum Hauptthema der Bonner Politik.

Mini-Rezession

Bis weit in das Jahr 1965 stand die deutsche Konjunktur unter Volldampf und die Unternehmen stießen an ihre Kapazitätsgrenzen. Arbeitskräfte waren nicht mehr zu finden. Die Unternehmen erhöhten laufend ihre Preise und die Gewerkschaften forderten Lohnerhöhungen von 9 bis 12 Prozent. Es bestand deshalb die Gefahr eines Inflationsschubs.

Die Bundesbank reagierte darauf behutsam mit höheren Mindestreservesätzen und einer zweimaligen Diskontsatzerhöhung. Konjunkturberuhigend wirkte außerdem, dass die Einfuhren stark zunahmen, um die Inlandsnachfrage zu bedienen. Die Zahlungsbilanz für 1965 wies erstmals ein Defizit von 1,5 Milliarden DM aus. Es floss also Liquidität ab, was die Bundesbank bei ihrer restriktiven Politik unterstützte.

Gegen Ende 1965 zeigte das Bremsmanöver der Bundesbank die erwünschte Wirkung. Der Auftragseingang bei den Unternehmen beruhigte sich, sodass z.B. Volkswagen am 9. Dezember 1965 erstmals Kurzarbeit anmelden musste. Außerdem stellten die Unternehmen ihre Investitionspläne zurück, was zu einem Rückgang der Inlandsbestellungen beim Maschinenbau führte. Neu an diesem wirtschaftlichen Abschwung war allerdings die Erfahrung, dass er die ganze Volkswirtschaft erfasste. Nach den Wirtschaftswunderjahren stieg die Zahl der Arbeitslosen in Deutschland zum ersten Mal wieder an.

Nach Einschätzung des Sachverständigenrates zur Begutachtung der gesamtwirtschaftlichen Entwicklung befand sich die Wirtschaft der Bundesrepublik seit Mitte 1965 in einem konjunkturellen Abschwung. Nach einem realen Wachstum von 5,6 Prozent in 1965 sackte das Wirtschaftswachstum 1966 auf 2,3 Prozent und 1967 auf null Prozent ab, weil die Exporte nachließen und die inländischen Investitionen ausblieben. Die Arbeitslosenquote kletterte von 0,5 auf 2,1 Prozent. Die Zahl der Gastarbeiter ging von 1,3 Millionen (Juli 1966) auf 1,0 Millionen (Juni 1967) zurück.

Zum ersten Mal seit Einführung der Marktwirtschaft erlebte die Bundesrepublik Zeichen einer Rezession mit einer zunehmenden Zahl an Arbeitslosen und Kurzarbeitern, steigenden Preisen und einem vergleichsweise geringen Lohnzuwachs. Entgegen manchen Befürchtungen kam es jedoch weder zu Firmenzusammenbrüchen noch zu größeren Liquiditätsproblemen. Auch außenwirtschaftlich erholte sich die deutsche Volkswirtschaft schnell: Der Einfuhranstieg ließ nach und die Exporte wuchsen wieder, sodass erneut Liquidität aus dem Ausland zufloss. Während die deutsche Handelsbilanz 1965 nur noch einen Überschuss von 1,2 Milliarden DM ausgewiesen hatte, waren es 1966 schon wieder knapp 8 Milliarden DM.

Gleichwohl war die psychologische Wirkung der »kleinen Konjunkturkrise« enorm. Der »Schock« bestand darin, dass die »Fiktion« von der Sozialen Marktwirtschaft als dauerhafte Wachstums- und Wohlstandsquelle platzte. Selbst das relativ geringe Ansteigen der Arbeitslosigkeit weckte Assoziationen zur großen Depression von 1929. Das kratzte am Ansehen von Ludwig Erhard.

Im politischen Bonn führte die kleine Wirtschaftskrise zu einer schweren Regierungskrise, weil der Bundeshaushalt infolge der Rezession ins Defizit zu rutschen drohte. FDP-Finanzminister Rolf Dahlgrün verkündete im Herbst 1966 nur noch negative Botschaften. Daraufhin forderte der FDP-Vorstand »harte Konsequenzen«, also drastische Ausgabenkürzungen. Die CDU/CSU-Fraktion plädierte stattdessen für Steuererhöhungen.

Als nach zwei Wochen ein Kompromiss gefunden war, veröffentlichte die *Bild*-Zeitung auf der Titelseite das Foto eines liegenden Erich Mende (FDP) mit dem Kommentar, dass die FDP wieder einmal umgefallen sei. Das reichte für die Beendigung der Koalitionsregierung durch die FDP. Am 27. Oktober 1966 erklärte die Riege der FDP-Minister (Mende, Bucher, Dahlgrün, Scheel) geschlossen ihren Rücktritt mit der Begründung: »Die von der CDU/CSU beabsichtigten Steuererhöhungen, die der angestrebten langfristigen Stabilität entgegenwirken, können die politischen Schwierigkeiten nicht beseitigen.«

Plötzlich stand Ludwig Erhard ohne vollständiges Kabinett und ohne Parlamentsmehrheit da, was seinem politischen Ansehen weiteren Schaden zufügte. Auch innerhalb der Union stand Erhard unter Druck: Rainer Barzel (CDU), sein heimlicher Gegner, forderte eine Lockerung der Geldpolitik. Sein langjähriger Weggefährte Alfred Müller-Armack sprach von Marktversagen und plädierte für höhere Staatsausgaben. Beides hielt Erhard für die falschen Antworten auf eine kurzfristige Konjunktureintrübung. Ihm fehlte jedoch der politische Machtwille, um sich gegen seine innerparteilichen Gegner durchzusetzen.

Noch während Erhard mit einem verkürzten Kabinett regierte, begannen Spitzenpolitiker der CDU/CSU, mit der SPD-Führung über die Bildung einer Großen Koalition zu verhandeln. Als neuer Bundeskanzler war Kurt Georg Kiesinger, Ministerpräsident in Baden-Württemberg, im Gespräch. Ludwig Erhard trat daraufhin am 30. November 1966 als Bundeskanzler zurück. Die Bevölkerung sah in diesem Rücktritt eine historische Zäsur. Die mit dem Namen Ludwig Erhard verbundene Ära des »Wirtschaftswunders«, des stetigen Wachstums der Wirtschaft und des Wohlstandes, war zu Ende.

Der Rücktritt von Ludwig Erhard bedeutete gleichzeitig einen tief greifenden Einschnitt in der westdeutschen Wirtschaftspolitik, weg von der Ordnungspolitik und hin zur planmäßigen Konjunktursteuerung. Eine wachsende Zahl von Ökonomen war damals der Meinung, dass die marktwirtschaftliche Ordnung um ein Instrumentarium zur gesamtwirtschaftlichen Steuerung der Wirtschaft ergänzt werden müsse. Denn der Marktmechanismus – so ihre Begründung – könnte weder Vollbeschäftigung noch stetiges Wirtschaftswachstum garantieren. Außerdem meinte man, dass die Marktwirtschaft bei der Verteilung der wirtschaftlichen Ressourcen zu einer Benachteiligung des öffentlichen Sektors und zu einer ungerechten Einkommensverteilung führe.

Diese auf den englischen Ökonomen John Maynard Keynes zurückgehende Lehre wurde insbesondere von dem Hamburger Wirtschaftsprofessor Karl Schiller (SPD) vertreten, der 1965 für die SPD in den Bundestag gewählt wurde. Damit hatte die SPD nicht nur ein wirtschaftspolitisches Gegenprogramm zur Ordnungspolitik von Ludwig Erhard gefunden, sondern mit Schiller auch einen rhetorisch brillanten Verfechter dieser »Neuen Wirtschaftspolitik« in ihren Reihen. Am Beispiel der Mini-Rezession konnte und wollte er jetzt zeigen, wie man mit Konjunkturkrisen umzugehen hatte.

Zusammenfassung

Soziale Marktwirtschaft und Westintegration waren die kennzeichnenden und prägenden Entwicklungen der Fünfzigerjahre. Alle anderen Felder von Politik, Gesellschaft und Kultur wurden durch sie bestimmt. Im deutlichen Kontrast zur Weimarer Republik, die durch politische und wirtschaftliche Krisen geprägt wurde, gelang es der Bundesrepublik, bei den Bürgern mit einem erstaunlichen Wirtschaftsaufschwung jene Legitimation zu gewinnen, die der Republik von Weimar gefehlt hatte. Zugleich verschaffte die feste Einbindung in das Bündnis der westlichen Demokratien der Bundesrepublik die politische Stabilität, ohne die ein demokratischer Staat nicht funktionieren kann.

Die Soziale Marktwirtschaft und die Westbindung waren keine ausschließlichen Schöpfungen von Ludwig Erhard und Konrad Adenauer, sondern wurden in ganz wesentlichen Punkten von der US-amerikanischen Regierung initiiert und geprägt. Die Amerikaner schufen mit dem Marshallplan und der OEEC die Grundlagen der europäischen Integration. Auf dem Weg der Währungsreform setzten sie auch die marktwirtschaftliche Ordnung durch. Und nicht zuletzt gaben sie die entscheidenden Impulse zum demokratischen Neuanfang Westdeutschlands.

Der entscheidende Schritt zur Marktwirtschaft erfolgte jedoch durch Ludwig Erhard, der sich dabei auf den Wissenschaftlichen Beirat des Wirtschaftsministeriums stützte. Hier setzten sich gegen die der SPD nahestehenden Planwirtschaftler die Anhänger der Freiburger Schule durch, zu denen außer Walter Eucken und Franz Böhm auch Alfred Müller-Armack gehörte, der engste Berater Erhards. Alle drei verfochten eine Wirtschaftsordnung, die eine freie Marktwirtschaft mit dem Postulat des sozialpolitischen Ausgleichs verband. Das war die Geburtsstunde der Sozialen Marktwirtschaft.

Auf dieser Grundlage wurden die Fünfzigerjahre zu einer besonders glanzvollen Periode der deutschen Wirtschaftsgeschichte. In fast allen Bereichen überstiegen die Erfolge die Erwartungen: Eine kräftige Binnenkonjunktur und eine starke Auslandsnachfrage, der Wohnungsbau und unternehmerische Investitionen waren die tragenden Säulen dieses Aufschwungs. Man sprach bald vom deutschen Wirtschaftswunder (Hermann Glaser).

In der Zeit von 1950 bis 1960 verdoppelten sich das Bruttosozialprodukt und die Bruttolöhne. Mehr als 4 Millionen Wohnungen wurden gebaut. Die deutschen Ausfuhren kletterten von 8,4 Milliarden DM (1950) auf 41,2 Milliarden DM (1959). Infolge des kräftigen Wirtschaftsaufschwungs bestand schon ab Mitte der 50er-Jahre Vollbeschäftigung. Wurden 1950 erst 19,9 Millionen Erwerbstätige gezählt, waren es 1960 bereits 24,6 Millionen. Jahr für Jahr wurden im Durchschnitt knapp eine halbe Million Arbeitsplätze geschaffen. Der Arbeitsbedarf konnte schließlich nur mithilfe von ausländischen Gastarbeitern gedeckt werden.

Der Wirtschaftsaufschwung erreichte alle Schichten der Bevölkerung. Das Einkommen der Arbeitnehmer, Beamten, Rentner und Fürsorgeempfänger, das 1955 insgesamt 85,2 Milliarden DM betrug, wuchs bis 1966 auf 242,9 Milliarden DM – es verdreifachte sich also in einem Jahrzehnt. Dabei waren die Preise ab 1951 nahezu stabil. Sie stiegen zwischen 1950 und 1959 durchschnittlich nur um 1,12 Prozent jährlich. Mit dem Einkommen wuchsen auch die privaten Ersparnisse: Sie beliefen sich 1956 auf 7,1 Milliarden DM, 1965 waren es 35,9 Milliarden DM.

Begleitet wurde diese wirtschaftliche Entwicklung von einem Staat, der seine Ausgabenwünsche im Griff hatte. Im sog. »Juliusturm« hatte der damalige Bundesfinanzminister Fritz Schäffer bis 1956 eine Goldreserve von 7,8 Milliarden DM angesammelt. So war der Bundestag in der Lage, mit der großen Steuerreform vom 16. Dezember 1954 die Senkung der Körperschaftsteuer von 60 auf 45 Prozent und eine durchschnittliche Senkung der Einkommensteuer um etwa 13 Prozent zu beschließen, ohne den Haushaltsausgleich zu gefährden.

Zehn Jahre nach der Währungsreform gehörte die Bundesrepublik wieder zu den erfolgreichen Volkswirtschaften. Unter den westlichen Industrienationen hatte sie sich auf den zweiten Platz hinter den Vereinigten Staaten vorgearbeitet. Welches waren dafür die Gründe?

Aus der Wirtschaftsgeschichte ist bekannt, dass Länder, deren Wirtschaft durch exogene Ereignisse wie Krieg, Naturkatastrophen oder Pandemien in der Entwicklung zurückgeworfen wird, unter bestimmten Bedingungen relativ schnell wieder auf ihren »natürlichen« Wachstumspfad zurückfinden. Es gibt gute Gründe, eine solche Erklärung auch für den rasanten Wirtschaftsaufstieg der frühen Bundesrepublik anzunehmen. Offensichtlich waren im Nachkriegsdeutschland die Bedingungen für eine Rückkehr zur Normalität besser, als viele für möglich gehalten hatten (Werner Abelshauser).

So verfügte die Bundesrepublik nach 1945 über ein stetig wachsendes Potenzial an hoch motivierten und qualifizierten Arbeitskräften. Dazu gehörten vor allem die Millionen Flüchtlinge und Vertriebenen. Etwa 12 Millionen hatten ihre Heimat in den Ostgebieten, in Hinterpommern, Schlesien und dem Sudetenland verloren. Davon kamen etwa 8 Millionen nach Westdeutschland. 1950 machten sie 17 Prozent der Bevölkerung in Westdeutschland aus.

Die Wirtschaft verfügte nach dem Krieg außerdem über einen Kapitalstock, der trotz der Kriegszerstörungen und Demontagen auch wegen der hohen Investitionen in den Kriegsjahren noch in vielen Teilen funktionsfähig war. Darauf konnten die Unternehmen aufbauen und die Produktion nach Einführung einer stabilen Währung und marktwirtschaftlicher Verhältnisse schnell steigern.

Ein weiterer Grund für den schnellen Wiederaufbau waren die Exporterfolge der deutschen Wirtschaft. In der Zeit von Ludwig Erhard entwickelte sich die Bundesrepublik zur zweitgrößten Handelsnation der Welt. Trotz der D-Mark-Aufwertung von 1961 und steigender Arbeitskosten lief der Exportmotor auf vollen Touren, vor allem innerhalb der EWG. Besonders die Industriebranchen Maschinenbau, Kraftfahrzeugbau und Elektrotechnik entwickelten sich zu den tragenden Säulen des Exportgeschäfts.

Zu den politischen Gründen für das »Wirtschaftswunder« zählten zum einen die Adenauer zu verdankende »Integration der Bundesrepublik in das westliche Bündnissystem« und zum anderen die Entscheidung von Ludwig Erhard für die »Soziale Marktwirtschaft als wirtschaftliches Ordnungsmodell«. Das waren für eine aufstrebende Wirtschaft nahezu ideale Rahmenbedingungen: Die politischen und sozialen Verhältnisse waren stabil und der Wirtschaft wurde der Freiraum gegeben, den sie für den Wiederaufbau des Landes benötigte.

Um die Umsetzung seines ordnungspolitischen Konzeptes sicherzustellen, machte Ludwig Erhard das Bundeswirtschaftsministerium zu einem »Hort ordnungspolitischen Denkens und Handelns«. Es war vor allem die Grundsatzabteilung dieses Wirtschaftsministeriums, die gegenüber den jeweiligen Fachressorts auf die Anwendung marktwirtschaftlicher Grundregeln achtete. Die dort tätigen Beamten hatten das Selbstbewusstsein, »die Speerspitze einer erfolgreichen Wirtschaftsordnung zu sein« (Walther Otremba), womit sie anderen Ressorts gelegentlich erheblich auf die Nerven gingen.

Nach dem Ausscheiden von Ludwig Erhard aus der aktiven Politik verloren das Wirtschaftsministerium und insbesondere die Ordnungspolitik schnell an Bedeutung. Schon mit der antizyklischen Globalsteuerung, dem Steckenpferd des neuen Wirtschaftsministers Karl Schiller, ging der Stellenwert der Ordnungspolitik innerhalb des Ministeriums zurück. Darüber hinaus wurde das Wirtschaftsministerium durch nachfolgende Regierungen wie kaum ein anderes Ministerium durch Ressortänderungen und Zuständigkeitsverschiebungen verändert und entmachtet.

Kapitel 10

Sozialliberale Koalition

Paradigmenwechsel

Am 1. Dezember 1966 wählte der Deutsche Bundestag Kurt Georg Kiesinger (CDU) mit den Stimmen der Abgeordneten von CDU/CSU und SPD zum ersten Bundeskanzler einer großen Koalition. Von den 19 Ressortministern seines Kabinetts kamen neun von der SPD, der Rest von der CDU/CSU. Damit endete die Ära der von den Christdemokraten mit der FDP geprägten Politik.

Für den Entschluss der beiden Parteien, eine große Koalition zu bilden, wurden zwei Gründe angegeben: zum einen die wirtschaftliche Rezession mit drohenden Haushaltsdefiziten und ansteigenden Arbeitslosenzahlen, zum anderen das Anwachsen der rechten Nationaldemokratischen Partei Deutschlands (NPD) bei Landtagswahlen. Kritische Stimmen lehnten die große Koalition ab, weil damit das normale parlamentarische Kräftespiel zwischen Regierung und Opposition außer Kraft gesetzt wurde. Den 469 Abgeordneten der CDU/CSU und SPD standen nur 49 Abgeordnete der FDP gegenüber. Eine Folge war die Bildung der außerparlamentarischen Opposition (APO), die das parlamentarische System der Bundesrepublik grundsätzlich infrage stellte.

In dem neuen Kabinett wurden Professor Karl Schiller (SPD) Wirtschaftsminister und Franz Josef Strauß (CSU) Finanzminister (»Plisch und Plum«). Beide waren auf ihre Weise politische Schwergewichte, wobei sich Schiller in der Öffentlichkeit als Botschafter einer neuen und modernen Wirtschaftspolitik präsentierte, der mit der angeblich biederen Politik Erhards Schluss machen wollte.

Schon äußerlich war der asketische und schlanke Karl Schiller das genaue Gegenstück zum gemütlichen und rundlichen Ludwig Erhard. In seinen Reden und politischen Vorschlägen verkörperte Schiller den rationalen Technokraten, der sein Verständnis von der Nationalökonomie an den Natur- und Ingenieurwissenschaften orientierte. In der

Ökonomie sah er eine »exakte Wissenschaft«, die nicht auf Werturteilen beruhte, sondern sich mit objektiven Wahrheiten zu beschäftigten hatte.

Schiller war zutiefst davon überzeugt, dass »die Politik bald zum Geschäft der kühlen Rechner und unpolitischen Experten« werden würde. Daraus zog er den Schluss, dass auch politische Krisen und insbesondere Wirtschaftskrisen beherrschbar waren. Solch eine Modernisierungseuphorie, verbunden mit einem unerschütterlichen Machbarkeitsglauben, überzeugte natürlich Ökonomen, Politiker und Medien. Niemals in der Geschichte der Bundesrepublik besaßen wissenschaftliche Expertise und die Nationalökonomie in der Öffentlichkeit eine solche Reputation wie in dieser Zeit.

Ludwig Erhard lehnte ein solches Verständnis von Wirtschaftspolitik aus grundsätzlichen Überlegungen ab. In einer Rede vor der Mont Pelerin Gesellschaft am 1. September 1968 sagte er dazu: »*Jene nationalökonomische Schule, die sich Ökonometrie nennt, glaubt, ihre Widersacher, zu denen ich mich zähle, mit der Charakterisierung ›altmodisch‹ und ›überlebt‹ abwerten oder schlechthin abtun zu können. … Ich behaupte, dass diese moderne Art von Wirtschaftspolitik im höchsten Maß dazu beiträgt, die wirtschaftliche Freiheit zu unterhöhlen. … Damit leugne ich selbstverständlich nicht die Berechtigung oder vielleicht sogar Notwendigkeit, zu gegebener Zeit vom verfügbaren wirtschaftspolitischen Instrumentarium Gebrauch zu machen. Mir scheint es jedoch notwendig, zu betonen, dass die Wirtschaftspolitik immer einer Orientierung an gesellschaftspolitischen Wert- und Orientierungsvorstellungen bedarf. Das Wesen der Marktwirtschaft erschöpft sich nicht in Technik und Mechanik. … Das Leben lässt sich nicht rechenhaft einfangen und das gesellschaftliche Geschehen entzieht sich der Machbarkeit. … Die einen werden sagen, dass die Unübersichtlichkeit und das Unwägbare eine volkswirtschaftliche Planung erforderlich machen, während die anderen umgekehrt der Überzeugung sind, dass aus den gleichen Gründen jede Planung versagen muss und dass nur eine gleichgewichtige Ordnung die Funktionsfähigkeit des Marktes sichert und uns damit die Freiheit bewahrt.*«

Ludwig Erhard und Karl Schiller waren in ihren wirtschaftspolitischen Ansichten stark durch die Weltwirtschaftskrise der Dreißigerjahre geprägt, zogen daraus aber unterschiedliche Schlüsse. Während Erhard in den ordnungspolitischen Defiziten der Weimarer Republik wichtige Ursachen der Krise sah, war Schiller wie sein Lehrmeister Keynes davon überzeugt, dass es sich bei der Weltwirtschaftskrise um Störungen der wirtschaftlichen Prozesse gehandelt habe. Um solche Störungen zu vermeiden und zu beseitigen, setzte er nicht auf die Selbstheilungskräfte der Märkte, sondern auf den Staat. Bei rückläufigem Wirtschaftswachstum empfahl er kreditfinanzierte Staatsausgaben (»deficit spending«) und eine expansive Geldpolitik, um die gesamtwirtschaftliche Nachfrage zu stimulieren. Sein politisches Vorbild war Franklin D. Roosevelt, der in den USA auf die Weltwirtschaftskrise mit dem »New Deal« reagiert hatte.

Karl Schiller stand mit dieser Botschaft nicht allein, sondern viele Nationalökonomen bekannten sich in den Sechzigerjahren zum Keynesianismus. Was an dieser neuen Lehre faszinierte, war die rational begründete Annahme, dass die Wirtschaft – wie es Keynes gelehrt hatte – mithilfe der staatlichen Fiskal- und Geldpolitik zielgerichtet gesteuert werden kann. Die Konjunktur, so Karl Schiller, »*ist nicht unser Schicksal, sondern unser Wille*«. Das führte zu einem tief greifenden Paradigmenwechsel in der Wirtschaftspolitik, von der man sich zukünftig dauerhaftes Wirtschaftswachstum und ewige Vollbeschäftigung versprach.

Mit dem Keynesianismus verabschiedete sich Schiller nicht grundsätzlich von der speziellen deutschen Ordnungspolitik, wie sie Walter Eucken gelehrt und Ludwig Erhard praktiziert hatte. Seine wirtschaftspolitische Kernbotschaft bestand vielmehr darin, die Ordnungspolitik der Freiburger Schule mit der Lehre von John Maynard Keynes zusammenzuführen. Er wollte den »Freiburger Imperativ« mit der »keynesianischen Botschaft« versöhnen, wie er immer wieder betonte. In seinen Vorlesungen an der Universität Hamburg, an denen der Verfasser dieses Buches als Student der Volkswirtschaftslehre teilnehmen konnte, begründete Karl Schiller das mit den unterschiedlichen Aufgaben von Ordnungs- und Prozesspolitik.

In seinem ordnungspolitischen Denken (Freiburger Imperativ) bezog sich Schiller auf Walter Eucken und dessen ordnungspolitische Grundsätze. Dabei war es ihm aber wichtig, zu betonen, dass diese Grundsätze nicht als feste Dogmen zu verstehen waren, sondern in Abhängigkeit von der jeweils geltenden Wirtschaftsordnung interpretiert werden mussten. So wäre zum Beispiel das Privateigentum für die Marktwirtschaft keine »erstrangige Frage«, weil sich bei der Überführung von Privateigentum in Gemeineigentum an den Abläufen auf den Märkten wenig ändern würde. Zur »Funktionsfähigkeit freier Märkte« gab er zu bedenken, dass der Preismechanismus auf den Märkten gesamtwirtschaftliche Ergebnisse, wie z. B. Vollbeschäftigung und Wachstum, nicht garantieren kann. Das habe man spätesten aus der Weltwirtschaftskrise der 30er-Jahre gelernt. Sein Fazit war, dass mit der Ordnungspolitik nicht alle wirtschaftspolitischen Probleme gelöst werden können.

Im prozesspolitischen Teil seines Denkens war Karl Schiller ein überzeugter Anhänger von John Maynard Keynes: Dieser hatte in seinem Hauptwerk von 1936 unter dem Eindruck der Weltwirtschaftskrise dargelegt, dass die klassische ökonomische Theorie, die auf die Selbstheilungskräfte des preisgelenkten Marktes vertraue, das Problem der Deflation und Arbeitslosigkeit nicht lösen könne. Er forderte deshalb, dass die Politik mit Maßnahmen der Geld- und Fiskalpolitik steuernd in die wirtschaftlichen Kreislaufprozesse wie Konsum, Investitionen, Sparen etc. eingreifen müsste, um vor allem Wirtschaftswachstum und Vollbeschäftigung zu garantieren. Eine solche Prozesspolitik müsse neben der Ordnungspolitik das zweite Standbein der Wirtschaftspolitik werden.

Karl Schiller fasste sein Konzept der Versöhnung folgendermaßen zusammen: »*Für die Regelung der einzelwirtschaftlichen Beziehungen ist der Wettbewerb das adäquate Mittel, damit die Kombination der Produktionsfaktoren tendenziell in Übereinstimmung mit den Konsumentenwünschen und in optimaler Kostenlage erfolgt. Die Steuerung über diese doppelte Rechenoperation genügt aber nicht, um gewisse gesamtwirtschaftliche Ziele (magisches Dreieck usw.) zu erreichen. Hierzu bedarf es der planvollen makroökonomischen Beeinflussung der Kreislaufgrößen.*«

Schillers Idee von einer »Globalsteuerung der Wirtschaft« folgte dabei dem Prinzip des antizyklischen Handelns. In einer Rezession sollte der Staat mit konjunkturfördernden Maßnahmen wie Steuersenkungen oder öffentlichen Aufträgen die Wirtschaft ankurbeln. In Zeiten des Aufschwungs sollte eine Konjunkturausgleichsrücklage gebildet werden, um die Gesamtnachfrage zu dämpfen. Steuern des Staates sollten in guten Zeiten erhöht und in schlechten Zeiten an die Bürger zurückgezahlt werden.

Solche Ideen und Vorschläge elektrisierten Öffentlichkeit und Politik gleichermaßen. Sogar der neu gewählte Bundeskanzler Kurt Georg Kiesinger (CDU) bekannte sich in seiner Antrittsrede zum Keynesianismus. »*Eine expansive und stabilitätsorientierte Wirtschaftspolitik*« sei das Gebot der Stunde, um die darniederliegende Konjunktur wieder in Schwung zu bringen.

Ludwig Erhard hielt eine solche Wirtschaftspolitik nicht nur für nutzlos, sondern auch für schädlich. Der Staat, so sein Credo, sollte die Rahmenbedingungen so setzen, dass der Marktmechanismus reibungslos funktionieren kann. Er sollte aber nicht aktiv in die Wirtschaftsabläufe eingreifen. Erhard verurteilte insbesondere die staatliche Planung des Wirtschaftswachstums. Über Art und Höhe des Wachstums sollten die Akteure in der Wirtschaft entscheiden, nicht die Politiker und Beamten. Erhard wollte in erster Linie die Wirtschaftsfreiheit garantieren. »In schwächeren Wachstumsraten sah er kein Malheur – weder ein Markt- noch ein Politikversagen« (Horst Friedrich Wünsche).

Keynes und Hayek

Die Kontroverse zwischen Ludwig Erhard und Karl Schiller in den 1960er-Jahren hatte einen Vorläufer, nämlich den wissenschaftlichen Streit zwischen den Ökonomen John Maynard Keynes und Friedrich August von Hayek in den 1930er-Jahren. Auch damals ging es darum, welche konjunkturpolitischen Lehren aus der Weltwirtschaftskrise zu ziehen seien.

Hayek und Keynes unterschieden sich – wie Erhard und Schiller – sowohl in ihren Analysemethoden als auch in ihren grundsätzlichen Denkrichtungen. Während der Österreicher Hayek in liberaler englischer Tradition von der Selbstregulierungskraft gesellschaftlicher Systeme überzeugt war, hielt es der Engländer Keynes für erforderlich, die Funktionsfähigkeit solcher Systeme durch staatliche Interventionen zu sichern. In ihrer Debatte ging es um Fragen der Konjunkturtheorie und der Konjunkturpolitik, also um die gesamtwirtschaftlichen Zusammenhänge zwischen Produktion, Einkommen, Konsum, Sparen und Investitionen sowie deren Wirkung auf die Beschäftigung. Vor dem Hintergrund der Weltwirtschaftskrise stand dabei die Frage im Vordergrund, wie Arbeitslosigkeit entsteht und wie man sie bekämpfen kann.

Hayek erklärte den Zusammenhang der genannten Globalgrößen auf der Grundlage des zur klassischen Lehre gehörenden Sayschen Theorems, das lautet: »*Jedes Angebot schafft sich seine Nachfrage selbst.*« Say begründete diesen Lehrsatz in seinem 1803 erschienenen Werk *Traité d'economie politique* folgendermaßen: »*Wenn der Produzent die Arbeit an seinem Produkt beendet hat, ist er höchst bestrebt, es sofort zu verkaufen, damit der Produktwert nicht sinkt. Nicht weniger bestrebt ist er, das daraus eingesetzte Geld zu verwenden, denn dessen Wert sinkt möglicherweise ebenfalls. Da die einzige Einsatzmöglichkeit für das Geld der Kauf anderer Produkte ist, öffnen die Umstände der Erschaffung eines Produkts einen Weg für andere Produkte.«*

In ähnlicher Weise erklärte der liberale James Mill (1773–1836) den Zusammenhang zwischen Angebot und Nachfrage in seinen *Elements of Political Economy*: »*Wenn aber die Nachfrage und das Angebot eines jeden Individuums immer gleich sind, so müssen die Nachfrage und das Angebot aller Individuen in der Nation zusammengenommen gleich sein. Was auch immer daher die Jahresfertigungsmenge sein mag, es kann niemals die Jahresnachfrage überschreiten.*«

Nach klassischer Lehre bestand also zwischen dem gesamtwirtschaftlichen Angebot und der gesamtwirtschaftlichen Nachfrage ein natürliches Gleichgewicht, das sich auf funktionierenden Märkten von selbst einstellt. Die Produktion und der Absatz von Gütern bestimmten nach Say die Höhe des Einkommens, wodurch der Kauf der produzierten Güter ermöglicht und gesichert wird. Somit schafft die Güterproduktion gleichzeitig Angebot und Nachfrage. Störungen in Form kurzfristiger Absatzkrisen und dadurch verursachte Arbeitslosigkeit wollte er damit aber nicht ausschließen.

Das Saysche Theorem hatte nach klassischer Lehre auch dann Gültigkeit, wenn Geld gespart wurde. Man ging davon aus, dass Banken das gesparte Geld an Unternehmer verleihen würden, die damit in gleicher Höhe Investitionsgüter nachfragten. Der marktübliche Zins sicherte nach klassischer Auffassung das Gleichgewicht zwischen Sparen und Investitionen.

Schon lange vor der Weltwirtschaftskrise von 1929 glaubte Keynes jedoch erkannt zu haben, dass die kapitalistisch strukturierte Marktwirtschaft die Tendenz zur Instabilität in sich birgt. Zur herrschenden ökonomischen Lehre, deren Kernthese darin besteht, dass die »unsichtbare Hand« die Wirtschaft immer wieder ins Gleichgewicht bringt, sagte Keynes sarkastisch: »Auf lange Sicht sind wir alle tot. Die Volkswirtschaftslehre macht es sich zu leicht und ihre Aufgabe wertlos, wenn sie uns in stürmischen Zeiten nur sagen kann, dass der Ozean wieder ruhig wird, nachdem der Sturm vorüber ist.«

Die Erfahrungen mit der Weltwirtschaftskrise veranlassten Keynes dann, sich mit der klassischen Wirtschaftslehre kritisch auseinanderzusetzen. Die dabei gewonnenen Erkenntnisse veröffentlichte er im Jahr 1936 in seiner Schrift *Allgemeine Theorie der Beschäftigung, des Zinses und des Geldes* (*The General Theory of Employment, Interest and Money*). Für die Wirtschaftstheorie war dieses Werk revolutionierend, weil Keynes sich damit von klassischen Dogmen (wie der »unsichtbaren Hand« oder dem »natürlichen Gleichgewicht«) verabschiedete, mit denen die Weltwirtschaftskrise und die rapide steigende Arbeitslosigkeit nicht mehr zu erklären waren.

Der entscheidende Unterschied zwischen der klassischen Lehre und Keynes bestand darin, dass Keynes nicht die gesamte Güterproduktion, sondern die gesamtwirtschaftliche Nachfrage als die entscheidende Determinante für die Höhe von Produktion und Beschäftigung erkannte. Ein Unternehmer wird nur so viele Güter herstellen, wie ihm Kunden abkaufen werden, und nur so viele Arbeiter einstellen, wie zur Herstellung der nachgefragten Gütermenge benötigt werden. Keynes stellte also einen kausalen Zusammenhang zwischen der Nachfrage nach Gütern und der Beschäftigung von Arbeitern her und widersprach auch damit den Klassikern, die den Grad der Beschäftigung von der Höhe der Löhne abhängig machten.

Doch wie groß ist die Gütermenge, die in einer Volkswirtschaft nachgefragt wird? Nach dem Sayschen Theorem finden alle hergestellten Waren ihren Käufer, weil der Preis aller Güter der Summe aller Einkommen entspricht. Keynes begann jedoch zwischen der Nachfrage nach Konsumgütern und der Nachfrage nach Investitionsgütern zu differenzieren, die zusammen die gesamtwirtschaftliche Güternachfrage bilden.

Zum Konsumverhalten stellte er fest, dass das Ausgabeverhalten und das Sparverhalten der Haushalte nicht von der Höhe des Zinses, wie die Klassiker meinten, sondern von der Höhe des Einkommens abhängig sind. Er erkannte zudem, dass Sparer die Möglichkeit haben, das Ersparte »liquide« zu halten, statt es Unternehmern zum Investieren zu geben. Die »Vorliebe für Liquidität« bestimmte für ihn also ganz wesentlich, in welcher Höhe sich die Zinsen auf dem Kapitalmarkt bewegen und wie viel Geld für Investitionen zur Verfügung gestellt wird.

Nach klassischer Lehre sollte der Zinsmechanismus dafür sorgen, dass alles Ersparte von den Unternehmern für den Kauf von Investitionsgütern verwendet wird. Wird viel gespart, sinkt der Zins und der Anreiz wächst, Investitionen über Kredite zu finanzieren. Wird wenig gespart, steigen die Zinsen und der Anreiz zur Aufnahme von Krediten lässt nach.

So sollte der Zinsmechanismus das Gleichgewicht zwischen Sparen und Investitionen sicherstellen. Wenn jedoch das Sparen nicht vom Zins, sondern von der Höhe des Einkommens und der Vorliebe für Liquidität abhängig ist, konnte es laut Keynes keine Garantie dafür geben, dass das gesamte Sparvolumen auch tatsächlich investiert wird. Im Gegenteil besteht dann die Möglichkeit oder Gefahr, dass eine »Nachfragelücke« entsteht, die zu weniger Produktion und dann zur Unterbeschäftigung führt.

Keynes bezweifelte die ausgleichende Wirkung des Zinses außerdem mit dem Argument, dass die Investitionsneigung nicht nur von der Höhe des Zinses, sondern auch von den zukünftigen Umsatz- und Gewinnerwartungen des Unternehmers abhängt. Infolgedessen ist die Nachfrage nach Investitionsgütern außerordentlich instabil, sodass sehr schnell eine Nachfragelücke mit Unterbeschäftigung entstehen kann.

Im Ergebnis erklärte Keynes damit das Saysche Theorem für ungültig, wonach sich jedes Angebot seine Nachfrage schaffe. Und damit war Keynes bei der entscheidenden Frage angekommen: Wie kann man verhindern, dass über eine gesamtwirtschaftliche »Nachfragelücke« Unterbeschäftigung entsteht? Für Keynes war klar, dass nur der Staat diese Aufgabe meistern konnte. Außerdem war wegen der Möglichkeit von Nachfrageschwankungen ein antizyklisches Verhalten des Staates erforderlich. Dafür gab es für ihn zwei Wege:

Der erste Weg führt über die Geld- und Zinspolitik der Notenbank: Beschließt die Notenbank eine Erhöhung der Geldmenge, führt das zu sinkenden Zinsen und stärkt die Investitionsbereitschaft der Unternehmen. Reduziert sie die Geldmenge, steigen die Zinsen mit dem gegenteiligen Effekt. Mit der gleichen Wirkung kann die Notenbank die Leitzinsen oder die Mindestreserve senken oder erhöhen.

Ein zweiter Weg läuft über die Steuer- und Fiskalpolitik des Staates: Die Regierung kann unternehmerische Investitionen über steuerliche Vergünstigungen anregen oder auch selbst als Investor auftreten, indem zusätzliche Aufträge für den Bau von Straßen, Schulen etc. vergeben werden. Die Aufträge müssen kreditfinanziert sein, um kontraktive Wirkungen an anderer Stelle zu vermeiden. Es muss jedoch nicht die gesamte Nachfragelücke geschlossen werden, um die Unterbeschäftigung zu beseitigen. Wegen der Wirkung des Einkommensmultiplikators reicht schon ein Bruchteil.

Die *General Theory* erregte bei ihrem Erscheinen im Jahr 1936 vor allem bei amerikanischen Ökonomen großes Aufsehen. Zuvor hatte der Präsident der USA Franklin D. Roosevelt mit dem »New Deal« ein umfassendes Arbeitsbeschaffungsprogramm aufgelegt, um die Arbeitslosigkeit zu bekämpfen. Hierzu hatte Keynes im Jahr 1934 im Weißen Haus einen Vortrag gehalten, den der Präsident allerdings mit den Worten kommentierte: »Ich habe kein Wort von dem verstanden, was dieser Mann gesagt hat.«

Demgegenüber verstand Hayek die Argumente von Keynes ganz genau, ließ sich dadurch aber nicht beeindrucken, sondern hielt an der traditionellen Gleichgewichtstheorie fest. Konjunkturzyklen entstünden durch Abweichungen des realen Geldzinssatzes vom »natürlichen Zinssatz«, bei dem sich die Ersparnisse und Investitionen ausgleichen. Mit dieser Konjunkturtheorie hat er sich jedoch in der Zunft der Ökonomen nicht durchsetzen können.

Mit seiner Kritik an der Durchsetzbarkeit der von Keynes propagierten antizyklischen Konjunkturpolitik ist er aber bestätigt worden. Hayek erkannte im Unterschied zu Keynes, dass es in demokratischen Staaten sehr aufwendig und kaum möglich ist, mithilfe der Fiskal- und Geldpolitik antizyklisch auf den Konjunkturverlauf einzuwirken. Dem Staat fehlt dafür nicht nur das erforderliche »Steuerungswissen«, sondern auch die Flexibilität, um schnell auf sich ändernde konjunkturelle Situationen reagieren zu können. Stimulierende Maßnahmen zur Belebung der Konjunktur kommen deshalb meistens zu spät und wirken dann prozyklisch in der Weise, dass die Preise steigen. Außerdem scheitern Steuererhöhungen oder der Abbau von Subventionen zur Dämpfung der Konjunktur in Demokratien häufig an dem Widerspruch der Betroffenen oder dem Widerstand der damit befassten Bürokratien.

Die Auseinandersetzung mit der *General Theory* von Keynes hat die ökonomische Zunft außerordentlich bereichert und dazu geführt, dass die klassische Lehre mit dem Keynesianismus unter der Bezeichnung »Neoklassische Synthese« zusammengeführt wurde. Der im Jahr 2009 verstorbene Ökonom Paul A. Samuelson schreibt dazu in seinem Lehrbuch:

»In recent years 90 per cent of American economists have stopped being ›Keynesian economists‹ or ›anti-Keynesian economists‹. Instead they have worked towards a synthesis of whatever is valuable in older economics and in modern theories of income determinatian. The result might be called ›neoclassical economics‹ and is accepted in its broad outlines by all but a few extreme left-wing and right-wing writers.«

Stabilitätsgesetz (StabWG)

Das »Gesetz zur Förderung der wirtschaftlichen Stabilität« wurde als Gesetzesentwurf im September 1966 noch unter der Regierung Erhard in den Bundestag eingebracht und dort in erster Lesung kontrovers behandelt. Das Ziel dieses Gesetzes war, den Stabilitätskurs von Ludwig Erhard gesetzlich abzusichern.

Nach Bildung der Großen Koalition wurde dieser Gesetzesentwurf im Sinne des neuen Wirtschaftsministers Karl Schiller grundlegend überarbeitet und im Mai 1967 in revidierter Form durch den Bundestag als »Gesetz zur Förderung der Stabilität und des Wachstums der Wirtschaft« (StabWG) verabschiedet. Das Konzept einer planvollen Beeinflussung der makroökonomischen Größen des Wirtschaftskreislaufs mit den Mitteln der Finanz-, Geld- und Einkommenspolitik im Sinn des Keynesianismus war die wirtschaftstheoretische Grundlage dieses Gesetzes. Damit fand der Keynesianismus seinen Eingang in das Wirtschaftsrecht der Bundesrepublik (Klaus Stern/Paul Münch).

Das mit dem Gesetz formulierte Ziel war, Bund und Länder auf eine Wirtschafts- und Finanzpolitik zu verpflichten, die »im Rahmen der marktwirtschaftlichen Ordnung gleichzeitig zur Stabilität des Preisniveaus, zu einem hohen Beschäftigungsstand und außenwirtschaftlichen Gleichgewicht bei stetigem und angemessenem Wirtschaftswachstum« (»magisches Viereck«) beitrug. Um die Umsetzung dieser vier Ziele zu gewährleisten, wurden der Bundesregierung verschiedene Instrumente an die Hand gegeben: Einmal der Jahreswirtschaftsbericht mit konkreten »Zielprojektionen«, die der Konjunktursteuerung dienen sollten, und außerdem die »konzertierte Aktion«, mit der insbesondere die Lohnpolitik der Tarifpartner mit der staatlichen Globalsteuerung koordiniert werden sollte.

Das Gesetz ging über den ersten schwarz-gelben Regierungsentwurf insofern hinaus, als sich die Bundesregierung nicht nur zu einer soliden, sondern auch zu einer antizyklischen Haushaltspolitik verpflichtete. Zu diesem Zweck konnte sie z. B. eine Konjunkturausgleichsrücklage bilden und die öffentliche Kreditaufnahme beschränken. In die Konjunkturrücklage sollten in Zeiten eines Nachfrageüberschusses Mittel eingestellt werden, die in einer Periode der Konjunkturabschwächung zur Wirtschaftsbelebung wieder freigegeben werden konnten. Die Zielprojektionen bestanden aus quantitativen Zielgrößen, wie Wachstumsrate,

Beschäftigungshöhe etc., die mit konkreten politischen Maßnahmen unterlegt werden konnten. Die »konzertierte Aktion« war eine korporative Veranstaltung, an der Gewerkschafts- und Wirtschaftsvertreter, der Sachverständigenrat, zahlreiche Regierungsvertreter sowie jeweils ein Repräsentant der Bundesbank und des Kartellamtes teilnahmen. Der Zweck dieser Runde sollte sein, mithilfe sogenannter »Orientierungsdaten« die staatliche Globalplanung mit den Entscheidungen der beteiligten Institutionen zu koordinieren.

Die Zielwerte waren weder für den Staat noch für die Wirtschaft verbindlich. Sie hatten vielmehr den Charakter von Richt- und Orientierungswerten, die realisiert werden sollten, aber nicht mussten. Auch die Bundesregierung war nicht verpflichtet, einmal aufgestellte Projektionen in jedem Falle zu realisieren, sondern es blieb ihr vorbehalten, sie veränderten Situationen anzupassen. Von ihrer Wirkung her handelte es sich bei diesen Zielprojektionen um indikative Planung. Den Unternehmen wurde ein gesamtwirtschaftliches Orientierungstableau zur Verfügung gestellt, das ihnen Hinweise auf die zukünftige Wirtschaftsentwicklung gab. Dem Staat dienten die Projektionen als Grundlage für die Konzipierung einer rationalen Wirtschafts- und Finanzpolitik. Mit der Einbeziehung sämtlicher Träger wirtschaftspolitischer Entscheidungen in die Zielplanung sollten die Interdependenzen und Zielkonflikte des gesamtwirtschaftlichen Kreislaufs aufgezeigt werden. Es sollte deutlich werden, dass es unmöglich ist, die Kreislaufgrößen an einer Stelle zu ändern, ohne gleichzeitig Änderungen an anderer Stelle vorzunehmen.

Die »konzertierte Aktion« war das Instrument, um die Entscheidungen von Unternehmern und Tarifpartnern mit der staatlichen Globalplanung zu koordinieren. Nach § 3 StabWG hatte die Bundesregierung im Falle der Gefährdung des gesamtwirtschaftlichen Gleichgewichts »*Orientierungsdaten für ein gleichzeitiges aufeinander abgestimmtes Verhalten (konzertierte Aktion) der Gebietskörperschaften, Gewerkschaften und Unternehmensverbände zur Erreichung der Ziele des § 1 zur Verfügung*« zu stellen. Der Begriff der »konzertierten Aktion« ging auf den Sachverständigenrat zur Begutachtung der gesamtwirtschaftlichen Entwicklung zurück, der in seinem Jahresgutachten 1965 ein solches Gremium vorgeschlagen hatte. Bundeskanzler Erhard lehnte in der Bundestagsdebatte vom 16./17. Februar 1966 eine solche Einrichtung jedoch kategorisch ab, weil Interessenvertreter auf diese Weise auch Einfluss auf die Wirtschaftspolitik nehmen konnten.

Das Gesetz definierte die konzertierte Aktion bewusst nicht als Zusammenkunft oder Organ, sondern als ein »aufeinander abgestimmtes Verhalten«, weil man eine Institutionalisierung vermeiden wollte. Wie die Zielprojektionen hatten auch die Orientierungsdaten nur indikative Wirkung. Hieraus folgte, dass es nicht das Ziel der konzertierten Aktion war, von den Unternehmen und Tarifpartnern verbindliche Zusagen für konkrete zukünftige Entscheidungen zu erhalten. Der angestrebte Zweck war vielmehr schon dann erreicht, wenn die autonomen Gruppen und Institutionen der Wirtschaft ihre grundsätzliche Bereitschaft erklärten, bei ihren Entscheidungen die Orientierungsdaten zu berücksichtigen.

Tatsächlich wurde die konzertierte Aktion jedoch schon bald zu einer förmlichen Institution, die vom Bundeswirtschaftsministerium mit einer gewissen Regelmäßigkeit einberufen wurde. Die Sitzungen wurden durch einen Lenkungsausschuss vorbereitet und waren vertraulich. Nach den Sitzungen wurden Kommuniqués mit den Beratungsthemen und den Verhandlungsergebnissen veröffentlicht. Außerdem wurde die Zuständigkeit der konzertierten Aktion mit der Zeit über ihren gesetzlichen Auftrag (Lohn- und Preispolitik) hinaus deutlich erweitert. So führte die Bundesregierung in ihrer Stellungnahme zum Jahresgutachten 1966/67 aus: *»In diesem sozialen Dialog wird selbstverständlich nicht allein über die Lohnpolitik gesprochen werden, sondern über alle anderen wichtigen Fragen, die den Beschäftigungsstand, die Investitions- und Preispolitik der Unternehmen, die Wettbewerbspolitik, die administrativ veranlassten Preisänderungen, das außenwirtschaftliche Gleichgewicht und die Einkommens- und Vermögensverteilung auf kurze und längere Sicht betreffen.«*

Eine solche Ausweitung der Zuständigkeit konnte auf den Charakter und die Funktion der konzertierten Aktion nicht ohne Einfluss bleiben. War es dem Gesetzgeber bisher vornehmlich darum gegangen, die staatliche Globalsteuerung durch die Organisation eines Dialogs mit den Unternehmen und Tarifpartnern einkommenspolitisch abzusichern, so bot die konzertierte Aktion den Gruppen nunmehr Gelegenheit, an der wirtschaftspolitischen Willensbildung der Regierung mitzuwirken. Bundeswirtschaftsminister Schiller brachte dies auch deutlich zum Ausdruck: »Ja, genau besehen haben wir mit der Konzertierten Aktion eine flexible Methode gefunden, um den autonomen Gruppen in der Gesellschaft eine Mitwirkung an der Vorformung der Wirtschaftspolitik zu ermöglichen.«

Das Stabilitäts- und Wachstumsgesetz war der endgültige Bruch mit der Erhard'schen Wirtschaftspolitik. Ludwig Erhard hielt es für eine »Anmaßung«, die Wirtschaft anhand einiger globalen Daten steuern zu wollen. Die Wirtschaft war für ihn kein technokratisches Konstrukt, das Fachleute dirigieren und notfalls reparieren konnten. Er sah in der Wirtschaft vielmehr einen lebendigen Organismus, der eine vernünftige Ordnung brauchte.

Ludwig Erhard warnte, dass mit dem »neuen Interventionismus« der für die Soziale Marktwirtschaft tragende Gedanke einer »institutionellen Ordnung« aufgegeben werde. Er prophezeite, es werde nicht bei der »Globalsteuerung« bleiben, sondern der Staat werde zunehmend intervenieren, dirigieren und regulieren. An der konzertierten Aktion kritisierte er, dass es sich dabei nicht um ein Instrument der staatlichen Wirtschaftspolitik, sondern um eine Institution handelte, die den Interessengruppen die Möglichkeit gab, an dem Prozess der politischen Willensbildung mitzuwirken.

Demgegenüber sah Karl Schiller in dem Stabilitäts- und Wachstumsgesetz (StabWG) die Krönung seines akademischen und politischen Wirkens: Mit diesem Gesetz hatte er die marktwirtschaftliche Ordnung um eine staatlich konzertierte »Globalplanung« erweitert, die antizyklische Wirtschaftspolitik zur Bekämpfung von Wirtschaftskrisen gesetzlich verankert und die wirtschaftlich autonomen Gruppen und Institutionen auf die Ziele des »magischen Vierecks« verpflichtet. Er drückte das im Vergleich zum ersten Gesetzesentwurf der Erhard-Regierung so aus: »Ich kann nur sagen: Dieses Gesetz im Ganzen ist jetzt nicht mehr ein Tisch, der auf zwei Beinen ruht, sondern es ist ein Tisch, der voll auf vier Beinen steht. Damals fehlten die konzertierte Aktion und die außenwirtschaftliche Absicherung. Das alles ist jetzt darin.«

Die seit dem Regierungswechsel in der Opposition befindliche FDP blieb skeptisch. Sie kritisierte an dem Gesetz vor allem die auf die private Wirtschaft zielenden Teile: die Variierung der Steuersätze nach Konjunkturlage, die Einschränkung der degressiven Abschreibung in Phasen der Überbeschäftigung beziehungsweise Investitionsprämien bei Unterbeschäftigung. Der Bundesverband der Deutschen Industrie (BDI) sah sogar die »unternehmerische Dispositionsfreiheit« in Gefahr.

Schiller gelang es jedoch, die interessierte Öffentlichkeit mit seiner Rhetorik (»Aufschwung nach Maß«, »soziale Symmetrie«, »Globalsteuerung«) mitzunehmen bzw. ihr Sand in die Augen zu streuen. Viele

Ökonomen unterstützten ihn in der Hoffnung, dass mit der neuen Wirtschaftspolitik »das Zeitalter des Ökonomen« anbrechen würde. So jedenfalls hatte es der in den USA forschende Ökonom Walter W. Heller in seinem 1966 unter dem gleichnamigen Titel erschienenen Buch verkündet. Es herrschte die Überzeugung, dass der Keynesianismus den Wirtschaftspolitikern einen Werkzeugkasten an die Hand gegeben hatte, mit dem wirtschaftliches Wachstum und Vollbeschäftigung dauerhaft gesichert werden konnten. Der planende Ökonom wurde dadurch zur Schlüsselfigur der Politik.

Eine Versöhnung des Freiburger Imperativs mit der keynesianischen Botschaft, wie es Schiller immer behauptete, gehörte ebenfalls zu Schillers Zaubersprüchen. Dabei lautete der wichtigste Grundsatz der Eucken'schen Ordnungspolitik: *»Die wirtschaftspolitische Tätigkeit des Staates sollte auf die Gestaltungsformen der Wirtschaft gerichtet sein, nicht auf die Lenkung des Wirtschaftsprozesses.«* Aber genau das, die Lenkung des Wirtschaftsprozesses, war Sinn und Zweck der Schiller'schen Globalplanung.

Konjunkturpakete

Kaum war Karl Schiller als Wirtschaftsminister im Amt, beschloss die neue Regierung zwei kreditfinanzierte Konjunkturpakete, um den Konjunkturabschwung zu stoppen: im Januar 1967 einen »Eventualhaushalt« in Höhe von 2,5 Milliarden DM, die für »vordringliche Maßnahmen bei der Bundesbahn, der Bundespost, im Verkehrswesen sowie im Bereich Wissenschaft und Forschung bestimmt waren«. Als der Sachverständigenrat dann weitere Maßnahmen zur Konjunkturbelebung vorschlug, folgte im Sommer 1967 ein zweites Konjunkturprogramm mit einem Volumen von 5,3 Milliarden DM für Investitionen des Staates in Bereichen wie »Wissenschaft und Forschung, Gesundheitswesen, Verkehrs- und Nachrichtenwesen, Wasserwirtschaft usw.«. Dabei sollten strukturschwache Wirtschaftsregionen wie die Steinkohlenreviere, das »Zonenrandgebiet« an der Grenze zur DDR und Westberlin bevorzugt werden.

Für die Aufnahme der hierfür benötigten Kredite war nach Artikel 115 Grundgesetz eine gesetzliche Ermächtigung des Bundestages erforderlich. Diese verschaffte sich die Bundesregierung am 23. Februar 1967 mit dem Kreditfinanzierungsgesetz, das Bundesfinanzminister Franz Josef Strauß (CSU) vorbereitet und die CDU/CSU-Fraktion als Initiativantrag in den Bundestag eingebracht hatte. Begleitet wurde diese Maßnahme mit einer auf sechs Monate befristeten Gewährung von Sonderabschreibungen für Anlageinvestitionen und durch eine weitere Senkung der Leitzinsen durch die Bundesbank.

Die Konjunkturprogramme wurden im In- und Ausland stark beachtet. Erstmals griff eine Regierung unter marktwirtschaftlichen Bedingungen mit Maßnahmen der Globalsteuerung in die Wirtschaftsprozesse ein, um die Konjunktur zu beleben. Den Ausgang dieses Experiments wollte man beobachten. Im Unternehmerlager war man anfangs skeptisch, weil die industrielle Nettoproduktion weiter stagnierte. Aber Mitte 1967 kam dann schon der Stimmungsumschwung: Die Auftragseingänge aus dem Ausland belebten sich, vor allem zugunsten der Investitionsgüterindustrie, und die Rezession ging in einen Wirtschaftsaufschwung über, wie ihn so plötzlich und so intensiv kaum jemand erwartet hatte.

Das Bruttosozialprodukt stieg bereits im Jahr 1968 um 7,1 Prozent und 1969 noch einmal um 8,2 Prozent. Die Arbeitslosenquote, die 1967 bei 2,2 Prozent gelegen hatte, ging 1968 auf 1,5 Prozent und 1969 auf 0,8 Prozent zurück. Die Zahl der offenen Stellen überstieg wieder deutlich die der Arbeitslosen. Die Bundesbank stellte zu dieser Entwicklung fest: »*Der Anstieg der Nachfrage hat inzwischen zu einer weitgehenden Vollbeschäftigung der Produktionsfaktoren geführt.*«

Mit dem Wirtschaftswachstum stiegen auch die Löhne wieder – nominal und real: 1968 kletterten die Bruttolöhne gegenüber 1967 durchschnittlich um 6,2 Prozent; 1969 stiegen sie gegenüber 1968 sogar um 9,2 Prozent. Trotzdem forderte die SPD eine weitere Beschleunigung des Aufschwungs durch Erhöhung der Löhne und Stärkung der Massenkaufkraft. Dies wäre eine Frage der »sozialen Symmetrie«, weil in der ersten Phase der Konjunkturbelebung vor allem den Unternehmen geholfen worden war.

Inwieweit diese schnelle wirtschaftliche Erholung ein Ergebnis der Konjunkturprogramme war, ist bis heute umstritten. Sicher ist nur, dass sich der Export wieder einmal als der eigentliche Konjunkturmotor erwies. Dafür sprachen die Mitte 1967 einsetzenden Auftragseingänge aus dem Ausland und das rapide Wachstum der Exporte im Jahr 1968. Die deutschen Ausfuhren lagen 1968 mit 99,6 Milliarden DM um 14 Prozent über denen von 1967. Das war der eigentliche Konjunkturimpuls.

Im Übrigen ist man sich unter Ökonomen weitgehend einig, dass das Volumen der Investitionsprogramme wesentlich zum Überschäumen des nachfolgenden Booms beigetragen hat. Anderthalb Jahre später musste die Regierung deshalb mit Haushaltssperren, Steuervorauszahlungen und Konjunkturausgleichsrücklagen dafür sorgen, dass sich die Konjunktur wieder beruhigte.

Die wirtschaftspolitischen Wirkungen der beiden Konjunkturprogramme waren deshalb mehr als fraglich. Ihr bedeutsamster Effekt bestand darin, dass das Vertrauen der Öffentlichkeit in die Regierungsparteien wiederhergestellt war, was sich insbesondre im Niedergang der NPD zeigte. Karl Schiller hatte mit den Konjunkturprogrammen seine wirtschaftspolitische Kompetenz unter Beweis gestellt und dafür viel politische Anerkennung gefunden. Von diesem Vertrauensgewinn profitierte vor allem die SPD, die Union weniger.

Zweite Aufwertungsdebatte

Mit den steigenden Ausfuhren und dem rasanten Wirtschaftsaufschwung setzten Devisenspekulanten wieder auf eine Aufwertung der DM. Allein im November 1968 flossen der Bundesbank Devisen in Höhe von 9,5 Milliarden DM zu. Daraufhin erhöhte die Bundesbank den Mindestreservesatz für den Zuwachs von Auslandsanlagen auf 100 Prozent, um die Spekulation einzudämmen.

Als dann auch noch wegen einer Regierungskrise in Frankreich Gerüchte über eine Franc-Abwertung die Runde machten, schien eine erneute Aufwertung der D-Mark unumgänglich. Das jedenfalls war die Empfehlung des Sachverständigenrates und die offiziell nicht ausgesprochene Meinung der Bundesbank. Auch der britische Premierminister Wilson forderte mit klaren Worten eine Aufwertung der D-Mark. Schiller und Strauß lehnten das jedoch ab.

Um das befreundete Frankreich nicht zu brüskieren, schlug die Bundesregierung schließlich eine Ersatzlösung vor, nämlich eine steuerliche Belastung der Ausfuhren und steuerliche Entlastung der Einfuhren um je 4 Prozent. Das kam einer »maskierten« Aufwertung gleich. Gleichzeitig wurde zu einer internationalen Währungskonferenz eingeladen, auf der Bundeskanzler Kiesinger verkündete: »*Solange ich Kanzler bin, wird es eine Aufwertung der D-Mark nicht geben.*« So einigte man sich lediglich auf einen Beistandskredit für Frankreich und legte Paris nahe, eine einseitige Franc-Abwertung vorzunehmen. De Gaulle ließ den Franc aber nicht abwerten und bis Januar 1969 waren die Milliarden Spekulationsgelder weitgehend wieder abgeflossen.

Dann aber veränderte der Rücktritt de Gaulles am 28. April 1969 die Lage schlagartig. Wieder setzte eine Flucht in die D-Mark ein. Schiller änderte daraufhin seine Meinung und trat für eine sofortige Aufwertung der D-Mark ein, wie sie auch der Sachverständigenrat empfohlen hatte. Strauß und die CDU/CSU-Fraktion blieben jedoch bei ihrer strikten Ablehnung, sodass darüber in der Koalition ein heftiger Streit entstand, der innerhalb der laufenden Legislaturperiode nicht beigelegt werden konnte. Die Devisenspekulationen hielten deshalb an, sodass drei Tage vor der Bundestagswahl am 28. September 1969 sogar die deutschen Devisenbörsen geschlossen werden mussten.

Zu den ersten Entscheidungen der neuen sozialliberalen Bundesregierung unter Willy Brandt gehörte deshalb die Aufwertung der D-Mark. Um die Bundesbank von der Interventionspflicht gegenüber dem Dollar zu entbinden, wurde der Kurs der D-Mark vorübergehend freigegeben. Der sich so ergebende D-Mark-Kurs (3,70 DM = 1 Dollar) wurde zur Richtgröße für die Aufwertung der D- Mark um 9,3 Prozent. Dieser Schritt wurde international begrüßt. Die *FAZ* kommentierte die Entscheidung trocken: »Besser spät als niemals.«

Außerparlamentarische Opposition

Die Studentenbewegung in den USA, die sich vor allem gegen den Krieg der USA in Vietnam richtete, griff Mitte der 60er-Jahre auch auf deutsche Universitätsstädte über. Zunächst waren es linke Studentengruppen, die protestierten; nach Bildung der Großen Koalition änderte sich aber die Stimmung an den Universitäten und Rufe nach »außenparlamentarischer Opposition« wurden laut.

Zu Zentren der politischen Proteste an den deutschen Hochschulen entwickelten sich der Sozialistische Hochschulbund (SHB) und der Sozialistische Deutsche Studentenbund (SDS). Aktionsfelder waren die Reform der Hochschulen, die geplanten Notstandsgesetze und nicht zuletzt die Kriegführung der USA in Vietnam. Um auf ihre Forderungen aufmerksam zu machen, bedienten sich die Aktivisten provokanter

Verweigerungs- und Protestformen. In den Universitäten wurden Hörsäle besetzt; auf Straßen und Plätzen störte man den Verkehr durch Sitzstreiks. Unter der Führung von Rudi Dutschke wurde der SDS eine straff organisierte politische Aktionsgruppe, die nach marxistischem Muster gegen die Verhältnisse in der Bundesrepublik agierte.

Die vorwiegend von der jungen Studentengeneration getragenen Proteste wurden von einem »antiautoritären« Lebensgefühl begleitet. Alle überkommenen Institutionen und Autoritäten (Elternhaus, Schule, Lehrstuhlinhaber, Staatsführer, politische Institutionen etc.) gerieten in die Kritik. Linke Gruppierungen, zum Teil aus der DDR und der Sowjetunion gesteuert, schürten zudem den Antiamerikanismus. Ab 1965 entwickelten sich die studentischen Proteste zu öffentlichen Demonstrationen, die über den akademischen Bereich hinausgingen (Ulrich Herbert).

Zu einem ersten gewaltsamen Zusammenstoß zwischen der Studentenbewegung und der Staatsgewalt kam es anlässlich des Staatsbesuchs des Schahs von Persien, Reza Pahlewi, am 2. Juni 1967 in Westberlin, in dessen Verlauf der Student Benno Ohnesorg von einem Polizeibeamten erschossen wurde. Ende 1967 folgten studentische Aktionen gegen den Springer-Konzern (Tageszeitungen *Die Welt* und *Bild*). Das Attentat auf Rudi Dutschke am 11. April 1968 löste besonders schwere Straßenunruhen aus: In Berlin und zahlreichen Städte demonstrierten Hunderttausende von Menschen. Die Versuche, Redaktionen und Druckereien des Springer-Verlages zu stürmen, führten zu Barrikadenkämpfen und blutigen Auseinandersetzungen mit der Polizei.

Als im darauffolgenden Monat im Bundestag die Notstandsgesetze verabschiedet wurden, erreichte die Protestwelle ihren Höhepunkt. Am 11. Mai 1968 beteiligten sich 30 000 Menschen an einem Marsch auf Bonn; zuvor hatte die Studentenbewegung Kontakt mit den Gewerkschaften aufgenommen, um eine Massenbewegung auszulösen. Das scheiterte, weil die Arbeiterschaft für die radikal marxistischen Forderungen und die spektakulären Aktionen wenig Verständnis hatte.

Ideologische Grundlage der Gesellschaftskritik des SDS war die Wiederentdeckung des Marxismus und seine Verknüpfung mit Elementen der Tiefenpsychologie. Richtungsweisend war hier der in den USA lebende Philosoph Herbert Marcuse, der schon die amerikanische Studentenbewegung beeinflusst hatte. Er kritisierte die »Überflussgesellschaft« und den angeblichen »Konsumterror«, durch den die Menschen an der Entfaltung ihrer eigentlichen Fähigkeiten gehindert würden. Es ging Marcuse darum, den »eindimensionalen Menschen« des Spätkapitalismus in einen »neuen, nunmehr befreiten Menschentypus« zu verändern. So war es auch bei Rudi Dutschke zu lesen: »Die Ziele der Gewalt (sind) die Emanzipation des Menschen, die Schaffung eines neuen Menschen.« (Gottfried Küenzlen)

Mit der Bildung der sozialliberalen Bundesregierung unter Willy Brandt verebbte die Revolte Ende 1969 und die Studentenbewegung teilte sich auf. Viele Anhänger der APO fanden ihre politische Heimat bei der SPD, ein kleinerer Teil bei der FDP und der KPD sowie bei den maoistischen K-Gruppen. Prominente Vertreter der 68er-Bewegung wie Rudi Dutschke, Jürgen Trittin oder Joschka Fischer traten später als Gründungsmitglieder der »Grünen« in Erscheinung und machten dort Karriere. Ein kleinerer Teil der Bewegung ging in den Untergrund und versuchte, mit Waffen und Gewalt den Umsturz herbeizuführen. Daraus entstand 1970 unter anderem die terroristische Vereinigung »Rote Armee Fraktion« (RAF), die für zahlreiche Morde und Banküberfälle verantwortlich gemacht wurde (Andreas Rödder).

Sozialliberale Koalition

Die große Koalition von CDU/CSU und SPD war für die beteiligten Politiker nur eine Übergangslösung. Beide großen Volksparteien erhofften sich von der Bundestagswahl 1969 eine Klärung der Lage in ihrem Sinne: Die Union setzte auf die Popularität Kiesingers und wählte den Slogan: »Auf den Kanzler kommt es an.« Die SPD argumentierte zukunftsgewandt: »Wir schaffen das moderne Deutschland.«

Der Wahlkampf war von ungewöhnlicher Schärfe, weil er von Streiks und schweren Ausschreitungen der linken Studentenbewegung begleitet wurde. Der Wahlausgang bestätigte zwar die CDU/CSU als stärkste Partei (46,1 %), machte aber auch eine Koalition aus SPD (42,7 %) und FDP (5,8 %) möglich. Die FDP hatte also die Wahl und entschied sich für die SPD als Koalitionspartner.

Dem war ein personeller und programmatischer Wandel der Freien Demokraten zu linksliberalen Positionen vorausgegangen. Ein deutliches Signal dafür war bereits die Wahl des Bundespräsidenten am 5. März 1969, die Gustav Heinemann (SPD) gegen Gerhard Schröder (CDU) gewann, weil eine Mehrheit der FDP-Wahlmänner für den Sozialdemokraten stimmte.

Neuer Bundeskanzler wurde der SPD-Vorsitzende Willy Brandt. Der erst 1968 gewählte FDP-Vorsitzende Walter Scheel zog als Vizekanzler in das Kabinett ein. Karl Schiller blieb Wirtschaftsminister. Finanzminister wurde Alex Möller. Bereits in seiner Regierungserklärung kündigte Brandt ein umfassendes Reformprogramm an. Deutschland werde jetzt »mehr Demokratie wagen«. Wie sich schon bald zeigte, verband er damit die Vorstellung einer »sozialen Demokratie«, in der die Sozial- und Lohnpolitik sowie die Mitbestimmung der Arbeitnehmer eine zentrale Rolle spielen sollten (Andreas Rödder).

Als die sozialliberale Koalition Regierungsverantwortung übernahm, lief die Konjunktur auf Hochtouren. Die Produktionsanlagen waren voll ausgelastet. Auch die Außenhandelsbilanz wies hohe Überschüsse auf. Die Zahl der ausländischen Gastarbeiter war auf 1,4 Millionen gestiegen. Bei einer Arbeitslosenquote von 0,9 Prozent und einer Million offener Stellen herrschte Vollbeschäftigung. Die Gefahr einer Lohnexplosion durch Streiks in der Stahlindustrie kündigte sich aber bereits an. Außerdem waren die Preise im Januar 1970 um 3,5 Prozent angestiegen.

Um die Konjunktur abzukühlen, beschloss die Bundesregierung Mitte 1970 auf Vorschlag von Schiller, nach dem Stabilitäts- und Wachstumsgesetz einen zeitlich befristeten 10-prozentigen Zuschlag auf die Lohn-, Einkommens- und Körperschaftsteuer zu erheben, der zurückgezahlt werden sollte. Gleichzeitig wurde die degressive Abschreibung für sechs Monate ausgesetzt. Im Mai 1971 folgte eine weitere Bremsaktion durch eine Kürzung der Haushaltsansätze und eine Erhöhung der Konjunkturausgleichsrücklage.

Diese Maßnahmen blieben jedoch Kosmetik angesichts der öffentlichen Ausgabenflut, die durch die neue Regierung an vielen Stellen in Gang gesetzt wurde. 1970 stiegen die Kassenausgaben der Gebietskörperschaften um 12,5 Prozent; 1971 kletterten sie um weitere 14 Prozent. Die Regierung verhielt sich also nicht antizyklisch, sondern prozyklisch. Der Sachverständigenrat urteilte in seinem Jahresgutachten, dass die Finanzpolitik ihr Ziel nicht erreicht habe, *»die konjunkturelle Entspannung zu fördern und damit zur Preisstabilität beizutragen. Die Haushaltspolitik hat kräftig expansiv gewirkt.«*

Die Regierung Brandt/Scheel ließ sich dadurch aber nicht von ihrem Kurs abbringen, sondern handelte weiter nach dem Motto »Alles ist möglich«. In einem Arbeitspapier des Kanzleramtes vom März 1971 waren nicht weniger als 455 innenpolitische Reformvorhaben aufgeführt, die in der laufenden Legislaturperiode auf den Weg gebracht werden sollten. Der Reformwille der sozialliberalen Regierung erfasste nahezu alle Lebensbereiche, insbesondere die Sozialgesetze. Führende Vertreter der Regierung sprachen davon, die Zeit sei reif, »das Soziale an der sozialen Marktwirtschaft zu stärken«.

Eines der ersten Gesetze war das Lohnfortzahlungsgesetz für Arbeitnehmer im Krankheitsfall (1970), wonach der Arbeitgeber sechs Wochen lang den Bruttolohn zahlen musste. Das Krankenversicherungsgesetz (1970) machte Vorsorgeuntersuchungen und die Kosten der Rehabilitation zu Pflichtleistungen der Krankenkassen. Das zweite Wohngeldgesetz (1970) erweiterte den Kreis der Berechtigten durch höhere Einkommensgrenzen. Ende 1971 folgte ein neues Mietrecht mit einem stärkeren Kündigungsschutz für Mieter. Das Bundesausbildungsgesetz (BAföG) wurde 1971 um Sonderhilfen erweitert. Die Novelle des Arbeitsförderungsgesetzes (1972) führte für Bauarbeiter die Zahlung eines Wintergeldes ein. Und schließlich verabschiedete der Bundestag eine Rentenreform (1972) mit flexibler Altersgrenze und der Öffnung der Versicherung für Hausfrauen und Selbstständige – zu extrem günstigen Bedingungen.

Der gesamte Sozialaufwand erhöhte sich von Anfang 1970 bis Ende 1972 von 118,6 auf 171,7 Milliarden DM. Das bedeutete eine Steigerung um 45 Prozent innerhalb von nur drei Jahren. Gleichzeitig wuchs die Verschuldung der öffentlichen Haushalte: von 117,9 im Jahr 1969 auf 170,9 Milliarden im Jahr 1973.

Zusätzlich wurden die Arbeitnehmerrechte in den Betrieben massiv erweitert: Anfang 1972 trat die Novelle des Betriebsverfassungsgesetzes (1952) in Kraft. Die Betriebsräte erhielten erweiterte Mitbestimmungs- und Mitwirkungsrechte. Für Arbeitnehmer wurde ein Vorschlagsrecht für die Gestaltung des Arbeitsplatzes und das Recht auf Einsicht in die Personalakte geschaffen. Außerdem gab das neue Gesetz den Gewerkschaften ein Zugangsrecht zum Betrieb und regelte ihre betriebliche Rechtsstellung.

Eine Ausweitung der paritätischen Mitbestimmung erfolgte jedoch nicht. Bei der Bildung der sozialliberalen Koalition war auf massiven Druck der FDP hin vereinbart worden, dass die Koalition keine Gesetzesinitiative zur Einführung der paritätischen Mitbestimmung (außerhalb der Montanindustrie) einbringen würde. Damit war der Einführung der paritätischen Mitbestimmung bei allen großen Unternehmen, was SPD und Gewerkschaften seit Langem anstrebten, ein Riegel vorgeschoben.

Die Führung der SPD ermunterte die Gewerkschaften jedoch in den Tarifverhandlungen zu einem deutlich forscheren Auftreten als in den vergangenen Jahrzehnten. Daraufhin gab der Deutsche Gewerkschaftsbund (DGB) die Losung aus: »Geld ist genug da, einen ansehnlichen Teil davon werden wir uns holen.« Infolgedessen explodierten die Lohnkosten (Wolfram Weimer).

Vom Herbst 1969 bis Mitte 1970 stiegen die Löhne mit zweistelligen Raten – im Steinkohlenbergbau trotz rückläufigen Absatzes sogar um 28 Prozent. Auch 1971 ging die Lohninflation mit einem Zuwachs von 11,8 Prozent weiter – der Produktivitätszuwachs betrug dagegen nur bescheidene 2,5 Prozent. So konnte es nicht ausbleiben, dass auch die Preise immer schneller stiegen.

Wirtschaftspolitisch rechtfertigte die sozialliberale Regierung ihre expansive Finanz- und Sozialpolitik damit, dass Vollbeschäftigung und Wachstum Priorität vor strenger Stabilität haben müssten. Brandt betonte mehrfach, dass die Stabilitätspolitik nicht auf dem Rücken der Arbeitnehmer ausgetragen werden dürfe. In der Wirtschaft sprach man bald von einer »Kanzler-Garantie für Hochkonjunktur«. Wenn Sozialdemokraten von Vollbeschäftigung sprächen, meinten sie eigentlich permanente Überbeschäftigung.

Konzertierte Aktion

Als am 14. Februar 1967 vor dem Hintergrund der Rezession 1966/1967 die erste Sitzung der konzertierten Aktion stattfand, waren die Tarifpartner grundsätzlich bereit, ihre Entscheidungen einem gesamtwirtschaftlichen Plan unterzuordnen. Die Auftragslage hatte sich verschlechtert und die Unternehmen versuchten, die sinkenden Erlöse durch Rationalisierung aufzufangen. Die Sorge der Arbeitnehmer galt der Sicherheit des Arbeitsplatzes. Gemeinsam waren Arbeitgeber und Gewerkschaften an einem baldigen Aufschwung interessiert. Es bestand auch Einigkeit, dass dafür sowohl eine Steigerung der privaten Investitionen auf der Basis zunehmender Gewinne als auch eine Stärkung der Massenkaufkraft durch tarifliche Lohnerhöhungen erforderlich waren.

Die auf dieser Linie liegenden Orientierungsdaten der Bundesregierung wurden deshalb ohne großen Widerspruch akzeptiert. Die Konjunkturkrise erleichterte die Einigung. Die tatsächliche Entwicklung zeigte auch, dass die Orientierungsdaten bei den tarifpolitischen Vereinbarungen berücksichtigt wurden. 1967 sollten die Tariflöhne im Durchschnitt der jeweiligen Abschlüsse um 3,5 Prozent und 1968 um 4,5 Prozent steigen, die tatsächlichen Zuwachsraten lagen nur wenig darüber: 1967 betrug die Steigerungsrate 4,4 Prozent und 1968 4,8 Prozent.

Für die erste Periode konnte man deshalb feststellen, dass die konzertierte Aktion ihr Ziel erreicht hatte. Auch das Verfahren entsprach den in den §§ 2, 3 StabWG vorgesehenen Regeln. Zunächst wurden die Tarifpartner von der Regierung in zweiseitigen Gesprächen zur Konjunkturlage konsultiert. Auf Basis der dabei gewonnenen Informationen stellte die Regierung dann den Jahreswirtschaftsbericht auf und leitete ihn der Legislative zu. Anschließend trat die konzertierte Aktion zusammen, um über die amtlichen Orientierungsdaten zu beraten. Die Tarifpartner stimmten ihnen zu und erklärten sich bereit, die Ziele der Regierung durch Beachtung der Orientierungsdaten zu unterstützen.

Die zweite Periode der konzertierten Aktion fiel in eine Zeit der Hochkonjunktur, wobei es sich als außerordentlich belastend herausstellte, dass die Bundesregierung das Ausmaß des wirtschaftlichen Aufschwungs in ihren Zielprojektionen erheblich unterschätzt hatte. So sollte das Wachstum des Bruttosozialprodukts (BIP) nach den Zielprojektionen für 1969 nominal 7 Prozent und real 4,5 Prozent betragen; tatsächlich wuchs das BIP jedoch nominal um 11,6 Prozent und real um 8 Prozent.

Die Gewerkschaften, die sich bei den Lohnverhandlungen nach den entsprechend niedrigeren Orientierungsdaten gerichtet und längerfristige Verträge abgeschlossen hatten, fühlten sich daher irregeführt. Infolge ihrer Zurückhaltung liefen die Effektivverdienste den Tariflöhnen davon und die Relation zwischen den Unternehmergewinnen und den Lohnsummen verschlechterte sich zulasten der Arbeitnehmer. Die Orientierungsdaten büßten daraufhin bei den Gewerkschaften rapide an Glaubwürdigkeit ein. Als es im Herbst 1969 zu wilden Streiks kam, lehnten die Gewerkschaften jede weitere Orientierung an den amtlichen Zielprojektionen ab. Mit aggressiven Lohnforderungen, die sich in der Hochkonjunktur leicht durchsetzen ließen, wurde stattdessen versucht, den sog. Lohnrückstand wieder einzuholen.

Die Verschärfung der lohnpolitischen Situation wirkte sich auch auf die konzertierte Aktion aus. Auf dem Kongress des Deutschen Gewerkschaftsbundes, der im Mai 1969 in München stattfand, wurde sie heftig kritisiert. Man hielt die Beteiligung der Tarifpartner an der Globalplanung für unzureichend und forderte eine bessere Information durch die Regierung. In der Folgezeit gingen die Tarifpartner (Gewerkschaften und Arbeitgeber) dann dazu über, den amtlichen Daten eigene Zielprojektionen gegenüberzustellen, sodass die Orientierungsdaten der Regierung ihre integrierende Wirkung verloren.

Eine Einigung über die amtlichen Zielprojektionen fand nicht mehr statt. Die von der Regierung jeweils vorgeschlagene mittlere Linie wurde nicht akzeptiert und bei den tarifpolitischen Entscheidungen auch nicht berücksichtigt. So stiegen die Tariflöhne 1969 durchschnittlich um 9,4 Prozent gegenüber einem amtlichen Soll von 5,5 bis 6,5 Prozent. Die für 1970 gültigen Orientierungsdaten mussten bereits Mitte des Jahres revidiert werden, weil die effektiven Löhne mit einer Steigerung von 17,6 Prozent den Tariflöhnen, die nach dem Jahresbericht der Regierung nur um 9 bis 10 Prozent steigen sollten, davongelaufen waren.

Von der konzertierten Aktion ging seitdem kein einkommenspolitischer Steuerungsimpuls mehr aus. Der Versuch, mithilfe der »Überzeugungskraft von Zahlen« das Verhalten der Tarifpartner zu beeinflussen, wie Karl Schiller erhofft hatte, war an den Gruppeninteressen gescheitert. An die Stelle der einkommenspolitischen Integration durch die konzertierte Aktion trat wieder die lohnpolitische Konfrontation der Tarifpartner.

Dollarabwertung

Seit Anfang der Fünfzigerjahre hatte die US-Zahlungsbilanz mit ganz wenigen Ausnahmen ständig Defizite ausgewiesen. Sie waren vor allem durch die hohen militärischen Ausgaben der USA im Ausland entstanden, durch amerikanische Entwicklungshilfe sowie durch umfangreiche Direktinvestitionen amerikanischer Unternehmen im Ausland. Gegen Ende der Sechzigerjahre geriet der US-Dollar dadurch zunehmend unter Druck und die Spannungen im vom Dollar dominierten Weltwährungssystem (Bretton Woods) nahmen zu.

Mit Beginn der Siebzigerjahre vergrößerten sich die Ungleichgewichte in den Zahlungsbilanzen zwischen den USA und den übrigen Industriestaaten weiter, weil amerikanische Anleger wegen der Niedrigzinsen in den USA hohe Summen auf den europäischen Anleihemärkten investierten und der Vietnam-Krieg die amerikanische Zahlungsbilanz mit immer höheren Beträgen belastete. Außerdem verschlechterte sich die internationale Wettbewerbssituation der amerikanischen Industrie, sodass auch die Handelsbilanz der USA neben der Zahlungsbilanz einen Fehlbetrag in beachtlicher Höhe auswies.

Als dann der Bericht eines Kongressausschusses, der sogenannte »Reuss-Bericht«, im August 1971 zu dem Ergebnis kam, dass der Dollar überbewertet sei und abgewertet werden müsste, um die amerikanische Leistungsbilanz wieder auszugleichen, flossen immer mehr Gelder aus den USA ab. Jeder wusste nun, dass das an den Dollar gebundene Weltwährungssystem nicht mehr gehalten werden konnte.

Es war dann Präsident Nixon, der über das Fernsehen ein Programm zur Gesundung der amerikanischen Wirtschaft verkündete und fast beiläufig sagte, dass Washington sich an die Goldeinlösungspflicht des Dollar nicht mehr gebunden fühlte. Damit war eine tragende Säule des Gold-Dollar-Festkurssystems kurzerhand eingerissen. Tatsächlich war die Einlösungspflicht aber längst nur noch eine systemerhaltende Annahme, die von den USA wegen der gewaltigen Dollarbestände bei ausländischen Notenbanken gar nicht mehr eingelöst werden konnte.

Die von Nixon verkündete Entscheidung bedeutete noch nicht das Ende des Bretton-Woods-Festkurssystems, wohl aber markierte sie das Ende des Gold-Dollar-Standards. Wörtlich ergänzte Nixon seine Ankündigung mit den Worten: »Aber jetzt ist es an der Zeit, dass die Wechselkurse bereinigt werden und dass die großen Länder den Wettbewerb auf gleicher Basis führen.« (Wolfram Weimer)

Die Devisenbörsen wurden nach Nixons Ankündigung erst einmal für eine Woche geschlossen. Den ganzen Herbst 1971 hindurch berieten Notenbankgouverneure, Währungsexperten und Wirtschaftspolitiker eine Neuordnung der internationalen Währungsverhältnisse. Im Dezember traf sich schließlich in Washington eine Zehnergruppe zu der entscheidenden Gipfelkonferenz. Das dort ausgehandelte Abkommen, auch »Smithsonian Agreement« genannt, brachte folgende Ergebnisse (Wolfram Weimer):

1. Die zulässigen Schwankungsbreiten der festen Wechselkurse werden von bisher 0,75 auf 2,25 Prozent erweitert. 2. Der Dollar wird gegenüber dem Gold um 7,89 Prozent abgewertet. 3. Die Wechselkurse unter den großen Industriestaaten werden neu festgesetzt. 4. Neuer fester DM-Kurs am 27. Oktober: 1 Dollar = 3,66 DM.

Für die Währungen Japans, der Schweiz und Deutschlands bedeutete die Korrektur der Wechselkurse eine Aufwertung. Allen anderen Währungen gegenüber wurde der Dollar deutlich billiger. Die Konferenzteilnehmer glaubten, die Wechselkurse damit den realen Austauschverhältnissen angepasst zu haben. Allenthalben erwartete man, dass wieder Ruhe auf den Devisenmärkten einkehren würde. Aber schon bald zeigte sich, dass solche Hoffnungen trogen.

Nixon löste mit seinem Wirtschaftsprogramm zwar für das Wahljahr 1972 einen kräftigen Konjunkturaufschwung aus und wurde wiedergewählt, die währungspolitischen Probleme blieben aber bestehen. Infolge der lebhaften Binnenkonjunktur stiegen die Einfuhren in die USA fast doppelt so stark wie die Ausfuhr. Das Defizit in der Leistungsbilanz vergrößerte sich auf 8 Milliarden DM und war damit fast dreimal so groß wie im Vorjahr. Allein in den drei Jahren von 1970 bis 1972 zeigte die amerikanische Zahlungsbilanz ein kumulatives Defizit von 52 Milliarden Dollar. Demgegenüber verdreifachten sich die deutschen Devisenreserven von 7,12 auf 23,4 Milliarden Dollar. Das Währungssystem geriet vollends aus den Fugen (Wolfram Weimer).

Rücktritte

Bundesfinanzminister Alex Möller verfolgte das Ausgabenverhalten seiner Ministerkollegen mit wachsendem Unbehagen und äußerte das auch öffentlich. Damit geriet er innerhalb des Kabinetts zunehmend in Konflikt mit seinen Parteifreunden, welche die expansive Politik fortsetzen wollten. Als im Frühjahr 1971 bei der Vorbereitung des Haushalts 1972 Mehrforderungen von insgesamt 15 Milliarden DM gestellt wurden, zog Möller die Konsequenzen und trat zurück. Er habe nicht die Absicht, teilte er Bundeskanzler Brandt mit, als »Inflationsminister« in die Finanzgeschichte einzugehen.

Daraufhin übernahm Wirtschaftsminister Karl Schiller auch das Finanzressort und wurde damit eine Art Superminister. Doch auch Schillers Bemühungen, das Ausgabenverhalten seiner Ministerkollegen einzugrenzen, waren vergeblich. Die Staatsausgaben stiegen 1972 mit 12,5 Prozent ebenso stark wie 1971. Die öffentliche Verschuldung nahm mit rund 38 Milliarden DM stärker zu als je zuvor. Und der Lebenshaltungskostenindex stieg 1971 um mehr als 5 Prozent.

Zu den haushaltspolitischen Sünden kamen währungspolitische Turbulenzen hinzu. Trotz der Washingtoner Beschlüsse wurde die Bundesrepublik bald wieder von neuen Devisenzuflüssen überschwemmt. Zunehmend finanzierten sich deutsche Unternehmen im Ausland, ohne dass die Bundesbank dagegen etwas tun konnte. Der Bundestag verabschiedete deshalb im Dezember 1971 aufgrund des Außenwirtschaftsgesetzes für solche Kredite eine Art Mindestreservepflicht. Danach mussten deutsche Unternehmen für Auslandskredite bei der Bundesbank ein »Bardepot« in Höhe von 40 Prozent der Kreditsumme unterhalten (Klaus Flachmann).

Für die Freizügigkeit des internationalen Kapitalverkehrs war das ein schwerer Schlag, gegen den ein Sturm der Entrüstung losbrach. Die *FAZ* wetterte: »*Was jetzt geschieht, ist ohne Zweifel eine bedenkliche Abweichung vom Wege der Marktwirtschaft.*« Alle Wirtschaftsforschungsinstitute und der Sachverständigenrat protestierten und sprachen sich dafür aus, das System fester Währungskurse durch freie Devisenmärkte zu ersetzen.

Gleichzeitig verschärften sich innerhalb der SPD die Auseinandersetzungen über den finanzpolitischen Kurs der Bundesregierung. Während die moderaten Sozialdemokraten hinter dem Sparkurs von Karl Schiller standen, forderten die Linken in der Partei massive Steuererhöhungen für »Besserverdienende«. Auf dem SPD-Steuerparteitag rief der SPD-Landesvorsitzende von Schleswig-Holstein, Jochen Steffen, die Delegierten unter starkem Beifall dazu auf, »die Grenzen der Belastbarkeit« von Deutschlands Unternehmen zu testen. Schiller kommentierte das empört: »Was die wollen, ist ja eine ganz andere Republik.«

Zusehends fühlte sich Schiller in der Partei und im Kabinett isoliert. Als er am 16. Mai 1972 dem Kabinett einen dramatischen Bericht über den Zustand der Staatsfinanzen erstattete und sofortige Ausgabenkürzungen verlangte, reagierten die Kabinettskollegen mit Hohn, verwiesen auf den nahenden Wahltermin und lehnten Kürzungen in ihren Einzeletats ab.

Das Fass zum Überlaufen brachte jedoch ein geldpolitischer Vorfall: Bundesbankpräsident Karl Klasen hatte das Kanzleramt am 26. Juni darüber informiert, dass zur Abwehr des weiteren Zuflusses von Spekulationsgeldern Devisenkontrollen nach dem Außenwirtschaftsgesetz eingeführt werden müssten. Schiller wurde davon nicht informiert. Als die Sache in der Kabinettssitzung am 28. Juni 1972 zur Sprache kam, widersprach Schiller dem Vorschlag spontan und entschieden – sowohl mit ordnungspolitischen als auch mit praktischen Argumenten. Klasen hatte das Kabinett aber schon mit dem Argument überzeugt, dass man mit seinem Vorschlag bis zur Bundestagswahl »Ruhe an der Währungsfront« haben werde.

Das Kabinett billigte Klasens Idee und Schiller war bloßgestellt. Daraufhin reichte Schiller am 2. Juli 1972 sein Rücktrittsgesuch ein: *»Ich bin nicht bereit, eine Politik zu unterstützen, die nach außen den Eindruck erweckt, die Regierung lebt nach dem Motto ›Nach uns die Sintflut‹ … Die Regierung hat die Pflicht, über den Tellerrand des Wahltermins hinauszublicken und dem Volk rechtzeitig zu sagen, was zu leisten ist und was zu fordern ist.«*

Der Rücktritt Schillers wurde in der Öffentlichkeit allgemein bedauert. Nachfolger in Schillers Doppelministerium wurde der bisherige Verteidigungsminister Helmut Schmidt, der zur Freude der SPD-Linken bei seiner Einführung erklärte, dass er zukünftig dem wirtschaftspolitischen Ziel der Vollbeschäftigung den Vorrang vor dem Ziel der Preisstabilität geben werde.

Grundlage dieser Aussage war die in den 50er-Jahren von dem britischen Ökonomen Alban Philips in einer Studie veröffentlichte These, wonach es einen direkten negativen Zusammenhang zwischen der Höhe der Inflationsrate und der Höhe der Arbeitslosigkeit gab. Aus dieser (scheinbaren) Erkenntnis zogen Ökonomen und Politiker den Schluss, dass eine niedrigere Arbeitslosigkeit durch eine höhere Inflationsrate zu erkaufen sei. Auch Helmut Schmidt sagte 1972 in einem Interview der *Süddeutschen Zeitung*: *»Aber ich lehne es ab, Stabilität oder Wirtschaftswachstum in einem höheren Rang zu sehen als Vollbeschäftigung. Mir scheint, dass das deutsche Volk – zugespitzt gesagt – 5 Prozent Preisanstieg eher vertragen kann als 5 Prozent Arbeitslosigkeit.«*

Er stellte damit eben jenen Zusammenhang zwischen Inflation und Arbeitslosigkeit her, der damals als nachgewiesen angenommen wurde. Dabei ahnte er vermutlich nicht, dass er es schon bald mit einer Wirtschaft zu tun haben würde, in der es trotz Inflation auch steigende Arbeitslosigkeit gab, wofür sich die Bezeichnung »Stagflation« einbürgerte.

Gemeinsames Floaten

Im Herbst 1972 fanden vorgezogene Bundestagswahlen statt, weil der sozialliberalen Regierung im Zusammenhang mit der strittigen Ostpolitik und dem Misstrauensvotum gegen Brandt die Parlamentsmehrheit verloren gegangen war. Dank der hohen Popularität von Willy Brandt wurde der Urnengang ein Triumph für die Sozialdemokraten. Die SPD holte 45,8 Prozent der Stimmen und überflügelte damit erstmals die CDU/CSU, die 44,9 Prozent der Stimmen erhielt. Die sozialliberale Koalition verfügte damit über eine Mehrheit von 64 Stimmen im Bundestag.

Das zweite Kabinett Brandt/Scheel unterschied sich personell und inhaltlich kaum vom ersten. Neuer Wirtschaftsminister wurde Hans Friedrichs (FDP), Helmut Schmidt blieb im Kabinett als Finanzminister der starke Mann hinter Willy Brandt.

Die neue Regierung hatte das Ziel, die in der vergangenen Legislaturperiode angekündigten, aber liegen gebliebenen innenpolitischen Reformen zügig umzusetzen. Doch schon bald geriet sie wieder in schweres Fahrwasser, weil die hohen amerikanischen Zahlungsbilanzdefizite die Weltwirtschaft erneut mit Dollarströmen überfluteten. Vor allem nach Deutschland flossen immer höhere Dollarbestände, wodurch sich von Ende 1969 bis Ende 1972 die Währungsreserven der Bundesbank um das Dreifache erhöhten, nämlich von 26,4 auf 74,4 Milliarden DM.

Dieser riesige Liquiditätszuwachs verschärfte in Deutschland sowohl den Aufwertungsdruck für die D-Mark als auch die Inflationsgefahr (importierte Inflation). Die Bundesbank stemmte sich deshalb mit aller Macht gegen den Zustrom ausländischer Spekulationsgelder. Doch alle Maßnahmen und Krisenkonferenzen vermochten den permanenten Zufluss von Geld nach Deutschland und in die Schweiz nicht zu stoppen. Als am 2. März 1973 sogar die Devisenbörsen geschlossen werden mussten, rief die *FAZ* zur Radikalreform auf: »Es muss jetzt schleunigst mit den Vorbereitungen für ein gemeinsames Floaten der EWG-Währungen nach außen unter Aufrechterhaltung fester Wechselkurse im Inneren begonnen werden.«

Einen solchen Beschluss, d.h. der Übergang der EWG-Länder zum Gruppenfloaten gegenüber dem Dollar, fasste der EWG-Ministerrat dann am 11. März 1973. Innerhalb der EWG sollten zwischen den Mitgliedsländern weiterhin feste Kurse gelten (Währungsschlange). Nach außen, vor allem gegenüber dem Dollar, sollte es aber ein gemeinsames Floaten geben.

Damit war nach der Aufhebung der Dollar-Konvertibilität gegenüber dem Gold durch Nixon im Jahr 1961 ein zweiter wichtige Baustein, nämlich der feste Kurs der nationalen Währungen gegenüber dem Dollar, aus dem bislang gültigen Währungssystem von Bretton Woods herausgebrochen. Nun hatte die Bundesbank freie Hand bei der Inflationsbekämpfung – das Festkurssystem von Bretton Woods aber war tot.

Die Devisenbörsen wurden am 19. März wieder eröffnet und die Leitzinsen kräftig heraufgesetzt. Systematisch engte die Bundesbank die Versorgung der Banken mit Zentralbankgeld ein, was einen Anstieg der Zinsen in einen zweistelligen Bereich zur Folge hatte. Wie notwendig das war, zeigte der Anstieg der Lebenshaltungskosten im Juli 1973, der mit 7,9 Prozent den höchsten Stand seit der Korea-Krise erreichte.

Zusätzlich erhob die Bundesregierung mit einem zweiten Stabilisierungsprogramm vom Mai 1973 einen 10-prozentigen Stabilitätszuschlag auf Einkommen und eine 11-prozentige Investitionssteuer. Die degressive Abschreibung wurde ausgesetzt, öffentliche Ausgaben wurden gekürzt und Steuermehreinnahmen stillgelegt. Damit sollten der Wirtschaft zur Konjunkturberuhigung rund 15 Milliarden DM Kaufkraft entzogen werden. Im Sommer desselben Jahres folgten weitere Sparmaßnahmen, um die Politik der Bundesbank zu unterstützen.

Am 1. November verkündete Bundesfinanzminister Schmidt: »In der Bundesrepublik wird gegenwärtig die schärfste Restriktionspolitik in der ganzen Welt betrieben. Dadurch ist die Bundesrepublik wieder an das absolute Ende des internationalen Inflationskonvois gerückt. Bundesregierung und Bundesbank haben nicht die Absicht, die Zügel vorzeitig zu lockern.«

Erste Ölpreiskrise

Doch dann begann die erste Ölkrise, in der Ölländer der OPEC den Ölpreis um das 20-Fache erhöhten. Schon 1972 hatte an wichtigen Rohstoffmärkten wegen der Hochkonjunktur ein Preisanstieg eingesetzt. Der eigentliche Schock kam dann aber mit dem Ausbruch des vierten Nahost-Krieges im Oktober 1973 (Jom-Kippur-Krieg). Die arabischen Ölländer vereinbarten, ihre Ölexporte in die westlichen Industriestaaten einzuschränken, solange diese eine israelfreundliche Politik betrieben. Gegen die USA und die Niederlande sprachen die Araber sogar einen Lieferboykott aus. Öl wurde zur politischen Waffe.

Die Wirkungen des Ölschocks auf die Konjunktur und Inflation waren dramatisch: Weltweit hielten sich die Verbraucher mit Anschaffungen zurück. Insbesondere stark sank die Nachfrage nach Autos. In Deutschland waren die Neuzulassungen von Kraftwagen 1974 um 16,5 Prozent niedriger als im Vorjahr. Die Stahlhersteller meldeten Absatzeinbrüche, die Maschinenbauer ebenso. Immer mehr Branchen und Unternehmen gerieten in Bedrängnis und die Zahl der Konkurse stieg sprunghaft an. Gleichzeitig stiegen die Preise. In Deutschland wurde im Dezember 1973 eine Preissteigerungsrate von 7,9 Prozent gemessen.

Auf den weltweiten Superboom folgte plötzlich ein tiefes Konjunkturtal. Das Sozialprodukt der OECD-Staaten, das zuvor im Durchschnitt jährlich um 5,5 Prozent real zugenommen hatte, stagnierte 1974 und verminderte sich 1975 sogar um 2 Prozent. In der Öffentlichkeit machte das Wort »Minus-Wachstum« die Runde. Es betrug in Deutschland 1975 minus 3 Prozent, in Italien minus 5,5 Prozent und in der Schweiz sogar mehr als minus 7 Prozent.

Die Industrieproduktion ging so stark zurück, dass im Frühjahr 1975 in den USA, in Deutschland und Japan rund ein Viertel der industriellen Kapazitäten nicht mehr ausgelastet war. Überall stieg die Arbeitslosigkeit stark an, in den USA bis auf 8,5 Prozent. In der Bundesrepublik kletterte die Zahl der Arbeitslosen von 273 000 im Jahr 1973 auf 1 074 000 im Jahr 1975.

Die internationalen Vorschläge, wie diesem »externen Schock« zu begegnen sei, reichten von strikten Sparmaßnahmen und einem Preisstopp über die Erschließung neuer Energiequellen bis hin zu militärischen Interventionen. Letztlich wurden aber nur allgemeine Sparmaßnahmen umgesetzt: Sonntagsfahrverbote für Autos, Geschwindigkeitsbegrenzungen und in einigen Ländern Rationierungen von Benzin und Heizöl. Die Bundesregierung reagierte mit Sonntagsfahrverboten auf den Autobahnen und der Aufhebung des im Mai 1973 beschlossenen Stabilitätsprogramms.

Außerdem versuchten Regierungen, in direkten Verhandlungen mit den Ölländern Lieferzusagen zu erreichen. Die Erdöl exportierenden Staaten nutzten jedoch die Gunst der Stunde und begannen, über die bereits 1960 gegründete OPEC den Weltmarktpreis nach oben zu treiben.

Unabhängig davon sorgten Hortungskäufe und Spekulanten dafür, dass der Preis immer weiter anstieg. Der Preis für 1 Barrel saudisches Rohöl klettere von 1,30 Dollar (1970) auf 9,76 Dollar (1974) und schließlich auf 28,67 Dollar (1980).

Infolge der Ölpreissteigerungen geriet auch die Inflation ins Galoppieren: Die Unternehmen erhöhten die Preise, weil die Energiekosten gestiegen waren, und die Gewerkschaften nutzten die höheren Preise, um Lohnerhöhungen durchzusetzen (Zweitrundeneffekte). Alle Appelle zur Mäßigung waren vergeblich. Zum Jahresende 1973/74 forderte die Gewerkschaft Öffentliche Dienste, Transport und Verkehr (ÖTV) unter ihrem Vorsitzenden Heinz Kluncker eine Erhöhung der Bezüge um 17 Prozent. Willy Brandt sagte dazu im Bundestag: »Vorstellungen und Wünsche, wie wir sie in diesen Tagen zugunsten der Angehörigen des öffentlichen Dienstes gehört haben, können nicht verwirklicht werden. Über 10 Prozent, gar 15 Prozent – dies lässt sich vernünftigerweise nicht darstellen.« Mit dieser Rede hatte sich der Bundeskanzler unnötigerweise festgelegt und Kluncker wusste, was er erreichen musste, um bei seinen Mitgliedern bestehen zu können: einen Abschluss über 10 Prozent.

Die Verhandlungen mit den öffentlichen Arbeitgebern, die von Innenminister Hans-Dietrich Genscher vertreten wurden, zogen sich über Wochen hin, doch die Fronten waren verhärtet. Schließlich rief die ÖTV zur Urabstimmung, bei der 91 Prozent für einen Streik stimmten. Ab dem 10. Februar 1974 blieben die Ämter geschlossen, die Müllabfuhr kam nicht mehr, die Post wurde nicht mehr befördert, Bahnen und Busse standen still. Es dauerte nur drei Tage, bis die öffentlichen Arbeitgeber mürbe waren. Sie boten jetzt Lohn- und Gehaltserhöhungen von 11 Prozent an, jedoch mindestens 170 DM im Monat. Dadurch ergaben sich Einkommensverbesserungen bis zu 18 Prozent und eine Mehrbelastung der öffentlichen Hand von rund 15 Milliarden DM. Die ÖTV nahm das Angebot an, Heinz Kluncker hatte gesiegt.

Infolge der Ölpreiskrise befanden sich alle Regierungen und Notenbanken in einem unlösbaren Dilemma: Mit einer sparsamen Finanzpolitik und einer restriktiven Geldpolitik konnten sie zwar die Inflation eindämmen, der angeschlagenen Konjunktur hätte dies aber den Rest gegeben. Umgekehrt heizte eine expansive Finanzpolitik und eine Politik des leichten Geldes die Inflation noch weiter an. Erstmals erlebte die Bundesrepublik eine konjunkturelle Situation, die dadurch gekennzeichnet war, dass die Wirtschaft stagnierte und gleichzeitig Inflation herrschte. Für ein solches Phänomen, das als »Stagflation« bezeichnet wird, gab es bei Keynes kein Rezept.

Letztendlich lösten die Industrieländer das Problem, indem sie sich für den Stabilitätskurs entschieden, wodurch der Kampf gegen die Inflation zum zentralen Ziel der Wirtschaftspolitik wurde. »*Waren bis dahin nur wenige Länder den inflatorischen Auswüchsen durch eine restriktive Wirtschaftspolitik entgegengetreten*«, schrieb der Sachverständigenrat in seinem Jahresgutachten 1975/76, »*so wurde nunmehr auch anderen Staaten bewusst, dass ohne ernsthafte Gegenmaßnahmen die Teuerung noch mehr ausufern würde und die außenwirtschaftlichen Defizite noch bedrohlicher anschwellen müssten. Die Wirtschaftspolitik war daher im Verlauf des Jahres 1974 überall energisch auf Restriktionskurs gegangen, auch wenn sich vielfach schon konjunkturelle Abschwächungstendenzen abzeichneten.*«

Die Deutsche Bundesbank folgte diesem Stabilitätskurs dadurch, dass sie 1974 als erste zentrale Notenbank der Welt zu einer »Geldmengensteuerung« überging, wie sie der Chicagoer Ökonom Milton Friedman entwickelt hatte. Damit vollzog sie einen Strategiewechsel, mit dem sie ihre geldpolitischen Maßnahmen deutlich wirksamer einsetzen konnte.

Hatte die Bundesbank ihre Entscheidungen vor diesem Wechsel vor allem an der Entwicklung der Lebenshaltungskosten und der Zinsen ausgerichtet, waren nunmehr die Kontrolle und Steuerung der Zentralbankgeldmenge die entscheidenden Instrumente der Geldpolitik. Für den Kampf gegen die Inflation bedeutete die neue Strategie, dass die von der Notenbank zu beeinflussende Geldmenge in ein angemessenes Verhältnis zur volkswirtschaftlichen Produktionskapazität gebracht werden musste.

Die Geldmenge sollte dabei im Idealfall so schnell wachsen wie das Produktionspotenzial, da es ansonsten zu einer deflatorischen oder inflatorischen Entwicklung kommen konnte. Als Orientierungspunkte für eine stabilitätsgerechte Geldpolitik nutzte die Bundesbank das Produktionspotenzial, das Preisniveau und die Umlaufgeschwindigkeit des Geldes. Aus diesen Grundelementen der Geldmengenpolitik sollte die optimale Geldmengenwachstumsrate ermittelt werden.

Rücktritt Brandts

Überraschend trat Bundeskanzler Willy Brandt am 6. Mai 1974 zurück. Der aktuelle Anlass war die Verhaftung seines persönlichen Referenten Guillaume, der als Agent der DDR enttarnt worden war. Zu den eigentlichen Gründen schrieb die *FAZ*: »Wenn nun Brandt seinen Hut nimmt, so liegt dies nicht zuletzt daran, dass er mit seiner Reformpolitik in die Sackgasse geraten ist. Brandt und seine Minister hatten auf dem innenpolitischen Feld die Ziele zu hochgesteckt. Darin liegt einer der wesentlichen Gründe seines Scheiterns. Im Grunde konnte Brandt angesichts der verfahrenen innenpolitischen Lage und des sich beschleunigenden Inflationsprozesses nicht damit rechnen, auch nur eines der großen Reformprojekte unangefochten zu verwirklichen.« (Wolfram Weimer)

Neuer Bundeskanzler wurde Helmut Schmidt. Hans Apel folgte Schmidt als Finanzminister. In seiner Regierungserklärung vom 17. Mai 1974 hob Schmidt deutlich hervor, dass die Politik der kostspieligen Reformexperimente nicht fortgesetzt werden könnte. »Machbarkeit« wurde zum Schlagwort seiner Regierung. »Wir können nicht auf allen Gebieten des staatlichen Verbrauchs opulent daherwirtschaften. Reformen sind nur machbar, wenn man sie finanzieren kann«, teilte er seinen Parteifreunden mit. Und dann ging er daran, die 251 noch offenen Vorhaben der Brandt-Regierung zu durchleuchten. Nicht finanzierbare Projekte wurden aussortiert; andere »abgespeckt«. Im Vordergrund der Wirtschafts- und Sozialpolitik sollten jetzt nur noch die Investitionsförderung und Konjunkturbelebung stehen (Wolfram Weimer).

Doch mit solchen Ankündigungen war es nicht getan. Die Ölkrise und der folgende Konjunktureinbruch erreichten ihren Tiefpunkt erst nach dem Kanzlerwechsel. 1975 erlebte die Bundesrepublik ihre schwerste Rezession in der Nachkriegszeit. Die Bundesregierung warf deshalb das Ruder erneut herum und legte noch im September 1974 zur Abstützung der Beschäftigung ein Konjunkturförderprogramm von 1,73 Milliarden DM auf. Dem folgte bereits im Dezember ein weiteres Programm zur Förderung von Investitionen auf den Gebieten Energiesektor, Hochbau, Bundesbahn und Fernstraßen. Die Unternehmen erhielten eine Investitionszulage von 7,5 Prozent. Außerdem wurde Geld für »arbeitsmarktpolitische Maßnahmen« bereitgestellt.

Kernenergie

Die Ölkrise hatte den hohen Stellenwert der Energiepolitik und die Abhängigkeit der Bundesrepublik von importierten Energieträgern deutlich gemacht. Die neue Regierung unter Helmut Schmidt veränderte deshalb die energiepolitischen Prioritäten: Der Anteil des Erdöls, dessen Bezug aus dem Ausland mit vielerlei politischen Risiken verbunden war, sollte verringert werden. Gleichzeitig wollte die Regierung die Energiegewinnung aus Erdgas, heimischer Kohle und Kernenergie ausbauen (Herbert).

Große Hoffnungen setzte man insbesondere auf die Atomkraft, die als fortschrittlich galt und gesellschaftlich akzeptiert war. Vor allem die SPD war ein starker Befürworter von Kernkraftanlagen, weil man überzeugt war, dass mit dieser für unerschöpflich gehaltenen Energiequelle auch viele gesellschaftliche Probleme gelöst werden konnten. »Aber das ist auch die Hoffnung dieser Zeit, dass der Mensch im atomaren Zeitalter sein Leben erleichtern, von Sorgen befreien und Wohlstand für alle schaffen kann, wenn er seine täglich wachsende Macht über die Naturkräfte nur für friedliche Zwecke einsetzt«, hieß es im Godesberger Programm von 1959.

In Ergänzung dazu beschloss die SPD auf dem Parteitag sogar einen Atom-Plan: »Die Erzeugung von Elektrizität aus Kernenergie hat in einem solchen Umfang zu erfolgen, dass die deutsche Wirtschaft nicht mehr auf die Einfuhr überteuerter Kohle angewiesen ist, der Raubbau in Kohlegruben vermieden und die schädigende Veränderung von Landschaft und Wasserversorgung beim Abbau von Braunkohle eingeschränkt wird; der Aufbau und der Betrieb von Atomkraftwerken wird durch die öffentliche Hand durchgeführt, ihr Zusammenwirken mit den übrigen Elektrizitätserzeugungsunternehmen erfolgt nach langfristig festzusetzenden Plänen.«

Dass man in der Kernkraft in den Fünfzigerjahren ein Zukunftsprojekt sah, zeigte sich unter anderem darin, dass der Euratom-Vertrag 1957 in Verbindung mit der Gründung der Europäischen Wirtschaftsgemeinschaft (EWG) abgeschlossen wurde. Auch das »Atomium«, die Darstellung des Atomkerns in übergroßer Denkmalgröße auf der Brüsseler Weltausstellung 1958, verdeutlichte das Zukunftsversprechen der Kernkraft.

Die bürgerlichen Parteien waren von der epochalen Bedeutung des Atoms ebenso überzeugt wie die SPD. Sichtbarer Ausdruck dafür war die Errichtung eines eigenen Ministeriums für Atomfragen unter dem ehrgeizigen Minister Franz Josef Strauß (CSU). Die Idee war, für die schnell wachsende heimische Wirtschaft die Kernenergie als sichere Energiequelle zu entwickeln. Dafür stellte die Bundesregierung in mehreren Atomprogrammen erhebliche Summen für Forschung, Entwicklung, Bau und Betrieb von Kernreaktoren zur Verfügung. Die Zahl der überwiegend vom Staat finanzierten, aber kommerziellen Kernreaktoren nahm dadurch rapide zu. Bis 1975 wurden bereits 13 Kernkraftanlagen kommerziell betrieben, weitere 37 Anlagen befanden sich im Bau.

Mit dem forcierten Bau von Kernkraftwerken erwachte jedoch auch der Widerstand der Bevölkerung gegen solche Anlagen. Besonders im Umkreis geplanter Kraftwerksstandorte wurden Befürchtungen hinsichtlich mangelnder Sicherheit der Kraftwerksanlagen und möglicher Gesundheitsgefährdungen laut. Es bildeten sich lokale und regionale Bürgerinitiativen, die mit Demonstrationen, aber auch mit juristischen Mitteln gegen die geplanten Kernkraftwerke vorgingen. In kurzer Zeit entstand so eine bundesweite Anti-Kernkraft-Bewegung. An Standorten wie Whyl (in Baden) oder Brokdorf (in Schleswig-Holstein) kam es zu Bauplatzbesetzungen, Großdemonstrationen und gewaltsamen Auseinandersetzungen zwischen Demonstranten und Polizei.

Exkurs

Zu solchen Demonstrationen gibt es eine hübsche Geschichte, über die in einer Buchbesprechung der *FAZ* vom 18. Oktober 2023 (zum Buch Frank Uekötter, Atomare Demokratie) berichtet wurde:

Als im Februar 1981 mal wieder gegen das Atomkraftwerk Brokdorf demonstriert wurde, brachte die Polizei einige Personenzüge mit. Die Demonstranten verrichteten ihr Werk und stürmten danach verfroren und von Wasserwerfern durchnässt in die beheizten Zugabteile. Die waren so mollig warm, dass die Demonstranten sich einfach weigerten, wieder in die Kälte herauszukommen, sogar dann, als per Megafon zu einer großen Abschlusskundgebung aufgerufen wurde. Die Kundgebung musste ausfallen. Für eine Energiewende wollte niemand frieren.

Ob die unterkühlten Demonstranten darüber nachdachten, woher die Energie für die vorgewärmten Abteile stammte? Sicherlich nicht, denn jederzeit verfügbare Energie gehört zu den Errungenschaften der Moderne, die der Staat zur Verfügung zu stellen hat. Demonstrationen gegen die Energiepolitik der Regierung bleiben dann ohne persönliche Folgen.

So ähnlich wird man sich die Motivlage vorstellen müssen, als in den Siebzigerjahren in der SPD über den Ausstieg aus der Atomkraft diskutiert wurde. Helmut Schmidt ließ sich dadurch aber nicht beeindrucken und hielt an den Ausbauplänen für Kernkraftwerke fest. Nach seiner Meinung waren sie »unerlässlich, bis neue unerschöpfliche Energiequellen aus Sonne, Wind und Meer erschlossen sind«. Seinen innerparteilichen Gegnern drohte Helmut Schmidt sogar mit seinem Rücktritt: »Die Lage ist so ernst, dass für mich durchaus Grenzen sichtbar sind. Wenn irgendjemand meint, man könne sich opportunistisch an vorhandene Strömungen anpassen, dann gibt es für mich einen Punkt, wo ich nicht mehr mitmache.«

Russisches Erdgas

Die Energiepolitik der Bundesrepublik gehörte seit jeher zu den besonders heiklen und sensiblen Themen der deutschen Wirtschaftspolitik. Das betraf nicht nur die Atomkraft, sondern auch die Einfuhr von russischem Öl und Gas.

Schon in den 1950er-Jahren entdeckten deutsche Stahlunternehmen (Hoesch, Mannesmann und Thyssen) ihr Interesse an den russischen Erdöl- und Gasvorkommen. Trotz des Kalten Krieges verständigte man sich unter Vermittlung des Ost-Ausschusses der Deutschen Wirtschaft mit dem Kreml, Stahlröhren an Russland zu liefern, welche die Sowjetunion mit der Lieferung von Gas und Öl bezahlen sollte. Das erste Geschäft scheiterte jedoch an der Kuba-Krise. Auf Betreiben des amerikanischen Präsidenten John F. Kennedy wurde Bundeskanzler Adenauer zu einem Stopp des Röhrengeschäfts gedrängt. Erst 1966 hob die NATO das Röhrenembargo wieder auf.

Während der Kanzlerschaft von Willy Brandt wurde die energiewirtschaftliche Zusammenarbeit mit Moskau als Teil der deutschen Ost-Politik Chefsache. Im Januar 1969 reiste Klaus von Dohnanyi, Staatssekretär im Wirtschaftsministerium, nach Moskau, um dafür den Weg vorzubereiten. Die deutsche Wirtschaft hoffte wieder auf die Lieferung von Röhren gegen günstiges Erdgas. Willy Brandt und Egon Bahr sahen darin zudem ein wichtiges Element ihrer Entspannungspolitik nach der Devise »Wandel durch Handel und Annäherung«.

Am 1. Februar 1970 wurde mit der Sowjetunion der erste »Erdgas-Röhren-Vertrag« geschlossen: Die Russen versprachen, jährlich Erdgas im Wert von 2,5 Milliarden DM an die Firma Ruhrgas zu liefern. Die für die Pipeline benötigten Röhren sollten Mannesmann und Thyssen liefern. Die Deutsche Bank stellte dafür den Kredit zur Verfügung, den die Russen mit Einnahmen aus den Gaslieferungen tilgten. Wolff von Amerongen, Vorsitzender des Ost-Ausschusses, sprach von »einer neuen Phase der Weltwirtschaft«. Dass im Jahr zuvor der »Prager Frühling« durch russische Panzer niedergewalzt wurde, war für die Bundesregierung und die Industrie kein Hinderungsgrund.

Die Liefermengen russischen Gases waren anfangs bescheiden. Als die erste Pipeline 1973 in Betrieb ging, betrug der russische Anteil an den deutschen Gasimporten nur 5 Prozent. Der Hauptanteil des importierten Gases stammte damals noch aus den Niederlanden. Mit der Sowjetunion wurden dann aber nach dem gleichen Muster weitere Verträge abgeschlossen, bis zum »Röhrenkredit V« im Jahr 1978, sodass sich der russische Anteil an den Gasimporten der Bundesrepublik bis 1980 auf ein Drittel erhöhte.

Beschleunigt wurde dieser Prozess durch die erste Ölkrise, als das arabische Kartell die Ölfördermenge kürzte und dadurch die Preise explodierten. Bundeskanzler Helmut Schmidt sah in den Gaslieferungen aus der Sowjetunion eine Möglichkeit, die deutsche Energieversorgung stärker zu diversifizieren. Die Sowjetunion sollte der Bundesrepublik helfen, sich aus der Abhängigkeit von arabischem Öl zu befreien. Gleichzeitig versprach er sich aus dem Tauschgeschäft »Erdgas gegen Röhren« auch einen Beitrag zur Entspannung zwischen Ost und West. »Wer Handel treibt, der schießt nicht aufeinander«, sagte Schmidt.

In diesem Sinne wurde im November 1981 ein weiteres Großgeschäft abgeschlossen, diesmal mit der russischen Firma Soyusgaz (Vorläufer des Gazprom-Konzerns), die langfristig (bis 2008) Gas aus Sibirien an die Firma Ruhrgas liefern sollte. Dafür wurde der Bau einer über 4000 Kilometer langen Pipeline von der sibirischen Halbinsel Jamal nach Europa geplant. Doch auch hier intervenierten die USA. US-Präsident Ronald Reagan wollte die Lieferung europäischer Kompressoren für die Pipeline unbedingt verhindern mit der Begründung, Europa mache sich durch die russischen Gaslieferungen erpressbar und finanziere mit seinen Energieeinkäufen Moskaus Kriege; damals ging es um die russische Besetzung von Afghanistan.

Es folgte eine schwere Krise der transatlantischen Beziehungen. Die britische Premierministerin Margaret Thatcher und Frankreichs Präsident Mitterand kamen jedoch Schmidt zur Hilfe. Als auch sein Nachfolger Helmut Kohl an dem Plan festhielt, nahm Reagan die Sanktionen im Herbst 1982 zurück.

Grenzen des »deficit spending«

Die wirtschaftliche Rezession nach der Ölkrise, die der Sachverständigenrat als »schwerste Rezession der Nachkriegszeit« bezeichnete, setzte sich auch 1975 fort. Die Nettoproduktion der Industrie verringerte noch einmal um 6,2 Prozent. Die Zahl der Arbeitslosen überschritt im Januar 1975 die Millionengrenze. Und der Anstieg der Lebenshaltungskosten verringerte sich nur geringfügig auf 6 Prozent.

Aber im Jahr 1976 erholte sich die Konjunktur schon wieder, weil der Konjunkturzyklus seine Talsohle durchschritten hatte. In den westlichen Industrieländern wuchsen die Industrieproduktion um 8,5 Prozent und das Volumen des Welthandels sogar um 12 Prozent. Auch in der Bundesrepublik stieg die industrielle Nettoproduktion um 6,9 Prozent und das reale Bruttosozialprodukt um 5,1 Prozent. Der Anstieg der Lebenshaltungskosten konnte auf 4,5 Prozent gedrückt werden.

Die Bundesrepublik profitierte dabei von sinkenden Rohstoffpreisen und der Zurückhaltung der Gewerkschaften. Positiv wirkten sich auch die Rationalisierungen aus, welche in den Unternehmen während der Krise durchgeführt worden waren. Eigentlich insgesamt gute Voraussetzungen für einen kräftigen Wirtschaftsaufschwung.

Tatsächlich erfolgte der Aufschwung aber mit stark angezogener Bremse: Die Unternehmen investierten nur zurückhaltend und bei Neueinstellungen blieben sie vorsichtig. Offensichtlich trauten sie dem Konjunkturaufschwung nicht, weil er nicht auf einer höheren Mengennachfrage, sondern zu einem guten Teil auf stark gestiegenen Preisen beruhte. Der Anstieg des realen Sozialprodukts 1977 mit 2,5 Prozent fiel nur noch halb so hoch aus wie 1976.

Skepsis war auch deshalb angebracht, weil der Aufschwung den Arbeitsmarkt nicht erreichte. Trotz verbesserter Konjunkturlage stieg die Zahl der Arbeitslosen weiter auf 1,35 Millionen. Erstmals in der Geschichte der Bundesrepublik gab es deutliche Anzeichen für eine strukturelle Arbeitslosigkeit. Trotzdem versuchte die Bundesregierung, die Ölkrise und die steigende Arbeitslosigkeit mit »deficit spending« nach der Keynes-Methode zu lösen. Zwischen 1974 und 1977 brachten Bund und Länder zahlreiche Investitionsprogramme und Steuersenkungen auf den Weg, die sich auf mehr als 60 Milliarden DM summierten. Zusätzlich versuchte die Bundesregierung, das Problem der Arbeitslosigkeit mit direkten Arbeitsmarktprogrammen zur Beseitigung der Jugendarbeitslosigkeit und zur Wiederbeschäftigung von Langzeitarbeitslosen zu lösen.

So machte es auch das Ausland: In Japan gab es 1975 insgesamt vier Konjunkturprogramme mit einem Volumen von 49 Milliarden Dollar, in Frankreich zwei Ausgabenprogramme über 46 Milliarden Franc. In den USA kam es zu umfangreichen Steuererleichterungen. Aber im Ergebnis führten alle Konjunktur- und Arbeitsmarktprogramme nicht zu einem Aufschwung, der auch den Arbeitsmarkt erfasste. Stattdessen rissen sie große Löcher in die öffentlichen Haushalte.

Die öffentliche Verschuldung in der Bundesrepublik wuchs allein in den vier Jahren von 1974 bis 1977 um 70 Milliarden DM, fast genauso viel wie in den 25 Jahren davor. Die Bundesregierung sah sich deshalb gezwungen, ein Programm zur »Verbesserung der Haushaltsstruktur« mit Einsparungen im öffentlichen Dienst, im Bildungssektor und bei den Sozialleistungen aufzulegen. Außerdem wurden zum 1. Januar 1976 der Beitrag zur Arbeitslosenversicherung auf 2 Prozent und zum 1. Januar 1977 die Mehrwertsteuer von 11 auf 13 Prozent erhöht. In konjunktureller Hinsicht konterkarierten diese Maßnahmen zur Haushaltssanierung die Wirkung der Investitionsprogramme und Steuersenkungen.

Auch die Unterstützung durch die Bundesbank half nicht, das Problem steigender Arbeitslosigkeit zu lösen. Durch eine permanente Senkung der Diskont- und Lombardsätze konnten sich die Banken immer billiger Zentralbankgeld beschaffen. Angesichts einer derart lockeren Geldpolitik und anhaltender Staatsdefizite hätte normalerweise die Gefahr einer Inflation bestehen müssen. Nicht so Mitte der Siebzigerjahre: Seit 1974 ging die Teuerungsrate von 7 Prozent kontinuierlich auf 2,4 Prozent bis Mitte 1978 zurück.

Die keynesianische Wirtschaftspolitik hatte ihre Grenzen offenbart und die Machbarkeitseuphorie der frühen Siebzigerjahre war verflogen. Die hohe Sockelarbeitslosigkeit war offensichtlich kein konjunkturelles, sondern ein strukturelles Problem.

Das hatte viel damit zu tun, dass in der Industrie viele Arbeitsplätze (von 1970 bis 1983 fast zwei Millionen) abgebaut worden waren, ohne dass in anderen Wirtschaftssektoren in ausreichender Zahl neue Arbeitsplätze geschaffen wurden. Dass die Zahl der Arbeitslosen nicht in gleichem Maße angestiegen war, hatte die rot-gelbe Koalition auf andere Weise gelöst: mit dem Anwerbestopp für ausländische Arbeitskräfte, dem Vorziehen des Rentenalters, der Verlängerung der Ausbildungszeiten und mit der Schaffung von über einer Million Arbeitsplätzen im öffentlichen Dienst, davon fast 400 000 Stellen für Akademiker.

Mitbestimmungsgesetz

Die Ausweitung der betrieblichen Mitbestimmung in den Unternehmen gehörte zu den besonders strittigen Themen innerhalb der sozialliberalen Regierungskoalition. Während SPD und Gewerkschaften die Ausdehnung der paritätischen Mitbestimmung von der Montanindustrie auf die gesamte Wirtschaft forderten, wollten die FDP und die oppositionelle Union die Verfügungsgewalt der Unternehmer nicht weiter einschränken. Nach langem Ringen innerhalb der Bundesregierung wurde schließlich ein politisch mehrheitsfähiger Kompromiss gefunden, der 1976 Gesetz wurde.

Danach waren die Aufsichtsräte von Unternehmen mit mehr als 2000 Beschäftigten künftig zu gleichen Teilen mit Vertretern der Anteilseigner und der Arbeitnehmer zu besetzen. Die Gewerkschaften konnten mindestens zwei Arbeitnehmervertreter entsenden, die übrigen Arbeitnehmersitze verteilten sich auf Arbeiter, Angestellte und leitende Angestellte. In Pattsituationen zählte die Stimme des von der Kapitalseite zu bestellenden Vorsitzenden doppelt. Es gab im Jahr 2008 in der Bundesrepublik Deutschland insgesamt 694 Unternehmen, welche nach Maßgabe des Mitbestimmungsgesetzes einen paritätisch besetzten Aufsichtsrat bilden mussten (Andreas Rödder).

Gewerkschaften und Arbeitgeberverbände waren über diesen Kompromiss gleichermaßen verärgert. Die Gewerkschaften sahen in dem Stichentscheid des Vorsitzenden die Parität verletzt. Die Arbeitgeber ärgerten sich über die Einschränkung ihrer Eigentumsrechte und legten Beschwerde beim Bundesverfassungsgericht ein. Das Urteil erging am 1. März 1977 und erklärte das Gesetz für verfassungskonform.

Die Beschwerde der Arbeitgeber war für die Gewerkschaften der Anlass, ihren Austritt aus der konzertierten Aktion zu erklären. Bereits zuvor hatte sie ihre Mitarbeit aufgekündigt, weil sie sich durch die staatlichen Zielprojektionen bei den Lohnverhandlungen in die Irre geführt sahen. Mit dem endgültigen Austritt der Gewerkschaften aus der konzertierten Aktion hatte sich diese Institution erledigt.

Wirtschaftslokomotive?

Im Vorfeld der Bundestagswahl 1976, bei der Helmut Kohl (CDU) als Kanzlerkandidat der Union Helmut Schmidt (SPD) unterlag, wurden die wachsende Staatsverschuldung, die Arbeitslosigkeit und die Rentenfrage zu zentralen Themen des Wahlkampfes. Die »Globalsteuerung« hatte abgedankt. Auch die »Ostpolitik«, die 1972 noch im Mittelpunkt stand, war an den Rand gerückt. Die CDU führte den Wahlkampf mit der polarisierenden Parole: »Freiheit oder Sozialismus«.

Mit 48,6 Prozent der Stimmen verfehlte die CDU/CSU die absolute Mehrheit nur um wenige hunderttausend Stimmen. Die sozialliberale Koalition besaß mit vier Stimmen die Kanzlermehrheit und wählte Schmidt erneut zum Bundeskanzler. In seiner Regierungserklärung war von großer Reformpolitik nicht mehr die Rede, das neues Motto hieß »vorsichtiger Realismus«. In Wirklichkeit ging es nur noch um Krisenmanagement und pragmatische Sanierung.

Das Krisenmanagement begann wieder mit einem rapiden Kursverfall des Dollar infolge einer starken Verschlechterung der amerikanischen Handels- und Leistungsbilanz. Die USA hatten gewaltige Mengen Öl importiert, die durch entsprechende Exporte in die Ölländer nicht ausgeglichen werden konnten. Zugleich importierten die Amerikaner deutlich mehr europäische und asiatische Konsumgüter.

Nach dem Übergang zu flexiblen Wechselkursen im März 1973 hatte sich durch die Höherbewertung der D-Mark die Wettbewerbssituation für deutsche Außenhändler zunächst nur unwesentlich verschlechtert, weil der Aufwertung der D-Mark ein erheblicher Preisanstieg im Ausland gegenüberstand. Diese Balance wurde jedoch gestört, als der Dollar Anfang 1977 gegenüber der D-Mark weiter an Wert verlor. Einerseits mussten die deutschen Exporteure ihren ausländischen Kunden zum Ausgleich der DM-Aufwertung immer höhere Preiszugeständnisse machen; andererseits konnte die ausländische Konkurrenz in der Bundesrepublik ständig billiger anbieten.

Als dadurch das Geldmengenziel der Bundesbank in Gefahr geriet und die Bank sich mit allen Mitteln gegen den massiven Zustrom ausländischen Geldes zur Wehr setzte, führte das zu einer deutlichen Verschlechterung in den deutsch-amerikanischen Beziehungen. Zum Jahreswechsel 1977/78 forderten die USA immer deutlicher, Deutschland und Japan sollten ihre Volkswirtschaften mit einer expansiven Geldpolitik und staatlichen Konjunkturprogrammen unter Dampf setzen, damit die Weltkonjunktur wieder Fahrt aufnehmen konnte.

Hinter dieser Forderung stand die Überlegung, dass die führenden Wirtschaftsländer durch eine expansive Wirtschaftspolitik einen wirtschaftlichen Aufschwung einleiten sollten, der auch die Weltwirtschaft aus der Rezession herausführte. Ausgangspunkt dieses Ansinnens war die keynesianische Annahme, dass ein steigendes Volkseinkommen zu steigenden Importen führt und auf diese Weise expansive Impulse von einem Land auf das andere übertragen werden. Darauf beruhte die Idee der auf dem Weltwirtschaftsgipfel 1978 diskutierten »Lokomotivtheorie«, wonach die großen Wirtschaftsmächte USA, Japan und die Bundesrepublik mit einer expansiven Geld- und Finanzpolitik die Aufgabe einer »Lokomotive vor dem internationalen Konjunkturzug« übernehmen sollten.

Damit begann der Streit um die Aufgaben einer »Wirtschaftslokomotive«. Tokio akzeptierte die Forderung Washingtons und versprach für 1978 ein Wirtschaftswachstum von 7 Prozent. Denn Regierung und Konzerne in Japan fürchteten amerikanische Handelsbeschränkungen, die erheblich teurer gekommen wären.

Nicht so die Bundesregierung, die sich gegen die amerikanische Forderung nach weiteren Konjunkturprogrammen zur Wehr setzte. Sie verteidigte sich mit dem Hinweis, dass Deutschland der größte Importeur von Dienstleistungen war und nach den Vereinigten Staaten der zweitgrößte Markt für Importgüter überhaupt. Bei der Einfuhr je Einwohner lag die Bundesrepublik 1977 mit 1660 Dollar sogar weit vor den USA, die es nur auf 730 Dollar brachten.

Bundeskanzler Schmidt ging sogar zur Gegenoffensive über und verlangte von den USA Maßnahmen zur Energieeinsparung und zur Verringerung des Ölimports, um das hohe Handelsbilanzdefizit abzubauen. Denn das sei die eigentliche Ursache des Dollarverfalls und der internationalen Destabilisierung. Damit fand er Unterstützung durch die Bundesbank, die immer wieder vor »deficit spending« und weiteren Staatsschulden warnte.

Als sich der deutsch-amerikanische Disput auch auf andere Politikfelder ausweitete und das Verhältnis zwischen Präsident Carter und Schmidt unfreundlich wurde, lenkte die deutsche Seite ein: Die Bundesregierung intensivierte die währungspolitische Zusammenarbeit innerhalb der Europäischen Gemeinschaft, die Bundesbank und die Federal Reserve verständigten sich über gemeinsame Stützungsaktionen für den Dollar.

Außerdem ließ sich Schmidt auf dem Weltwirtschaftsgipfel, der in Bonn stattfand, zu einem weiteren Konjunkturprogramm überreden. Er versprach »zusätzliche, quantitativ substanzielle Maßnahmen um bis zu einem Prozent des Bruttosozialprodukts«, um damit »eine erhebliche Stärkung der Nachfrage und eine höhere Wachstumsrate zu erreichen«. Jetzt also doch wieder eine expansive Finanzpolitik. Die amerikanische Seite versprach dafür, sich bei der Öleinfuhr zurückzuhalten (Weimer).

Erst 1979, als Paul Volcker Präsident der US-Notenbank wurde, konnte die Lokomotivtheorie beerdigt werden. Volcker hob die Zinsen bis zu 20 Prozent an, wodurch die Inflation in den USA innerhalb von zwei Jahren fast verschwand.

Europäisches Währungssystem (EWS)

Angesichts solcher Erfahrungen mit den USA reifte im Bundeskanzleramt und im Pariser Elysée-Palast der Entschluss, »eine europäische Politik der Abkoppelung von den Dollarkapriolen« zu starten. Unter der ständigen Aufwertung der D-Mark begann die deutsche Wirtschaft zusehends zu leiden. Die Exporte verteuerten sich, sodass die Wettbewerbsfähigkeit schwand. Gleichzeitig wurden die Importgüter immer billiger, worunter die inländische Konjunktur litt.

Das wollten Bundeskanzler Schmidt und der französische Staatspräsident Valéry Giscard d'Estaing ändern, als sie sich 1978 daranmachten, für Europa ein neues Währungssystem zu schaffen. Dabei ging es nicht darum, die Währungsbeziehungen dem freien Markt zu überlassen. Ziel war vielmehr, die frei schwebenden Wechselkurse durch ein System fester Wechselkurse zu ersetzen.

Zu solchen Absichten offerierten Bundeskanzler Schmidt und der französische Staatspräsident Giscad d'Estaing auf dem EWG-Treffen im Juli 1978 gemeinsam ein neues »Europäisches Währungssystem (EWS)«.

Das System sah feste Wechselkurse zwischen den europäischen Währungen vor, wobei die schon existierende, aber in Auflösung befindliche europäische »Währungsschlange« als Grundmodell dienen sollte. Neu war die Bildung eines Stabilitätsfonds, auf den 20 Prozent der Währungsreserven der Mitgliedsländer und derselbe Betrag in Landeswährungen übertragen werden sollten.

Mit dem EWS sollten die innereuropäischen Wechselkursschwankungen begrenzt und die Position der europäischen Währungen gegenüber dem US-Dollar gestärkt werden. Dazu wurde vereinbart, dass alle EWG-Länder, die dem EWS beitraten, untereinander nur noch Kursschwankungen innerhalb einer Bandbreite von ± 2,25 Prozent zulassen durften. Gegenüber dem Dollar sollten sie ihre Währungen jedoch frei schwanken (floaten) lassen.

Während der 1980er-Jahre traten nach und nach alle Mitgliedstaaten der EWG diesem Wechselkursmechanismus bei und begrenzten damit die Kursschwankungen untereinander. Die Deutsche Mark wurde Leitwährung und die Bundesbank bestimmte damit die Währungspolitik des europäischen Währungsraumes.

Mit dem Übergang zum Floaten gegenüber dem Dollar war dem unkontrollierten Zufluss von Auslandsgeld ein Riegel vorgeschoben und der Bundesbank wieder die Möglichkeit zu einer autonomen Geldpolitik gegeben worden. Sie ging auch sogleich wieder auf starken Restriktionskurs, um der laufenden Geldentwertung Einhalt zu gebieten. In Verbindung mit einer starken Aufwertung der D-Mark bewirkte diese Politik den allmählichen Rückgang der Inflationsrate auf nur noch 2,7 Prozent im Jahr 1978.

Zugleich entstand mit der Europäischen Währungseinheit (Ecu) ein gemeinsamer Nenner für die Bestimmung der Paritäten zwischen den Mitgliedsländern. Die europäischen Notenbanken verpflichteten sich, durch Stützungskäufe schwacher Währungen dafür zu sorgen, dass die Marktkurse innerhalb der Schwankungsbreiten verblieben. Zeigte sich, dass die Wechselkurse trotz Stützungskäufen der Notenbanken nicht zu stabilisieren waren, sollten neue Leitkurse festgelegt werden.

Helmut Schmidt verband mit dem EWS mehrere Ziele: Erstens sollten die Wechselkurse so stabil wie möglich gehalten werden. Zweitens wollte er die europäische Wirtschaftsintegration fördern. Und drittens sollte der Ecu zum Nukleus einer europäischen Währung werden. Die verfolgten Ziele wurden aber nur in Ansätzen erreicht: Großbritannien spielte nicht mit. Italien konnte nur mit Sonderkonditionen im Währungsverbund gehalten werden. Schnell kam es auch zu einer Serie von Wechselkursanpassungen, weil weder die Wirtschaftspolitik noch die Währungspolitik der EWG-Mitglieder konvergierten.

Doch mittelfristig entfaltete das EWS für die europäischen Weichwährungsländer eine erzieherische Wirkung: Die Wechselkursschwankungen in Europa nahmen deutlich ab und es begann eine wirtschaftliche Konvergenz, die man bisher nicht gekannt hatte. Helmut Schmidt selbst bezeichnete das EWS rückblickend als seinen größten Erfolg auf dem Gebiet der Wirtschaftspolitik: *»Ich war derjenige, der geholfen hat, die ökonomische Führung der westlichen Welt wieder in feste Hände zu nehmen.«*

Die Grünen

In den 1970er-Jahren entstanden in der Bundesrepublik »neue soziale Bewegungen«, die sich um die Themen Umwelt, Frieden und Frauenrechte kümmerten. Wie die Studentenbewegung veranstalteten sie Demonstrationen, Blockaden und Hausbesetzungen, um auf ihre Anliegen aufmerksam zu machen. Im Unterschied zu den Studenten konnten sie aber einen weitaus größeren Teil der deutschen Bevölkerung mobilisieren.

Die »Bürgerinitiativen« waren anfangs locker organisiert, handelten laienhaft und beschäftigten sich mit kommunalen Themen. Doch im Lauf der Jahre nahmen ihr Organisationsgrad und auch die Professionalität ihrer Akteure zu. Gleichzeitig vernetzten sie sich immer stärker, sodass sie auch auf regionaler oder nationaler Ebene agieren konnten. In der Öffentlichkeit wurden sie vor allem durch Großdemonstrationen gegen geplante Kernkraftwerke (Wyhl 1975, Brokdorf 1976 und Grohnde 1977) bekannt. Am Bohrloch des geplanten Endlagers in Gorleben riefen Demonstranten 1980 sogar die »Republik freies Wendland« aus. Parallel und im engen Schulterschluss zu solchen Initiativen bildeten sich in der Bundesrepublik »alternative Bewegungen«, die der modernen Industriegesellschaft skeptisch bis ablehnend gegenüberstanden und eigene – eben alternative – Formen gesellschaftlichen und wirtschaftlichen Lebens entwickelten. Ihre Kritik richtete sich gegen die allgemeinen Produktionsverhältnisse, womit die großen Unternehmen und Organisationen gemeint waren, die den Einzelnen angeblich manipulieren und die natürlichen Lebensgrundlagen zerstören (Andreas Rödder).

Diese Bewegung erhielt starken Aufwind von dem im Jahr 1972 veröffentlichten Bericht des »Club of Rome«, der unter dem Titel *Die Grenzen des Wachstums* veröffentlicht wurde und weltweit für Aufsehen sorgte. Seine Verfasser, Dennis Meadows und Wissenschaftler des Massachusetts Institute of Technology (MIT), setzten sich darin kritisch mit dem wirtschaftlichen Wachstum und seinen Wirkungen auf die natürliche Umwelt des Menschen auseinander. Der Bericht wurde ein Bestseller, dem es gelang, den Konflikt zwischen ökonomischer Expansion und ökologischer Zerstörung zu einem öffentlichen und politischen Thema zu machen. Die Politik gegen den Klimawandel und die Umweltzerstörung wurde durch den Bericht entscheidend beeinflusst (Ulrich Herbert).

Gegen Ende der 1970er-Jahre wuchs in den Bürgerinitiativen und Umweltgruppen die Erkenntnis, dass man eine politische Partei benötige, um an den bestehenden Zuständen im Sinne des »Club of Rome« etwas zu verändern. Den Anfang machte Niedersachsen 1977 mit der Gründung einer »Grünen Liste Umweltschutz« (GLU), die an der niedersächsischen Landtagswahl 1978 teilnahm, aber mit einem Stimmenanteil von 3,7 Prozent an der Fünf-Prozent-Hürde scheiterte. Trotzdem war die Wahl für die neue Partei ein Erfolg, weil ihr aus der Staatskasse Wahlkampfkosten in Höhe von 715 000 DM erstattet wurden.

Nach dem Beispiel Niedersachsen organisierten sich daraufhin überall in der Bundesrepublik die Umwelt- und Friedensaktivisten in »grünen«, »bunten« oder »alternativen« Listen und Vereinigungen. Sie alle verfolgten das gemeinsame Ziel, ihre ökologischen Anliegen in die Parlamente zu bringen. Um die Wahlchancen zu verbessern, wurde 1979 die »Sonstige politische Vereinigung (SPV)/Die Grünen« gegründet, die sich mit prominenten Personen an der Europawahl beteiligte.

Sie scheiterte ebenfalls an der Fünf-Prozent-Marke, dafür flossen aber 4,5 Millionen DM als Wahlkampfkostenerstattung in die Kassen dieser Vereinigung. Eine Sachverständigenkommission schrieb dazu später: »Die Entstehungsgeschichte der Partei ›Die Grünen‹ stellt somit einen in der Geschichte der Bundesrepublik einzigartigen Fall staatlich subventionierter Parteigründung dar.«

Die Partei »Die Grünen« wurde am 12. Januar 1980 aus der Taufe gehoben. Der Zeitpunkt war gut gewählt, weil die Themen der Friedens- und Umweltbewegung im Vorfeld der Bundestagswahl intensiv diskutiert wurden und die neue Partei bekannt machten. Als die rot-gelbe Regierungskoalition zerbrach und der Bundestag am 6. März 1983 neu gewählt wurde, erhielten die Grünen überraschend 5,6 Prozent der Stimmen. Mit den programmatischen Grundsätzen »ökologisch–sozial–basisdemokratisch–gewaltfrei« zogen die grünen Abgeordneten daraufhin in den Deutschen Bundestag ein.

Den Grünen gelang es bald, die Erhaltung der natürlichen Lebensgrundlagen zu einem zentralen Thema der politischen Auseinandersetzung zu machen und die bis dahin allgemein akzeptierte These von der Notwendigkeit stetigen Wirtschaftswachstums infrage zu stellen. Aus pazifistischen Gründen lehnten sie Militärblöcke ab und plädierten für den Austritt der Bundesrepublik aus der NATO. Die »Fundis« unter den Grünen wollten anfangs sogar das politische System der Bundesrepublik radikal verändern und lehnten eine Mitwirkung der Partei an der politischen Willensbildung ab. Die »Realos« wollten jedoch über die Mitwirkung in den Parlamenten und der Regierung ein Maximum grüner Programmatik umsetzen.

Neue Unübersichtlichkeit

Die letzten Jahre der sozialliberalen Koalition beschreibt Wolfram Weimer als eine Zeit der Unübersichtlichkeit: »Die Wirtschaft taumelte unsicher zwischen Wachstums- und Schwächephasen hin und her, die Weltpolitik schwankte zwischen Entspannungssignalen und Kalter Kriegs-Stimmung, die Bonner Politik bewegte sich zwischen liberalen und etatistischen Konzepten. Inflations- und Stabilitätszeiten überlappten sich, das Währungssystem schien auf dem Weg in die völlige Liberalität. Dann wieder formierten sich feste Währungsgruppen wie das EWS, Interventionsbündnisse und Absprachen der Notenbanken. Kaum gingen die Rohstoffpreise auf Stabilisierungskurs, kam plötzlich ein neuer Teuerungsschub. … Die Zeit der großen, klaren Ziele war insgesamt vorbei. Allenthalben begnügte man sich damit, das nächstliegende Problem zu bewältigen; die Politik der kleinen Schritte löste strategisches Denken ab, Machbarkeit avancierte zum Modebegriff.«

Symptomatisch für die Wirtschaftspolitik der sozialliberalen Koalition waren vor allem sich widersprechende Maßnahmen: So beschloss die Bundesregierung im August 1975 ein stimulierendes Ausgabenprogramm zur Förderung der Bauwirtschaft. Einen Monat später verabschiedete das Parlament dann ein Gesetz zur Verbesserung der Haushaltsstruktur mit einem umfassenden Katalog von dämpfenden Sparmaßnahmen.

Nach gleichem Muster handelte die Bundesregierung in den Jahren 1977/78. Zunächst beschloss sie ein Konjunkturpaket über insgesamt 10 Milliarden DM, um die wirtschaftliche Nachfrage zu beleben. Dann kürzte sie zur Sanierung der Rentenversicherung mit dem Rentenanpassungsgesetz die Renten, was konjunkturell dämpfend wirkte. Bundesfinanzminister Matthöfer verspottete diese widersprüchliche Strategie als Politik des »Ankurbelns und Sparens«.

Besonders problematisch war das Gegeneinander von Geld- und Fiskalpolitik. Als die Inflationssignale zur Jahreswende 1978/79 immer deutlicher wurden, plante die Bundesbank eine Verschärfung ihres geldpolitischen Kurses und erklärte, sie werde ein Überschreiten des Geldmengenziels nicht tolerieren. Darüber war das Kanzleramt mehr als verärgert, weil man den wirtschaftlichen Erholungskurs mit einer expansiven Finanzpolitik weiter vorantreiben wollte. Um die Bundesbank von ihren Plänen abzubringen, wurde Staatssekretär Manfred Lahnstein nach Frankfurt geschickt, um den Zentralbankrat umzustimmen. Vergebens. Auf ihre Unabhängigkeit bedacht, antwortete die Bundesbank auf diesen Besuch mit einer Anhebung des Lombard- und Mindestreservesatzes.

Damit begann eine Phase wachsender Differenzen zwischen der Bundesregierung und der Bundesbank. Während die Bundesbank ihren Restriktionskurs verteidigte, setzte die Bundesregierung mit Blick auf die Bundestagswahlen 1980 alles daran, den Wirtschaftsaufschwung mit einer expansiven Finanzpolitik herbeizuführen. Den Bundeshaushalt 1979 beschloss sie mit einer Nettokreditaufnahme von 31,2 Milliarden DM.

Damit verschuldete sich die sozialliberale Koalition in einem bis dahin für undenkbar gehaltenen Ausmaß weiter. In den acht Jahren seiner Kanzlerschaft trieb Schmidt die Verschuldung des Bundes mit einer durchschnittlichen Zuwachsrate von 21 Prozent pro Jahr weiter nach oben. Im Jahr 1975 schaffte er es sogar, den Schuldenstand um mehr als 50 Prozent zu erhöhen. Als Schmidt 1982 abgelöst wurde, hatte sich der Schuldenstand in seiner Amtszeit fast verdreifacht.

Zweite Ölpreiskrise

Zunächst erfüllte die schuldenfinanzierte Expansion des Haushalts die Erwartungen der Bundesregierung. Die Freigebigkeit der öffentlichen Hand sorgte für eine lebhafte Nachfrage und das Personal wurde allenthalben weiter aufgestockt. So wuchs das Bruttosozialprodukt 1979/1980 um 4,5 Prozent bei leicht abnehmender Arbeitslosigkeit. Doch die Bundesbank warnte: »*Die Bilanz der Wirtschaftsentwicklung im Jahr 1979 weist negative Aspekte auf. Weniger als in den vorangegangenen Jahren konnte sich die Bundesrepublik dem Sog der sich wieder beschleunigenden Weltinflation entziehen.*«

Gemeint war damit die zweite Ölpreiskrise 1979/1980, die im Wesentlichen durch den Angriff des Iraks auf den Iran (Erster Golfkrieg) und durch Ausfälle bei der Ölförderung ausgelöst wurde. Der Ölpreis stieg bis zu 38 US-Dollar pro Barrel an und die deutsche Wirtschaft taumelte erneut in eine tiefe Rezession. Die Arbeitslosenquote kletterte sprunghaft auf 5,9 Prozent. Es gab mehr als 1,3 Millionen Arbeitslose und bis 1982 stieg die Zahl der Arbeitslosen auf 2 Millionen an. Erst Ende der 1980er-Jahre fiel der Ölpreis wieder auf unter 20 US-Dollar pro Barrel.

Ausgelöst durch die Preiserhöhungen für Erdöl, verdoppelte sich von 1978 bis 1980 die Inflationsrate von 2,7 auf 5,4 Prozent. Erstmals seit vielen Jahren zeigte sich auch in der außenwirtschaftlichen Leistungsbilanz ein Defizit. In den Jahren von 1979 bis 1981 reichte der deutsche Exportüberschuss nicht mehr aus, um die Importe, die Überweisungen der Gastarbeiter und die Ausgaben deutscher Touristen im Ausland zu decken.

Als darunter der Ruf der D-Mark zu leiden begann, schrillten bei der Bundesbank die Alarmglocken. Sie befand sich jedoch in einer verzwickten Lage: Die zweite Ölpreiskrise hatte einen Inflationsschub ausgelöst, auf den sie just dann mit einer weiteren Straffung der Geldpolitik reagieren musste, als die Konjunktur einen Schwächeanfall erlitt.

Doch die Bundesregierung machte sich weniger Sorgen um die Währungsstabilität als um die schwache Konjunktur und blieb bei ihrer expansiven Finanzpolitik. Den Haushaltsplan für 1981 verabschiedete sie mit einem Rekordvolumen von 231 Milliarden DM und einem Finanzierungsdefizit von 34 Milliarden DM. Demgegenüber hielt die Bundesbank das Geldangebot zur Erhaltung der Währungsstabilität und der Inflationsbekämpfung knapp. Damit war aus dem Problem ein offener Konflikt zwischen Regierung und Bundesbank geworden.

Helmut Schmidt machte aus seiner Enttäuschung über die Bundesbank keinen Hehl und warf ihr vor, sie nutze ihren Spielraum für Zinssenkungen zum Schaden von Wachstum und Beschäftigung nicht aus. Die Bundesbank hatte jedoch keine andere Wahl: Angesichts der sinkenden Attraktivität der D-Mark im Ausland und der Gefahren für die Währungsstabilität im Inneren gab es für sie aufgrund ihres gesetzlichen Auftrages nur die Möglichkeit, das Geld knapp zu halten.

Während Karl Otto Pöhl als neuer Präsident der Bundesbank mit seiner strikten Geldpolitik viel Anerkennung erfuhr, hatte der Ruf von Helmut Schmidt als erfolgreicher Krisenmanager deutlich gelitten. Die keynesianische Strategie, mit stark steigenden Staatsausgaben die Konjunktur anzukurbeln, erwies sich als teures Strohfeuer. So sah es plötzlich auch der frühere Wirtschaftsminister Karl Schiller, der in den letzten Jahren der Schmidt-Ära »einen eindeutigen Missbrauch der Methoden der Nachfragesteuerung durch staatliche Ausgabenexpansion« erkannte.

Der Fehler von Helmut Schmidt bestand darin, dass er die ökonomischen Besonderheiten des Ölschocks nicht erkannte, denen mit einer expansiven Nachfragepolitik à la Keynes nicht beizukommen war. In der Krise reagierten die Unternehmen auf die massive Erhöhung der Ölpreise mit geringerer Produktion und weniger Investitionen, weil die Produktionskosten stiegen. Die Arbeitslosigkeit wuchs also nicht wegen rückläufiger Kundennachfrage, wie in der Theorie von Keynes unterstellt wird, sondern infolge der Zurückhaltung der Unternehmen bei der Produktion und den Investitionen.

Auch der in der Ölpreiskrise zu beobachtende Inflationsprozess beruhte nicht – wie Keynes unterstellt – auf einer höheren Nachfrage, sondern auf höheren Gestehungskosten und dem verringerten Güterangebot, dem eine konstante Nachfrage gegenüberstand, sodass sich die Preise erhöhten. Außerdem setzten die Gewerkschaften mit höheren Lohnforderungen die Lohn-Preis-Spirale in Gang. Die Ursachen für die Stagnation und Inflation lagen also nicht auf der Nachfrage- sondern auf der Angebotsseite der Wirtschaft.

Unter solchen Bedingungen ließ sich weder mit einer expansiven Fiskalpolitik, wie Schmidt sie betrieb, noch mit einer lockeren Geldpolitik der Notenbank ein Wirtschaftsaufschwung herbeiführen, der die Arbeitslosigkeit eindämmte. Im Gegenteil feuerte eine solche Politik die Inflation nur noch weiter an, wie die Bundesbank richtig erkannte.

Im Ergebnis führte Schmidt die Wirtschaft mit seiner expansiven Fiskalpolitik in einen Zustand, bei dem Stagnation, Inflation und Arbeitslosigkeit gleichzeitig auftraten und für den sich der Begriff Stagflation eingebürgert hat.

Die Debatte über die Ölpreiskrise geriet darüber hinaus zu einer kritischen Abrechnung mit der gesamten sozialliberalen Ära. Als sie begann, herrschte in Deutschland Vollbeschäftigung; als sie endete, waren mehr als 2 Millionen Menschen arbeitslos. Eine schlechte Bilanz präsentierte die sozialliberale Koalition auch in Sachen Geldwertstabilität: von 1950 bis 1959 betrug die jährliche Inflationsrate im Durchschnitt 1,1 Prozent, von 1960 bis 1969 dann 2,4 Prozent und in den Siebzigerjahren schnellte sie auf 4,9 Prozent.

In der sozialliberalen Ära stieg die Staatsquote von 39 auf fast 50 Prozent. Gleichzeitig ging der Anteil der öffentlichen Investitionen an den Staatsausgaben von 12 Prozent auf 7,5 Prozent zurück. Dagegen erhöhten sich die Steuerquote von 22,7 auf 24,5 Prozent, die Abgabenquote von 33,6 Prozent auf 38,4 Prozent.

Selbst Medien, die der sozialliberalen Regierung wohlgesinnt waren, sprachen plötzlich von einer »Bilanz der Krisen«.

Scheitern der Globalsteuerung

Am Ende der sozialliberalen Ära war auch die mit dem Stabilitäts- und Wachstumsgesetz (StabWG) institutionalisierte Globalsteuerung gescheitert. Das lag nicht an dem fehlenden Bemühen der Politik und Beamten, sondern an den inneren Widersprüchen des Konzepts und den Eigeninteressen der beteiligten Institutionen (Richard Tilly).

Der staatlichen Globalplanung erging es insoweit nicht anders als der konzertierten Aktion. Zunächst trieb Karl Schiller in der Mini-Konjunkturkrise 1967 mit zwei Konjunkturpaketen das Ausgabenwachstum kräftig an. Dann startete die sozialliberale Bundesregierung 1969 unter dem Motto »Mehr Demokratie wagen« ein Reformprogramm, mit dem die sozialen und konsumtiven Staatsausgaben massiv ausgeweitet wurden. Als dann auch noch die Gewerkschaften Lohnforderungen stellten, die deutlich über dem Produktionsfortschritt lagen, verloren die Zielprojektionen der Regierung immer mehr den Bezug zur Realität und damit an Überzeugungskraft.

Nach dem Rücktritt von Alex Möller als Finanzminister im Mai 1971 aus Protest gegen die Ausgabenpolitik seiner Regierung übernahm Karl Schiller für kurze Zeit auch dieses Amt. Aber an der expansiven Ausgabenpolitik seiner Ministerkollegen und den überzogenen Lohnforderungen der Gewerkschaften änderte sich nichts, obgleich Schiller mahnte: »Genossen, lasst die Tassen im Schrank!« Schon nach gut einem Jahr, im Juli 1972, trat auch er zurück. Schiller war mit seinem Versuch gescheitert, »die traditionelle Politik überflüssig zu machen und sie durch die Herrschaft der Wissenschaftler zu ersetzen« (*FAZ* vom 24. 04. 2011).

In seinem Rücktrittsbrief warf Karl Schiller Bundeskanzler Brandt vor, ihn nicht ausreichend unterstützt zu haben. Den Kollegen im Kabinett machte er den Vorwurf, dass sie ihre Einzelinteressen nicht gegenüber einer gemeinsamen Strategie zurückstellen wollten. Diese ständigen Konflikte seien für ihn nicht mehr tragbar: »Es gibt auch für mich Grenzen – diese sind gegeben, wenn ich der auf meinem Amt beruhenden Verantwortung diesem Staat und seinen Bürgern gegenüber nicht mehr gerecht werden kann, weil ich nicht unterstützt bzw. sogar daran gehindert werde.«

Mit dem Ausscheiden von Karl Schiller aus der Politik endeten aber nicht die Versuche der sozialliberalen Koalition, die Konjunktur mithilfe von kreditfinanzierten Konjunkturprogrammen anzufeuern. Selbst bei den zwei Ölpreiskrisen versuchte Helmut Schmidt, die damit verbundenen Produktionsrückgänge und Arbeitsplatzverluste mit expansiven Konjunkturprogrammen zu bekämpfen. Vergebens: An der wirtschaftlichen Rezession und der wachsenden Arbeitslosigkeit änderten diese Programme nichts. Es stiegen nur die Preise.

Karl Schiller zog daraus für sich die Lehre: »*Expansive Nachfragepolitik war unter den Bedingungen von Angebotsschocks – wie der Ölverknappung – und tiefgreifenden Strukturwandlungen in der Tat nicht angemessen. Mit anderen Worten: Durch Abusus unter nicht-keynesianischen Bedingungen geriet sie in Misskredit. Wir haben daher heute mit der Nachfragepolitik – im Guten wie im Schlechten – einen genügend großen Erfahrungsschatz gewonnen, um ihre Grenzen zu definieren.*«

Ende der 70er-Jahre endete auch der starke Einfluss, den John Maynard Keynes auf die Wirtschaftspolitik ausgeübte hatte. Eine neue Generation von Volkswirten stellte fest, dass die von ihm verkündete Lehre entscheidende Schwächen aufwies. In seinem mechanistischen Denken hatte er nicht gesehen, dass die Wirkung staatlicher Interventionen vor allem von den »Erwartungen« abhängt, die Menschen damit verbinden. So lösen beispielsweise schuldenfinanzierte Staatsausgaben die Erwartung höherer Steuern aus, was die Haushalte veranlasst, mehr zu sparen und weniger privat auszugeben. Damit verpufft aber die Wirkung, die Konjunkturpolitiker mit höheren Staatsausgaben verbinden.

Des Weiteren hatte das antizyklische Timing der Globalsteuerung nicht funktioniert, so wie Hayek vorausgesagt hatte. Der Regierung gelang es nicht, die Impulse zeitgerecht zu setzen: Oft stärkte sie mit ihrer expansiven Fiskalpolitik nicht die Nachfrage im Abschwung, sondern sie überhitzte den Aufschwung. Es zeigte sich auch, dass Regierungen im politischen Wahlzyklus nicht bereit waren, im Aufschwung fiskalisch zu bremsen, um Rücklagen für den Abschwung zu bilden. So hatte die Globalsteuerung vor allem den dauerhaften Anstieg der Staatsverschuldung zur Folge.

Hans-Werner Sinn erkannte das schon in den 90er-Jahren: *»Es gab früher einmal Keynesianer, die sind ausgestorben und ansonsten sind jetzt praktisch alle Ökonomen Neoklassiker. Was nicht bedeutet, dass es auf politischer Ebene dann nicht doch Reflexe auf früher einmal existierende Schulen gibt.«*

Abkehr von der Ordnungspolitik

Der Rücktritt von Ludwig Erhard bedeutete das Ende einer Wirtschaftspolitik, die sich primär an ordnungspolitischen Grundsätzen orientierte und deren Leitbild die Soziale Marktwirtschaft war. Mit Karl Schiller wurde ein Ökonom Wirtschaftsminister, der mithilfe der Lehren von Keynes die Wirtschaftsabläufe steuern wollte. Die Unterschiede waren frappant.

Erhard leitete seine wirtschaftspolitischen Ziele aus übergeordneten Leitideen ab, die eine verbindliche Begründung besaßen, aber flexibel gehandhabt werden konnten. Demgegenüber bestand die Schiller'sche Globalsteuerung aus quantitativen Zielen, die mit dem im StabWG festgelegten Instrumentarium umgesetzt werden sollten. Nicht alle Ziele waren kompatibel, sodass Prioritäten gebildet werden mussten, wie es z. B. Helmut Schmidt machte: *»Fünf Prozent Inflation sind besser als fünf Prozent Arbeitslosigkeit.«*

Erhard wollte Wirtschaftsfreiheit garantieren. Deshalb waren ihm autonome und verantwortungsbewusste Entscheidungen der Unternehmer und Konsumenten wichtig; dafür sollten die Märkte offen und der Geldwert stabil sein. Karl Schiller wollte stattdessen mit den Mitteln der Globalsteuerung die Ziele des »magischen Vierecks« erreichen. Solche lenkenden Eingriffe lehnte Ludwig Erhard als Ordnungspolitiker ab.

Ein politisches Wachstumsziel werde nur zu einem »neuen Interventionismus« führen, prophezeite er. Der Staat werde zunehmend intervenieren, dirigieren und regulieren und es werde nicht bei der Globalsteuerung bleiben, sondern am Ende »*wird die Obrigkeit entscheiden, ob dieser oder jener Industriezweig preisgegeben werden muss, weil für ihn in der Enge kein Raum mehr ist. Bei anderen Unternehmen wird man sagen, dass sie lebensfähig erhalten werden müssen, sei es durch steuerliche Vergünstigungen, sei es durch Abschreibungsvorteile dieser und jener Art. Genau an dieser Stelle setzt mehr oder minder die Willkür ein.*« Genauso ist es gekommen!

Für Erhard war außerdem wichtig, dass die politische Verantwortung des Staates nicht von Interessengruppen und ihren Forderungen untergraben wird. Deshalb lehnte er die Institution einer »konzertierten Aktion« ab. Für Schiller war diese Institution aber das Instrument, um das Verhalten der Gebietskörperschaften, Gewerkschaften und Unternehmensverbände mit den Zielen der Globalsteuerung in Übereinstimmung zu bringen. Deshalb konnte er darauf nicht verzichten.

Kapitel 11

Kohl-Ära

»Wende« in Bonn

Die Bundestagswahl 1980, bei der Franz Josef Strauß (CSU) gegen Helmut Schmidt (SPD) als Kanzlerkandidat antrat, ging für die CDU/CSU verloren und sie ermöglichte dadurch die Fortsetzung der sozialliberalen Koalition. In der FDP-Führung, vor allem bei dem Parteivorsitzenden Dietrich Genscher, begann sich aber die Auffassung durchzusetzen, dass die nächste Bundestagswahl nicht mehr mit der SPD zu gewinnen sei und der Niedergang der SPD für die FDP existenzbedrohend sein könnte. Seit Langem mit dem CDU-Vorsitzenden Helmut Kohl (CDU) freundschaftlich verbunden, bereitete Genscher deshalb allmählich den Koalitionswechsel vor.

In der sozialliberalen Koalition gab es schon deutliche Risse, insbesondere bei der Bekämpfung der Wirtschafts- und Beschäftigungskrise. Mit dem Rückhalt des Sachverständigenrates, der Öffentlichkeit und der Opposition verlangten die wirtschaftsliberalen Abgeordneten in der FDP-Fraktion eine Begrenzung der staatlichen Kreditaufnahme und massive Einschnitte bei den Sozialausgaben. Die Ursachen der Krise sahen sie in der »Erweiterung des Staatskorridors« in den Siebzigerjahren: Die steigenden Defizite, Steuern und Schulden hätten die Kräfte des Marktes gelähmt, das Wachstum verlangsamt und zu hoher Arbeitslosigkeit geführt.

Bei den Beratungen des Bundeshaushalts für 1983 kam es dann zum Bruch der sozialliberalen Koalition. Beschleunigt wurde er durch ein Thesenpapier des FDP-Wirtschaftsministers Otto Graf Lambsdorff, in dem dieser abweichend von dem bisherigen Koalitionskurs grundlegende Änderungen der Wirtschafts-, Sozial- und Fiskalpolitik forderte. *Die Zeit* veröffentlichte das Papier am 10. September unter dem Titel »Ein Manifest der Sezession«. Als Bundeskanzler Schmidt zu erkennen gab, dass er an die Entlassung des Wirtschaftsministers denke, traten alle vier FDP-Minister am 17. September 1982 von ihren Ämtern zurück.

In der FDP und in der Bundestagsfraktion der FDP kam es daraufhin zu schweren Auseinandersetzungen zwischen den Sozialliberalen, die an der Koalition mit der SPD festhalten wollten, und den Wirtschaftsliberalen, die ein Bündnis mit der CDU/CSU anstrebten. Letztlich setzte sich Genscher mit seiner Linie durch und nach kurzen Verhandlungen wurde mit der CDU/CSU ein Koalitionsvertrag abgeschlossen. Anschließend wurde Helmut Kohl mit einem konstruktiven Misstrauensvotum am 1. Oktober 1982 zum neuen Bundeskanzler gewählt.

Der Regierungswechsel bedeutete wiederum eine grundlegende Wende in der deutschen Wirtschaftspolitik. Das im Wirtschaftsministerium erarbeitete »Konzept für eine Politik zur Überwindung der Wachstumsschwäche und zur Bekämpfung der Arbeitslosigkeit« von Graf Lambsdorff – das als »Scheidungsbrief« in die Geschichte eingegangen ist – stand stellvertretend für die wirtschaftspolitische Umorientierung von der keynesianischen Nachfragesteuerung zur »liberalen Angebotspolitik«, die während der 70er-Jahre eingesetzt hatte.

In seiner Regierungserklärung vom 13. Oktober 1982 sprach Kohl von einem »historischen Neuanfang« und stellte insbesondere die Wirtschaftspolitik unter eine neue wirtschaftspolitische Devise: »*Weg von mehr Staat, hin zu mehr Markt; weg von kollektiven Lasten, hin zu persönlicher Leistung; weg von verkrusteten Strukturen, hin zu mehr Beweglichkeit, Eigeninitiative und verstärkter Wettbewerbsfähigkeit.*« Kohl kündigte an, den bewährten Prinzipien der Sozialen Marktwirtschaft wieder Geltung verschaffen und an die Erfolge der Gründerjahre anknüpfen zu wollen.

Bei den folgenden und regulären Bundestagswahlen am 6. März 1983 wurde der Kurs der neuen Bundesregierung mit klaren Mehrheiten bestätigt: Die CDU/CSU führte mit 48,8 Prozent der Stimmen, die FDP erhielt 6,9 Prozent, und die SPD fiel auf 38,2 Prozent zurück. Am Tag nach der Wahl erreichten die deutschen Wertpapierbörsen Umsatzrekorde.

Als Helmut Kohl (CDU) am 1. Oktober 1982 Bundeskanzler wurde, übernahm er von der Vorgängerregierung 1,7 Millionen Arbeitslose (7,2 %), ein Sozialbudget in Höhe von 30,7 Prozent des BIP und ein öffentliches Finanzierungsdefizit von 53 Milliarden DM. Außerdem waren das Wirtschaftswachstum um etwa 1 Prozent gesunken und die Inflationsrate auf über 5 Prozent gestiegen.

Es waren die Auswirkungen der zweiten Ölpreiskrise, die den Beginn der Amtszeit von Kohl prägten. Wie die Kohl-Regierung auf dieses Erbe reagieren wollte, ergibt sich aus ihrem Jahreswirtschaftsbericht für das Jahr 1984:

- Ordnungspolitische Neubesinnung auf die Grundsätze der Sozialen Marktwirtschaft, insbesondere verlässliche und widerspruchsfreie Rahmenbedingungen, Stärkung der Leistungs- und Risikobereitschaft, Sicherung des Wettbewerbs und Verringerung bürokratischer Hemmnisse.
- Wiederherstellung der finanzpolitischen Handlungsfähigkeit des Staates, Konsolidierung der öffentlichen Finanzen, Rückführung des Staatsanteils, qualitative Verbesserung der Ausgabenstruktur und eine leistungsfreundlichere Besteuerung.
- Eine Sozialpolitik, die sich von den Grundsätzen sozialer Gerechtigkeit, Solidarität und Subsidiarität leiten lässt und die Finanzierbarkeit der sozialen Sicherungssysteme dauerhaft gewährleistet.
- Intensives Bemühen um europäische und weltwirtschaftliche Konzentrierung und Kooperation zur Verbesserung der Rahmenbedingungen für die Ausweitung des Welthandels und zur Bekämpfung der Arbeitslosigkeit.

Diese politischen Leitlinien entsprachen der sogenannten »angebotsorientierten Wirtschaftspolitik«, die US-amerikanische Ökonomen in den 70er-Jahren in unterschiedlichen Versionen als Gegenstück zur keynesianischen Nachfragepolitik entworfen hatten. Hatten Keynesianer in den 50er und 60er-Jahren die Wirtschaftspolitik dominiert, waren es ab Mitte der 70er-Jahre die Vertreter der Angebotspolitik, die von Politikern um Rat gefragt wurden.

Sachverständigenrat

Auch der Sachverständigenrat zur Begutachtung der gesamtwirtschaftlichen Entwicklung begründete seine Vorschläge an die Bundesregierung ab Mitte der 70er-Jahre vornehmlich anhand des Konzeptes einer angebotsorientierten Wirtschaftspolitik. Die Aufgaben der Angebotspolitik sah der Sachverständigenrat darin, »*die Bedingungen für das Investieren und den Wandel der Produktionsstruktur so zu verbessern, dass mit angemessenem Wachstum und hohem Beschäftigungsstand gerechnet werden darf*« (Jahresgutachten 1976).

Damit wechselte der Sachverständigenrat den Schwerpunkt seiner Beratung von der Nachfrageseite der Wirtschaft, die das keynesianische Denken prägte, auf die Angebotsseite der Wirtschaft, die Ausgangspunkt des Denkens der Klassiker war. Dementsprechend änderten sich auch die wirtschaftspolitischen Empfehlungen, die der Sachverständigenrat der Regierung machte. Zu den neuen Vorschlägen des Rates gehörten Ideen für die Deregulierung von Märkten und für Anreize zu Investitionen, für die Haushaltskonsolidierung und die Eindämmung der explodierenden Sozialkosten.

Der von Ludwig Erhard 1963 installierte Sachverständigenrat folgte anfangs zwar nicht der »keynesianischen Lehre«, war aber durchaus von dem damaligen Machbarkeitsglauben infiziert, was die Konjunktursteuerung anging. In dem 1964er-Jahresgutachten hieß es noch: *»Der Standpunkt, dass alle, die mehr für ihre Arbeit und ihre Erzeugnisse fordern, als der Markt zu zahlen bereit ist, es selbst zu verantworten haben, wenn sie aus dem Markt gedrängt werden, ist so weit entfernt von den im Gesetz über den Sachverständigenrat niedergelegten Zielen, dass er hier ohne nähere Prüfung ausscheiden kann«* (JG 64 Ziffer 248).

Die Einstellung des Sachverständigenrates änderte sich 1974, als die mit der keynesianischen Globalsteuerung verbundenen wirtschaftlichen und fiskalischen Folgen deutlich wurden. Seitdem stand für den Sachverständigenrat nicht mehr die Konjunktursteuerung, sondern das Wachstum des Produktionspotenzials durch Verbesserung der Angebotsbedingungen im Mittelpunkt der Analysen und Handlungsempfehlungen. Er begründete dieses Umsteuern zum einen mit der Krise der Globalsteuerung, die sich als untauglich erwiesen hatte, zum anderen mit der damit verbundenen Gefahr für die marktwirtschaftliche Ordnung. Nicht das Geldausgeben und Konsumieren, sondern das Sparen und Investieren sollten wieder im Mittelpunkt der Wirtschaftspolitik stehen. Die Nähe zur Ordnungspolitik der 1950er-Jahre war deutlich zu erkennen.

Die Bezugnahme auf das Wachstum des gesamtwirtschaftlichen Produktionspotenzials statt auf Indikatoren der Konjunkturlage trat dabei in den Mittelpunkt der Begutachtung und wurde zum Markenzeichen für die gesamtwirtschaftlichen Analysen und die darauf gegründeten wirtschaftspolitischen Handlungsempfehlungen des Rates. Gleichzeitig trat das antizyklische Moment der Wirtschaftspolitik bei den Beratungen in den Hintergrund.

Es war auch das Jahresgutachten 1974, in dem der Sachverständigenrat der Bundesbank den Übergang von der Steuerung der Bankenliquidität zur Steuerung der Zentralbankgeldmenge vorschlug, und zwar zu einer Steuerung aufgrund eines angekündigten Geldmengenziels. Der Sachverständigenrat folgte damit der ökonomischen Schule der Monetaristen, die in der umlaufenden Geldmenge die maßgebliche Größe für die Beeinflussung der Wirtschaft sahen.

Die strikt auf Objektivierung der Geldversorgung verpflichtete Notenbankpolitik bekam dadurch einen besonderen ordnungspolitischen Rang, der darin bestand, dass mit einer solchen Rollenverteilung der Versuchung zu inflationärem Treiben bei Löhnen und Staatsausgaben verlässlich vorgebaut war, zugleich aber auch – normalerweise – genug für eine ausreichende volkswirtschaftliche Gesamtnachfrage getan wurde.

Nach dem Verständnis des Sachverständigenrates richtete sich die Angebotspolitik auf die Unternehmen, d.h. auf die Produktionsseite einer Volkswirtschaft. Höhere Gewinne sollten die finanziellen Voraussetzungen für Investitionen schaffen, die wiederum die Produktionsbedingungen und die internationale Wettbewerbsfähigkeit verbessern sollten. Diese sollten zu einer Steigerung der Beschäftigung und zu mehr Einkommen bei den privaten Haushalten führen.

Die Instrumente der Angebotspolitik sah der Sachverständigenrat in der Senkung der Unternehmenssteuern, der Förderung von Forschung und Entwicklung, in Maßnahmen der Deregulierung und der Förderung von Existenzgründungen. Weitere wichtige Programmpunkte waren:

- eine sich am Wachstum des Produktionspotenzials orientierende, inflationsvermeidende Geldpolitik (Monetarismus),
- eine Fiskalpolitik, die den Staatsanteil am Sozialprodukt senkte, die Neuverschuldung verringerte, die Investitionsausgaben zulasten der konsumtiven Ausgaben erhöhte, das Steuersystem leistungs- und investitionsfördernd veränderte,
- eine zurückhaltende, sich am Produktionsfortschritt orientierende Lohnpolitik, verbunden mit einer Förderung der Arbeitsmobilität und der Flexibilität von Löhnen, Arbeitszeit und Beschäftigungsbedingungen.

Die Angebotspolitik knüpfte an die neoklassische Theorie an, die in der zweiten Hälfte des 19. Jahrhunderts begründet wurde und die klassische

Nationalökonomie ablöste. Dazu gehörte auch die von Alfred Marshall 1890 entwickelte Grenzwertlehre: Danach haben Unternehmer ein Interesse daran, so lange Arbeitnehmer einzustellen, bis der Lohn, den das Unternehmen einem weiteren Arbeitnehmer zahlen müsste, genauso hoch ist wie der Gewinn, den dieser Arbeitnehmer erwirtschaftet. Verbessern sich (so die Theorie) die Produktionsbedingungen für die Unternehmen, sodass die Gewinne steigen, so steigt auch die Produktivität der Arbeitnehmer. Das schafft für Unternehmen den Anreiz, das Beschäftigungsvolumen zu erhöhen und höhere Löhne zu zahlen. Auf diese Weise profitieren auch die Arbeitnehmer.

Wie die klassische Nationalökonomie geht die angebotsorientierte Wirtschaftspolitik davon aus, dass die Produktion bzw. das Angebot der Schlüssel zum wirtschaftlichen Wohlstand ist und der Konsum bzw. die Nachfrage sich entsprechend erhöhen, so wie es das Saysche Gesetz formuliert: »*Jedes Angebot schafft sich seine Nachfrage selbst.*« Das Ziel jeder Wirtschaftspolitik sollte deshalb sein, die Rahmenbedingungen für Unternehmen (geringere Steuern, Abbau von Regulierungen etc.) zu verbessern. Dadurch steigen nämlich die Renditeerwartungen der Unternehmen, was wiederum zu höheren Investitionen und mehr Arbeitsplätzen führt.

Die Angebotspolitik stützte sich dabei auf eine Reihe nicht-keynesianischer Theorien der »Chicago School« und der »Neuen Klassischen Makroökonomik«. Als die wichtigsten Ökonomen dieser Richtung sind Milton Friedman, Arthur Laffer und Robert Mundell zu nennen, die in den 1970er-Jahren wichtige Berater der Regierungen in den USA und Großbritannien waren. Es war die Zeit, als in den westlichen Volkswirtschaften die Arbeitslosigkeit permanent stieg und die keynesianisch geprägte Nachfragesteuerung an ihre Grenzen stieß.

Monetarismus

Auch der in den 1960er- und 1970er-Jahren von Milton Friedman entwickelte Monetarismus sah sich als Gegenentwurf zum nachfrageorientierten Keynesianismus. Monetaristen sehen in der Regulierung der Geldmenge das wichtigste Instrument zur Steuerung der Wirtschaftsabläufe: »Money matters«. Ihr zentraler Ausgangspunkt ist die Vorstellung, dass zu stabilen Wirtschaftsabläufen eine relativ stabile Geldnachfrage gehört, d.h., Geldmenge und Produktionspotenzial müssen im gleichen Tempo wachsen. Eine zu starke Erweiterung der Geldmenge führt zur Inflation, eine zu starke Bremsung des Geldmengenwachstums zu Deflation. Kurzfristige Eingriffe des Staates zur punktuellen Steuerung der Wirtschaft lehnen die Monetaristen ab, weil sie zu Ungleichgewichten führen.

Die Aussagen der Monetaristen widersprachen vor allem den Denkmustern solcher Keynesianer, die sich auf die »Phillips-Kurve« stützten, wonach Krisen und Arbeitslosigkeit mit fiskalischen Stimuli und der Akzeptanz von Inflation bekämpft werden können. Erst die 1970er-Jahre zeigten, dass Inflation nicht zu mehr Beschäftigung führt, sondern eher zu höherer Arbeitslosigkeit. Die Gleichzeitigkeit von Inflation und Arbeitslosigkeit hatte der Keynesianismus nicht als Problem erkannt.

Der Keynesianismus verschwand damit aber nicht automatisch aus Politik und Wissenschaft. Für Politiker bot er die Möglichkeit, bei rückläufiger Konjunktur und steigender Arbeitslosigkeit mit einer expansiven Fiskalpolitik Handlungsfähigkeit zu zeigen und schnelle Effekte – zumeist allerdings Strohfeuereffekte – zu erzielen. Auch für Wissenschaftler blieb der Keynesianismus eine attraktive Lehre, weil der in ihm angelegte Konstruktivismus den Wunsch nach ökonomischer Machbarkeit erfüllte.

Ein Beispiel für diese keynesianische Gefolgschaft bot der amerikanische Ökonom und Nobelpreisträger Paul Samuelson, dem es mit seinem seit 1948 immer wieder aktualisierten Lehrbuch »Economics« gelang, Generationen von Ökonomen zu prägen. Samuelson stand für die neoklassische Synthese und damit für die dominante Richtung der Ökonomik. Er verteidigte stets sowohl den Sozialstaat als auch den keynesianischen Ansatz, Wirtschaftskrisen und vor allem Massenarbeitslosigkeit mittels Staatsausgaben und Schulden zu vermeiden oder zu überwinden.

Seinen wissenschaftlichen Kontrahenten in den USA fand Samuelson in dem ebenfalls mit dem Nobelpreis ausgezeichneten Milton Friedman, der den Effekt eines fiskalischen Stimulus deutlich schwächer einschätzte als die Keynesianer. Nach Friedman hing der Konsum weniger vom aktuellen und kurzfristig durch staatliche Maßnahmen beeinflussten Einkommen ab als vom dauerhaften Realeinkommen, d.h. von dem um die Geldentwertung korrigierten Lebenseinkommen. Damit betonte Friedman erstmals die Dominanz monetärer Faktoren vor der Fiskalpolitik. Auch die Weltwirtschaftskrise hatte nach seiner Auffassung monetäre

Ursachen und wurde durch eine deflationäre Geldpolitik der Federal Reserve verschärft.

Mit dem Monetarismus konnte Friedman eine Alternative zur Krise der fiskalischen Steuerung und des Keynesianismus anbieten. Es ging ihm aber nicht um die Ablösung fiskalischer durch monetäre Instrumente, sondern darum, den Fokus von der Bekämpfung der Arbeitslosigkeit hin zur Inflationsbekämpfung zu verschieben. Zudem wollte er den diskretionären Entscheidungsspielraum der Zentralbank durch ein objektives Regelwerk einschränken bzw. abschaffen. Nach Friedman sollte die Geldmenge möglichst stetig mit einer geringen Zuwachsrate steigen, um Krisen und Inflation zu vermeiden.

1975 ging die Deutsche Bundesbank als erste zentrale Notenbank der Welt zu einer solchen Geldmengensteuerung über. Für die Geschichte der Bundesbank war dieser Wechsel in der Geldpolitik von herausragender Bedeutung. Ihr Konzept zur Sicherung des Binnenwerts der Währung bestand nun aus einer mittelfristig ausgerichteten Geldmengensteuerung mit dem Ziel, den Preisanstieg über die Steuerung der Geldmenge zu kontrollieren. Diese Kontrolle sollte indirekt über die Beeinflussung der Geldmarktbedingungen (Zins, Mindestreserve etc.) erfolgen.

Neben der Währungsstabilität stand hinter diesem Steuerungskonzept die Idee, von der monetären Seite her solche Finanzierungsvorgänge zu ermöglichen, die mittelfristig zum Wachstum des Produktionspotenzials führen. Konkret sollten die der Wirtschaft über die Zentralbank und den Geschäftsbanken zur Verfügung gestellten Investitionskredite das Produktionspotenzial und das Wirtschaftswachstum erhöhen. Die Geldmenge sollte dabei genauso schnell wachsen wie das Produktionspotenzial, um Phasen wirtschaftlicher Wachstumsschwäche zu vermeiden. Als Orientierungspunkte für eine solche Geldmengenpolitik dienten das Produktionspotenzial, das Preisniveau und die Umlaufgeschwindigkeit des Geldes. Aus diesen Grundelementen wurde die optimale Geldmengenwachstumsrate ermittelt.

Hatte Keynes die Wirtschaftspolitik der Fünfziger- und Sechzigerjahre geprägt, so waren die Siebziger- und Achtzigerjahre die Zeit von Milton Friedman. Sein grundsätzliches Denken lässt sich auf zwei Prinzipien zurückführen: Das erste Prinzip bestand in der Annahme, dass die Individuen in der Mehrheit aller Fälle besser wissen als Regierungsmitglieder oder Intellektuelle, worin ihre Interessen bestehen und was gut für sie ist. Das zweite Prinzip besagte, dass der Wettbewerb zwischen Anbietern von Gütern und Dienstleistungen (einschließlich der Produzenten von Ideen und der Kandidaten für politische Ämter) der wirkungsvollste Weg ist, den Interessen von Individuen und Familien zu dienen.

Für seine marktwirtschaftlichen Grundsätze warb Friedman mit provokanten Thesen: *»Die soziale Verantwortung eines Unternehmens besteht darin, seinen Profit zu erhöhen.«* – *»Die Lösung der Regierung zu einem Problem ist normalerweise genauso schlecht wie das Problem.«* – *»Mit den besten Absichten kann man die größten Missstände hervorrufen.«* – *»Den Regierungen ist jede Entschuldigung recht, um neues Geld auszugeben. Geldausgeben ist das Lebenselixier von Politikern. Und zugleich die Grundlage ihrer Macht.«* – *»Der einzige Weg, um das Verhalten der Politiker zu ändern, ist, ihnen das Geld wegzunehmen.«*

Mit solchen Thesen avancierte Milton Friedman zum Hauptfeind aller Linken. Zu seinen Bewunderern gehörten aber der amerikanische Präsident Ronald Reagan und die britische Premierministerin Margaret Thatcher. Insbesondere für Margaret Thatcher war Milton Friedman ein wichtiger Impulsgeber.

Margaret Thatcher

Als Thatcher im Jahre 1979 zur britischen Premierministerin gewählt wurde, war Großbritannien der »kranke Mann an der Themse«. Den Beginn des Abstiegs konnte man in die Zeit nach dem Zweiten Weltkrieg datieren, als Labour das Land regierte. Während andere Länder wirtschaftlich erstarkten und Deutschland ein wahres Wirtschaftswunder erlebte, breitete sich über die Wirtschaft Großbritanniens der Mehltau aus. Der Wirtschaftshistoriker Nicholas Crafts führt dies vor allem auf das Versagen der Wettbewerbspolitik zurück: Kartellbildung und ein gehöriger Grad an Protektionismus sorgten für einen Schutzraum, in dem die britische Wirtschaft zunehmend an Wettbewerbsfähigkeit verlor.

Bei ihrem Amtsantritt fand Margaret Thatcher ein Land vor, das unter einer geringen Produktqualität, hoher Inflation, steigenden Staatsdefiziten und wachsender Arbeitslosigkeit litt. Die Gewerkschaften beherrschten die Politik und die Unternehmen. Lohn- und Preiskontrollen lähmten die Wirtschaft. Die Vollbeschäftigungspolitik und der

Wohlfahrtsstaat hatten die öffentlichen Finanzen ruiniert. Wie es um die britische Industrie bestellt war, illustriert ein amtlicher Bericht über die Anschaffung eines neuen Dienstwagens für den Premierminister Callaghan: »Zwei Jaguar wurden bestellt. Viel Zeit verging, ehe sie eintrafen. Als es endlich so weit war, fand man heraus, dass sie insgesamt 34 mechanische Mängel aufwiesen und man sie deshalb zurückschicken musste zur Reparatur. Als sie neu angeliefert wurden, machte Callaghan eine Probefahrt. Dabei wollte er das Fenster elektronisch öffnen. Mit dem Erfolg, dass das Fenster ihm prompt in den Schoß fiel. Worauf der Premier meinte, er wolle die beiden neuen Autos nie wieder zu Gesicht bekommen.«

Erst als im Streikwinter 1978/1979 nichts mehr ging, als der Müll nicht abgeholt, die Kranken nicht behandelt und die Toten nicht beerdigt wurden, begriffen die Briten, wo sie standen. Am 28. März stürzte die Labour-Regierung. Die nachfolgende Wahl brachte Margaret Thatcher mit einem erdrutschartigen Sieg als Premierministerin in die Downing Street. Ihre vorrangigen Ziele waren, Großbritannien aus den Fängen der Gewerkschaften zu befreien, mit der Keynes'schen Vollbeschäftigungspolitik Schluss zu machen, den Wohlfahrtsstaat zu reformieren und die verstaatlichte Industrie zu liberalisieren. Der einzelne Bürger sollte wieder in der Lage sein, sein Leben selbstbestimmt in die Hand zu nehmen.

Dies war ein gewaltiges Reformprogramm, das Margaret Thatcher aber konsequent in zwei Legislaturperioden umsetzte. Zunächst stand die Inflationsbekämpfung im Mittelpunkt ihrer Regierungstätigkeit. Sie begrenzte die Geldmenge, wie es Milton Friedman empfohlen hatte, und konsolidierte den Haushalt. In der zweiten Amtsperiode ging es darum, den Einfluss des Staates und der Gewerkschaften auf die Wirtschaft zurückzudrängen. Sie privatisierte Staatsunternehmen (British Telecom, British Petroleum, British Airways etc.) sowie lokale Versorgungsunternehmen. Preise und Löhne wurden frei gegeben und der Spitzensteuersatz wurde von 98 Prozent auf 40 Prozent gesenkt.

Zum Schlüsselereignis wurde der Streik der britischen Bergarbeiter 1984/85 gegen die geplante Schließung und Privatisierung ihrer Zechen. Der Streik dauerte ein Jahr lang. Erst als die Streikkasse der Gewerkschaft aufgebraucht war und sich die Bergleute privat verschulden mussten, gaben sie den Arbeitskampf auf. Mit diesem »Sieg« von Margaret Thatcher, der »eisernen Lady«, war der Einfluss der Gewerkschaften endgültig gebrochen und der Weg zu weiteren Reformen offen.

Die Durchschlagskraft dieser Reformpolitik war verblüffend. Die Zahl der durch Streiks pro Jahr verlorenen Arbeitstage ging von 29,5 Millionen auf 500 000 zurück. Gleichzeitig sank der Anteil der gewerkschaftlich organisierten Beschäftigten von mehr als 50 Prozent auf unter 20 Prozent. Demgegenüber verdoppelte sich die Quote der Selbstständigen von 7 auf 14 Prozent. Der Anteil der Mittelklasse erhöhte sich von 33 auf 50 Prozent. Die Eigentumsquote bei Häusern kletterte von 53 auf 71 Prozent.

Die Wirtschaftspolitik von Margaret Thatcher löste heftige Debatten aus und stieß im linken politischen Lager auf massiven Widerstand. Ihre Erfolge sind jedoch unbestritten. Als sie im April 2013 starb, äußerten sich auch die ehemaligen Gegner respektvoll über ihr Wirken. Der Vorsitzende der Labour-Party, Ed Miliband, würdigte sie als »riesige Figur in der britischen Politik und auf der Weltbühne«.

Ronald Reagan

Der amerikanische Präsident Ronald Reagan setzte in den 1980er-Jahren ebenfalls auf eine angebotsorientierte Wirtschaftspolitik, um die von seinen Vorgängern übernommenen Probleme – langfristig niedriges Wachstum mit hoher Arbeitslosigkeit und Inflation – zu bekämpfen. Die sogenannten Reaganomics bestanden aus vier zentralen Maßnahmen: (1) Kürzung der Staatsausgaben, (2) Senkung der Steuern und Abgaben, (3) weniger Regeln und Bürokratie, (4) Absenkung des Wachstums der Geldmenge, um die Inflation zu kontrollieren.

Reagan vollzog mit seiner Wirtschaftspolitik einen drastischen Wechsel von der Politik seiner Vorgänger Johnson und Nixon, die beide versucht hatten, über massive Staatsausgaben die Rolle der Regierung in der Wirtschaft zu stärken. Reagan praktizierte stattdessen eine Politik der Deregulierung (»laissez-faire«), um den Unternehmen größeren Handlungsspielraum zu geben. Auch davon versprach er sich mehr Wachstum und Beschäftigung.

Reagans Wirtschaftspolitik beruhte vor allem auf der These, dass wirtschaftliches Wachstum durch niedrigere Steuern angeregt werden kann. Hierzu berief er sich auf den Ökonomen Arthur Laffer, der anhand von Steuerdaten nachgewiesen hatte, dass die Steuereinnahmen des Staates mit steigendem Steuersatz zunächst steigen, aber nach Erreichen eines

Maximums wieder sinken, also die Form eines umgedrehten »U« annehmen (»Laffer-Kurve). Reagan glaubte deshalb, dass eine Senkung hoher Steuersätze zu mehr Wachstum und gleichzeitig zu höheren Steuereinnahmen führen würde. Dahinter stand die Idee, dass weniger Steuern höheres Einkommen bedeuten, das wiederum den Konsum anregt und aufgrund des »Trickle-Down-Effekts« die gesamte Steuerbasis erweitert.

Die Umsetzung der »Reaganomics« erfolgte programmgemäß in folgenden Schritten:

Die Steuerbelastung für die oberen Einkommensbezieher wurde von 70 Prozent auf 28 Prozent gesenkt. Der Steuersatz für Kapitalgesellschaften wurde von 48 Prozent auf 34 Prozent vermindert. Reagan beseitigte die Preiskontrollen für Öl und Gas, die Nixon eingeführt hatte. Außerdem liberalisierte er die Netze, Ferngespräche, den zwischenstaatlichen Busverkehr und die Schifffahrt. Eine strikte Geldpolitik wurde eingeführt, um die Inflation zu begrenzen. Außerdem erhöhte die Zentralbank die Zinsen, um Kredite teurer zu machen.

Eine Ausnahme machten allerdings die Staatsausgaben, die weiter stiegen, wenn auch mit reduzierter Geschwindigkeit. Da gleichzeitig die Steuereinnahmen wegen der Steuersenkungen zurückgingen, kam es zu massiven Haushaltsdefiziten, mit denen auch die Staatsschulden wuchsen. Mit verschiedenen Gesetzen wurden daraufhin moderate Steuererhöhungen vorgenommen. Infolgedessen stiegen die Steuereinnahmen wieder an, allerdings langsamer, als es die Laffer-Kurve zeigte.

Der Anstieg der Staatsausgaben beruhte in erster Linie auf den Kosten für die Verteidigung, weil Reagan glaubte, gegenüber der Sowjetunion und ihrer nuklearen Bewaffnung bestünde ein »window of vulnerability«, das geschlossen werden müsse. Dass Reagan insoweit richtig lag, zeigten der NATO-Doppelbeschluss vom 12. Dezember 1979 und die anschließenden Abrüstungsverhandlungen.

Über die Reaganomics wird unter Ökonomen bis heute heiß gestritten: Kritiker halten sie für »voodoo economics«, Befürworter loben sie als »free-market economics«. Nicht zu bestreiten ist jedoch, dass Reagans Wirtschaftspolitik in den USA zu einer ungewöhnlich langen und starken Wachstumsperiode führte. Von den frühen 1980ern bis zu den späten 1990ern stieg der Dow Jones Industrial Average um das Vierzehnfache. Gleichzeitig wurden insgesamt über 40 Millionen zusätzliche Arbeitsplätze geschaffen.

Haushaltssanierung

Die von der Kohl-Regierung versprochene Umsteuerung begann mit der Konsolidierung des Bundeshaushalts.

Der erste von Finanzminister Gerhard Stoltenberg (CDU) vorgelegte Sparhaushalt sah Kürzungen bei den Personalausgaben und Bauinvestitionen sowie im Sozialbereich vor (z. B. die Umstellung der Ausbildungsförderung für Studenten auf Darlehen, Einsparungen bei Sozialhilfe, Arbeitslosengeld und -hilfe, eine Verschiebung der Rentenanpassung, Einführung eines Krankenversicherungsbeitrages für Rentner). Außerdem setzte er die Mehrwertsteuer von 13 auf 14 Prozent herauf.

Dem ersten Sparhaushalt folgten weitere, sodass die Neuverschuldung des Bundes von über 37 Milliarden DM in den Jahren 1981 und 1982 auf weniger als 20 Milliarden DM in 1989 zurückging. Die Staatsquote, die 1982 bei 52,2 Prozent gelegen hatte, begann schon 1984 auf 50 Prozent zu sinken und erreichte 1989 einen Stand von 47,3 Prozent.

Auch in der Steuerpolitik erfolgte ein deutlicher Richtungswechsel, um der Wirtschaft Wachstumsimpulse zu geben: Die betriebliche Vermögens- und Gewerbesteuer wurde gesenkt. Gleichzeitig gab es Sonderabschreibungen für mittelständische Betriebe. Im Mai 1985 verabschiedete der Bundestag die erste Einkommensteuerreform der Regierung Kohl: Die Lohn- und Einkommensteuer sollten in zwei Stufen (1986 und 1988) gesenkt werden. Der Höchstbetrag der Einkommensteuer wurde von 56 Prozent auf 53 Prozent und bei der Körperschaftsteuer von 53 Prozent auf 50 Prozent ermäßigt.

Die Bundesbank unterstützte die Politik der neuen Bundesregierung mit einer stabilitätsorientierten Geldpolitik. Infolgedessen ging die Inflationsrate schon nach einem Jahr von 5,2 Prozent (1982) auf 3,3 Prozent (1983) zurück. Das schaffte Vertrauen bei den Verbrauchern und Sparern: Die Konsumnachfrage nahm zu und die Zeit des Angstsparens war vorbei.

Unübersehbar war jedoch der Gegensatz zu der amerikanischen Politik der »Reagonomics«, die den Steuersenkungen Priorität vor dem Ausgleich des Haushalts gab. Dabei spielten auch historische Erfahrungen eine Rolle: In den USA galt die Arbeitslosigkeit aufgrund der Erfahrungen in der Weltwirtschaftskrise als das zu bekämpfende Hauptübel, während in der Bundesrepublik die Erinnerung an die galoppierende Inflation der 1920er-Jahre das Handeln bestimmte.

Im Zuge der Haushaltssanierung erstellte die Bunderegierung auch ein »Gesamtkonzept für die Privatisierungs- und Beteiligungspolitik des Bundes«. 1982 gab es 84 direkte und 958 mittelbare Unternehmensbeteiligungen des Bundes. Gemäß dem Privatisierungskonzept zog sich der Bund bis zum Ende der Achtzigerjahre aus vielen Unternehmen zurück oder reduzierte seine Anteile: So wurden z. B. die Energiekonzerne VIAG und VEBA sowie die Salzgitter AG völlig privatisiert. Der Bund veräußerte auch seinen 20-prozentigen Anteil an der Volkswagen AG. Zwei Drittel der Finanzierungserlöse, rund 6 Milliarden DM, wurden zur Sanierung des Bundeshaushalts verwendet.

Bundesbank

Die angebotsorientierte Fiskalpolitik der Bundesregierung ermöglichte der Bundesbank, ihre Geldpolitik schrittweise zu lockern, um der darniederliegenden Konjunktur, die im Wendejahr 1983 ihren Tiefpunkt erreicht hatte, wieder auf die Beine zu helfen. Der Diskontsatz wurde im Winterhalbjahr 1982/83 von 7,5 Prozent schrittweise auf 4 Prozent heruntergesetzt – auch deswegen, weil es nach dem Wahlsieg Helmut Kohls zu massiven Kapitalzuflüssen aus dem europäischen Ausland gekommen war. Zwei Wochen nach den Wahlen 1983 mussten innerhalb des Europäischen Währungssystems sogar die Leitkurse neu festgelegt werden. Dabei wurde die D-Mark um 5,5 Prozent aufgewertet.

Die gelockerte Geldpolitik zeigte bald Wirkung: Erstmals seit 1980 stieg das reale Wachstum um 1,2 Prozent. Die wichtigsten Impulse gingen dabei vom privaten Verbrauch und dem Wohnungsbau aus. Der Aufschwung gewann dann Monat für Monat an Kraft. 1984 wuchs das Bruttosozialprodukt schon um 2,6 Prozent. Diesmal kamen die stimulierenden Impulse jedoch vom Außenhandel, weil der steigende Dollarkurs die Ausfuhr belebte. Außerdem fielen die Rohstoffpreise einschließlich Ölpreis.

Zum Jahresbeginn 1985 drehte sich das Stimmungsbild in Deutschland. Helmut Kohl, anfangs als »Tu-nix-Kanzler« bespöttelt, hatte alle überrascht. Die *Zeit*-Herausgeberin Gräfin Dönhoff, die der neuen Politik durchaus kritisch gegenüberstand, schrieb: »Tatsächlich lautet das allgemeine Urteil nach der ersten Halbzeit: Kohl hat das Klima verändert, die mürrische Resignation, die das letzte Jahr der sozialliberalen Koalition kennzeichnete, war verflogen, neue Hoffnung beseelte die Bürger. Der vom Kanzler verurteilte Kulturpessimismus – manchmal auch als Verweigerungshaltung geächtet – ist einer großen Zuversicht gewichen. Der Abwärtstrend der Wirtschaft ist gestoppt, desgleichen auch die Inflation.«

Sozialreformen

Während die Konsolidierung des Haushalts gelang, blieb eine grundsätzliche Kehrtwende bei den Systemen der sozialen Sicherung aus. Alle Maßnahmen, welche die Bundesregierung in den Bereichen Kranken- und Rentenversicherung durchführte, waren Notmaßnahmen, die auf Versäumnisse der Vorgängerregierung zurückgingen. Weitergehende Schritte, die Stoltenberg schon aus demografischen Gründen für erforderlich hielt, scheiterten am Widerstand der Minister Norbert Blüm (CDU) und Heiner Geißler (CDU). Schon bei den Koalitionsverhandlungen hatten die Sozialausschüsse der CDU die »fehlende soziale Ausgewogenheit« des Koalitionsvertrages kritisiert.

So blieb der Bundesregierung nur die Möglichkeit, die unumgängliche Renten- und Gesundheitsreform parteiübergreifend »im bestehenden System« zu vollziehen. Die Kernpunkte des am 9. November 1989 beschlossenen Gesetzes zur Sanierung der Rentenversicherung bestanden in der Orientierung der jährlichen Rentenanpassung an den Nettoeinkommenszuwächsen sowie in der schrittweisen Absenkung der Vorruhestandsgrenze. Auch die Erhöhung des Bundeszuschusses von 17 Prozent der Ausgaben auf 19 Prozent zählte zu den Sicherungsmaßnahmen. Die Heraufsetzung der Altersgrenze wurde verschoben.

Auch das Gesundheitswesen bedurfte aus finanziellen Gründen der Reform. Von 1960 bis 1989 waren die Ausgaben in der gesetzlichen Krankenkasse um das Vierzehnfache gestiegen; die Einkommen der Versicherten hatten aber nur um das Fünffache zugenommen. Schon 1983 versuchte deshalb die Bundesregierung, in den marktfernen Bereichen des Gesundheitswesens mithilfe einer Negativliste für Medikamente sowie einer Selbstbeteiligung für Medikamente und Krankenhausaufenthalte die Leitidee von mehr Markt und Effizienz durchzusetzen.

Mit dem ein Jahr später beschlossenen Krankenhaus-Neuordnungsgesetz sollte der Mangel an Reformen durch mehr Kompetenzen der Selbstverwaltungsorgane (Kollektivverträge zwischen Krankenkassen und Leistungserbringern) sowie mehr Rechte für Krankenkassen und Krankenhäuser (bei der Gestaltung der Pflegesätze) zumindest teilweise behoben werden. Die Krankenhäuser erhielten die Möglichkeit, Gewinne oder auch Verluste zu erwirtschaften. Es blieb aber bei der dualen Finanzierung, also der Finanzierung der Investitionen aus öffentlichen Mitteln der Länder und der Betriebs- und Behandlungskosten aus Pflegesätzen.

Die Signalwirkung dieses Gesetzes für das Krankenhauswesen war beachtlich, seine ordnungspolitische Wirkung hingegen begrenzt, sodass weitere Schritte folgen mussten. Das geschah Anfang 1989 mit dem Gesundheitsreformgesetz, das neben marktwirtschaftlichen Elementen (Zuzahlungen für Leistungen der Krankenhäuser und Ärzte; Einschränkung des Kreises der pflichtversicherten Personen) auch dirigistische Maßnahmen (Einführung von Festbeträgen für Arzneimittelgruppen; Negativliste unwirtschaftlicher oder medizinisch wenig sinnvoller Arzneimittel) enthielt.

In kritischer Rückschau lässt sich feststellen, dass die Reformgesetze nur wenig an den grundsätzlichen Mängeln des Gesundheitswesens änderten. Es fehlte die ordnungspolitische Leitlinie: In Randbereichen wurden das Krankheitsrisiko privatisiert, das Pflegerisiko jedoch teilweise sozialisiert; auch der Mangel an Anreizen für eine effiziente und sparsame Leistungserbringung im Gesundheitswesen wurde nicht behoben. So führten die Reformen nur temporär zu einer Entlastung bei den Ausgaben. Um die notwendige »Kostendämpfung« durchzusetzen, wurden die Preise für bestimmte Medikamente hoheitlich festgelegt. Ordnungspolitisch war das eine Bankrotterklärung.

Beschäftigungspolitik

In der Beschäftigungspolitik distanzierte sich die Koalition von den keynesianisch geprägten und populistischen Arbeitsbeschaffungsmodellen; sie setzte stattdessen auf ein durch günstige ökonomische Rahmenbedingungen angeregtes Wirtschaftswachstum, durch das neue Arbeitsplätze geschaffen werden sollten.

Das dadurch in der Wirtschaft geschaffene Vertrauen fand seinen deutlichsten Niederschlag in steigenden Anlageinvestitionen, wodurch von 1983 bis 1989 schätzungsweise rund 1,2 Millionen Arbeitsplätze neu geschaffen wurden. Diese positive Entwicklung wurde jedoch durch den ständigen Anstieg der Arbeitslosigkeit konterkariert: Sie war 1981 auf 1,3 Millionen geklettert, 1982 auf 1,8 Millionen gestiegen und erreichte in den Folgejahren einen Höchststand von 2,2 Millionen.

Ein Grund für die steigende Arbeitslosigkeit war die demografische Entwicklung, die mehr junge Menschen auf den Arbeitsmarkt drängen ließ. Diesen Teil des Problems versuchte die Bundesregierung mit Lehrstelleninitiativen und der Einführung einer Vorruhestandsregelung für ältere Arbeitnehmer vom 58. Lebensjahr an in den Griff zu bekommen – ohne großen Erfolg.

Eine weitere Ursache für die steigende Arbeitslosigkeit waren die strukturellen Verfestigungen, die insbesondere Nicht- oder Minderqualifizierten den Zugang zum Arbeitsmarkt versperrten. Als Einstellungsbremse wirkte vor allem der hohe Kündigungsschutz. Um dieses Problem zu lösen, hätte der Arbeitsmarkt durchgreifend dereguliert werden müssen, wie Vergleiche mit dem Ausland zeigten. Dort hatte die Flexibilisierung des Arbeitsmarktes zu einer deutlichen Verringerung der Arbeitslosigkeit geführt.

Die Bundesregierung scheute aber vor einem solchen Schritt zurück, weil er von den Gewerkschaften als Einstieg in die Praxis des »Heuerns und Feuerns« kritisiert wurde. Stattdessen versuchte es die Regierung mit kleinen Änderungen: Mit dem Beschäftigungsförderungsgesetz von 1984 wurde die Befristung von Arbeitsverträgen sowie die Teilzeitarbeit erleichtert. Die Arbeitsbeschaffungsmaßnahmen (ABM) wurden erheblich ausgeweitet. Für die Einstellung von Arbeitslosen erhielten Unternehmer nach einem Sonderprogramm vom 1. Juli 1989 Lohnkostenzuschüsse bis zu 80 Prozent des Lohnes.

An der strukturellen Verfestigung des Arbeitsmarktes änderte sich dadurch aber wenig, sodass das Problem der hohen Arbeitslosigkeit weiterhin bestand. Hier zeigten sich die begrenzten Möglichkeiten einer von der CDU/CSU geführten Regierung mit einem starken Arbeitnehmerflügel, der traditionell gute Beziehungen zu den Gewerkschaften unterhielt (Adenauer Stiftung HPM 163).

Gleichwohl wagte die Regierung Kohl im Jahr 1986 den Konflikt mit den Gewerkschaften um den § 116 des Arbeitsförderungsgesetzes (AFG), der die Unterstützungszahlung an infolge von Streiks arbeitslos gewordene Arbeitnehmer regelte. Hintergrund waren Tarifauseinandersetzungen um eine Verkürzung der Wochenarbeitszeit von 40 auf 35 Stunden mit vollem Lohnausgleich, die in der Metall- und Druckindustrie im Frühsommer 1984 zu einem wochenlangen Arbeitskampf geführt hatten.

Die Gewerkschaften begründeten ihre Forderung nach Arbeitszeitverkürzung damit, dass bei steigender Arbeitsproduktivität die Zahl der Arbeitsplätze zwangsläufig abnimmt. In der Auseinandersetzung mit den Arbeitgebern verfolgten sie die Strategie, mit Schwerpunktstreiks bei ausgewählten Zulieferbetrieben weite Teile der Industrie lahmzulegen.

Den davon betroffenen Arbeitnehmern verwehrte die Bundesanstalt für Arbeit (BfA) die Zahlung von Kurzarbeitergeld, da dies einer staatlichen Streikfinanzierung gleichgekommen wäre. Als Sozialgerichte die Entscheidung der BfA aufhoben, ergriff die Bundesregierung die Initiative zur Neufassung des § 116 AFG. Daraufhin einigten sich die Tarifparteien am 1. Juli 1984 auf eine Regelarbeitszeit von 38,5 Stunden sowie auf eine Flexibilisierung der Arbeitszeit, die dann auch von anderen Branchen übernommen wurde.

Umwelt- und Energiepolitik

Als die schwarz-gelbe Koalition 1982/83 die Regierungsverantwortung übernahm, war Umweltschutz bereits ein Thema von hoher Aktualität. Erste Schritte in Richtung einer umfassenden Umweltschutzgesetzgebung hatte es schon in der sozialliberalen Ära gegeben, doch die öffentlichen Reaktionen zeigten, dass weitere Maßnahmen erforderlich waren. Vor allem der Schutz von Gewässern, Boden und Luft war lückenhaft, sodass die Industrie diese Ressourcen weitgehend als »freie« Güter betrachtete und entsprechend verschwenderisch mit ihnen umging.

Wie in der Wirtschaftspolitik ließ sich die Bundesregierung auch beim Umweltschutz von den Prinzipien der Sozialen Marktwirtschaft leiten. Die Inanspruchnahme natürlicher Ressourcen sollte nach Ausmaß und Intensität »bepreist« werden. Umweltgerechte Preise sollten künftig die Knappheit des Gutes »Umwelt« widerspiegeln und dadurch zu einer Reduzierung des Umweltverbrauchs führen. So hieß es im Jahreswirtschaftsbericht von 1985: »*Die Bundesregierung ist – ebenso wie der Sachverständigenrat – der Auffassung, dass die umweltpolitischen Probleme durch eine konsequent marktwirtschaftliche Umweltpolitik auf Dauer am wirksamsten zu lösen sind.*«

Im Gesamtergebnis blieb der Einsatz marktwirtschaftlicher Instrumente im Umweltschutz aber weit hinter den Erwartungen zurück, insbesondere beim Vergleich mit den Vereinigten Staaten, in denen bereits das »Glockenprinzip« praktiziert wurde (eine Gruppe von Unternehmen entscheidet autonom über die Umsetzung staatlich festgesetzter Grenzwerte) und der Handel mit sogenannten Umweltzertifikaten installiert war. In Deutschland wollte man sich zu solchen Maßnahmen, die es ermöglichen, die Kosten für Umweltverbrauch über Preise zu benennen und damit konsequent den Markt zur Lösung von Umweltproblemen zu nutzen, nicht durchringen. Auch die Bundesregierung unter Kohl legte den Hauptakzent ihrer Umweltpolitik auf das Ordnungsrecht (Ge- und Verbote, Grenzwerte etc.), die hin und wieder von fiskalischen Hilfen für Unternehmen flankiert wurden.

Zu solchen Schutzmaßnahmen zählten die Großfeuerungsanlagenverordnung, die Technische Anweisung zur Reinhaltung der Luft (TA Luft), die Einführung schadstoffarmer Kraftfahrzeuge und bleifreien Benzins. Für Maßnahmen zur Reinhaltung der Luft stellte die Kreditanstalt für Wiederaufbau (KfW) zinsgünstige Kredite bereit. Weitere Maßnahmen, die von der Öffentlichkeit weniger beachtet wurden, waren die Novelle zum Wasserhaushaltsgesetz, das Abwasserabgabengesetz und das Waschmittelgesetz. In der Abfallwirtschaft wurden Novellen zum Abfallbeseitigungsgesetz als Anreize zur Abfallvermeidung eingeführt. Ein Abfallverwertungsgebot sollte die undifferenzierte Abfallentsorgung durch ein ökologisch verträglicheres Verfahren ersetzen.

Eines der umstrittensten Felder innerhalb der Umweltpolitik war aufgrund der Atomstromdebatte die Energiepolitik. Das Pro und Kontra um die Nutzung von Kernenergie in den Achtzigerjahren erinnerte in Ausmaß und Schärfe teilweise an die Glaubenskriege vergangener Zeiten und nahm bisweilen bürgerkriegsähnliche Formen an. Die gewaltsamen Auseinandersetzungen um Kernkraftwerke, Aufbereitungsanlagen und Atommülltransporte entwickelten sich zu einem permanenten gesellschaftlichen Unruheherd. Die Position der Bundesregierung war dabei stets eindeutig: Aus ökonomischen wie ökologischen Gründen befürwortete sie die Nutzung der Kernenergie uneingeschränkt. Um die Energieversorgung der Bundesrepublik sicherzustellen, setzte sie auf einen Energiemix aus Kernenergie, Stein- und Braunkohle sowie Rohöl.

Die Bundesregierung geriet jedoch in die Defensive, als das Reaktorunglück in Tschernobyl im April 1986 in ganz Europa für große Unruhe sorgte. Die Frage nach Sicherheit und Zumutbarkeit von Atomkraftwerken trat plötzlich in den Mittelpunkt der Debatte und verdrängte das Thema der Versorgungssicherheit. Schnell forderten auch Teile der SPD die unverzügliche Schließung aller Atomkraftwerke. Die Regierung lehnte das ab. Zum Chef eines neu geschaffenen Umweltministeriums wurde der Frankfurter Oberbürgermeister Walter Wallmann (CDU) berufen.

Klimaschutz

Für die Kohl-Regierung war auch der Klimaschutz von Anfang an ein wichtiges Anliegen. Sichtbares Zeichen dafür war die Regierungserklärung von Helmut Kohl im Jahr 1987, in der er als einer der ersten Politiker auf die Bedeutung des Klimaschutzes hinwies: »In zunehmendem Maße beunruhigend sind globale Gefährdungen unserer Erdatmosphäre. So droht durch den sogenannten Treibhauseffekt eine gravierende Klimaveränderung. Hier gilt es, die Forschung voranzutreiben, weltweit die Energieerzeugung durch fossile Brennstoffe zumindest nicht auszuweiten sowie der extensiven Rodung tropischer Regenwälder entgegenzuwirken …«

Helmut Kohl sprach damit ein naturwissenschaftliches Problem an, das bereits vor rund 200 Jahren von Wissenschaftlern entdeckt wurde. Joseph Fourier beschrieb 1824 als Erster den sog. Treibhauseffekt, ohne den die Erde ein eisiges, lebensfeindliches Eiland sein würde: »So steigt die Temperatur durch das Dazwischentreten der Atmosphäre, weil die Wärme in Form von Licht ungehindert in die Luft eindringt – aber daran gehindert wird, wieder zurückzukehren, nachdem sie in Wärme umgewandelt wurde.«

Auch Kohlendioxid als Treibhausgas war schon im 19. Jahrhundert bekannt. So erforschte der schwedische Forscher Svante Arrhenius die wärmende Wirkung von Kohlendioxid in der Erdatmosphäre und verband damit große Hoffnungen: »Durch Einwirkung des erhöhten Kohlesäuregehalts der Luft hoffen wir, uns allmählich Zeiten mit gleichmäßigeren und besseren klimatischen Verhältnissen zu nähern, besonders in den kälteren Teilen der Erde; Zeiten, da die Erde um das Vielfache erhöhte Ernten zu tragen vermag zum Nutzen des rasch anwachsenden Menschengeschlechts.«

Mitten im Zweiten Weltkrieg beschäftigte sich dann der deutsche Meteorologe Hermann Flohn im Reichsamt für Wetterdienste mit der Frage, wie Menschen das Klima verändern. Er erforschte, welchen Einfluss moderne Städte, Emissionen der Industrie und die Natur auf das lokale Mikroklima haben, und warnte vor einem anthropogenen Klimawandel: »Mit dem Fortschreiten dieser sehr langsamen Erhöhung der Temperatur … muss gerechnet werden. Damit wird aber die Tätigkeit des Menschen zur Ursache einer erdumspannenden Klimaänderung, deren zukünftige Bedeutung niemand ahnen kann.«

Die meisten Naturwissenschaftler blieben gegenüber der These eines anthropogenen Klimawandels skeptisch, bis sich im Jahr 1971 die Deutsche Physikalische Gesellschaft nach einem Vortrag von Hermann Flohn zu Wort meldete und davor warnte, dass der Klimawandel unumkehrbar sein könnte: »Geht aber die Industrialisierung und die Bevölkerungsexplosion ungehindert weiter, dann wird spätestens in zwei bis drei Generationen der Punkt erreicht, an dem unvermeidlich irreversible Folgen globalen Ausmaßes eintreten.« Ein Jahr später erschien der Bericht des »Club of Rome« über die Folgen eines unbegrenzten Wachstums der Bevölkerung und der Wirtschaft. Die erste weltweite wissenschaftliche Klimakonferenz fand unter der Leitung der World Meteorological Organization (WMO) im Februar 1979 statt. Teilnehmer war auch Hermann Flohn: »Das Thema ist so entscheidend wichtig für die Zukunft, dass wir auf jeden Fall alle Meteorologen damit vertraut machen sollten und die Forschung in die Richtung treiben, dass wir die Ursachen und die Möglichkeiten einer solchen Klima-Entwicklung näher untersuchen.«

Im Jahr 1985 meldete sich die Deutsche Physikalische Gesellschaft erneut mit einer verschärften Warnung zu Wort: Durch die stark zunehmenden Treibhausgasemissionen könnte die Welt-Durchschnittstemperatur in den nächsten 50 bis 100 Jahren um mehrere Grad ansteigen und infolgedessen der Meeresspiegel um fünf bis zehn Meter steigen.

Nach dieser Horrornachricht wurde der Klimawandel in den Medien zum bevorzugten Thema. Schon im Oktober 1986 widmete *Der Spiegel* seine Titelstory der »Klima-Katastrophe«. Der deutsche Klimaforscher Gerd Haßelmann erklärte in einer Sendung von *Bayern 2*: »Das Problem, vor dem wir stehen, wenn wir so lange warten wollen, bis der menschliche Einfluss ganz deutlich über dem natürlichen Klimaschwankungspegel steht, dann sind die Änderungen so gravierend, dass es zu spät ist, korrigierend einzuwirken.«

Aufgerüttelt durch Medien und Wissenschaftler setzte der Bundestag 1987 die Enquete-Kommission »Vorsorge zum Schutz der Erdatmosphäre« ein, die 1994 ihren Abschlussbericht veröffentlichte. Auf internationaler Ebene gründeten die UNO und der WMO im Jahr 1988 das »Intergovernmental Panel on Climate Change« (IPCC), auch Weltklimarat genannt, welches die eigentliche Schaltstelle für den weltweiten Klimaschutz wurde. 195 Regierungen sind Mitglied dieser zwischenstaatlichen Organisation, deren Sekretariat sich in Genf befindet.

Hauptaufgabe des Weltklimarates ist, die naturwissenschaftlichen Grundlagen und den Forschungsstand über die Auswirkungen des Klimawandels zusammenzutragen und zu bewerten. Das IPCC betreibt selbst keine Forschung zum Thema Klimawandel, sondern beauftragt Experten aus aller Welt, den aktuellen Wissensstand zusammenzustellen und zu bewerten.

Der IPCC hat sich mehrfach gegen öffentliche Kritik an seiner Arbeit wehren müssen. Ihm wurde vorgeworfen, dass er von politischer Seite beeinflusst werde, dass er Kritiker eines anthropogenen Klimawandels ausgrenze und dass seine Behauptungen zu den Folgen des Klimawandels zu »alarmistisch« seien. Dass solche Vorwürfe nicht unberechtigt waren, wurde sowohl von Personen, die dem IPCC nahestehen, als auch von Klimawissenschaftlern bestätigt, die nicht mit dem IPPC zusammenarbeiten.

Wie der IPPC mit Kritikern und Skeptikern der Klimakatastrophe umging, wurde deutlich, als sich im Jahr 2019 ein Netzwerk von 500 internationalen Wissenschaftlern aus dem Bereich der Klimaforschung mit einem offenen Brief an den UNO-Generalsekretär Guterres mit der Bitte wandte, ein hochrangiges Treffen von Wissenschaftlern auf beiden Seiten der Klimadebatte zu organisieren. Zur Begründung schrieben die Wissenschaftler: »Die allgemein verbreiteten Klimamodelle, auf denen die internationale Politik derzeit beruht, sind für ihre Zwecke nicht geeignet. Daher ist es grausam und unklug, die Verschwendung von Billionen auf der Grundlage der Ergebnisse solcher unreifen Modelle zu befürworten. Die derzeitige Klimapolitik untergräbt das Wirtschaftssystem sinnlos und schwer und gefährdet Leben in Ländern, denen der Zugang zu bezahlbarem, kontinuierlichem Strom verwehrt ist.«

Das Treffen, um das die Wissenschaftler baten, hat nie stattgefunden.

Finanzmarktentwicklung

Am 25. Januar 1987 war wieder Bundestagswahl. Die Regierungskoalition behauptete ihre Mehrheit: CDU/CSU erreichten 44,3 Prozent, die FDP 9,1 Prozent der Stimmen. Die Grünen kamen auf 8,3 Prozent, die SPD stagnierte bei 37 Prozent. Kohl konnte weitere vier Jahre regieren.

Einen Tag vor der Bundestagswahl schrieb der britische *Economist* über die Lage in Deutschland: »*Die Wirtschaft in Deutschland hat in vieler Hinsicht die der Nachbarstaaten hinter sich gelassen. Die Inflationsrate ist auf null abgesunken und die Handelsbilanz weist einen hohen Überschuss aus. … Das gute Ergebnis ist keineswegs zur Gänze der Politik der Regierung zuzuschreiben. Ein von den Amerikanern angeregter Exportboom, die stark fallenden Ölpreise und Rekordgewinne der Bundesbank haben Herrn Kohl unter die Arme gegriffen. Trotz allem hat es kein spektakuläres Wirtschaftswachstum gegeben und die Zahl der Arbeitslosen ist weiter hoch geblieben.*« Die Mehrheit der Bundesbürger teilte diese Analyse. Man war zufrieden, aber nicht begeistert.

Der Wirtschaftsaufschwung in den Achtzigerjahren wurde von einer rasanten Entwicklung der Kapitalmärkte begleitet, wie sie die Bundesrepublik noch nie erlebt hatte. Infolge steigender Handelsbilanzsalden – das Exportvolumen der Bundesrepublik übertraf 1986 erstmals das der Vereinigten Staaten – und infolge der hohen Wertschätzung der D-Mark strömte immer mehr ausländisches Kapital nach Deutschland und bereicherte die Kapitalmärkte.

Die Käufe deutscher Anleihen durch ausländische Käufer stiegen von gut 11 Milliarden DM im Jahr 1979 auf 184 Milliarden DM im Jahr 1986. Bei Aktien waren die Käufe noch beeindruckender: Kauften Ausländer 1979 Aktien für 5,7 Milliarden DM, so sprangen die Käufe im Jahr 1986 auf 91 Milliarden DM. Umgekehrt zog es auch deutsche Anleger immer stärker auf ausländische Märkte.

Die Aktienkurse schossen nach einem Jahrzehnt der Stagnation atemberaubend schnell in die Höhe. Der Aktienindex des Statistischen Bundesamtes, der seit 1968 für 15 Jahre mehr oder weniger um die Marke von 100 Punkten stagniert hatte, schnellte plötzlich bis auf 320 Punkte empor. In den Jahren von 1983 bis 1986 verdreifachten sich die Aktienkurse.

Symbolischer Höhepunkt dieser goldenen Zeit auf den Kapitalmärkten war 1986 der »Big Bang« an der Londoner Börse, den die britische Premierministerin Margaret Thatcher auslöste. In der »City« von London begann damit eine neue Ära liberaler Rahmenbedingungen und Handelspraktiken. Zu den wichtigsten Neuerungen zählten die Aufhebung der Trennung zwischen Eigenhändlern und Brokern, die Freigabe der Provisionen im Wertpapiergeschäft sowie die Einführung eines umfassenden Computersystems. Der Londoner Big Bang löste eine Liberalisierungswelle aus, die in den späten Achtzigerjahren viele Finanzmärkte in aller Welt erfasste. Überall fielen Handelsrestriktionen, Devisenvorschriften und Finanzverkehrsklauseln.

Die rasanten Veränderungen auf den globalen Kapitalmärkten bedeuteten auch das Ende der sogenannten »Deutschland AG«, worunter bis Anfang der 1990er-Jahre das Netzwerk zwischen den großen Banken, Versicherungen und Industrieunternehmen verstanden wurde. Der Begriff ging ursprünglich auf Andrew Shonfield zurück, der Deutschland 1965 als »organized private enterprise« bezeichnete. Damit wollte er sagen, dass Deutschland als Organisation funktioniere, die »nach innen Konkurrenz begrenzt und nach außen Geschlossenheit anstrebt«.

Als Zentrum der Deutschland AG wurden die großen deutschen Finanzinstitute, insbesondere die Deutsche Bank und die Allianz, mit ihren großen Industriebeteiligungen angesehen. Darüber hinaus waren die großen Industrieunternehmen über die Besetzung der Aufsichtsräte eng miteinander verflochten. Im Jahr 1995 saßen allein Vorstände der Thyssen AG in den Aufsichtsräten von 25 anderen börsennotierten Unternehmen.

In den Neunzigerjahren stieß die Deutschland AG an ihre Grenzen. Die Globalisierung der Unternehmen sorgten für einen Finanzbedarf, der von den Hausbanken nicht mehr gedeckt werden konnte. Der deutsche Finanzmarkt musste deshalb internationalisiert werden, wodurch sich nicht nur der Charakter der hiesigen Banken, sondern auch die Eigentümerstruktur in der deutschen Industrielandschaft veränderte.

Eine sichtbare Folge der Liberalisierung und Internationalisierung der Kapitalmärkte für die Bundesrepublik war die zunehmende Konzentration des Bankgeschäfts in Frankfurt. Mit der Liberalisierung und Internationalisierung des Bankgeschäftes änderten sich in diesen Banken aber auch die Tätigkeitsschwerpunkte, weg vom klassischen Bankgeschäft hin zur Börsentätigkeit und zum Investmentbanking. Dadurch begann sich das Selbstverständnis solcher Institute zu verändern: An die Stelle konservativer Wertorientierung trat mehr und mehr die spekulative Börsenmentalität.

Währungsdiplomatie

Während die Kapitalmärkte weltweit liberalisiert wurden, mussten sich die Währungspolitiker und Notenbanker bemühen, die starke Aufwertung des Dollar, der im Februar 1985 die Marke von 3,4690 DM erreicht hatte, in den Griff zu bekommen. Hintergrund der Dollar-Diplomatie war die ungewöhnlich expansive Ausgabenpolitik des amerikanischen Staates unter der Führung von Ronald Reagan. Anstatt das Wachstum der amerikanischen Staatsverschuldung einzugrenzen und auf null zu bringen (so das Wahlprogramm), wurden die Budgets Jahr um Jahr in einem Ausmaß erhöht, das für die amerikanische Geschichte ohne Beispiel war.

Für die Volkswirtschaft der USA und für die Weltwirtschaft brachte diese Verschuldungspolitik einen mächtigen Wachstumsimpuls. Doch außenwirtschaftlich geriet Amerika aufgrund seiner negativen Handelsbilanz von der Position des Nettogläubigers immer stärker in die Rolle des größten Nettoschuldners der Welt.

Um dem Höhenflug des Dollar ein Ende zu setzten, vereinbarten die Finanzminister und Notenbanker der fünf wichtigsten Industrieländer am 22. September 1985 im New Yorker Plaza-Hotel (daher »Plaza«-Abkommen) eine umfassende Interventionsstrategie zur Senkung des Dollarkurses. Die Vereinbarung sollte geheim bleiben. Die deutsche Bundesbank trug das Abkommen nur zähneknirschend mit, weil sie damit ein Stück ihrer Autonomie aufgeben musste.

Das zeigte sich schon bald, als der Dollar gegenüber den Währungen von 14 Industrieländern aufgrund der getroffenen Vereinbarung immer mehr an Wert verlor. Gegenüber der D-Mark sackte der Dollarkurs von seinem Höchststand im März 1985 bis zum Jahresende 1986 um volle 40 Prozent ab. Jetzt raste der Spekulationszug in die andere Richtung, sodass zur Stützung plötzlich Dollarkäufe getätigt werden mussten. Die Bank von Japan – in Sorge um die eigene Exportindustrie – begann mit solchen Käufen; ab Ende September 1986 folgte die Bundesbank. Gleichzeitig mussten Stützungskäufe für den französischen Franc getätigt werden. Am 12. Januar 1987 kam es schließlich zur 11. Wechselkursanpassung im EWS (Wolfram Weimer).

Analysten und Notenbankvolkswirte hatten allerdings ausgerechnet, dass der Dollar trotz der getätigten Stützungskäufe inzwischen unterbewertet war. Außerdem beteiligten sich die Amerikaner selbst kaum an den Stützungsoperationen zugunsten ihrer Währung. In Tokio und

Frankfurt kam deshalb der Verdacht auf, dass die USA über einen niedrigen Wechselkurs eine Verbesserung der Handelsbilanz herbeiführen wollten. Damit war klar, dass zwischen Japanern und Deutschen auf der einen Seite und den Amerikanern auf der anderen Seite abermals ein Währungskonflikt ausgebrochen war.

Genau zwei Jahre nach dem Abschluss des Plaza-Abkommens traf sich deshalb dieselbe Runde in Paris, um das weitere Vorgehen zu besprechen. Man kam wieder überein, »neue Maßnahmen zu ergreifen, die helfen sollten, die Ungleichgewichte in der Weltwirtschaft abzubauen und die Wechselkurse zu stabilisieren«. In ihrer Abschlusserklärung zu dem sogenannten »Louvre-Akkord« betonten die Finanzminister und Notenbanker, dass die seit dem Plaza-Abkommen eingetretenen Abwertungen des Dollar ausreichten und dass man zukünftig kooperieren sollte, um sich einem weiteren Verfall entgegenzustellen.

Diesmal machten auch die Amerikaner bei den »konzertierten« Dollarkäufen mit. Doch der Dollarverfall ließ sich trotz riesiger Stützungskäufe nicht mehr aufhalten. Im Jahresverlauf 1987 verlor der Dollar gegenüber den Währungen der anderen Industrieländer weitere 14 Prozent (Wolfram Weimer).

Crash von 1987

Am 19. Oktober 1987, dem Schwarzen Montag, begann der erste Börsenkrach nach dem Zweiten Weltkrieg: Zunächst fielen die Aktienkurse an der Hong Kong Stock Exchange, einige Stunden später an den Börsen in Westeuropa, wieder einige Stunden später an den Börsen in den USA und Kanada und dann auch in Australien und in Neuseeland.

Der Dow Jones verlor an einem einzigen Handelstag 22,6 Prozent (508 Punkte) an Wert, der mit Abstand größte Tagesverlust, den der Dow Jones jemals erlitt. In Frankfurt sank der gesamte Kurswert deutscher Aktien um 70 Milliarden DM. Bis Ende Oktober fielen die Börsenkurse in Australien um 41,8 Prozent, in Kanada um 22,5 Prozent, in Hongkong um 45,8 Prozent und in Großbritannien um 26,4 Prozent. Schlagartig zeigte sich, wie eng inzwischen die nationalen Finanzmärkte international verflochten waren.

Der Crash kam nicht aus heiterem Himmel. Rund um den Erdball waren die Aktienkurse in die Höhe geschossen. Die Analysten hatten vor dem hohen Bewertungsniveau gewarnt. Der Dow Jones hatte sich seit 1985 fast verdoppelt; doch mehrten sich schon im August 1987 Anzeichen für ein Ende der Hausse. Das Geldmengenwachstum verlangsamte sich und die Federal Reserve erhöhte die Kreditzinsen. »1987 war die Geldmengenzuwachsrate von Januar bis September von 18 Prozent auf 3 Prozent gesunken«, sagte ein Vermögensverwalter. »Da gingen bei mir die Alarmglocken los – und ich habe die Barquote aufgestockt sowie einige Verkaufsoptionen gekauft.«

Für Nervosität sorgte auch, dass es der US-Regierung unter Ronald Reagan nicht gelang, die Inflation und das überbordende Handelsdefizit (1987 betrug es 152,1 Mrd. US-Dollar) in den Griff zu bekommen. Die Unsicherheit nahm zu, als die US-Notenbank zum ersten Mal seit drei Jahren den Leitzins für kurzfristige Kredite anhob.

Zum Ausmaß des Börsencrashs trug zudem die zunehmende Computerisierung des Börsenhandels bei. Das führte dazu, dass binnen kurzer Zeit, nachdem ein erster Verkaufsdruck entstanden war, automatisch die Absicherungsgeschäfte gegen Börsenverluste getätigt wurden. Durch die Menge der simultan eingehenden Order entstanden Kaskadeneffekte, die den Fall der Börsenkurse verstärkten.

Als die Kurse am 20. Oktober 1987 weiter fielen, wurde der Handel an vielen Börsen für kurze Zeit ausgesetzt, unter anderem weil die damalige Computertechnik dem hohen Ordervolumen nicht gewachsen war. Dies gab der US-Zentralbank Zeit, Liquidität in den Markt zu pumpen und den Crash abzufedern. Zusätzlich begannen Unternehmen damit, ihre eigenen Aktien zurückzukaufen (sei es um den Kurs zu stützen und/oder um die niedrigen Kurse als Kaufgelegenheit zu nutzen).

Am Ende der Woche notierte der Dow Jones bei 1951 Punkten. Rund 15 Monate nach dem »Schwarzen Montag« erreichte der Dow Jones mit 2247 Punkten wieder sein Niveau vor dem Börsencrash.

Europäischer Binnenmarkt

Seit Abschluss der Römischen Verträge von 1957 und dem Fusionsvertrag von 1965 (Zusammenlegung der Exekutivorgane von EGKS, EWG und Euratom in der Europäischen Gemeinschaft) war die europäische Einigung nicht entscheidend vorangekommen. Brandt konzentrierte sich in den Siebzigerjahren auf die Deutschlandpolitik und unter Schmidt stand das währungspolitische Krisenmanagement im Mittelpunkt.

Die Europäische Gemeinschaft wurde in den Siebzigerjahren allerdings in zwei Schüben auf 12 Mitglieder erweitert. Die seit dem Sommer 1970 mit Großbritannien geführten Verhandlungen führten am 1. Januar 1973 im Rahmen der sogenannten »Norderweiterung« zum gemeinsamen Beitritt von Großbritannien, Irland und Dänemark. Mit der nachfolgenden »Süderweiterung« traten auch Griechenland (1981), Portugal und Spanien (1986) in die Europäische Gemeinschaft ein.

Mit dieser Ausweitung war keine substanzielle Weiterentwicklung der europäischen Institutionen verbunden. Ab 1974 fanden zwar regelmäßig Treffen der Staats- und Regierungschefs statt, die als »Europäischer Rat« institutionalisiert wurden, weiter reichende Pläne in Richtung überstaatliche Integration wurden aber nicht ernsthaft verfolgt. Dabei erforderte schon der Beitritt weiterer Länder zur Europäischen Wirtschaftsgemeinschaft Reformen an den Institutionen der Gemeinschaft, wie sie im sog. Tindemans-Bericht (1975) zur Stärkung des Europäischen Rats empfohlen wurden.

Unter dem Einfluss des intergouvernementalen, vertraglich nicht institutionalisierten Europäischen Rates als oberste und letzte Entscheidungsinstanz verloren die supranationalen Institutionen EGKS, EWG und Euratom in den 1970er-Jahren an Bedeutung. Die Europäische Kommission, die der Motor der europäischen Einigung sein sollte, drohte zur Verwaltungsstelle des Europäischen Rates zu werden. Zu den institutionellen Mängeln traten Meinungsunterschiede über das Agrarbudget und die von Großbritannien zu leistenden Beiträge hinzu, sodass sich die EG zunehmend »in kleinlichen Streitigkeiten« verzettelte. Das Wort »Eurosklerose« machte die Runde. Die »späten Siebzigerjahre standen angesichts der Währungs- und Wirtschaftsprobleme im Zeichen einer Renationalisierung der Europapolitik der einzelnen Mitgliedstaaten« (Andreas Rödder).

Erst in den Achtzigerjahren gewann die europäische Integration wieder an Fahrt. Den entscheidenden Vorstoß machten 1981 die Außenminister Genscher aus Deutschland und Colombo aus Italien mit dem »Entwurf für eine Europäische Akte«, mit dem die Europäische Gemeinschaft handlungsfähiger gemacht werden sollte. Das Papier enthielt eine Reihe von Reformvorschlägen, z. B. die Aufwertung des Europäischen Parlaments, die Abkehr vom Vetorecht im Ministerrat und die Intensivierung der gemeinsamen Sicherheitspolitik. Den meisten Mitgliedern der Gemeinschaft ging das Genscher-Colombo-Papier jedoch zu weit.

Die wirtschaftlichen Probleme in Verbindung mit dem wirtschaftspolitischen Paradigmenwechsel von der Nachfrage- zur Angebotspolitik sorgte jedoch für den erforderlichen Druck, um die europäische Integration weiter nach vorn zu bringen. Im Juni 1984 setzte der Europäische Rat einen Sonderausschuss für institutionelle Fragen ein. Unter der Leitung des Iren James Dooge erarbeitete der Ausschuss ein pragmatisches Konzept zur Schaffung eines europaweiten Binnenmarktes sowie einer Technologiegemeinschaft und zur Stärkung der Wettbewerbsfähigkeit. Der Dooge-Bericht fand weithin Zustimmung und brachte den Durchbruch in der europäischen Reformdebatte. Auf dieser Basis erarbeitete die Europäische Kommission ein »Weißbuch« mit Vorschlägen zur Vollendung des Binnenmarktes. Im Weißbuch schrieb die Kommission:

»Europa steht am Scheideweg. Entweder wir gehen mutig und entschlossen weiter oder wir fallen in die Mittelmäßigkeit zurück. Wir haben die Wahl, entweder an der Vollendung der Wirtschaftsintegration Europas weiter zu arbeiten oder Europa wegen politischer Mutlosigkeit angesichts der damit verbundenen Probleme zu einer schlichten Freihandelszone abgleiten zu lassen.«

Der neue Schwung hatte viel mit dem seit 1985 amtierenden Kommissionspräsidenten Jacques Delors (1985–1995) zu tun, der diesem Organ neue Kraft und Durchsetzungsfähigkeit verlieh. »Delors hatte nicht nur klare inhaltliche Ideen, er hatte auch die Gabe, andere dafür zu begeistern«, sagte der Münchener Historiker Kiran Klaus Patel. Als ehemaliger französischer Wirtschafts- und Finanzminister verfügte Delors über beste Drähte zum Elysée-Palast, in dem François Mitterand als Staatspräsident regierte.

Mitterand hatte kurz zuvor eine spektakuläre wirtschaftspolitische Kehrtwendung vollzogen. Unter dem Druck der Wirtschaftskrise wandte sich der Sozialist im Frühjahr 1983 von der keynesianisch geprägten linken Wirtschaftsphilosophie ab und schwenkte um auf eine stärker angebotsorientierte Politik, die darauf abzielte, den Unternehmen bessere Standort- und Produktionsbedingungen zu bieten. Damit hatten sich Deutschland und Frankreich, die beiden wichtigsten Staaten der Europäischen Gemeinschaft, wirtschaftspolitisch deutlich angenähert. »Das war eine wesentliche Voraussetzung dafür, dass Delors das Projekt Binnenmarkt vorantreiben konnte«, sagt Patel.

Auf Initiative von Delors veröffentlichte die Kommission das Weißbuch (sog. Binnenmarkt-Fibel), in dem 282 für die Verwirklichung des

Binnenmarktes notwendige legislative Maßnahmen aufgeführt waren. Das Weißbuch wurde eins zu eins in die am 1. Juli 1987 in Kraft getretene »Einheitliche Europäische Akte« (EEA) übernommen, wodurch die Römischen Verträge erstmals nachhaltig reformiert und die Grundlagen für die Vollendung des Binnenmarktes geschaffen wurden. Die politische Zusammenarbeit der Gemeinschaft erhielt dadurch ein völlig neues, rechtsverbindliches Fundament.

Zu den wichtigsten Neuerungen zählten:

- Verwirklichung des Binnenmarktes bis zum 1. Januar 1993 mit der Umsetzung der vier Grundfreiheiten: freier Handel von Waren und Dienstleistungen, freier Kapitalverkehr und Freizügigkeit der Arbeitskräfte über die Grenzen der Mitgliedstaaten hinweg.
- Wegfall der Personen- und Warenkontrollen an den EG-Binnengrenzen (z. B. Verlagerung der Kontrollen in die Produktion).
- Gegenseitige Anerkennung zahlreicher Produktnormen und Lebensmittelstandards bzw. deren Harmonisierung.
- EG-weite Öffnung der öffentlichen Beschaffungsmärkte (für staatliche Aufträge ab 10 Mio. DM).
- Weitreichende Marktöffnungen und -liberalisierungen (z. B. Versicherungs- und Transportgewerbe).
- Beseitigung von steuerlichen Schranken, die durch unterschiedliche Mehrwert- und Verbrauchssteuern bestanden.
- Beseitigung von Staatsmonopolen (z. B. Post).
- Qualifizierte Mehrheiten im Ministerrat in einigen Bereichen und Mitwirkung des Parlaments beim Gesetzgebungsprozess.
- Neue Kompetenzen für die Europäische Gemeinschaft bei der Strukturpolitik, bei Forschung und Entwicklung, in der Umweltpolitik und bei der Zusammenarbeit in der Wirtschafts- und Währungspolitik.

Das Weißbuch enthielt einen Zeitplan und nannte als Enddatum für die Vollendung des Binnenmarktes den 31. Dezember 1992. Mitte 1985 wurde es auf dem Mailänder Gipfel vom Europäischen Rat gebilligt.

Damit war der Grundstein für die Vollendung des europäischen Binnenmarktes gelegt. Helmut Kohl schreibt in seinen Erinnerungen: *»Nach dreißig Jahren war die Wirtschaftsgemeinschaft der Römischen Verträge von 1957 politische Wirklichkeit geworden. Ein Ende der Stagnation war greifbar nahe und die viel zitierte ›Eurosklerose‹ endlich überwunden.«*

Parallel zur EEA-Vertragsreform startete die von Delors angeführte Kommission einen großen europäischen Rechtssetzungsprozess mit dem Ziel, die 282 Vorschläge aus der »Einheitlichen Europäischen Akte« zur Verwirklichung des Binnenmarktes auf europäischer und nationaler Ebene umzusetzen. Bis Ende 1992 war der größte Teil dieser Kommissionsvorschläge verabschiedet. Unter Delors gewann die Kommission dadurch »neue Autorität«.

Die Grundidee des Binnenmarktes, die schon in den Römischen Verträgen auftauchte, war einfach: Zölle im Warenverkehr, aber auch andere Hemmnisse wie unterschiedliche Standards und Regeln beeinträchtigten den Handel zwischen den europäischen Ländern. Wurden sie beseitigt, sorgte das für günstigere Güterpreise, aber auch für mehr Wettbewerb über Ländergrenzen hinweg und dadurch für mehr Produktivität, kurzum für mehr Wohlstand.

Die wirtschaftlichen Auswirkungen des einheitlichen Binnenmarktes zeigten sich schon in den Jahren 1988 bis 1989, als die Wirtschaft in den Industrieländern einen unerwarteten Aufschwung erlebte. Deutschland erreichte mit 3,4 Prozent eine Wachstumsrate wie seit dem Ende der Siebzigerjahre nicht mehr. Trotz aufgewerteter D-Mark erhöhten sich die Ausfuhren um 7,5 Prozent. Die Inflation betrug 1,3 Prozent und die Beschäftigung nahm zu.

Dieser Aufschwung hatte angebotspolitische Gründe: Der Abbau von Handelsschranken in Europa und die Vergrößerung der Märkte bewirkten Verbesserungen auf der Angebotsseite der Wirtschaft, insbesondere durch Zunahme der Produktivität, steigende Unternehmergewinne und verstärkte Investitionen. Davon profierten alle Europäer. Laut Berechnungen der Bertelsmann-Stiftung betrug der jährliche Einkommenszuwachs für jeden Europäer rund 1050 Euro.

Der Ökonom Guntram Wolff hält den gemeinsamen Markt für die »prägendste Errungenschaft« im europäischen Staatenbund. Nirgendwo sonst auf der Welt haben souveräne Staaten ihre Volkswirtschaften gegenseitig so stark geöffnet wie in Europa. Die wirtschaftliche Integration ging weit über andere Freihandelszonen (wie die NAFTA zwischen den USA, Kanada und Mexiko oder den asiatischen ASEAN-Block) hinaus. »China nimmt die EU nicht wegen ihrer moralischen Werte als Verhandlungspartner ernst, sondern wegen des Binnenmarktes«, sagte der Historiker Kiran Klaus Patel.

China und die Sowjetunion

Während sich die europäischen Demokratien bemühten, ihre nationalen Wirtschaften unter ein gemeinsames europäisches Dach zusammenzuführen, begann das kommunistische China in den 1980er-Jahren mit der Liberalisierung seiner Wirtschaft. Das nach kommunistischem Muster aufgebaute planwirtschaftliche System hatte versagt, aus dem agrarisch geprägten Land einen modernen und wettbewerbsfähigen Industriestaat zu machen. Aus diesem Grund fasste die kommunistische Partei den Beschluss, Chinas Wirtschaft Schritt für Schritt durch Einführung marktwirtschaftlicher Elemente zu liberalisieren.

Für die westlichen Industriestaaten bot die innere und äußere Öffnung von China mit einer Bevölkerung von rund einer Milliarde Menschen ungeheure Absatz-, Bezugs- und Investitionschancen. Das galt insbesondere für die Bundesrepublik, deren Wohlstand nicht zuletzt dem ständig wachsenden Außenhandel zu verdanken war. Das damit verbundene Risiko einer Niedriglohnkonkurrenz, die auch die eigene Industrie treffen konnte, wurde anfangs als gering eingeschätzt.

Die entscheidende Figur für die marktwirtschaftliche Liberalisierung war Deng Xiaoping, der die Volksrepublik China von 1979 bis 1997 regierte. Er begann den Reformprozess damit, dass er im Dezember 1978 vier chinesische Regionen zu »Sonderwirtschaftszonen« erklärte, wovon Shenzhen am Perlfluss die bekannteste war. Es gab in diesen Zonen wenig Bürokratie und die Regierung hielt sich mit steuernden Eingriffen zurück. Erstmals konnten dort auch ausländische Unternehmen investieren. Die Sonderwirtschaftszonen waren sehr erfolgreich und fanden in China immer mehr Nachahmer. In den 1980er-Jahren entwickelten sie sich zum maßgeblichen Wachstumsmotor für ganz China. Seitdem erlebte das Land einen gewaltigen Wirtschaftsaufschwung, es stellt inzwischen nach den USA die zweitstärkste Wirtschaftsmacht dar.

Unabhängig von der wirtschaftlichen Liberalisierung konzentriert sich die politische Macht in China jedoch weiterhin bei der kommunistischen Partei. Sie steuert auch heute noch den Transformationsprozess in Richtung Marktwirtschaft. Das Verhältnis der Partei zur chinesischen Bevölkerung folgt damals wie heute den folgenden drei Grundsätzen: (1) Die von der Partei kontrollierte Marktwirtschaft wurde eingeführt, um den Wohlstand für alle zu vergrößern. (2) Nur die Partei kann das Land wegen seiner Größe und Vielfalt zusammenhalten. (3) Die Partei wird alles tun, um jede Form der Einmischung von außen auf das Land der Mitte mit seiner fünftausendjährigen Geschichte abzuwehren. Als Gegenleistung für diese drei Versprechen erwartet die kommunistische Partei von der Bevölkerung, dass sie sich aus allen politischen Angelegenheiten heraushält.

Deng Xiaoping hatte auf dem Weg der Öffnung von China erhebliche Widerstände zu überwinden. Viele Reformen wurden von konservativen Politikern blockiert oder stießen auf den Widerstand in der Bürokratie. Außerdem führten Inflation und Korruption, die mit Privatisierungen verbunden waren, zu großer Unzufriedenheit in der Bevölkerung. Darauf beruhten auch die Proteste der Studenten von 1989, die den Tiananmen-Platz in ihre Gewalt brachten. Es war Deng Xiaoping höchstpersönlich, der diesen Widerstand mithilfe von Panzern brutal niederschlagen ließ. Er bewies damit einmal mehr, dass die Partei ihre Vorherrschaft über die Freiheitsrechte der Bürger stellt.

An den wirtschaftlichen Reformen hielt Deng trotz der Unruhen jedoch fest. Für ihn und seine Partei war die Marktwirtschaft nur ein »Mittel zum Zweck«. Dazu sagte Deng: *»Denke nicht, dass Planwirtschaft sozialistisch und Marktwirtschaft kapitalistisch ist. Beide sind nur Maßnahmen. Der Markt kann auch dem Sozialismus dienen.«*

Auf ihrem 14. Parteitag am 29. März 1993 folgte die Partei der Sichtweise von Deng. In der dazu beschlossenen Verfassungsänderung ersetzten die Delegierten den Begriff »Planwirtschaft« durch »sozialistische Marktwirtschaft«. Außerdem änderten sie die Formulierung »vom Staat betriebene Unternehmen« in »Unternehmen im Eigentum des Staates«. Der Zweck dieser Beschlüsse bestand darin, in China einen weiteren Wachstumsschub auszulösen. Es ging nicht etwa darum, in China dauerhaft liberale Verhältnisse herzustellen.

Mit der Wahl von Michail Gorbatschow am 11. März 1985 zum Generalsekretär der KPdSU wuchs auch in der Sowjetunion der politische Wille, das Wirtschaftssystem grundlegend zu modernisieren und die politischen Prozesse transparent zu machen. Denn das staatliche Plansystem hatte ebenfalls nicht funktioniert.

Die staatliche Wirtschaftsplanung priorisierte die Schwerindustrie zulasten der Konsumgüterindustrie mit der Folge, dass das Warenangebot für die Bevölkerung äußerst trist war. Die Versorgung der Städte mit landwirtschaftlichen Produkten war unzureichend, auch weil die dafür erforderlichen Transportkapazitäten nicht mitgeplant wurden.

Der Rubel war hoffnungslos überbewertet: Der offizielle Kurs lag 1988 bei 3,00 DM, auf dem Schwarzmarkt konnte man ihn für 0,50 DM bis 1,00 DM erwerben. Das Pro-Kopf-Einkommen in der Sowjetunion lag in den offiziellen Statistiken unter 50 Prozent des US-Niveaus.

Es gab also ausreichend Gründe für Gorbatschow, das staatliche Planungssystem einer gründlichen Revision zu unterziehen. Unter dem Leitbegriff »Perestroika« (Umbau) brachte er Maßnahmen auf den Weg, die vor allem auf die Stärkung von Eigenverantwortung und Leistung zielten: Die Ministerien sollten die Wirtschaftsplanung nicht über den An- und Verkauf von Gütern steuern, sondern sich auf eine Rahmenplanung beschränken. Dafür wurden die Kompetenzen der Betriebe erweitert und die Pflicht zu einer eigenen Rechnungsführung eingeführt. Die Kolchosen (Zwangsverbände in der Landwirtschaft) sollten durch freiwillige Zusammenschlüsse (Kooperative) ersetzt werden. Außerdem erhoffte man sich von begrenzten Privatisierungen und der Zulassung von Konkurrenz eine Steigerung der wirtschaftlichen Effizienz.

Schon damit stieß Gorbatschow auf starke Widerstände in Partei und Bürokratie. Als er darüber hinaus unter dem Leitwort »Glasnost« (Öffentlichkeit) die Medien animierte, sie sollten den Willensbildungsprozess in Partei und Staat durchsichtig machen, kritische Fragen der Bevölkerung zulassen und auf diese Weise Mitsprachemöglichkeiten eröffnen, wuchs die Zahl seiner internen Gegner. Doch nach Meinung von Gorbatschow konnten Perestroika und Glasnost nur zusammen gelingen.

Das politische Überleben von Gorbatschow stand und fiel mit Verbesserungen der Wirtschaftslage. Ende Juni 1988 wollte die kommunistische Partei auf ihrem »Allunionskongress« entscheiden, ob und wie der Reformprozess fortgeführt werden sollte. In der *FAZ* war darüber zu lesen:

28. Juni. »In Moskau beginnt die 19. Unionsparteikonferenz, die erste seit fast 50 Jahren. Gorbatschow forderte die Mitglieder der Kommunistischen Partei auf, »Vorkämpfer« einer weiteren Demokratisierung der sowjetischen Politik und Gesellschaft zu sein. Offen treten die Gegensätze zwischen Reformverfechtern und Gegnern zutage. Selbst wenig bekannte Delegierte wagen, hohe Parteifunktionäre wie das Staatsoberhaupt Gromyko und den Chefredakteur der ›Prawda‹, Afanassjew, zu kritisieren: Wer in der Vergangenheit die Politik der Stagnation gefördert habe, dürfe in Zeiten der Perestroika nicht in zentralen Partei- und Regierungsorganen tätig sein. Auch Gorbatschow selbst wurde von Anhängern der Reform wegen des Mangels an Lebensmitteln kritisiert. Sollte

es Gorbatschows Absicht gewesen sein, sich auf dieser Parteikonferenz seiner Widersacher zu entledigen, glückte ihm der Durchbruch nicht.«

Doch zunächst konnte sich Gorbatschow politisch gegen alle Widerstände behaupten: Der neu geschaffene sowjetische Kongress der Volksdeputierten wählte ihn am 25. Mai 1989 zum Staatspräsidenten der Sowjetunion mit besonderen Vollmachten. Er konnte damit über Fragen des Eigentums, der Wirtschafts- und Finanzpolitik, der Lohn- und Preisregulierung sowie der öffentlichen Ordnung allein entscheiden. Im Juli 1989 wurde diese Vollmacht auf dem 28. Parteitag der KPdSU in Moskau bestätigt. Außerdem wurde das Politbüro vollkommen neu besetzt und die Trennung von Partei- und Regierungsämtern vollzogen. So gestärkt kündigte Gorbatschow am 27. März 1990 den »kontrollierten Übergang« zur Marktwirtschaft in der Sowjetunion an.

Doch dann kam der Rückschlag: Am 19. August 1991 versuchten reformfeindliche Kräfte – unter maßgeblicher Mitwirkung des KGB –, Gorbatschow zu stürzen. Der Umsturz brach jedoch zusammen, als der russische Präsident Boris Jelzin die Bevölkerung zum Widerstand gegen die Putschisten aufrief.

Die tatsächliche Macht lag jetzt aber nicht mehr bei Gorbatschow, sondern bei Jelzin. Am 24. August 1991 trat Gorbatschow als Generalsekretär der Partei zurück. Fünf Tage später hob der Oberste Sowjet die Gorbatschow eingeräumten Sondervollmachten auf und verbot die KPdSU. Als letzte und besonders folgenreiche Entscheidung vereinbarte Gorbatschow als sowjetischer Präsident am 17. Dezember 1991 mit dem russischen Präsidenten Jelzin die Auflösung der UdSSR. Auf dem Gebiet der ehemaligen Sowjetunion entstanden daraufhin 15 autonome Nachfolgestaaten. Eine Woche später erklärte Gorbatschow seinen Rücktritt als sowjetischer Präsident. Damit endete seine politische Karriere.

»Friedliche Revolution«

Zu Michael Gorbatschows Reformprogramm gehörte auch der Widerruf der Breschnew-Doktrin, nach der sich die Sowjetunion zum Eingreifen berechtigt sah, wenn in einem Land des Warschauer Paktes der Sozialismus gefährdet erschien. In der Breschnew-Doktrin-Abschlusserklärung zur Tagung der Warschauer Vertragsstaaten in Bukarest vom 7. Juli 1989 hieß es, »*dass jedes Volk selbst das Schicksal seines Landes bestimmt und das Recht hat, selbst das gesellschaftspolitische und ökonomische System, die staatliche Ordnung, die es für sich als geeignet betrachtet, zu wählen«.*

Die ungarische und die polnische Regierung nahmen diese Erklärung mit Genugtuung auf, weil sie in Richtung Demokratisierung ihrer Länder schon eigene Wege gegangen waren. In Ungarn waren seit 1987 neue Parteien gegründet worden und der Übergang zur parlamentarischen Demokratie war nur noch eine Frage der Zeit. Seit dem 1. Januar 1988 genossen die Ungarn auch Reisefreiheit. Polen hatte sich bereits mit der Gewerkschaft Solidarność am »runden Tisch« über freie Teilwahlen geeinigt.

Die kommunistischen Führungen in der DDR, der CSSR, Bulgarien und Rumänien waren über die Aufhebung der Breschnew-Doktrin entsetzt, weil damit die sowjetische Garantie für ihren Machterhalt auch gegen die eigene Bevölkerung entfiel. In diesen Ländern musste erst eine Revolution stattfinden, ehe Reformen möglich wurden. Die SED-Führung in Ostberlin beruhigte sich damit, dass viele der von Gorbatschow gewünschten Reformvorhaben in der DDR angeblich längst durchgeführt waren und die DDR-Wirtschaft im Ostblock die Spitzenposition einnahm. Diese Illusion brach aber schnell zusammen.

In der DDR begann die »friedliche Revolution« mit den Fluchtbewegungen im Herbst 1989 über Ungarn und der Besetzung der deutschen Botschaften in Prag, Warschau und Budapest. Die dadurch ausgelösten und von Oppositionsgruppen organisierten Demonstrationen machten die reformfeindliche Führung der DDR für diese Massenflucht verantwortlich und forderten unter dem Motto »Wir bleiben hier!« umfassende politische Reformen.

Als die DDR-Staatsführung am 7. Oktober 1989 den 40. Jahrestag der DDR in Anwesenheit des Ehrengastes Michail Gorbatschow feierte, herrschte in Ostberlin der Belagerungszustand. Trotz weiträumiger Absperrungen demonstrierten Zehntausende in den Straßen und appellierten an den sowjetischen Staatschef mit »Gorbi, Gorbi«-Rufen, ihnen Reisefreiheit und freie Wahlen zu gewähren. Gorbatschow befand sich damals auf dem Höhepunkt seiner Macht.

Als zwei Tage nach der missglückten DDR-Geburtstagsfeier am 9. Oktober erneut mehr als 70 000 Menschen in Leipzig an der traditionellen Montagsdemonstration teilnahmen, schritten die Sicherheitskräfte nicht mehr ein. Am 18. Oktober wurde Erich Honecker als Generalsekretär der SED, am 24. Oktober auch als Vorsitzender des Staatsrates und des Nationalen Verteidigungsrates abgesetzt. Sein Nachfolger wurde Egon Krenz. Die Demonstrationen wurden trotzdem fortgesetzt. Jetzt waren es Hundertausende, in Ostberlin am 4. November sogar eine Million Menschen, die rasche Reformen, die Abschaffung des Machtmonopols der SED, freie Wahlen und Demokratie forderten.

Am 7. November trat der Ministerrat mit Ministerpräsident Willi Stoph zurück, am 8. November auch das gesamte Politbüro. Das Zentralkomitee wählte ein neues verkleinertes Politbüro (darunter auch den Dresdner Bezirkschef Hans Modrow) und bestätigte die Wahl von Egon Krenz zum Generalsekretär. Modrow, der sich bereits seit Längerem als reformbereiter Politiker zu erkennen gegeben hatte, wurde der neue Hoffnungsträger.

Am Abend des 9. November gab das Berliner Politbüromitglied Günter Schabowski völlig überraschend bekannt, dass alle DDR-Grenzstellen zur Bundesrepublik und nach Westberlin geöffnet werden. Noch in derselben Nacht strömten viele Tausende von DDR-Bürgern trotz Visumpflicht, aber bei nachlässigen Kontrollen nach Westberlin und in die grenznahen Städte der Bundesrepublik, wo es zu volksfestartigen Wiedersehensfeiern zwischen Deutschen aus Ost und West kam. Am folgenden Tag begannen die Abrissarbeiten an der Mauer, um neue Grenzübergänge zu schaffen. Am 13. November wurde der Schießbefehl außer Kraft gesetzt.

Trotz der Grenzöffnung setzte die Bevölkerung in Leipzig und anderen Städten der DDR ihre Demonstrationen fort. Mit dem Ruf »*Wir sind das Volk*« forderte sie von der Regierung Reformen und meldete ihren Anspruch an, zukünftig an den Entscheidungen beteiligt zu werden. Auf Transparenten und in Sprechchören ließen die Demonstranten deutlich erkennen, dass die SED-Führung ihre Glaubwürdigkeit nicht dadurch zurückgewinnen könne, dass sie einige Spitzenfunktionäre austauschte. Man misstraute den vielen »Wendehälsen«. Am 3. Dezember hob die Volkskammer den Führungsanspruch der SED auf und Krenz trat mit der gesamten Führungsspitze der SED zurück.

Am 13. November 1989 wählte die Volkskammer der DDR nahezu einstimmig den Dresdner Parteisekretär Hans Modrow zum neuen Ministerpräsidenten. In seiner ersten Regierungserklärung bot er der Bundesrepublik eine »Vertragsgemeinschaft« an. Doch auch Modrow konnte nur ein Ministerpräsident des Übergangs sein, weil die Oppositionsgruppen und Bürgerinitiativen darauf drängten, an den Entscheidungen der Regierung beteiligt zu werden. So entstand, wie schon in Polen, die Institution des »Runden Tisches«.

Zehn-Punkte-Plan

Am 8. November 1989 gab Bundeskanzler Helmut Kohl vor dem Deutschen Bundestag einen Bericht zur Lage der Nation ab, mit dem er der DDR umfassende wirtschaftliche Hilfe zusagte, wenn vorher »eine grundlegende Reform der politischen und wirtschaftlichen Verhältnisse in der DDR verbindlich festgelegt« würde. Dazu sollten der Verzicht der SED auf ihr Machtmonopol, die Zulassung unabhängiger Parteien und die verbindliche Zusicherung freier Wahlen gehören.

Nach der Wahl von Hans Modrow zum Ministerpräsidenten der DDR gab Bundeskanzler Kohl überraschend am 28. November einen im Kanzleramt entstandenen »Zehn-Punkte-Plan zur Überwindung der Teilung Deutschlands und Europas« bekannt, der Folgendes vorsah:

- In einer ersten Stufe sollte mit Sofortmaßnahmen im Umweltschutz sowie mit der Erweiterung des Telefon- und Eisenbahnnetzes begonnen werden.
- In der nächsten Stufe sollte nach einer Verfassungsänderung in der DDR und neuem Wahlrecht die Einführung marktwirtschaftlicher Bedingungen erfolgen.
- In einem weiteren Schritt sollte mit gemeinsamen Institutionen auf den verschiedensten Ebenen die von Modrow vorgeschlagene »Vertragsgemeinschaft« aufgebaut werden.
- Schließlich sollte nach freien Wahlen ein Staatenbund mit »konföderativen Strukturen« geschaffen werden, d. h. eine bundesstaatliche Ordnung. Die nähere Gestalt eines »wiedervereinigten Deutschland« ließ Kohl offen, er wies aber auf die Bedeutung des europäischen Rahmens für den deutsch-deutschen Vereinigungsprozess hin.
- Zeitlich veranschlagte Kohl für eine Wiedervereinigung etwa fünf bis zehn Jahre.

Während die DDR-Blockparteien sowie das »Neue Forum« den von Kohl vorgelegten Zehn-Punkte-Plan wegen des Verlustes der Eigenständigkeit der DDR ablehnten, wurden die Rufe nach der deutschen Einheit (»*Wir sind ein Volk*«) bei den Demonstrationen in der DDR immer lauter. Dem ersten offiziellen Treffen des Kanzlers der Bundesrepublik mit dem DDR-Ministerpräsidenten in Dresden am 19. Dezember kam deshalb eine besondere Bedeutung zu.

Kohl wie Modrow waren sich in diesem Gespräch ihrer gemeinsamen Verantwortung bewusst. Trotz der verstärkten Rufe nach der Vereinigung gingen beide von der Existenz zweier deutscher Staaten aus. Sie einigten sich auf eine Absichtserklärung zu einer Vertragsgemeinschaft, die im Frühjahr 1990 abgeschlossen werden sollte. Mit der Versicherung Modrows, dass »der eingeleitete Prozess für radikale Reformen unumkehrbar« sei, waren auch die Voraussetzungen für die von Kohl zugesagte Wirtschaftshilfe erfüllt.

Als Ministerpräsident Modrow am 13. Februar 1990 mit 17 Ministern, darunter acht Vertretern der Oppositionsgruppen, zu einem Gegenbesuch nach Bonn kam, hatte sich die politische Ausgangslage jedoch entscheidend verändert. Der wirtschaftliche Zusammenbruch der DDR stand bevor und durch die Demonstrationen in der DDR hatte die Vereinigungspolitik der Bundesregierung an Legitimation gewonnen. Kohl war deshalb entschlossen, das Tempo zu forcieren. Modrow wurde bei seinem Besuch die Einführung der D-Mark einschließlich Marktwirtschaft vorgeschlagen. Die Bundesregierung legte sich auch auf den Beitritt der DDR zur Bundesrepublik fest (Art. 23 GG) statt eines Zusammenschlusses unter Ausarbeitung einer neuen Verfassung (Art. 146 GG). Außerdem wurde der Wahltermin für die erste demokratische Wahl in der DDR vom 6. Mai auf den 18. März vorgezogen.

Das Gespräch in Bonn war deshalb für die DDR-Regierung äußerst unbefriedigend. Die von Modrow erbetene Soforthilfe von 15 Milliarden DM wurde von Bonn abgelehnt. Als Ergebnis der Verhandlungen wurde lediglich die Einrichtung einer Kommission beschlossen, die sich mit den Vorbereitungen einer Währungs- und Wirtschaftsunion befassen sollte. Unterschiedliche Einstellungen zwischen den Regierungschefs gab es auch in der Frage der polnischen Westgrenze und der Bündniszugehörigkeit eines vereinten Deutschlands.

Die Vorverlegung des Wahltermins auf den 18. März 1990 ließ den Parteien und Wählergemeinschaften in der DDR nur wenige Wochen zur Vorstellung ihrer Kandidaten und Programme. Der Wahlkampf wurde bereits durch die bundesdeutschen Parteien und Politiker geprägt. Entgegen allen Prognosen ging die CDU mit 40,59 Prozent als Sieger aus der Wahl hervor und verfehlte mit der DSU (6,27 %) und dem DA (0,93 %)

nur knapp die absolute Mehrheit. Die favorisierte SPD kam nur auf 21,76 Prozent der Stimmen, während die PDS immerhin 16,32 Prozent erzielte. Die Wahlbeteiligung betrug 93,22 Prozent. Übereinstimmend wurde das Wahlergebnis so gewertet, dass die Mehrheit der DDR-Bevölkerung für die Einführung der D-Mark und für den raschen Anschluss an die Bundesrepublik gestimmt hatte. Am 5. April 1990 trat die erste frei gewählte Volkskammer der DDR zusammen. Am 12. April wählte sie Lothar de Maizière (CDU) zum Ministerpräsidenten (Rödder).

DDR-Planwirtschaft

Die DDR-Wirtschaft war entsprechend dem sowjetischen Vorbild als sozialistische Planwirtschaft organisiert: Die Betriebe gehörten dem Staat und wurden von ihm geleitet. Wirtschaftlich waren sie Teil des Staatshaushalts und in diesen integriert. Sie führten nicht nur ihren Gewinn an den Staat ab, wie Staatsbetriebe in einer Marktwirtschaft, sondern auch ihre Einnahmen. Deshalb zahlten sie keine Steuern. Die Lohnkosten wurden ihnen vom Staat zugewiesen. Die Löhne und Preise waren staatlich festgelegt.

Für alle Betriebe gab es einen Wirtschaftsplan mit Gesetzeskraft. Die Führung der Betriebe erfolgte nicht nach Ertrags- oder Gewinnvorgaben, sondern anhand von etwa 200 Plan-Kennziffern, die von der übergeordneten Planungsbehörde festgesetzt wurden. Die Betriebe waren weder für den Einkauf der Rohstoffe noch für den Verkauf ihrer Produkte verantwortlich. Sie durften auch nicht entscheiden, was sie produzierten. Die benötigten Rohstoffe wurden ihnen von den Planungsbehörden zugewiesen, die hergestellten Produkte mussten abgeliefert werden. Für Marketing und Kundenakquisition waren sie nicht zuständig. Sie durften auch nicht eigenständig über Investitionen oder Kredite entscheiden. Diese Entscheidungen waren aus den Betrieben in die staatliche Lenkung ausgelagert.

Das in der Sowjetunion praktizierte System der zentralen Planwirtschaft, das allen »Bruderländern« als Vorbild diente, ging auf den Ersten Weltkrieg zurück, als die Wirtschaft vor allem militärischen Zwecken diente. Wenn man einen komplexen vierjährigen Krieg planen konnte, würde man auch die Wirtschaft in Friedenszeiten planen können, meinten sowjetische Ökonomen. Aber schon der österreichische Ökonom

Friedrich A. von Hayek wies nach, dass Kriegs- und Friedenswirtschaft wenig gemein haben.

Den entscheidenden Unterschied sah Hayek darin, dass es in Kriegszeiten nur ein Ziel gibt, nämlich die Unterwerfung des Gegners, während in Friedenszeiten die Ziele von Millionen von Haushalten und Unternehmen zu bedienen sind. Diese Ziele sind dynamisch, denn Haushalte und Unternehmen suchen ständig nach neuen Möglichkeiten, um die Güter- und Kapitalknappheit besser zu bewältigen.

Die Planwirtschaft hat sowohl mit der Vielzahl der wirtschaftlichen Entscheidungen als auch mit ihrer Dynamik fundamentale Probleme, weil die zentralen Vorgaben der Planer laufend in Konflikt mit dezentralen Plänen der Haushalte und Betriebe geraten. Um planerisches Chaos zu verhindern, müssen die Planer deshalb neue Wünsche der Haushalte (etwa Geschmacksänderungen) missachten und diejenigen der Ingenieure (etwa bei neuen Technologien) unterdrücken. Das ist einer der Gründe für das Scheitern zentraler Planwirtschaften.

Die Ergebnisse solchen Planungsversagens konnte man überall in der DDR besichtigen: Die Verkehrsinfrastruktur (Straßen und Eisenbahnen) war überaltert, weil die Planer für die überfälligen Investitionen keine Mittel bereitgestellt hatten. Das Gleiche galt für den Maschinenpark in den Fabriken, der vielerorts noch aus der Vorkriegszeit stammte. In den Betrieben waren Störungen in den Betriebsabläufen an der Tagesordnung, weil Vorprodukte in falscher Qualität, zu spät oder überhaupt nicht geliefert wurden. Dementsprechend niedrig war die Arbeitsproduktivität der DDR-Betriebe. Zu keinem Zeitpunkt waren die Planer der DDR-Wirtschaft in der Lage, solche Fehler und Mängel abzustellen. Das betraf auch die Wohngebäude, bei denen häufig der Außenputz abgefallen war oder die Farbe fehlte, weil die zentralen Planer angesichts der Vielzahl von Gebäuden darüber im Ungewissen waren, wo die begrenzten Mittel effektiv eingesetzt werden konnten.

Als die Mauer fiel, war die Wirtschaft der DDR mit Ausnahme weniger Unternehmen buchstäblich pleite, was die Führung der DDR auch wusste. In einem Geheimpapier (vom 27. Oktober 1989) berichtete der Vorsitzende der Staatlichen Plankommission Gerhard Schürer dem Zentralkomitee der SED von der aktuellen Lage: Danach hatte sich das Wachstum der Wirtschaft dramatisch abgeschwächt und der private Verbrauch in der DDR entwickelte sich seit Jahren schneller als die wirtschaftliche Leistung des Landes. Die Finanzierung der Differenz erforderte eine jährliche Kreditaufnahme der DDR von 8 bis 10 Milliarden Valutamark, die bei circa 400 Banken mobilisiert werden mussten.

In diesem Dokument wurde auch gesagt, dass die innere Verschuldung der DDR von 12 (1970) auf 123 Milliarden Mark (1988) gestiegen war. Die sogenannte »Schuldendienst-Rate« (Verhältnis des Exports eines Jahres zu den fälligen Kreditrückzahlungen) betrug inzwischen 150 Prozent, sodass der Export eines Jahres nicht mehr ausreichte, um die Kredite samt Zinsen zurückzuzahlen. Die DDR war also gezwungen, jährlich zig Milliarden neuer Kredite aufzunehmen, um die Wirtschaft aufrechtzuerhalten. Auf den sozialistischen »Rat für gegenseitige Wirtschaftshilfe (RGW)«, mit dem die DDR 70 Prozent ihres Außenhandels abgewickelt hatte, konnte sie nicht mehr zurückgreifen, weil sich dieser in der Auflösung befand. Die DDR war im Herbst 1989 also faktisch bankrott.

Die Bonner Regierung machte sich über den wirtschaftlichen Zustand der DDR ganz andere Vorstellungen. Detlev Karsten Rohwedder, der erste Chef der Treuhandanstalt, erwartete noch im Herbst 1990, dass die 8500 von der Treuhand verwalteten VEB-Betriebe einen Wert von insgesamt 600 Milliarden DM hatten. In der Endabrechnung kostete die Privatisierung der Unternehmen den westdeutschen Staat aber 270 Milliarden DM.

Transformationsprozess

Mit der neuen, demokratisch legitimierten DDR-Regierung nahm die Bundesregierung in Bonn sogleich Verhandlungen über die »Errichtung einer Währungs-, Wirtschafts- und Sozialunion« beider deutscher Staaten auf. Der am 18. Mai 1990 in Bonn unterzeichnete Staatsvertrag regelte die Neuordnung der DDR-Wirtschaft nach marktwirtschaftlichen Grundsätzen. Hierzu sah der Vertrag Folgendes vor:

- Die Einführung der Gewerbe- und Vertragsfreiheit auf dem Gebiet der DDR und damit das Ende der staatlichen Planwirtschaft.
- Die Schaffung einer privaten Eigentumsordnung durch die teilweise Rückgabe enteigneten Vermögens und durch die Privatisierung der volkseigenen Betriebe mithilfe der Treuhandanstalt.
- Eine Währungsreform mit einem Umrechnungskurs von DDR-Mark in D-Mark von 1:1 bzw. 2:1.

Der Vertrag galt nur für das Gebiet der DDR und trat am 1. Juli 1989 in Kraft. Mit seinem Inkrafttreten wurde die D-Mark auf dem Gebiet der DDR das alleinige offizielle Zahlungsmittel (»Währungsunion«). Löhne, Gehälter und Renten wurden zum Kurs 1:1 umgestellt. Ebenfalls 1:1 umgestellt wurden Sparguthaben für Kinder bis 2000 DM, für Erwachsene bis 4000 DM und für Senioren bis 6000 DM. Alle weiteren Sparguthaben sowie Schulden wurden zum Kurs 2:1 umgestellt. Insgesamt wurden Guthaben in Höhe von 249,5 Mrd. Mark der DDR in 156,6 Mrd. DM umgetauscht.

Mit dem Staatsvertrag verpflichtete sich die DDR zur umfassenden Rechtsanpassung, d. h., sie hatte die westdeutschen Wirtschaftsgesetze (z. B. Aktiengesetz, GmbH-Gesetz, Gesetz gegen Wettbewerbsbeschränkungen, Atomgesetz etc.) zu übernehmen und die Möglichkeit zu schaffen, an Grund und Boden sowie Produktionsmitteln Eigentum zu erwerben (»Wirtschaftsunion«). Die getroffenen Regelungen beruhten weitestgehend auf den Vorschlägen der Bonner Regierung. Im Rahmen der »Sozialunion« übernahm die DDR das westdeutsche System der sozialen Sicherung und die Arbeitsrechtsordnung der Bundesrepublik (Koalitionsfreiheit, Tarifautonomie, Betriebsverfassungsgesetz, Kündigungsschutz etc.). An die Stelle des einheitlichen Rechtssystems in der DDR trat damit das stark differenzierte Sozial- und Arbeitsrecht der Bundesrepublik.

Ein wichtiger Punkt im Staatsvertrag war der Ausgleich der DDR-Haushaltsdefizite durch Finanzzuweisungen der Bundesrepublik. So erhielt der DDR-Staatshaushalt für 1990 eine Kreditermächtigung in Höhe von 10 Mrd. DM und für 1991 eine weitere von 14 Milliarden DM. Die Kreditgrenzen waren bald überschritten und die Bundesrepublik musste mehr als das Doppelte nachschießen. Auch zur Anschubfinanzierung der DDR-Sozialversicherung zahlte der Bund 5,75 Milliarden DM allein bis Ende 1991.

Ein besonders schwieriges Problem bei den Verhandlungen zwischen Bonn und Ostberlin war die Rückgabe des enteigneten Vermögens an die ehemaligen Eigentümer. Am 23. September 1990 erließ die Volkskammer der DDR hierzu das Gesetz zur Regelung offener Vermögensfragen – Vermögensgesetz – (VermG), das mit der deutschen Wiedervereinigung am 3. Oktober 1990 als »Fortgeltendes Recht der ehem. Deutschen Demokratischen Republik« in ganz Deutschland galt.

Der Zweck des Vermögensgesetzes war, »teilungsspezifisches Unrecht« wiedergutzumachen, worunter Verluste von Personen verstanden wurden, die von der DDR diskriminiert worden waren. Nach dem Vermögensgesetz waren unter Zwang eingezogene Vermögenswerte grundsätzlich zurückzugeben, wenn sie entschädigungslos enteignet worden waren oder die Enteignung gegen eine geringere Entschädigung erfolgte, als sie DDR-Bürgern normalerweise zustand. Wurde ein Vermögensgegenstand an den früheren Eigentümer zurückgegeben, so musste er den bis dahin bezogenen Lastenausgleich zurückzahlen.

War eine Rückübertragung nicht möglich, weil beispielsweise zwischenzeitlich Privatpersonen in »redlicher Weise« das Eigentum an dem Vermögensgegenstand erworben hatten oder der Geschädigte Entschädigung gewählt hatte, sah das Gesetz eine Entschädigung aus dem Entschädigungsfonds vor.

Ausdrücklich nicht anwendbar war das Gesetz auf Enteignungen auf besatzungsrechtlicher oder besatzungshoheitlicher Grundlage zwischen 1945 bis 1949. Darunter fielen insbesondere Enteignungen aufgrund von Befehlen der sowjetischen Militäradministration (SMAD) und die Bodenreform bzw. die Industriereform aufgrund von Verordnungen der damaligen Länder und Provinzen der sowjetischen Besatzungszone. Diese Ausnahmen von der Pflicht zur Rückgabe enteigneten Grund und Bodens gehörten zu den strittigsten Themen bei den Verhandlungen über den Einigungsvertrag und führten zu diversen Verfahren vor dem Bundesverfassungsgericht.

Die Bundesregierung gab als Begründung für den Ausschluss von Restitution und Entschädigung in solchen Fällen Vorbehalte der Siegermächte des Zweiten Weltkriegs an. Das von Geschädigten angerufene Bundesverfassungsgericht gab der Bundesregierung in einer von vielen kritisierten Entscheidung recht. Als Ausgleich dafür, dass das VermG weder die Rückgabe noch Entschädigungen vorsah, verabschiedete der Bund das Entschädigungs- und Ausgleichsleistungsgesetz (EALG). Es sieht sozialstaatlich begründete, im Verhältnis zum Verlust sehr geringe Zahlungen an die Geschädigten vor.

Die Idee, die volkseigenen Betriebe der DDR in eine »Treuhandanstalt« einzubringen, war bereits im Dezember 1989 am sog. »runden Tisch« der DDR entstanden. Damit sollte das sogenannte »Volksvermögen« gesichert und »demokratisch« verwaltet werden. Die Treuhandanstalt wurde dann Anfang März 1990 von der letzten SED-Regierung formell gegründet. Ihre vorrangige Aufgabe sollte die Verwaltung des volkseigenen Vermögens sein, nicht die Privatisierung der Betriebe und Grundstücke.

Als die letzte SED-Regierung nach der Volkskammerwahl vom 18. März 1990 durch die von Lothar des Maizière geführte Regierung abgelöst wurde, kam es zu einer Neuausrichtung der Treuhandanstalt: Das Treuhandgesetz wurde im Juni 1990 dahin geändert, dass die Treuhandanstalt die DDR-Betriebe privatisieren sollte, um den Prozess der Wiedervereinigung zu beschleunigen.

»Blühende Landschaften«

In einer Fernsehansprache anlässlich des Inkrafttretens der Währungs-, Wirtschafts- und Sozialunion am 1. Juli 1990 versprach Bundeskanzler Kohl der ostdeutschen Bevölkerung: »*Durch eine gemeinsame Anstrengung wird es uns gelingen, Mecklenburg-Vorpommern und Sachsen-Anhalt, Brandenburg, Sachsen und Thüringen schon bald wieder in blühende Landschaften zu verwandeln, in denen es sich zu leben und zu arbeiten lohnt.*«

2018 berichtete *Der Spiegel* von einem Gespräch, das Kohl 1999 mit seinen Mitarbeitern geführt hatte. Danach soll der Altbundeskanzler erklärt haben, er habe damals die »miese Lage bewusst nicht [...] hochgespielt«, um das Selbstwertgefühl der Ostdeutschen nicht zu beschädigen. Das wäre dann eine Lüge gewesen; wahrscheinlicher ist jedoch, dass Helmut Kohl wie auch andere Politiker an eine wirtschaftliche Entwicklung wie nach der Währungsreform 1948 glaubten: Man müsste nur die Marktkräfte entfesseln, um die Wirtschaft in den neuen Bundesländern in Schwung zu bringen.

Das schienen die ersten Informationen über den Zustand der Wirtschaft auch zu bestätigen: Der letzte Ministerpräsident Hans Modrow veranschlagte das Anlagevermögen der DDR-Wirtschaft auf 1,5 Billionen DM; sein Nachfolger Lothar de Maizière korrigierte es im Oktober 1990 auf 800 Milliarden DM; der Treuhand-Chef Detlev Rohwedder ging dann Anfang 1991 nur noch von einem Gleichstand der Aktiva und Passiva aus; in der Schlussbilanz, die Birgit Breuel als seine Nachfolgerin vorlegte, ergab sich schließlich ein Minus von 420 Milliarden DM. Die Bundesregierung hatte sich über den Zustand der DDR-Wirtschaft und ihre Leistungsfähigkeit völlig falsche Vorstellungen gemacht und das Ausmaß der notwendigen Finanzhilfen fundamental unterschätzt.

Es war auch naiv, zu glauben, dass allein die Marktkräfte die produzierende Wirtschaft in den neuen Bundesländern in Schwung bringen würden. Dafür fehlten zwei wesentliche Voraussetzungen: erstens erfolgreich privatisierte Unternehmen und zweitens wettbewerbsfähige Rahmenbedingungen für die Unternehmen.

Die Treuhandanstalt hatte die Aufgabe, die von ihr verwalteten, ehemals volkseigenen Betriebe der DDR zu privatisieren und die Erlöse vorrangig für die Strukturanpassung der Betriebe zu verwenden. Damit hatte sie die Verantwortung für 90 Prozent aller Betriebe in den neuen Bundesländern, d. h. rund 8000 Unternehmen mit 45 000 Betriebsteilen und mehr als 4 Millionen Beschäftigten sowie 1,9 Millionen Hektar landwirtschaftlicher Nutzfläche, übernommen.

Die entscheidende strategische Frage damals lautete: Erst sanieren und dann privatisieren oder zunächst privatisieren und danach sanieren? Bonn setzte sich mit dem Grundsatz durch: »Sanierung durch Privatisierung«. Das bedeutete, dass die Privatisierungen möglichst schnell erfolgen sollten. Dafür wurden der Treuhandanstalt vom Bund »zur Vorfinanzierung von zu erwartenden Erlösen« 7 Milliarden (1990) und 10 Milliarden (1991) DM überwiesen.

Doch schon bald zeigte sich, dass es für einen großen Teil der oftmals maroden Betriebe keine Interessenten gab, womit man nicht gerechnet hatte. Die Treuhand sah sich deshalb gezwungen, mit erheblichen Subventionen das Interesse potenzieller Investoren zu wecken. Die Bilanz nach vier Jahren, d. h. bis zur Auflösung der Treuhandanstalt am 31. Dezember 1994, sah dann folgendermaßen aus: Fast 8000 Betriebe waren privatisiert oder kommunalisiert worden. Etwa 2,5 Millionen Beschäftigte verloren ihren Arbeitsplatz. Einem Privatisierungserlös von knapp 70 Milliarden DM standen Ausgaben von mehr als 340 Milliarden DM gegenüber.

Als besonders erschwerend für die Privatisierung von Betrieben erwies sich der von der Kohl-Regierung durchgesetzte *Umrechnungskurs*: Während die DDR-Mark vor der Währungsreform zur D-Mark einen Wert von 4:1 besaß, galt nach der Währungsreform für Löhne und Gehälter das Verhältnis von 1:1. Mit einem solchen Umtauschkurs wollte die Bundesregierung verhindern, dass der Lebensstandard in der DDR zu weit sank und die Menschen in den Westen umsiedelten. Das ostdeutsche Durchschnittseinkommen lag bei 1000 DDR-Mark. Bei einem Umtausch 2:1, wie es die Deutsche Bundesbank vorgeschlagen hatte, wären die Einkommen unter das westdeutsche Sozialhilfeniveau gefallen.

Der Umtauschkurs von 1:1 bedeutete jedoch gegenüber dem früheren Wertverhältnis von DDR-Mark zur D-Mark von 4:1 eine Verteuerung der Produkte aus der DDR um den Faktor 4. Damit waren die Betriebe in den neuen Bundesländern, die plötzlich mit der neuen Währung kalkulieren und fakturieren mussten, gegenüber den westlichen Unternehmen nicht mehr wettbewerbsfähig. Es gab einen regelrechten Wettbewerbsschock, der viele Unternehmen zum Aufgeben zwang. Dieser Schock hätte nur verhindert werden können, wenn man die Löhne im Osten auf das Maß der Produktivität reduziert und solche Löhne mit öffentlichen Zuschüssen aufgestockt hätte.

Die West-Gewerkschaften verfolgten jedoch eine andere Strategie: Um im Osten das Entstehen eines konkurrierenden Niedriglohn-Landes zu verhindern, setzten sie dort nach Einführung der Tarifautonomie massive Lohnerhöhungen durch. Allein in den ersten 15 Monaten nach der Währungsunion stiegen die Bruttoverdienste in der ostdeutschen Industrie um fast 50 Prozent. Da gleichzeitig die Absatzpreise fielen, ergab sich für die Betriebe ein Anstieg der realen Lohnstückkosten um gut 75 Prozent. Infolgedessen stieg die Arbeitslosigkeit immer weiter an. IG-Chemie-Chef Hermann Rappe sagte, man habe diesen Kurs bewusst gewählt, auch wenn dadurch 40 Prozent der Treuhand-Beschäftigten ihren Arbeitsplatz verloren.

Die Tarifpolitik war deshalb so problematisch, weil sie auf die schlechte Produktivität der ostdeutschen Wirtschaft keine Rücksicht nahm und ihre Wettbewerbsfähigkeit auf Dauer schwächte. Den neuen Bundesländern nahm man damit ihren wichtigsten komparativen Wettbewerbsvorteil: die niedrigen Löhne. Dafür war auch die Kohl-Regierung mitverantwortlich, weil sie die damalige Treuhandchefin Birgit Breuel explizit anwies, sich aus den Tarifverhandlungen herauszuhalten. So wurde den Tarifparteien erlaubt, die tariflichen Lohnerhöhungen noch vor der Privatisierung vorzunehmen, was dazu führte, dass viele Investoren angesichts der maßlosen Lohnpolitik und des viel zu hohen Sozialstandards das Interesse am Osten verloren.

Die ökonomischen Folgen waren vorhersehbar: Die industrielle Basis der ehemaligen DDR-Wirtschaft löste sich in großen Teilen auf. Der Rückgang lag je nach Branche zwischen 13,3 Prozent (Nahrung und Genussmittel) und 88 Prozent (Feinmechanik, Optik). Das reale Bruttosozialprodukt sank 1991 gegenüber 1990 in den neuen Bundesländern um 30,3 Prozent. Die neuen Länder mit einem Bevölkerungsanteil von 20

Prozent trugen nur mit 7 Prozent, also weit unterproportional, zum gesamtwirtschaftlichen Bruttosozialprodukt bei.

Einheitsboom

In den Jahren 1991 bis 1993 löste die deutsche Einheit in den neuen Bundesländern durch einen Nachfrageschub im Konsumbereich eine »Sonderkonjunktur« aus, die eine beträchtliche Investitionsdynamik in Gang setzte. Ermöglicht wurde dieser Konsumschub durch die günstige Währungsumstellung und direkte Geldzahlungen aus öffentlichen Kassen. Davon profitierten vor allem der Einzelhandel, die Automobilbranche und der Wohnungsbau. Aus diesen Gründen nahm das reale Bruttosozialprodukt 1990 um 4,5 Prozent zu. Doch schon Ende 1991 schwächte sich das konjunkturelle Wachstum wieder ab.

Mit dem Sonderboom einher ging ein Importsog, weil die Lücke zwischen Angebot und gestiegener Nachfrage nur durch zusätzliche Einfuhren gedeckt werden konnte. Dadurch kam es außenwirtschaftlich zu einer Umkehrung der Kapitalströme: Der Aktivsaldo der Leistungsbilanz, der sich 1989 noch auf 108 Mrd. DM belief, fiel 1990 auf 77 Mrd. DM zurück und kehrte sich 1991 sogar in ein Defizit von 33 Mrd. DM um. Zu diesem Umschwung trugen aber neben dem Außenhandel auch Sonderfaktoren bei (Zahlungen für den Abzug der russischen Soldaten, Kostenanteil am Golfkrieg, Zahlungen an die EU).

Der Konjunkturboom brachte zugleich einen Inflationsschub. 1991 stiegen die deutschen Verbraucherpreise im Schnitt um 3,5 Prozent. Die Bundesbank zog deshalb die geldpolitischen Zügel an, zumal die Bankkredite an Unternehmen und Privatpersonen um 260 Mrd. DM (= 11,5 %) angestiegen waren. Am Jahresende lagen die Leitzinsen bei 9,75 Prozent und erreichten damit den höchsten Stand in der deutschen Nachkriegsgeschichte.

Als die Inflationsrate das Niveau von 4,2 Prozent erreichte, rief die Bundesbank zum Maßhalten auf: »Eine größere Disziplin und Anpassungsbereitschaft von Politik, Wirtschaft und Tarifpartnern sind nötig. Die in den letzten Jahren zu konstatierende Überbeanspruchung des in Deutschland erwirtschafteten Sozialprodukts drückt sich nicht zuletzt in der Rate der Geldentwertung aus, die sich gegenwärtig jenseits von 4 Prozent bewegt.«

Aber nicht nur bei den Preisen, sondern auch bei den öffentlichen Haushalten schien die deutsche Erfolgsbilanz aus den Fugen zu geraten. Die Einheit wurde auf Pump finanziert und die Transfers in die neuen Bundesländer waren viel größer als zunächst erwartet. Von 1991 bis 1994 flossen jährlich 150 Milliarden DM für Sozialversicherungsprogramme, Investitionen, Umweltprogramme und für den Aufbau der Infrastruktur in die neuen Bundesländer. Der Betrag war dreimal so hoch, wie Bundesminister Waigel prognostiziert hatte.

Die öffentlichen Haushalte stürzten dadurch ins Defizit, das im Jahr 1993 auf 4,3 Prozent des Bruttosozialprodukts anwuchs. So konnte nicht ausbleiben, dass es zu Spannungen zwischen der Bundesbank und der Bonner Regierung kam. Der Zentralbankrat sah in der massiven Verschuldungspolitik und der Art ihrer Finanzierung ein dauerhaftes Stabilitätsrisiko für Deutschland. Die Bundesregierung ihrerseits argumentierte, den historischen Umbruch könne man nicht anhand der traditionellen Stabilitätskriterien beurteilen. Gemeint war damit der Fonds Deutsche Einheit, über den Kreditaufnahmen außerhalb des regulären Haushalts getätigt wurden.

Wilhelm Nölling, Präsident der Hamburger Landesbank, ging daraufhin an die Öffentlichkeit: »Die Bundesbank muss endlich aufhören, so zu tun, als ob die Autonomie der Bundesbank für den Prozess der Wiedervereinigung außer Kraft gesetzt worden sei.« Und Helmut Hesse, Präsident der niedersächsischen Landesbank, warnte vor einem Verlust der »Führungsrolle« der Bundesbank in Währungsfragen. In der Öffentlichkeit entstand dadurch der Eindruck tiefer Divergenz zwischen der Bundesbank und der Bundesregierung (Wolfram Weimer).

Aufbau Ost

Für die Transformation der sozialistischen Planwirtschaft in der DDR in eine soziale Marktwirtschaft nach dem Vorbild der Bundesrepublik gab es weder ein historisches Vorbild noch einen politischen Plan. Die Politik betrat damit wirtschaftspolitisches Neuland und musste zu zwei unterschiedlichen Fragenkomplexen Antworten finden: zur ordnungspolitisch korrekten Umsetzung des Transformationsprozesses und zur wirtschaftspolitischen Strategie für den wirtschaftlichen Aufschwung in Ostdeutschland.

Nachdem die ordnungspolitischen Fragen mit dem »Staatsvertrag über die Errichtung einer Währungs-, Wirtschafts- und Sozialunion« und dem »Vermögensgesetz« beantwortet waren, trat der wirtschaftliche »Aufbau Ost« in den Mittelpunkt der Politik. Bund und Länder einigten sich früh auf die Schaffung eines Fonds »Deutsche Einheit«, der am 30. Juni 1990 in Kraft trat und zunächst mit 115 Milliarden DM ausgestattet wurde. Durch Aufstockungen in den Jahren 1990 und 1993 wurden die dem Fonds zur Verfügung stehenden Mittel auf rund 160 Milliarden DM erhöht. Vom Startvolumen des Fonds übernahm der Bund 20 Milliarden. Die restlichen 95 Milliarden DM wurden durch Kreditaufnahme finanziert, wobei der Bund sowie die westdeutschen Länder gemeinsam mit ihren Gemeinden je zur Hälfte die Zins- und Tilgungslasten übernahmen.

Mit dem Fonds »Deutsche Einheit« wollte die Bundesregierung die wirtschaftliche Entwicklung in den neuen Bundesländern und dem Land Berlin für eine Übergangszeit bis Ende 1994 fördern, um im gesamten Bundesgebiet gleiche Lebensverhältnisse herzustellen, die den Menschen in den neuen Bundesländern versprochen worden waren. Dazu gehörten zwei große Aufgabenbereiche: erstens die Privatisierung der Betriebe und Grundstücke durch die Treuhandanstalt, zweitens die Modernisierung und Erweiterung der Verkehrsinfrastruktur und der Versorgungseinrichtungen durch die neu gebildeten Länder und Kommunen.

Die Treuhandanstalt entflocht und privatisierte binnen drei Jahren mehr als 13 000 ehemalige Staatsbetriebe und verpflichtete dabei die Investoren zur Vorhaltung von 1,5 Millionen Arbeitsplätzen und zu Investitionen in Höhe von 184 Milliarden DM. Drei Jahre nach dem Ende der DDR gab es im Osten wieder 450 000 mittelständische Unternehmen, darunter mehr als 130 000 Handwerksbetriebe und 65 000 Freiberufler, wie Anwälte, Architekten und Ingenieure. Dennoch gelang es bis 1998 nicht, in Ostdeutschland einen sich selbst tragenden Wirtschaftsaufschwung mit befriedigender Beschäftigungsquote herbeizuführen.

Im Rahmen der Infrastrukturprogramme wurde mithilfe des Fonds »Deutsche Einheit« nahezu das gesamte Straßennetz in den neuen Bundesländern von Grund auf erneuert und erweitert. Die Reichsbahn überholte in nur zwei Jahren 2200 Kilometer Gleise und erneuerte 400 Brücken. Die Telekom installierte in Windeseile das modernste Kommunikationsnetz Europas. Überall entstanden neue Kläranlagen, Abwassersysteme, Kraftwerke, Stromleitungen und Gewerbegebiete. Außerdem wurden die Errichtung von Gewerbe- und Industrieanlagen und die Sanierung von Wohnungen vorangetrieben. Dieser Teil des Programms »Aufbau Ost« avancierte rasch zum größten Konjunkturprogramm der deutschen Geschichte.

Ab 1995 waren die Mittel des Fonds »Deutsche Einheit« erschöpft. Allein die Aufbauhilfen zur Verbesserung der Infrastruktur und zur Förderung von Unternehmen im Bereich der neuen Länder hatten sich auf etwa 300 Milliarden DM summiert. Die Schuldentilgung leisteten fortan der Bund, die alten Bundesländer und deren Gemeinden. An die Stelle des Fonds »Deutsche Einheit« traten dann der Solidarpakt I, der u. a. die Schulden der Treuhandanstalt übernahm, und der Solidarpakt II, der sich über den Solidaritätszuschlag zur Lohn-, Einkommens- oder Körperschaftsteuer finanzierte.

Die wirtschaftspolitischen Maßnahmen im Zuge der Wiedervereinigung und deren Finanzierung sind bis heute umstritten. Ein wiederkehrender Streitpunkt war die Lasten- und Risikoverteilung zwischen Bund, Ländern und Gemeinden sowie zwischen Ost- und Westdeutschland. Kritisiert wurde außerdem die Höhe der Transfers, die sich nach Schätzungen bis 2014 zwischen 1,3 und 2,0 Billionen Euro bewegten. Dabei handelte es sich um Geldtransfers der Bundesrepublik an die fünf neuen Bundesländer sowie an die Treuhandanstalt im Rahmen der Privatisierung des volkseigenen Vermögens und um Zuschüsse an die dortigen Sozialversicherungsträger, vor allem an die defizitäre Renten- und Arbeitslosenversicherung.

Angesichts solcher Summen war absehbar, dass die staatliche Schuldenquote gefährlich in die Höhe gehen würde, da die Finanzierung der deutschen Einigung überwiegend durch Staatskredite erfolgte. 1970 lag die Gesamtverschuldung der Gebietskörperschaften noch unter 20 Prozent des Bruttosozialprodukts, 1990 war sie bereits bei 39,2 Prozent angekommen und 1994 lag sie deutlich über der 50 Prozent-Marke. Bis 1997 stieg sie weiter auf über 60 Prozent an und auf diesem Niveau blieb sie bis 2003. Der finanzpolitische Spielraum der Bundesregierung für andere Aufgaben wurde dadurch enger, sodass auch Steuern erhöht werden mussten. Ab 1. Juli 1994 wurde deshalb der Solidaritätszuschlag von 7,5 Prozent als Zuschlag auf die Lohn- und Einkommensteuer erhoben. Dann folgten mehrere Erhöhungen der Mehrwertsteuer: 1993 auf 15 Prozent, 1998 auf 16 Prozent und 2007 auf 19 Prozent. Auch die Bürger waren also direkt am »Aufbau Ost« beteiligt.

Mit dem »Aufbau Ost« änderte sich auch der Charakter der Wirtschaftspolitik. Sie wurde wieder stärker interventionistisch und es vermischten sich wirtschafts- und sozialpolitische Ziele. Ein typisches Beispiel waren die ABS-Gesellschaften (Gesellschaften zur Arbeitsförderung, Beschäftigung und Strukturentwicklung), in denen das entlassene Industriepersonal aufgefangen wurde, wobei die einzelnen Arbeitnehmer ihre Sozialabfindungen einbrachten und das Land dieses Vermögen aus Mitteln der öffentlichen Hand aufstockte. Zweck dieser Gesellschaften war, übergangsweise Dauerarbeitsplätze zur Verfügung zu stellen und sich zu eigenständigen neuen Unternehmen zu entwickeln.

Ein weiteres Beispiel war die großzügige Förderung von Investitionen, um Industriearbeitsplätze zu erhalten bzw. zu schaffen. Der investierende Unternehmer konnte mit Zulagen und Zuschüssen rechnen; im steuerlichen Bereich wurden Sonderabschreibungen in Höhe von 50 Prozent neben den normalen Abschreibungen zugelassen; es konnten ferner steuerfreie Rücklagen gebildet werden; jeder, der sich in den neuen Ländern engagieren wollte, bekam zinsverbilligte Kredite. Handelte es sich um spezielle wirtschaftsnahe Infrastrukturvorhaben der Kommunen, konnten bei entsprechender Eigenbeteiligung des Trägers/Unternehmens bis zu 90 Prozent der Investitionskosten gefördert werden.

Mit Blick auf die Größe und Komplexität der zu bewältigenden Transformation bleibt allerdings zu fragen, welche Alternativen zu der von der Bundesregierung gewählten Aufbaustrategie bestanden, so insbesondere bei der Ausgestaltung der Währungsunion und der Privatisierung der DDR-Betriebe. Karl-Heinz Paqué schrieb dazu: »Der Aufbau Ost war unvermeidlich, und zwar im Wesentlichen genauso, wie er geschah: mit sofortiger Währungsunion, mit zügiger Privatisierung, mit massiver Wirtschaftsförderung. Realistische Alternativen gab es nicht, und zwar wegen der hohen Mobilität der Arbeitskräfte als Frucht und Preis der Freiheit. Die Deutschen haben den richtigen Weg gewählt. Sie können darauf stolz sein.«

Kostendämpfungsmaßnahmen

Die finanziellen Schwierigkeiten, die sich schon Mitte der Achtzigerjahre in allen staatlichen Versicherungszweigen zeigten, nahmen nach 1990 deutlich zu. Hatten bis dahin eine steigende Lebenserwartung, zunehmende Arbeitslosigkeit und die großzügigen Möglichkeiten der Frühverrentung zur prekären finanziellen Entwicklung beigetragen, so verschärfte sich die Lage nun durch die Wiedervereinigung.

Die Rentner der ehemaligen DDR wurden im Zeichen einer deutsch-deutschen Solidarität so gestellt, als ob sie in das westdeutsche Rentenversicherungssystem eingezahlt hätten und ihr Einkommen vor der Wiedervereinigung dem in Westdeutschland entsprochen hätte. Um den weiteren Anstieg des Bundeszuschusses und der Belastung der Beitragszahler in Grenzen zu halten, beschloss die Regierung Kohl in den 90er-Jahren mehrere Reformgesetze:

- Statt die Renten an die Bruttolöhne zu koppeln, sah die neue Rentenformel eine jährliche Anhebung der Renten entsprechend der Entwicklung der Nettolöhne vor.
- Der Bundeszuschuss wurde erhöht und dahin modifiziert, dass er auch bei einem zukünftigen Anstieg des Beitragssatzes erhöht werden konnte.
- Die Altersgrenzen für den Bezug von Renten wurden angehoben.
- Außerdem trat 1999 ein »demografischer Faktor« in der Rentenformel in Kraft, wonach die gestiegene Lebenserwartung bei der jährlichen Rentenanpassung berücksichtigt werden sollte.

Als auch in der Gesetzlichen Krankenversicherung die Beiträge anstiegen, wurden hier ebenfalls Einsparungen notwendig. Das sogenannte Gesundheitsstrukturgesetz vom 9. Dezember 1992 sah dazu u. a. Folgendes vor:

- Die Einführung einer Positivliste für erstattungsfähige Arzneimittel.
- Einführung eines kassenartenübergreifenden Risikostrukturausgleichs.
- Eine Grundlohnanbindung auf regionaler Ebene bei den Kosten für die ärztliche Versorgung.
- Die Reform der Krankenhausfinanzierung durch Einführung von Fallpauschalen.

Es folgten 1993, 1996 und 1997 weitere Kostendämpfungsgesetze; doch der Erfolg einer nachhaltigen Kostenreduzierung blieb aus. Während in den alten Bundesländern die Leistungsausgaben im Jahr 1982 bei 93 Milliarden gelegen hatten, stiegen sie 1998 auf knapp 195 Milliarden DM an. Dies hatte u. a. zur Folge, dass der durchschnittliche Krankenversicherungsbeitrag für die alten Bundesländer von 12 auf 13,5 Prozent angehoben werden musste.

Die Reform des Gesundheitswesens in den Neunzigerjahren stellte einen Mix aus dirigistischen Maßnahmen (Budgetierungen, Zulassungsbeschränkungen für Ärzte, Festbeträge für Arzneimittel, gesetzlich verordnete Beitragssatzsenkung etc.) und liberalen Elementen (größere Kostentransparenz, mehr Selbstbeteiligung der Patienten, größere Leistungsdifferenzierung und mehr Wettbewerb der Krankenkassen) dar. Die damit verbundenen Erwartungen (mehr Solidarität bei geringeren Kosten) wurden aber nicht erfüllt, weil die Maßnahmen halbherzig waren und sich zum Teil auch widersprachen.

Das Ziel der Kostendämpfungsmaßnahmen bestand darin, die Sozialversicherungskosten als Teil der Arbeitskosten in Grenzen zu halten, um die Zahl der Arbeitslosen nicht noch weiter steigen zu lassen. Im Widerspruch dazu stand die Entscheidung der Bundesregierung im Jahr 1994, die Versicherung des »Pflegerisikos« nicht den Privatversicherungen zu überlassen, sondern dafür eine eigene gesetzliche Sozialversicherung zu schaffen. Wie bei den anderen Sozialversicherungen wählte man auch für die Pflegeversicherung das aus der Bismarck-Zeit stammende Modell einer Pflichtversicherung, die sich aus paritätischen Beiträgen finanziert und unabhängig vom individuellen Einkommen und Vermögen ein bestimmtes Risiko abdeckt, hier das Pflegerisiko. Begründet wurde die Einführung der Pflegeversicherung zum 1. Januar 1995 mit gesellschaftlichen Veränderungen, wie die zunehmende Alterung, der Trend zur Kleinfamilie, die zunehmende Berufstätigkeit der Frauen und die berufliche Mobilität.

Über alle Parteigrenzen hinweg bestand ein breiter Konsens über die grundsätzliche Zweckmäßigkeit einer solchen Versicherung. Kritisiert wurde jedoch, dass die Pflegeversicherung mit der Finanzierung im Umlageverfahren vor denselben demografischen Problemen wie die anderen Sozialversicherungen stand. Zudem wurde befürchtet, dass die Leistungen bald erweitert werden müssten, um dem Pflegerisiko in angemessener Weise Rechnung zu tragen. Beitragserhöhungen und negative Auswirkungen auf die Beschäftigung wären dann unvermeidlich und würden die Politik der Kostendämpfung konterkarieren.

Ordnungspolitisch war die Pflegeversicherung mit den Grundsätzen der Subsidiarität und Nachhaltigkeit kaum in Einklang zu bringen. Ihre Einführung zeigte jedoch erneut die »Pfadabhängigkeit« des westdeutschen Sozialversicherungssystems, also die Unmöglichkeit, vom traditionellen Modell der Sozialversicherungssysteme abzuweichen. Andererseits erwies sich das westdeutsche Sozialsystem trotz erheblicher Belastungen als leistungsstärker und erheblich robuster, als seine Kritiker vorausgesagt hatten.

Umweltpolitik

In der Amtszeit der Regierung Kohl war die umweltpolitische Grundsanierung Ostdeutschlands die größte und wichtigste Aufgabe im Bereich des Umweltschutzes. Die Schädigung der natürlichen Lebensgrundlagen hatte in den 40 Jahren sozialistischer Miss- und Mangelwirtschaft ein katastrophales Ausmaß erreicht. Das zeigten eindrucksvoll zwei Beispiele: Noch kurz vor dem Zusammenbruch des Regimes wurden in der DDR mehr als fünf Millionen Tonnen Schwefeldioxid ausgestoßen. Das war die fünffache Menge dessen, was in der Bundesrepublik gemessen wurde. Außerdem konnte mehr als die Hälfte der Fließgewässer in der DDR nicht mehr zur Trinkwassergewinnung herangezogen werden, weil der hohe Grad der Gewässerverschmutzung das nicht mehr zuließ. Der Sachverständigenrat kam deshalb hinsichtlich des umweltpolitischen Zustands der DDR zu folgendem Urteil: *»Die Umweltbelastung in der ehemaligen DDR ist auch im Weltmaßstab beispiellos.«*

Für diesen beispiellosen Raubbau an den natürlichen Ressourcen in der DDR gab es eine Reihe von Gründen: In den Betrieben stand die kurzfristige Planerfüllung stets im Vordergrund. Demgegenüber galten Investitionen in umweltverträgliche Produktionsanlagen und Infrastrukturprojekte gemeinhin als Luxus und unterblieben folglich. Hinzu kam eine Rohstoffpolitik, die seit der Gründung der DDR auf Autarkie ausgerichtet war und dieses Ziel ohne Rücksicht auf Mensch und Umwelt verfolgte. Auch die rigorosen Produktionsvorgaben der Sowjetunion trugen nicht unerheblich dazu bei, dass gerade die Schwerindustrie der DDR Umweltschutzinteressen konsequent missachtete.

In der alten Bundesrepublik war stattdessen mit steigendem Wohlstand auch das Umweltbewusstsein gewachsen und die Kohl-Regierung hatte darauf in den Neunzigerjahren mit einer fast unübersehbaren Fülle umweltpolitischer Gesetze und Verordnungen reagiert. Ihre Strategie in der Umweltpolitik umschrieb die Bundesregierung in ihrem Jahreswirtschaftsbericht 1992 so: *»Die Bedingungen für die Nutzung von Umweltressourcen sind so zu setzen, dass ihre Inanspruchnahme für die Unternehmen* *eine betriebswirtschaftliche Kostenkomponente und für die Konsumenten eine ausgabenwirksame Preiskomponente wird. Dann liegt der sparsame Umgang mit den Ressourcen im Eigeninteresse aller am Wirtschaftsgeschehen Beteiligten; Umwelt ist künftig ebenso bedeutend wie die klassischen Produktionsfaktoren Arbeit, Kapital und Boden.«*

Vor dem Hintergrund dieser umweltpolitischen Zielformulierung stellten die sogenannten »Altlasten« in den neuen Bundesländern ein riesiges Problem dar. Denn die Grundvoraussetzung für die Privatisierung der Betriebe und die Durchführung von Investitionen war die Sanierung von kontaminiertem Grund und Boden. Dafür galten die westdeutschen Umweltgesetze, die nach der Wiedervereinigung auch in den neuen Bundesländern anzuwenden waren. Zu bewältigen war diese Aufgabe nur mit Beratungsleistungen der Umweltbehörden und weiteren Finanztransfers. Außerdem wurde die Umweltschutzgesetzgebung teilweise auf die ostdeutschen Verhältnisse angepasst. So bot zum Beispiel das Umweltrahmengesetz von 1992 den neuen Bundesländern die Möglichkeit, Unternehmen und Treuhandanstalt von der Verantwortung für Altlasten freizustellen.

Nach der Bundestagswahl 1994 wurde die damals 40-jährige Physikerin Angela Merkel aus der ehemaligen DDR von Helmut Kohl zur Bundesministerin für Umwelt, Naturschutz und Reaktorsicherheit ernannt. Die konkreten Umweltprobleme in den neuen Bundesländern standen jedoch nicht im Fokus ihres Wirkens. Ihren ersten großen Auftritt hatte sie 1995 als Präsidentin der Klimakonferenz der Vereinten Nationen in Berlin. Dort handelte sie das »Berliner Mandat« aus, das als Grundlage für das zwei Jahre später beschlossene Kyoto-Protokoll galt. 1997 veröffentlichte sie dazu das Buch »Der Preis des Überlebens«, in dem sie sich vor allem mit Fragen des menschengemachten Klimawandels auseinandersetzte und mehr Klimaschutz einforderte.

Arbeitslosigkeit

In den Neunzigerjahren blieb die Arbeitslosigkeit das bestimmende Thema der Politik. Während die Zahl der Arbeitslosen in der Periode von 1982 bis 1989 noch bei durchschnittlich 2,15 Millionen gelegen hatte, stieg sie in der Phase von 1990 bis 1997 auf durchschnittlich 3,52 Millionen an; im Jahr 1998 waren circa 4,2 Millionen Menschen ohne Arbeit (2,8 Millionen in West- und 1,4 Millionen in Ostdeutschland).

Während die Arbeitslosigkeit im Gebiet der alten Bundesrepublik infolge bestimmter Trends (demografische Entwicklung, technischer Fortschritt, Globalisierung) langsam, aber kontinuierlich wuchs, explodierte sie förmlich in den neuen Bundesländern aus Gründen, die aus dem wirtschaftlichen Umgestaltungsprozess (DM-Einführung, Privatisierung der Betriebe, Lohnpolitik der Gewerkschaften) herrührten. Hinzu kam, dass in den neuen Bundesländern nach der Einführung der D-Mark die osteuropäischen Märkte wegbrachen, da es den früheren RGW-Partnern an Devisen für die in D-Mark zu bezahlenden Produkte fehlte.

Vor diesem Hintergrund setzte die Bundesregierung ihren Kurs zur »Entrümpelung« des Arbeitsmarktes fort: Im August 1994 hob die Regierung das Vermittlungsmonopol der Bundesanstalt für Arbeit auf und eröffnete privaten Unternehmen die Möglichkeit, gewerbliche Arbeitsvermittlung zu betreiben. Gleichzeitig wurde das Arbeitszeitgesetz flexibilisiert. Die gesetzliche Lohnfortzahlung im Krankheitsfall wurde zum 1. Oktober 1996 von 100 auf 80 Prozent gesenkt. Außerdem erhöhte die Regierung mit einer Änderung des Ladenschlussgesetzes die maximale wöchentliche Öffnungszeit der Geschäfte auf 80 Stunden.

Ergänzt wurden diese Maßnahmen durch direkt wirkende Mittel: Neben saisonalen Hilfsmaßnahmen wie Schlechtwettergeld wurden ab 1991 Mittel in Milliardenhöhe für Umschulungen, Arbeitsbeschaffungsmaßnahmen, Konkursausfallgeld und Vorruhestandsgeld bereitgestellt. In den neuen Bundesländern gab es ab 1993 den »Lohnkostenzuschuss Ost«, der solche Zahlungen in Bereichen wie Umweltschutz, soziale Dienste bis hin zur Förderung des Breitensports ermöglichte.

Solche unterstützenden Maßnahmen trugen aber nur wenig zur Flexibilisierung des Arbeitsmarktes bei, sodass der erhoffte Rückgang der Arbeitslosigkeit ausblieb. In der Endphase der Kohl-Ära pendelte sich die Arbeitslosigkeit auf einem Niveau von über 4 Millionen Erwerbslosen ein, auf dem sie hartnäckig verblieb. Die Hauptursache lag in dem tief greifenden Strukturwandel, in dem sich die Wirtschaft befand, auf den Politik und Gewerkschaften aber nur mit Abwehrstrategien und dem Beharren auf verkrusteten Arbeitsmarktregeln reagierten.

Im Gefolge der Internationalisierung der Wirtschaft kam es insbesondere in personalintensiven Unternehmen zu Rationalisierungen, Prozessinnovationen und Betriebsverlagerungen, denen vor allem gering qualifizierte Arbeitnehmer zum Opfer fielen. Schutzmaßnahmen der Gewerkschaften zugunsten der Arbeitnehmer konnten diesen Prozess wohl aufhalten, stoppen konnten sie ihn aber nicht. Im Gegenteil verstärkte eine solche Politik die Bereitschaft der Unternehmer, den Rationalisierungs-, Innovations- und Verlagerungsprozess zu beschleunigen und auf weitere Einstellungen zu verzichten. Auf diese Weise verfestigte sich die hohe Sockelarbeitslosigkeit immer mehr.

Kritikwürdig in diesem Zusammenhang war auch das Entsendegesetz aus dem Jahr 1996, mit dem der vielfach als »Lohndumping« kritisierte Einsatz von Arbeitnehmern aus EU-Staaten im Baugewerbe verhindert werden sollte. Das Gesetz verbot (angeblich zum Schutz deutscher Bauarbeiter) solchen Arbeitern, im Auftrag eines ausländischen Arbeitgebers in Deutschland zu einem niedrigeren als dem deutschen Tariflohn zu arbeiteten. Das Gesetz führte im Baugewerbe zu überhöhten Baupreisen, illegaler Beschäftigung ausländischer Arbeiter und einem erheblichen Kontrollaufwand der Behörden.

Maastricht-Vertrag

Mit dem Inkrafttreten der Einheitlichen Europäischen Akte (EEA) im Jahr 1987 vereinbarten die Mitgliedstaaten der Europäischen Gemeinschaft (EG) die Vollendung des Europäischen Binnenmarktes mit den vier Grundfreiheiten »freier Güter-, Personen-, Dienstleistungs- und Kapitalverkehr«. Unvermeidlich stellte sich damit auch die Frage nach einer währungspolitischen Einheit, um Wechselkursschwankungen zwischen den nationalen Währungen und den Aufwertungsdruck für die D-Mark zu vermeiden.

Ein engagierter Vorkämpfer für eine Europäische Währungsunion war Jacques Delors, seit 1984 Präsident der Europäischen Kommission. Eine Expertengruppe unter seinem Vorsitz, der auch die Zentralbankpräsidenten der damals 12 EG-Staaten angehörten, legte dazu im April 1989 den sogenannten Delors-Bericht vor. Dieser Bericht arbeitete deutlich die Notwendigkeit einer »wirtschafts- und währungspolitischen Kooperation« heraus, betonte die notwendige Konvergenz der Mitgliedstaaten bei Zinsen, Inflationsraten, Wechselkursen und öffentlichen Finanzen und entwarf insbesondere das Statut für eine unabhängige Europäische Notenbank nach deutschem Vorbild. Aber in Bezug auf die Notwendigkeit einer politischen Union hielt sich der Bericht zurück.

Das eigentlich Überraschende war nicht der Bericht an sich, sondern der Beschluss der Staats- und Regierungschefs der EG vom Juni 1989, eine solche »Wirtschafts- und Währungsunion« tatsächlich zu verwirklichen und die erste Stufe am 1. Juni 1990 beginnen zu lassen. In der Bundesrepublik ging der Wille hierzu eindeutig von Bundeskanzler Kohl und seinem Außenminister Genscher aus. Das für die Währungspolitik zuständige Finanzministerium war zunächst skeptisch, die Haltung der Bundesbank deutlich zurückhaltend.

Mitten in die anlaufenden Gespräche platzte im Herbst 1989 die Öffnung der Mauer, der 1990 die deutsche Wirtschafts- und Währungsunion und dann die deutsche Einheit folgten. Nicht zuletzt dadurch gewannen die Vorbereitungen für eine europäische Währungsunion vom Herbst 1990 an eine bis dahin nicht erwartete Dynamik und Beschleunigung. Die enge Verbindung zwischen den Ereignissen war unübersehbar: Der Umsturz der europäischen Nachkriegsordnung verstärkte nicht nur das französische Drängen auf schnelle Schritte in Richtung Währungsunion, sondern auch die Bereitschaft des Bundeskanzlers, sich über alle internen deutschen Zweifel an solchen Schritten hinwegzusetzen.

Der Vertrag über die »Europäische Union« wurde im Dezember 1991 von den Staats- und Regierungschefs der EG in der südholländischen Stadt Maastricht abschließend verhandelt, dort am 7. Februar 1992 von den Außenministern unterzeichnet und nach Ratifizierung durch die Mitgliedstaaten am 1. November 1993 in Kraft gesetzt. Die Mitgliedstaaten der Europäischen Union, so erklärte Bundeskanzler Kohl nach der Konferenz im Bundestag, seien jetzt »für die Zukunft in einer Weise miteinander verbunden, die ein Ausbrechen oder einen Rückfall in früheres nationalstaatliches Denken mit all seinen schlimmen Konsequenzen unmöglich macht«.

Allerdings hatte der deutsche Bundeskanzler, um dies zu erreichen, in Maastricht erhebliche Zugeständnisse machen müssen. Denn in der Frage der politischen Union waren die von deutscher Seite gewünschten Fortschritte nicht erreicht worden. Die von den Deutschen mit Nachdruck vertretene Überzeugung, dass die wirtschaftliche Vereinigung nur durch die Verstärkung der politischen, also auch der wirtschaftspolitischen Einheit erfolgreich sein könne, setzte sich gegen die Vorbehalte der europäischen Partner nicht durch. Am Ende musste selbst Kohl eingestehen, dass ein europäischer Bundesstaat »so nicht kommen wird«.

Deshalb kehrte man die Reihenfolge um: Am Beginn stand nun nicht die vertiefte politische Integration, die schließlich auch zu einer gemeinsamen Währung führen sollte (Krönungstheorie). Ausgangspunkt war vielmehr die einheitliche Währung, durch welche die einzelnen Mitgliedsländer mit so starken Banden zusammengehalten werden sollten, dass sich zwangsläufig auch eine starke Vereinheitlichung in der Innen- und Außenpolitik ergeben würde (Lokomotivtheorie). Für Bundesbankpräsident Tietmeyer war jedoch klar, dass eine Währungsunion letztlich nur »in einem staatsähnlichen politischen Verband« bestehen konnte.

Die asymmetrische Struktur des Verhandlungsergebnisses zeigte sich auch in dem Aufbau des Maastricht-Vertrages, der aus drei Säulen bestand: Die erste Säule mit sehr präzisen Regeln zur Wirtschafts- und Währungsunion war gemeinschaftliches, also supranationales Recht. Die Außenpolitik als zweite und die Innen- und Rechtspolitik als dritte Säule blieben »intergouvernemental«, sodass darüber weiterhin die Regierungschefs der Mitgliedsländer entscheiden mussten. Darüber hinaus enthielt der Vertrag Ausnahmeregelungen: Dänemark und Großbritannien mussten der Währungsunion nicht beitreten (opting out). Großbritannien erhielt zudem das Recht, die Vereinbarungen in Bezug auf die Sozialpolitik und die Umsetzung von EU-Beschlüssen in britisches Recht nicht vollziehen zu müssen.

Dass die deutsche Seite bereit war, solche Abstriche von ihren ursprünglich gestellten Forderungen zu machen, lag nicht zuletzt daran, dass sie unmittelbar nach dem Zusammenbruch des sowjetischen Imperiums die historisch einmalige Chance sah, den Prozess der europäischen Einigung entscheidend voranzubringen. Bis auf die PDS stimmten alle im Bundestag vertretenen Parteien dem Maastricht-Vertrag zu. Man betonte zwar die wirtschaftlichen Vorteile, die eine Währungsunion für die Exportwirtschaft und den Verbraucher haben würde, in erster Linie wurde die Europäische Union aber als politisches Projekt angesehen, das den Nationalismus überwinden und Europa einen dauerhaften Frieden garantieren sollte. Ohne ein gemeinsames Europa, so die allgemeine Überzeugung, werde man den Herausforderungen der globalisierten Welt nicht mehr gerecht.

Im Übrigen folgte der Vertrag in seinen wesentlichen Punkten dem deutschen Modell einer Währungs- und Wirtschaftsunion. Das europäische Verfassungsziel ist die »Soziale Marktwirtschaft«. Die Europäische Zentralbank ist unabhängig und dient dem Ziel die Preisstabilität. Man einigte sich auch auf eine stabile Finanzwirtschaft. Die Haftung für die Schulden anderer Mitgliedstaaten wurde ausdrücklich ausgeschlossen.

Im Übrigen sah der Vertrag Folgendes vor:

Der Europäische Rat überwacht die Wirtschafts- und Finanzpolitik der Mitgliedstaaten und gibt ggf. Empfehlungen für eine koordinierte Politik (Art. 103 EG-Vertrag). Nach Art. 103a kann der Rat einstimmig beschließen, einem Mitglied bei besonders großen Schwierigkeiten aufgrund außergewöhnlicher Ereignisse finanziellen Beistand der Gemeinschaft zu gewähren. Art. 104 verbietet jedoch den öffentlichen Haushalten in der EU generell, bei den nationalen Notenbanken und der Europäischen Zentralbank Kredite aufzunehmen. Art. 104b schließt außerdem eine Haftung der Gemeinschaft oder der Mitgliedstaaten für die Kredite anderer öffentlicher Institutionen generell aus.

Nach Art. 104c hat die Europäische Kommission die Haushaltsführung der Mitgliedstaaten im Hinblick darauf zu überwachen, dass weder die laufende Neuverschuldung noch der gesamte Schuldenstand der öffentlichen Hand einen im Verhältnis zum Bruttoinlandsprodukt (BIP) übermäßigen Umfang annimmt. In einer Protokoll-Anlage sind als quantitative Grenzen festgelegt, dass das laufende Haushaltsdefizit 3 Prozent und der öffentliche Schuldenstand 60 Prozent des BIP nicht überschreiten sollen. Nach Art. 104c Abs. 2 wird die Haushaltsdisziplin aber nicht allein anhand dieser beiden Kriterien beurteilt, sondern auch danach, ob die Zielüberschreitung erheblich, übermäßig oder nur vorübergehend ist. Zwar kann der Europäische Rat gegen ein Mitgliedsland mit übermäßigem Defizit eine Reihe von Sanktionen (unverzinsliche Einlagen oder Geldbußen etc.) beschließen; von dieser Möglichkeit hat der Europäische Rat aber trotz bzw. wegen vieler Verstöße nie Gebrauch gemacht.

Zu den Aufgaben und Zuständigkeiten der Europäischen Zentralbank (EZB) legt Art. 105 Abs. 1 des Vertrages fest, dass es »das vorrangige Ziel der EZB ist, die Preisstabilität zu gewährleisten; soweit dies ohne Beeinträchtigung des Ziels der Preisstabilität möglich ist, unterstützt die EZB die allgemeine Wirtschaftspolitik in der Gemeinschaft«. Diese, den Paragraphen 3 und 12 des Bundesbankgesetzes nachgebildete Bestimmung sollte nach Vorstellung der deutschen Verhandlungsseite der Kernsatz des gesamten Vertrages sein. Alle Mitgliedstaaten sollten die deutsche Philosophie akzeptieren, wonach die Geldpolitik der EZB in erster Linie auf die Preisstabilität verpflichtet ist und andere wirtschaftspolitische Ziele nur nachrangig verfolgen darf.

Mit der gleichen Zielsetzung sieht der Vertrag in Art. 107 vor, dass »die EZB und die nationalen Zentralbanken bei der Durchführung der ihnen durch EU-Vertrag und Satzung zugewiesenen Aufgaben weisungsunabhängig von allen Regierungen und anderen öffentlichen Stellen und ihrerseits auch nicht befugt sind, Weisungen anderer Stellen einzuholen«. Auch insoweit ist die EZB der Deutschen Bundesbank nachgebildet worden, doch wurde offensichtlich nicht bedacht, dass sich die Unabhängigkeit der EZB, deren Führung von den europäischen Staats- und Regierungschefs ausgewählt wird, durch eine solche Satzungsklausel nicht hinreichend sichern lässt.

Die erste Stufe der Währungsunion begann am 1. Juni 1990 mit der Liberalisierung des Kapitalverkehrs innerhalb der Gemeinschaft. Die zweite Stufe startete am 1. Januar 1994 mit der Gründung des Europäischen Währungsinstituts (EWI), Vorläufer der Europäischen Zentralbank (EZB) in Frankfurt. Der Übergang zur dritten Stufe am 1. Januar 1999 erfolgte mit der unwiderruflichen Festlegung der Umrechnungskurse für die nationalen Währungen. Am 1. Januar begann dann auch der Austausch der nationalen Währungen in die europäische Währung namens »EURO«. Der amtliche Umtauschkurs für die D-Mark betrug 1 Euro für 1,95583 DM (Wolfram Weimer).

Reformstau

Die angebotsorientierte Wirtschaftspolitik der Regierung Kohl geriet in der zweiten Hälfte der 1990er-Jahre unter starken Druck. Selbst der Sachverständigenrat fand in seinem Herbstgutachten 1997 deutliche Worte: »*Die unbefriedigende gesamtwirtschaftliche Entwicklung, vor allem mit Blick auf den Arbeitsmarkt, hat in jüngster Zeit Zweifel an der Angemessenheit einer angebotsorientierten Wirtschaftspolitik aufkommen lassen, wie sie der Bundesregierung für die vergangenen fünfzehn Jahre zugeschrieben wird.*«

In der Öffentlichkeit herrschte während der letzten Periode der Kohl-Regierung (1994–1998) zunehmend der Eindruck »politischer Verkrustung«, weil viele Reformansätze diskutiert, aber aus den verschiedensten Gründen nicht umgesetzt wurden. Das veranlasste die Gesellschaft für deutsche Sprache, den Begriff »Reformstau« zum Wort des Jahres 1997 zu wählen.

Eine Erklärung für diesen Reformstau lieferte die »Neue Politische Ökonomie« (NPÖ), die politisches Verhalten und Entscheidungsprozesse auch mittels der Wirtschaftswissenschaft zu erklären versucht. Danach bestand der eigentliche Grund für ausbleibende Reformen darin, dass das geltende politische System Reformschritte nicht belohnt. Politiker wollen wieder gewählt werden und richten ihre Politik nach der zu erwartenden Zustimmung aus. Während die Gewinne aus Reformen in der Zukunft liegen und ungewiss sind, können die anfänglichen Verluste aus diesen Reformen jedoch meist genau beziffert werden und der betroffene Personenkreis weiß genau, was für ihn auf dem Spiel steht. Deshalb könne man von Politikern praktizierte Verantwortung oder Mut nicht erwarten, so die Theorie der Politischen Ökonomie.

Worum es dabei konkret ging, beschrieb Bundespräsident Roman Herzog am 6. April 1997 in seiner Berliner Rede so:

»Ich komme gerade aus Asien zurück. In vielen Ländern dort herrscht eine unglaubliche Dynamik. Staaten, die noch vor Kurzem als Entwicklungsland galten, werden sich innerhalb einer einzigen Generation in den Kreis der führenden Industriestaaten katapultieren. Kühne Zukunftsvisionen werden dort entworfen und umgesetzt und sie beflügeln die Menschen zu immer neuen Leistungen.

Was sehe ich dagegen in Deutschland? Hier herrscht ganz überwiegend Mutlosigkeit, Krisenszenarien werden gepflegt. Ein Gefühl der Lähmung liegt über unserer Gesellschaft. Dabei stehen wir wirtschaftlich und gesellschaftlich vor den größten Herausforderungen seit 50 Jahren: 4,3 Millionen Arbeitslose, die Erosion der Sozialversicherung durch eine auf dem Kopf stehende Alterspyramide, die wirtschaftliche, technische und politische Herausforderung der Globalisierung.«

Und an den in Deutschland geführten Reformdebatten kritisierte er in ironischer Weise:

»Kaum eine neue Entdeckung, bei der nicht zuerst nach den Risiken, keineswegs aber nach den Chancen gefragt wird. Kaum eine Anstrengung zur Reform, die nicht sofort als Anschlag auf den Sozialstaat unter Verdacht gerät. Ob Kernkraft, Gentechnik oder Digitalisierung: Wir leiden darunter, dass die Diskussionen bei uns bis zur Unkenntlichkeit verzerrt werden – teils ideologisiert, teils einfach idiotisiert. Solche Debatten führen nicht mehr zu Entscheidungen, sondern sie münden in Rituale, die immer wieder nach dem gleichen Muster ablaufen, nach einer Art Sieben-Stufen-Programm:

Am Anfang steht ein Vorschlag, der irgendeiner Interessengruppe Opfer abverlangen würde. Die Medien melden eine Welle kollektiver

Empörung. Spätestens jetzt springen die politischen Parteien auf das Thema auf, die einen dafür, die anderen dagegen.

Die nächste Phase produziert ein Wirrwarr von Alternativvorschlägen und Aktionismus aller Art bis hin zu Massendemonstrationen, Unterschriftensammlungen und zweifelhaften Blitzumfragen. Es folgt allgemeine Unübersichtlichkeit, die Bürger werden verunsichert. Nunmehr erschallen von allen Seiten Appelle zur Besonnenheit.

Am Ende steht meist die Vertagung des Problems. Der Status quo setzt sich durch. Alle warten auf das nächste Thema.«

Der Beitrag von Roman Herzog machte unmissverständlich deutlich, wo der Hase im Pfeffer lag. Der liberal-konservativen Regierung unter Helmut Kohl war es nicht gelungen, »das deutsche Wirtschafts- und Sozialstaatsmodell«, das einerseits hoch individualisiert war, andererseits aber auf einem kollektiven Sozialstaatsmodell ruhte, an die Bedingungen und Bedürfnisse einer veränderten Weltwirtschaft anzupassen. Auch die Wiedervereinigung wurde nicht als Chance zur Innovation an Haupt und Gliedern genutzt, das im Kern reformbedürftiges westdeutsches Wirtschafts-, Steuer- und Sozialsystem wurde vielmehr eins zu eins auf die neuen Länder übertragen.

Die negativen Auswirkungen eines solchen Reformstaus waren überall zu besichtigen: Die staatlichen Subventionen waren 1995 auf 184 Mrd. DM angewachsen. Jeder Arbeitsplatz im stark rückläufigen Steinkohlenbergbau wurde mit 117 100 DM jährlich bezuschusst. Arbeitsplätze blieben unbesetzt, weil Arbeitgeber wegen des überzogenen Kündigungsschutzes auf Neuanstellungen verzichteten. Bürokratische Auflagen verzögerten notwendige Investitionen über Jahre und trieben die Kosten in astronomische Höhe. Verzweifelte Unternehmer suchten im Ausland nach geeigneten Produktions- und Vertriebsstandorten.

Statt parteiübergreifend an den notwendigen Reformen zu arbeiten, wurden Mitte der Neunzigerjahre viele Elemente der Wirtschafts- und Sozialordnung zu Streitthemen. Die Klagen der Wirtschaft über zu hohe Lohnkosten, steigende Steuerbelastung und Überregulierung wurden entweder nicht zur Kenntnis genommen oder als »neoliberale Ideologie« abgetan. Die steigende Massenarbeitslosigkeit lasteten Gewerkschaften populistisch den Rationalisierungs- und Innovationsbemühungen der Unternehmer an, statt sich an die Reform des verkrusteten Arbeitsrechts zu machen.

Bei einem solchen »Wirrwarr« (Roman Herzog) an Stimmen und Vorschlägen verwunderte es nicht, dass die vom Kohl-Kabinett am Ende ihrer Legislaturperiode auf den Weg gebrachten Reformprojekte aus dem EU-Binnenmarktprogramm in der Öffentlichkeit kaum beachtet wurden. Es handelte sich dabei um die Öffnung der Märkte für den Luftverkehr, für die Telekommunikation und Energie und um die Privatisierung von Unternehmen wie Bahn und Post.

Privatisiert wurde insbesondere das bis 1989 als Bundessondervermögen geführte »Fernmeldewesen«, das in die Telekom, gelbe Post und Postbank aufgespalten wurde. Zweck dieser Aufspaltung war, den einzelnen Unternehmen mehr Handlungs- und Finanzierungsspielraum zu verschaffen. Die Telekom und die Post sind inzwischen im DAX gelistete Unternehmen.

Solche positiven Ergebnisse aus dem EU-Binnenmarktprogramm bedeuteten aber nicht das Ende des Reformstaus. Die erforderliche Reformarbeit zu leisten traute die Wählerschaft Kanzler Kohl bei der Bundestagswahl 1998 nicht mehr zu. Die seit 1982 regierende CDU/CSU erlitt mit 35,1 Prozent der Zweitstimmen (1994: 41,5 %) eine schwere Niederlage. Die oppositionelle SPD siegte mit Gerhard Schröder als Kanzlerkandidat überraschend hoch (40,9 %). Mit den Grünen (6,7 %) bildete die SPD die neue Regierungsmehrheit im Bundestag, die Gerhard Schröder zum neuen Bundeskanzler wählte.

Kapitel 12

Rot-Grün

Ökologische Steuerreform

Als am 27. Oktober 1998 die erste rot-grüne Bundesregierung unter Gerhard Schröder (SPD) vereidigt wurde, bedeutete das einen Bruch im Selbstverständnis der Bonner Republik. Erstmals kamen nämlich mit Außenminister Joschka Fischer und Umweltminister Jürgen Trittin auf Bundesebene Politiker an die Macht, die in den Sechziger- und Siebzigerjahren im linksextremen Milieu den Aufstand geprobt hatten. Außerdem war das Verhalten der Grünen anders als das der Altparteien: Sie kleideten sich leger, agierten basisdemokratisch, hatten tiefe Wurzeln in der Friedensbewegung, verordneten sich eine Geschlechterquote und forderten den Ausstieg aus der Kernenergie. Mit all dem zeigten sie überdeutlich, dass sie nach 16 Jahren Kohl mit dem Ziel angetreten waren, an dem nach ihrer Meinung altbackenen Bonner Politikbetrieb vieles zu ändern.

Schon damals fiel allerdings auf, dass das wirtschafts- und sozialpolitische Angebot der Grünen außerordentlich mager war. Für den Wahlkampf hatte Jürgen Trittin als zentrales Projekt die »ökologische Steuerreform« entwickelt, die auf der Idee beruhte: »Die Energie ist zu billig, die Arbeit ist zu teuer.« Also mussten der Verbrauch von Energie besteuert und mit den so gewonnenen Mitteln die Lohnnebenkosten gesenkt werden. Von dieser einfachen Logik versprach man sich nicht nur eine Senkung des Energieverbrauchs, sondern auch eine Belebung des Arbeitsmarktes. Die Grünen nannten das die »doppelte Dividende« der ökologischen Steuerreform.

Das Deutsche Institut für Wirtschaftsforschung (DIW) hatte zu dieser Idee bereits 1994 eine Studie vorgelegt, die bei einer kontinuierlich steigenden Energiesteuer und bei gleichzeitiger Reduzierung der Sozialversicherungsbeiträge einen deutlichen Rückgang sowohl der Umweltbelastung als auch der Arbeitslosigkeit prognostizierte. Auf diese Studie stützten sich nicht nur die Grünen, sondern auch die SPD und die PDS, die sich ebenfalls für eine ökologische Steuerreform aussprachen. CDU und CSU waren realistischer und versprachen den Wählern nur, sich aus Gründen des Umweltschutzes für eine höhere Energiebesteuerung auf europäischer Ebene einsetzen zu wollen.

Das von Jürgen Trittin vorbereitete Wahlprogramm der Grünen (1998) begründete eine höhere Energiesteuer damit, dass der tatsächliche Benzinpreis keine »ökologische Kostenwahrheit« widerspiegele. Wahre Preise nach dem Verursacherprinzip wären aber nötig, um wirtschaftlich effiziente Lösungen zur Begrenzung des Verkehrs und zur Minimierung der Umweltbelastungen zu finden. Deshalb müssten insbesondere sämtliche Neben- und Folgekosten (Luftverschmutzung, Lärmbelästigung, Umwelt- und Gebäudeschäden etc.) dem Straßenverkehr zugeordnet werden. Auf dieser Grundlage sei eine Erhöhung des Benzinpreises auf »5 DM pro Liter« innerhalb von zehn Jahren, also bis 2008, erforderlich. Mit den neuen Einnahmen könnten die Sozialversicherungsbeiträge innerhalb von zehn Jahren um insgesamt sechs Prozentpunkte gesenkt werden, wovon Arbeitgeber und Arbeitnehmer jeweils zur Hälfte profitieren würden.

Gegen ein solches Projekt, das die Verkehrspolitik mit der Sozialpolitik vermischte, protestierten nicht nur die Öl- und Energiekonzerne, sondern auch die Automobilhersteller, der ADAC und nicht zuletzt die Autofahrer. Das reichte, um die von der rot-grünen Bundesregierung eingebrachten Gesetze, die der Grundidee einer ökologischen Steuerreform folgten, auf Druck der SPD so moderat ausfallen zu lassen, dass die beabsichtigten Effekte kaum eintreten konnten.

So sah das »Gesetz zum Einstieg in die ökologische Steuerreform« vom 24. März 1999 (neben der Einführung einer neuen Stromsteuer) vor, die Mineralölsteuer von 1999 bis 2003 mehrmals zu erhöhen, und zwar differenziert nach Umweltbelastungen und gestaffelt in Schritten von sechs Pfennigen. Kaum beschlossen, musste dieses Gesetz noch im selben Jahr wegen unerwünschter Auswirkungen durch das Gesetz zur »Fortführung der ökologischen Steuerreform« vom 16. Dezember 1999 korrigiert werden. Mit dem Gesetz zur »Fortentwicklung der ökologischen Steuerreform« vom 23. Dezember 2002 wurden dann weitere – nach Umweltauswirkungen gestaffelte – Erhöhungen beschlossen.

Damit hatte sich die ökologische Steuerreform dann aber auch schon erledigt. Ökologische Lenkungseffekte waren nach Ansicht von Experten nur in eng umgrenzten Teilbereichen, z. B. in Gestalt einer erhöhten Nachfrage nach verbrauchsarmen Pkw, eingetreten. Unabhängig davon scheiterte die Idee einer ökologischen Steuerreform aber daran, dass die Energiesteuer nicht nur mit ihrer ökologischen Lenkungswirkung begründet wurde, sondern auch mittels Senkung der Lohnnebenkosten der Belebung des Arbeitsmarktes dienen sollte. Eine solche »doppelte Dividende« war aber schon deshalb nicht möglich, weil mit immer höheren Energiesteuern nicht nur der Energieverbrauch sank, sondern auch das daraus fließende Steueraufkommen, mit dem die Lohnnebenkosten gesenkt werden sollten. Dieser innere Widerspruch der ökologischen Steuerreform versetzte ihr den politischen Todesstoß.

Lafontaine gegen Schröder

Bei Antritt der rot-grünen Bundesregierung meldeten die Arbeitsämter etwa 4,3 Millionen offiziell registrierte Arbeitslose, tatsächlich waren es aber nach Meinung vor Arbeitsmarktexperten rund 6 Millionen Arbeitslose. Die neue Regierung übernahm außerdem ein Sozialbudget, das auf 31,3 Prozent des BIP gestiegen war. Die gesamte Verschuldung des Staates betrug bei der Regierungsübernahme durch Rot-Grün 742,2 Mrd. Euro.

Die neue Bundesregierung stand damit vor großen Herausforderungen, die überzeugende Antworten sowohl in der Wirtschafts- und Arbeitsmarktpolitik als auch in der Fiskal- und Sozialpolitik erforderten. Die Frage war nur, wer dafür verantwortlich sein sollte, Gerhard Schröder als Kanzler oder Oskar Lafontaine als Parteivorsitzender und Finanzminister.

Beide kamen aus unterschiedlichen Lagern der SPD: Schröder verstand sich als Modernisierer und pflegte als »Boss der Bosse« ein gutes Verhältnis zur Wirtschaft. Lafontaine gehörte demgegenüber zum linken Flügel der SPD und stand den Gewerkschaften nahe. Krasser hätten die Gegensätze nicht sein können, sodass alles davon abhing, ob sich die beiden auf eine einheitliche Linie zur Lösung der großen Probleme verständigen würden.

Für den Wahlkampf 1998 hatten sich die Spitzen der SPD auf die Parole »Innovation und Gerechtigkeit« geeinigt, wobei Schröder für »Innovationen« und Lafontaine für »Gerechtigkeit« stand. Doch damit war das grundsätzliche Problem zwischen den beiden Exponenten der SPD nicht gelöst. Schröder verstand unter »Innovationen« eine Politik des Aufbruchs, wie sie Tony Blair mit seiner »New Labour«-Politik in Großbritannien durchgesetzt hatte. Im Gegensatz dazu bedeutete »Gerechtigkeit« für Lafontaine, den erreichten sozialstaatlichen Schutz der Arbeitnehmer gegen alle neoliberalen Angriffe zu verteidigen und die Arbeitslosigkeit mit höheren Staatsausgaben à la Keynes zu bekämpfen.

Die ersten Maßnahmen der neuen Regierung trugen klar die Handschrift von Lafontaine: Die von der Regierung Kohl beschlossenen kleinen Reformen zur Liberalisierung des Arbeitsmarktes und zur Konsolidierung der Rentenversicherung wurden zurückgenommen. Die Kürzung der Lohnfortzahlung wurde zurückgedreht und wieder volles Schlechtwettergeld gezahlt. Der von der Kohl-Regierung in die Rentenformel eingefügte demografische Faktor wurde noch vor seinem Inkrafttreten wieder abgeschafft. Das Volumen des ersten Haushalts von Rot-Grün stieg um 6 Prozent, das Sozialbudget um 12 Prozent. Das war im Grunde wieder die klassische Ausgabenpolitik, mit der die SPD bereits in den Siebzigerjahren gescheitert war. Außerhalb der SPD-Linken fand Lafontaine für diese Politik auch kaum Unterstützung.

Doch er machte so weiter: Minijobs und Scheinselbstständige wurden sozialversicherungspflichtig, die Mitbestimmung wurde verschärft und ein Recht auf Teilzeitarbeit eingeführt. Die Regierung führte die Ökosteuer ein, senkte aber nicht wie angekündigt die Lohnnebenkosten. Von der großen Steuerreform 2000 profitierten nur die Kapitalgesellschaften, nicht aber die mittelständischen Personengesellschaften. Kurzum: Das erste Schröder-Kabinett tat alles, um die privaten Unternehmen stärker zu belasten und den Arbeitsmarkt weiter zu fesseln. Der Chef der Wirtschaftsweisen fällte über diesen Regierungsanfang deshalb ein vernichtendes Urteil: *»Sofern die Regierung überhaupt etwas tut, tut sie das genaue Gegenteil von dem, was eigentlich nötig wäre. Es fehlen die ordnungspolitischen Visionen.«*

Schröder hatte komplett andere Vorstellungen von der Zukunft der SPD und den Aufgaben einer von der SPD geführten Bundesregierung. Er orientierte sich dabei an der Politik des britischen Premierministers Tony Blair, mit dem er im Juni 1999 ein gemeinsames Papier über eine zukünftige sozialdemokratische Politik in Europa vorgestellt hatte. *»Die beiden vergangenen Jahrzehnte des neoliberalen Laissez-faire sind vorüber«*, hieß es dort. *»An ihre Stelle darf jedoch keine Renaissance des ›deficit spending‹ und massiver staatlicher Interventionen im Stil der Siebzigerjahre treten.«*

Schon im Februar 1996 hatte Gerhard Schröder als niedersächsischer Ministerpräsident vor der SPD-Landtagsfraktion in Hannover klargestellt, dass es nicht mit einem »Umbau« des Sozialstaates getan wäre: »Es sind tatsächlich tiefe Einschnitte nötig.« Trotz heftiger Proteste aus seiner Partei redete Schröder weiterhin Klartext und sagte im Herbst 1997: »*Wir werden Arbeit statt Arbeitslosigkeit finanzieren*« und »*die nach geltendem Recht schon möglichen Sanktionen bei Ablehnung zumutbarer Arbeit voll ausschöpfen.*« Dies waren für einen Sozialdemokraten ungeheure Worte, die Schröder jedoch auch auf dem Sonderparteitag der SPD im April 1998, der ihn zum Kanzlerkandidaten kürte, wiederholte: »Die Sicherheiten, die der Sozialstaat bieten wird, werden nicht mehr die alten sein.«

Bodo Hombach (SPD), Schröders Wahlkampfmanager bei der Bundestagswahl 1998, schrieb in seinem Buch *Aufbruch – Die Politik der neuen Mitte* über den neuen sozialdemokratischen Weg: »Es gilt, zu den Prinzipien der sozialen Marktwirtschaft zurückzukehren. Die soziale Komponente des Wirtschaftssystems ist nicht der ›Rundum-sorglos-Staat‹. Sie besteht darin, dass individuelle Leistung belohnt wird durch Wohlstand, Weiterqualifizierung durch berufliches Fortkommen, Bereitschaft zur Eigenverantwortung durch größere ökonomische Spielräume und berufliche Selbständigkeit durch eine zweite Chance.« Hierbei sollte der Staat eine »aktivierende« Rolle spielen: »Regierungen sollten in der heutigen Zeit nicht versuchen, die Wirtschaft zu lenken. Die Rolle der Regierung besteht heutzutage in dem Versuch, die Wirtschaft und die Menschen auf Veränderungen vorzubereiten. Wir wollen nicht klüger sein als der Markt. Der Staat soll eher ein Katalysator sein.«

Mit einer solchen »Politik der neuen Mitte« verabschiedete sich Gerhard Schröder von der traditionellen Wohlfahrts- und Wirtschaftspolitik der SPD, ohne allerdings einer unkritischen Marktgläubigkeit anheimzufallen. In Anlehnung an die britische »New Labour«-Politik von Tony Blair suchte er für die SPD einen dritten Weg: Im Zentrum sollte ein »aktivierender Staat« stehen, der Leistung nicht nur einfordert, sondern auch prämiert und die Menschen bei der Bewältigung ihrer Probleme hilft. Die leitende Maxime hieß »*fördern und fordern*«. Sie wollte Gerhard Schröder zur Grundlage seiner Politik machen.

Im Kern war der neue sozialdemokratische Weg von Schröder die variierte Form einer marktwirtschaftlich orientierten Angebotspolitik: Flexibilisierung und Stärkung der Märkte, Steuersenkungen, Begrenzung des Sozialstaates, weniger Interventionen und Regulierung. Aus diesem Grund stieß dieser Weg auf massiven Widerspruch der SPD-Linken und der Gewerkschaften. Doch Schröder setzte sich damit durch. Als Lafontaine im Frühjahr 1999 seinen Rücktritt aus der Regierung erklärte und auch als Parteivorsitzender zurücktrat, war dies das Eingeständnis der Niederlage der SPD-Linken gegenüber den Modernisierern in der SPD.

Deregulierung der Finanzmärkte

Bei dem Richtungsstreit zwischen Schröder und Lafontaine ging es nicht nur um die Arbeitsmarkt- und Finanzpolitik, sondern auch um die Deregulierung des deutschen Finanz- und Kapitalmarktes, mit der die Kohl-Regierung bereits begonnen hatte. Während sich Schröder für die Deregulierung einsetzte, wurde sie von Lafontaine abgelehnt.

Der Antrieb für die Deregulierung der Finanzmärkte war das Bestreben aller Regierungen, finanzwirtschaftliche Aktivitäten ins Land zu holen, weil man darin eine Wachstums- und Zukunftsbranche sah. Um den eigenen Finanzplatz attraktiv zu machen, wurden Regulierungen abgebaut, traditionelle Märkte für Wettbewerber geöffnet und Steuererleichterungen für Finanzmarktgeschäfte beschlossen. Dieser Versuchung erlagen auch deutsche Banker und Politiker, die sich um die Entwicklung des Frankfurter Finanzplatzes im Verhältnis zu London und New York sorgten. »Ein kräftiger Schuss mehr Liberalisierung beziehungsweise Deregulierung wäre der Wettbewerbsfähigkeit des Finanzplatzes förderlich«, empfahl zum Beispiel Ulrich Schröder von der Deutschen Bank im Jahr 1995.

Die deutsche Regierung unter Helmut Kohl griff diese Anregung unverzüglich auf und begann zu deregulieren. Bereits im Juli 1996 kündigte Finanzstaatssekretär Jürgen Stark eine gesetzliche Initiative zur Stärkung von Investmentfonds an. Finanzinnovationen sollten künftig an jedermann in großem Stil verkauft werden können. Der damalige Finanzminister Theo Waigel war begeistert. Deutschland folgte damit einem Trend, der sich in den angelsächsischen Ländern längst durchgesetzt hatte.

Schon in den Regierungszeiten von Ronald Reagan und Margaret Thatcher hatte sich unter dem Einfluss des amerikanischen Ökonomen Milton Friedman die liberale Auffassung durchgesetzt, dass die Finanzmärkte in sich stabil sind und staatliche Eingriffe nur schaden. Bis dahin waren die Banken im Interesse stabiler Finanzmärkte einer strengen staatlichen Aufsicht unterworfen. Selbst die Zinshöhe durften sie nicht nach eigenem Belieben bestimmen.

Nirgends war die Liberalisierung der Finanzmärkte so grundlegend wie in Großbritannien und den USA. So setzte Margaret Thatcher mit ihrem Finanzminister Nigel Lawson 1986 eine Radikalreform durch, die als »Big Bang« in die Finanzgeschichte eingegangen ist. Über Nacht fielen zahlreiche gesetzliche Vorschriften weg, die das Bankgeschäft in der »City of London« reguliert und gegen Wettbewerb geschützt hatten. Danach erlebte der Londoner Finanzplatz einen gewaltigen Aufschwung, der vor allem ausländische Großbanken anzog. Die traditionellen »Merchant Banks« verschwanden und damit auch die Geschäftspraktiken eines »Ehrbaren Kaufmanns«.

Der »Big Bang« war innerhalb der britischen Regierung durchaus umstritten. So wurde die Premierministerin von ihrer Strategieabteilung darauf hingewiesen, die geplanten Reformen könnten Anreize zu »unethischem Verhalten geben« und es drohe eine Abfolge von »boom and bust« (»Aufschwung und Pleite«). Eindrücklich wurde Margaret Thatcher gewarnt: »Wenn sie (die Deregulierung) zu Skandalen und Insolvenzen führt, wird sie als das unakzeptable Gesicht des unpopulären Kapitalismus gebrandmarkt werden.« Die Mahnungen blieben jedoch ohne Wirkung, weil es lange Zeit so schien, dass der »Big Bang« eine Erfolgsgeschichte werden würde.

Allgemeine Meinung war damals, dass die Finanzwirtschaft in der postindustriellen Gesellschaft zu den wichtigsten Wachstumsbranchen gehört. Mit der Deregulierung der Finanzmärkte sollte diese Entwicklung gefördert werden. Auch unter der rot-grünen Schröder-Regierung lief der von Kohl begonnene Prozess der Deregulierung ungebremst weiter. Mit diversen Gesetzen zur Förderung des Finanzmarktes wurde vor allem der Handel mit innovativen Finanzmarktprodukten erleichtert. Für forderungsbesicherte Wertpapiere (ABS) gab es zudem Steuererleichterungen. Parallel dazu startete im Jahr 2003 die »Initiative Finanzstandort Deutschland (IFD)« als Lobbyeinrichtung. Der Anstoß ging von Siegmar Mosdorf (SPD) aus; ihr Sprecher wurde Josef Ackermann (Deutsche Bank). Schon ein Jahr später beschloss der Deutsche Bundestag, dass auch Hedgefonds in Deutschland tätig werden konnten.

Die ersten Derivate, also Finanzprodukte, deren Wert sich von anderen Wertpapieren ableitet, tauchten schon in den Achtzigerjahren auf. Mitte der Neunzigerjahre begann man dann, alle möglichen Kredite in solchen Wertpapieren zu bündeln, um sie anschließend zu verkaufen. Gleichzeitig wuchs die Zahl der Hedgefonds, die mithilfe großer Kredithebel hohe Renditen produzierten. Manche Fonds nahmen auf einen Dollar Eigenkapital 30 und mehr Dollar Fremdkapital auf. Diese Fonds waren zumeist in Steueroasen angesiedelt, ebenso jene Gesellschaften, die als Verkäufer der Kreditpakete und Derivate auftraten.

Doch die Politik ließ sich trotz wachsender Finanzmarktrisiken nicht davon abhalten, weiterhin an der Deregulierung der Kapitalmärkte zu arbeiten. Noch im Koalitionsvertrag der Großen Koalition vom 11. November 2005, mit dem Angela Merkel Bundeskanzlerin wurde, kündigten Union und SPD weitere Schritte an: »*Produktinnovationen und neue Vertriebswege müssen nachdrücklich unterstützt werden. Dazu wollen wir die Rahmenbedingungen für neue Anlageklassen in Deutschland schaffen. Hierzu gehören der Ausbau von Verbriefungsmärkten sowie der Abbau überflüssiger Regulierungen.*« Das Ziel war eine Finanzmarktaufsicht »mit Augenmaß«, überflüssige Regulierungen sollten abgebaut werden. Peer Steinbrück sollte dies als Finanzminister der Großen Koalition umsetzen.

New Economy

Während Bundespräsident Herzog der deutschen Gesellschaft in seiner »Ruck-Rede« im Jahr 1997 Pessimismus und Reformverweigerung attestierte, setzte sich an den internationalen Börsen eine ganz andere Tendenz durch: Die Aktienkurse erreichten außergewöhnliche Zuwächse und die Aktienbesitzer erzielten enorme Gewinne. Vorreiter waren auch hier die USA. Zwischen 1984 und 1998 vergrößerte sich das Aktienvermögen in den USA um mehr als 10 Billionen Dollar.

Mit der Wirtschaftspolitik des amerikanischen Präsidenten Reagan hatte dieser Boom auf den Finanzmärkten begonnen. Infolge der Deregulierung dieser Märkte waren Banken und Investmentgesellschaften in den USA und in Großbritannien von den restriktiven Kontrollen durch Regierungen und Aufseher weitgehend befreit worden. Außerdem hatte der internationale Standortwettbewerb bewirkt, dass in fast allen Industriestaaten die Steuern für Finanzgeschäfte gesenkt wurden.

Das in großen Mengen vorhandene Investitionskapital suchte lukrative Anlagemöglichkeiten, wobei die traditionellen Industrien eher gemieden wurden und sich die Investoren auf die neuen zukunftsträchtigen Technologien des digitalen Zeitalters konzentrierten. Es waren vor allem die zahlreichen Start-up-Firmen und weltweit tätigen Technologieunternehmen aus Silicon Valley wie Apple, Microsoft, Intel, Oracle, Cisco und Google, die Investoren begeisterten. Aber auch Bereiche wie Telekommunikation, Informationstechnik, Multimedia und Biomedizin trieben die Aktienmärkte nach oben (Ulrich Herbert).

Das Jahr 1995 steht allgemein für die weltweite Durchsetzung des Internets in Westeuropa und damit für den Beginn des digitalen Zeitalters. Mit dieser neuen Technik veränderte sich die Wirtschaftswelt in kurzer Zeit so stark wie mit kaum einer anderen Innovation seit der Hochindustrialisierung. Sie erweiterte die Kommunikationsräume, relativierte Entfernungen und Geschwindigkeiten und schuf dadurch völlig neue Märkte. Die wichtigsten Treiber für unternehmerisches Handeln waren nicht mehr Grundstücke, Maschinen und Rohstoffe, sondern Kreativität, Forschung und nicht zuletzt Marketing.

Am deutschen Sparer ging diese Aktienrally zunächst vorbei. Man setzte weiterhin auf das Sparbuch, Lebensversicherungen und Bausparverträge. Doch mit dem Start des Internets und der zunehmenden Digitalisierung der deutschen Wirtschaft setzte auch hier ein Umdenken ein. Vor allem aufgrund des durch eine breite Werbekampagne begleiteten Börsengangs der Telekom stieg die Zahl der Aktienbesitzer in Deutschland sprunghaft an. Viele erwarben nicht die bewährten Industriewerte, sondern investierten ihr Geld in junge Unternehmen, die schnelle Gewinne versprachen, aber häufig kein plausibles Geschäftsmodell besaßen. Es brauchte manchmal nur den Zusatz »com« oder ein »tech« im Namen und die Anleger kamen in Scharen. Die Deutsche Börse schuf sogar ein eigenes Segment, den Neuen Markt, um der Flut der Börsengänge Herr zu werden.

Der Neue Markt bekam seinen eigenen Index, den »NEMAX All Share«, der 1998 bereits bei 2738 Punkten stand und im März 2000 seinen Höchststand mit fast 10 000 Punkten erreichte. Doch dann setzte der plötzliche Absturz ein: Zwischen März 2000 und April 2003 sackte der Aktienindex von 9665 auf 1300 Punkte ab. Milliarden waren vernichtet und viele Firmen der New Economy gingen in die Insolvenz oder mussten aufgelöst werden. Viele Neuanleger verloren ihr gesamtes Vermögen. Der rasante Aufstieg der »New Economy« entpuppte sich bis auf einige Ausnahmen als eine instabile und gefährliche Spekulationsblase. Das Börsensegment Neuer Markt wurde 2003 eingestellt.

Die sogenannte Dotcom-Krise erfasste auch die Deutsche Telekom, die schon 1996 an die Börse gegangen war. Die noch junge Aktienkultur in Deutschland und die Politik der Privatisierung erlitten dadurch einen schweren Rückschlag. Nachfolgend ein kurzer Abriss der durchgeführten Privatisierung.

Die Aktien der privatisierten Deutschen Telekom wurden den Anlegern am 18. November 1996 zu einem Kurs von 14,57 Euro pro Aktie angeboten. Dem Bund wurden die Aktien nach einer gigantischen Werbekampagne buchstäblich aus den Händen gerissen. Der Kurs sprang sofort auf 17,33 Euro hoch. Ohne Weiteres hätte auch die fünffache Menge der angebotenen Aktien unter die Leute gebracht werden können.

Bei der zweiten Tranche am 28. Juni 1999 lag der Ausgabepreis schon bei 39,50 Euro. Die Tranche war doppelt überzeichnet und noch am Ausgabetag kletterte die Aktie weiter auf den Kurs von 40,30 Euro. Danach explodierte der Kurs förmlich: In weniger als einem Jahr legte der Wert der T-Aktie um gut das Zweieinhalbfache zu und erreichte am 6. März 2000 einen Kurs von 103,50 Euro. Der stetig steigende Kurs wurde werbewirksam mit positiven Nachrichten von der Entwicklung der Telekom begleitet. Der Vorstandsvorsitzende Ron Sommer kaufte ein Unternehmen nach dem anderen dazu. Dass die Telekom damit Schulden aufhäufte, störte in Zeiten der New Economy und Dotcom-Euphorie kaum jemanden. Weltweit stürzten sich die Anleger auf alles, was mit Internet oder Telekommunikation zu tun hatte, und die Neuerwerbungen versprachen für die Zukunft fette Gewinne.

Der dritte Börsengang am 19. Juni 2000 war dann der letzte Höhepunkt vor dem freien Fall. Die Anleger erwarben die Telekom-Aktie zum stolzen Ausgabepreis von 66,50 Euro beziehungsweise 63,50 Euro für Frühzeichner. Allein aus dieser Tranche, die 3,5-fach überzeichnet war, flossen dem Bund insgesamt 15 Milliarden Euro zu. Ein erstes Alarmzeichen war allerdings, dass der Aktienkurs nicht wie nach den vorherigen Börsengängen stieg, sondern schon am Ausgabetag auf 65,79 Euro zurückging.

Doch das war nur der Anfang vom Ende. Mit der allgemeinen Dotcom-Krise stürzte auch die Telekom-Aktie ab. Am 10. September 2001 unterschritt der Aktienkurs bereits den Ausgabekurs des ersten Börsengangs (14,57 Euro). Am 26. Juni 2002 war die Aktie auf ihrem Allzeittief von 8,14 Euro angekommen. Seither warten die Anleger auf eine Erholung, doch die T-Aktie dümpelt seit vielen Jahren um den ersten Kurs von rund 18 Euro herum – mal etwas höher, mal ein wenig niedriger.

Atomausstieg

Das bedeutsamste Vorhaben der rot-grünen Regierung war der Atomausstieg – für die Grünen seit jeher eines ihrer zentralen Politikziele, aber auch in der SPD hatte längst ein Umdenken eingesetzt. In ihrem im Oktober 1998 ausgehandelten Koalitionsvertrag war vorgesehen: »*Der Ausstieg aus der Nutzung der Kernenergie wird innerhalb dieser Legislaturperiode umfassend und unumkehrbar gesetzlich geregelt.*«

Dementsprechend nahm die Bundesregierung schon bald nach ihrem Amtsantritt Verhandlungen mit den vier größten Energieunternehmen auf, um Nägel mit Köpfen zu machen. Die Verhandlungen führten zum »Atomkonsens vom 14. Juni 2000«, in dem man sich auf einen langsamen Ausstieg aus der Atomenergie einigte. Damit endeten auch die heftigen Auseinandersetzungen zwischen den Atomgegnern und den Betreibern von Kernkraftwerken, die bis in die Siebzigerjahre zurückreichten.

In den Fünfziger- und Sechzigerjahren der Bundesrepublik hielt man die zivile Nutzung der Atomenergie für eine Zukunftstechnologie. Der Bau der ersten Kraftwerke fiel in die Zeit des wirtschaftlichen Aufbruchs der jungen Bundesrepublik. 1955 wurde das Bundesministerium für Atomfragen gegründet, Franz Josef Strauß (CSU) wurde sein erster Minister. Auch die SPD befürwortete die zivile Nutzung der Atomenergie: »Die Atomenergie kann zu einem Segen für Hunderte von Millionen Menschen werden, die noch im Schatten leben«, verhieß der Atom-Plan, den die SPD auf dem Münchener Parteitag 1956 verabschiedete. Die Ölkrise 1973 beschleunigte solche Pläne und der ehemalige Bundeskanzler Helmut Schmidt (SPD) kündigte damals den Bau von 100 Kernkraftwerken an. Bis Ende der Siebzigerjahre wurden davon jedoch nur elf gebaut.

Parallel zu dem politisch geförderten Ausbau der Atomkraft formierte sich in den Siebzigerjahren im außerparlamentarischen Raum die Anti-Atom-Bewegung. Es waren die Winzer am Kaiserstuhl, die als Erste gegen das in Wyhl geplante Kernkraftwerk protestierten, weil sie befürchteten, dass die Nebelschwaden der Kühltürme die Qualität ihrer Weine negativ beeinflussen könnten. Als die Proteste im Februar 1975 eskalierten, waren im Fernsehen erstmals demonstrierende Bürger zu sehen, die von Wasserwerfern der Polizei zurückgedrängt wurden.

Ein wichtiger Kristallisationspunkt der Anti-Atom-Bewegung wurde Gorleben bei Dannenberg an der ehemals innerdeutschen Grenze: Im Frühjahr 1980 besetzten Atomkraftgegner den »Bohrplatz 1004« bei

Gorleben, um den Bau eines Atomendlagers zu verhindern. Holzhäuser für mehrere Tausend Bewohner wurden errichtet. Es gab Großküchen, Radiosender, eine Klinik und eine Kirche. Man rief die »Republik Freies Wendland« aus, verteilte einen »Wendenpass« und errichtete Schlagbäume zum Nachbarstaat, der Bundesrepublik Deutschland. 6500 Polizisten mit schwerer Ausrüstung, zahlreiche Hubschrauber und Bulldozer waren erforderlich, um das Widerstandsdorf zu räumen.

Ein weiteres Großereignis der Atomkraftgegner war am 28. Februar 1981 der Aufmarsch von 100 000 Menschen gegen den Bau des Atomkraftwerks Brockdorf in der Wilstermarsch an der Unterelbe. Auch hier kam es zu gewaltsamen Auseinandersetzungen, als Ordnungskräfte die verbotene Demonstration auflösten. Hunderte von Polizisten und Demonstranten wurden dabei verletzt. Für die Anti-Atom-Bewegung war der Kampf gegen Brockdorf ein großer Erfolg, weil sie an medialer Aufmerksamkeit gewann. Als dann das Bundesverfassungsgericht nachträglich das verhängte Demonstrationsverbot für verfassungswidrig erklärte, erhöhte sich auch noch ihre Glaubwürdigkeit.

Bei der Bundestagswahl 1983 warben die Grünen mit dem Slogan »*Atomkraft? Nein Danke!*« und zogen mit 27 Abgeordneten in den Bundestag ein. Das gab der Anti-Atom-Bewegung einen weiteren Schub. Das entscheidende Ereignis für die Gegner der Kernkraft wurde jedoch der Reaktorunfall in Tschernobyl am 26. April 1986: Die Bevölkerung war tief beunruhigt und die Zustimmung zur zivilen Nutzung der Atomkraft nahm deutlich ab. Das veränderte auch die Einstellung in den Alt-Parteien. Noch im August desselben Jahres schrieb die SPD den Atomausstieg in ihr Parteiprogramm, um die Grünen als möglichen Koalitionspartner einer künftigen Regierung zu gewinnen. Denn die von Helmut Kohl geführte Union hielt weiter an der Atomkraft fest.

Mit Bildung der rot-grünen Bundesregierung unter Bundeskanzler Gerhard Schröder bot sich für die Grünen die Möglichkeit, den Atomausstieg auch durchzusetzen. Im Koalitionsvertrag wurde vereinbart, dass die Nutzung der Kernenergie »geordnet und sicher beendet« werden sollte. In den anschließend mit den Energieunternehmen geführten Verhandlungen einigte man sich, dass neue Atomkraftwerke nicht errichtet werden durften und die Laufzeiten der vorhandenen 19 Reaktoren auf jeweils 32 Jahre ab Betriebsbeginn begrenzt sein sollten. Der Ausstieg konnte aber flexibel gehandhabt werden, weil die Laufzeiten in

Strommengen umgerechnet und nicht erzeugte Mengen umgeschichtet werden konnten. Das Datum für die Abschaltung des letzten Reaktors blieb somit offen. Gesetzlich fixiert wurde dieser »Atomkonsens« mit dem »Gesetz zur geordneten Beendigung der Kernenergienutzung zur gewerblichen Erzeugung von Elektrizität«, das am 22. April 2002 gegen die Stimmen der Union verabschiedet wurde.

Das Gesetz markierte eine wirtschaftspolitische Wende, weil sich die Bundesrepublik damit von einer Technik verabschiedete, die als Sinnbild des technischen und industriellen Fortschritts galt. Insofern stellte der Ausstieg aus der Kernkraft eine »postindustrielle Entscheidung« dar, der ein anderes Verständnis von Fortschritt zugrunde lag.

In ordnungspolitischer Hinsicht stellte der Atomausstieg einen staatlichen Eingriff in die Wirtschaft dar, wie es ihn zuvor in der Bundesrepublik noch nicht gegeben hatte. Dass sich die Betreiber mit dieser Maßnahme einverstanden erklärten, veränderte den Eingriffscharakter des Gesetzes »zur geordneten Beendigung der Kernenergienutzung« nicht, weil den Betreibern der Entzug der Betriebsgenehmigung für ihre Kraftwerke drohte, wenn sie dem Atomkonsens nicht zugestimmt hätten. Sie wurden also politisch erpresst.

Der Atomausstieg wurde zwar mit sicherheitspolitischen Aspekten begründet, tatsächlich verbanden die Grünen damit aber weitergehende Pläne. Ihr langfristiges Ziel war eine »ökologische Energiewirtschaft« ohne atomare oder fossile Energieträger. Dem Atomausstieg sollte deshalb eine Energiewende folgen, in der die fossilen Energien durch erneuerbare Energien ersetzt werden. Dabei war allen klar, dass ein solcher »Transformationsprozess« nicht auf die Energiewirtschaft beschränkt bleiben konnte, sondern die ganze Wirtschaft erfassen musste.

Regenerative Energien

Zeitgleich mit dem Atomausstieg startete die rot-grüne Koalition das Experiment einer ökologischen Energiewende. Hierzu diente als erster wichtiger Baustein das »Erneuerbare-Energien-Gesetz (EEG)«, das am 1. April 2000 in Kraft trat. Das Gesetz hatte den Zweck, die Stromerzeugung aus erneuerbaren Energien (Wind, Sonne und Biomasse) massiv zu fördern, damit die Kernkraftwerke und die fossilen Kraftwerke (Kohle, Öl und Gas) eines Tages stillgelegt werden können. Vordergründig sollte das Gesetz auch dazu dienen, die von der Bundesrepublik in internationalen Abkommen versprochenen Klimaziele zu erfüllen.

Vorläufer des EEG war das Stromeinspeisungsgesetzes vom 7. Dezember 1991, das noch aus der Zeit der Kohl-Regierung stammte und die Netzbetreiber verpflichtete, den von örtlichen Erzeugern gewonnenen Strom aus Wasser- und Windkraft gegen Zahlung einer marktorientierten Vergütung in ihre Netze zu nehmen. Begünstigt von diesem Gesetz waren vor allem Windkraftanlagen an besonders günstigen Standorten, was an der Nordseeküste zu einem ersten kleinen »Windkraft-Boom« führte. Die grüne Bewegung profitierte davon insofern, als sie den Landwirten angesichts ihrer sinkenden Einkommen ein zusätzliches Einkommen als Energiewirt versprechen konnte.

Das EEG ging in seinen Zielen und Maßnahmen weit über das Stromeinspeisungsgesetz hinaus. Nach den internen Plänen der rot-grünen Bundesregierung bestand das Endziel des EEG darin, die konventionelle Stromerzeugung aus Atom, Kohle und Gas komplett durch regenerative Energien zu ersetzen. Damit verbanden viele die Hoffnung, einer »natürlichen und heilen Welt« ein Stück näher zu kommen. Geworben wurde mit dem Versprechen, »dass Sonne und Wind keine Rechnung schicken, sondern als Geschenk des Himmels von jedem genutzt werden können«.

Um das zu erreichen, sah das Gesetz Folgendes vor:

- Die Verpflichtung der Netzbetreiber, die Anlagen zur Erzeugung regenerativen Stroms ans Netz anzuschließen und den erzeugten Strom vorrangig abzunehmen;
- die Verpflichtung der Netzbetreiber, an die Erzeuger regenerativen Stroms für einen Zeitraum von 20 Jahren feste Vergütungen für den bezogenen Strom zu zahlen;
- das Recht der Netzbetreiber, die für den regenerativen Strom gezahlten Vergütungen (abzüglich erzielter Erlöse) als EEG-Umlage an die Stromverbraucher weiter zu berechnen.

Im Zusammenspiel dieser drei Regelungsbereiche erschloss sich das gesamte Konzept der von der rot-grünen Regierung geplanten Energiewende: Der Ausbau von Anlagen zur Erzeugung regenerativen Stroms sollte dadurch vorangetrieben werden, dass man sie gegenüber den mit fossilen Energien betriebenen Anlagen mit einem vorrangigen Einspeisungsrecht und langfristig garantierten Vergütungen privilegierte. Ein solches Vorhaben war nicht nur ein tiefer Eingriff des Staates in die

Strom- und Energiemärkte, sondern stellte auch das gesamte bis dahin geltende Stromversorgungssystem infrage:

Bis in die Neunzigerjahre des vorigen Jahrhunderts hinein war der deutsche Strommarkt durch Gebietsmonopole geprägt. Die vier großen Stromerzeuger RWE, Eon, EnBW und Vattenfall hatten den Markt regional unter sich aufgeteilt. In ihrem jeweiligen Gebiet beherrschten sie nicht nur die Stromerzeugung, sondern auch die Verteilung und den Vertrieb.

Innerhalb ihres Marktgebietes produzierten die Erzeuger den Strom in fossilen und nuklearen Großanlagen möglichst nahe beim Verbraucher, wobei die Erzeugungsanlagen und Netze technisch aufeinander abgestimmt waren. Generell dominierte das technische Denken: Versorgungssicherheit und Netzstabilität waren die vorrangigen Ziele. Der Preis für Strom wurde als »Cost-plus-Regulierung« aus den Kosten plus Aufschlag errechnet.

Das herkömmliche System änderte sich, als die Kohl-Regierung den Strommarkt 1998 im Rahmen des EU-Binnenmarktprogramms liberalisierte. Durch die Entflechtung der vertikal integrierten Stromversorger wurde der Markt auf allen Wertschöpfungsstufen für neue Anbieter geöffnet. Verbraucher hatten plötzlich die Wahl zwischen mehreren Versorgern und unterschiedlichen Tarifen. Ein neues Geschäftsfeld, der Stromhandel, entstand und die Strombörse wurde eingerichtet. Aufgabe der Bundesnetzagentur war, die Entgelte für den Transport und die Verteilung des Stroms zu regulieren.

Für den Einsatz der Kraftwerke und die Preisfindung verständigten sich die Erzeuger und Netzbetreiber auf die »Merit-Order-Regel«: Danach bestimmte sich der Einsatz der einzelnen Kraftwerke nach der Höhe ihrer Betriebskosten. Zunächst kamen die Kraftwerke mit den niedrigsten Betriebskosten zum Zuge. Bei ausreichender Nachfrage wurden so lange Kraftwerke mit höheren Betriebskosten zugeschaltet, bis die Nachfrage gedeckt war. Die Betriebskosten des letzten zugeschalteten Kraftwerks bestimmten den Strompreis für alle Erzeuger. Von dieser Regelung profitierten vor allem die Atomkraftwerke, weil sie die niedrigsten Betriebskosten hatten. Laut Angaben von Experten beliefen sich die Betriebskosten je Megawattstunde bei Kernkraftwerken auf 25 Euro, bei Steinkohle auf 42 Euro und bei Gaskraftwerken auf 58 Euro.

Im Ergebnis wandelte sich der Strommarkt durch die Liberalisierung von einem Angebots- zu einem Nachfragemarkt, was sich dämpfend auf die Kosten der Erzeugung und damit auf den Strompreis auswirkte. Trotz allgemeiner Verteuerung von Öl, Gas und Kohle wurde der Preis für Strom nach der Marktöffnung nur moderat angehoben. Für Industriekunden kam es sogar zu deutlichen Preissenkungen.

Der für alle Energieträger geltende einheitliche Strommarkt wurde mit dem Inkrafttreten des EEG aufgegeben. Während die atomaren und fossilen Energien weiter im alten System arbeiteten, galt für die Erzeugung von Strom aus erneuerbaren Energien (Wind, Sonne, Biomasse) ein privilegiertes Sonderrecht mit einem Einspeisevorrecht und garantierten Vergütungen.

Regierungsamtlich wurde zwar gesagt, dass die Privilegien nur so lange gelten sollten, bis der regenerative Strom »den Weg in den Strommarkt« findet. Doch wie ein solches »Marktdesign« für alle Stromerzeuger aussehen soll, blieb ein streng gehütetes Geheimnis der Grünen und ihrer Anhänger. Nach der Zielsetzung der Regierung, die Stromerzeugung komplett auf regenerative Energien umzustellen, konnte es nur ein Markt für regenerative Energien sein.

Für die Umsetzung der ökologischen Energiewende gab es bei der Regierung weder einen konkreten Handlungsplan noch eine seriöse Kosten-Nutzen-Analyse. Die Folge war, dass die damit beschäftigten Politiker und Beamten in den Ministerien die Komplexität dieses Vorhabens und seine Kosten komplett unterschätzten. Jürgen Trittin, der damalige Bundesminister für Umwelt, Naturschutz und Reaktorsicherheit und der Erfinder des EEG, war dafür der personifizierte Beweis, als er verkündete, für jeden Bürger würde die Energiewende im Monat nicht mehr als eine Kugel Eis kosten.

Erstaunlich war auch, dass das für einen Industriestaat unverzichtbare Ziel der Versorgungssicherheit bei Einführung des EEG kaum eine Rolle spielte. Dabei war allen klar, dass der Wind nicht immer und überall weht und auch die Sonne nachts oder bei wolkigem Himmel nicht scheint. Wer sollte in solchen Zeiten den Strom liefern? Anfangs verwies man dazu auf die angeblich erfolgversprechenden Forschungsvorhaben zu möglichen Stromspeichern. Als das nicht mehr überzeugte, kam man auf die Idee, die mit Gas betriebenen Kraftwerke als Reserve am Netz zu lassen, um sie notfalls wieder hochfahren zu können.

Das Grundproblem wurde damit aber nicht gelöst. Das zeigten Tage, an denen die Sonne lange schien oder der Wind kräftig wehte. Es wurde dann zu viel Strom produziert, den die Netzbetreiber mangels Speichermöglichkeiten sofort weiterverkaufen mussten. Dadurch sank der Marktpreis und die EEG-Umlage stieg. Es gab sogar Tage, an denen so viel Ökostrom produziert wurde, dass es dafür überhaupt keinen Interessenten gab. Damit die Stromnetze unter der Überlast nicht zusammenbrachen, mussten die Netzbetreiber an Käufer Geldbeträge als Draufgabe zahlen, damit ihnen der Strom abgenommen wurde. Über die EEG-Umlage zahlte der Verbraucher (ab 2021 der Steuerzahler) auch für solche »absurden Effekte«.

Am meisten verwunderte jedoch, dass die rot-grüne Regierung mit nahezu religiösem Eifer gebetsmühlenartig behauptete, das EEG leiste einen wesentlichen Beitrag zur Rettung des Weltklimas. Unabhängig von dem verhältnismäßig geringen Anteil der Bundesrepublik an dem weltweiten CO_2-Ausstoß, war eine solche Aussage schon deshalb nicht haltbar, weil die Bundesrepublik Mitglied des europäischen »Emissionshandelssystems« ist.

Das von der Europäischen Union mit ihrer Emissionshandelsrichtlinie aus dem Jahr 2003 (Richtlinie 2003/87/EG) eingerichtete »Emissionshandelssystem« soll nach Angaben der EU auf möglichst kosteneffiziente und wirtschaftlich verträgliche Weise auf eine Reduzierung der Treibhausgasemissionen hinwirken. Das System sieht eine feste Obergrenze für Emissionen (dem Cap) und die entsprechende Menge an handelbaren Emissionsrechten (Zertifikaten) vor. Wenn Industriebetriebe in Europa Treibhausgase ausstoßen, müssen sie solche Zertifikate erwerben.

Die Obergrenze für Emissionen wird also nicht in Deutschland, sondern auf europäischer Ebene festgelegt. Das bedeutet, dass die Bemühungen der deutschen Regierung, mithilfe des EEG die Emissionen zu senken, im Rahmen des europäische Emissionshandelssystems wirkungslos bleiben. Mit der Abschaltung fossiler Kraftwerke in Deutschland werden nämlich weniger Emissionsrechte benötigt, die deshalb verkauft werden und an anderer Stelle zu mehr Emissionen führen. »Wenn in Deutschland die Kraftwerke abgeschaltet werden, werden sie anderswo in Betrieb genommen, und zwar in einem Umfang, dass dort exakt so viel zusätzliches Kohlendioxid in die Luft geblasen wird, wie wir einsparen«, schrieb Hans-Werner Sinn. Die Wirkung des EEG auf das Klima ist deshalb gleich null!

Gaskrieg

Anfang der 1980er-Jahre verfügte die deutsche Wirtschaft noch über mehrere Quellen für den Bezug von Erdgas: Die wichtigsten Lieferanten waren die Niederlande und Russland. Es folgten Norwegen und Niedersachsen. In den Jahren danach trat jedoch eine Entwicklung ein, die Deutschland mehr und mehr von Russland abhängig machte. Während der Verbrauch von Erdgas zunahm, versiegten die heimischen Quellen und die Importe aus den Niederlanden stagnierten. Nutznießer dieser Entwicklung waren Norwegen und Russland, von denen immer mehr Gas bezogen wurde.

Der führende Gasimporteur und -händler in Westdeutschland war die Ruhrgas AG. Zu den großen Verbrauchern von Gas zählte der Chemiekonzern BASF, der wegen der Preispolitik der Ruhrgas AG seit Längerem plante, sich eigene Bezugsquellen zu erschießen. Der Umbruch in Osteuropa und der DDR im Jahr 1990 bot BASF plötzlich die Chance, diesen Plan zu realisieren. Denn mit dem Verschwinden der DDR wurden acht Milliarden Kubikmeter russisches Erdgas frei, die über das Leitungsnetz des ehemaligen VEB Verbundnetzes Gas (VNG) verteilt wurden. Im Kreml war man durchaus interessiert, auf dem deutschen Markt zwei Abnehmer zu haben, die man gegeneinander ausspielen konnte.

Zunächst schien es so, dass die Ruhrgas AG die Anteile am Verbundnetz Gas übernehmen würde; doch im Herbst 1990 schloss die BASF-Tochter Wintershall AG mit dem russischen Gasexporteur Gazprom, dem wichtigsten Lieferanten der Ruhrgas AG, einen Vertrag über eine gaswirtschaftliche Zusammenarbeit ab. Dem folgte im November die Gründung des Gemeinschaftsunternehmens Wintershall Erdgas Handelshaus GmbH (WIEH), das mit Gazprom einen Liefervertrag für Erdgas zur Versorgung der neuen Bundesländer abschloss. Selbstbewusst verlangte die BASF-Tochter Wintershall nun von der Bundesregierung, an der VNG beteiligt zu werden.

Vor diesem Hintergrund entbrannte im Oktober 1991 ein offen ausgetragener »Gaskrieg« zwischen BASF und Ruhrgas, in dem es um Liefermengen und deren Preise sowie um bestimmte Interessengebiete ging. Mehrfach mussten die Regierungen in Bonn und Moskau eingeschaltet werden, um Versorgungsengpässe zu vermeiden und den Streit zu schlichten. Erst nach drei Jahren gelang es, die Differenzen aus der Welt zu schaffen, indem die jeweiligen Interessensphären abgegrenzt und langfristige Lieferverträge mit der russischen Seite abgeschlossen wurden.

Die energiepolitischen Initiativen der rot-grünen Regierung führten im Jahr 2002 dazu, dass sich der Düsseldorfer Energiekonzern Eon und die Ruhrgas AG zusammenschlossen, um ihre Kräfte auf den wachsenden Märkten Strom und Gas zu bündeln. Das Bundeskartellamt untersagte diesen Zusammenschluss, weil es die gerade liberalisierten Märkte vor einem Monopolisten schützen wollte. Dabei war der Behörde nicht nur die marktbeherrschende Stellung der fusionierten Unternehmen auf dem Gasmarkt ein Dorn im Auge, sie befürchtete auch negative Auswirkungen auf den Stromsektor, für den Gas ein wichtiger Energieträger war.

Die Stellungnahme der Monopolkommission war ebenfalls kritisch ausgefallen. Sie mahnte aus Gründen der Versorgungssicherheit eine Diversifizierung und stärkere Speicherung von Gas an. Gleichwohl machte die Schröder-Regierung den Zusammenschluss mit einer Ministererlaubnis möglich. Die dagegen erhobenen Klagen blieben zum Bedauern der Wettbewerbsbehörden ergebnislos, weil sich Eon und Ruhrgas mit den Klägern außergerichtlich einigten.

Das nächste energiepolitische Großereignis fand im Jahr 2005 statt, als die Unternehmen Eon/Ruhrgas, Wintershall und Gazprom ein Gemeinschaftsunternehmen gründeten, das eine Pipeline für Gas durch die Ostsee bauen sollte (Nord Stream 1). Trotz massiver Kritik aus Osteuropa unterstütze Bundeskanzler Gerhard Schröder das Vorhaben mit einer von ihm unterzeichneten Absichtserklärung. Die *FAZ* vom 13. Mai 2022 schrieb dazu: »Die rot-grüne Bundesregierung bürgte für den Kredit, und das Geschäft wurde in Anwesenheit von Putin und Schröder besiegelt. Drei Monate später nahm der zwischenzeitlich abgewählte Kanzler eine lukrative Tätigkeit bei der Nord Stream AG auf. Weitere Posten bei staatlichen russischen Energiekonzernen sollten folgen.«

Schon damals wurde befürchtet, das russische Vorhaben könne dazu genutzt werden, die Ukraine unter Druck zu setzen oder die frühere Sowjetrepublik sogar »heimzuholen«. Dennoch begannen bald nach der Inbetriebnahme von Nord Stream 1 im Jahr 2011 die Gespräche über eine zweite Pipeline. »Altkanzler Schröder lobbyierte in seinen Gesprächen mit Mitgliedern der Bundesregierung jahrelang erfolgreich für das Projekt, obwohl der außenpolitische Kurs des Kreml zusehends aggressiver wurde.« (*FAZ* a.a.O.)

Bundeskanzlerin Angela Merkel unterstützte den Bau der Pipeline Nord Stream 2. Nach dem Ausstieg aus der Atomenergie sollten Gaskraftwerke in Zeiten, in denen die erneuerbaren Energien keinen oder zu wenig Strom lieferten, als Reserven einspringen. Dafür benötigte Deutschland russisches Gas, das über Nord Stream 2 geliefert werden sollte. Im Jahr 2015 unterzeichnete Angela Merkel deshalb eine unterstützende Absichtserklärung zum Bau dieser Pipeline.

Im gleichen Jahr kam es außerdem zu einem Tauschgeschäft zwischen der BASF-Tochter Wintershall und dem Staatskonzern Gazprom, mit dem sich Wintershall von Teilen des Gashandels- und Speichergeschäfts in Deutschland trennte und dafür maßgeblich an russischen Unternehmen im Bereich der Öl- und Gasförderung beteiligt wurde. Dadurch gerieten auch die großen deutschen Gasspeicher in Rehden und Jemgun unter russischen Einfluss. Eine Gefahr für die deutsche Versorgungssicherheit sah der damalige Bundeswirtschaftsminister Sigmar Gabriel darin nicht.

Exkurs

Im Jahr 2014 annektierte der russische Präsident Wladimir Putin die Krim. Die USA und Mitgliedstaaten der EU reagierten darauf mit wirtschaftlichen Sanktionen gegen staatliche und nicht staatliche Akteure in Russland. Am 24. Februar 2022 fielen russische Panzertruppen in die Ukraine ein. Als Reaktion auf diesen Verstoß gegen das Völkerrecht ordnete Bundeskanzler Olaf Scholz (SPD) am 22. Februar 2022 an, dass die weitgehend fertiggestellte Gaspipeline Nord Stream 2 nicht in Betrieb genommen wurde. Außerdem verhängten die USA und EU weitergehende Sanktionen gegen Russland. Der russische Präsident reagierte darauf im April/Mai 2022 mit dem Stopp der Gaslieferungen. Infolge dieser Ereignisse begannen die Preise für Gas und Öl an den internationalen Märkten stark zu steigen.

Die steigenden Gaspreise und der russische Lieferstopp trafen die am Gashandel beteiligten deutschen Unternehmen schwer. Das betraf vor allem die Eon-Tochter Uniper, die das Erdgasgeschäft von EON übernommen hatte und an der das finnische Staatsunternehmen Fortum maßgeblich beteiligt war. Uniper war der größte Importeur von russischem Gas und geriet nach dem russischen Lieferstopp in eine gefährliche Schieflage, weil er sich das fehlende Gas auf dem Spotmarkt teuer besorgen musste, um seine Verträge erfüllen zu können. Täglich entstanden dadurch Verluste in Höhe von mehr als 100 Millionen Euro.

Die von der Bundesregierung betriebene Rettung von Uniper sah vor, dass die Bundesrepublik von Fortum sämtliche Aktien an Uniper zu einem symbolischen Preis erwarb, eine Kapitalerhöhung von 8 Milliarden Euro zusagte und Uniper zusätzlich mit der erforderlichen Liquidität ausstattete. Aufgrund dieser Maßnahmen, die eine Verstaatlichung von Uniper darstellten, verlor der finnische Konzern den wesentlichen Teil seines Investments.

Auch die BASF-Tochter Wintershall Dea, Deutschlands größter Öl- und Gasförderer in Sibirien, verlor infolge des Ukrainekrieges sein dortiges Betriebsvermögen. Konzernchef Mario Mehren sprach von einer »faktischen Enteignung« durch den Kreml. Im September 2022 deckelte der Kreml erstmals die Preise für Wintershall-Unternehmen. Im Dezember verhängte Putin dann rückwirkend zum 1. März eine allgemeine Erlös-Obergrenze »Alles, was wir meinten erwirtschaftet zu haben, wurde abgeschöpft«, sagte Mehren. Inzwischen, so der Winterhall-Chef, »wurden alle Konten unserer russischen Gemeinschaftsunternehmen von Gazprom abgeräumt«.

Als Putin dann auch noch anordnete, dass Aktien in ausländischer Hand nicht mehr stimmberechtigt sind, kündigte Wintershall Mitte Januar 2023 seinen vollständigen Rückzug aus Sibirien an. Die Aktien, die Wintershall an russischen Unternehmen hielt, waren seitdem »leere Hüllen, die weder einen Wert noch Stimmrechte haben. Wir wurden de facto wirtschaftlich enteignet«, begründete Mehren diesen Schritt.

Agenda 2010

Bei der Bundestagswahl am 22. September 2002, bei der sich die rot-grüne Koalition erneut zur Wahl stellen musste, standen sich Gerhard Schröder (SPD) und Edmund Stoiber (CSU) gegenüber. Überraschend am Wahlausgang war der geringe Vorsprung der SPD vor der CDU/CSU mit etwa 6000 Zweitstimmen (0,01 %). Als Ergebnis der Wahl kam es zur Fortsetzung der regierenden rot-grünen Koalition: Gerhard Schröder blieb Bundeskanzler.

Schröder war sich darüber im Klaren, dass er diese Legislaturperiode allein mit dem rot-grünen Koalitionsvertrag nicht überstehen würde. Nach dem Zusammenbruch der »New Economy« und mit mehr als 5 Millionen Arbeitslosen sowie einem Wirtschaftswachstum weniger als 0,5 Prozent brauchte er ein offensives Reformprogramm, das weit über den Koalitionsvertrag hinausreichte. Er bat Frank-Walter Steinmeier, den Chef des Kanzleramtes, Elemente für ein solches Programm zu entwerfen.

Schon in der ersten Regierungsphase hatte sich das Schröder-Kabinett mit einer Arbeitsmarktreform beschäftigt und Anfang September 2001 das Job-AQTIV-Gesetz (»Aktivieren, Qualifizieren, Trainieren, Investieren, Vermitteln«) verabschiedet. Mit diesem Gesetz begann Schröder, die Arbeitsmarktpolitik im Sinne eines »aktivierenden Staates« von einer nur reaktiven Ausrichtung der Arbeitsförderung hin zu einer aktiven Vermittlung und Wiedereingliederung von Arbeitslosen umzustellen. Entscheidend dabei war, dass auch der Arbeitslose in die Pflicht genommen werden sollte.

Die Vorarbeiten dazu hatte eine Kommission geleistet, die den Auftrag hatte, die größte Arbeitsmarktreform in der neueren deutschen Geschichte auf den Weg zu bringen. Den Vorsitz dieser Kommission übernahm Peter Hartz, ein seinerzeit hoch angesehener Personalmanager bei Volkswagen. Anfang März 2002 trat die Kommission erstmals zusammen, fünf Wochen vor der Bundestagswahl 2002 stellten Gerhard Schröder und Peter Hartz den 343 Seiten starken Bericht vor, der einen bunten Strauß von Ideen und Vorschlägen enthielt, die Medien und Öffentlichkeit monatelang beschäftigten. Die Präsentation des Berichts war für Schröder natürlich ein wichtiger Bestandteil des Wahlkampfes.

Gleich zu Anfang benannte Schröder die leitende Maxime der zukünftigen Reformarbeit: »*Sie heißt fördern und fordern. Im Prinzip des Forderns ist begründet, dass auch der Arbeitslose etwas bringen muss. Wenn er zumutbare Arbeit ablehnt mit nicht zureichenden Gründen, muss er bereit sein, Sanktionen zu akzeptieren.*« Schröder wusste, dass ihn ein solches Programm die Kanzlerschaft kosten konnte. Doch zu keinem Zeitpunkt ließ er im Wahlkampf auch nur den geringsten Zweifel an der Notwendigkeit einer solchen Reform aufkommen.

Der Hartz-Bericht wurde auch die Grundlage für die Regierungserklärung, die Bundeskanzler Gerhard Schröder am 14. März 2003 vor dem Deutschen Bundestag abgab. Im Mittelpunkt seiner Rede stand sein grundlegendes Reformprogramm, mit dem er den seit Jahren bestehenden Reformstau in Deutschland auflösen wollte. Die wichtigsten Maßnahmen dieses später als »Agenda 2010« bezeichneten Programms waren:

1. Im Mittelpunkt standen Reformen am Arbeitsmarkt mit dem Ziel, mehr Menschen in Arbeit zu bringen. Zu diesem Zweck wurde das Arbeitslosengeld I für die unter 55-Jährigen auf 12 und für die über 55-Jährigen von 32 Monaten auf 18 Monate gekürzt.
2. Die Arbeitslosenhilfe und die Sozialhilfe wurden zum Arbeitslosengeld II (dem späteren Hartz IV) zusammengelegt, um das Hin- und Herschieben der Langzeitarbeitslosen zwischen Arbeits- und Sozialamt zu beenden.
3. Das neue Arbeitslosengeld II sollte dem Niveau der Sozialhilfe entsprechen und aus Steuereinnahmen finanziert werden. Der Arbeitslose wurde verpflichtet, bei der Arbeitssuche aktiv mitzuwirken. Wer ein Angebot ablehnte, obwohl es zumutbar war, musste mit Kürzungen der staatlichen Unterstützung rechnen (Prinzip des Förderns und Forderns).
4. Die Möglichkeiten für Zeitarbeit und Mini-Jobs wurden erweitert.
5. Bei den Betrieben wurde der Schwellenwert für den Kündigungsschutz von fünf auf zehn Mitarbeiter angehoben. Befristet eingestellte Mitarbeiter sowie Leih- und Zeitarbeiter sollten nicht mitgerechnet werden. Vorgesehen waren wahlweise Abfindungsregelungen bei betriebsbedingten Kündigungen und die Umgestaltung der Sozialauswahl, um Leistungsträger im Unternehmen zu halten.
6. Von den Tarifparteien wurde erwartet, dass sie in den Tarifverträgen Öffnungsklauseln und betriebliche Bündnisse vereinbarten. Geschah das nicht, wollte der Gesetzgeber handeln.
7. Die Wirtschaft wurde aufgefordert, die Ausbildungsplatzzusage für jeden, der ausbildungsfähig war, einzuhalten. Ansonsten sollte es eine gesetzliche Ausbildungsabgabe geben.
8. Die Handwerksordnung wurde modernisiert: In vielen Berufsbereichen sollten sich erfahrene Gesellen selbstständig machen können.
9. Für das Gesundheitswesen waren folgende Reformen vorgesehen: Öffnung des Vertragsmonopols der kassenärztlichen Vereinigungen durch Einzelverträge zwischen Krankenkassen und Ärzten. Streichung von Leistungen, die nicht zum Kernbereich der gesetzlichen Krankenversicherung gehörten. Finanzierung des Krankengeldes durch Beiträge der Versicherten. Einführung einer Praxisgebühr in Höhe von 10 Euro pro Quartal. Erhöhung der Zuzahlungen bei Medikamenten.
10. Die Rentenformel wurde um einen Nachhaltigkeitsfaktor erweitert, der den Anstieg der Rente dauerhaft bremsen sollte.

11. Das Steuer- und Finanzwesen sollte wie folgt reformiert werden: Absenkung des Eingangssteuersatzes von 25,9 auf 15 Prozent und des Spitzensteuersatzes von 53 auf 42 Prozent. Einführung einer Abgeltungssteuer auf Zinserträge. Besteuerung der Gewinne aus Veräußerungen. Mobilisierung eines Kreditprogramms der Kreditanstalt für Wiederaufbau (KfW) für kommunale Investitionen und für die private Wohnungsbausanierung.
12. Für Kommunen war eine grundlegende Reform der Gewerbesteuer vorgesehen. Außerdem sollten sie bei Zahlungen an arbeitsfähige Sozialhilfeempfänger finanziell entlastet werden.

Dieses Reformprogramm war für bundesrepublikanische Verhältnisse ein Hammerschlag. Widerstand gegen die »Agenda 2010« kam von allen Seiten: Zuerst meldete sich die Arbeitgeberseite: Die Richtung stimme, doch seien die Reformpläne unzureichend, meinte die Bundesvereinigung der Deutschen Arbeitgeberverbände (BDA). Auch die Wirtschaftsforscher bemängelten, dass die Reformen nicht weit genug gingen. Der Zentralverband des Deutschen Handwerks verwarf das Programm wegen der teilweisen Aufhebung des Meisterprivilegs sogar komplett.

Am schärften reagierten die Gewerkschaften: Der DGB-Vorsitzende Michael Sommer forderte »deutliche Korrekturen«. Ver.di und die IG Metall drohten mit einer massiven Kampagne gegen die Agenda 2010 – bis hin zum Bruch mit der SPD. Bei der Kundgebung zum 1. Mai sagte der Vorsitzende der IG BAU: »Es kommt jetzt darauf an, wer die besseren Nerven hat – der Kanzler oder die Gewerkschaften.« Offen rief er die SPD-Linke zur Ablehnung der Agenda 2010 und damit indirekt zum Sturz des Kanzlers auf: »Der Kanzler spielt einen sehr hohen Preis, da kann es auch passieren, dass es schiefgeht. Aber da ist er selbst schuld.«

Schröder hatte allerdings die besseren Nerven und forcierte den Gesetzgebungsprozess, damit die Reformen zum 1. Januar 2004 in Kraft treten konnten. Wie zu erwarten, wurde nach Ablehnung des Gesetzesvorhabens im von der CDU/CSU dominierten Bundesrat der Vermittlungsausschuss angerufen. Bis Ende Dezember 2003 wurden jedoch zu allen strittigen Themen Lösungen gefunden, sodass die »Agenda 2010« die parlamentarischen Hürden nehmen konnte.

Angela Merkel war seinerzeit als Oppositionsführerin an diesem Ergebnis maßgeblich beteiligt. Dabei wusste sie genau, was sie tat: Erledigt waren die unpopulären Aufräumarbeiten, sollte sie Schröder einmal beerben. In ihrer eigenen Regierungserklärung vom 30. November 2005 sagte sie: »*Ich möchte Bundeskanzler Schröder ganz persönlich dafür danken, dass er mit seiner Agenda 2010 mutig und entschlossen eine Tür aufgestoßen hat, eine Tür zu Reformen, und dass er die Agenda gegen Widerstände durchgesetzt hat.*«

Der Dank war mehr als berechtigt. Die Agenda 2010 war ein Reformprogramm im Sinne einer »marktwirtschaftlichen Angebotspolitik«, zu der sich die Kohl-Regierung nicht hatte durchringen können und die für einen SPD-Kanzler außerordentlich mutig war. Schröder riskierte damit sein Amt.

Neue Soziale Marktwirtschaft

Nach der verlorenen Bundestagswahl 1998 musste sich die CDU personell und inhaltlich neu aufstellen: Helmut Kohl trat als Parteivorsitzer zurück und wurde zum Ehrenvorsitzenden gewählt. Neuer CDU-Vorsitzender wurde Wolfgang Schäuble; Angela Merkel wurde auf seinen Vorschlag zur Generalsekretärin der Partei gewählt.

Doch diese Konstellation war nur von kurzer Dauer, weil ein Jahr später die CDU-Spendenaffäre begann. Helmut Kohl wurde vorgeworfen, zwischen 1993 und 1998 1,5 bis 2 Millionen DM an Spenden für die CDU erhalten zu haben, die er nicht gemäß dem Parteiengesetz als solche deklariert hatte. Die Namen der Spender wollte er nicht preisgeben mit der Begründung, er habe ihnen das Ehrenwort gegeben, ihre Namen nicht zu nennen.

Daraufhin setzte sich Angela Merkel an die Spitze der Kohl-Gegner und warf ihrem politischen Ziehvater in einem öffentlichen Brief in der *FAZ* vor, er habe »der Partei Schaden zugefügt« und es sei nicht hinnehmbar, dass er »in einem rechtswidrigen Vorgang« sein Wort »über Recht und Gesetz« stelle. Die CDU müsste sich von Kohl lösen, schrieb sie. »Nur auf einem wahren Fundament kann Zukunft entstehen.« Die Partei müsste »laufen lernen, sich zutrauen, in Zukunft auch ohne (…) Helmut Kohl (…) den Kampf mit dem politischen Gegner aufzunehmen«.

Der Text war ein kalkulierter Affront. Bis dahin hatte es in der CDU-Führung niemand gewagt, öffentlich mit Helmut Kohl zu brechen. Auch Schäuble nicht, den Kohl nicht als Kanzlerkandidat wollte und der von Kohl genervt war, weil er als Ehrenvorsitzender weiter an Präsidiumssitzungen teilnahm, die Strippen zog und sich auf Parteitagen feiern ließ. Nur Merkel als Schäubles Generalsekretärin hatte den Mut, die unangenehmen Wahrheiten auszusprechen, angeblich ohne Abstimmung mit Schäuble.

Merkels *FAZ*-Brief wurde schon in seiner Erscheinungswoche als historisch bewertet. Jeder, der ihn las oder von ihm hörte, ahnte, dass der CDU eine Weichenstellung, womöglich eine Spaltung, bevorstand. Jeder CDU-Anhänger sah sich zur Positionierung genötigt. War man für Merkel? Oder für Kohl? Merkels politische Karriere hing jedenfalls an einem seidenen Faden. In Leserbriefen oder Kommentaren auf der neuen Homepage der CDU nannte man sie »Vatermörderin«, »Nestbeschmutzerin« und dergleichen mehr.

Damit nicht genug, nur wenige Wochen später wurde auch Wolfgang Schäuble von der Affäre erfasst, weil er von einem Waffenhändler eine größere Spende entgegengenommen hatte. Daraufhin trat er als Partei- und Fraktionsvorsitzender zurück. Sein Nachfolger im Fraktionsvorsitz wurde Friedrich Merz und am 10. April wählten die Delegierten Angela Merkel auf dem CDU-Parteitag in Essen mit 96 Prozent der Stimmen zur neuen CDU-Vorsitzenden. Sie war damit die erste Frau in Deutschland an der Spitze einer Volkspartei.

In ihrer mit viel Beifall aufgenommenen Antrittsrede verkündete Angela Merkel mit Blick auf die Spendenaffäre, für die CDU könne es »keine Diskussion um die Einhaltung von Recht und Gesetz geben«. Die CDU bezeichnete sie als die große Volkspartei der Mitte, »weil wir auf der Basis fester Grundwerte stehen, weil sich in uns christlich-soziale, wertkonservative und liberale Überzeugungen bündeln«. Sie erinnerte auch an die »Botschaft der Sozialen Marktwirtschaft«, wobei sie hinzufügte: »Ich meine, wir haben diese Botschaft in den vergangenen Jahren etwas vernachlässigt. Ich sage das ganz selbstkritisch auch in Richtung unserer Partei.« Dabei vergaß sie auch den Mittelstand nicht: »Gerade die mittelständischen Unternehmen haben in den Zeiten der Globalisierung zum Teil schwierigere Kämpfe auszufechten, als es bei den großen Global Players der Fall ist. Deshalb ist es vorrangige Aufgabe der Politik, mittelständischen Unternehmen in besonderer Weise unter den Arm zu greifen.«

Im Hinblick auf die Globalisierung mahnte Angela Merkel: »Umweltverschmutzung, unverantwortlicher Ressourcenverbrauch, Bevölkerungswachstum, das trifft uns alle in Zukunft immer mehr und direkt.« Um dann der Schröder-Regierung ins Stammbuch zu schreiben: »Rot-Grün spricht von all diesen Gefahren überhaupt nicht mehr: nicht von der Erwärmung der Erde, nicht von der Abnahme der Artenvielfalt und nicht vom Abschmelzen der Polkappen. Denn Rot-Grün hat Angst, kein Rezept und keine Vision, wie man damit umgeht. Dazu sage ich: Wir müssen wieder die Partei des modernsten Umweltschutzes werden.« Und zur Energiepolitik sagte sie: »Wir aber berauben uns unseres Technik- und Forschungssachverstandes mutwillig und vorsätzlich dadurch, dass wir aus der Kernenergie aussteigen. Und können in Zukunft, wenn es einmal zu kritischen Ereignissen kommt, nicht mehr helfen. Dafür trägt Rot-Grün die Verantwortung.«

Unmittelbar nach ihrer Wahl zur CDU-Vorsitzenden berief Angela Merkel eine »Präsidiumskommission« ein, die unter ihrem Vorsitz das Diskussionspapier »Neue Soziale Marktwirtschaft« erarbeitete. In diesem Papier, das am 27. August 2001 der Öffentlichkeit vorgestellt wurde, erläuterte Angela Merkel die fünf Hauptlinien ihrer zukünftigen Politik:

1. Deutschland braucht zuallererst eine Qualifizierungsoffensive in Bildung, Wissenschaft und Forschung, denn in einer Wissensgesellschaft wird die Fähigkeit, sich Wissen anzueignen, zu nutzen und weiterzuentwickeln, zum Haupterfolgsfaktor.
2. Deutschland braucht aber auch eine Offensive für mehr Transparenz und Flexibilität, denn in Zeiten ständigen Wandels und rascher Innovationen müssen Staat, Wirtschaft und Gesellschaft hoch flexibel agieren und reagieren können.
3. Deutschland braucht eine Offensive gegen Beschäftigungshemmnisse, denn trotz hoher Aufwendungen für eine aktive Arbeitsmarktpolitik hat Deutschland im internationalen Vergleich kaum Erfolge bei der Bekämpfung der viel zu hohen Arbeitslosigkeit.
4. Schließlich braucht Deutschland eine Offensive für einen verlässlichen Sozialstaat, denn die Solidarsysteme, welche die großen Lebensrisiken Krankheit und Alter absichern, sind gefährdet.
5. Und nicht zuletzt muss Deutschland am Aufbau einer internationalen Wirtschaftsordnung mitwirken, denn das Wirtschaften und Arbeiten in Deutschland vollzieht sich in einem nationalen Rahmen, welcher der zunehmenden Globalisierung nicht mehr genügt.

Für einen solchen grundsätzlichen Politikwechsel, der die wichtigsten Politikfelder abdeckte, konnte Angela Merkel in der CDU mit großer

Zustimmung rechnen. Sie hatte die passende Antwort auf die Ruck-Rede von Roman Herzog gegeben und große Teile der Bevölkerung waren bereit, mit ihr den Aufbruch zu wagen (Frank Bösch).

Doch zunächst mussten sich die Unionsparteien über einen gemeinsamen Kanzlerkandidaten für die Bundestagswahl 2002 einigen. Deutlich war nur, dass sich Angela Merkel auf zahlreichen Regionalkonferenzen auf diese Kandidatur vorbereitete. Bekannt war aber auch, dass führende CDU-Politiker, vor allem die damaligen CDU-Ministerpräsidenten Roland Koch, Christian Wulff, Peter Müller und Erwin Teufel eine solche Kandidatur verhindern wollten. Sie trauten Merkel nicht zu, die Union geschlossen und kämpferisch in den Wahlkampf gegen den amtierenden Kanzler Schröder zu führen. Stattdessen sprachen sie sich für Edmund Stoiber (CSU) aus.

Angela Merkel gab jedoch nicht auf. »Ich bin bereit zu einer Kanzlerkandidatur«, ließ Merkel die Leser der *Welt am Sonntag* wissen, sicher in der Hoffnung, Stoiber damit zum Aufgeben zu bewegen. Auf der Klausurtagung von CDU-Präsidium und CDU-Bundesvorstand am 11. Januar 2002 in Magdeburg sollte die Entscheidung herbeigeführt werden. Inzwischen war aber nur noch eine Minderheit im Präsidium und Vorstand bereit, für die Parteivorsitzende zu votieren.

Davon hatte auch Merkel erfahren und sie zog die Notbremse, ohne dass die Vorstandsmitglieder dies ahnten. Mit Stoiber hatte sie ein Frühstück in dessen Privathaus im bayerischen Wolfratshausen vereinbart und sie überraschte den verdutzten Bayern dann mit dem Angebot, zu seinen Gunsten auf die Kandidatur zu verzichten. Damit rettete sie sich in letzter Sekunde. Denn eine Wahl Stoibers gegen Merkels Willen wäre ein Misstrauensvotum gegen die eigene Vorsitzende gewesen. So konnte sie zur Klausurtagung nach Magdeburg zurückkehren und verkünden: »Ich habe immer gesagt, Kanzlerkandidat der Union soll derjenige werden, der die größten Siegeschancen hat. … Ich glaube, dass die Geschlossenheit der Union mit dem Kanzlerkandidaten Edmund Stoiber hervorragend herzustellen ist.«

Die Frage von Journalisten, ob Angela Merkel für ihren Verzicht eine Gegenleistung verlangt habe, beantwortete Edmund Stoiber in einem späteren Interview so: »Bis zum Samstag vor der Wahl hatten wir nicht darüber gesprochen. Erst an diesem Tag hat mir Angela Merkel in der Bayerischen Staatskanzlei, nach einem gemeinsamen Besuch der Eröffnung der Wiesn 2002, von ihren Überlegungen erzählt: Wenn die Wahl verloren gehen sollte, würde sie zur Bündelung der Kräfte neben dem Parteivorsitz auch den Fraktionsvorsitz beanspruchen. Nach der Wahl wurde diese Personalie in einer Sitzung im Bundesvorstand der CDU, an der ich teilgenommen habe, erörtert. Dort hat Angela Merkel dann auch erklärt, dass sie diese Position jetzt für sich beansprucht.«

Und zur Reaktion von Friedrich Merz sagte er: »Das hat ihn tief getroffen. Friedrich Merz ist zuvor als glanzvoller Fraktionsvorsitzender mit leidenschaftlichen, begeisternden Reden im Bundestag zu einem Aushängeschild der Union geworden. Er hat mir wegen meiner Unterstützung für Angela Merkel als Fraktionsvorsitzende seine große Enttäuschung ausgedrückt. Diese Enttäuschung habe ich natürlich verstanden.«

Leipziger Reformparteitag 2003

Der große Reformparteitag der CDU fand am 1. Dezember 2003 in Leipzig statt. Im Mittelpunkt der Beratungen standen die Anträge des CDU-Bundesvorstandes zur Zukunft der sozialen Sicherungssysteme (Herzog-Papier) und zu einem modernen Einkommensteuerrecht (Merz-Papier).

Angela Merkel eröffnete den Parteitag mit folgenden Worten: »Meine sehr geehrten Damen und Herren, liebe Freunde, vor uns liegen zwei Tage mit bedeutenden Weichenstellungen für unsere Partei. Nach vielen Wochen intensiver Diskussion werden wir heute und morgen ein großes Reformpaket vollenden. Von diesem Parteitag in Leipzig geht das Signal hinaus: Wir, die Christlich Demokratische Union Deutschlands, haben die programmatische Kraft, den geistigen Führungsanspruch und den politischen Gestaltungswillen, Deutschland wieder nach vorne zu bringen! Denn Deutschland kann mehr.«

Der Leipziger Parteitag der CDU wurde in der Tat ein Reformparteitag: Die Delegierten folgten dem »Herzog-Papier« und beschlossen, die lohnabhängigen Beiträge bei der Kranken- und Pflegeversicherung durch eine Gesundheitsprämie von 180 Euro monatlich zu ersetzen. Auch Friedrich Merz setzte sich mit seinem Vorschlag durch, den Progressionstarif bei der Einkommensteuer abzuschaffen und stattdessen gestaffelte Steuersätze von 12, 24 und 36 Prozent einzuführen. Beide Konzepte wurden von den Delegierten mit überwältigender Mehrheit angenommen.

Angela Merkel hatte damit ihr Zwischenziel erreicht: Mit den Beschlüssen auf dem Parteitag hatte die CDU unter Beweis gestellt, dass die Partei unter ihrer Führung zu marktwirtschaftlichen Reformen bereit und in der Lage war. Damit schloss Angela Merkel auch persönlich zu Gerhard Schröder (SPD) auf, der im März 2003 als Bundeskanzler mit der »Agenda 2010« ein umfangreiches Reformpaket auf den Weg gebracht hatte. Nach dem Leipziger Parteitag konnte sich Angela Merkel ebenfalls als Reformpolitikerin feiern lassen.

Den erbitterten Widerstand des Sozialflügels der Partei nahm sie dafür in Kauf. Sozialpolitiker wie Norbert Blüm, Horst Seehofer oder Karl-Josef Laumann verurteilten die Beschlüsse in aller Öffentlichkeit als »unverantwortliches neoliberales Machwerk«. Unterstützt wurden sie dabei von den Mitgliedern des Sozial- und Arbeitnehmerflügels der Union und auch von großen Teilen der CSU. Im engeren Kreis der CDU-Führung waren sie aber isoliert.

Zur geplanten Gesundheitsprämie erklärte Horst Seehofer (CSU) öffentlich, dass er den von Angela Merkel geplanten Systembruch in der Gesetzlichen Krankenversicherung (GKV) nicht mittragen werde. Seinen Widerwillen demonstrierte er dadurch, dass er sich mit der SPD-Gesundheitsministerin Ulla Schmidt über konkrete Änderungen im bestehenden Gesundheitssystem verständigte: So wurden Zahnersatzleistungen gekürzt und Zuzahlungen (Praxisgebühr) angeordnet, um die Finanzlage der GKV zu verbessern. Im Übrigen sollte jedoch alles beim Alten bleiben, weil das deutsche Krankenversicherungssystem nach Meinung von Seehofer/Schmidt »weltweit nach wie vor als Vorbild dient«. Die Gesundheitsprämie bezeichnete Seehofer als politischen »Sympathiekiller«.

Angela Merkel begann deshalb in aller Stille, mit der CSU über Änderungen in ihrem Reformkonzept zu sprechen. So wurde zum Beispiel die Verpflichtung der Krankenkassen gestrichen, Rücklagen zu bilden. Für Geringverdiener wurde die maximale Belastung durch die Gesundheitsprämie auf 14 Prozent des Bruttoeinkommens festgesetzt. Auch die von Friedrich Merz angekündigte Steuersenkung sollte geringer ausfallen.

Tatsächlich hatte sich die CSU in Bayern aber längst von der Gesundheitsprämie verabschiedet. »Sehr viele würden nicht verstehen, wenn alle den gleichen Beitrag zur Krankenversicherung zahlen sollen«, sagte Edmund Stoiber. Horst Seehofer verteilte unter Unionsabgeordneten ein Thesenpapier, das der Gesundheitsprämie ein vernichtendes Urteil ausstellte – unabhängig davon, wie Merkel sie ausgestalten würde. »Die gleichzeitige Aufhebung des Solidarprinzips in der Krankenversicherung, die Abschaffung der paritätischen Beitragsfinanzierung und die Umverteilung von oben nach unten wird in der Bevölkerung nicht vermittelbar sein«, behauptete Seehofer.

Im November 2004 einigte sich Angela Merkel mit Edmund Stoiber dann auf einen Kompromiss zur Finanzierung der gesetzlichen Krankenkassen. Der Kompromiss sah vor, dass das System der lohnabhängigen Beiträge durch eine Kombination von privater Gesundheitsprämie (109 Euro), Arbeitgeberbeiträgen (6,5 % des Bruttolohns) und Steuerzuschüssen (für mitversicherte Kinder) ersetzt werden sollte.

Mit einem solchen Kompromiss hätten jedoch die mit der Gesundheitsreform angestrebten Ziele (Abkoppelung der Gesundheitskosten von den Lohnkosten, Sozialausgleich über das Steuersystem, Transparenz der Gesundheitskosten) nicht erreicht werden können. Zudem sah der Kompromiss vor, dass der Arbeitgeberbeitrag nicht direkt an die Kassen, sondern an einen staatlichen Gesundheitsfonds gezahlt werden sollte. Damit wäre die Gesundheitsbürokratie nur noch weiter aufgebläht worden. Auch Horst Seehofer hatte ausreichend Gründe, diesen Kompromiss nicht mitzutragen.

Das auf dem Leipziger Parteitag beschlossene »Merz-Papier«, wonach bei der Einkommensteuer statt eines Progressionstarifs ein Stufentarif von 12, 24 und 36 Prozent eingeführt werden sollte, erlitt ein ähnliches Schicksal. Der Reformvorschlag kollidierte schon mit den Gesetzesvorlagen der rot-grünen Bundesregierung aus der Agenda 2010, die am Progressionstarif festhielten, aber den Eingangssteuersatz sowie Spitzensteuersatz absenkten. Der Versuch von Angela Merkel und Friedrich Merz, den Steuervorschlag der rot-grünen Regierung mit der CDU/CSU-Mehrheit im Bundesrat scheitern zu lassen, blieb erfolglos, weil die Bundesregierung den Ländern bei Zustimmung zu ihren Gesetzesvorlagen einen Ausgleich bei etwaigen Mindereinnahmen versprach.

Kapitel 13

Merkel-Jahre

Bundestagswahl 2005

Am 18. September 2005 fanden vorgezogene Wahlen zum Bundestag statt, die Angela Merkel den Weg in das Kanzleramt ebnen sollten. Gerhard Schröder war wegen der »Agenda 2010« in seiner Partei unter Druck geraten und hatte die Vertrauensfrage gestellt. Nach Auflösung des Bundestages wurden Neuwahlen angesetzt.

Im Zentrum des Wahlkampfes standen die Reformkonzepte der beiden großen Parteien. Dabei war die demoskopische Ausgangslage für die Union anfangs günstig: Schröders »Agenda 2010« hatte in der Wählerschaft der SPD für Unruhe gesorgt. Es gab eine Wechselstimmung, weil die Mehrheit mit Rot-Grün unzufrieden war. Auch bei den Umfragen hatte die Union einen deutlichen Vorsprung und Merkel führte sogar in der Kanzlerfrage.

Im Wahlkampf drehte sich jedoch das Blatt: Gerhard Schröder (SPD), der wegen seiner Reformpolitik in die Defensive geraten war, gelang es mit enormem Einsatz und massiver Unterstützung der Medien, vom Gejagten zum Jäger zu werden. Einer seiner Angriffspunkte war die »Kopfpauschale«, wie er Merkels Gesundheitsprämie nannte und die er als grob ungerecht darstellte.

Unglücklich agierte Merkel auch beim Thema »Steuerreform«, für das sie den Verfassungsrechtler Paul Kirchhof engagiert hatte, der für ein niedriges und einfaches Steuersystem warb. Sein Konzept bestand aus einer »flat tax« von 25 Prozent auf sämtliche Einkommen, kombiniert mit der Abschaffung nahezu aller Ausnahmen und Steuervergünstigungen. Gerhard Schröder nutzte diese Chance, um die CDU mit unfairen Angriffen (»der ulkige Professor aus Heidelberg ohne soziale Verantwortung«) vor sich herzutreiben. Als Angela Merkel dann auch noch eine Erhöhung der Mehrwertsteuer ankündigte, um solche Reformen bezahlen zu können, schlug die Stimmung endgültig um.

Das Ergebnis der Bundestagswahl war für die CDU/CSU enttäuschend. Entgegen den Erwartungen und Umfragen, die einen sicheren Sieg der Union vorausgesagt hatten, erhielt sie nur 35,2 Prozent der Stimmen und lag damit nur knapp vor der SPD mit 34,2 Prozent der Stimmen. Die angestrebte Zielmarke von 40 Prozent plus x wurde deutlich verfehlt. Damit war der Weg für die Bildung einer großen Koalition frei. Die Frage war nur, ob Angela Merkel oder Gerhard Schröder Kanzler werden würde.

Über die Gründe der Wahlschlappe gab es in der Union unterschiedliche Auffassungen. Karl-Josef Laumann (CDU), Chef des Arbeitnehmerflügels, meinte, die Union habe so schlecht abgeschnitten, weil sie die Interessen der Arbeitnehmer »sträflich vernachlässigt« habe. Die CDU sei im Wahlkampf zu stark auf die Interessen des Wirtschaftsflügels eingegangen und habe »die Herzen der Menschen nicht erreicht«. Friedrich Merz konstatierte demgegenüber, der niedrige Zweitstimmenanteil der Union von 35,2 Prozent gegenüber dem Erststimmenergebnis von 40,8 Prozent wäre »eine überdeutliche Antwort der Wähler an Wahlprogramm und personellem Angebot der Union«. Er nannte keine Namen, aber jeder wusste, dass damit Angela Merkel gemeint war.

Große Koalition

Schon unmittelbar nach dem Wahlabend fanden zwischen den Spitzen von CDU/CSU und SPD (Merkel, Stoiber, Schröder, Müntefering etc.) hinter verschlossenen Türen Gespräche statt, um zu klären, ob beide Seiten zu einer großen Koalition bereit wären und welche Partei für diesen Fall den Bundeskanzler stellen sollte. Schnell kam man zu dem Ergebnis, dass das Wahlergebnis die Bildung einer großen Koalition erforderte: Die FDP hatte sich bereits für die Oppositionsrolle entschieden und andere Konstellationen wurden als zu instabil eingeschätzt. Schwieriger war die Kanzlerfrage zu klären: Nach dem Wahlergebnis musste Angela Merkel Bundeskanzlerin werden. Gerhard Schröder hielt seinen Führungsanspruch aber aufrecht, um die Ressortaufteilung und die Klärung der inhaltlichen Fragen abzuwarten.

Es begann dann ein dreiwöchiges Tauziehen um die Kanzlerschaft. Schon in diesem Stadium der Verhandlungen verständigte sich die Unionsführung darauf, dass wesentliche »Forderungen aus dem Wahlprogramm« der CDU/CSU zur Disposition gestellt werden sollten, um eine große Koalition zu ermöglichen. Die Tageszeitung *Die Welt* erfuhr von einem Präsidiumsmitglied der CDU: »Weil die Union versessen darauf ist, das Kanzleramt zu übernehmen, stehen jetzt alle Prinzipien zur Disposition.« Nur bei der Forderung, dass Angela Merkel Bundeskanzlerin werden müsse, blieb die Unionsführung konsequent. »Eine große Koalition wird es nur mit einer Kanzlerin Angela Merkel geben – und zwar nicht auf Zeit, sondern für die gesamte Legislaturperiode«, sagte der saarländische Ministerpräsident Peter Müller.

Das Tauziehen um die Kanzlerschaft endete am 10. Oktober 2005. Nachdem man sich über die Verteilung der Ministerien geeinigt hatte, verzichtete Gerhard Schröder zugunsten von Angela Merkel auf das Kanzleramt. SPD-Chef Franz Müntefering sollte Vize-Kanzler werden und das Arbeitsministerium übernehmen. Die Union bekam sechs Fachministerien, neben dem Wirtschaftsministerium die Ressorts Inneres, Verteidigung, Bildung und Forschung, Familie und Senioren sowie Verbraucherschutz und Landwirtschaft. Die SPD übernahm die Verantwortung für acht Ministerien, das Auswärtige Amt sowie die Ministerien für Finanzen, Soziales und Arbeit, Gesundheit, Justiz, Verkehr, Entwicklung und Umwelt. Gleichzeitig wurde vereinbart, die Ressorts Wirtschaft und Arbeit wieder zu trennen und der SPD den Bereich Arbeit zu übertragen. Mit einer solchen Verteilung übernahm die SPD alle wichtigen Schlüsselressorts für die von beiden Parteien angekündigten Reformvorhaben.

Die Verhandlungsführer von Union und SPD waren mit dem Ergebnis der Koalitionsverhandlungen zufrieden: Angela Merkel hatte den Kampf um das Kanzleramt gewonnen und die Union war wieder »Kanzlerpartei«. Dafür hatte sie allerdings ihre Reformpolitik geopfert, die sie zwei Jahre zuvor auf dem Leipziger Parteitag verkündet und mit dem sie den Wahlkampf geführt hatte. Die SPD stellte zwar nicht den Kanzler, hatte sich dafür aber alle Ministerien gesichert, um die Agenda 2010 steuern und entschärfen zu können. Gerade Letzteres war für sie angesichts des Widerstandes der Gewerkschaften und des linken Flügels von allergrößter Bedeutung.

Koalitionsvertrag

Schon der Koalitionsvertrag, auf den sich Union und SPD Mitte November 2005 verständigten, machte den Unterschied zwischen den verkündeten Reformprojekten und der zukünftigen Politik der Großen Koalition deutlich. Im Mittelpunkt stand nicht mehr die Reformpolitik, sondern die Sanierung des Bundeshaushalts. Roland Koch (CDU), Ministerpräsident in Hessen, erklärte dazu auf Nachfrage: »Wir machen eine große Koalition, aber keine großen Reformen.«

Zur Sanierung des Bundeshaushalts vereinbarten die Koalitionspartner, dass das laufende Haushaltsdefizit von 35 Milliarden Euro zu 80 Prozent über Steuermehreinnahmen und zu 20 Prozent durch Ausgabenkürzungen gedeckt werden sollte. Hierzu sollte die Mehrwertsteuer um drei Prozentpunkte auf 19 Prozent angehoben werden. Außerdem wollte man für höhere Einkommen eine besondere Reichensteuer einführen. Damit war die im Wahlprogramm der Union versprochene Absenkung der Einkommensteuer vom Tisch, ebenfalls das Wahlversprechen der Union, mit der höheren Mehrwertsteuer den Beitragssatz in der Arbeitslosenversicherung zu senken.

Die Union konnte (oder wollte) sich auch bei der Flexibilisierung des Arbeitsmarktes nicht durchsetzen. Der Koalitionsvertrag sah weder die Lockerung des Kündigungsschutzes noch die Öffnung der Flächentarifverträge durch betriebliche Bündnisse vor. Angela Merkel verzichtete auch auf ihr Wahlkampfthema, die Finanzierung der gesetzlichen Krankenversicherung auf eine »Gesundheitsprämie« umzustellen. Stattdessen verständigten sich die Koalitionspartner auf einen Preisstopp für Medikamente, um die Gesundheitskosten zu begrenzen. Im Übrigen wurde die Reform des Gesundheitswesens auf das Jahr 2006 verschoben. »Wir zahlen insgesamt für das Kanzleramt einen verdammt hohen Preis«, sagte der frühere Unions-Fraktionschef Friedrich Merz nach Bekanntgabe des Koalitionsvertrages. Er könne eine Handschrift der Union »einfach nicht erkennen«.

Mitte November trafen sich die CDU-Funktionäre zu einem kleinen Parteitag in Berlin, um über den Koalitionsvertrag abzustimmen. Die Mehrzahl der 18 Redner stellte sich in der Aussprache hinter den Koalitionsvertrag, weil man damit die Kanzlerschaft von Angela Merkel gesichert hatte. So auch Wolfgang Bosbach (MdB), der unter Bezugnahme auf die Kritik von Merz, die Union habe für »den Einzug ins Kanzleramt« einen zu hohen Preis bezahlt, die Versammlung fragte, wer denn wohl glaube, dass die Union mehr hätte durchsetzen können, wenn sie auf die Besetzung des Kanzleramtes verzichtet hätte. Der Koalitionsvertrag wurde mit überwältigender Mehrheit angenommen.

Als Sieger konnte sich in jedem Fall auch Gerhard Schröder fühlen, der in seinen Erinnerungen *Entscheidungen: Mein Leben in der Politik* über das Zustandekommen des Koalitionsvertrages Folgendes berichtet: »Auf Bitten von Franz Müntefering nahm ich an den Koalitionsverhandlungen teil. Mir war klar, dass ich meinen Führungsanspruch auch in einer großen Koalition aufrechterhalten musste, bis wir die inhaltlichen Fragen geklärt und die Ressortaufteilung vereinbart hatten. ... Die SPD konnte dem vereinbarten Regierungsprogramm ihren unverwechselbaren Stempel aufdrücken. ... Herausgekommen ist ein gemäßigt sozialdemokratisches Programm, das im Großen und Ganzen – mit anderen Akzenten hier und da – auch von einer rot-grünen Bundesregierung hätte getragen werden können. Nur hätte sie angesichts der Mehrheitsverhältnisse im Bundesrat nicht die Möglichkeit gehabt, dieses Programm umzusetzen. Damit ist die Aufgabe der SPD im Grunde beschrieben: Der Kurs der Agenda 2010 muss verteidigt und konsequent umgesetzt werden.«

Merkels Dilemma

Das Dilemma für Angela Merkel bestand darin, dass die Leipziger Reformbeschlüsse und der mit der SPD abgeschlossene Koalitionsvertrag nicht zusammenpassten bzw. sich teilweise sogar eklatant widersprachen. Wie sollte sie darauf reagieren, ohne ihre Glaubwürdigkeit aufs Spiel zu setzen?

Ihre Lösung bestand darin, alles im Ungefähren zu lassen und über Widersprüche nicht zu sprechen. Außerdem wurden die Leipziger Beschlüsse intern mit einem »Tabu« belegt, an das man nicht erinnerte. So konnte Merkel hoffen, dass die Leipziger Beschlüsse allmählich in Vergessenheit geraten würden. Zumal der Sozialflügel der Partei ein großes Interesse daran hatte, dieses »neoliberale« Machwerk verschwinden zu lassen und durch mehr »soziales« Profil zu ersetzen. In einer ähnlichen Lage befand sich die SPD, deren linker Flügel gegen Schröders »neoliberale« Agenda 2010 zu Felde zog.

Diese Taktik funktionierte erstaunlich gut, wobei Merkel von den Medien viel Unterstützung erhielt, sodass die Widersprüche zwischen ihrem Regierungshandeln und den programmatischen Aussagen der Union nur selten ein öffentliches Thema wurden. Eine Ausnahme bildete der Wirtschaftsflügel der Union, der sich zu Wort meldete, wenn wirtschaftspolitische Entscheidungen der Beschlusslage der Union widersprachen. Und das war häufiger der Fall:

So stieß die Erhöhung der Mehrwertsteuer um drei Prozentpunkte auf Kritik in der Wirtschaft, weil die zusätzlichen Steuereinnahmen entgegen der Zusage im Wahlkampf nicht zur Senkung der Beiträge zur Arbeitslosenversicherung, sondern zur Sanierung des Staatshaushalts verwendet werden sollten. Der Wirtschaftsflügel sah darin nicht nur einen Vertrauensbruch, sondern auch eine falsche Wirtschaftspolitik, weil die lahmende Konjunktur dadurch einen weiteren Dämpfer erhielt.

Außerdem wurde vonseiten der Wirtschaft die vorgezogene Fälligkeit der Sozialversicherungsbeiträge gerügt, die noch von der rot-grünen Vorgängerregierung beschlossen worden war, um einen Finanzierungsengpass bei der Rentenversicherung zu beseitigen. Der Beschluss bedeutete, dass die Unternehmen im Jahr 2006 nicht 12-mal, sondern 13-mal Sozialbeiträge zahlen mussten, was vor allem für arbeitsintensive Betriebe einen enormen Liquiditätsentzug bedeutete. Die von der Union versprochene Revision dieser Entscheidung lehnte Angela Merkel als Bundeskanzlerin ab.

Als geradezu skandalös empfand die Wirtschaft auch die Art und Weise, wie Angela Merkel mit der auf dem Leipziger Parteitag beschlossenen Gesundheitsreform umging. Die CDU hatte sich auf das Modell einer privaten Gesundheitsprämie festgelegt, um die Lohnkosten von den Krankheitskosten zu entkoppeln. Dagegen stand das SPD-Konzept der Bürgerversicherung, wonach das Gesundheitssystem durch einkommensabhängige Beiträge aller Bürger finanziert werden sollte. Jedem leuchtete ein, dass man sich entweder für das eine oder das andere Konzept entscheiden musste. Ein vernünftiger Kompromiss dazwischen war kaum denkbar.

Angela Merkel (CDU) verständigte sich mit der Gesundheitsministerin Ulla Schmidt (SPD) jedoch darauf, dass es nicht nur bei der lohnabhängigen Beitragsfinanzierung blieb, sondern dass die Beiträge zukünftig über einen staatlichen Gesundheitsfonds an die Krankenkassen verteilt wurden. Gleichzeitig nahm man den Krankenkassen das Recht zur Beitragsfestsetzung und übertrug es auf den Deutschen Bundestag. So entmachtete der Bund die bisher selbstständigen Kassen und verschaffte sich die Verfügungsmacht über sämtliche Finanzmittel im Gesundheitswesen. Das war das Gegenteil der von Merkel versprochenen Gesundheitsreform.

Die Wirtschaft widersprach auch der von der Großen Koalition geplanten Unternehmenssteuerreform, mit der nach dem Koalitionsvertrag »international wettbewerbsfähige Steuersätze realisiert« werden sollten, um den Standort Deutschland für Kapitalgesellschaften attraktiver zu machen. Dies bedeutete nach Auffassung von Finanzminister Peer Steinbrück (SPD), dass der Steuersatz für einbehaltene Gewinne 30 Prozent nicht übersteigen durfte. Bei einer Gewerbesteuerbelastung von etwa 15 Prozent (zugunsten der Kommunen) musste der Satz für die Körperschaftsteuer demnach von 25 auf 15 Prozent abgesenkt werden.

Die Absenkung der Körperschaftsteuer sollte weitgehend »aufkommensneutral« erfolgen, was bedeutete, dass Entlastungen beim Tarif durch Ausweitung der Bemessungsgrundlage auszugleichen waren. Die Koalitionäre einigten sich auf ein Entlastungsvolumen von insgesamt 29 Mrd. Euro, wovon rund 24 Mrd. Euro durch die Verbreiterung der Steuerbemessungsgrundlagen gegenfinanziert werden sollten. Dazu plante man die Einbeziehung der Freiberufler in die Gewerbesteuerpflicht und die Erweiterung der Besteuerungsgrundlagen um Betriebsausgaben wie Zinsen, Pachten und Leasingraten.

Solche Pläne stießen in der mittelständischen Wirtschaft auf erheblichen Widerstand. Denn die Senkung der Körperschaftsteuer begünstigte die meist größeren Kapitalgesellschaften, während die mittelständischen Personengesellschaften durch die vorgesehene Gegenfinanzierung zusätzlich belastet wurden. Steuersachverständige sahen darin zudem einen eklatanten Verstoß gegen den Grundsatz der rechtsformneutralen Besteuerung und der Besteuerung nach der individuellen Leistungsfähigkeit. Denn die Hinzurechnung von Zinsen, Pachten und Leasingraten zum zu versteuernden Gewinn führte im Ergebnis dazu, dass künftig Steuern nicht nur aus dem Gewinn, sondern auch für Betriebsausgaben zu leisten waren.

Zunächst konnte man glauben, dass ein solcher Reformvorschlag nur aus dem von Peer Steinbrück (SPD) geleiteten Finanzministerium stammte. Doch dann stellte sich heraus, dass auch der hessische Ministerpräsident Roland Koch (CDU) das Vorhaben nach Kräften unterstützte. Er begründete dies mit dem populären Hinweis, dass die großen Konzerne mithilfe von Zinsen und ähnlichen Ausgaben riesige Gewinne in Niedrigsteuerländer verschieben würden. Diesem Entzug von deutschem »Steuersubstrat« müsste der Staat mit der Unternehmenssteuerreform entgegenwirken.

Einem solchen Ansinnen trat der FDP-Finanzexperte Hermann Otto Solms vehement entgegen: »Auch Kosten sollen besteuert werden. Damit wird das Steuersystem auf den Kopf gestellt. Grundlegende Prinzipien wie die Besteuerung nach der Leistungsfähigkeit und das Nettoprinzip werden aufgehoben. Man fragt sich, ob Herr Koch allen ökonomischen Sachverstand verloren hat. … Es ist empörend, wie man sich um eines kurzfristigen haushaltspolitischen Vorteils willen über seit Langem feststehende ökonomische und steuerpolitische Prinzipien hinwegsetzt.«

Hidden Agenda?

Es war der *Spiegel*, der in seiner Ausgabe 33/2006 den neuen Kurs von Angela Merkel folgendermaßen beschrieb: »Der Strategiewechsel vollzieht sich leise und heimlich. Angela Merkel will natürlich nicht, dass ihr Reformprogramm aus dem Wahlkampf unter großer öffentlicher Anteilnahme zu Grabe getragen wird, denn das wäre der Beleg ihres persönlichen Scheiterns. Die Koordinaten der CDU sollen unmerklich verschoben werden, mit Nebensätzen in Programmentwürfen und Andeutungen in Interviews, weshalb in der Fraktion schon das Wort von der Hidden Agenda die Runde macht.«

Dies galt nach Meinung des *Spiegel* auch für das neue Grundsatzprogramm der Partei, an dem Generalsekretär Ronald Pofalla mit einer großen Programmkommission arbeitete. Das Programm sollte keinesfalls nur, wie es offiziell hieß, der Profilschärfung der Partei dienen, sondern nach Meinung des *Spiegel* »den Gencode der Partei umprogrammieren – von rechts nach links, er (Pofalla) würde sagen: von traditionell auf modern«. Dass ein neues Programm den endgültigen Abschied von den Leipziger Beschlüssen bedeuten würde, wollte man öffentlich nicht sagen. Merkel sprach auf dem Kongress zu Beginn der Programmarbeit stattdessen davon, dass der Parteitag in Leipzig eine »entscheidende Weggabelung der CDU« gewesen sei.

Für den vom *Spiegel* vermuteten Strategiewechsel gab es jedoch zahlreiche Hinweise: Generalsekretär Ronald Pofalla hatte in der *FAZ* vom 4. Januar 2005 unter der Überschrift »Neue Gerechtigkeit durch mehr Freiheit« einen persönlichen Beitrag veröffentlicht. Darin forderte er zum Stichwort »Leistungsgerechtigkeit«, dass sich Reiche nicht arm rechnen dürften und Steuerschlupflöcher geschlossen werden müssten. Zum Thema »Familiengerechtigkeit« äußerte der Generalsekretär die Ansicht, dass das traditionelle Familienbild mit dem Mann als Alleinverdiener nicht mehr der Lebenswirklichkeit entspräche. Den Frauen müssten Anreize für eine berufliche Tätigkeit gegeben werden, wozu insbesondere ein Elterngeld dienen sollte.

Daneben gab es verschiedene Initiativen, mit denen das soziale Profil der Partei geschärft werden sollte. Minister Karl-Josef Laumann (CDU) präsentierte unter dem Titel *Soziale Kapitalpartnerschaft* ein Ergebnispapier der Arbeitsgruppe »Kapitalbildung von Arbeitnehmern«, mit dem unter Beteiligung der Tarifvertragsparteien eine breite gesellschaftliche Debatte über die Vorteile der Mitarbeiterbeteiligung angestoßen werden sollte. Das Papier wurde Ende 2006 auf dem Parteitag in Dresden beschlossen und danach wieder vergessen.

Der thüringische Ministerpräsident Dieter Althaus (CDU) warb sogar für ein »solidarisches Bürgergeld«: Der Staat sollte jedem Bürger ohne Vorbedingung lebenslang ein existenzsicherndes Grundeinkommen von 800 Euro monatlich zahlen. Dafür wären die bisherigen Sozialleistungen zu streichen. Auch in der bayerischen CSU erinnerten sich Politiker an die christlich-sozialen Wurzeln der Partei. Der CSU-Vordenker Alois Glück warnte vor einem schlanken Staat, der »keine ordnungspolitische Antwort« sein könnte. Er forderte »eine Kombination von Leistungskultur und Sozialkultur«, deren Ergebnis dann die »solidarische Leistungsgesellschaft« werden sollte.

Gleichzeitig bemühten sich die Umweltpolitiker der CDU, die Union »grüner« zu machen. Der Berliner CDU-Fraktionschef Friedbert Pflüger verlangte eine langfristige Abkehr der Union von der Atomkraft. »Es muss glasklar sein, dass aus Sicht der Union die erneuerbaren Energien die Zukunft darstellen«, sagte er. Es sei der falsche Weg, »neue Investitionen in alte Technologien einschließlich der Kernkraft zu stecken«. Unterstützung erhielt er von der CDU-Arbeitsgruppe Umwelt, die vorschlug, den Anteil der Öko-Energien an der Stromerzeugung bis 2020 auf 35 Prozent zu steigern. »Ziel ist, dass die erneuerbaren Energien bis zum Jahr 2050 den Hauptanteil an der Energiebereitstellung tragen«, hieß es in dem Ausschusspapier.

Angela Merkel sah als ehemalige Umweltministerin ebenfalls dringenden Handlungsbedarf beim Kampf gegen Treibhausgase. Während ihrer EU-Ratspräsidentschaft in der ersten Hälfte des Jahres 2007 wollte sie den Klimaschutz deutlich voranbringen. Das Thema Umwelt wäre kein Vorrecht der Grünen, sagte sie in einem Interview zum Jahresbeginn 2007. »Wenn die Union dann dieses Thema mitunter nicht mit dem erforderlichen Nachdruck verfolgt hat, so haben wir da doch viel aufgeholt.« Zum Auftakt einer Konferenz zum Klimawandel in Washington betonte sie: »Ohne entschlossenes Handeln wird die Welt in Zukunft eine völlig andere sein.«

Beobachter der Parteienlandschaft waren erstaunt, wie ruhig und einvernehmlich dieser Strategiewechsel von Merkel und ihren Unterstützern in der Union durchgesetzt werden konnte. Es gab keinen offenen Protest – mit Ausnahme der Kritik vonseiten des Wirtschaftsflügels. Es schien, als hätte die Führungsspitze der Partei ihren Frieden mit dem »linksliberalen Zeitgeist« geschlossen. »Pragmatismus und Modernisierung« waren die Stichworte, mit denen diese programmatische Verschiebung der Partei begründet wurde.

Dresdner CDU-Parteitag

Jürgen Rüttgers, CDU-Vize und Ministerpräsident von NRW, forderte im Sommer 2006 angesichts schlechter Umfragewerte für die CDU, dass sich die Partei öffentlich zu einem Kurswechsel bekennen müsse. Die CDU sei keine kapitalistische Partei, sondern eine Wertegemeinschaft, sagte er. Kritik übte er insbesondere am letzten Bundestagswahlkampf der Union. »Wir haben zu viel über flat tax und zu wenig über die Menschen geredet.« Es sei auch falsch, zu glauben, dass »Steuersenkungen zu mehr Investitionen und damit zu mehr Arbeitsplätzen führen«. Gleiches gelte für die Behauptung, die Löhne und Renten in Deutschland seien zu hoch. »Wer das vertritt, weiß nicht, wie die Menschen hier leben.« Er habe sich immer dafür eingesetzt, die soziale Gerechtigkeit nicht außer Acht zu lassen. »Nach dem ernüchternden Wahlergebnis hat sich das Gott sei Dank geändert.«

Der Streit über den wirtschaftspolitischen Kurs der Union eskalierte, als Jürgen Rüttgers im November 2006 auf dem Dresdner Parteitag der

CDU den Antrag stellte, die Laufzeit des Arbeitslosengeldes (ALG I) an die Zahl der Beiträge zu koppeln. Damit wollte er die Bezugszeiten für ältere Arbeitnehmer verlängern und einen wichtigen Reformstein aus Schröders Agenda 2010 herausbrechen. Mit diesem »Versuch, die SPD links zu überholen«, zwang er Angela Merkel eine von ihr nicht gewollte Debatte über den Kurs der Partei auf. Außerdem unterlief er damit die Regie des Parteitages, auf dem sie sich als Bundeskanzlerin feiern lassen wollte.

Die meisten CDU-Ministerpräsidenten brachten sich gegenüber Rüttgers in Stellung und warnten Merkel vor einem Ruck nach links. »Die CDU ist keine Klassenpartei. Sie ist Partei für Arbeiter und Arbeitgeber«, sagte Christian Wulff als Antwort auf Rüttgers, der betont hatte, dass er »von Arbeitern gewählt wurde«. Ministerpräsident Günther Oettinger (CDU) warnte: »Ich glaube nicht, dass uns ein Linksruck bei Wahlen oder in Umfragen nach vorne bringt.« Nur Hessens Ministerpräsident Roland Koch (CDU) wusste es besser: »Die CDU rückt nicht nach rechts oder links. Die Union wird mit dem Rückenwind des Parteitages einen Sprung nach vorne machen«, sagte er.

Um dem Antrag von Rüttgers auf dem Parteitag etwas entgegenzusetzen, stellte der baden-württembergische CDU-Landesverband den Antrag, den Kündigungsschutz bei Neueinstellungen zu flexibilisieren. Beide Anträge wurden im Vorfeld des Parteitages durch die Parteitagsregie miteinander gekoppelt, um den Streit in der Partei nicht nach außen dringen zu lassen. Der Deal lautete: Längere Bezugszeiten für das Arbeitslosengeld I (ALG I) gegen mehr Flexibilität beim Kündigungsschutz.

Rüttgers bezog sich in seiner Rede vor dem Parteitag auf den Mobiltelefonanbieter BenQ und die Demonstration der Arbeiter gegen die Schließung ihres Werkes: »Ich habe in die Augen dieser Menschen gesehen und habe gesehen, dass sie Angst hatten.« Dann kam er auf seine Antragsidee zu sprechen: »Und deshalb finde ich so wichtig, dass wir jetzt was tun.« Günther Oettinger hielt Rüttgers entgegen, dass er einen Richtungsstreit angezettelt habe, »in dem die Angst im Mittelpunkt steht und nicht die Perspektiven und Hoffnungen«. Doch sozial sei, was Arbeit schaffe. Angela Merkel positionierte sich nicht.

Beide Anträge wurden vom Parteitag der CDU mit großer Mehrheit angenommen, sodass die Parteiführung, also Angela Merkel, für die Umsetzung beider Beschlüsse durch die Bundesregierung sorgen musste. Zuständig innerhalb der Bundesregierung war das von dem Sozialdemokraten Müntefering geführte Arbeitsministerium, das die Beschlüsse jedoch unterschiedlich behandelte. Der Beschluss über die Flexibilisierung des Kündigungsschutzes verschwand in der Schublade, während der Beschluss über die Verlängerung des ALG I dem Bundestag als gemeinsame Regierungsvorlage zur Beschlussfassung vorgelegt wurde. Das Arbeitslosengeld I wurde darin für ältere Arbeitnehmer verlängert, am Kündigungsschutz änderte sich nichts, weil Angela Merkel es so wollte.

EU-Ratspräsidentschaft

Am 1. Januar 2007 übernahm Angela Merkel für ein halbes Jahr die EU-Ratspräsidentschaft. Dazu hielt sie am 17. Januar 2007 eine viel beachtete Rede vor dem Europäischen Parlament in Straßburg. Sie bekannte sich zu einem Europa, das sich auf die europäischen Kernaufgaben konzentriert, und versprach, den Abbau überflüssiger Bürokratie als eine ihrer Hauptaufgaben aufzugreifen. Außerdem wollte sie sich im Interesse der Wettbewerbsfähigkeit Europas für den Abbau von Handelsbarrieren etwa beim Patentrecht oder bei Industriestandards einsetzen.

Die Wirtschaft dankte Angela Merkel für ihre visionäre Rede zur Fortentwicklung von Europa und bot ihr insbesondere bei dem Vorhaben »Better Regulation« ihre Unterstützung an. Zuvor war der Wirtschaftsflügel der Union mit folgenden Vorschlägen an sie herangetreten:

- Ein Schwerpunkt der deutschen EU-Ratspräsidentschaft sollte sein, die Rahmenbedingungen für die Wettbewerbsfähigkeit des Mittelstandes zu verbessern. Dazu gehörte insbesondere ein verbesserter Zugang mittelständischer Unternehmen zu Forschungsmitteln.
- Das Gemeinschaftsrecht sollte vereinfacht und überflüssige Regeln sollten abgeschafft werden. Ein zu schaffender Normenkontrollrat sollte mit der regelmäßigen Überprüfung geltender Vorschriften beauftragt werden.
- Außerdem wurde eine europäische Energiepolitik mit einem breiten Energiemix aus Erdöl, Stein- und Braunkohle, Gas und Flüssiggas sowie Kernenergie und erneuerbaren Energien gefordert, um die Abhängigkeit von Energieimporten zu verringern.

Angela Merkel bedankte sich für die Glückwünsche zu ihrer Rede und versprach, die Anliegen der Wirtschaft während ihrer Präsidentschaft voranzubringen. Bei solchen Worten blieb es dann allerdings auch.

Statt sich auf die europäischen Kernaufgaben zu konzentrieren, kündigte sie vor großer Kulisse an, Europa zum Vorreiter in Sachen Klimaschutz machen zu wollen: Man könne dem Klimawandel »nicht tatenlos zusehen« und es sei »Zeit, zu handeln«, sagte sie. Sie warb dafür, die Treibhausgasemissionen bis 2020 um 20 Prozent zu reduzieren. Es müsse der Beweis angetreten werden, »dass Ökonomie und Ökologie versöhnt werden können«. Sie ermunterte die EU-Kommission, dazu Ideen und Vorschläge zu entwickeln.

Einen ersten Großversuch auf diesem Weg startete die Europäische Kommission mit der sogenannten »Ökodesign-Richtlinie«, die es der Kommission erlaubte, für eine »unbegrenzte Zahl von Produkten« Mindestanforderungen für den Energieverbrauch vorzuschreiben. Zielsetzung der Richtlinie war, bei der Herstellung und dem Betrieb von energieverbrauchsrelevanten Produkten Energie einzusparen. Des Weiteren sollten durch die Angleichung von Rechtsvorschriften gemeinschaftliche Ökodesign-Anforderungen geschaffen und technische Handelshemmnisse verringert werden.

Von dieser Ermächtigung machte die Kommission umfangreich Gebrauch. Betroffene Gegenstände waren nahezu alle energieverbrauchenden Produkte, darunter Kühlschränke, Klimaanlagen, Staubsauger, Fernseher, Straßenbeleuchtungen und PCs. Eine volkswirtschaftliche Kosten-Nutzen-Analyse zu diesem Projekt gab es jedoch nicht.

Außerdem begann die EU-Kommission während der EU-Präsidentschaft von Angela Merkel, den Ausstoß von Kohlendioxyd durch Kraftfahrzeuge im Verordnungswege zu regeln. Das Thema war nicht neu, sondern hatte die Europäische Union bereits seit Mitte der 90er-Jahre beschäftigt. So wurde im Umweltministerrat, dem auch Angela Merkel als damalige Umweltministerin angehörte, ein Zielwert von 120 g/km für den durchschnittlichen CO_2-Ausstoß aller in Europa verkauften Pkw für das Jahr 2005 angepeilt.

Die Autoindustrie kämpfte jedoch aus nachvollziehbaren Gründen gegen einen im Verordnungswege festgesetzten Grenzwert und konnte die Politik im Jahr 1998 dazu bewegen, stattdessen eine freiwillige Selbstverpflichtung des Verbandes der europäischen Autohersteller (ACEA) zu akzeptieren. Als die Autoindustrie jedoch vermehrt sogenannte SUV

(Sport Utility Vehicle) auf den Markt brachte, sah die EU-Kommission darin den Bruch der freiwilligen Selbstverpflichtung und begann mit den Arbeiten an einer verpflichtenden Rechtsverordnung.

Diese sah in einem ersten Schritt vor, dass Autobauer den Kohlendioxidausstoß (CO_2) ihrer Fahrzeugflotte bis 2012 von 160 Gramm auf 120 Gramm je Kilometer begrenzen müssten. Weitere Schritte sollten mit immer schärferen Grenzwerten folgen, wodurch vor allem die Hersteller großer Fahrzeuge, also deutsche Autohersteller, in Schwierigkeiten kommen mussten. Die Autobranche war deshalb alarmiert und VW-Chef Herbert Diess griff die europäische Politik scharf an: »Der jetzige Feldzug gegen die individuelle Mobilität und damit gegen das Auto« nimmt existenzbedrohende Ausmaße an, sagte er. »Wer sich ehemalige Autohochburgen wie Detroit, Oxfort-Cowley oder Turin anschaut, der weiß, was mit Städten passiert, in denen einst starke Konzerne und Leitindustrien schwächeln.«

Auch die deutsche Regierung – von Kanzlerin Merkel bis hin zu Umweltminister Gabriel – kritisierten den Verordnungsvorschlag der Kommission und werteten ihn als Angriff auf die deutsche Fahrzeugindustrie. Bemerkenswert an dieser Reaktion war jedoch, dass nur die Höhe der Grenzwerte kritisiert wurden, nicht aber die Entscheidung der EU-Kommission, die freiwillige Selbstbeschränkung durch eine verpflichtende Verordnung zu ersetzen. Nunmehr konnte die EU-Kommission über die Festsetzung der Grenzwerte allein entscheiden und war nicht mehr auf die Zusammenarbeit mit der Automobilindustrie wie bei der freiwilligen Selbstbeschränkung angewiesen.

Im Rückblick wurde die EU-Ratspräsidentschaft von Angela Merkel vor allem durch ihr Eintreten für die Klimapolitik geprägt. Die Vereinheitlichung des Gemeinschaftsrechts und der Abbau überflüssiger Vorschriften waren ihre Sache nicht. Vielmehr fiel auf, dass sie ohne ordnungspolitische Bedenken mithilfe von Ge- und Verboten in wirtschaftliches Geschehen eingriff, um ihre umwelt- und klimapolitischen Ziele durchzusetzen.

Doch unangenehme Diskussionen über die Art und Weise ihres politischen Vorgehens auf EU-Ebene musste Merkel deswegen nicht befürchten. Im Gegenteil: Klimapolitiker lobten sie wegen des überzeugenden Eintretens für die Begrenzung des Ausstoßes von Kohlendioxid. Gleichzeitig nutzte Merkel die EU-Präsidentschaft, um auf diesem Weg ihren Ruf als überzeugte Europäerin zu festigen. Dass damit auch ordnungspolitisch zu kritisierende Entscheidungen verbunden waren, nahm niemand zur Kenntnis.

Branchenmindestlöhne

Unter dem Eindruck der Ost-Erweiterung der Europäischen Gemeinschaft zum 1. Mai 2004 hatte sich die große Koalition im Koalitionsvertrag auf die Möglichkeit verständigt, zum Schutz der deutschen Arbeitnehmer vor ausländischer Billiglohnkonkurrenz nach dem für die Bauindustrie geltenden »Entsendegesetz« Branchenmindestlöhne zuzulassen. Es wurden aber für solche Mindestlöhne strenge Voraussetzungen vereinbart: Es musste – erstens ein flächendeckender Tarifvertrag vorliegen. Dieser musste – zweitens für allgemein verbindlich erklärt worden sein. Und drittens – mussten auf dem Arbeitsmarkt durch Zuzug ausländischer Arbeitnehmer »soziale Verwerfungen« entstanden sein.

Schon solche Mindestlöhne waren ein Zugeständnis der CDU, weil ihre Beschlusslage etwas anderes vorsah: Im Sinne des Subsidiaritätsprinzips galt das Konzept des »Mindesteinkommens«, wonach nicht ausreichende Löhne durch öffentliche Leistungen auf ein die Existenz sicherndes Niveau aufgestockt werden sollten. So stand es auch in dem Entwurf eines neuen Grundsatzprogramms, das Ende 2007 auf dem Parteitag in Hannover beschlossen wurde. Mindestlöhne waren dort nicht vorgesehen.

Doch vonseiten der Gewerkschaften wurde die SPD bedrängt, einen allgemeinen gesetzlichen Mindestlohn in Kraft zu setzen. Die Sozialausschüsse der Union unterstützten diesen Vorstoß. Auch Teile der Unionsführung plädierten aus wahltaktischen Gründen für Mindestlöhne. Christian Wulff (CDU) argumentierte: »Dieses Thema dürfen wir wegen seiner Popularität nicht der SPD überlassen.«

Daraufhin richtete die Große Koalition in einem ersten Schritt unter der Führung des Arbeitsministers Franz Müntefering (SPD) eine Arbeitsgruppe ein, die angeblich Vorschläge für eine Neuordnung des »Niedriglohnsektors« entwickeln sollte. In Wirklichkeit hatte die Arbeitsgruppe jedoch den Auftrag, Branchen zu identifizieren, für die nach dem Arbeitnehmer-Entsendegesetz (AEntG) Branchenmindestlöhne festgesetzt werden konnten. Auf diesem Wege wurden für das Friseur- und Steinmetzhandwerk, für Gerüstbauer und die Fleischwirtschaft etc. die ersten Branchenmindestlöhne unter Einhaltung der vereinbarten Bedingungen eingeführt.

Als das Kontingent an Branchen, welche die erforderlichen Voraussetzungen erfüllten, ausgeschöpft war, verständigte sich die Große Koalition in einem zweiten Schritt darauf, die vereinbarten Voraussetzungen für die Anwendung des Entsendegesetzes äußerst großzügig zu handhaben. So konnten auch für Branchen Mindestlöhne festgesetzt werden, welche die vereinbarten Voraussetzungen nicht oder kaum erfüllten.

Als die Gewerkschaften darüber hinaus Mindestlöhne für Branchen forderten, welche die vereinbarten Voraussetzungen auf keinen Fall erfüllten, einigte sich der Koalitionsausschuss im Juni 2007 in einem dritten Schritt darauf, auf das Vorliegen von Voraussetzungen generell zu verzichten und die Festsetzung von Mindestlöhnen nur noch daran zu binden, dass eine Gewerkschaft einen entsprechenden Antrag stellte. So konnten für weitere 12 Branchen, darunter Gebäudereiniger und Pflegekräfte, Mindestlöhne nach dem Entsendegesetz vereinbart werden.

Im Ergebnis hatte die Kanzlerin mit dieser Salamitaktik ihres Koalitionspartners das »Konzept des Mindesteinkommens« bereits einkassiert, bevor ein Parteitag der CDU darüber entscheiden konnte.

Internationale Bankenkrise

Der Zusammenbruch der Investmentbank Lehman Brothers am 15. September 2008 war sowohl für die Finanzbranche als auch für die Politik ein tiefer Schock. Aufgrund der Probleme auf dem US-amerikanischen Immobilienmarkt waren zwar schon seit Anfang 2007 zahlreiche Banken ins Straucheln geraten, bei den größeren Instituten hatte sich aber bis dahin immer ein Retter gefunden. Im September 2007 half die britische Notenbank dem Immobilienfinanzierer Northern Rock mit einem Notkredit, weil Kunden ihre Konten räumten. Im März 2008 sorgte die amerikanische Notenbank dafür, dass die strauchelnde Investmentbank Bear Stearns von JPMorgan Chase übernommen wurde.

Die Insolvenz von Lehman Brothers kam deshalb völlig überraschend. Schlagartig trocknete der Markt für kurzfristige Kredite zwischen den Banken aus, weil sich die Institute untereinander nicht mehr vertrauten. Viele Banken mussten aus Liquiditätsgründen Aktivvermögen verkaufen, wodurch die Börsenkurse abstürzten. Reihenweise brachen Banken zusammen, darunter auch die deutsche Hypo Real Estate (HRE). Es drohte die Gefahr eines großen Banken-Crashs wie in den 30er-Jahren.

Die Insolvenz von Lehman Brothers war aber nur der sichtbare Auslöser dieser Krise. Die eigentlichen Gründe waren tiefergreifend und reichten bis zur Jahrtausendwende zurück: Am Anfang stand die Niedrigzinspolitik der US-amerikanischen Fed nach der Dotcom-Krise, wovon vor allem der Wohnungsmarkt profitierte. Allein zwischen 2000 und 2006 verdoppelten sich in den USA die Preise für Wohnimmobilien. Unübersehbar entstand schon hierdurch eine kreditfinanzierte Blase, die bei Beendigung der Niedrigzinspolitik der Fed platzen musste.

Hinzu trat die soziale Wohnungspolitik unter dem US-Präsidenten Bill Clinton, der auch minderbemittelten Bevölkerungsgruppen die Möglichkeit geben wollte, sich den amerikanischen Traum von einem eigenen Haus zu erfüllen. Mit dem »Community Reinvestment Act« wurden Banken mehr oder weniger deutlich gezwungen, auch ohne die übliche Kreditprüfung Hypothekenkredite an solche Personenkreise zu vergeben. Bis 2006 war die Zahl solcher NINJA-Kredite (»No Income, No Job or Asset«) auf 6 Millionen angestiegen.

Die Hypothekenbanken, die solche NINJA-Kredite vergaben, wussten natürlich, wie problematisch dieses Kreditgeschäft war. Aus diesem Grunde bündelten sie diese Kredite in »Zweckgesellschaften«, um daraus neue Wertpapiere, sogenannte »Mortgage-Backed Securities« (MBS), zu machen. Die Wertpapiere wurden anschließend unter Mithilfe amerikanischer Investmentbanken mit einem guten Rating international vermarktet. Zu den Käufern gehörten auch viele deutsche Banken, vor allem die Landesbanken.

Die amerikanische Immobilienblase platzte, als immer mehr NINJA-Kredite notleidend wurden und die Hauspreise infolge eines Überangebots in die Tiefe rauschten. Die amerikanischen Hypothekenbanken und deren Kreditversicherungen wurden zuerst von der Immobilienkrise erfasst, dann folgten die Investmentbanken und schließlich die Inhaber von MBS-Papieren, die enorm an Wert verloren.

Von den Medien und Politikern in Deutschland wurde der Zusammenbruch von Lehman Brothers und seine Folgen nicht nur als das Scheitern einer Bank, sondern als ein Ereignis interpretiert, mit dem eine politische Zeitenwende eingeläutet wurde. So schrieb Hans-Ulrich Jörges im Magazin *Stern*: »Das ist ein Epochenbruch: das Scheitern der neoliberalen Verheißung, das Ende des Glaubens an den selbstregulierenden, klugen, lernfähigen, Wohlstand schaffenden Markt, der Untergang des Investmentbanking als Renditemaschine. Und die Rückkehr des Staates als Hüter des Gemeinwohls, als politischer Regisseur auf der Bühne der Globalisierung.«

Mit dieser ideologisch eingefärbten Deutung der Krise traf Hans-Ulrich Jörges den für Deutschland typischen Nerv: Man sah sich durch die Krise in dem Misstrauen in Bezug auf die Funktionsfähigkeit der Märkte bestätigt und setzte auf den Staat als Retter. Dass auch Staatsversagen (Standortwettbewerb durch Deregulierung, Geldpolitik der Notenbanken, öffentliche Wohnungsbaukredite an Bedürftige) die Krise mitverursacht hatte, blendete man aus.

Besonders große Wirkung hatte die Finanz- und Wirtschaftskrise auf die politische Stimmungslage in Berlin. Die marktkritischen Stimmen bekamen deutlich Oberwasser. Andrea Nahles (SPD), die spätere Sozial- und Arbeitsministerin, machte den Anfang: »Sicher ist, dass wir eine Renaissance von Politik erleben. Vielleicht auch eine Renaissance von sozialer, regulierter Marktwirtschaft. Wir haben jetzt ein paar Argumente mehr, warum ein starker Staat notwendig ist.« Norbert Röttgen (CDU) äußerte die gleiche Erwartung: »Die Globalisierung führt nicht zur Ohnmacht der Politik, sondern im Gegenteil zu einer Renaissance von Politik.« Das neue wirtschaftspolitische Credo hieß plötzlich: »Regulieren, intervenieren und verstaatlichen.«

Doch trotz der bedrohlichen Lage sah man in diesen Tagen in Berlin auch zufriedene Gesichter. Die Krise war »die ideale Situation für die Politik« schrieb der Journalist Dirk Kurbjuweit, weil das »Primat der Politik« wiederhergestellt war. Beamte und Politiker, die bis dahin zu den Bremsern wirtschaftlichen Wachstums zählten, wurden zu Hoffnungsträgern und Rettern in der Not. Auch Angela Merkel (CDU) ließ sich von dieser Welle mitreißen und verkündete, künftig auf den Finanzmärkten »alle Marktteilnehmer, alle Produkte und alle Märkte wirklich überwachen und regulieren« zu wollen. Dem Staat wurde wieder alles zugetraut.

Bankenrettung 2009

Die internationale Bankenkrise stellte die erste große Herausforderung für die seit 2005 im Amt befindliche schwarz-rote Koalitionsregierung dar. Da von der Finanzkrise vor allem südeuropäische Banken betroffen waren, stellte sich als Erstes die Frage, ob eine Rettungsaktion auf europäischer oder auf nationaler Ebene erfolgen sollte.

Bei einem schnell einberufenen Treffen der wichtigsten Staats- und Regierungschefs der Euro-Staaten am 4. Oktober 2008 in Paris stand der französische Vorschlag auf der Tagesordnung, schnell einen gemeinsamen europäischen Bankenrettungsfonds einzurichten. Der Vorschlag scheiterte am Einspruch von Angela Merkel, weil ihr die Risiken zu groß erschienen. »Chacun sa merde«, soll sie zur Begründung gesagt haben. Ein Vertreter der deutschen Delegation bestätigte das später mit folgender Übersetzung: »Ein jeder kehr' vor seiner Tür und rein ist jedes Stadtquartier.«

Kaum war die deutsche Delegation wieder in Berlin, erhielt sie die Nachricht von dem bevorstehenden Zusammenbruch der an der Frankfurter Börse notierten Bankenholding Hypo Real Estate (HRE). Beunruhigende Nachrichten gab es auch von anderen Banken. Eine Anfrage des Finanzministeriums bei Josef Ackermann, dem Chef der Deutschen Bank, ergab, dass sich der Bankensektor nicht in der Lage sah, kollabierende Institute aus eigener Kraft zu retten. »Leider gibt es ohne den Staat keine Lösung«, ließ er wissen, was einer Kapitulation der sonst so selbstbewussten Großbanken gleichkam. Jetzt konnte nur noch der Staat helfen. Die Rolle des Bankenretters fiel ressortmäßig auf den Finanzminister Peer Steinbrück (SPD), der als Erstes mit Josef Ackermann als Vertreter des Bankensektors über ein Rettungspaket für die HRE verhandelte. Im Ergebnis waren es 50 Mrd. Euro, die der Bund zur Rettung der HRE zahlen musste.

Schnell wuchs jedoch die Einsicht, dass es mit Rettungspaketen für einzelne Banken nicht getan war. Man brauchte eine grundsätzliche Lösung. Am Donnerstag, dem 9. Oktober 2008, fiel in einer nächtlichen Sitzung die Entscheidung, ein generelles Auffangnetz über alle kriselnden Banken zu spannen. Dem Misstrauen des Marktes sollte das Vertrauen in den Staat entgegengesetzt werden. Teilnehmer dieser Sitzung waren Bundesbankpräsident Axel Weber, die Staatssekretäre Jens Weidmann (Bundesfinanzministerium) und Jörg Asmussen (Bundeswirtschaftsministerium) sowie der Deutsche-Bank-Chef Josef Ackermann.

Alle Beteiligten waren sich einig, dass schnelles Handeln geboten war. Am Freitag, dem 10. Oktober, erging deshalb der Auftrag an das Finanzministerium, bis Sonntagabend für einen solchen Rettungsschirm den gesetzlichen Rahmen zu schaffen. Der enge Zeitrahmen erklärte sich aus der Entwicklung der Aktienindizes, die infolge der Bankenkrise dramatisch gefallen waren. Noch vor der Börsenöffnung in Tokio sollte deshalb der Referentenentwurf vorliegen, um die Märkte zu beruhigen.

Damit tickte die Uhr: Innerhalb von 48 Stunden sollte der Referentenentwurf eines Gesetzes fertig sein, mit dem systemrelevante Banken vor dem Zusammenbruch gerettet werden konnten. Eine kleine Arbeitsgruppe im Bundesfinanzministerium machte sich sofort an die Arbeit, das Bundesjustizministerium war ebenfalls beteiligt. Die Anwaltssozietät Freshfields Bruckhaus Deringer wurde als Berater hinzugezogen.

Am Sonntagabend war der Referentenentwurf eines »Finanzmarktstabilisierungsgesetzes« fertig und wurde der Öffentlichkeit vorgelegt. Das Gesetz sah die Gründung eines Bankenrettungsfonds (SoFFin) mit einem Volumen von 500 Mrd. Euro vor. Bereits am 17. Oktober 2008 wurde es vom Deutschen Bundestag verabschiedet.

Ausgestattet wurde der befristete Bankenrettungsfonds mit einer Garantieermächtigung des Bundes bis zu 400 Mrd. Euro sowie einer Kreditermächtigung bis zu 100 Mrd. Euro. Diese Mittel konnten genutzt werden, um zur Rettung notleidender Banken Garantien zu übernehmen oder den Banken Kapital zuzuführen oder befristet Risikopapiere anzukaufen. Ergänzend dazu beschloss der Deutsche Bundestag Mitte 2009 das Bad-Bank-Gesetz, mit dem Banken ihre »toxischen« Papiere auf Zweckgesellschaften auslagern konnten.

Der Fonds zur Bankenrettung war Sondervermögen des Bundes, das nicht den üblichen Haushaltsregeln unterlag. Über die Hilfsanträge entschied ein Lenkungsausschuss, dem drei Vertreter von Bundesministerien und ein Vertreter des Bundeskanzleramtes angehörten. Das Gesetz enthielt keine Vorgaben für die Auswahl der Banken, die zulässige Höhe oder die Art der Hilfen. Insoweit hatte der Lenkungsausschuss freie Hand. Ein Gremium von neun Mitgliedern des Bundestages überwachte den Fonds; Beschlüsse des Lenkungsausschusses ablehnen oder ändern konnten die Parlamentarier jedoch nicht. »Das ist die klassische Logik des Ausnahmezustandes«, schrieb dazu die *Frankfurter Rundschau* am 18. Oktober 2008.

Zu den Banken, die den Rettungsfonds in Anspruch nahmen, gehörten die Hypo Real Estate, die Commerzbank, die IKB Deutsche Industriebank sowie die Landesbanken HSH Nordbank, die WestLB und die Bayern LB. Die Leistungen bestanden in erster Linie aus Garantien (bis zu 182 Mrd. Euro) und im Falle der HRE und der Commerzbank aus Kapitalzuführungen (9,8 Mrd. Euro und 18,2 Mrd. Euro).

Als der Bankenrettungsfonds am 31. Dezember 2015 seine Tätigkeit beendete, waren Verluste in Höhe von 21,9 Mrd. Euro aufgelaufen, die zu 65 Prozent vom Bund und zu 35 Prozent von den Bundesländern (bis maximal 7,7 Mrd. Euro) übernommen wurden. Das war aber nur ein Teil der Kosten für die Bankenrettung in Deutschland. Hinzu kamen die Nachschüsse der Kreditanstalt für Wiederaufbau (KfW) von 10 Mrd. Euro an die IKB und die Kosten für den Zusammenbruch der WestLB in Höhe von 18 Mrd. Euro. Außerdem waren die Beträge der Bundesländer hinzuzurechnen, die sie zur Rettung ihrer Landesbanken, wie die BayernLB, HSH Nordbank oder Landesbank Baden-Württemberg, aufwenden mussten.

Die staatlichen Finanzhilfen waren ein massiver Eingriff des Staates in den deutschen Kredit- und Kapitalmarkt. Ordnungspolitisch waren diese Maßnahmen dadurch legitimiert, dass sich die Banken außerstande sahen, die Funktionsfähigkeit des Finanzmarktes aus eigener Kraft wiederherzustellen. Es lag also Marktversagen vor. Es war auch die richtige Entscheidung des Finanzministers, die Bankenrettung nicht fallweise, wie bei der Hypo Real Estate, sondern mithilfe eines generellen Rettungsschirms für den gesamten Markt durchzuführen. Angela Merkel stellte dazu im Rückblick fest: »Der Staat hat sich als die letzte Instanz erwiesen, die handeln konnte, um den Bürgern und Unternehmen Sicherheit zu geben und Vertrauen zurückzugewinnen.«

Überflüssig war allerdings der Fernsehauftritt von Angela Merkel und Peer Steinbrück am 5. Oktober 2005, bei dem sie den Sparern eine Garantie für ihre Sparguthaben gaben: »Wir sagen den Sparerinnen und Sparern, dass ihre Einlagen sicher sind. Auch dafür steht die Bundesregierung ein.« Angeblich sollte damit einem allgemeinem »Bankensturm« vorgebeugt werden, für den es jedoch überhaupt keine Anzeichen gab, wie aus Bankenkreisen berichtet wurde. Zudem wäre die Bundesregierung im Ernstfall gar nicht in der Lage gewesen, eine solche Garantie zu erfüllen.

Regulierung der Banken

Auf die von Angela Merkel angekündigte Botschaft, künftig auf den Finanzmärkten »alle Marktteilnehmer, alle Produkte und alle Märkte wirklich überwachen und regulieren« zu wollen, hatten sich die Staats- und Regierungschefs auf dem G20-Treffen in Washington am 15. November 2008 als Reaktion auf die Bankenkrise geeinigt. Diese Ankündigung sollte das »Dogma« für eine breit angelegte Regulierung der Banken sein, mit der die Fehler der Liberalisierung aus den 1980er-Jahren ausgebügelt werden sollten. Doch zunächst geschah wenig, weil die Politik vorrangig mit der Bankenrettung selbst beschäftigt war.

Als die Verhandlungen über die Bankenregulierung dann begannen, stellte sich schnell heraus, dass es zwischen den USA und der Europäischen Union erhebliche Meinungsverschiedenheiten über die Art und Weise einer solchen Regulierung gab. In den USA, wo die Krise entstanden war, war man der Auffassung, dass die Regulierung nicht dogmatisch erfolgen dürfte, damit die Banken weiterhin erfolgreiches Investmentbanking machen konnten. Demgegenüber vertraten die Europäer den Standpunkt, dass die Regulierung zur Vermeidung künftiger Finanzkrisen so umfassend und so streng wie möglich sein müsste. Außerdem bestanden die Europäer auf einem gemeinsamen Regulierungswerk mit den USA, um auszuschließen, dass die europäischen Banken durch eine liberale Regulierung in den USA Bankgeschäfte an die Amerikaner verloren (Regulierungsarbitrage).

Damit waren die Verhandlungen festgefahren und es geschah nichts. »Wir können nicht zufrieden sein«, klagte deshalb Angela Merkel Anfang 2012. Bei der Regulierung der Finanzmärkte könnte die Politik nicht sagen, »dass Krisen wie 2008 nicht mehr entstehen werden«. Die Schnelligkeit der Regulierung lasse zu wünschen übrig, mahnte sie, weil es »Zurückhaltung bei der Abgabe nationaler Souveränitäten an internationale Institutionen« gäbe. Die Schuld dafür liege vor allem bei Industrieländern außerhalb Europas. Im Klartext: Die USA seien für das Fehlen einer wirksamen Bankenregulierung verantwortlich.

Das animierte Politiker und Parteien in Deutschland, das Versäumte schnell nachzuholen. Denn 2013 standen Bundestagswahlen an. Die SPD-Bundestagsfraktion veröffentlichte dazu rechtzeitig unter dem Titel »Ein neuer Anlauf zur Bändigung der Finanzmärkte« ein umfängliches Positionspapier zur Bankenregulierung. Darin hieß es: »Die Beschlüsse der Staats- und Regierungschefs der zwanzig wirtschaftlich stärksten Länder aus den Jahren 2008 und 2009 stimmten zunächst hoffnungsvoll. Kein Akteur, kein Produkt und kein Markt sollte mehr unreguliert und ohne Aufsicht bleiben und ganze Volkswirtschaften gefährden können. Darüber sind in der EU einige Schritte zur Finanzmarktregulierung und -aufsicht unternommen worden. Sogar mehr, als in der öffentlichen Debatte anerkannt wird. Diese Schritte waren notwendig, aber nicht hinreichend.«

Die SPD-Fraktion sah dringenden Handlungsbedarf: »Eine ehrliche Bestandsaufnahme zeigt vielmehr, dass der zentrale Grundsatz aus den Kommuniqués der G20-Finanzgipfel keineswegs die erforderliche Wirkungskraft erlangt hat. Die Frage, wer den Taktstock in der Hand hält, ist nach wie vor nicht klar beantwortet. Die Finanzmärkte haben Maß und Mitte verloren. Die Plädoyers und Ansätze zu einer neuen Bankenkultur der Nachhaltigkeit, Langfristigkeit und Kundenorientierung sind selten und zaghaft. Weitere ehrgeizige Schritte zur Regulierung der Finanzmärkte und Begründung einer neuen Bankenkultur sind nötig.«

Dahinter konnte die CDU/CSU-Fraktion nicht zurückstehen und verstärkte ebenfalls ihre Aktivitäten bei der Bankenregulierung. Das Stichwort dafür hatte Norbert Röttgen (CDU) geliefert, als er auf dem Höhepunkt der Finanzkrise die Notwendigkeit staatlichen Eingreifens damit begründete, dass »die Funktionsfähigkeit der Finanzmärkte ein öffentliches Gut« darstellt. Damit wollte er zum Ausdruck bringen, dass es ordnungspolitisch unbedenklich sei, die Finanzmärkte wie »öffentliche Einrichtungen« staatlich zu regulieren. Dafür gab es im Deutschen Bundestag viel Beifall.

Als Ergebnis dieses Regulierungswettbewerbs der Parteien entstand dann ein unaufhaltbarer Strom von EU-Richtlinien, nationalen Gesetzen und Verordnungen, Vorschriften und Formularen, mit denen die europäische und deutsche Bankwirtschaft bombardiert wurde. Schon bald klagte die Finanzbranche über die Schwierigkeit, Schritt zu halten und die neuen Vorgaben umzusetzen. Die wirklich »heißen« Themen wurden dabei aber nicht wirklich angefasst, lautete das in der *FAZ* vom 1. April 2017 veröffentlichte Urteil von Banksachverständigen: »Anders als in den dreißiger Jahren fand im Anschluss an den Lehman-Schock kein Paradigmenwechsel statt. Dafür ist der Mangel an herzhaften Eingriffen durch eine rekordverdächtige Regulierungsdichte kompensiert worden. Das Finanzsystem ist gegen einen erneuten Sturm keineswegs gefeit.«

Konjunkturpaket I

Auf die weltweite Finanzkrise im Jahr 2008 folgte eine globale Wirtschaftskrise. Die Konjunktur stürzte überall schlagartig ab, wovon insbesondere die deutsche Investitionsgüterindustrie und die Exportwirtschaft betroffen waren. Zahlreiche Industriebetriebe schickten deshalb ihre Mitarbeiter schon zum Jahreswechsel 2008/2009 in verlängerte Weihnachtsferien. Die Automobilbranche berichtete von einer »Talfahrt, wie sie in dieser Ausprägung und Geschwindigkeit noch nie vorher stattgefunden hat«. Im Januar 2009 ging die deutsche Industrieproduktion im Vergleich zum Vorjahr um 19,3 Prozent zurück. Das Bruttoinlandsprodukt 2009 brach gegenüber dem Vorjahr um 5,6 Prozent ein.

Betroffen von den plötzlichen Umsatzeinbrüchen waren vor allem die mittelständischen Zulieferbetriebe. »Der aktuelle Abschwung ist rasanter und überraschender, als wir das in der Vergangenheit kannten«, berichteten Mittelständler. Aufträge wurden über Nacht storniert und die Produktion kam zum Stillstand. Um zu überleben, mussten die Betriebe auf Sparflamme gefahren werden. An vielen Maschinen wurden nur noch Wartungsarbeiten durchgeführt. Verwaltungspersonal wurde nach Hause geschickt. Die Insolvenz vieler Betriebe konnte nur abgewendet werden, weil die Eigentümer mit privatem Geld die Liquidität ihrer Unternehmen sicherstellten. Dabei konnte niemand sagen, wie lange die Krise andauern würde: Die Optimisten prophezeiten eine schnelle Erholung, die Pessimisten erwarteten eine längere Durststrecke.

Die Bundesregierung hatte ursprünglich nicht die Absicht, auf diese Krise mit staatlichen Konjunkturmaßnahmen zu reagieren. Insbesondere Finanzminister Peer Steinbrück war strikt dagegen: »Seit ich mit Konjunkturpaketen zu tun habe, also seit Ende der Siebzigerjahre, haben sie nie den erhofften realen Effekt gehabt. Am Ende war der Staat nur noch höher verschuldet als vorher.« Auch Angela Merkel sagte anfangs, Konjunkturmaßnahmen seien Strohfeuer; vorrangig müsste der Haushalt konsolidiert werden. Die Gewerkschaften hielten still, weil die Unternehmen mit einer schnellen Erholung rechneten und ihre Mitarbeiter nicht nach Hause schickten.

Doch international stand die Bundesregierung unter erheblichem Druck, ihren Beitrag zur Belebung der globalen Konjunktur zu leisten. US-Präsident Barack Obama war mit einem Konjunkturpaket im Volumen von 750 Mrd. Dollar vorgeprescht, wovon 300 Mrd. Dollar auf

Steuersenkungen entfielen. Jetzt erwartete er, dass auch die übrigen Industriestaaten, insbesondere Deutschland, mit stimulierenden Konjunkturmaßnahmen nachzogen.

Die Bundesregierung stimmte die Bürger zwar auf schwere Zeiten ein: »Wir müssen damit rechnen, dass das kommende Jahr, zumindest in den ersten Monaten, ein Jahr schlechter Nachrichten wird«, sagte die Bundeskanzlerin. »Wir sind in einer Rezession und es liegt ein schweres Jahr 2009 vor uns«, wiederholte Peer Steinbrück. Die Bundesregierung blieb aber untätig, weil sie sich nicht auf eine bestimmte Politik einigen konnte: Sollte man die Rezession mit höheren Staatsausgaben, also mit dem herkömmlichen »deficit spending« bekämpfen? Oder wäre es besser, die Steuern zu senken, um langfristig das Wachstum zu stärken?

Die der Wirtschaft nahe stehenden Politiker der Union sprachen sich einmütig für Steuersenkungen aus. So mahnte der CDU-Mittelstandspolitiker Michael Fuchs (MdB): »Wir müssen jetzt etwas tun, um die Binnenwirtschaft anzukurbeln. Deshalb sollten wir die Steuerbelastung für die Leistungsträger reduzieren.« Auch Wirtschaftsminister Michael Glos (CSU) sprach sich für sofortige Steuersenkungen aus. »Der Konjunktur würde es helfen, wenn wir jetzt die Steuern für kleinere und mittlere Verdiener senken.« Ähnlich äußerte sich der wirtschaftspolitische Sprecher der Unions-Bundestagsfraktion Laurenz Meyer. Und DIHK-Präsident Ludwig Georg Braun forderte: »Steuern runter ist das beste Wachstumsprogramm. Dabei darf es keinen Aufschub geben.«

Unterstützung bekamen die Wirtschaftspolitiker der Union von einer Gruppe deutscher Ökonomen, die in einem offenen Brief an die Bundesregierung appellierten, auf die Krise nicht mit höheren Staatsausgaben, sondern mit Maßnahmen zur Stärkung der Wirtschaft zu reagieren. Sie forderten insbesondere die Senkung von Steuern und Abgaben, um die private Investitions- und Konsumnachfrage zu stärken. »*Eine allgemeine Steuersenkung entfaltet eine stärkere Breitenwirkung als staatliche Investitionsprogramme, da diese überwiegend die Baukonjunktur begünstigen.*« Die Wissenschaftler konnten sich dabei auf Ökonomen der OECD berufen, die ebenfalls zu dem Ergebnis gekommen waren, dass Steuersenkungen »*wirkungsvoller zur Nachfrageunterstützung*« sind als staatliche Infrastrukturinvestitionen. Letztere bräuchten zu lange, bevor sie wirksam werden könnten.

Die Vielstimmigkeit, mit der CDU und SPD auf die Wirtschaftskrise reagierten, spiegelte sich auch in den Ministerien. Das von Peer Steinbrück (SPD) geleitete Finanzministerium plädierte für kreditfinanzierte Investitionen des Staates in die Infrastruktur. Demgegenüber traten die Beamten des von Michael Glos (CSU) geführten Wirtschaftsministeriums für Steuerentlastungen ein, weil damit nicht nur Potenzial für weitere Nachfrage, sondern auch zusätzliche Leistungsanreize geschaffen würden.

Um dem ausländischen Druck aus den USA nachzugeben, verständigte sich die Große Koalition schließlich im November 2008 auf ein Konjunkturpaket im Volumen von 30 Mrd. Euro. Das Paket bestand aus einem Sammelsurium von »punktuellen Fördermaßnahmen«, genauso wie es *Der Spiegel* vorausgesagt hatte: »Am Ende wird der Streit zwischen SPD und Union, zwischen Finanz- und Wirtschaftsministerium wohl auf einen Kompromiss hinauslaufen, in dem die Lieblingsinstrumente beider Seiten versammelt sind: ein paar Konsumgutscheine, ein bisschen Investitionsprogramm, ein wenig Beitragsentlastung. Krisen legen meist gnadenlos offen, in welcher Verfassung sich ein Land befindet, wie effizient sein politisches System arbeitet, wie zeitgemäß seine Strukturen sind.« Steuersenkungen waren in dem Konjunkturprogramm nicht vorgesehen.

Konjunkturpaket II

Anfang Januar 2009 überraschte die Bundesregierung dann ohne Ankündigung mit einem zweiten Konjunkturpaket im Volumen von 50 Milliarden Euro. Noch kurz zuvor hatte sich Angela Merkel gegen »beliebige, breit gestreute Konjunkturprogramme« gewandt und betont, der Staat dürfe sich nicht »im Bereich der Wirtschaft neue Aufgaben dauerhaft aneignen«. Aber plötzlich konnten die staatlichen Konjunkturmaßnahmen gar nicht groß genug ausfallen.

Der Grund für diesen Sinneswandel waren nicht Konjunktursorgen, sondern die bevorstehende Landtagswahl in Hessen. »Die Wähler dürfen nicht glauben, die Krise sei uns egal. Sonst laufen sie scharenweise nach ganz links oder nach ganz rechts«, war die gemeinsame Sorge beider Koalitionsparteien.

Bei den Beratungen zum zweiten Konjunkturpaket entbrannte in der Koalitionsregierung erneut ein heftiger Streit um die Frage, ob die Senkung von Steuern und Abgaben ein wesentlicher Bestandteil sein sollte.

Während die SPD strikt dagegen war, wollte die CSU das Konjunkturpaket nur mittragen, wenn darin auch steuerliche Entlastungen verankert würden. »Einem weiteren Impulspaket ohne Steuerentlastungen werden wir nicht zustimmen«, drohte der CSU-Landesgruppenchef Peter Ramsauer.

Den führenden Koalitionspolitikern ging es jedoch vorrangig nicht um langfristige Wachstumsimpulse, sondern um ein kurzfristig wirkendes Ausgabenprogramm, um die Wähler in Hessen zu beeindrucken. Es war vor allem der hessische Ministerpräsident Roland Koch (CDU), der sich klar gegen Steuersenkungen aussprach: »Ich glaube nicht, dass jetzt die Zeit ist für Steuersenkungen, also in Wahrheit für große Steuerreformen. Wir brauchen jetzt Maßnahmen, die in den nächsten drei, vier, sechs Monaten wirken«, betonte er. Dabei wurde er von Wolfgang Schäuble (CDU) unterstützt, der ebenfalls »eine starke Nachfragepolitik« für zweckmäßig hielt.

Über dieses zweite Konjunkturpaket wurde zwischen Union und SPD wie auf einem Basar gefeilscht: Zunächst verständigte man sich über das Ausgabevolumen von 50 Mrd. Euro, aufgeteilt auf die Jahre 2009 und 2010 mit jeweils 25 Mrd. Euro. Dann einigte sich die Koalitionsrunde über den unstrittigen Teil der Ausgaben, der rund 18 Mrd. Euro ausmachte. Der Rest wurde nach dem Motto verteilt: eine Hälfte für Steuersenkungen zum Wohl der CSU und die andere Hälfte für Senkung der Sozialabgaben zur Freude der SPD. Das waren für CSU und SPD jeweils 8 Mrd. Euro für zwei Jahre. Die CDU ging dabei leer aus.

Die Teilnehmer der Koalitionsrunde kommentierten das Ergebnis unterschiedlich: Der SPD-Kanzlerkandidat Frank-Walter Steinmeier antwortete auf die Frage, ob 50 Mrd. Euro nicht zu wenig seien: »Man kann auch mit einem großen Konjunkturprogramm viel Unsinn beschließen.« Horst Seehofer fand die Gespräche demgegenüber sehr sachorientiert und hoch professionell. »Auch der CSU-Vorsitzende ist zufrieden und glücklich«, sagte er. Wirtschaftsminister Michael Glos resümierte das Ergebnis kurz und knapp: »Es gab Kassler, Sauerkraut und Steuersenkungen.« Angela Merkel wurde von einer Journalistin gefragt, ob sie sich angesichts des erzielten Ergebnisses selbst als »Angela Mutlos« oder als »Angela Mutig« bezeichnen würde. »Also, erst mal bezeichne ich mich als Angela Merkel«, gab sie zurück. »Und die habe ich vor, auch noch 'ne Weile zu bleiben.«

Kernstück des zweiten Konjunkturprogramms wurde dann ein staatliches Investitionsprogramm von 14 Milliarden Euro für den Bildungsbereich (Kindergärten, Schulen und Hochschulen) und für die Infrastruktur (Verkehr, Krankenhäuser, Städtebau und Informationstechnologie). Um die Investitionen zu beschleunigen, wurde das Vergaberecht stark vereinfacht. Als Instrument zur Arbeitsplatzsicherung sah das Programm die Förderung von Kurzarbeit und Weiterbildung von Mitarbeitern vor. Ein weiterer Schwerpunkt des Programms bestand in der Förderung der Automobilindustrie durch eine Abwrack- bzw. Umweltprämie. Damit konnte der PKW-Absatz zwar stabilisiert werden, die Wirkung war aber wegen des Vorzieheffektes nur kurzfristig. Das gesamte Ausgabenpaket war kreditfinanziert.

Zum Konjunkturprogramm gehörte auch ein sogenannter »Deutschlandfonds«, der Unternehmen bei finanziellen Problemen helfen sollte. Bestückt wurde dieser Fonds mit einer Kredit- und Bürgschaftsermächtigung des Bundes im Volumen von 115 Mrd. Euro. Antragsberechtigt waren Unternehmen, die aufgrund der Wirtschaftskrise in Not geraten waren und ein tragfähiges Geschäftskonzept vorlegen konnten. Aus diesem Programm nahmen im Jahr 2009 etwa 9100 Unternehmen Staatshilfe in Anspruch.

Die deutsche Wirtschaft erholte sich von der Wirtschaftskrise 2009/2010 überraschend schnell. Das war jedoch weniger den Konjunkturprogrammen als den Unternehmen selbst zu verdanken, die sich auf die Krise sehr schnell und geschickt eingestellt hatten. Als die Umsätze plötzlich wegbrachen, senkten die Unternehmer die Kosten, reorganisierten die Betriebsabläufe und tätigten Investitionen, um produktiver und wettbewerbsfähiger zu werden. Ausbleibende Bankkredite wurden durch Kapitaleinlagen der Gesellschafter ersetzt. Mit den Betriebsräten trafen die Unternehmer Vereinbarungen über die Einführung von Kurzarbeit. Statt Kündigungen auszusprechen, wurden die Mitarbeiter flexibel eingesetzt oder fortgebildet.

Am stärksten betroffen von der Krise waren die Exportwirtschaft und die Investitionsgüterindustrie. Obwohl beide Sektoren nicht zur Zielgruppe des Konjunkturpaketes gehörten, war in diesen Sektoren der wirtschaftliche Aufschwung am stärksten, als die Konjunktur wieder anzog. Sie hatten sich darauf gut vorbereitet und konnten sofort durchstarten, als die Krise vorbei war.

Demgegenüber zielte das staatliche Konjunkturprogramm vor allem auf den Ausbau der Infrastruktur und auf die Ankurbelung des privaten Konsums. Davon wurde der überwiegende Teil erst im Jahr 2010 haushaltswirksam, als der Aufschwung schon wieder begonnen hatte. Diese Maßnahmen wirkten also prozyklisch und führten in der Bauwirtschaft schnell zu Preiserhöhungen, weil es dort keine freien Kapazitäten gab.

Insofern waren es vornehmlich die Selbstheilungskräfte des Marktes, denen die schnelle wirtschaftliche Erholung zu verdanken war. Nur wenn Unternehmen sich nicht mehr selbst helfen konnten, weil ihre finanzielle Existenz in der Krise bedroht war, griff der Staat ihnen »subsidiär« mit dem Deutschlandfonds unter die Arme.

Christlich-liberale Koalition

Bei der Bundestagswahl 2009 standen sich Angela Merkel (CDU) und Frank-Walter Steinmeier (SPD) als Kanzlerkandidaten gegenüber. Der Wahlkampf stand ganz im Zeichen der Wirtschaftskrise, an wirtschaftspolitischer Profillosigkeit war er aber kaum zu überbieten. Frank-Walter Steinmeier propagierte einen »Deutschlandplan«, der bis zum Jahr 2020 Vollbeschäftigung schaffen sollte, sagte aber nicht, wie er dies erreichen wollte. Ronald Pofalla, der für den Wahlkampf verantwortliche Generalsekretär der CDU, setzte auf die Strategie der »asymmetrischen Demobilisierung«. Damit wollte er Wähler von SPD und Grünen veranlassen, nicht zur Wahl zu gehen, weil Angela Merkel sich auch um ihre Anliegen kümmern würde.

Mit unter 34 Prozent fuhr die Union ihr zweitschlechtestes Bundestagswahlergebnis ihrer Geschichte ein. Ronald Pofalla war mit seiner Wahlkampfstrategie komplett gescheitert. Auch die SPD gehörte zu den Verlierern. Sie verlor über 10 Punkte und landete bei nur 23 Prozent. Nur die Liberalen konnten jubeln. Mit nahezu 15 Prozent fuhr die FDP ein sensationelles Ergebnis ein. Dies reichte für die Bildung einer christlich-liberalen Koalition.

Union und FDP einigten sich schnell – im Nachhinein zu schnell – über den Inhalt des Koalitionsvertrages. Nach dem Willen der FDP-Führung sollte ein politischer Richtungswechsel stattfinden. Man wollte nicht länger auf die Allmacht des Staates setzen, sondern die produktiven Kräfte in der Gesellschaft stärken. Dazu sollten bei der Einkommensteuer die kalte Progression abgemildert und die Unternehmensbesteuerung von 2008 korrigiert werden. Der Kündigungsschutz sollte ein Optionsrecht erhalten. Im Rahmen einer technikoffenen und marktorientierten Energiepolitik sollten die Restlaufzeiten für Atomkraftwerke verlängert werden.

Bei vielen entscheidenden Punkten des Koalitionsvertrags – zum Beispiel bei der Flexibilisierung des Arbeitsmarktes – begnügte man sich mit Absichtserklärungen, Prüfaufträgen oder der Einrichtung von Kommissionen. Darüber hinaus vermittelten Äußerungen von führenden Unions-Politikern den Eindruck, dass man gar nicht die Absicht hatte, alle mit der FDP im Koalitionsvertrag getroffenen Vereinbarungen tatsächlich umzusetzen. So stieß der arbeitsmarktpolitische Teil des Koalitionsvertrages beim Sozialflügel der Union auf Ablehnung; die vereinbarten Steuerreformvorhaben wurden von den Haushaltspolitikern der Union abgelehnt, weil dafür angeblich die Mittel fehlten.

In der Union gab es inzwischen auch starke Kräfte, die in der FDP nicht mehr ihren »natürlichen« Koalitionspartner sahen. Dieser Eindruck verdichtete sich, als der kleine CDU-Parteitag Ende Oktober in Berlin zusammentrat, um den Koalitionsvertrag zu beschließen. Aus vielen Redebeiträgen war zu entnehmen, dass die marktwirtschaftliche Grundtendenz des Vertrages vielen Delegierten und Vorstandsmitgliedern gegen den Strich ging. Dem Parteitag haftete deshalb ein fader Beigeschmack an: Die Delegierten sollten einem Koalitionsvertrag zustimmen, den man eigentlich gar nicht wollte.

Als erstes Gesetz beschloss die schwarz-gelbe Koalition im Dezember 2009 das sog. »Wachstumsbeschleunigungsgesetz«. Darin waren die im Koalitionsvertrag als Sofortprogramm vereinbarten Steuererleichterungen im Volumen von etwa 5 Mrd. Euro enthalten. Mit dem Gesetz wurden die Steuerfreibeträge für Kinder angehoben, Geschwister bei der Erbschaftssteuer besser gestellt, Konzerne bei Umstrukturierungen von der Grunderwerbsteuer entlastet und die Sofortabschreibungen erhöht. Schon wegen solcher geringen Steuerausfälle kam es zu Protesten einiger CDU-Ministerpräsidenten in den Ländern.

Mit demselben Gesetz wurde die Senkung der Umsatzsteuer für Hoteliers von 19 auf 7 Prozent beschlossen. Damit hatte sich die CSU in der Koalition durchgesetzt, um für Gastwirte im Grenzgebiet zu Tschechien und Österreich gleiche Wettbewerbsbedingungen herzustellen. Als jedoch bekannt wurde, dass die Mövenpick-Gruppe der FDP im Oktober 2009 Spendengelder in Höhe von 1,1 Millionen Euro überwiesen hatte, wurde die Steuersenkung mit dieser Spende in Verbindung gebracht. Das Wachstumsbeschleunigungsgesetz hieß seitdem »Mövenpick-Gesetz« und blieb als solches in Erinnerung. Die Gegner von Steuersenkungen hatten ihr Ziel erreicht: Die politische Forderung nach Steuersenkungen war diskreditiert.

Zu den Gegnern von Steuersenkungen gehörte insbesondere der neue Finanzminister Wolfgang Schäuble (CDU). Während Wirtschaftsminister Rainer Brüderle (FDP) den Wählern versprach, »2011 kommt die weitere Steuersenkung mit einem Stufentarif«, und das Volumen der Steuersenkungen mit 20 Mrd. Euro bezifferte, thematisierte Wolfgang Schäuble die Notwendigkeit des Sparens und lobte die Absicht, im Grundgesetz eine Schuldenbremse zu verankern. Gleichzeitig ließ er verbreiten, dass Steuerausfälle auch die Länderhaushalte tangieren würden. Unverzüglich meldeten sich die CDU-Ministerpräsidenten Roland Koch, Christian Wulff und Jürgen Rüttgers, um vor weiteren Steuersenkungen zu warnen. Selbst Baden-Württembergs Ministerpräsident Günther Oettinger (ebenfalls CDU) griff die FDP scharf an. Der von der FDP geplante Steuersenkungsbetrag von 24 Mrd. Euro sei »absolut unvorstellbar«, erklärte er öffentlich.

Einen weiteren Rückschlag erlitt das Projekt »Steuersenkung« durch die öffentliche Debatte über die Verfolgung von Steuerhinterziehern. Anfang 2010 erhielt die Wuppertaler Steuerfahndung von einem Informanten das Angebot, für ein Entgelt von 2,5 Millionen Euro illegal erworbene Daten über potenzielle Steuerhinterzieher zu erwerben. Bundeskanzlerin Angela Merkel schaltete sich ein und entschied nach Beratung mit Wolfgang Schäuble: »Vom Ziel her sollten wir, wenn diese Daten relevant sind, auch in den Besitz dieser Daten kommen.« Denn Steuerhinterziehung müsste scharf geahndet werden.

Angela Merkel traf damit eine populäre Entscheidung und wusste die Mehrheit der Bevölkerung hinter sich. Doch damit endete auch die gerade erst begonnene Debatte über den Inhalt und Zweck von Steuersenkungen. Stattdessen schob sich die Frage in den Vordergrund, ob die Regierung die angebotenen Steuerdaten kaufen sollte und durfte.

Die Debatte wurde äußerst kontrovers geführt: Viele in der CDU und FDP waren der Meinung, dass sich die Regierung an kriminellen Handlungen Dritter nicht beteiligen dürfte. In dem Ankauf der Steuer-CD sahen sie eine Hehlerei von Daten. Die von der SPD geführte Opposition im Bundestag war dagegen der Ansicht, dass solche Bedenken hinter die Notwendigkeit, Steuerhinterziehung zu verfolgen, zurückzutreten hätten. Dieser Meinung schlossen sich auch die CDU-Finanzminister in den Ländern an.

Schäubles Haushaltspolitik

Während Wolfgang Schäuble vor Steuersenkungen warnte und sich für eine staatliche Schuldenbremse aussprach, legte er im Dezember 2009 für den Bund einen Haushaltsentwurf für 2010 vor, der eine Neuverschuldung von fast 90 Mrd. Euro auswies. Schäuble begründete diese gewaltige Neuverschuldung damit, dass »das gesamtwirtschaftliche Gleichgewicht 2010 – wie bereits 2009 – ernsthaft und nachhaltig gestört sein wird«. Damit rechtfertigte er insbesondere das zweistellige Wachstum der Sozialausgaben (Arbeit plus 15 Prozent, Gesundheit plus 39 Prozent, Landwirtschaft plus 11 Prozent). Kurzum: Der Haushaltsentwurf für 2010 war ein klassisches Ausgabenprogramm im Sinne von Keynes zur Ankurbelung der Konjunktur (»deficit spending«).

Ende 2009 war aber schon sehr deutlich, dass sich die Wirtschaft schneller erholen würde, als man ursprünglich angenommen hatte. Viele Anzeichen deuteten darauf hin, dass der 2008 begonnene wirtschaftliche Abschwung bereits im Herbst 2009 sein Ende gefunden hatte und die deutsche Wirtschaft den Wachstumskurs fortsetzte, mit dem sie im Jahr 2005/2006 begonnen hatte. Das ergab sich auch aus den amtlichen Wirtschaftszahlen und aus der Beschäftigungslage. Nachdem das Bruttoinlandsprodukt (BIP) in 2009 um 5,9 Prozent gefallen war, stieg das BIP im Jahr 2010 bereits wieder um 4,1 Prozent. Die Arbeitslosenquote hatte im Krisenjahr 2009 nur um 0,3 Prozent zugenommen, d. h., die Beschäftigungslage war nahezu stabil geblieben. Auch das war ein deutliches Indiz, dass der Abschwung nur von kurzer Dauer war.

Ein weiteres Konjunkturprogramm für 2010 war deshalb überflüssig und trieb die Staatsverschuldung nur unnötig weiter nach oben. Der Haushaltsentwurf widersprach auch dem zwischen Union und FDP abgeschlossenen Koalitionsvertrag, wonach auf weitere kreditfinanzierte Ausgabenprogramme verzichtet werden sollte. Stattdessen sollte das Wirtschaftswachstum durch Steuersenkungen und durch Investitionen in die Infrastruktur gestärkt werden. Als die FDP-Führung jedoch überraschend erklärte, sie werde dem von Wolfgang Schäuble vorgelegten Haushaltsentwurf zustimmen, hatte sich der Koalitionsvertrag insoweit erledigt.

Der von Wolfgang Schäuble vorgelegte Haushaltsentwurf 2010 zeigte in besonders eindrucksvoller Weise wieder einmal, dass der Glaube, mit schuldenfinanzierten Staatsausgaben ließen sich Vollbeschäftigung und

Wirtschaftswachstum herbeiführen – trotz des Scheiterns der Globalsteuerung in den 1970er-Jahren – weiterhin grassierte. Es verdient deshalb Beachtung, was Peer Steinbrück in seinem 2015 erschienenen Buch *Vertagte Zukunft* zu den Folgen einer solchen Politik sagte:

»Allein die zehn größten Industrieländer haben seit Ausbruch der Finanzkrise 2007, eskalierend in 2008 mit der nachfolgenden Konjunktur- und Fiskalkrise, eher sechs als fünf Billionen Euro für staatliche Rettungs- und Wiederbelebungsmaßnahmen von Banken aufgebracht. Soweit es sich um Garantien handelt, müssen die nicht zu 100 Prozent fällig werden, aber solche Garantien hängen den Staaten wie eine große eiserne Kugel am Bein.

Hinzu kommen jene rund zwei Billionen Euro, die über konjunktur- und beschäftigungsstützende Maßnahmen mobilisiert worden sind. Das sind weitgehend Mittel, die in den vergangenen Jahren eben nicht in Zukunftsfelder wie Infrastruktur, Forschung und Entwicklung, Bildung, Integration oder eine familienfreundliche Arbeitsgesellschaft geflossen sind.

Soweit die Rettungsschirme für Banken und Maßnahmen gegen den Absturz der Konjunktur und Arbeitsmärkte kreditfinanziert waren – und das waren sie zum überwiegenden Teil –, drückt die entsprechende Verschuldung viele dieser Länder bis heute an die Wand, ihnen droht der Verlust der Zukunftsfähigkeit.«

Landtagswahl in NRW

Im Mai 2010 standen in Nordrhein-Westfalen Landtagswahlen (NRW) an. Für die CDU stand viel auf dem Spiel: Ministerpräsident Jürgen Rüttgers (CDU) kämpfte um sein politisches Überleben. Und für die CDU/FDP-Regierung in Berlin ging es um den Erhalt der politischen Handlungsfähigkeit im Bund. Bei einer Wahlniederlage der CDU in NRW war die Mehrheit im Bundesrat verloren, sodass SPD und Grüne bundespolitische Vorhaben blockieren konnten. Entsprechend hoch war die Nervosität in Berlin, als dieses Szenario in den Umfragen als möglich erschien.

Angela Merkel hatte angeordnet, vor der NRW-Wahl politische Debatten in der CDU zu vermeiden, um die Wahlaussichten für Jürgen Rüttgers nicht zu gefährden. Doch je näher der Wahltag kam, desto geringer wurden die Aussichten für einen Sieg der CDU. Als die Stimmen ausgezählt waren, hatte die CDU mehr als 10 Prozentpunkte verloren. Damit war die Periode einer schwarz-gelben Regierung in NRW schon wieder zu Ende und Jürgen Rüttgers ging in den politischen Ruhestand. An seine Stelle wählte eine Koalition aus SPD und Grünen Hannelore Kraft (SPD) zur neuen Ministerpräsidentin.

Nach dem Verlust von NRW benötigte die schwarz-gelbe Bundesregierung bei allen größeren Vorhaben die Zustimmung der Oppositionsparteien im Bundesrat. Damit hatte Deutschland faktisch wieder eine große Koalition. Das »Zeitfenster«, um die im schwarz-gelben Koalitionsvertrag vereinbarten Reformprojekte ohne Mitwirkung der Opposition durchzusetzen, war wieder geschlossen. Insofern hatte die CDU in NRW eine doppelte Niederlage erlitten: eine in NRW und die andere im Bund.

Angela Merkel wie auch Jürgen Rüttgers sahen die Verantwortung für die Niederlage in NRW beim Regierungsprogramm der schwarz-gelben Bundesregierung. In der ersten CDU-Vorstandssitzung nach der Wahl sagte Merkel: »Wir haben in den ersten Monaten der Regierung Nordrhein-Westfalen nicht den nötigen Rückenwind gegeben – im Gegenteil: sogar Gegenwind.« Damit meinte sie vor allem die mit dem Wachstumsbeschleunigungsgesetz beschlossenen Steuersenkungen. Jürgen Rüttgers stimmte dem zu. Beide waren sich auch einig, dass die CDU im Wahlkampf zu wenig »soziale Wärme« gezeigt habe. Die wirtschaftsliberalen Themen hätten dominiert.

Und dann kam der Clou: Angela Merkel teilte den verblüfften Vorstandsmitgliedern mit, dass es in der laufenden Legislaturperiode keine weitere Steuerentlastung mehr geben würde. Basta! Guido Westerwelle (FDP) habe sich damit einverstanden erklärt: »Wir müssen diesen Warnschuss der Bürgerinnen und Bürger ernst nehmen«, habe er im Hinblick auf die NRW-Wahl gesagt. Die Vorstandsmitglieder nahmen diese überraschende Kehrtwende in der Steuerfrage ohne Widerspruch, die meisten sogar zustimmend zur Kenntnis.

Das für die FDP wichtigste Projekt des Koalitionsvertrags hatte sich damit schon nach sieben Monaten Regierungszeit erledigt: die steuerliche Entlastung der privaten Haushalte und Unternehmen durch eine große Steuerreform. Für die Freien Demokraten war das eine Niederlage mit katastrophalen Folgen.

Griechenlandkrise

Im Frühjahr 2010 drängte die Griechenlandkrise alle anderen Themen in den Hintergrund. Das Land war das erste Opfer der allgemeinen Staatsschuldenkrise, die den Süden Europas nach der Banken- und Wirtschaftskrise im Herbst 2008 erfasst hatte. Der Grund war die im Verhältnis zur Wirtschaftskraft viel zu hohe Verschuldung dieser Länder, in der die Finanzmärkte plötzlich ein Ausfallrisiko erkannten, das zu steigenden Zinsen führte.

Noch im Herbst 2008 deutete wenig darauf hin, dass Griechenland für die Europäische Union zum Problemfall werden könnte. Auf das Land entfielen nur 2,5 Prozent der Wirtschaftsleistung in Europa. Griechische Banken besaßen auch kaum Schrottpapiere aus den USA. Nur die Rating-Agenturen waren vorsichtig. Anfang 2009 stuften sie das Land um eine Note auf A- herunter. Politischer Handlungsbedarf wurde aber daraus noch nicht abgeleitet. Erst als der griechische Finanzminister im Oktober 2009 ein Haushaltsdefizit von 12 Prozent und mehr meldete, wurde Griechenland ein Thema auf den Finanzmärkten. Es gab Warnungen aus Bankenkreisen und die Rating-Agenturen stuften das Land auf die Note B herab. Gleichzeitig stiegen an den Finanzmärkten die Zinsaufschläge für griechische Staatsanleihen.

Zunächst waren die europäischen Partner der Meinung, dass Griechenland sein Finanzierungsproblem selbst lösen müsste, weil der Maastricht-Vertrag die Mithaftung für die Schulden von Euro-Staaten generell ausschloss (Beistandsverbot). Wolfgang Schäuble erklärte der *Bild*: »Die Griechen haben jahrelang über ihre Verhältnisse gelebt. Wir Deutsche können nicht für Griechenlands Probleme zahlen.« Angela Merkel weigerte sich anfangs ebenfalls, Griechenland finanzielle Hilfe in Aussicht zu stellen. Das Land müsste durch striktes Sparen und Reformen selbst aus der Krise herausfinden.

Die Finanzmärkte glaubten solchen Erklärungen aber nicht und gingen davon aus, dass der Euro-Verbund »niemals die Insolvenz eines seiner Verwandten zulassen werde«. Deshalb gelang es der griechischen Regierung noch Anfang März 2010, eine Anleihe über 5 Milliarden Euro bei Investoren unterzubringen, weil erwartet wurde, dass die Euro-Länder den Griechen im Notfall beistehen würden.

Um dies abzusichern, reiste der griechische Premierminister Giorgos Papandreou Anfang 2010 nach Berlin und bat Angela Merkel um den erforderlichen Beistand. Nach dem Gespräch verkündete der griechische Premier: »Griechenland will keinen Cent von deutschen Steuerzahlern.« Und Angela Merkel bekräftigte: »Es … geht nicht um Hilfszusagen …, sondern um ein gutes Verhältnis zwischen der Bundesrepublik Deutschland und Griechenland.« Wie sich aber bald herausstellen sollte, verbog sie hier die Wahrheit. Sie hatte dem griechischen Premier Hilfe von Seiten der EU bereits zugesagt.

Als das bekannt wurde, gab es öffentliche Proteste. Der FDP-Finanzexperte Frank Schäffler (MdB) mahnte in der *Bild*: »Die Kanzlerin darf keinen Rechtsbruch begehen, darf Griechenland keine Hilfe versprechen. Der griechische Staat muss sich radikal von Beteiligungen an Firmen trennen und auch Grundbesitz, z. B. unbewohnte Inseln, verkaufen.« Das war auch die allgemeine Meinung im Wirtschaftsflügel der Union: »Ein Bankrotteur muss alles, was er hat, zu Geld machen – um seine Gläubiger zu bedienen. Griechenland besitzt Gebäude, Firmen und Inseln, die für die Schuldentilgung eingesetzt werden können«, hieß es in einer Presseerklärung. Solche Statements waren danach in der nationalen und internationalen Presse ein großer Aufmacher.

Ende April 2010 platzte dann die Bombe, als das Europäische Amt für Statistik (Eurostat) Griechenlands Haushaltsdefizit für 2009 auf 13,6 Prozent schätzte. Zeitgleich setzte Standard & Poor's das Rating für griechische Staatsanleihen um drei Stufen auf BB- herab. Daraufhin brachen die Kurse griechischer Staatsanleihen ein; Spanien und Portugal folgten. Der Krisenfall war eingetreten. »Wir hatten Angst, dass Griechenland Lehman II werden könnte«, beschrieb Jörg Asmussen, damals Staatssekretär im Finanzministerium, die Stimmung in der Bundesregierung.

In aller Eile traten die Euro-Finanzminister am 2. Mai 2010 in Brüssel zusammen und beschlossen ein umfangreiches Hilfspaket für Griechenland. Es bestand aus Finanzhilfen für drei Jahre in Höhe von 110 Mrd. Euro, wovon die Euro-Länder 80 Mrd. und der Internationale Währungsfonds (IWF) 30 Mrd. übernahmen. Angela Merkel und Wolfgang Schäuble, die zuvor jegliche Hilfe für Griechenland ausgeschlossen hatten, stimmten zu. Im Deutschen Bundestag, der das Hilfspaket am 7. Mai 2010 beschloss, warb die Bundeskanzlerin mit eindringlichen Worten für das Finanzpaket: »Bei der Entscheidung geht es um den Erhalt der Währungsunion.« Dass es sich bei dieser Hilfe um einen Verstoß gegen das im Maastricht-Vertrag vereinbarte Prinzip des Beistandsverbots (»No-bail-out«) handelte, sagte sie nicht.

Wachstum im Süden

Griechenland war das erste Land im Süden Europas, dessen Regierung in finanzielle Schwierigkeiten geriet. Doch schon bald meldeten sich auch Länder wie Italien, Spanien und Portugal, die das gleiche Problem hatten. Was war passiert?

Fast ein Jahrzehnt lang funktionierte die Europäische Währungsunion reibungslos. Die Inflation war niedrig und der Euro gewann zunehmend an Gewicht und Vertrauen. Es schien sich zu bewahrheiten, dass der Euro die Nachfolge der starken D-Mark angetreten hatte. Dementsprechend sanken die Zinsen in den südlichen Ländern Europas auf deutsches Niveau, was als zunehmende Konvergenz der Volkswirtschaften gedeutet wurde.

Die niedrigen Zinssätze sorgten vor allem in Griechenland, Italien, Spanien und Portugal, den sog. GISP-Ländern, für ein kräftiges, von der Nachfrage getriebenes Wirtschaftswachstum. Die Kreditzinsen, die in Griechenland vor dem Euro-Beitritt zwischen 15 und 20 Prozent gelegen hatten, sanken nach dem Beitritt auf 5 Prozent. Private und öffentliche Kreditnehmer nutzten die niedrigen Zinsen, um sich großzügig mit billigen Krediten einzudecken. Das dafür erforderliche Kapital stammte weitgehend aus den nördlichen Kernländern der Euro-Zone. In den GISP-Ländern wurden die Gelder aber nur selten produktiv verwendet. Das meiste Geld floss in den privaten und öffentlichen Konsum, in unrentable Immobilien oder nutzlose Infrastrukturvorhaben. Den gewaltigsten Bauboom erlebte Spanien. Dass hier Blasen und Klumpenrisiken entstanden, blieb weitgehend unbeachtet.

Parallel zu diesem künstlichen Wirtschaftsboom verschlechterten sich für die Unternehmen in den GISP-Ländern im Vergleich zu den Euro-Kernländern die Angebots- und Wettbewerbsbedingungen. Löhne und Kosten stiegen, ohne dass sich die Produktivität entsprechend verbesserte. In den ersten zehn Jahren der Währungsunion kletterten z. B. die öffentlichen Gehälter in Griechenland um 110 Prozent und in Spanien um 50 Prozent, in Deutschland aber nur um 13 Prozent. Während die Reallöhne in Deutschland sanken, stiegen sie in allen anderen Euro-Ländern. Die Erwartung, dass eine einheitliche Währung automatisch auch zu einer realwirtschaftlichen Konvergenz und zu einer Angleichung des Südens an den Norden führen würde, stellte sich als falsch heraus.

Die Folgen waren an den Handels- und Leistungsbilanzen der einzelnen Länder in der Euro-Zone abzulesen. Zwischen 2000 und 2007 lag das durchschnittliche jährliche Defizit der griechischen und portugiesischen Handelsbilanz bei 8.4 und 9,4 Prozent des jeweiligen Bruttoinlandsprodukts (BIP). Dem standen Handelsbilanzüberschüsse von Deutschland in Höhe von 3,2 Prozent und den Niederlanden in Höhe von 5,4 Prozent gegenüber. »Die Spreizung der Leistungsbilanzdefizite innerhalb des Euro-Raums hat seit Mitte der Neunzigerjahre stetig zugenommen und ist jetzt auf einem Allzeithoch«, berichtete die EU-Kommission Anfang 2009. Das hieß im Klartext, dass der Süden über seine Verhältnisse lebte. Die Menschen dort konsumierten und importierten mehr, als sie produzierten und exportierten.

Vor Einführung des Euro reagierten die GISP-Länder auf die Defizite in ihren Leistungsbilanzen mit der Abwertung ihrer nationalen Währungen, um wieder wettbewerbsfähig zu werden. Seit der Einführung des Euro war dies jedoch nicht mehr möglich. Jetzt schlugen die Folgen abnehmender Wettbewerbsfähigkeit unmittelbar auf die Unternehmen durch: Sie verloren Märkte, mussten Mitarbeiter entlassen oder sich ein anderes Betätigungsfeld suchen. Der griechische Wirtschaftsminister beschrieb diese Entwicklung in seinem Land folgendermaßen: *»Das ist das eigentliche Desaster dieses Landes, dass jene, die etwas produzierten, ihre Betriebe schlossen und Importfirmen gründeten, weil sich damit mehr verdienen ließ.«*

Die wachsenden Ungleichgewichte in den Handels- und Leistungsbilanzen der Euro-Länder wurden im ersten Jahrzehnt des Bestehens der Euro-Zone nicht als Bedrohung des Euro wahrgenommen. Solange der Norden die Defizite des Südens mit dem Transfer von Kapital finanzierte, war die Welt für die Europäische Kommission und die Europäische Zentralbank (EZB) in Ordnung. Noch im März 2008 erklärte EZB-Präsident Jean-Claude Trichet, dass die Eurozone »nicht unter signifikanten wirtschaftlichen Ungleichgewichten leidet«.

Dabei vergaß er aber zu erwähnen, dass die EZB bereits im Herbst 2007 begonnen hatte, »den Banken so viel Geld zu geben, wie sie haben wollten, ohne Grenzen«. Gleichzeitig verschwieg er, dass die EZB die Außenhandelsdefizite der GISP-Länder unbemerkt von der Öffentlichkeit mithilfe der Target II-Salden, d. h. über zinslose Verrechnungskonten der nationalen Zentralbanken, finanziert hatte. Auf dem Höhepunkt der Krise beliefen sich die Target-Kredite auf mehr als eine Billion Euro.

Von Beginn an waren »*billige Kredite der Kitt, der das Euro-Währungsgebiet während des ersten Jahrzehnts seiner Existenz zusammenhielt*«. (Thomas Mayer)

Staatsverschuldung im Süden

Der Geldtransfer aus dem Norden sorgte in Südeuropa nicht nur für ein kräftiges Wirtschaftswachstum, sondern auch für eine starke Expansion des staatlichen Sektors. Dabei wuchs die Zahl der Staatsbediensteten und Pensionäre ebenso schnell wie die Höhe ihrer Gehälter und Pensionen. Zudem investierte der Staat großzügig in vielfach überdimensionierte Infrastrukturprojekte, vor allem in Autobahnen, Flugplätze und Ferienanlagen. Viele davon entwickelten sich zu Investitionsruinen.

Die Folgen dieses kreditfinanzierten Expansionskurses lassen sich an der Entwicklung der Staatsschuldenquoten (Schulden in Relation zum BIP) ablesen: Sie stieg für Griechenland von 97 Prozent 2003 auf 179 Prozent 2013, für Spanien von 49 Prozent 2003 auf 92 Prozent 2013 und für Portugal von 57 Prozent 2003 auf 129 Prozent 2013. Die zulässige Obergrenze nach dem Maastricht-Vertrag (Stabilitätspakt) lag bei 60 Prozent.

Zweck des von der deutschen Regierung unter Helmut Kohl durchgesetzten »Stabilitätspaktes« sollte sein, das kreditfinanzierte Wachstum der Staatsausgaben zu beenden und das gemeinsame Währungsgebiet zu einer Zone der finanziellen Stabilität zu machen. Die Bereitschaft der früheren Weichwährungsländer, die vereinbarten Defizit- und Verschuldensgrenzen einzuhalten, ließ jedoch nach ihrem Beitritt zur Euro-Zone deutlich nach. Sanktionen brauchten sie nicht zu befürchten, weil darüber der EU-Rat zu entscheiden hatte, also »Sünder über Sünder urteilten«.

Mit dem Ausbruch der globalen Finanzkrise im Jahr 2008 war es jedoch mit dem »Leben auf Pump« plötzlich vorbei. Die Kapitalgeber aus dem Norden Europas stoppten nicht nur weitere Transfers in den Süden, sondern versuchten auch, ihr bereits investiertes Kapital zurückzuholen. Das setzte eine verhängnisvolle Abwärtsspirale in Gang: In Not geratene Banken und Unternehmen verkauften in aller Eile ihre verkehrsfähigen Aktiva und trieben damit deren Preise in den Keller, wodurch weitere Schuldner zu Notverkäufen gezwungen wurden, sodass sich die Baisse an den Finanzmärkten immer mehr verstärkte.

Von diesem Strudel wurden auch die südeuropäischen Staaten und Regierungen erfasst: Auf der einen Seite mussten sie mit Haftungsübernahmen und Kredithilfen strauchelnde Banken und Unternehmen vor der Insolvenz retten, was einen weiteren Anstieg der Staatsverschuldung zur Folge hatte. Auf der anderen Seite drohte ihnen selbst die Insolvenz, weil Banken und Anleger nicht mehr bereit waren, Regierungen und Staaten zu den bisher üblichen Konditionen zu finanzieren.

Lange hatten die südeuropäischen Euro-Mitglieder davon profitiert, dass Euro-Staatsanleihen auf den Finanzmärkten generell als »risikolose Papiere« galten, weil sie von der EZB bedenkenlos kreditiert und angekauft wurden. Davon profitierten auch Staaten mit unterdurchschnittlicher Bonität, sodass sich auch die GISP-Staaten (Griechenland, Italien, Spanien, Portugal) auf den Finanzmärkten relativ günstig finanzieren konnten. Der Ankauf von Staatsanleihen war für Banken auch deshalb vorteilhaft, weil solche Papiere »aufsichtsrechtlich« nicht mit Eigenkapital unterlegt werden mussten.

Mit dem Ausbruch der Finanzkrise änderte sich diese Risikoeinschätzung radikal. Die Akteure auf den Finanzmärkten erkannten plötzlich, dass für die Einlösung von solchen Staatsanleihen nicht die Europäische Union, sondern der jeweilige Schuldnerstaat einzustehen hatte. Diese Papiere waren also nicht risikolos, sondern besaßen je nach Schuldnerland ein unterschiedliches Ausfallrisiko.

Die Folge war eine neue Risikoeinschätzung, die zu einer starken Differenzierung bei den Kursen und Zinsen von Staatsanleihen führte. Das betraf insbesondere die GISP-Länder, die plötzlich mit erheblichen Kursabschlägen bzw. Risikoaufschlägen konfrontiert wurden, weil sie im Verhältnis zu ihrer Wirtschaftskraft zu hoch verschuldet waren. Der bis dahin einheitliche Euro-Finanzmarkt mit vergleichbaren Bedingungen für Staatsanleihen löste sich dadurch auf und es begann die so bezeichnete »Euro-Krise«, die in Wirklichkeit eine »*Staatsschuldenkrise*« war.

Die Reaktion der Finanzmärkte, unterschiedliche Ausfallrisiken von Staatsanleihen mit unterschiedlichen Kursabschlägen und Risikoaufschlägen zu bepreisen, war weder ungewöhnlich noch verwerflich, sondern entsprach dem allgemeinen Prinzip, wonach die Übernahme von Risiken – wie bei Versicherungen – einen Preis hat. Der ordnungspolitische Zweck dieses Preises besteht darin, den Kreditnehmer zu veranlassen, sich nicht übermäßig zu verschulden und seine Schulden möglichst schnell zu tilgen.

Es war deshalb schon bemerkenswert, wie Politiker in den GISP-Staaten und Beamte der EU-Kommission auf die Kursabschläge und Risikozuschläge bei Staatsanleihen antworteten. Statt die Staaten für ihre übermäßige Schuldenaufnahme verantwortlich zu machen, wurde den Akteuren auf den Finanzmärkten verantwortungslose Spekulation und hemmungslose Geldgier vorgeworfen. Gleichzeitig wurde gefordert, dass den übermäßig verschuldeten Ländern aus »europäischer Solidarität« geholfen werden müsste. Griechenland war das erste Land, das solche Hilfen erhielt.

Europäischer Rettungsschirm

Während der Deutsche Bundestag der Griechenlandhilfe in einem Eilverfahren am 7. Mai 2010 zustimmte, sorgte ein dramatischer Kurssturz an den Börsen für weltweite Unruhe. Der Dow Jones war am Tag zuvor um 1000 Punkte gesunken. Weil die Banken untereinander das Vertrauen verloren, trocknete der Interbankenmarkt aus. Auch der Handel mit Staatsanleihen versiegte. Nicht nur für griechische, sondern auch für portugiesische und spanische Papiere stiegen die Risikoaufschläge. Erinnerungen an die Panik nach der Lehman-Pleite wurden wach.

In dieser Situation reisten die Regierungs- und Staatschefs der Euro-Länder am 7. Mai 2010 zu einem Sondergipfel nach Brüssel, um über die neue Lage zu beraten. Allen war klar, dass diesmal ein Hilfspaket wie für Griechenland nicht mehr ausreichen würde. Zur Vorbereitung der anstehenden Verhandlungen hatte der französische Präsident Nicolas Sarkozy in Brüssel intensive Vorgespräche mit den Regierungschefs von Italien, Spanien, Griechenland und Portugal geführt, um eine gemeinsame Verhandlungslinie der Südländer festzulegen. An diesen Vorbesprechungen war von deutscher Seite niemand beteiligt. Angela Merkel wusste deshalb nicht, was sie bei dem Gipfeltreffen erwartete.

Die Teilnehmer der Vorbesprechung verständigten sich darauf, auf dem Gipfeltreffen Folgendes durchzusetzen:

- Erstens die Aufhebung des im Maastricht-Vertrag vereinbarten Beistandsverbots (»No-bail-out-Regel«) und
- zweitens die Aufhebung des Verbots des Ankaufs von Staatsanleihen durch die Europäische Zentralbank (EZB).

Die offiziellen Verhandlungen begannen mit einem »emotionalen« Vortrag des damaligen EZB-Präsidenten Jean-Claude Trichet, der anhand von Schautafeln die aktuellen Zinsentwicklungen und Risikoaufschläge erläuterte. Die Lage verglich er mit dem Zusammenbruch von Lehman Brothers. Zur Arbeit der EZB sagte er: »Wir haben erledigt, was zu erledigen war. Sie sind es, die Mitgliedstaaten, die versagt haben, ihre Pflichten zu erfüllen!« Damit gab er den anwesenden Regierungs- und Staatschefs zu verstehen, dass nicht nur Griechenland zu retten war, sondern die ganze Währungsunion, und das Schicksal der Europäischen Union in ihren Händen lag.

Im Verhandlungsraum verbreitete sich laut Angaben von Beteiligten ein Gefühl der Rat- und Hilflosigkeit. Es kam die Furcht auf, dass Spekulanten den Europaraum sprengen könnten. »Die Märkte hocken wie ein unsichtbares Monster in der Zimmerecke«, beschrieb die *Frankfurter Allgemeine Sonntagszeitung* (FAS) die Stimmungslage bei diesem Sondergipfel. Davon ließ sich auch Angela Merkel anstecken. Als der Präsident Zyperns zur Ruhe mahnte und eine Denkpause vorschlug, schnitt sie ihm das Wort ab. »Wir haben keine paar Tage. Wir müssen zeigen, was wir vorhaben, bevor die Märkte am Montag öffnen.« Dann fügte sie hinzu: »Wir haben nur einen Schuss.«

Nicolas Sarkozy befeuerte die allgemeine Erregung zusätzlich mit der Warnung: »Die Europäische Union könnte explodieren.« Dann legte er seine erste Forderung auf den Tisch: Der Europäische Rat sollte einen permanenten Rettungsmechanismus beschließen, der Gelder an Krisenländer verteilen kann, »ohne dass irgendjemand von uns zu Hause um parlamentarische Zustimmung bitten muss«. Das war die Aufforderung an die Runde, die »No-bail-out-Klausel« des Maastricht-Vertrages außer Kraft zu setzen. Widerspruch gegen diesen Vorschlag gab es nicht. Auch Angela Merkel stimmte zu, »vorübergehend einen gemeinsamen Finanztopf einzurichten«, bestand aber auf begrenzten Haftungsanteilen. Die Details sollten den Finanzministern überlassen bleiben.

Nach dieser Einigung startete Nicolas Sarkozy seinen Angriff auf die Unabhängigkeit der Zentralbank (EZB). Er wiederholte, was er in den Vorbesprechungen den Chefs der Südländer vorgeschlagen hatte: Die EZB müsse griechische, spanische und portugiesische Staatsanleihen ankaufen. Notfalls müsse sie dazu gezwungen werden. Außerhalb des Verhandlungsraums würde er so etwas nie sagen, aber die EZB müsse wie die amerikanische Notenbank und die Bank von England auch Staatsanleihen aufkaufen können. Nur so würden die Risikozuschläge sinken. Der Portugiese José Sócrates und der Spanier Rodrigues Zapatero unterstützten Sarkozy bei dieser Forderung. Der Italiener Silvio Berlusconi ergänzte: »Zumindest auf dem Zweitmarkt sollte die EZB Anleihen kaufen.«

Allen war bewusst, dass man mit solchen Forderungen Jean-Claude Trichet in die Bredouille brachte, weil dieser die Unabhängigkeit der Zentralbank im Auge haben musste. Keinesfalls durfte der Eindruck entstehen, dass die EZB unter politischem Druck einknickte. Er sei »nicht gegen den Kauf von Staatsanleihen, aber wir brauchen und werden nicht um Ihre Erlaubnis fragen«, rief Trichet deshalb in die Runde der Regierungschefs. Darin wurde er von Angela Merkel unterstützt: »Wir haben völliges Vertrauen, dass Sie tun werden, was Sie tun müssen.«

Jean-Claude Trichet hatte verstanden: Auch die deutsche Bundesregierung erwartete von der EZB, Staatsanleihen der Krisenstaaten anzukaufen, und würde solchen Käufen nicht widersprechen. Damit hatte Trichet freie Bahn. Schon am 10. Mai 2010, einen Tag nach der Landtagswahl in Nordrhein-Westfalen, begann die EZB mit dem Kauf von Staatsanleihen auf den Märkten.

Flankiert wurde dieses Programm durch einen staatlich finanzierten europäischen Rettungsschirm, den die Finanzminister anschließend aushandelten. Innenminister Thomas de Maizière führte die Verhandlungen auf deutscher Seite, weil Wolfgang Schäuble aus gesundheitlichen Gründen verhindert war. Beschlossen wurde am Ende ein Rettungsschirm mit einem Gesamtvolumen von 500 Mrd. Euro, der aus dem »Europäischen Finanzstabilisierungsmechanismus« (EFSM 60 Mrd. Euro) und einer noch zu gründenden Zweckgesellschaft (440 Mrd. Euro) bestand. Zweck dieser Einrichtung sollte sein, sowohl die Zahlungsfähigkeit der einzelnen Mitgliedsländer des Euro-Gebietes als auch die Stabilität des Euro-Raumes als Ganzes zu sichern. Die Gesellschaft war auf drei Jahre befristet, um hilfsbedürftigen Staaten Zeit für die Beseitigung der Krisenursachen zu geben.

Nicolas Sarkozy erklärte nach Abschluss der Verhandlungen, die auf dem Gipfeltreffen getroffenen Beschlüsse gingen »zu 85 Prozent auf französische Vorstellungen zurück«. Über die deutsche Verhandlungsführung beim Aushandeln des Rettungsschirms gab ein nicht deutscher Sherpa (Beamter) später zu Protokoll: »Wir hatten uns gedacht, 200 Mrd. Euro werden wir brauchen. Und haben kalkuliert, dass die Deutschen von der vorgeschlagenen Summe sicher die Hälfte herunterräumen werden. Dies befürchtend und zugleich wissend, dass nur 100 Mrd. Euro niemals genug sein werden, haben wir die Summe auf 400 Mrd. Euro verdoppelt. Dann haben wir aus einem Grund noch 10 Prozent draufgeschlagen, um zusammen mit den 60 Mrd. Euro aus dem Fonds der EU-Kommission auf insgesamt 500 Mrd. Euro zu kommen. Und dann waren wir verblüfft, dass die Deutschen nichts abgeräumt haben. So kamen die 440 Mrd. Euro für den EFSF zusammen.«

Am 21. Mai 2010 wurde der Europäische Rettungsschirm im Deutschen Bundestag beraten und beschlossen. In ihrer Regierungserklärung warb Angela Merkel für diesen Schirm mit dem Satz: »*Scheitert der Euro, dann scheitert Europa.*« Die Debatte nutzten führende Politiker aller Parteien zu Verbalattacken auf Banken, Hedgefonds und Spekulanten. Auch Angela Merkel stimmte in diesen Chor mit ein: »*Es ist perfide, dass zunächst die Banken die Weltwirtschaft in einen tiefen Abgrund gezogen haben und nun gegen die selbst verursachten Schulden der Staaten spekulieren.*« Sie forderte: »*Die Politik muss das Primat über die Märkte wiederbekommen.*«

Während der Bundestag im Eiltempo den Europäischen Rettungsschirm verabschiedete, fragte man sich in der deutschen Öffentlichkeit, ob die von der Bundeskanzlerin auf dem Sondergipfel vom 7. Mai 2010 mitbeschlossenen Maßnahmen mit den europäischen Verträgen in Einklang zu bringen seien. Dabei erinnerte man sich an die Zusage, die Helmut Kohl den Deutschen bei Einführung des Euro gegeben hatte: »*Deutschland muss nicht für die Schulden anderer Länder aufkommen. Der Maastrichter Vertrag verbietet ausdrücklich, dass die Europäische Union oder die anderen EU-Partner für die Schulden eines Mitgliedstaates haften*«, hieß es auf Wahlplakaten der CDU, mit denen für den Euro geworben wurde.

So stand es auch in Art. 104 b des Maastricht-Vertrages, der die Haftung der Gemeinschaft oder der Mitgliedstaaten für die Kredite anderer Staaten generell ausschloss. Außerdem stellte man sich die Frage, ob das Programm zum Ankauf von Staatsanleihen durch die EZB eine unzulässige Umgehung des in Art. 123 Abs. 1 AEUV geregelten Verbots der monetären Haushaltsfinanzierung darstellte.

Angela Merkel stritt generell ab, mit den Beschlüssen vom 7. Mai 2010 gegen europäisches Recht verstoßen zu haben. Die Juristin und damalige französische Außenministerin Christine Lagarde war offener und sagte der *Süddeutschen Zeitung*: »Wir sind über die bestehenden Verträge hinausgegangen.«

Europäischer Stabilitätsmechanismus

Der am 7. Mai 2010 auf dem EU-Gipfel beschlossene Rettungsschirm (EFSF) war auf drei Jahre befristet. Angela Merkel sagte dazu Mitte 2010 in einer CDU-Bundesvorstandssitzung, dass die »Befristung fest vereinbart« wäre. Im Deutschen Bundestag erklärte sie sogar noch am 27. Oktober 2010, dass der vorläufige Rettungsschirm planmäßig im Jahr 2013 auslaufen werde. Vier Wochen später galt dies aber schon nicht mehr. Denn in Brüssel hatte sich die Auffassung durchgesetzt, dass der EFSF durch einen dauerhaften Rettungsschirm mit deutlich erweiterten Kompetenzen ersetzt werden sollte.

Hierzu hatte der Europäische Rat am 25. März 2011 zu den Europäischen Verträgen in Artikel 136 AEUV folgende Vertragsergänzung beschlossen:

»Die Mitgliedstaaten, deren Währung der Euro ist, können einen Stabilitätsmechanismus einrichten, der aktiviert wird, wenn dies unabdingbar ist, um die Stabilität des Währungsraums insgesamt zu wahren. Die Gewährung aller erforderlichen Finanzhilfen im Rahmen des Mechanismus wird strengen Auflagen unterliegen.«

Zweck dieser Vertragsergänzung war, dem dauerhaften Rettungsschirm eine eindeutige Rechtsgrundlage zu geben, um den Kritikern des Rettungskurses den Wind aus den Segeln zu nehmen. Vor allem Angela Merkel wollte dem Vorwurf, sie habe schon mit dem vorläufigen Rettungsschirm gegen europäisches Recht verstoßen, nicht noch einmal ausgesetzt sein.

Auf dem sog. »Spaziergang in Deauville« machte sie deshalb Nicolas Sarkozy den Vorschlag, in den »Vertrag über die Arbeitsweise der Europäischen Union (AEUV)« eine entsprechende Ermächtigung aufzunehmen. Nicolas Sarkozy war einverstanden, verlangte aber, dass Deutschland im Gegenzug auf eine Verschärfung des Stabilitätspaktes, insbesondere auf automatische Sanktionen, verzichte. Damit erklärte sich Angela Merkel einverstanden.

Daraufhin begannen Anfang 2011 in Brüssel die Verhandlungen über die Einrichtung eines dauerhaften »Europäischen Stabilitätsmechanismus (ESM)«, der den vorläufigen Rettungsschirm (EFSF) aus dem Vorjahr ablösen sollte. Man verständigte sich, dass in Luxemburg mit einem völkerrechtlichen Vertrag eine dauerhafte »internationale Finanzinstitution« mit einem Kapital von 700 Mrd. Euro gegründet werden sollte. Der ESM sollte aktiviert werden, wenn eine »Gefahr für die Finanzstabilität« des Euro-Raumes besteht. Für die Mitglieder der handelnden Organe war Immunität vorgesehen, d.h., sie konnten für Fehler nicht in Anspruch genommen werden.

Um zu verhindern, dass die Staats- und Regierungschefs die Verhandlungen nutzten, um ihre Kompetenzen in Richtung einer europäischen Haftungs- und Transfergemeinschaft zu erweitern, gab der Deutsche Bundestag der Bundesregierung mit einem Beschluss vom 17. März 2011 für die Verhandlungen verbindliche Richtlinien an die Hand.

Danach sollte das Ziel aller zukünftigen Hilfsprogramme sein, die Haushaltsdisziplin der Schuldnerländer zu verbessern. Sie durften auch keine Anreize für die Fortsetzung des Schuldenkurses bieten. Im Gegenteil sollten »länderabhängige Zinssätze« und »Marktbewertungen« bei den Schuldnern für Konsolidierungsanreize sorgen. Der Beschluss sah außerdem vor, dass Hilfen nur im »äußersten Notfall« gewährt werden durften. »Gemeinsam finanzierte oder garantierte Schuldenaufkaufprogramme« sollte es nach den Vorstellungen der Parlamentarier nicht mehr geben.

Die endgültigen Verhandlungen über den geplanten (dauerhaften) Rettungsschirm ESM fanden auf dem Euro-Gipfel am 21. Juli 2011 statt. Die dort von den Staats- und Regierungschefs gefassten Beschlüsse gingen jedoch weit über das hinaus, was der Deutsche Bundestag in seinem Richtlinienbeschluss vorgegeben hatte:

So beschloss der Gipfel, dass das Hilfsprogramm für Griechenland um weitere 109 Mrd. Euro aufgestockt werden sollte. Die neuen Kredite an Griechenland sollten zu Zinssätzen von 3,5 Prozent und mit Laufzeiten bis zu 30 Jahren ausgereicht werden. Solche Konditionen lagen weit unter den vom Bundestag geforderten »Marktbewertungen«. Darüber hinaus sollten die Interventionsinstrumente des Euro-Krisenfonds deutlich ausgeweitet werden. Er sollte die Möglichkeit erhalten, auch »präventiv tätig« zu werden, also nicht nur im »äußersten Notfall«, wie es der Bundestag beschlossen hatte. Weiter wurde der Fonds ermächtigt, auch auf dem Sekundärmarkt Anleihen von Krisenländern anzukaufen, obgleich der Bundestag ein »gemeinsames Schuldenaufkaufprogramm« ausgeschlossen hatte.

Die Abgeordneten des Deutschen Bundestages hätten deshalb allen Grund gehabt, die Beschlüsse des Euro-Gipfels abzulehnen. Außerdem stieß das mit dem ESM verbundene Rettungskonzept vor allem in ökonomischen Fachkreisen auf heftige Kritik. Die Deutsche Bundesbank fasste diese Kritik in einem Satz zusammen: »Mit diesen Beschlüssen (zur Gründung des ESM) erfolgt ein weiterer großer Schritt in Richtung gemeinschaftlicher Haftung und geringerer Disziplinierung durch die Kapitalmärkte, ohne dass im Gegenzug die Kontroll- und Einflussmöglichkeiten auf die nationalen Finanzpolitiker spürbar verstärkt werden.«

Merkel gelang es aber auch diesmal, »die Koalition hinter sich zu bringen«. Der Deutsche Bundestag stimmte den Beschlüssen des Euro-Gipfels am 23. September 2011 zu.

Rolle der EZB

Bei der Rettung überschuldeter Euro-Staaten spielte die EZB von Anbeginn an eine entscheidende Rolle. Bereits im Sommer 2007, also weit vor dem Kollaps von Lehman Brothers, senkte die EZB unter ihrem Präsidenten Jean-Claude Trichet den Leitzins auf nahezu null. Außerdem kaufte sie im freien Handel Staatsanleihen der Euro-Staaten an, um notleidende Banken mit Liquidität zu versorgen. Darüber hinaus wurde den Euro-Staaten von der EZB mit unkonventionellen Finanzierungsmethoden Liquidität zur Verfügung gestellt (Target-, ANFA- und ELA-Kredite). Dies geschah mit Zustimmung der wichtigsten Regierungen, ohne die Öffentlichkeit über solche ungewöhnlichen Finanzierungen zu informieren.

Unter Jean-Claude Trichet hatte die EZB auch bereits begonnen, ihre Rolle neu zu definieren. Dazu sagte er der *Frankfurter Allgemeinen Sonntagszeitung* (FAS) am 29. Dezember 2013 in einem Interview: »*Eine weitere sehr bedeutende Entscheidung fiel im August 2007, als die Krise begann und der Geldmarkt zusammenbrach. Damals haben wir zum ersten Mal beschlossen, den Banken so viel Geld zu geben, wie sie haben wollten, ohne Grenze. Das war eine schwierige Entscheidung, weil sie völlig unkonventionell war und weil wir sie in kürzester Zeit treffen mussten, innerhalb weniger Stunden.*«

Trichet war sich durchaus bewusst, dass er mit einer solchen Kreditpolitik nicht im Sinne des Maastricht-Vertrags handelte. Er verstand aber die EZB nach französischer Tradition nicht als neutrale Hüterin des Geldes, sondern als eine politische Institution an der Seite der Regierung. Wenn nötig, kaufte sie auch Staatspapiere und finanzierte notleidende Banken. Neben der Geldwertstabilität wurden so die monetäre Staatsfinanzierung und die Finanzmarktstabilität weitere Ziele der EZB. Trichet rechtfertigte diese Politik mit der »Gefährdung des Euro« und stellte die rhetorische Frage: Wie sollte die Notenbank sich um die Stabilität des Geldwertes kümmern, wenn der Fortbestand der Währung selbst gefährdet ist?

Ob die EZB dafür ein Mandat hatte, ließ Jean-Claude Trichet in dem Interview offen. In jedem Fall sollten die Maßnahmen nur »für eine Übergangszeit« gelten, um den Regierungen Zeit zu geben, die Konsolidierung ihres Haushalts und der Banken in Angriff zu nehmen. Die damit verbundenen Risiken waren ihm aber bewusst: *»Das größte Risiko ist, dass Regierungen, Banken und Märkte sich nicht verändern. Wenn das passiert, werden wir irgendwann große Probleme haben. Das können Blasen sein, die entstehen, aber auch Inflation. Und paradoxerweise könnte es auch Deflation sein«.*

Was Jean-Claude Trichet befürchtet hatte, trat dann auch tatsächlich ein: Die »Regierungen, Banken und Märkte änderten sich nicht«, bis die Immobilienblase in den USA platzte, weltweit die Wirtschaft abstürzte, Banken kollabierten und hoch verschuldete Staaten vor dem Bankrott standen. Was zunächst »für eine Übergangszeit« geplant war, entwickelte sich dadurch schnell zu dauerhaften Rettungsaktionen für Unternehmen, Banken und Staaten. Zunächst senkte die EZB den Leitzins im Euroraum auf nahezu null Prozent. Dann griff sie den Geschäftsbanken um die Jahreswende 2011 mit Krediten zu Mini-Zinsen und Laufzeiten von drei Jahren unter die Arme. Zusätzlich kaufte sie von Mai 2010 bis Anfang 2012 zunächst griechische, später auch spanische und italienische Staatsanleihen im freien Handel im Volumen von etwa 210 Milliarden Euro auf.

Gleichzeitig sorgte der Europäische Stabilitätsmechanismus (ESM) dafür, dass den GISP-Staaten die für die Funktionsfähigkeit des Staatswesens notwendigen Gelder erhielten. Die Hilfen waren nach Artikel 136 AEUV mit »strengen Auflagen« verbunden, welche die EU-Kommission gegenüber den Hilfsempfängern durchzusetzen hatte. Mit den Auflagen sollte sichergestellt werden, dass in den Empfängerländern die Haushalte konsolidiert und angebotsorientierte Reformen durchgeführt wurden, um die Wirtschaftskraft zu stärken. EU-Kommission und EZB verfolgten also annähernd die gleichen Ziele, was zwangsläufig zu einer immer engeren Zusammenarbeit zwischen den beiden Institutionen führte.

Trotz aller gemeinsamen Bemühungen um die Stabilisierung der europäischen Finanzmärkte eskalierte die Finanzkrise zur Jahresmitte 2012 erneut. Im März 2012 hatte man die griechischen Staatsschulden durch einen Schuldenschnitt neu geordnet. Die überwiegend privaten Gläubiger von griechischen Staatsanleihen wurden genötigt, einen »freiwilligen« Verzicht von 53,5 Prozent des Nennwerts ihrer Forderungen zu akzeptieren. Insgesamt ging es um Staatsanleihen von annähernd 200 Milliarden Euro, die in neue Titel mit entsprechend geminderter Valuta, langen Laufzeiten und niedriger Verzinsung getauscht werden mussten.

Dieser rabiate Schuldenschnitt veranlasste die Gläubiger anderer europäischer Staaten, die Risiken von Forderungen aus Staatsanleihen neu zu bewerten. Infolgedessen stiegen die Risikoaufschläge für italienische und spanische Anleihen wieder an. Außerdem verschlechterte sich die Konjunktur in Südeuropa und die GISP-Länder gerieten erneut in eine schwere Rezession. In Griechenland und Spanien kletterte die Arbeitslosenquote für junge Menschen auf über 50 Prozent.

In dieser Situation schauten alle auf die Europäische Zentralbank und den neuen Präsidenten, den Italiener Mario Draghi, der im Oktober 2011 den Franzosen Jean-Claude Trichet abgelöst hatte. Mario Draghi hatte die Aufgabe eines Retters in Europa übernommen, weil die europäischen Institutionen, auch der ESM, damit überfordert waren. Man setzte darauf, dass die EZB »als letzte Instanz« aufgrund ihrer finanziellen Feuerkraft in der Lage war, die drohende Finanzkrise abzuwenden.

Vor dem Hintergrund der sich zuspitzenden Lage auf den Finanzmärkten sagte Draghi in einer Rede am 26. Juli 2012 in der City of London vor Vertretern des britischen Finanzsektors wie beiläufig: »*Within our mandate, the ECB is ready to do whatever it takes to preserve the euro. And believe me, it will be enough.*« (»Innerhalb ihres Mandats ist die EZB bereit, alles zu tun, um den Euro zu retten. Und glauben Sie mir – es wird reichen.«)

Draghis Ankündigung war keine spontane Äußerung, sondern von langer Hand vorbereitet und mit der deutschen und französischen Regierung abgestimmt worden. Vor seiner Rede in London hatte er sich mit Kanzlerin Angela Merkel und Frankreichs Staatspräsident François Hollande getroffen, die ihm für eine solche Erklärung die erforderliche Rückendeckung gegeben hatten.

Die in Draghi gesetzten Hoffnungen wurden erfüllt. Schon Draghis Ankündigung »whatever it takes to preserve the euro« wirkte beruhigend auf die Finanzmärkte. Denn jetzt wussten alle Akteure, dass die EZB unbegrenzt intervenieren würde, wenn sich die Zinssätze eines Euro-Staates oberhalb des geduldeten Durchschnitts bewegten. Gegen einen angeschlagenen Euro-Staat zu spekulieren war also nicht mehr vernünftig.

Für Euro-Staaten mit schwacher Bonität hatte die Ankündigung von Draghi die Bedeutung einer unbeschränkten Finanzierungsgarantie. Einen Staatsbankrott mussten sie nicht mehr befürchten. Draghis Ankündigung nahm von den Regierungen auch den Druck, ihre Staatshaushalte in Ordnung zu bringen und unliebsame Reformen zur Stärkung der Wirtschaftskraft auf den Weg zu bringen.

Sechs Wochen nach seiner Rede stellte Draghi der Öffentlichkeit das OMT-Programm vor, mit dem die Europäische Zentralbank Staatsanleihen der Euro-Länder in unbegrenzter Höhe ankaufen konnte. Bedingung war, dass sich die Staaten einem Sanierungsprogramm des ESM unterwarfen, die Anleihen eine Laufzeit von drei Jahren hatten und die Ankäufe auf dem Sekundärmarkt erfolgen konnten. Die Wirkungen dieses Programms waren verblüffend. Die Risikoaufschläge für Staatspapiere der Krisenstaaten gingen massiv zurück, ohne dass dieses Programm zur Anwendung kommen musste. So ging der Renditeabstand zwischen deutschen und spanischen Staatsanleihen, der Mitte 2012 bei etwa 5,5 Prozentpunkten lag, bis Ende 2014 auf nur noch 1,0 Prozentpunkte zurück.

Im Juli 2012 jedenfalls gelang es Mario Draghi mit nur zwei Sätzen, was die diversen Rettungsschirme, insbesondere der ESM, nicht vermocht hatten: Die Euro-Krise verschwand von den Titelseiten der Medien. Sogleich verstummten auch die Stimmen, die den Austritt Griechenlands aus dem Euro verlangt hatten. Der Euro-Club mit seinen 17 Mitgliedern schien (vorerst) gerettet. Der größte Applaus kam aus den Bankhäusern. »Seither gehen die Finanzmärkte davon aus, dass das Risiko eines Euro-Zusammenbruchs vom Tisch ist«, lobte der Chef der französischen Großbank BPCE. Mario Draghi avancierte zum Superstar der Finanzmärkte.

Was Mario Draghi der Öffentlichkeit jedoch nicht mitgeteilt hatte, waren die schon getätigten Marktoperationen einiger nationaler Notenbanken nach dem geheimen »ANFA-Abkommen«. Wie erst 2015 bekannt wurde, hatten einige Notenbanken unter der Führung der Banca d'Italia und der Banque de France auf der Grundlage dieses Abkommens bereits Wertpapiere aufgekauft und auf diesem Wege bis Ende 2014 mehr als 720 Milliarden Euro zusätzliches Geld in die Märkte der Euro-Zone gepumpt, natürlich ohne die Öffentlichkeit darüber zu informieren.

»*Das Schöne am Euro ist, dass man sich im eigenen Keller Geld drucken kann, das in anderen Ländern als gesetzliches Zahlungsmittel anerkannt ist*«, kommentierte Hans-Werner Sinn vom Ifo-Institut diesen Vorgang. Als Mario Draghi 2015 auf das heimliche Gelddrucken in Rom und Paris angesprochen wurde, reagierte er sehr ungehalten: Die EZB habe damit nichts zu tun.

Fragt man nach den theoretischen Grundlagen der Notenbankpolitik von Mario Draghi, zeigt sich eine frappierende Nähe zur »Modern Money Theory (MMT)«. Die MMT gilt als Außenseitertheorie, die nur von wenigen Ökonomen vertreten wird. Sie hat auch in den Notenbanken keinen offiziellen Rückhalt. Sie könnte aber der theoretische Überbau für die von Draghi praktizierte Geldpolitik gewesen sein.

Im Mittelpunkt der MMT steht die Fähigkeit des Staates, über die Notenbank Geld zu drucken und in Verkehr zu bringen (Geldmonopol). Da das Geldmonopol in modernen Staaten keine natürlichen oder rechtlichen Grenzen kennt, sieht die MMT in staatlichen Haushaltsdefiziten kein Problem, sondern hält sie im Gegenteil für notwendig, um Vollbeschäftigung herzustellen. Fehlende Staatseinnahmen kann der Staat dadurch ersetzen, dass er aufgrund seines Geldmonopols Geld drucken lässt. Die Gefahr eines Staatsbankrotts ist damit gebannt, weil der Staat immer in der Lage ist, seine Verbindlichkeiten mit neu geschöpftem Geld zu begleichen. Die Inflationsgefahr schließt die MMT dadurch aus, dass sie wie die EZB in der Zeit von Draghi eine latent rezessive Wirtschaftsentwicklung unterstellt, in der die Preise nicht durch die Nachfrage, sondern durch die Kosten bestimmt werden.

Atomares Erbe

Als Angela Merkel im November 2005 Bundeskanzlerin einer großen Koalition wurde, stellte sie den Atomausstieg der rot-grünen Vorgängerregierung nicht infrage. Bei der Beschlussfassung über das Atomausstiegsgesetz im Jahr 2002 hatte die CDU-Fraktion jedoch angekündigt, dass sie den Atomausstieg bei einem Regierungswechsel rückgängig machen würde. »Herr Trittin, Sie freuen sich zu früh. Wir werden das, was Sie als dauerhaften Kernenergieausstieg bezeichnen, wieder rückgängig machen«, sagte der CDU-Energieexperte Dr. Klaus Lippold im Bundestag. Denn bis dahin galt die CDU als Atompartei, das Bekenntnis zur Kernenergie war für viele fester Bestandteil des Markenkerns der Partei (Petra Hemmelmann).

Im Verlauf der Kanzlerschaft von Angela Merkel verblasste dieser Markenkern dadurch, dass die Kernkraft in den Verlautbarungen der Partei zunehmend als »Brückentechnologie« bezeichnet wurde. So hieß es beispielsweise im Grundsatzprogramm der CDU aus dem Jahr 2007: *»Auf absehbare Zeit kann auf den Beitrag der Kernenergie zur Stromerzeugung in Deutschland nicht verzichtet werden. Sie ermöglicht es, den Zeitraum zu überbrücken, bis neue klimafreundliche und wirtschaftliche Energieträger in ausreichendem Umfang verfügbar sind.«*

Auf dieser Grundlage wurde im Koalitionsvertrag mit der FDP vereinbart, dass die Laufzeiten für Kernkraftwerke verlängert werden sollten, bis sie durch regenerative Energieträger ersetzt werden konnten. Konkrete Angaben zu den künftigen Laufzeiten enthielt der Vertrag nicht, sodass darüber eine Einigung herbeigeführt werden musste. Das Neubauverbot im Atomgesetz sollte bestehen bleiben.

Während Umweltminister Norbert Röttgen (CDU) allenfalls einer Verlängerung der Laufzeiten bis zu 10 Jahren zustimmen wollte, verlangte Wirtschaftsminister Rainer Brüderle (FDP) mindestens Restlaufzeiten von 15 Jahren. 15 Jahre standen dann auch in dem entsprechenden Gesetzentwurf des Bundeswirtschaftsministeriums.

Im September 2010 einigten sich Union und FDP schließlich auf eine Verlängerung der Laufzeiten für die deutschen Atomkraftwerke auf durchschnittlich 12 Jahre. Bis 1980 gebaute AKWs sollten 8 Jahre länger am Netz bleiben, neuere AKWs 14 Jahre. Im Gegenzug sollten die AKW-Betreiber neben der bereits beschlossenen Brennelementesteuer in den folgenden Jahren weitere 15 Milliarden Euro für den Ausbau erneuerbarer Energien zahlen. So wurde es auch Gesetz.

Doch dann ereignete sich am Freitag, dem 11. März 2011, die Katastrophe im Kernkraftwerk Fukushima, ausgelöst durch ein Meeresbeben der Stärke 9,0, dem ein gewaltiger Tsunami folgte. Als die Dieselgeneratoren für die Notkühlung ausfielen, sammelte sich im Reaktorgebäude explosiver Wasserstoff, der in mehreren Blöcken des Kraftwerks zu Explosionen und zur Freisetzung radioaktiver Substanzen führte.

Die politische Führung in Berlin reagierte auf diese Katastrophe mit hektischer Betriebsamkeit. Umweltminister Norbert Röttgen (CDU) setzte noch am selben Tag einen Krisenstab ein. »Alles hat sich radikal geändert«, sagte er. Im Kanzleramt drehte sich alles um die Frage, wie man auf die Katastrophe »politisch« reagieren sollte. Ende März 2011 standen nämlich in Baden-Württemberg Landtagswahlen an und die Regierungskoalition aus CDU und FDP stand unter erheblichem Druck, weil die oppositionellen Grünen bei den Umfragen deutlich führten. Man war sich im Kanzleramt einig, dass die Katastrophe ein »Umdenken« erforderte und schnell etwas gegen die Verunsicherung der Bevölkerung getan werden musste.

Am nächsten Tag, einem Samstag, telefonierte die Kanzlerin mit dem baden-württembergischen Ministerpräsidenten Stefan Mappus in Stuttgart, der auf Signale aus Berlin wartete, um sich gegen die Attacken der Grünen zu wehren. Dort waren 60 000 Kernkraftgegner auf der Straße und bildeten eine 45 Kilometer lange Menschenkette vom Sitz der schwarz-gelben Landesregierung bis zum Kernkraftwerk Neckarwestheim. Claudia Roth, die Vorsitzende der Grünen, rief erregt in die Mikrofone der Kameraleute: »Raus, abschalten, sofort raus aus einer Technologie, die von keinem Menschen beherrschbar ist.« Angela Merkel hielt noch dagegen und erklärte im Fernsehen: »Wir wissen, wie sicher unsere Kraftwerke sind.«

Für den frühen Abend hatte Angela Merkel Umweltminister Norbert Röttgen, Vizekanzler Guido Westerwelle und Innenminister Hans-Peter Friedrich, die Fraktionsvorsitzenden Volker Kauder (CDU) und Birgit Homburger (FDP) sowie Kanzleramtschef Ronald Pofalla zu sich ins Kanzleramt bestellt. Bayerns Ministerpräsident Horst Seehofer wurde zugeschaltet. Angeblich sagte sie in dieser Runde: »Wenn es in der Bevölkerung einen breiten Widerstand gegen Kernkraft gibt, muss man den hören.«

Die Runde verständigte sich darauf, dass die Verlängerung der Laufzeiten für Atomkraftwerke, die wenige Monate zuvor beschlossen worden war, angesichts der neuen Lage für drei Monate »nicht vollzogen« werden sollte. Außerdem sollten einige Kraftwerke »vom Netz«, um deutlich zu machen, dass die Union die Sorgen der Menschen ernst nahm. Damit war das sogenannte »Moratorium« geboren, mit dem sieben ältere Atomkraftwerke, befristet für drei Monate, stillgelegt werden sollten.

Am darauffolgenden Montag teilte Angela Merkel diese Entscheidung der Öffentlichkeit mit. *»Es gibt nukleare Folgen«*, sagte sie. *»Genau aus diesem Grunde werden wir die erst kürzlich beschlossene Verlängerung der Laufzeiten der deutschen Kernkraftwerke aussetzen. Dies ist ein Moratorium. Dieses Moratorium gilt für drei Monate. Damit kein Zweifel entsteht: Die Lage nach dem Moratorium wird eine andere sein als die Lage vor dem Moratorium.«*

Am Dienstag kamen die Ministerpräsidenten der Länder, in denen Atomreaktoren standen, nach Berlin, um mit der Bundeskanzlerin über das Moratorium und seine Umsetzung zu sprechen. Denn für die Stilllegung solcher Anlagen waren die jeweiligen Atomaufsichtsbehörden der Länder zuständig. Die Ministerpräsidenten, allesamt Politiker der Union, hatten ihre Fachbeamten dabei, um insbesondere zwei Fragen zu klären: Wer soll für eine eventuell rechtswidrige Entscheidung haften? Und wie lässt sich die Abschaltung rechtfertigen?

Zur ersten Frage sicherte Merkel den Ministerpräsidenten zu: »Wir lassen die Länder nicht im Regen stehen!« Zur zweiten Frage versprach Norbert Röttgen den Anwesenden, er werde ihnen den Entwurf eines »quasi unterschriftreifen Stilllegungsbescheides« zuschicken. Als dieser Entwurf dann bei der Hessischen Landesregierung eintraf, äußerte die dort zuständige Abteilung »Kerntechnische Anlagen und Strahlenschutz« deutliche Zweifel an der Rechtmäßigkeit der Maßnahme.

Da die Stilllegungsverfügung jedoch bis »zum 18. März raus sein« sollte, verfiel die Staatskanzlei auf eine ungewöhnliche Idee: Die ganze Abteilung wurde von dem Ministerpräsidenten Volker Bouffier (CDU) und seiner Umweltministerin Lucia Puttrich (CDU) von ihrer fachlichen Verantwortung entbunden und zu einem Büro für »qualifizierte Schreibarbeit« herabgestuft. Damit hatte man das Zeitproblem gelöst und zudem sichergestellt, dass die geäußerten Bedenken nicht aktenkundig wurden.

In der Öffentlichkeit begründete Angela Merkel die Stilllegungen mit dem Satz: *»Ich habe eine neue Bewertung vorgenommen und meine Haltung zur Kernenergie verändert.«* In Wirklichkeit ging es ihr aber nicht um eine neue Bewertung der atomaren Gefahren, sondern um die bevorstehende Landtagswahl in Baden-Württemberg am 27. März 2011. Darauf wies insbesondere der Chefredakteur der Tageszeitung *Die Welt*, Herbert Kremp, hin: »Frau Merkel bemerkte als Physikerin auf einmal eine unerträgliche Gefahr, die sie kurz zuvor als Kanzlerin für kalkulierbar und überschaubar eingeschätzt hatte. In Wirklichkeit herrschte ein banaleres Motiv vor, das aber wenigstens einsichtig war. Ziel war es, den Schaden bei den bevorstehenden Landtagswahlen in Baden-Württemberg in Grenzen zu halten.«

Die bevorstehende Landtagswahl war auch der Grund, dass es in der Union keinen sichtbaren Widerstand gegen die Stilllegung von Atomkraftwerken gab. Alle Führungsleute und Parlamentarier wurden »ohne Wenn und Aber« auf die neue Linie eingeschworen, um die Wahlkämpfer nicht zu irritieren. Die Skeptiker und Kritiker brachte man mit einem »erbarmungslosen Konformitätsdruck« zum Schweigen, wie der CDU-Bundestagsabgeordnete Arnold Vaatz damals schrieb: »Die Strafe für Widerspruch ist heute allerdings nicht (zum Glück noch nicht!) Haft oder Liquidation, sondern nur Verbannung aus der medialen Relevanzzone. Leider ist dies als Höchststrafe für jene hinreichend, deren Existenzbedingung öffentliche Zustimmung ist. Dazu zählen in einer Demokratie ausnahmslos alle Politiker.«

Die mit dem Atom-Moratorium zusammenhängenden Rechtsfragen hatte die Bundesregierung nur sehr oberflächlich geprüft. Angela Merkel war anfangs der Meinung: »Ich glaube, dass wir keine Gesetzesänderung brauchen.« Umweltminister Norbert Röttgen berief sich auf das Atomgesetz, wonach Kernkraftwerke stillgelegt werden können, wenn sich »durch die Wirkung ionisierender Strahlen Gefahren für Leben, Gesundheit oder Sachgüter ergeben können«. Aber was hatten die deutschen Kraftwerke mit dem Unglück in Japan zu tun? Der ehemalige Präsident des Bundesverfassungsgerichts Hans-Jürgen Papier bezeichnete das Moratorium deshalb als eine »illegale Maßnahme«. Ein Gesetz aussetzen könnte nur das Bundesverfassungsgericht, aber nicht die Bundesregierung.

Trotz solcher Bedenken fanden die hastigen Entscheidungen der Bundesregierung in der Öffentlichkeit große Zustimmung. Die deutschen Medien berichteten über den Reaktorunfall nicht nur intensiver als ausländische Medien, sondern thematisierten vor allem die Kernenergie im eigenen Land. Japan schien aus Sicht vieler Journalisten nur das zu bestätigen, was man schon lange zu wissen glaubte, nämlich die Unbeherrschbarkeit der Kernenergie. Es war die von den Medien in der Bevölkerung verbreitete Angst vor einem Atomunfall, die dazu führte, dass die Entscheidung der Bundesregierung über den Atomausstieg eine so breite Zustimmung fand. Von den verwaltungsinternen Bedenken und den seltsamen Abläufen erfuhr die Öffentlichkeit nichts.

Um dem Atom-Moratorium den Anschein der Legitimität zu geben, beauftragte Umweltminister Norbert Röttgen die Ethikkommission und die Reaktorsicherheitskommission mit einer Begutachtung. Die Ethikkommission, die aus Kirchenvertretern, Risikoforschern und Wissenschaftlern der Fachrichtung »Umwelt«, Gewerkschaftlern und einem Manager bestand, befürwortete das Moratorium: *»Der Ausstieg ist nötig und wird empfohlen, um Risiken, die von der Kernkraft in Deutschland ausgehen, in Zukunft auszuschließen.«* Demgegenüber kam die beauftragte Reaktorsicherheitskommission zu dem Ergebnis, dass alle 17 deutschen Atommeiler, einschließlich der älteren Kraftwerke, den gesetzlichen Sicherheitsanforderungen genügten.

Angela Merkel begründete ihren energiepolitischen Sinneswandel in der Regierungserklärung »Der Weg zur Energie der Zukunft« folgendermaßen: »In Fukushima haben wir zur Kenntnis nehmen müssen, dass selbst in einem Hochtechnologieland wie Japan die Risiken der Kernenergie nicht sicher beherrscht werden können. Wer das erkennt, muss die notwendigen Konsequenzen ziehen. Wer das erkennt, muss eine neue Bewertung vornehmen. Deshalb sage ich für mich: Ich habe eine neue Bewertung vorgenommen; denn das Restrisiko der Kernenergie kann nur der akzeptieren, der überzeugt ist, dass es nach menschlichem Ermessen nicht eintritt. Wenn es aber eintritt, dann sind die Folgen sowohl in räumlicher als auch in zeitlicher Dimension so verheerend und weitreichend, dass sie die Risiken aller anderer Energieträger bei Weitem übertreffen. Das Restrisiko der Kernenergie habe ich vor Fukushima akzeptiert, weil ich überzeugt war, dass es in einem Hochtechnologieland mit hohen Sicherheitsstandards nach menschlichem Ermessen nicht eintritt. Jetzt ist es eingetreten.« (Deutscher Bundestag Nr. 17/114: 12960)

Das für den beschleunigten Ausstieg aus der Kernenergie erforderliche Gesetz beschloss der Deutsche Bundestag am 20. Juni 2011 mit der 13. Änderung des Atomgesetzes. Die aufgrund des Moratoriums bereits abgeschalteten sieben älteren Reaktoren wurden endgültig vom Netz genommen. Für alle anderen Kraftwerke wurde ein festes Enddatum in das Gesetz geschrieben. Damit entfiel für die Betreiber die Möglichkeit, nicht ausgeschöpfte Produktionsmengen von einem Kraftwerk auf ein anderes zu übertragen. Die Betriebserlaubnis des letzten Kraftwerks sollte im Jahr 2022 erlöschen.

Zeitgleich mit dem beschleunigten Atomausstieg beschloss der Deutsche Bundestag am 20. Juni 2011 ein umfangreiches Paket von Gesetzen, mit dem die Ausbauziele des EEG und die Vergütungssätze für die erneuerbaren Energien fortgeschrieben wurden. Ziel des Gesetzes war, den Ausbau der erneuerbaren Energien zu forcieren, um Lücken in der Stromversorgung zu vermeiden. Bis spätestens 2020 sollte der Anteil der erneuerbaren Energien an der Stromerzeugung auf 35 Prozent steigen, bis 2030 auf 50 Prozent und bis 2050 auf mindestens 80 Prozent.

Hinter diesem Maßnahmenpaket stand die politische Vision einer »ökologischen Energiewende«, um den drohenden globalen Klimawandel aufzuhalten. Dazu sollten neben der Kernkraft auch die fossilen Energieträger (Kohle, Öl und Gas) vom Netz gehen und durch regenerative Energien (Wind, Sonne, Wasser, Biomasse) ersetzt werden. Wenn die Sonne nicht scheint oder der Wind nicht weht, sollten flexible Gaskraftwerke in Reserve den benötigten Strom liefern, wobei unterstellt wurde, dass Russland weiterhin als zuverlässiger Lieferant für billiges Gas zur Verfügung stehen würde.

Für diese energiepolitische Strategie fand Angela Merkel nicht nur in den Parteien, sondern auch in den Medien und in der Öffentlichkeit viel Zustimmung. Doch bei einigen, die Angela Merkel im Zusammenhang mit dem Atomausstieg unterstützt hatten, wuchsen mit der Zeit die Zweifel, ob die mit der ökologischen Energiewende verbundenen Hoffnungen realistisch waren.

Dazu gehörten Jürgen Hambrecht, Chef der BASF, und Michael Vassiliadis, Chef der IG Chemie, die sich als Mitglieder der Ethikkommission für den schnellen Atomausstieg ausgesprochen hatten, aber nach vier Jahren ihre Entscheidung in einem Zeitungsbeitrag widerriefen. Sie sahen die Energiewende »auf dem Weg in die Sackgasse« und warnten in einem dramatischen Appell vor den fatalen Konsequenzen, den Arbeitsplatzverlusten und der Nutzlosigkeit des Energiekonzepts für das Weltklima.

Politischer Frust

Im Sommer 2011 stand die schwarz-gelbe Bundesregierung kurz vor ihrem Scheitern. Dazu trug der Sieg der Grünen bei der Landtagswahl in Baden-Württemberg ebenso bei wie der innere Zustand der Union.

Als die Grünen die Landtagswahl in Baden-Württemberg gewannen, löste das in weiten Teilen der Union Entsetzen aus. In der CDU-Spitze gab es jedoch auch euphorische Reaktionen. So schwärmte Umweltminister Norbert Röttgen (CDU) im Bundestag vom schönen, neuen, grünen Deutschland nach der Energiewende. CDU-Generalsekretär Hermann Gröhe schrieb, CDU-Themen seien künftig »der Klimawandel, die Integration und neue Verkehrskonzepte«. Der ehemalige CDU-Bundesgeschäftsführer Peter Radunski forderte seine Partei auf, sich für Bündnisse mit den Grünen auf Bundesebene zu öffnen: »Schwarz-Grün ist große Oper. Sie muss gut inszeniert, dargestellt und gespielt werden.«

Was die CDU-Basis von solchen Schwärmereien hielt, wurde jedoch überdeutlich, als sich Mitte 2011 etwa 150 CDU-Kreisvorsitzende im Atrium des Konrad-Adenauer-Hauses versammelten, um sich von der Bundeskanzlerin die Griechenland-Rettung und Energiewende sowie den Mitgliederschwund erklären zu lassen. Es war nicht so, dass Angela Merkel für ihr Handeln keine Gründe anzubieten hatte. Die Kreisvorsitzenden wurden über viele Details informiert, aber zur politischen Richtung erfuhren sie nur, dass die Bundesregierung »auf Sicht fahren und sich immer wieder revidieren« müsste. Denn »die Welt ist aus den Fugen«. Nach Fukushima könne keiner mehr behaupten, dass unwahrscheinliche Dinge nicht passieren könnten.

Vielen Kreisvorsitzenden genügten solche Erklärungen nicht. Einer fragte, ob es in Sachen Euro und Atom kein »Haltbarkeitsdatum« für Parteibeschlüsse mehr gäbe. Ein anderer monierte, vor einem halben Jahr hätten die Mitglieder für die Laufzeitverlängerung »wie Löwen gekämpft«, jetzt müsste man ihnen das Gegenteil plausibel machen. Ein Dritter kritisierte, dass der »Markenkern« der CDU nicht mehr zu erkennen sei. Die Mitglieder fänden sich in der Regierungspolitik nicht wieder und die Wähler schon gar nicht. Ein Vierter bemängelte am Regierungsstil der Bundeskanzlerin, dass »der Überbau und die Leitgedanken« fehlten.

Viele prominente CDU-Mitglieder aus dem liberal-konservativen Lager äußerten sich in ähnlicher Weise. Wilfried Scharnagl, CSU-Urgestein und Publizist, warnte im *Focus* davor, die Wahlniederlage in Baden-Württemberg monokausal mit Fukushima zu erklären. An der Basis der Union rumore es gewaltig, warnte Scharnagel. Bürgerliche Politik zeichne sich dadurch aus, den Menschen den Zusammenhang zwischen Wort und Tat, zwischen Versprechen und Halten überzeugend und glaubwürdig zu demonstrieren, mahnte er. Auch in unbequemen Zeiten und bei Gegenwind ginge es darum, Kurs zu halten, die politische Meinungsführerschaft zu behaupten und die Richtung zu bestimmen.

So äußerte sich auch Erwin Teufel, bis 2005 Ministerpräsident in Baden-Württemberg, der lange geschwiegen hatte. Doch als die CDU die Landtagswahl in Baden-Württemberg verlor und die Grünen mit Winfried Kretschmann den Ministerpräsidenten stellten, meldete er sich zu Wort.

Erwin Teufel sah das Vertrauen in die europäischen Staats- und Regierungschefs erschüttert, weil diese sich selbst nicht mehr an Recht und Gesetz hielten. »Das Vertrauen in die handelnden Staatsmänner in Europa ist verloren gegangen«, sagte Teufel. »Wenn Staats- und Regierungschefs in einer Nacht wesentliche Stabilitätskriterien wegputzen, die in Verträgen festgehalten, also geltendes Recht sind, geht Vertrauen verloren. Vom Bürger erwartet man, dass er sich an Normen, an Recht und Gesetz, an Verträge hält. Und Staats- und Regierungschefs tun es nicht.« Er forderte von den Staats- und Regierungschefs: »Sie sollten so schnell wie möglich wieder zu den vereinbarten Stabilitätskriterien und zur Unabhängigkeit der Europäischen Zentralbank zurückkehren.«

Teufel machte sich auch große Sorgen um den Zustand der Partei: »Die Stammwähler der CDU können nicht mehr sagen, worin die Alleinstellungsmerkmale der CDU liegen, wo ihre Kernkompetenzen sind, wo ihr Profil ist. Über Jahre und Jahrzehnte konnten sie das. Deswegen waren sie ja Stammwähler.« Das gelte insbesondere für die Wirtschaftspolitik, ergänzte Teufel. Der Union fehle es an einem wirtschaftspolitischen Gesicht, das sie dringend brauche. »Für die CDU ist das eine Überlebensfrage, wenn sie Volkspartei bleiben will.« Als er in die Politik gegangen sei, hätten in jedem Kreisvorstand der CDU noch ein Unternehmer und ein einfacher Arbeiter gesessen. »Und die waren beide aufgehoben in der gleichen Partei. Das war die CDU. Das ist auch heute noch unser Potenzial: über 40 Prozent für die CDU und über 50 Prozent für die CSU. Und wir schöpfen das nicht aus.«

Im Sommer 2011 wurde in der Öffentlichkeit auch intensiv über den Zustand der schwarz-gelben Koalition diskutiert. Vor allem wurde die Frage gestellt, was die Bundesregierung aus dem Koalitionsvertrag bis dahin umgesetzt hatte. *Die Welt am Sonntag* widmete diesem Thema eine Sonderbeilage, in der das Scheitern anhand von zehn Punkten (»10 Mal versprochen, 10 Mal gebrochen«) beschrieben wurde:

- »Wir stehen für eine solide Haushalts- und Finanzpolitik« versprachen die Koalitionäre 2009. Im Inland hielt die Koalition das Geld auch zusammen – in Europa verpulverte sie es aber durch einen gigantischen Rettungsschirm.

- Als »maximalen Unsinn« hatte die FDP Mindestlöhne bekämpft, sie stimmte aber zu, als Ursula von der Leyen (CDU) als Arbeitsministerin Mindestlöhne für die Pflegebranche (800 000 Mitarbeiter) und die Zeitarbeit (900 000 Mitarbeiter) festsetzte.
- Im Oktober 2009 versprach die Koalition: »Der Zugang von ausländischen Hochqualifizierten und Fachkräften muss systematisch an den Bedürfnissen des Arbeitsmarktes ausgerichtet und nach klaren Kriterien gestaltet werden.« Die Neuregelung scheiterte an den Innenpolitikern von CDU/CSU, die »eine Ausschöpfung des heimischen Arbeitsmarktes« verlangten.
- Im Koalitionsvertrag hatten sich Union und FDP auf »ein einfacheres, niedrigeres und gerechteres Steuersystem« verständigt. Mittlerweise betonten beide Parteien, dass es wegen des hohen Schuldenberges für ein solches Projekt kein Geld gebe.
- Im Koalitionsvertrag von Union und FDP war von einer »gerechten und transparenten« Finanzierung der gesetzlichen Krankenkassen die Rede. Am Ende wurde der umstrittene Gesundheitsfonds noch komplizierter, die Kassenbeiträge stiegen so stark wie unter Ulla Schmidt und der Pharmaindustrie verordnete die sonst so liberale FDP einen Zwangsrabatt.
- Im Wahlkampf hatten Union und FDP längere Laufzeiten für die 17 deutschen Kernkraftwerke versprochen. »Die Kernenergie ist ein vorerst unverzichtbarer Teil in einem ausgewogenen Energiemix«, hieß es im Unionsprogramm. »Der Ausstieg aus der Kernenergie ist zum Zeitpunkt ökonomisch und ökologisch falsch«, warnte die FDP. Als Reaktion auf die Katastrophe in Fukushima beschloss Kanzlerin Angela Merkel jedoch quasi im Alleingang, so schnell wie möglich aus der Kernenergie auszusteigen.

Das größte Problem für die schwarz-gelbe Regierung waren die fehlenden Erfolge in der Steuerpolitik. Letztmalig hatten CDU und CSU bei der Bundestagswahl 2009 mit einem Steuerprogramm geworben: »Eine richtige Steuerpolitik befördert Wachstum«, lautete die Argumentation. Gedacht war an eine Reform des Steuertarifs, an die Milderung der »kalten Progression«, an eine deutliche Vereinfachung des Steuerrechts sowie die Überprüfung der Mehrwertsteuersätze. Im Koalitionsvertrag mit der FDP wurde vereinbart: »Wir werden dafür sorgen, dass sich Arbeit lohnt, dass den Bürgern mehr Netto vom Bruttoeinkommen bleibt. Das Steuersystem und das Besteuerungsverfahren werden wir deutlich vereinfachen und für die Anwender freundlicher gestalten.«

Nach vier Jahren Regierungszeit waren die Ergebnisse in der Steuerpolitik jedoch außerordentlich mager. Für die Reform der Einkommensteuer fehlte Wolfgang Schäuble (CDU) als Finanzminister angeblich das Geld, zu groß waren die Risiken, welche die Bundesregierung für die Rettung kriselnder Staaten eingegangen war. Für die Reform der unterschiedlichen Mehrwertsteuersätze fehlte der Mut, man wollte sich nicht mit den Profiteuren verminderter Steuersätze anlegen. Und bei der Reform der Gewerbesteuer ging Wolfgang Schäuble den Kommunen auf den Leim, die ihm nach der Entlastung bei den Kosten der sozialen Grundsicherung die Gegenleistung bei der Gewerbesteuer verweigerten. Schäuble rechtfertigte seine enttäuschende Bilanz damit, dass die Steuerbelastung in Deutschland so sei, dass sie den Bürgern im Verhältnis zu den Leistungen des Staates akzeptabel erscheinen würde.

Das Ergebnis dieser »steuerpolitischen Enthaltsamkeit« war jedoch ein enormes Ansteigen der Steuereinnahmen und der Steuerquote. Während sich die Löhne zwischen 2005 und 2015 um 23 Prozent erhöhten, wuchs das Steueraufkommen von Bund, Ländern und Kommunen im selben Zeitraum fast um 50 Prozent. Das bedeutete, dass die Steuerzahler mit 220 Mrd. Euro zusätzlich belastet wurden. Betroffen waren insbesondere die Bezieher mittlerer Einkommen, wie das Aufkommen aus der Lohn- und Einkommensteuer zeigte: Es stieg von 2005 bis 2015 um 77 Prozent. Die Steuerquote kletterte im gleichen Zeitraum von 19,5 auf 23,3 Prozent.

Gesetzlicher Mindestlohn

Die Einführung von Mindestlöhnen wurde erst spät zu einem politischen Thema. Noch zu Zeiten der Kanzlerschaft von Gerhard Schröder setzten Gewerkschaften und Sozialdemokraten auf die bewährte Tarifautonomie. Erst als die Europäische Union am 1. Mai 2004 um acht osteuropäische Staaten erweitert wurde, kam Bewegung in die Debatte. Handwerk und Gewerkschaften waren alarmiert und forderten die Politik auf, den deutschen Arbeitsmarkt vor der Lohnkonkurrenz aus dem Osten zu schützen.

Diskutiert wurden anfangs sowohl eine Branchenlösung als auch ein allgemeiner gesetzlicher Mindestlohn. Im Koalitionsvertrag der Großen Koalition von 2005 einigte man sich auf Branchenmindestlöhne, wenn bestimmte Voraussetzungen gegeben waren. Seit 2007 gab es Branchenmindestlöhne auch ohne diese Voraussetzungen, wenn die Gewerkschaften für eine Branche einen Mindestlohn beantragten. Die Zahl der Branchen mit Mindestlöhnen wuchs so bis Oktober 2009 auf sieben.

Diese Praxis endete mit der Bildung der schwarz-gelben Koalition im Jahr 2009. Die FDP bestand darauf, dass über die Zulassung von Branchenmindestlöhnen in der Koalition Einvernehmen hergestellt werden müsse. Im Koalitionsvertrag legte man eindeutig fest: »*CDU, CSU und FDP bekennen sich zur Tarifautonomie. Sie ist ein hohes Gut, gehört unverzichtbar zum Ordnungsrahmen der Sozialen Marktwirtschaft und hat Vorrang vor staatlicher Lohnfestsetzung. Einen einheitlichen gesetzlichen Mindestlohn lehnen wir ab.*«

Diese Vereinbarung entsprach der Beschlusslage von CDU und CSU, die sowohl Branchenmindestlöhne als auch einen allgemeinen gesetzlichen Mindestlohn ablehnten. Stattdessen vertraten sie das Konzept des »Mindesteinkommens«, wonach nicht ausreichende Löhne durch staatliche Transfers aufgestockt werden sollten. Auf dieser Grundlage war zwischen dem Arbeitnehmer- und dem Wirtschaftsflügel der Union vor der Bundestagswahl 2009 vereinbart worden, dass »die Tarifautonomie am ehesten Löhne sicherstellen kann, von denen man den Lebensunterhalt eigenständig bestreiten kann und die zugleich für den Arbeitgeber wirtschaftlich tragbar sind. Einen staatlich begrenzten Mindestlohn lehnen wir entschieden ab. Eine Kombination aus Lohn und Transferleistungen kann für bestimmte Gruppen von Arbeitnehmern das Mindesteinkommen sichern.«

Der Kurswechsel der Union hinsichtlich des Mindestlohns begann im Frühjahr 2011. Angesichts des Inkrafttretens der vollständigen Arbeitnehmerfreizügigkeit in der EU befürchtete die Politik zunehmendes Lohndumping. Unter dem Eindruck, dass die SPD bei der Bundestagswahl 2013 die »Mindestlohnkarte« spielen werde, wurden in der Union Stimmen laut, die zu Mindestlöhnen einen Positionswechsel forderten und die Parteiführung unter Druck setzten. Daraufhin beschloss die schwarz-gelbe Koalition einen Mindestlohn für die Zeitarbeitsbranche. Karl-Josef Laumann, Vorsitzender des Arbeitnehmerflügels (CDA), erklärte dazu: »Die Einführung eines Mindestlohns in der Zeitarbeit, wie sie in CDU und FDP verabredet ist, kann nach Auffassung der CDA auch die Höhe der Lohnuntergrenze sein, die für alle Branchen in Deutschland gilt. … Eine allgemeine Lohnuntergrenze ist der richtige Weg, um Lohndrückerei und prekäre Beschäftigungsverhältnisse auf dem Rücken der Arbeitnehmerinnen und Arbeitnehmer zu bekämpfen.«

Auf dem Parteitag der CDU 2011 in Leipzig sollte nach dem Willen von Laumann und Hermann Gröhe, dem Generalsekretär der CDU, der Kurswechsel beschlossen werden. Hierzu wurde der Druck auf die Delegierten durch Anträge der Orts- und Kreisverbände der CDA mit Forderungen nach einer Lohnuntergrenze systematisch weiter aufgebaut. Das Ziel war, den Parteitag beschließen zu lassen, dass zukünftig statt vieler verschiedener Branchenmindestlöhne ein allgemeiner und einheitlicher gesetzlicher Mindestlohn eingeführt werden sollte (Petra Hemmelmann).

Mit seiner Kampagne stellte sich Laumann (scheinbar) gegen die Bundeskanzlerin, die dem Wirtschaftsflügel versprochen hatte: »Ich möchte keinen flächendeckenden, gesetzlich festgesetzten einheitlichen Mindestlohn, weil die Gegebenheiten in Deutschland sehr unterschiedlich sind.« Karl-Josef Laumann ließ sich dadurch nicht von seinem Ziel abbringen und erklärte öffentlich: »Wenn Bundeskanzlerin Angela Merkel regionale und branchendifferenzierte Lohnuntergrenzen will, ist das keine verbindliche Lohnuntergrenze. Als Bundesvorsitzender der Christlich-Demokratischen Arbeitnehmerschaft (CDA) werde ich auf dem Bundesparteitag in Leipzig für das Konzept kämpfen, das wir in der nordrhein-westfälischen CDU entwickelt haben.«

Auf dem Parteitag kam es buchstäblich in der allerletzten Sekunde zu dem Versuch, die unterschiedlichen Positionen des Wirtschafts- und Arbeitnehmerflügels zusammenzuführen. Das Ergebnis war der folgende Kompromiss: »Die CDU hält es für notwendig, eine allgemeine verbindliche Lohnuntergrenze in den Bereichen einzuführen, in denen ein tariflich festgelegter Lohn nicht existiert. Die Lohnuntergrenze wird durch eine Kommission der Tarifpartner festgelegt und soll sich an den für allgemein verbindlich erklärten tariflich vereinbarten Lohnuntergrenzen orientieren. Die Festlegung von Einzelheiten und weiteren Differenzierungen obliegt der Kommission. Wir wollen eine durch Tarifpartner bestimmte und damit marktwirtschaftlich organisierte Lohnuntergrenze und keinen politischen Mindestlohn.«

So lautete auch der auf dem Parteitag mit großer Mehrheit gefasste Beschluss. Damit war der Streit aber nicht beendet: Denn Karl-Josef

Laumann behauptete vor den Delegierten des Parteitages, der Beschluss enthalte die Zustimmung zu einem »einheitlichen gesetzlichen Mindestlohn«. Dafür wurde er frenetisch gefeiert. Als Unionsfraktionsvize Michael Fuchs, der den Kompromiss für den Wirtschaftsflügel mitverhandelt hatte, von Journalisten gefragt wurde, warum er nicht seine von Laumann abweichende Meinung auf dem Parteitag dargestellt habe, antwortete er: »Das wollte ich ja! Ich stand auch auf der Rednerliste. Aber plötzlich hieß es: Schluss der Debatte!«

Laumann sah sich demgegenüber als Sieger in einer langjährigen Auseinandersetzung zwischen dem Arbeitnehmer- und Wirtschaftsflügel in der Union: »Der Leipziger Parteitag 2003 war die größte Niederlage der Christlich-Sozialen in der CDU. Die CDU hat sich damals ein Programm gegeben, das uns auf Dauer zu einer besseren FDP gemacht hätte. Wir haben dann 2005 bei der Bundestagswahl erleben müssen, dass eine völlig abgewirtschaftete rot-grüne Regierung beinahe noch einmal bestätigt worden wäre. Es ist gut, dass die CDU nun zu ihrer bewährten Tradition zurückfindet. Wenn die Finanzkrise einen guten Effekt hat, ist es dieser: Sie hat diese neoliberale Denke weggefegt.«

Die Partei war begeistert. Angela Merkel und ihr Generalsekretär waren zufrieden. Sie wussten bereits, dass im Wahlkampf 2013 das Thema Gerechtigkeit im Mittelpunkt stehen würde: Milliarden für Banken und Milliarden für die Südeuropäer, aber Hungerlöhne für deutsche Arbeitnehmer? Dort die internationale Solidarität und in Deutschland der Weg zum Jobcenter, um den kargen Lohn aufstocken zu lassen? Diese offene Flanke gegenüber der SPD und den Linken wollte Angela Merkel schließen. Dafür kam ihr Karl-Josef Laumann mit seiner Forderung nach einem allgemeinen gesetzlichen Mindestlohn gerade recht.

Kapitel 14

Klimakanzlerin

»Wohlfühlpolitik«

Der Bundestagswahlkampf 2013 wurde von Union und SPD als »Wohlfühlkampagne« inszeniert. Die gemeinsame Leitidee war die »Gemeinschaft«, nicht das »Individuum«. Der Staat sollte den Schwachen und Benachteiligten in der Gesellschaft helfen, vor allem denjenigen, die mit niedrigen Renten und Löhnen auskommen mussten. Niemand sollte ausgeschlossen oder vergessen werden, damit sich die Gesellschaft nicht weiter spaltet. Eine Politik zur Verbesserung der Rahmenbedingungen für Wirtschaft und Arbeit hielt man nicht für dringlich. Denn der Wirtschaft ging es angeblich gut.

Was die Parteien dafür politisch tun wollten, klang zwischen Union und SPD wie abgesprochen. Merkel versprach ihren Wählern bessere Mütterrenten, ein höheres Kindergeld und bezahlbaren Wohnraum. Wie das bezahlt werden sollte, sagte sie nicht. Peer Steinbrück, Kanzlerkandidat der SPD, warb mit einer Rente ab 63, einer Mietpreisbremse und einem gesetzlichen Mindestlohn von 8,50 Euro. Er kündigte gleichzeitig höhere Steuern an, mit denen die sozialen Wohltaten bezahlt werden sollten. Das war ehrlich, aber nicht schlau, wie das Wahlergebnis zeigen sollte.

Die Union erhielt 41,5 Prozent der Stimmen, die SPD lediglich 25,7 Prozent; die FDP scheiterte erwartungsgemäß an der Fünfprozenthürde. Merkel wurde erneut Kanzlerin einer Großen Koalition, die SPD übernahm die wichtigsten Ministerien und bestimmte das Regierungsprogramm. Im Koalitionsvertrag hieß es zur Einführung eines Mindestlohnes: »Durch die Einführung eines allgemeinen verbindlichen Mindestlohns soll ein angemessener Mindestschutz für Arbeitnehmer sichergestellt werden. Zum 1. Januar 2015 wird ein flächendeckender gesetzlicher Mindestlohn von 8,50 Euro brutto je Zeitstunde für das ganze Bundesgebiet gesetzlich eingeführt.«

Die Wirtschaft hatte zunächst die Hoffnung, dass die große Koalition nicht alles umsetzen würde, was die Parteien den Wählern vor der Wahl versprochen hatten. Sehr schnell wurde sie jedoch eines Besseren belehrt. Die Koalitionäre verständigten sich darauf, dass die Wahlversprechen beider Parteien auch Regierungsprogramm werden sollten: die Mütterrente der Union, die von der SPD gewünschte Rente ab 63, bessere Gesundheits- und Pflegeleistungen, der von beiden Parteien gewollte Mindestlohn, die Begrenzung der Zeitarbeit, die Frauenquote, Regeln für Werkverträge, die Mietpreisbremse und vieles mehr. Unterschiede zwischen der Union und der SPD waren kaum noch auszumachen.

»Zehn Millionen Menschen profitieren davon«, triumphierte die neue Sozial- und Arbeitsministerin Andrea Nahles (SPD) bei der Vorstellung der Rentenpläne. Ein solches Ausmaß an Leistungen war in Deutschland noch nie beschlossen worden. Nach Berechnungen der Stiftung Marktwirtschaft wuchs die versteckte Verschuldung des Bundes allein durch die Rentenerhöhungen um 443 Mrd. Euro zulasten der zukünftigen Generation.

Eine arbeitsmarktpolitische Zäsur stellte der gesetzliche Mindestlohn in Höhe von 8,50 Euro/h dar. »Der Mindestlohn schließt eine Gerechtigkeitslücke und sorgt dafür, dass die Menschen einigermaßen anständig bezahlt werden«, erklärte der DGB-Vorsitzende Michael Sommer. Die Gewerkschaften konnten sich auch über weitere Maßnahmen zur Regulierung des Arbeitsmarktes freuen: Im Koalitionsvertrag wurden die Erweiterung des Arbeitnehmer-Entsendegesetzes, Maßnahmen gegen den Missbrauch von Werkverträgen sowie eine verschärfte Regulierung der Leiharbeit vereinbart.

Darüber hinaus einigten sich Union und SPD auf umfangreiche und kostenintensive Verbesserungen im Gesundheitswesen und bei der Pflegeversicherung. Mit der Umsetzung dieser Pläne wurde Hermann Gröhe (CDU) beauftragt, der von Angela Merkel als Dank für den erfolgreichen Wahlkampf zum Gesundheitsminister bestellt wurde. Gröhe nutzte die aus der Vergangenheit stammenden Rücklagen für eine massive Erweiterung des Leistungskatalogs der Kranken- und Pflegekassen. Dafür handelte er sich in Berliner Kreisen allerdings den Ruf ein, »einer der teuersten Gesundheitsminister zu sein, die das Land je hatte«.

Die Wirtschaft war entsetzt. »Ob feste Frauenquote für Aufsichtsräte oder gesetzliche Vorgaben für die Managementvergütung, ob ein im internationalen Vergleich überzogenes Unternehmensstrafrecht oder eine Verbraucherpolitik, die Verbraucherrechte einseitig zulasten der Produzenten ausweitet. Die deutsche Industrie ist zutiefst besorgt. Ordnungspolitische Fehlgriffe drohen, das Fundament unserer marktwirtschaftlichen Ordnung auszuhöhlen«, warnte Ulrich Grillo, Präsident des BDI. Das Mitglied des Sachverständigenrates Lars P. Feld stimmte dem zu: »*CDU/CSU und SPD schicken sich an, in die Vor-Agenda-Zeit zurückzufallen. Das Erreichte droht, verspielt zu werden. Die deutsche Politik hat offenbar vergessen, warum die rot-grünen Reformen der Regierung Schröder in der Steuer-, Arbeitsmarkt- und Sozialpolitik nötig waren.*«

Ulrich Grillo appellierte an die neue Bundesregierung, statt einer rückwärtsgewandten Politik einen positiven Zukunftsentwurf zu wagen: »Rückbesinnung auf die Ordnungsprinzipien der Sozialen Marktwirtschaft, weniger statt mehr Einfluss des Staates im Wirtschaftsleben, Fortführung statt Rückabwicklung des Reformkurses am Arbeitsmarkt und in den Sozialsystemen, Steuervereinfachung statt Steuererhöhung und eine dauerhafte Investitionsoffensive. Rein verbale Bekenntnisse zur Marktwirtschaft und Industrie können unseren Erfolg nicht sichern.« Grillo begründete diesen Appell mit dem Hinweis, dass die von der großen Koalition großzügig beschlossenen Wohltaten auch erwirtschaftet werden müssten. Zu einem Sozialprogramm gehöre auch ein zukunftsfähiges Wachstumsprogramm. Es war die Mahnung eines »Predigers in der Wüste«.

Wirtschaftspolitischer Eklat

Wie angespannt das Verhältnis zwischen der Bundesregierung und der Wirtschaft inzwischen war, zeigte sich bei der Übergabe des Jahresgutachtens des Sachverständigenrates 2014 an die Bundeskanzlerin. Die Wirtschaftsweisen hatten der Bundesregierung in ihrem Gutachten vorgeworfen, sie mache keine »marktwirtschaftliche Politik«. Der Vorsitzende des Rates, Christoph Schmidt, mahnte deshalb Angela Merkel, »innezuhalten und die Wirtschaftspolitik neu auszurichten«. Vor allem beim Arbeitsmarkt müsse die Regierung »mehr nachdenken, bevor man ihn mit noch mehr Regulierung überzieht«. »Eine Aufbruchstimmung hat die Koalition jedenfalls nicht erzeugt«, hieß es kritisch in dem Gutachten, das sich auf einen Nenner bringen ließ: Die Bundesregierung sollte mehr den Marktkräften und weniger den Staatsinterventionen vertrauen. Die Wirtschaftsweisen kritisierten auch den Mindestlohn und plädierten für seine Rückabwicklung.

Die Bundesregierung reagierte auf diese Vorhaltungen mit starker Gereiztheit. Wirtschaftsminister Sigmar Gabriel konterte, er könne die Kritik des Rates nicht nachvollziehen. Der Rat »muss aufpassen, dass manches statt zur Wirtschaftstheorie nicht zur Wirtschaftstheologie wird«. Angela Merkel antwortete mit einer spöttischen Spitze: Mit Blick auf den Mindestlohn, der erst vom 1. Januar 2015 gelten sollte, sagte sie: »Es ist nicht ganz trivial zu verstehen, wie ein Beschluss, der noch nicht in Kraft ist, jetzt schon eine konjunkturelle Dämpfung hervorrufen kann.«

In der SPD spielte man sogar mit dem Gedanken, den seit 1963 bestehenden Sachverständigenrat abzuschaffen. SPD-Fraktionschef Thomas Oppermann sagte, die Professoren seien offensichtlich frustriert, weil »niemand mehr auf die neoliberalen Vorschläge hört«. Die Generalsekretärin der SPD, Yasmin Fahimi, meinte: »Das Gutachten versammelt auf 400 Seiten sehr plakative, teils sehr platte Wertungen – und viel zu wenig ökonomische Fakten. Die Analyse scheint mir in ihrer ganzen Methodik nicht mehr auf der Höhe der Zeit zu sein.« Die Fraktionsvorsitzende der Linken, Sahra Wagenknecht, sagte es deutlicher: »Wir brauchen andere Wirtschaftsweise, welche die Realität zur Kenntnis nehmen, statt Konzerninteressen als Wissenschaft zu verkaufen.«

Bei dieser harschen Kritik am Sachverständigenrat ging es natürlich nicht um Zweifel an der wissenschaftlichen Kompetenz der fünf Wirtschaftsweisen. Die Kritiker störte etwas anderes, nämlich dass der Sachverständigenrat »marktwirtschaftliche Positionen« vertrat, welche die Große Koalition längst aufgegeben hatte. Christoph Schmidt brachte es auf den Punkt: *»Die Position des Rates hat sich kaum verändert in den letzten drei Jahren, aber die Politik hat sich verändert. Nun fällt auf einmal auf, dass wir in unseren Abwägungen häufig Alternativen aufzeigen, die marktwirtschaftlich sind.«*

Flüchtlingskrise

Im Januar 2015 schlug der CDU-Generalsekretär Peter Tauber eine Debatte über die Einführung eines »Einwanderungsgesetzes« vor, um den seit Jahren beklagten Fachkräftemangel in Deutschland zu beseitigen.

Das entsprach nicht der Position der Union, die den Arbeitsmarkt durch die Zulassung von Arbeitsmigration nicht zusätzlich belasten wollte. Innenminister Thomas de Maizière (CDU) und CSU-Generalsekretär Andreas Scheuer sahen deshalb für ein solches Gesetz keinen Bedarf.

Bevor die Debatte über Fragen eines Einwanderungsgesetzes in Gang kam, suchten im Sommer 2015 Hunderttausende Menschen aus den Kriegsgebieten Syrien, Afghanistan und dem Irak Zuflucht in Deutschland. Die Bundeskanzlerin kam mit solchen Flüchtlingen erstmals persönlich in Kontakt, als sie Ende August im sächsischen Heidenau eine Flüchtlingsunterkunft besuchte. Die Stimmung dort war aufgeheizt, weil Rechtsextreme vor dem Gebäude demonstrierten. Fünf Tage zuvor hatten sie versucht, den Einzug von Geflüchteten in die Notunterkunft zu verhindern. Polizisten wurden angegriffen und verletzt.

Nach diesem Besuch stellte sich Merkel entschlossen hinter die Flüchtlinge und sagte am 31. August 2015 auf ihrer Pressekonferenz den Satz »*Wir schaffen das!*«, der ihre Flüchtlingspolitik prägen sollte. Als am 4./5. September 2015 in Ungarn Tausende Geflüchtete festsaßen, die über Österreich nach Deutschland reisen wollten, entschied Merkel gegen den Rat des Innen- und Justizministeriums, die Geflüchteten ohne Grenzkontrollen einreisen zu lassen. Ihre spontane Entscheidung rechtfertigte sie später mit dem »humanitären Imperativ«. Bis zum Jahresende kamen auf diese Weise knapp eine Million Geflüchtete nach Deutschland und Bilder von der deutschen »Willkommenskultur« gingen um die Welt.

Berthold Kohler, Herausgeber der *FAZ*, schrieb dazu am 1. März 2016: »Die Schwachstelle in Merkels Formel ist der menschliche Faktor. Die Kanzlerin setzt darauf, dass jeder, der auch nur halbwegs so lange und gründlich die Sache durchdacht hat wie sie, zu dem einzig möglichen Schluss kommen muss: zu ihrem. Nicht ausreichend einkalkuliert hat sie, weder in der innenpolitischen Debatte noch im Ringen mit anderen Regierungen, Wunschvorstellungen auf der einen Seite und Befürchtungen auf der anderen, die sie selbst offenbar nicht sonderlich beschäftigten: die Angst vor Überfremdung, vor Unsicherheit, vor politischer wie kultureller Heimatlosigkeit und vor dem Gefühl, nicht mehr Herr im eigenen Haus zu sein.«

Der österreichische Kanzler Sebastian Kurz hatte eine andere Sicht auf den Flüchtlingsstrom. Nach seiner Meinung war die Flüchtlingskrise wesentlich komplexer, als Merkel sie darstellte. Der von ihm als Berater beigezogene Migrationsforscher Demetrios Papademetriou hatte ihm auf die Frage »Was passiert da?«, erklärt: »Es ist eine neue Völkerwanderung im Gange.« Die Zahl derjenigen, die nach Europa wollten, schätzte der Sachverständige auf etwa 60 Millionen. Und auf die weitere Frage von Kurz »Wie viele davon werden kommen?«, antwortete Papademetriou: »Wenn ihr nichts tut, alle!« Die österreichische Regierung entschied daraufhin, wieder Grenzkontrollen einzurichten. Die Aufnahme von Flüchtlingen sollte durch eine gesteuerte Aufnahme und durch ein »Resettlement« erfolgen anstatt einer unkontrollierten und illegalen Zuwanderung.

Auch Innenminister de Maizìere hielt die Entscheidung der Bundeskanzlerin für falsch, wie er in der Sitzung des Innenausschusses vom 2. September 2015 zu Protokoll gab: »Eine Öffnung der deutschen Grenzen für die Flüchtlinge entspricht weder der geltenden Rechtslage noch halte ich dies für vernünftig, da es zu Zugangszahlen führen würde, die auch ein reiches und gut organisiertes Land wie Deutschland an die Grenzen dessen bringen wird, was geleistet werden kann.«

Zuvor hatte der Innenminister die EU-Kommission gebeten, die Einführung von Grenzkontrollen trotz der Entscheidung der Kanzlerin anzuordnen:

»Sehr geehrter Herr Kommissar, lieber Dimitris,
die Bundesrepublik Deutschland ist nach wie vor wie kein anderer Mitgliedstaat der Europäischen Union Zielstaat eines beispiellosen, ungesteuerten und unkontrollierten Zustroms pass- und visapflichtiger Drittstaatsangehöriger, die in Deutschland um Asyl nachsuchen. In der Bundesrepublik Deutschland wurden im laufenden Jahr 2015 bis zum 13. Oktober 2015 insgesamt rund 641 500 Drittstaatsangehörige als Asylbegehrende registriert … Mittlerweile müssen wir vergegenwärtigen, dass der immense und ungebremste Zustrom über die Schengen-Außengrenze und in der Folge die chaotischen und sich jeder Steuerung entziehenden illegalen Migrationsströme innerhalb des Schengenraumes auch potenzielle Gefahren mit sich bringen, denen begegnet werden muss. Dies gilt insbesondere in Anbetracht der tausendfachen Einreisen von Drittstaatsangehörigen aus Krisen- und Kriegsgebieten. Die aufgrund nicht erfolgter Registrierungen und Überprüfungen während der Durchreise nach Deutschland vorhandenen Sicherheitsdefizite müssen im Sinne aller Bürgerinnen und Bürger der Europäischen Union im Rahmen des rechtlich und tatsächlich Möglichen reduziert werden. Ein

weiterer ungesteuerter Zulauf stellt eine Gefährdung der öffentlichen Ordnung und der inneren Sicherheit dar.«

Als Reaktion auf diesen Brief entzog die Kanzlerin ihrem Innenminister die Zuständigkeit für Flüchtlingsangelegenheiten und übertrug sie ihrem Kanzleramtsminister. Seitdem konnten Flüchtlinge, die über die EU-Außengrenze einreisten, unkontrolliert nach Deutschland weiterreisen.

Die einschlägige EU-Verordnung Nr. 640/2013 sah jedoch vor, dass Flüchtlinge, die auf dem Landweg nach Deutschland einreisen, den Asylantrag in dem Land stellen mussten, in dem sie das Gebiet der EU betraten. Zur illegalen Einreise war geregelt: Übertritt eine Person die Grenze eines Mitgliedstaates ohne die erforderlichen Einreisepapiere, ist dieser Staat für die Prüfung des Antrags auf internationalen Schutz zuständig.

Die aus Ungarn anreisenden Flüchtlinge mussten deshalb ihren Asylantrag in Ungarn stellen und waren bei dem Versuch der Einreise in die Bundesrepublik zurückzuweisen. Darauf hatten sich die Grenzbeamten in Bayern auch vorbereitet, bevor sie aufgrund der Entscheidung der Bundeskanzlerin den gegenläufigen Befehl erhielten.

Merkel rechtfertigte ihre Entscheidung später damit, dass die einschlägige EU-Verordnung, wonach Flüchtlinge in dem Land Asyl beantragen mussten, in dem sie erstmals EU-Territorium betraten, »nicht funktionsfähig« wäre.

Verfassungsrechtler wie der ehemalige Präsident des Bundesverfassungsgerichts, Hans-Jürgen Papier, widersprachen dieser Auffassung und verwiesen dazu auf Asylartikel 16a des Grundgesetzes, der regelt: (1) »Politisch Verfolgte genießen Asylrecht. (2) Auf Absatz 1 kann sich nicht berufen, wer aus einem Mitgliedstaat der Europäischen Gemeinschaft … einreist.« Merkel verstieß mit ihrer Entscheidung also nicht nur gegen EU-Recht, sondern auch gegen das Grundgesetz.

Der Artikel 16a GG zum Asylrecht wurde am 26. Mai 1993 vom Deutschen Bundestag in namentlicher Abstimmung gegen die Stimmen der Grünen, der Linken, eines Teils der SPD und der FDP mit der erforderlichen Zweidrittelmehrheit beschlossen. Er trat am 1. Juli 1993 in Kraft. Zuvor waren Tausende von Demonstranten, organisiert von Menschenrechtsgruppen, Wohlfahrtsverbänden und Gewerkschaften, im Bonner Regierungsviertel zusammengekommen, um gegen den sogenannten Asylkompromiss zu demonstrieren.

Der Hintergrund des Gesetzes war folgender: Während in den 1970er-Jahren jährlich etwa 10 000 Flüchtlinge nach Deutschland kamen, waren es in den 1980er-Jahren schon 100 000. Dann ließen kriegerische Konflikte, Armut und der Zerfall des Ostblocks die Zahlen in die Höhe schnellen. Schließlich waren es Anfang der 1990er-Jahre mehr als 400 000 jährlich, die in Deutschland Schutz suchten. Die Kommunen schafften es kaum mehr, die Menschen unterzubringen. In den Asylbewerberunterkünften herrschten teilweise menschenunwürdige Bedingungen.

In Rostock, in Hoyerswerda und Mölln waren von Neonazis und Rechtsradikalen, teilweise unter dem Beifall der Bevölkerung, Anschläge auf Asylbewerberunterkünfte verübt worden. Es hatte Tote und Verletzte gegeben. Manche Medien schürten den Fremdenhass, die Schutzsuchenden wurden als Schein- oder Wirtschaftsasylanten und als Sozialschmarotzer bezeichnet. Bundeskanzler Helmut Kohl sprach vom Staatsnotstand.

»Wir haben alles unternommen, um gegenzusteuern. Aber bei der geltenden Rechts- und Verfassungslage können weder die Verwaltungen des Bundes und der Länder noch die Gerichte mit diesem immer stärker anschwellenden Zustrom fertigwerden«, sagte CDU-Bundesinnenminister Rudolf Seiters in der Bundestagsdebatte am 26. Mai 1993. Helfen sollte die Änderung des Asylrechts im Sinne des neu eingeführten Art. 16a GG. Demgegenüber forderte Gregor Gysi, Abgeordneter der PDS/Linke, die Abgeordneten auf, das Gesetz abzulehnen: »Sagen Sie Nein zur Abschaffung des Asylrechts, sagen Sie Nein zur Liquidierung einer der wichtigsten Konsequenzen aus dem mörderischen Naziregime!« Dieser Aufforderung ist Angela Merkel im Jahr 2015 nachgekommen, als sie die Grenzschützer anweisen ließ, die Flüchtlinge unkontrolliert in Deutschland einreisen zu lassen. Der Asylartikel 16a GG wurde dadurch faktisch aufgehoben.

Seitdem konnten Asylsuchende unkontrolliert über die benachbarten Mitgliedstaaten der EU einreisen, um in Deutschland den Asylantrag zu stellen. Im Falle einer Anerkennung als schutzberechtigt hatte die Bundesrepublik den Antragstellern ein dauerhaftes Aufenthaltsrecht und nach einigen Jahren die Möglichkeit der Einbürgerung zu gewähren.

Bayerns Innenminister Joachim Herrmann (CSU) kommentierte solche Zustände: »Schengen heißt nicht, keine Kontrollen mehr, sondern der Deal war immer: Die Binnengrenzkontrollen können dann entfallen, wenn die Außengrenzen gut geschützt sind. Grundbedingung war auch die Möglichkeit für Hauptzielländer wie Deutschland, unerlaubt weiterziehende Asylsuchende wieder in den zuständigen Staat zurückzubringen.« Ohne Registrierung und Überstellungsmöglichkeit für Deutschland werde man früher oder später »wieder über nationale Grenzschutzmaßnahmen reden müssen«, erklärte Herrmann.

EZB auf riskantem Kurs

Am 22. Januar 2015 beschloss der Rat der Europäischen Zentralbank (EZB) das sogenannte »Quantitative Easing«, kurz QE genannt. Der Beschluss sah vor, dass die Zentralbank bis September 2016 von europäischen Banken monatlich für 60 Milliarden Euro Regierungsanleihen von Eurostaaten im Volumen von insgesamt 1,14 Billionen Euro ankaufen konnte.

Schon im Dezember 2015 wurde das Ankaufsprogramm verlängert und auf insgesamt 1,8 Billionen Euro erweitert, wodurch sich die Bilanzsumme der Zentralbank auf 3,6 Billionen Euro erhöhte, was rund 36 Prozent der gesamten Wirtschaftsleistung der Euro-Zone entsprach und deutlich mehr war, als die US-Notenbank auf dem Höhepunkt der Krisenpolitik in den Büchern hatte.

Mit dem QE-Programm wurde das von Mario Draghi im Juli 2012 angekündigte OMT-Programm gegenstandslos, das nur für Krisenstaaten bestimmt und nie zur Anwendung gekommen war. An seine Stelle trat jetzt der Kauf von Regierungsanleihen aller Euro-Staaten, darunter auch der Kauf von Bundesanleihen. Für den Ankauf solcher Staatsanleihen galt der Kapitalschlüssel der nationalen Notenbanken bei der EZB. Ein Fünftel der Käufe sollte die EZB auf Gemeinschaftsrechnung kaufen, der Rest sollte auf getrennte Rechnung der nationalen Notenbanken erworben werden. Es gab also nur für einen kleinen Teil des Programms eine Gemeinschaftshaftung.

Mario Draghi begründete das QE-Programm der EZB mit der Wachstumsschwäche der Wirtschaft in der Eurozone und der Gefahr einer Deflation. Für ihn war beunruhigend, dass die Inflationsrate bei nahezu null lag, die Kreditvergabe sowie die Investitionstätigkeit in der EU aber keine Fahrt aufnahmen. Er warnte vor »exzessiv niedrigen Inflationserwartungen« und definierte das Inflationsziel der EZB mit »nahe unter zwei Prozent«. Diese Begründung war für Kritiker des Programms aber nur das »Feigenblatt«, hinter dem sich andere Ziele verbargen, nämlich die Sicherung der Staatsfinanzierung hoch verschuldeter Staaten und die Stabilisierung der Finanzmärkte.

Doch richtig war, dass sich trotz extrem niedriger Zinsen (0,05 Prozent seit 2014) die Wirtschaft in den südeuropäischen Krisenländern nicht erholt hatte. Die Investitionstätigkeit kam dort nicht in Gang und die Arbeitslosigkeit blieb hoch. Dadurch entwickelte sich auch das Wachstum des gesamten Euro-Raumes unterdurchschnittlich: Während die US-Wirtschaft seit dem Höhepunkt der Krise mit jährlich 2,1 Prozent wuchs, blieb der Euro-Raum mit 0,8 Prozent deutlich darunter. Offensichtlich lag das Problem also nicht beim niedrigen Zinsniveau.

Mit dem QE-Programm brachte Draghi das letzte ihm noch verbliebene Instrument der Geldpolitik zum Einsatz: die mengenmäßige Lockerung der Geldpolitik durch den massenhaften Ankauf von Staatspapieren. »Liegen die Leitzinsen bei null Prozent, bleiben einer Zentralbank nur noch derart gewaltige Liquidität schaffende Maßnahmen«, kommentierte Jürgen Stark diesen Schritt.

Mit dem massiven Ankauf von Staatspapieren verband die EZB mehrere Ziele: Zum einen wollte sie erreichen, dass Finanzinstitute mit vielen faulen Krediten in ihren Büchern nicht in Zahlungsschwierigkeiten gerieten. Außerdem hoffte die EZB, die Banken veranlassen zu können, die neu gewonnene Liquidität für Investitionskredite zu verwenden, um auf diesem Weg die Wirtschaft anzukurbeln. Doch viele Gelder fanden nicht den Weg in die Realwirtschaft, sondern blieben in der Finanzwirtschaft hängen oder wurden in Vermögenswerten wie Aktien, Immobilien, Kunstgegenstände etc. anlegt.

Zum anderen sollte das Ankaufsprogramm die Kurse von Staatspapieren nach unten hin absichern, damit das Zinsniveau für Staatsschulden niedrig blieb. Außerdem verbanden die Finanzmister in den Krisenländern damit die Hoffnung, dass die Banken die zusätzlich gewonnene Liquidität wieder in Staatspapieren anlegen würden. Es ging also bei dem QE-Programm nicht zuletzt um die Finanzierung von Staatshaushalten.

Mit diesem Programm folgte die EZB als letzte der großen Zentralbanken dem Beispiel der amerikanischen Federal Reserve (Fed) sowie der englischen und der japanischen Zentralbank. Schon seit Längerem hatten nicht nur Finanzmarktakteure, sondern auch angelsächsische Ökonomen und Medien einen solchen Schritt gefordert. Andrew Bosomworth, Anlagechef von Pimco, erklärte dazu: »Die Märkte glauben nach wie vor an die Fähigkeit der Zentralbanken, ökonomisch gewünschte Ergebnisse zu generieren.« Die »Modern Money Theory« (MMT) inspirierte offensichtlich auch das QE-Programm.

Die Entscheidungen im EZB-Rat über das QE-Programm waren nicht einstimmig gefallen. So hatte Bundesbankpräsident Jens Weidmann scharfe öffentliche Kritik an Draghis Strategie des immer billigeren Geldes geübt und vor den steigenden Risiken gewarnt. Ähnlich hatte sich auch EZB-Direktoriumsmitglied Sabine Lautenschläger zu Wort gemeldet: Sie sähe derzeit keinen Anlass, weitere Maßnahmen zur Stimulierung der Wirtschaft zu ergreifen. Hans-Werner Sinn, Präsident des Ifo-Instituts für Wirtschaftsforschung, kritisierte: *»Das ist illegale und unsolide Staatsfinanzierung durch die Notenpresse.«*

Es gab aber auch Zustimmung. Der Präsident des Deutschen Instituts für Wirtschaftsforschung (DIW), Marcel Fratzscher, sprach von einem starken und überzeugenden Signal der EZB für die Preisstabilität. Zufrieden waren auch die europäischen Finanzminister und Euro-Retter, weil die EZB den unmittelbaren Druck von ihnen nahm, unpopuläre Entscheidungen treffen zu müssen. Im Norden Europas musste man sich nun nicht mehr um weitere Hilfsgelder bemühen, was politisch riskant zu werden drohte. Und im Süden Europas waren die Regierungen der Aufgabe enthoben, ihre überschuldeten öffentlichen Haushalte zu sanieren und unbeliebte Reformen durchzusetzen.

Mit dem QE-Programm verabschiedete sich die Europäische Zentralbank endgültig von einer Zentralbankpolitik nach dem Vorbild der Deutschen Bundesbank. Erstes und wichtigstes Ziel der Deutschen Notenbank war, für eine stabile Währung zu sorgen und die Inflation niedrig zu halten. Diesem Ziel musste sich alles unterordnen, auch die Konjunkturpolitik. Staatsfinanzierung unter dem Deckmantel der Geldpolitik war für die Deutsche Bundesbank undenkbar.

Demgegenüber erinnert die Geldpolitik der Europäischen Zentralbank unter Mario Draghi an die Art, wie die Italiener einst ihre Notenbankpolitik betrieben hatten. Im Zentrum dieser Geldpolitik stand nicht die Währungsstabilität, sondern die Stabilisierung und Belebung der Wirtschaft. Man sah auch nichts Verwerfliches darin, den Staat zu finanzieren, wenn die Staatsausgaben anders nicht zu decken waren. Für die Beamten der Deutschen Bundesbank waren die geldpolitischen Entscheidungen von Mario Draghi deshalb ein tiefer und schwieriger Einschnitt.

Das wurde besonders deutlich, als der Entscheidung der EZB vom Dezember 2015 schon wenige Monate später eine weitere Ausweitung des QE-Programms folgte. Am 10. März 2016 beschloss der EZB-Rat, das Volumen der Anleihekäufe weiter um ein Drittel zu erhöhen. Monatlich sollten nun Schuldtitel im Volumen von 80 Milliarden Euro gekauft werden. Gleichzeitig senkte die EZB den Leitzins auf das historische Tief von null Prozent und den Einlagensatz für Banken auf minus 0,4 Prozent. Zudem startete die EZB ihr »Corporate Sector Purchase Program«, im Jargon CSPP genannt, mit dem auch Unternehmensanleihen aufgekauft werden konnten. Kaufte die EZB den Banken bisher Staatsanleihen und Pfandbriefe ab, so finanzierte sie ab jetzt unmittelbar auch den Unternehmenssektor – im Zweifelsfall unter Umgehung der Kreditinstitute. Als Grund für diese Maßnahmen nannte Mario Draghi die sich verschlechternde Konjunkturlage und die Gefahr einer Deflation.

Kommentatoren sahen in dieser Entscheidung des EZB-Rates einen Akt der Verzweiflung. »Draghi geht es mit den Maßnahmen weniger darum, den Euro zu schwächen und damit die Exporte zu steigern. Vielmehr versucht er alles, um die Kreditvergabe in der Euro-Zone zu stimulieren«, sagte Erik Nielsen, Chefökonom bei UniCredit. Demgegenüber meinte Thorsten Polleit, Chefvolkswirt bei Degussa Goldhandel, dass die EZB »Euro-Banken und -Staaten mit immer neu geschaffenem Geld zahlungsfähig« halten wolle. Georg Fahrenschon, Präsident des Deutschen Sparkassen- und Giroverbandes (DSGV), kritisierte, dass die »Beschlüsse der EZB für immer mehr Menschen in der Euro-Zone zu einer Belastung« würden. Neben Sparern und Kreditwirtschaft seien insbesondere auch Stiftungen, Versicherer, Versorgungssysteme, Sozialversicherungen und Krankenkassen von der Niedrigzinspolitik betroffen.

Keines dieser Argumente konnte die EZB beeindrucken. Die Begründung für die zinslose Geldpolitik der EZB lieferte Peter Praet, Direktoriumsmitglied der EZB, auf der Weltwährungskonferenz am 23. April 2015 in Berlin: »*Europa erlebt zwar die Anfänge einer Konjunkturerholung – bei der es sich jedoch noch nicht um eine strukturelle Erholung handelt. Die Wachstumsdynamik im Euro-Raum geht seit Ende der 1990er-Jahre stetig zurück und liegt unterhalb von 1 Prozent (zum Vergleich: in den USA sind es 2 Prozent). Die Gründe hierfür sind zum einen ein anhaltender Rückgang bei den Investitionen, insbesondere in Maschinen und Anlagen, und zum anderen lange Phasen krisenbedingter struktureller Arbeitslosigkeit.*«

In einem Satz zusammengefasst, begründete Peter Praet die expansive Geldpolitik der EZB mit einem Rückgang der Wachstumsdynamik in der Euro-Zone, der in erster Linie auf strukturelle und angebotsseitige Ursachen zurückzuführen sei. Diese Argumentation konnte aus zwei Gründen nicht überzeugen: Die Beseitigung struktureller und angebotsseitiger Schwächen der Wirtschaft gehört nicht zum Aufgabenkatalog der EZB, sondern fällt in die Zuständigkeit der Mitgliedstaaten. Die EZB verfügt auch nicht über die wirtschaftspolitischen Instrumente, um strukturelle und angebotsseitige Schwächen der Wirtschaft zu beseitigen. Denn der Weg zu den Unternehmen führt für die EZB immer über die Banken.

Wie unterschiedlich in den Euro-Ländern die Vorstellungen über die Aufgaben und Möglichkeiten der EZB sind, zeigte ein weiteres Beispiel: Ende April 2016 hielt Bundesbankpräsident Jens Weidmann in Rom einen Vortrag, auf den die italienischen Medien mit besonderer Schärfe reagierten. Weidmann plädierte in seinem Vortrag für eine Selbstbeschränkung der EZB auf enge geldpolitische Ziele und wies darauf hin, dass mit der Verschuldung des Euro-Raumes kein zusätzliches Wachstum zu erzielen sei. Er sprach sich auch gegen eine europäische Einlagensicherung aus, weil er darin eine verdeckte Garantie für Staatsschulden sah. Schließlich warnte Weidmann vor einer gemeinsamen Haftung für EU-Schulden wegen der darin liegenden Gefahr zu risikoreichem Fehlverhalten.

Italienische Medien sahen in dem Vortrag von Jens Weidmann eine »Attacke der Bundesbank« auf Italien (*La Stampa*) bzw. einen »wirtschaftlichen und finanziellen Rassismus« (Forza Italia). Kritisiert wurde zudem der Leistungsbilanzüberschuss Deutschlands, der für Europas Wirtschaft weitaus schädlicher sei als »etwas Haushaltsdefizit«. Deutschland wurde als der große Egoist in der Währungsunion bezeichnet.

Steuerpolitik

Bis zur Finanz- und Wirtschaftskrise (2008/2009) gab es unter den Steuerfachleuten in den bürgerlichen Parteien (Parteien der Mitte) zu grundsätzlichen Fragen der Steuerpolitik einen breiten Konsens, der sich folgendermaßen zusammenfassen ließ:

- Eine grundlegende Steuerreform ist notwendig, um das Steuerrecht einfacher und gerechter zu machen. Die konkrete Forderung dazu lautete: Niedrige Steuersätze und wenige Ausnahmen.

- Das Steuervolumen ist auf die Lohn- und Einkommensteuer sowie auf die Umsatzsteuer zu konzentrieren. Substanzsteuern, wie die Vermögenssteuer, Gewerbekapitalsteuer und Erbschaftssteuer, sind zurückzuführen.
- Die Höhe der Unternehmenssteuern sollte auf internationalem Niveau liegen. Der internationale Steuerwettbewerb ist ein unverzichtbares Merkmal der Steuerpolitik.

Nach der Finanz- und Wirtschaftskrise verloren diese Grundsätze deutlich an Gewicht. Ein breites Bündnis von Politikern aus allen Parteien verlangte nach einem stärkeren Staat, mehr öffentlichen Leistungen und höheren Steuern. Folglich verstummte in der Öffentlichkeit auch die Kritik an der ständigen Ausweitung öffentlicher Aufgaben.

Gleichzeitig war die Zeit unbegrenzter Schuldenaufnahme vorbei, weil die Staatsverschuldung in der Krise stark gestiegen war. Außerdem setzten die europarechtlichen Defizit- und Schuldengrenzen und die grundgesetzliche Schuldenbremse (Art. 109 Abs. 3 GG) einer kreditfinanzierten Ausgabenpolitik des Staates Grenzen. Nach der Schuldenbremse ist die maximale Höhe der jährlichen Nettokreditaufnahme auf 0,35 Prozent des BIP begrenzt. Ausnahmen sind nur bei einer von der Normallage abweichenden Konjunkturentwicklung, bei Naturkatastrophen oder Notsituationen zulässig.

Die Einführung der Schuldenbremse war unter Ökonomen äußerst umstritten. In einem öffentlichen Appell, der 2009 von Peter Bofinger und Gustav Horn initiiert wurde, sprachen sich über 100 Ökonomen gegen die Einführung der Schuldenbremse aus. Ihrer Ansicht nach gefährde diese die »gesamtwirtschaftliche Stabilität und die Zukunft unserer Kinder« und schränke die Handlungsspielräume für eine antizyklische Konjunkturpolitik stark ein.

Der Sachverständigenrat zur Begutachtung der gesamtwirtschaftlichen Entwicklung beurteilte die Schuldenbremse im Jahresgutachten 2019 jedoch mehrheitlich positiv. Auch die Bundesbank und der Bundesrechnungshof unterstützten Anfang 2020 die Schuldenbremse und verwiesen unter anderem darauf, dass die Schuldenbremse die öffentlichen Investitionen nicht negativ beeinflusst hätte; nach ihrer Einführung seien die öffentlichen Investitionen sogar um ein Viertel gestiegen.

Mit der Einführung der Schuldenbremse 2009 verlor das Versprechen der bürgerlichen Parteien an Bedeutung, die Steuern senken oder vereinfachen zu wollen. Wenn die Staatsausgaben wachsen und die weitere Schuldenaufnahme begrenzt ist, führt dies logischerweise zur Ausweitung des Steuerzugriffs. Alternativen gibt es dazu nicht oder nur dann, wenn einer der in Art. 109 Abs. 3 GG geregelten Ausnahmefälle vorliegt.

Damit änderten sich auch der Zweck und Charakter der Steuerpolitik: Ging es bisher unter der Voraussetzung unbegrenzter Staatsverschuldung um Steuersenkung oder eine haushaltsneutrale Verbesserung des Steuersystems durch Steuervereinfachung, so geht es unter der Voraussetzung einer wirksamen Schuldenbremse nur noch um einen ausgeglichenen Haushalt durch Ausgabendisziplin oder durch die Verschärfung des Steuerzugriffs. Angesichts des weiterhin gültigen »Gesetzes von den wachsenden Staatsausgaben« dürfte eher mit Letzterem zu rechnen sein.

So lehnte Wolfgang Schäuble (CDU) in seiner Zeit als Finanzminister Rufe nach Steuersenkungen stets ab. Sein Ziel war die »schwarze Null«, d. h. der ausgeglichene Bundeshaushalt. Um das zu erreichen, konnte er auf Steuern nicht verzichten. Im Gegenteil: Er benötigte immer mehr, um die stetig steigenden Ausgaben bezahlen zu können.

Es war deshalb eine Überraschung, als Schäuble im September 2016 plötzlich im Zusammenhang mit dem Haushalt für 2017 Steuersenkungen über 6 Milliarden Euro ankündigte. Ein Kabinettsbeschluss sollte dazu kurzfristig gefasst werden. Plötzlich war das möglich, was er dem früheren Koalitionspartner FDP verweigert hatte. Außerdem versprach Schäuble für die Zeit nach der Bundestagswahl 2017 eine Tarifkorrektur bei der Einkommensteuer mit einer Steuersenkung von etwa 15 Milliarden Euro, um den Mittelstand zu entlasten. »Es kann doch auf Dauer nicht sein, dass ein Alleinstehender schon bei rund 53 000 Euro Jahreseinkommen den Spitzensteuersatz zahlt, wie es aktuell noch der Fall ist«, sagte er zur Begründung. »Wir müssen die echten Leistungsträger entlasten. Darum geht es jetzt. Jetzt sind endlich einmal die Ingenieure, Handwerksmeister, Lehrer und Polizisten aus der Mitte unserer Gesellschaft dran.«

Die SPD als Koalitionspartner wurde von diesem Vorstoß überrascht. »Mal ganz offen«, fragte SPD-Vorsitzender und Wirtschaftsminister Sigmar Gabriel, »wer soll das eigentlich glauben? Das werden wir nicht machen!« Die von Wolfgang Schäuble ins politische Schaufenster gestellten 15 Milliarden Steuersenkungen gehörten laut Gabriel in die Kategorie »wahlkampfbedingter Märchenerzählungen«.

Natürlich war der steuerpolitische Vorstoß von Wolfgang Schäuble auch politisch motiviert. Im Jahr 2017 standen Bundestagswahlen an und die Umfragen für die CDU ließen zu wünschen übrig. Laut einer repräsentativen Umfrage des Steuerzahlerbundes waren die Deutschen vor allem mit der Abgaben- und Steuerlast unzufrieden: 86 Prozent der Befragten hielten sie für zu hoch. »Von einem Euro bleiben nur 47,1 Cent. Den Rest behalten Fiskus und Sozialversicherungen«, sagte Reiner Holznagel, Präsident des Bundes der Steuerzahler. Der sogenannte »Steuerzahlergedenktag«, der veranschaulicht, wie lange im Jahr der Bundesbürger durchschnittlich für Steuern und Abgaben arbeiten muss, fiel inzwischen auf den 12. Juli; 1960 war es noch der 27. Mai.

Möglich war die angekündigte Steuersenkung, weil die Wirtschaftsleistung von 2010 bis 2016 um 21 Prozent wuchs, die gesamten Steuereinnahmen aber um 30 Prozent und die Lohn- und Einkommensteuer sogar um 47 Prozent zugenommen hatten. Das waren insgesamt 75 Milliarden Euro Mehreinnahmen bei der Lohn- und Einkommensteuer 2016 im Vergleich zu 2010. Auch mit Blick auf die Entwicklung der Steuerquote, also dem Verhältnis des Steueraufkommens zum Volkseinkommen, war diese Steuersenkung fällig. In der Zeit von Bundeskanzler Gerhard Schröder (SPD) lag die Steuerquote kurzzeitig bei 19,5 Prozent (2004), unter Schäuble stieg sie auf 22,3 Prozent an.

Die Steuersenkung war auch verfassungsrechtlich geboten, weil ein nicht unwesentlicher Teil der Mehrsteuern durch die »kalte Progression« entstanden war, die nach der Rechtsprechung des Bundesverfassungsgerichts eine Veränderung des Steuertarifs notwendig machte. Dementsprechend wurde in allen Einkommensteuertarifen der Jahre 2016 bis 2022 die Verbraucherpreisinflation berücksichtigt. Schätzungen zufolge entlastete diese Tarifindexierung die Steuerzahler im Zeitraum 2016 bis 2021 um insgesamt rund 32 Mrd. Euro.

Wirtschaftlich gute Jahre

Die Jahre zwischen 2006 und 2011, die der »Agenda 2010« folgten, waren wirtschaftlich gute Jahre. Das Wachstum des Bruttoinlandsprodukts (BIP) lag in dieser Zeit zwischen 3,3 und 4,1 Prozent. Ausnahmen waren die Krisenjahre 2008/2009, in denen das Wachstum des BIP auf +1,1 Prozent (2008) und auf -5,6 Prozent (2009) zurückging.

Nach 2011 verminderten sich die Wachstumsraten deutlich, was darauf hindeutete, dass die Wachstumsimpulse der »Agenda 2010« an Kraft verloren hatten. In den Jahren 2012 bis 2016 lag das jährliche Wirtschaftswachstum nur noch zwischen 0,5 Prozent und 1,9 Prozent.

Das Wirtschaftswachstum 2016 in Höhe von 1,9 Prozent wurde vor allem vom staatlichen Konsum getragen. Die staatlichen Konsumausgaben stiegen im Vergleich zum Vorjahr um 4,2 Prozent, die privaten Konsumausgaben nur um 2,0 Prozent und der Wohnungsbau um 3,1 Prozent. Das Wachstum der unternehmerischen Investitionen in Maschinen, Geräte und Fahrzeuge fiel auf nur noch 1,7 Prozent zurück.

Das kräftige Wachstum des staatlichen Konsums im Jahr 2016 war in erster Linie auf die hohe Zuwanderung von Asylanten zurückzuführen. »Einen stärkeren Zuwachs des Staatskonsums hatte es zuletzt 1992 infolge der deutschen Wiedervereinigung gegeben«, sagte der Präsident des Statistischen Bundesamtes. Die durch die Flüchtlingskrise ausgelösten Staatsausgaben wirkten auf die Wirtschaft wie ein Konjunkturprogramm. Das Wachstum der privaten Konsumausgaben von 2,0 Prozent war eine Folge der guten Lage auf dem Arbeitsmarkt und der Tarifabschlüsse. Die Arbeitnehmerentgelte stiegen insgesamt um 3,6 Prozent. Demgegenüber legten die Unternehmens- und Vermögenseinkommen nur um 3,1 Prozent zu. Aus Sicht des DIHK war das geringe Wachstum der 2016 getätigten Investitionen von 1,7 Prozent ein Schwachpunkt der deutschen Wirtschaft. »Der geringe Anstieg der Ausgaben für neue Maschinen, Anlagen oder Fahrzeuge ist angesichts der niedrigen Zinsen ernüchternd«, konstatierte ihr Hauptgeschäftsführer Martin Wansleben. »Die Politik muss dringend die Investitionsbedingungen verbessern, zum Beispiel durch eine Vereinfachung des komplexen Steuersystems und attraktive Abschreibungsregelungen.«

Das Wachstum verlief nahezu inflationsfrei: Zwischen 2005 und 2016 lag die Inflationsrate zwischen 0,3 und 2,65, im Durchschnitt betrug sie 1,47 Prozent. Das bedeutete, dass zwischen 2006 und 2011 inflationsbereinigt ein realer Zuwachs erfolgte. Zwischen 2012 und 2016 war das nicht mehr der Fall.

Von der langen Wachstumsphase zwischen 2005 und 2015 profitierte insbesondere der deutsche Arbeitsmarkt. Die Zahl der Erwerbstätigen stieg in diesem Zeitraum von 38,6 auf 43,2 Millionen Personen. Gleichzeitig verringerte sich die Zahl der Arbeitslosen von 5 Millionen in 2005 auf 2,7 Millionen in 2015.

Bemerkenswert war dabei die Angleichung der Arbeitslosenzahlen zwischen West- und Ostdeutschland: 2005 betrug die Arbeitslosigkeit in Westdeutschland 13 Prozent und in Ostdeutschland 20,6 Prozent, für Gesamtdeutschland waren es 11 Prozent. Bis 2018 ging die Arbeitslosigkeit im Westen auf 5,8 Prozent und im Osten auf 7,6 Prozent zurück, für Gesamtdeutschland waren es 5,3 Prozent. Diese Zahlen zeigten eindrucksvoll, wie effektiv die Agenda 2010, deren Schwerpunkt auf der Reform des Arbeitsmarktes lag, die Beschäftigungslage verbesserte.

Die Entwicklung auf dem deutschen Arbeitsmarkt stand in scharfem Kontrast zu der Beschäftigungslage in vielen anderen Euro-Ländern. Griechenland wies 2015 eine Arbeitslosenquote von 24,2 Prozent aus, Spanien von 22,1 Prozent. Besorgniserregend war vor allem die hohe Jugendarbeitslosigkeit in Teilen der Euro-Zone, mit 36,9 Prozent in Italien und 23,5 Prozent in Frankreich. In Deutschland lag sie demgegenüber nur bei 7,0 Prozent.

Ab 2015 verschlechterte sich die Lage auch auf dem deutschen Arbeitsmarkt. Viele Branchen hatten Probleme, ausreichend Fachkräfte zu bekommen. Die tariflichen Lohnerhöhungen lagen deutlich über der Produktivitäts- und Inflationsentwicklung. Außerdem hatte die Große Koalition nach der Bundestagswahl 2013 die Flexibilität des Arbeitsmarktes mit zahlreichen Gesetzen wieder deutlich eingeschränkt. Im Workforce Index (CWI), der 75 Länder umfasst und auf 50 verschiedenen Faktoren beruht, war Deutschland auf den 48. Platz abgerutscht. Lars P. Feld, Mitglied des Sachverständigenrates, hatte zu Recht gewarnt: »CDU/CSU und SPD schicken sich an, in die Vor-Agenda-Zeit zurückzufallen. Das Erreichte droht verspielt zu werden.«

Die lange Wachstumsphase war nicht zuletzt dem Außenhandel der deutschen Wirtschaft zu verdanken, der mit seinen Exporten seit vielen Jahren einen positiven Beitrag zum deutschen Wirtschaftswachstum leistete, allerdings auch mit nachlassender Tendenz. Während der Außenhandelsbilanzsaldo (Differenz zwischen Exporten und Importen) zwischen 2009 und 2017 von 138,7 Mrd. Euro auf 247,9 Mrd. Euro kletterte, rutschte er von 2017 bis 2021 auf 175,3 Mrd. Euro ab. In diesem Zeitraum wuchsen die Importe schneller als die Exporte. Diverse globale Krisen und Unsicherheiten hatten sich dämpfend auf den Export ausgewirkt. Den Titel »Exportweltmeister« musste Deutschland bereits 2009 an China abgeben. Ab 2010 lagen auch die USA wieder vor Deutschland.

Mit den Staatsfinanzen sah es im Jahr 2016 noch gut aus: Bund, Länder, Gemeinden und Sozialversicherungen schlossen das Jahr 2016 mit einem Finanzierungsüberschuss von 19,2 Mrd. Euro ab. Das dritte Jahr in Folge hatten Bund und Länder einen Haushaltsüberschuss erwirtschaftet.

Das war möglich, weil das Steueraufkommen aufgrund der guten Wirtschaftsentwicklung stetig gestiegen war. Mit den steigenden Einkommen wuchs (überproportional) das Aufkommen aus der Lohn- und Einkommensteuer und mit den höheren Konsumausgaben die Umsatzsteuer. Gleichzeitig waren die Zinsausgaben der öffentlichen Körperschaften aufgrund der lockeren Geldpolitik der EZB immer weiter gesunken. Nach Berechnungen der Deutschen Bundesbank belief sich die Zinsersparnis 2016 – im Vergleich mit den vor der Finanzkrise gezahlten Zinsen – auf 44 Mrd. Euro, seit der Finanzkrise auf insgesamt 240 Mrd. Euro. Deutschland verdankte das Gros seiner Haushaltserfolge also der ultralockeren Geldpolitik der EZB.

Mit den Haushaltsüberschüssen waren auch die Staatsschulden gesunken. Wolfgang Schäuble konnte schon den Bundeshaushalt für 2015 ohne weitere Neuverschuldung (d. h. mit einer »schwarzen Null«) beschließen lassen. Gleichzeitig war die Staatsschuldenquote stetig gesunken und hatte sich mit 71 Prozent der 60-Prozent-Vorgabe der EU angenähert.

Doch schon im Jahr 2020 konnte es kritisch werden, weil sich dann etliche Haushaltsrisiken aus Beschlüssen der Großen Koalition aus dem Jahr 2014 realisierten. Die Rentenkasse musste dann jährlich zusätzlich 10 Mrd. Euro für die Rente mit 63 und die Mütterrente aufbringen. Mit 8 Mrd. Euro jährlich schlugen die Mehrleistungen bei Gesundheit und Pflege zu Buche. Für die Flüchtlinge rechnete der Bund mit jährlichen Kosten von 15 Mrd. Euro. Erhebliche Risiken ergaben sich auch aus den explodierenden Pensionslasten der öffentlichen Körperschaften. Zudem musste Deutschland als Folge des Brexits einen höheren Beitrag an die EU leisten und 2020 die erste Abschreibung der Griechenland-Schulden verbuchen, da mit einer Rückzahlung nicht zu rechnen war.

In den Haushalten von Bund und Ländern wurden auch keine Rücklagen für außerordentliche Risiken wie Wirtschafts- und Energiekrisen, Pandemien oder Kriegsereignisse gebildet. Zudem war die »schwarze Null« im Bund nur möglich, weil notwendige Investitionen in die Verkehrsinfrastruktur unterblieben und an der Ausrüstung der Bundeswehr gespart wurde. Das für die NATO-Länder geltende Ziel, 2 Prozent des BIP in die Verteidigungsfähigkeit zu investieren, wurde in keinem Haushalt der Großen Koalition auch nur annähernd erreicht.

In einer ehrlichen Schuldenaufstellung mussten den offenen Staatsschulden auch die »versteckten Schulden«, insbesondere die künftigen Verpflichtungen der Sozialversicherungen, in Höhe von 90 Prozent des BIP hinzugerechnet werden. Im EU-Nachhaltigkeitsranking 2016 war Deutschland bereits vom 5. Platz auf den 9. Platz abgerutscht. »Der Sinkflug Deutschlands hat eingesetzt«, warnte Michael Eilfort von der Stiftung Marktwirtschaft.

Sozial-ökologische Marktwirtschaft

Bei der Bundestagswahl am 24. September 2017, bei der Angela Merkel erneut als Kanzlerkandidatin antrat, erlitten die Parteien der Großen Koalition herbe Verluste. Die CDU/CSU erhielt nur noch einen Stimmenanteil von 32,9 Prozent und die SPD von 20,5 Prozent. Als die Verhandlungen zwischen Union, FDP und Grünen über eine »Jamaika-Koalition« gescheitert waren (Christian Lindner, FDP: »Es ist besser, nicht zu regieren, als schlecht zu regieren.«), einigten sich Union und SPD unter Vermittlung des Bundespräsidenten Frank-Walter Steinmeier auf eine Neuauflage der Großen Koalition, wieder mit Angela Merkel als Bundeskanzlerin.

Für Angela Merkel sollte es die letzte Legislaturperiode sein und sie ließ keinen Zweifel daran, dass sie entschlossen war, den begonnenen Transformationsprozess hin zur sozial-ökologischen Marktwirtschaft fortzusetzen und unumkehrbar zu machen. Offensichtlich sollte das ihr politisches Vermächtnis werden.

An Verbündeten innerhalb und außerhalb der Großen Koalition fehlte es Merkel dafür nicht. Die Grünen befanden sich im Aufwind. Ihr Bundesvorsitzender Robert Habeck wollte Großes gestalten: »*Die ordnungspolitischen Leitplanken weiterzuentwickeln und aus der sozialen eine ökologisch-soziale Marktwirtschaft zu schaffen, das wird die große Aufgabe unserer Zeit sein.*« Auch die massiven Klimaproteste der »Fridays for Future«-Bewegung in der Öffentlichkeit beeindruckten Merkel. Sie sah darin eine politische Unterstützung, die sie in ihrer letzten Legislaturperiode nutzen wollte.

Ordnungspolitische Bedenken hatte Angela Merkel nicht. Der bereits 1992 von der damaligen rot-grünen Bundesregierung installierte »Wissenschaftliche Beirat Globale Umweltveränderung (WBGU)« hatte in seinem Hauptgutachten aus dem Jahr 2011 eine »große Transformation der Gesellschaft« vorgeschlagen, die mit der industriellen Revolution des 19. Jahrhunderts vergleichbar wäre. Alles in der Gesellschaft werde sich verändern müssen, »nicht nur Produktions- und Konsumgewohnheiten, sondern auch Anreizsysteme, Institutionen, normative Maximen und Wissenschaftsdisziplinen«. Diese Transformation müsse innerhalb der nächsten 20 Jahre stattfinden, weil die Klimaänderung nicht warten würde. Sie ergäbe sich aber nicht von selbst, sondern erfordere bewusste Planung und den »gestaltenden Staat«. Notfalls müsse sie auch »gegen demokratische Mehrheiten durchgesetzt« werden.

Die Vorschläge des Wissenschaftlichen Beirates wurden Grundlage des Regierungsprogramms aller von Angela Merkel geführten Bundesregierungen. Die ehemalige Bundesumweltministerin Barbara Hendricks (SPD) schrieb dazu in einem Beitrag für die *FAZ* vom 26. Mai 2015: Beim Klimaschutz »geht es um viel mehr als die Stromerzeugung aus erneuerbaren Energien … Es geht in der Klimapolitik darum, gesellschaftliche Strukturen neu zu denken und neue Geschäftsmodelle für die Wirtschaft zu entwickeln. Dazu braucht es Pioniere, die innovative Konzepte und Techniken nicht nur in Forschung und Entwicklung fördern, sondern erproben, weiterentwickeln und kosteneffizient machen. Deutschland ist entschlossen, dafür auch in Zukunft ein Wegbereiter zu sein.«

Die maßgeblichen Ideengeber für diesen Prozess der ökologischen Transformation waren aber nicht die Koalitionsparteien CDU/CSU und SPD, sondern die Partei der Grünen. Die zurückliegenden Wahlen hatten gezeigt, dass das Thema Klimawandel die Wähler, insbesondere junge weibliche Wähler, mobilisieren konnte. Darüber hinaus hatten die Grünen in vielen politischen Fragen – der Klima- und Energiepolitik, der Wirtschafts- und Verkehrspolitik und in der Gesellschafts- und Kulturpolitik – die politische Deutungshoheit erlangt. So war es der Partei aus der Opposition heraus gelungen, die anderen politischen Parteien und die jeweilige Bundesregierung vor sich herzutreiben mit dem Ziel, die Agenda der Grünen umzusetzen.

Wie war das möglich? Die Grünen verstehen sich als eine postindustrielle Partei, die den modernen Zeitgeist verkörpert. Tatsächlich gehören sie inzwischen – auch dank der medialen Öffentlichkeit – mit ihrem kosmopolitisch-städtischen Lebensstil, mit ihren Vorstellungen von einer multikulturellen Gesellschaft und ihrem Öko-Label zur tonangebenden Bevölkerungsgruppe in der Gesellschaft.

Doch was wollen die Grünen wirklich? Den zentralen Markenkern der Grünen bildet eine wohlklingende ökologische Ideologie, verbunden mit einem hohen moralischen Anspruch, einem unerschütterlichen Machbarkeitsglauben und der Neigung zum allumfassenden Staatsdirigismus. Dabei zeigt sich immer deutlicher, dass das Denken und Handeln der Grünen in vielen Teilen mit demokratisch/rechtsstaatlichen Prinzipien und einer marktwirtschaftlichen Ordnung in Widerspruch stehen.

Die Grünen sehen sich selbst als die »moralischte aller Parteien in Deutschland« – so Boris Palmer, Oberbürgermeister in Tübingen. Ihnen dient vor allem die Klimakrise dazu, die Welt in »gute« und »schlechte« Menschen einzuteilen. Nach ihrem Verständnis wird das Weltklima destabilisiert, weil rücksichtslose Menschen das Klima absichtlich gefährden, um ihre egoistischen Ziele durchzusetzen. Sich selbst rechnen die Grünen zu den guten Menschen, weil sie mit der Absicht angetreten sind, eine Klimakatastrophe zu verhindern.

Aus dem angeblich erforderlichen Schutz des Klimas und der Rettung der Erde leiten die Grünen auch die Legitimation für ihre Politik und das Handeln des Staates ab. Ihr politischer Auftraggeber ist also nicht der mündige Staatsbürger, wie es in Demokratien der Fall ist. Die Grünen sehen sich unabhängig vom Votum der Wähler einzig dem Klimaschutz verpflichtet.

Einer sachorientierten Debatte entziehen sich Grünen häufig dadurch, dass sie komplexe Sachverhalte mit Schlagworten wie Klimanotstand auf die gesinnungsethische Ebene heben, auf der dann die Meinungsbildung stattfinden soll. Nur so ist zu erklären, weshalb die Grünen trotz des geringen deutschen Anteils von 2 Prozent am weltweiten Ausstoß von CO_2 und der geringen Erfolgsbilanz beim Klimaschutz auf immer ambitionierteren nationalen Klimazielen bestehen.

In diesen Zusammenhang gehört auch das selektive Wissenschafts- und Technikverständnis der Grünen: einerseits begründen sie die klimapolitischen Handlungsnotwendigkeiten mit Klimamodellen und CO_2-Budgets; andererseits lehnen sie aber die Kernkraft als klimaschonende Technik ab.

Und natürlich sind ihnen alle Mittel recht und billig, um ihre klimapolitischen Ziele durchzusetzen – Schulstreiks, Verkehrsblockaden und Verstöße gegen die öffentliche Ordnung. Hier offenbart sich die autoritäre Haltung der Grünen, die mit demokratischen und rechtsstaatlichen Prinzipien nicht vereinbar ist. Der ehemalige Verfassungsrichter Hans-Jürgen Papier warnte deshalb: »Eine solche Haltung ist (…) von einem hohen Maß an Arroganz und Selbstüberschätzung gekennzeichnet; Menschen verkennen schnell, dass ihre eigenen subjektiven Moralvorstellungen kein Allgemeingut sind. In der rechtsstaatlichen Demokratie ist es der durch Volkswahlen legitimierte Gesetzgeber, der den Auftrag zur Bestimmung und zur Konkretisierung dessen hat, was das Wohl des Gemeinwesens ist und was der Allgemeinheit am meisten nützt.«

Bei der Umsetzung ihrer Maßnahmen setzen die Grünen in erster Linie auf den Staatsdirigismus. Die Verbots- und Ausstiegsliste der Grünen ist lang: Sie sind für einen konsequenten Atomausstieg; sie sind aber auch für den Ausstieg aus der Kohle und allen fossilen Energieträgern. Sie sind gegen die Dieseltechnik und Verbrennungsmotoren, gegen SUVs, gegen freie Fahrt auf deutschen Autobahnen und generell gegen die Automobilindustrie, gegen die Energiewirtschaft (wenn nicht erneuerbar), gegen den Luftverkehr, Flughäfen mit ihren Start- und Landebahnen, gegen Einfamilienhäuser; sie sind im Grunde gegen Wirtschaftswachstum und plädieren lieber für Verzicht. Die Grünen sind in der Tat eine »postindustrielle« Partei.

Dem Staatsoptimismus auf der einen Seite steht auf der anderen Seite eine tiefe Marktskepsis gegenüber, die vor allem von den grünen Fundis kultiviert wird. Im Wahlprogramm der Grünen zur Bundestagswahl 2021 werden der Erfolg und die Errungenschaften der Sozialen Marktwirtschaft kategorisch als Profitstreben abgewertet. Gleichzeitig wird das Zerrbild einer ungleichen und ungerechten Gesellschaft in Deutschland gezeichnet. Die Soziale Marktwirtschaft soll nach den Vorstellungen der Grünen zu einer sozial-ökologischen Marktwirtschaft unter dem alleinigen Leitgedanken des »klimagerechten Wohlstands« umgebaut werden, was nur mit einer grundlegend veränderten Gesellschaft möglich ist.

Klima-Vertrag

Im Rahmen der von der Klimabewegung angestrebten »Großen Transformation der Gesellschaft« spielt das Ziel der Klimaneutralität eine zentrale Rolle. Auf der Pariser Weltklimakonferenz im Dezember 2015 einigten sich die Teilnehmerstaaten darauf, die Erderwärmung »möglichst« nicht über 1,5 Grad steigen zu lassen. Um dieses 1,5 Grad-Ziel zu erreichen, sollte spätestens bis zum Jahr 2050 »Klimaneutralität« hergestellt werden. Das bedeutet, dass ab Mitte des Jahrhunderts nicht mehr Treibhausgasemissionen ausgestoßen werden sollen, als durch Aufforstung, unterirdische Kohlenspeicher etc. aufgefangen werden können.

Artikel 4 des Übereinkommens der Klimakonferenz lautete: »*Zum Erreichen des [...] langfristigen Temperaturziels sind die Vertragsparteien bestrebt, so bald wie möglich den weltweiten Scheitelpunkt der Emissionen von Treibhausgasen zu erreichen, [...] und danach rasche Reduktionen im Einklang mit den besten verfügbaren wissenschaftlichen Erkenntnissen herbeizuführen, um in der 2. Hälfte dieses Jahrhunderts ein Gleichgewicht zwischen den anthropogenen Emissionen von Treibhausgasen aus Quellen und dem Abbau solcher Gase durch Senken [...] herzustellen.*«

Der abgeschlossene Klimavertrag war rechtlich nicht bindend, sondern legte die Umsetzung des vereinbarten Ziels in die Hände der Vertragsstaaten. Sie sollten sich konkrete Ziele zur Minderung des CO_2-Ausstoßes setzen, die alle fünf Jahre überprüft und verschärft werden sollten. Sanktionsmöglichkeiten gab es nicht. Doch die Europäische Union (EU) und einige EU-Länder, darunter Deutschland, verpflichteten sich durch Gesetz, bis 2050 klimaneutral zu werden.

Bei der Wahl der Mittel zur Erreichung des 1,5 Grad-Zieles waren die Regierungen relativ frei. Das verpflichtende Ziel der Klimaneutralität sollte jedoch der Antrieb für die Vertragsstaaten sein, klimapolitische Aktivitäten zu ergreifen. So wurde in der EU ein Emissionshandelssystem geschaffen, um die Emissionen zu reduzieren. Zusätzlich setzte die EU im Verordnungswege zahlreiche Grenzwerte für den Ausstoß klimaschädlicher Gase fest. Geplant war außerdem ein CO_2-Grenzausgleich, mit dem eine CO_2-Abgabe auf Importe bestimmter Waren aus Ländern mit geringeren Klimaaktivitäten erhoben werden sollte.

Deutschland hatte sich bereits unter der rot-grünen Regierung darauf festgelegt, die Klimaneutralität in erster Linie über den Ausbau erneuerbarer Energien zu erreichen. Zusätzlich wurden der Automobilindustrie

CO_2-Grenzen gesetzt und die E-Mobilität gefördert. Im Gebäudebereich sollten Fern- und Erdwärme und die Dämmung von Gebäuden den CO_2-Ausstoß mindern. Außerdem wurde für den Verbrauch von Treibstoffen eine zeitlich gestaffelte CO_2-Abgabe beschlossen, um den Einsatz fossiler Energien stetig zu verteuern.

Der Pariser Klimavertrag und seine anschließende Umsetzung stießen auf unterschiedliche Reaktionen: Ifo-Präsident Hans-Werner Sinn sah in dem Vertrag allenfalls einen moralischen Appell, sich für den Klimaschutz zu engagieren. Er kritisierte, dass der Durchbruch zu einem weltweiten Emissionshandelssystem, das die einzige Lösung für das Klimaproblem sei, weiterhin in großer Ferne liege. Wirtschaftsvertreter befürchteten vor allem Wettbewerbsnachteile für ihre Branchen und für die Volkswirtschaft, wenn Deutschland Vorreiter beim Klimaschutz sein wollte. Der Verband der Chemischen Industrie (VCI) ließ wissen, dass das Abkommen für die Bundesregierung und die EU keine Grundlage sein dürfe, »die Ziele und Maßnahmen zum Klimaschutz noch weiter zu verschärfen«.

Unter den Bundestagsabgeordneten gab es nur wenige Stimmen, die den klimapolitischen Weg der Bundesregierung hinterfragten. Eine davon gehörte dem CDU-Abgeordneten Arnold Vaatz (MdB), der schrieb: »Niemand, auch nicht die Bundesregierung, kann sicher wissen, ob eine Klimakatastrophe droht und wer sie, wenn sie droht, verursacht hätte und ob sie, wenn sie droht, durch Politik vermeidbar wäre. Was wir aber wissen, ist, dass die politischen Vorkehrungen zur Verhinderung einer von CO_2 verursachten Klimakatastrophe gigantisch und von fraglichem Erfolg sind. Sollte sich die CO_2-Annahme als falsch herausstellen, so hätten wir die bisher größte Fehlallokation von Ressourcen und Kapital in der Geschichte der Menschheit verursacht.«

Arnold Vaatz zog aus dieser Beurteilung den Schluss, dass die Bundesregierung den Versuch, die Stromversorgung mithilfe des EEG auf erneuerbare Energien umzustellen, schnell beenden sollte. Die immensen Kosten und Risiken stünden in keinem Verhältnis zum möglichen Nutzen. Der dänische Politologe Björn Lomborg kam zu dem gleichen Urteil (*FAZ* vom 8. Mai 2015): »Die aktuelle Klimapolitik beruht auf reinem Wunschdenken. Das können sich nur sehr reiche Länder wie Deutschland leisten. Für die Entwicklungsländer ist es wichtiger, Armut, Malaria und Hunger zu bekämpfen.«

Kohlekommission

In ihrem Klimaschutzbericht 2018 kam die Bundesregierung zu dem Ergebnis, dass Deutschland seine in dem Pariser Abkommen versprochenen Klimaziele deutlich verfehlen wird. Es wurde prognostiziert, dass der Ausstoß an Treibhausgasen bis 2020 nur um 32 Prozent unter dem Niveau von 1990 liegen würde, statt wie geplant um 40 Prozent. Die tatsächlichen Reduktionseffekte waren noch erheblich geringer: Denn der Löwenanteil des Rückgangs beruht auf dem Zusammenbruch der DDR-Wirtschaft, die zwei Drittel ihres gesamten Energiebedarfs mit Braunkohle abgedeckt hatte. Die Energiewende der Bundesregierung war deshalb alles andere als ein Erfolg.

Aus diesem Grund bildete die Bundesregierung die »Kommission Wachstum, Strukturwandel und Beschäftigung« (Kohlekommission), die bis Dezember 2018 einen Zeitplan für den Ausstieg Deutschlands aus der Verstromung von Braun- und Steinkohle vorlegen sollte. Gleichzeitig sollte sie der Regierung Vorschläge machen, wie der damit verbundene Strukturwandel in den betroffenen Regionen bewältigt werden könnte. Direkt waren davon knapp 30 000 Arbeitsplätze in den Tagebau- und Kohlekraftwerken im Rheinland, in Mitteldeutschland und in der Lausitz betroffen, weitere 20 000 bei Zulieferern und Dienstleistern.

In die Kohlekommission, die aus 28 stimmberechtigten Mitgliedern bestand, hatte die Bundesregierung Vertreter der betroffenen Regionen, verschiedener Umweltgruppen, der Wirtschaft, Gewerkschaften und Wissenschaft berufen. Außerdem gehörten ihr Vertreter der Regierung, des Bundestages und der Länder an, allerdings ohne Stimmrecht.

Innerhalb der Kommission wurden zwei Arbeitsgruppen gebildet, wovon sich eine mit dem Thema »Klima und Energie« und die andere mit »Wirtschaft und Strukturpolitik« befassen sollte. Die erste Gruppe wurde von der Berliner Umweltprofessorin Barbara Praetorius und Merkels früherem Kanzleramtsminister Ronald Pofalla (CDU) geleitet. Der zweiten Gruppe saßen die früheren Ministerpräsidenten von Brandenburg Matthias Platzek (SPD) und von Sachsen Stanislaw Tillich (CDU) vor. Beschlüsse in der Kommission konnten mit Zweidrittelmehrheit der Stimmen gefasst werden.

Nach den Vorstellungen der Bundesregierung sollten die Ergebnisse dieser Kommission in das für 2019 geplante »Klimaschutzgesetz« einfließen. Dieses Gesetz sollte wiederum die Grundlage dafür sein, dass die von der Koalition für das Jahr 2030 propagierten Klimaziele erreicht werden. Konkret bedeutete das eine Minderung der Emissionen von Kohlendioxid gegenüber 1990 um 61 Prozent. Das war in etwa das Doppelte des bisher Erreichten.

Die inhaltlichen Positionen der Mitglieder der Kohlekommission lagen weit auseinander: Die Klimaschützer verlangten ein baldiges Ende des Braunkohleabbaus sowie ein zügiges Abschalten jener Kohlekraftwerke, die besonders viel klimaschädliches Kohlendioxid ausstoßen. Demgegenüber verlangte Brandenburgs Wirtschaftsminister Albrecht Gerber (SPD), zuerst müssten Aspekte wie Versorgungssicherheit, Wettbewerbsfähigkeit, Energiekosten für Wirtschaft und Verbraucher sowie regional-wirtschaftliche Folgen für die Menschen vor Ort diskutiert werden. »Vorfestlegungen zu einem Ausstiegsdatum darf es nicht geben.«

Mit dem gleichen Tenor warnte auch der Bundesverband der Deutschen Industrie (BDI) vor Fehlentwicklungen, die sich rächen könnten. »Ich halte nichts davon, die Energieversorgung des viertgrößten Industrielandes der Erde auf Kante zu nähen«, sagte BDI-Präsident Dieter Kempf. Energie sei die »Aorta der Wirtschaft«. Arndt G. Kirchhoff, Präsident des Unternehmerverbandes in Nordrhein-Westfalen, forderte in einem Beitrag für die *FAZ* vom 26. Juni 2018, dass für eine verlässliche Energiepolitik zwei Ziele unabdingbar wären: »Sie hat einerseits dafür Sorge zu tragen, dass die Versorgungssicherheit mit Strom in unserem Land weiterhin zu jeder Sekunde gewährleistet ist. Diese Grundbedingung darf nicht verhandelbar sein. Andererseits benötigen wir hierzulande wieder Energiepreise, die sich auf einem international wettbewerbsfähigen Niveau einpendeln. Beide Ziele muss die Kommission mit der gleichen Leidenschaft verfolgen wie die angestrebten klimapolitischen Höchstleistungen.«

Die Umweltorganisationen Greenpeace und WWF plädierten demgegenüber für einen zügigen Ausstieg aus der Kohle, der nach ihren Berechnungen ohne große Schmerzen möglich wäre. Dem widersprachen die Vertreter der Energieversorger und Wirtschaft mit dem Hinweis auf Gutachten und Berechnungen ihrer Berater, die das Gegenteil ausgerechnet hätten. Für Stefan Kapferer, Chef des Bundesverbandes der Energiewirtschaft (BDEW), war ein schneller Ausstieg aus der Atomkraft und Kohle nur mit einer staatlich gesicherten Rückfallposition, z. B. mit ausreichenden Gaskraftwerken, vertretbar. »Auf Stromimporte aus dem europäischen Ausland wird man sich nicht verlassen können.«

In der Arbeitsgruppe »Wirtschaft und Strukturpolitik« sollten Empfehlungen für den Strukturwandel in den vom geplanten Kohleausstieg betroffenen Regionen erarbeitet werden. Hierzu legten die Ministerpräsidenten von Sachsen, Sachsen-Anhalt und Brandenburg frühzeitig ihre Pläne auf den Tisch: Sie forderten, dass für den Verlust von Arbeitsplätzen neue Beschäftigungsmöglichkeiten geschaffen werden, wofür sie einen Zeitraum von 30 Jahren ansetzten. In dieser Zeit sollten die betroffenen Regionen mit 2 Milliarden Euro jährlich gefördert werden. »Für Investitionen in Arbeitsplätze, substituierte Kraftwerksleistung sowie Maßnahmen für die Strukturentwicklung bewegen sich die Kosten von 2 Milliarden Euro im Jahr für einen Zeitraum von 30 Jahren eher im unteren Bereich«, hieß es in einer gemeinsamen Erklärung der drei Ministerpräsidenten.

Die Kommission machte sich solche Forderungen aber nicht zu eigen. Denn während die Kohlekommission über den Kohleausstieg beriet, besetzten Umweltaktivisten den Hambacher Forst, um dessen Rodung zu verhindern. Laut RWE war das Abholzen jedoch notwendig, um die Belieferung ihrer Kraftwerke mit Braunkohle zu sichern. Die Angelegenheit eskalierte, als die Umweltvertreter in der Kohlekommission für den Fall der Rodung mit dem Ausstieg aus der Kommission drohten.

Die Landesregierung in Nordrhein-Westfalen stand hinter den Plänen von RWE. Als Ende Oktober 20 000 Menschen, darunter viele Gewerkschaftsmitglieder, vor Ort mit Fahnen und Schildern für die Rodung des Waldes demonstrierten, rief Armin Laschet, Ministerpräsident von NRW, ihnen zu: »Es ist gut, dass das heute mal sichtbar wird, wie viele Menschen für Arbeit im Industrieland eintreten.« Das waren neue Töne von Laschet, der in dem Ruf stand, dass er den grünen Verhandlungspartnern weit entgegenkommen wollte.

Ende November (2018) schickten die Ministerpräsidenten von Brandenburg, Sachsen und Sachsen-Anhalt an das Kanzleramt einen Brandbrief, in dem sie die Arbeit der Kohlekommission heftig kritisierten. Während das Ende der Kohleverstromung bisher damit verknüpft war, dass in den betroffenen Regionen zuvor neue, gleichwertige und zukunftssichere Arbeitsplätze geschaffen würden, »entsteht immer mehr der Eindruck, dass große Teile der Kommission ihren primären Auftrag in der Definition von Ausstiegspfaden, Gigawattzahlen und dem Finden von rechtlichen Möglichkeiten für deren Durchsetzung sehen«, hieß es in dem Brief.

Die Ministerpräsidenten forderten, dass das politisch gewollte Enddatum des Kohleausstiegs zwingend mit einem vorher wirksam gewordenen Strukturwandel einhergehen müsse. Doch in den Entwürfen für das Abschlusspapier, das die Kommission vorfristig präsentieren wollte, spielte das keine Rolle mehr. Statt von neuen, gleichwertigen Jobs war dort lediglich »von den Arbeitsplatzverlust abfedernden Maßnahmen« die Rede: also Arbeitsbeschaffungsmaßnahmen, Vorruhestand, Beschäftigungsgesellschaften. Daran konnten sich die Kohlearbeiter in der Lausitz aus der Zeit der Wiedervereinigung noch sehr gut erinnern. »Zusammengefasst sind Geist und Intention des gegenwärtigen Berichtsentwurfs für die betroffenen Länder nicht akzeptabel«, schrieben daraufhin die drei Ost-Ministerpräsidenten und drohten, dem Kohleausstieg die Zustimmung zu verweigern.

Der Brandbrief verfehlte seine Wirkung nicht. Angela Merkel ließ die Kommission nachsitzen: Statt des für Ende November vorgesehenen Schlusstermins sollte sich nun eine eigene Arbeitsgruppe unter Beteiligung der betroffenen Länder bis zum Februar intensiv dem Strukturwandel widmen. »Wir haben im letzten Moment die Notbremse gezogen«, sagte Sachsens Ministerpräsident Michael Kretschmer. »Ich bin froh, dass die Bundeskanzlerin erkannt hat, dass es so kein gutes Ende nehmen konnte.«

Eine Abschätzung der Kosten und Konsequenzen des Kohleausstiegs für die Volkswirtschaft gehörten nicht zum Auftrag der Kohlekommission. Bekannt wurde lediglich, dass die Länderchefs die Anpassungshilfen für den Strukturwandel in den betroffenen Kohlerevieren auf 60 Milliarden Euro über 30 Jahre beziffert hatten. Die zu erwartenden Entschädigungszahlungen an die Kraftwerksbetreiber waren darin nicht enthalten. Außerdem musste der Bund mit weiteren Ansprüchen rechnen: So forderte etwa die Gewerkschaft IG BCE ein »Anpassungsgeld Braunkohle« für ältere Kumpel. Kostenpunkt: 5 bis 7 Milliarden Euro, wovon der Bundeshaushalt etwa die Hälfte übernehmen sollte. »Denn die Regierung wird die Verantwortung dafür übernehmen müssen, wenn sie einen rentablen Industriezweig plötzlich abschalten will«, sagte IG BCE-Chef Michael Vassiliadis. Die Gewerkschaften hätten »dem allgemeinen Ausstiegswahn ein Konzept der Vernunft gegenübergestellt«.

Zusätzlich verlangte die energieintensive Industrie (Papier, Zement, Glas, Chemie und metallverarbeitende Industrie) von der Bundesregierung einen Ausgleich für die zu erwartenden Wettbewerbsnachteile. Die Unternehmen gingen davon aus, dass der Kohleausstieg den Großhandelspreis für Strom um mindestens 30 Prozent oder sogar 50 Prozent erhöhen würde. Sie begründeten ihre Einschätzung damit, dass sich die Einsatzreihenfolge der Kraftwerke nach der Höhe ihrer Grenzkosten richtet und die Grenzkosten des letzten zugeschalteten Kraftwerks den Strompreis bestimmt (Merit Order). Fielen die billig produzierenden Braunkohle-Kraftwerke weg, würden die deutlich teureren Gaskraftwerke bestimmend für den gesamten Strompreis werden. Für den daraus entstehenden Nachteil verlangten die stromintensiven Unternehmen einen finanziellen Ausgleich vom Bund.

Die WirtschaftsVereinigung Metalle drohte mit der Abwanderung von Betrieben: »Ohne eine Kompensation der Kosten wird diese nationale Mehrbelastung zur Abwanderung der stromintensiven Industrie in Deutschland führen.« Doch öffentliche Hilfen zum Ausgleich von steigenden Preisen für Strom waren nach geltendem EU-Beihilferecht nicht zulässig.

Ohne dass zu solchen Einwendungen eine einvernehmliche Lösung gefunden war, verkündete Ronald Pofalla (CDU) am 26. Januar 2019, dass die Kohlekommission sich nach einer 22-stündigen Marathonsitzung auf einen Abschlussbericht geeinigt habe. Ein »gesamtgesellschaftlicher Konsens« sei erreicht worden. Die Kommission habe ihre Arbeit erfolgreich erledigt. Tatsächlich hatten sich die 28 stimmberechtigten Mitglieder bei einer Gegenstimme auf ein gemeinsames Papier mit folgendem Inhalt geeinigt:

- Bis Ende 2022 soll die derzeitige Kohlekraftwerksleistung um mehr als ein Viertel reduziert werden. 2030 sollen drei Fünftel der Kraftwerke stillgelegt sein. 2038 soll dann endgültig Schluss sein.
- Die Braunkohleregionen sollen 20 Jahre lang vom Bund 1,3 Milliarden Euro pro Jahr für konkrete Strukturprojekte erhalten. Darüber hinaus zahlt der Bund ihnen für den gleichen Zeitraum 700 Millionen pro Jahr zur freien Verfügung.
- Die Bundesregierung soll mit den Betreibern einvernehmliche Regelungen über die Entschädigungen für die stillgelegten Kraftwerke aushandeln. Kommt es zu keiner Einigung, empfiehlt die Kommission die zwangsweise Stilllegung von Kraftwerken.
- Für die Beschäftigten wird ein Sicherheitsnetz geknüpft. Betriebsbedingte Kündigungen sollen ausgeschlossen werden. Ältere Mitarbeiter sollen ein Anpassungsgeld und einen Ausgleich für Renten-

einbußen erhalten. Einen Teil der insgesamt auf 5 Milliarden Euro geschätzten Kosten sollen die Arbeitgeber tragen.

- Sollten durch den Ausstieg die Strompreise steigen, dann sollen Privatleute und Industrie ab 2023 mit einem Zuschuss des Bundes zu den Netzentgelten entlastet werden. Etwa 2 Milliarden Euro soll das kosten.
- Der Hambacher Forst – das Symbol der Anti-Kohle-Bewegung – soll erhalten bleiben.

Während Politiker die Empfehlungen der Kommission lobten, äußerten sich Vertreter der Wissenschaft kritisch. »Sinnvoller wäre es, den Prozess des Kohleausstiegs über einen nationalen CO_2-Preis zu etablieren«, sagte der Ökonom Andreas Löschel von der Universität Münster. »Dies ist nicht nur der ökonomisch sinnvollste Weg zur Erreichung der deutschen Klimaschutzziele, sondern sichert auch die Umweltwirkung des Ausstiegs.« Zudem wiesen Wissenschaftler darauf hin, dass die CO_2-Einsparungen in Deutschland durch den sogenannten »Wasserbett-Effekt des Emissionshandels« (frei werdende ETS-Zertifikate werden nicht gelöscht, sondern anderen Emittenten übertragen) zu Mehremissionen in anderen EU-Staaten führen werden.

Außerdem wurde kritisiert, dass durch die Abschaltung von Kohlekraftwerken in der ersten Phase vor allem die Kraftwerke in Nordrhein-Westfalen betroffen waren. Der Beitrag der ostdeutschen Reviere zum Ausstieg war gering. Der Grund waren Landtagswahlen, die 2019 in Sachsen und Brandenburg stattfanden.

Der Kohlestreit war mit dem von Ronald Pofalla am 26. Januar 2019 verkündeten Ausstiegsvertrag keineswegs vorbei. Es waren die Ministerpräsidenten der betroffenen Länder, die im Zusammenhang mit dem Entwurf eines Kohleausstiegsgesetzes auf Nachbesserungen pochten. Die dazu geführten Bund-Länder-Verhandlungen kamen zu dem Ergebnis, dass das bereits gebaute, aber noch nicht in Betrieb befindliche Steinkohlekraftwerk Datteln 4 im Ruhrgebiet entgegen den Empfehlungen der Kohlekommission doch ans Netz gehen könnte. Außerdem wurde der Pfad zum Kohleausstieg geändert.

Den eigentlichen Kohleausstieg beschloss der Deutsche Bundestag dann am 30. Januar 2020 mit dem »Kohleausstiegsgesetz«. Mitgewirkt hatten die Abgeordneten daran kaum. Das Gesetz wurde von Umweltverbänden, Wissenschaftlern und Teilen der Wirtschaft heftig kritisiert. Die Grünen kritisierten, es gebe »wenig Klimaschutz für viel Geld«. Die

Regierung folge nicht den Empfehlungen der Kohlekommission, schüre den gesellschaftlichen Dissens und gefährde die nationalen und internationalen Klimaziele. Die Grünen brachte vor allem auf, dass das neue Steinkohlekraftwerk Datteln 4 ans Netz gehen sollte, der Ausbau der erneuerbaren Energien im Gesetz nicht festgeschrieben war und dass die Kraftwerksstilllegungen nicht stetig, sondern in Sprüngen erfolgen sollten. Bundeswirtschaftsminister Peter Altmaier (CDU) verteidigte demgegenüber den Entwurf. Im Falle von Datteln 4 wäre es besser, vorübergehend ein hochmodernes Kraftwerk ans Netz zu nehmen und dafür alte Anlagen stillzulegen. Der veränderte Fahrplan zur Stilllegung orientiere sich zudem an der Versorgungssicherheit, zumal Deutschland bis 2022 auch aus der Kernkraft aussteige.

Klimaschutzprogramm 2030

Wahlerfolge der Grünen bei Landtagswahlen und Aktionen der Fridays-for-Future-Bewegung verstärkten im Jahr 2019 den politischen Handlungsdruck beim Klimaschutz. Um diesem Druck zu begegnen und um ein mögliches Scheitern der Energiewende während der Regierungszeit von Angela Merkel zu vermeiden, beschloss die Bundesregierung im September 2019 in Abstimmung mit den Regierungschefs der Bundesländer das »Klimaschutzprogramm 2030«. Die Bundesregierung wollte Handlungsfähigkeit zeigen.

Ziel dieses Programms war, den Bau von Solar- und Windparks zu beschleunigen, Kraft- und Brennstoffe zu verteuern und den Klimaschutz in den CO_2-emittierenden Sektoren zu intensivieren. Zitat: »Der weitere zielstrebige, effiziente, netzsynchrone und marktorientierte Ausbau der Erneuerbaren Energien ist ein entscheidender Baustein zur Erreichung der Klimaziele. Die Bundesregierung hat das Ziel, im Jahr 2030 einen Anteil erneuerbarer Energien am Stromverbrauch von 65 % zu erreichen.« Dazu waren folgende Maßnahmen geplant:

Die Abstandsregeln für Windräder sollten verkürzt und die finanziellen Vorteile für Kommunen bei der Genehmigung von Windrädern erhöht werden. Zitat: »Neue Abstandsregelungen sollen die Akzeptanz für die Windkraft ebenso erhöhen wie neue finanzielle Vorteile für Kommunen, in denen Windräder gebaut werden dürfen.« Außerdem sollte das Ziel für den Ausbau der Windenergie auf See auf 20 Gigawatt angehoben und der noch bestehende Deckel von 52 Gigawatt für den Ausbau von Photovoltaikanlagen aufgehoben werden. So sollte der Anteil erneuerbarer Energien an der Stromerzeugung bis 2030 auf 65 Prozent erhöht werden.

Im Mittelpunkt des Programms stand jedoch die Einführung einer CO_2-Abgabe ab 2021 für die Sektoren Verkehr und Gebäude. Hierzu sollten Unternehmen, die Brenn- und Kraftstoffe in Verkehr bringen, verpflichtet werden, CO_2-Zertifikate zu erwerben. Die Kosten dafür sollte der Brennstoff- und Kraftstoffhandel dann über den Preis der Produkte an die Verbraucher weitergeben. Davon erhoffte man sich – wie in den Sektoren Energie und Industrie – auch für die Sektoren Verkehr und Gebäude nicht nur einen sparsameren Energieverbrauch, sondern auch den Umstieg auf regenerative Energien (E-Mobilität, Erdwärme etc.).

Der Preis für das Zertifikat sollte nach dem Vorschlag der Bundesregierung mit 10 Euro pro Tonne CO_2 beginnen und bis zum Jahr 2025 auf 35 Euro pro Tonne steigen. Ab 2026 sollte der Preis zwischen einem festgelegten Mindest- und einem Höchstpreis durch den Markt bestimmt werden. Die Bundesregierung versprach, die Einnahmen aus der CO_2-Bepreisung in Klimaschutzmaßnahmen zu investieren oder sie den Bürgern in Form von Entlastungen oder von Fördermaßnahmen zurückzugeben.

Das Klimapaket der Bundesregierung geriet von vielen Seiten unter Beschuss. Die Einführung einer systematischen CO_2-Bepreisung wurde zwar allgemein befürwortet, die vorgesehene Verteuerung fossiler Brenn- und Treibstoffe hielten die Umweltverbände NABU, Greenpeace und BUND aber nicht für ausreichend. In einer gemeinsamen Stellungnahme hieß es: »Der homöopathische Einstieg in die CO_2-Bepreisung von 10 Euro die Tonne CO_2 wird keinerlei Lenkungswirkung entfalten.« Die Bundeskanzlerin hielt solchen Einwendungen entgegen, dass die Förderprogramme erst wirken müssten, bevor die CO_2-Preise angehoben werden könnten. Man wolle die Menschen mitnehmen, sagte sie. Es handele sich um einen Kompromiss, der trotzdem seine Langzeitwirkung entfalten werde.

Tatsächlich lagen die 10 Euro je Tonne deutlich unter dem vom Sachverständigenrat der Bundesregierung empfohlenen Preis von 25 bis 50 Euro je Tonne CO_2, den der Rat zum Erreichen der deutschen Klimaziele 2030 für erforderlich hielt. Folglich beurteilte ihr Vorsitzender Christoph Schmidt die Eckpunkte für das Klimaschutzprogramm ähnlich kritisch wie die Umweltverbände. Von einem »großen Wurf« könne keine Rede sein, schließlich bemesse sich der Erfolg nicht an der Fülle der Einzelmaßnahmen – »sondern daran, ob das Paket dafür sorgt, dass die in Europa bis 2030 verbindlich zugesagte Emissionsreduktion wirksam und kosteneffizient erreicht wird«. Und da sei Skepsis angebracht, sagte Schmidt.

Des Weiteren enthielt das Klimaschutzprogramm 2030 CO_2-Budgets für die Sektoren Verkehr, Gebäude, Landwirtschaft, Industrie und Energie sowie »Minderungsziele« für die verschiedenen Sektoren, die bis zum Jahr 2030 erreicht werden müssten. Dazu kündigte die Bundesregierung folgende Vorgehensweise an: Die jährlichen Minderungsziele sollten gesetzlich festgeschrieben werden und das Klimakabinett sollte jährlich überprüfen, wie wirksam und zielgenau die Maßnahmen waren. Erfüllte ein Sektor seine Ziele nicht, sollte das zuständige Ministerium unverzüglich ein Sofortprogramm zur Nachsteuerung vorlegen.

Der Energie- und Klimafonds, ein Nebenhaushalt der Bundesregierung, sollte das zentrale Finanzierungsinstrument für die Energiewende werden. Zusammen mit Mitteln außerhalb des Fonds wollte die Bundesregierung bis 2030 für Energiewende und Klimaschutz einen dreistelligen Milliardenbetrag zur Verfügung stellen. Beschlossen waren bereits die Aufhebung der EEG-Umlage und die staatliche Subventionierung der erneuerbaren Energien, um die Verbraucher von der EEG-Umlage zu entlasten.

Klimaschutzgesetz

Am 18. Februar 2019 legte Bundesumweltministerin Svenja Schulze (SPD) den Referentenentwurf für ein Klimaschutzgesetz vor, der in seinen Grundzügen dem Klimaschutzprogramm 2030 entsprach. Die Treibhausgasemissionen sollten bis 2030 um 55 Prozent (zum Ausgangswert des Jahres 1990) gemindert werden. Hierzu legte das Gesetz bis zum Jahr 2030 »Minderungsziele« in Form von verbindlichen jährlichen Emissionsmengen für die Sektoren Energiewirtschaft, Industrie, Verkehr, Gebäude, Landwirtschaft sowie Abfallwirtschaft fest.

Für die Einhaltung der jährlich sinkenden Emissionsgrenzen sollten die für den jeweiligen Sektor zuständigen Bundesministerien verantwortlich sein. Bei Überschreiten der zulässigen Jahresemissionsgrenze musste das verantwortliche Ministerium aus eigenem Budget Emissionsrechte zukaufen. Damit sollte sichergestellt werden, dass die Ministerien die im Klimagesetz festgelegten Aufgaben erledigen.

Die unionsgeführten Ministerien in der Regierung lehnten eine solche verbindliche Festlegung von Ressortzielen ab und veranlassten das Bundeskanzleramt, den Entwurf des Klimaschutzgesetzes zurückzuhalten und nicht in den üblichen Umlauf zu geben. Daraufhin leitete Bundesumweltministerin Schulze (SPD) im Mai 2019 eigenmächtig die Ressortabstimmung ein. Das Bundeskanzleramt widersprach zwar förmlich »der Einleitung der Ressortabstimmung, der Versendung an Länder und Verbände sowie der Veröffentlichung im Internet«, akzeptierte dann aber den Verfahrensfehler, weil die Bundeskanzlerin das Klimaschutzgesetz schnell in Kraft setzen wollte. Am 9. Oktober wurde es in unveränderter Fassung vom Bundeskabinett verabschiedet und in den Bundestag eingebracht.

Bei der strittigen Frage, wie hoch der Preis für eine Tonne CO_2 sein sollte, spielte das Kanzleramt mit den oppositionellen Grünen über Bande: Obwohl der CO_2-Preis im Bundesrat nicht zustimmungspflichtig war, nahm die Kanzlerin Verhandlungen mit ihnen auf. Sie verknüpfte dazu geschickt das »Klimapaket« mit einer Reform der Pendlerpauschale, wozu ein Steuergesetz geändert werden musste. Das wiederum ging nicht ohne den Bundesrat – und damit nicht ohne die Grünen, die drohten, die neue Pendlerpauschale zu blockieren, wenn die CO_2-Steuer nicht deutlich angehoben würde. Merkel ließ sich auf diesen Kuhhandel ein. So stieg der Einstiegspreis für die Tonne CO_2 von 10 Euro auf 25 Euro. Am 12. Dezember 2019 wurde das Klimaschutzgesetz beschlossen und trat sechs Tage später in Kraft.

Bundesverfassungsgericht

Im Bundesverfassungsgericht jedenfalls fanden die Klimaschützer einen gewichtigen Unterstützer ihrer Anliegen: Mit Beschluss vom 24. März 2021 erklärte das Gericht die Festsetzung der zulässigen Jahresemissionsmengen im Klimaschutzgesetz mit den Grundrechten für unvereinbar, soweit eine Regelung über die Fortschreibung der nationalen Minderungsziele für Zeiträume ab dem Jahr 2032 fehlte. Das Gericht gab damit überraschend den Verfassungsbeschwerden verschiedener

Umweltverbände und junger Umweltschützer statt, denen die Ziele und Maßnahmen des Gesetzes nicht weit genug gingen.

Zur Begründung sagte das Bundesverfassungsgericht, das Klimaschutzgesetz verschiebe hohe Emissionsminderungslasten unumkehrbar auf Zeiträume nach 2030. Dies ginge zulasten der jüngeren Generation, weil die Begrenzung der Erderwärmung dann nur mit immer dringenderen und kurzfristigeren Maßnahmen machbar wäre. Davon seien dann praktisch sämtliche grundgesetzlichen Freiheitsrechte der jüngeren Generation zumindest potenziell betroffen, weil derzeit noch fast alle Bereiche menschlichen Lebens mit der Emission von Treibhausgasen verbunden und damit nach 2030 von drastischen Einschränkungen bedroht seien. Es dürfe nicht dazu kommen, dass einer Generation das Recht zugestanden werde, »unter vergleichsweise milder Reduktionslast große Teile des CO_2-Budgets zu verbrauchen, wenn damit zugleich den nachfolgenden Generationen eine radikale Reduktionslast überlassen und deren Leben umfassenden Freiheitseinbußen ausgesetzt würde«.

Nach Auffassung des Bundesverfassungsgerichts hätte der Gesetzgeber Vorkehrungen treffen müssen, um die hohen Lasten der nachfolgenden Generationen abzumildern. Er sei deshalb verpflichtet, bis Ende 2022 die Reduktionsziele für Treibhausgasemissionen für die Zeit nach 2030 näher zu regeln. Zu einer Änderung der Reduktionsziele bis 2030 wurde der Gesetzgeber hingegen nicht verpflichtet. Insoweit wurden die Beschwerden zurückgewiesen.

Das Bundesverfassungsgericht stützte die Klimaschutzverpflichtung des Staates auf Artikel 20a des Grundgesetzes (»Der Staat schützt auch in Verantwortung für die künftigen Generationen die natürlichen Lebensgrundlagen«) und meinte, dass Deutschland im Rahmen der globalen Klimaschutzmaßnahmen seinen – wenn auch geringen – proportionalen Anteil übernehmen müsse. Deutschland dürfte durch sein Verhalten anderen Staaten keine Rechtfertigung dafür liefern, ihrerseits nicht die erforderlichen Klimaschutzmaßnahmen zu treffen.

Die Entscheidung des Bundesverfassungsgerichts fand keine allgemeine Zustimmung. Die Kritik fasste der Staatsrechtler Dietrich Murswiek in einem Beitrag in der Tageszeitung *Die Welt* vom 20.08.2021 wie folgt zusammen: Die deutschen Treibhausemissionen machten nur knapp 2 Prozent der weltweiten Emissionen aus. Es liegt deshalb auf der Hand, dass Deutschland mit seinen 2 Prozent nicht die eigentliche Ursache der Erderwärmung ist und sie auch nicht aufhalten kann, wenn es sein angebliches »Restbudget« nicht überschreitet. Die Erderwärmung ist also kein nationales, sondern ein globales Problem.

Die Argumentation des Bundesverfassungsgerichts rechtfertigt seine Entscheidung nur dann, wenn alle anderen Staaten oder jedenfalls die größeren Industrie- und Schwellenländer vergleichbare Emissionsbegrenzungen vornehmen. Ist das nicht der Fall, können sich aus Artikel 20a GG keine weiteren Emissionsbegrenzungen ergeben, weil sie evident nicht geeignet sind, die Erderwärmung aufzuhalten oder auch nur spürbar zu verringern.

In dem Pariser Klimaschutzabkommen hatten sich nur 32 von insgesamt 191 Vertragsstaaten verpflichtet, ihre CO_2-Emissionen zu reduzieren. Alle anderen Staaten wollen ihre Emissionen steigern, darunter der weitaus größte Emittent China sowie Indien als drittgrößter Emittent. Dementsprechend enthält das Abkommen auch kein globales CO_2-Restbudget.

Deutschland hat im Durchschnitt der letzten zehn Jahre rund 0,7 Gigatonnen CO_2 pro Jahr emittiert, während China mehr als 10 Gigatonnen pro Jahr emittiert, und zwar mit steigender Tendenz. Deutschland will seine rund 130 Kohlekraftwerke stilllegen, während in China, Indien, Indonesien, Japan und Vietnam über 600 neue Kohlekraftwerke geplant werden, 368 allein in China.

Selbst wenn Deutschland seine CO_2-Emissionen sofort auf null reduziert, steigen die weltweiten Emissionen weiter an – ohne dass irgendein Staat gegen das Pariser Abkommen verstößt. Im Ergebnis verlangt das Bundesverfassungsgericht von der Politik also weitere massive Klimaschutzmaßnahmen, die evident nicht geeignet sind, die Erderwärmung aufzuhalten oder spürbar zu verringern.

Nach Bekanntwerden der Entscheidung des Bundesverfassungsgerichts konnte es der Bundesregierung mit einer Nachbesserung des Klimaschutzgesetzes gar nicht schnell genug gehen. Innerhalb weniger Wochen legte sie einen Entwurf für ein erstes Änderungsgesetz zum Klimaschutzgesetz vor. Bis zur Beschlussfassung durch den Bundestag hatten die anzuhörenden Interessenverbände nur wenige Stunden Zeit, um dazu Stellung zu nehmen.

In dem geänderten Gesetz wurde die Frist zum Erreichen der Klimaneutralität von 2050 auf 2045 vorgezogen. Außerdem sollten die Treibhausgasemissionen bis 2030 gegenüber 1990 statt um 55 Prozent um 65 Prozent sinken. Der Gesetzentwurf verschärfte zudem die für den

Zeitraum bis 2030 geltenden Ziele, vor allem für die Sektoren Industrie und Energiewirtschaft, obgleich das Bundesverfassungsgericht dies nicht gefordert hatte. Die Novelle trat am 18. August 2021 in Kraft.

»Letzte Generation«

Im Spätsommer 2021 kampierten vor dem Bundeskanzleramt in Berlin fünf junge Menschen und traten in den Hungerstreik. Auf ein weißes Laken hatten sie mit blutroter Farbe geschrieben: »Klimakrise tötet.« Mit dem Hungerstreik wollte die Gruppe in der heißen Phase des Bundestagswahlkampfes auf sich aufmerksam machen und die Kanzlerkandidaten von SPD, Grünen und der Union zu einem Gespräch zwingen.

Hinter dieser Aktion stand eine Organisation, die sich »Letzte Generation« nannte. Ihr erklärtes Ziel war, die Politik mit spektakulären Aktionen zu zwingen, den versprochenen Klimaschutz ernst zu nehmen und konkrete Zusagen für seine Umsetzung zu machen.

Dazu blockierten die Aktivisten Autobahnen und Flughäfen durch Ankleben, besetzten abbruchgefährdete Dörfer an Abbaustätten für Braunkohle oder saßen in Museen angeklebt vor berühmten Bildern. Mit solchen Aktionen brachten die Aktivisten in vielen deutschen Städten das öffentliche Leben zum Stillstand. Die Bewegung wuchs schnell und ihre Aktionen wurden zu einem der beherrschenden Themen in den Medien.

Strafrechtliche Konsequenzen schreckten die Aktivisten nicht ab. Sie legitimierten ihre Aktionen mit einem angeblichen Klimanotstand, weil die Bundesregierung ihre rechtlichen Verpflichtungen nicht erfüllte, die sie beim Klimaschutz eingegangen war. »Wir stehen vor einer Krise, die die Überlebensfähigkeit der Spezies auf dem Planeten infrage stellt. Das würde ein fast ins Absolute reichendes Widerstandsrecht begründen«, sagte ein prominenter Klimaaktivist.

Hinter der Bewegung »Letzte Generation« stand eine hierarchische Organisation mit einer professionellen Führung und Dutzenden von Mitarbeitern. Ihr Vordenker war der Brite Roger Hallam, ein erfahrener Anführer der internationalen Klimabewegung. Finanziert wurde die Organisation aus Spenden und vom Climate Emergency Fund, einer NGO, die mit Geld reicher Philanthropen weltweit Klimaaktivisten unterstützt.

Der Erfolg von »Letzte Generation« beruhte nicht zuletzt auf einem ausgeklügelten Rekrutierungssystem. Gesucht wurden junge Menschen, die bereit waren, für ihre Ideale das Studium oder den Job aufzugeben, gegebenenfalls auch als Märtyrer für die große Sache ins Gefängnis zu gehen. Durch entsprechende Schulungen wurde dann der Protest zum zentralen Inhalt ihres Lebens.

Bei der »Letzten Generation« waren durchaus sektenartige Tendenzen festzustellen: Die Organisation schürte Endzeitängste und benutzte religiöse Sprachbilder, um ihren Forderungen Nachdruck zu verleihen. Dass sich ihr Ziel nicht auf das Jenseits, sondern auf das Diesseits richtete, sprach nicht gegen die Annahme einer Sekte. Auch die Moderne hat ihre eigene säkulare Glaubensgeschichte, bestimmt von diesseitigen Heilshoffnungen und Erlösungsversprechen.

Wie in vielen Sekten wurde die »Letzte Generation« von der Vorstellung getrieben, die letzte Generation der Menschheit zu sein, welche die Folgen des Klimawandels noch beeinflussen könnte. Die Organisation spielte dabei mit einer besonderen Angst der Menschen: die Angst vor dem Weltuntergang. Sie sprach von sog. Kipppunkten, ab denen sich das Ökosystem der gesamten Welt auf unwiederbringliche Weise verändern würde; schon in zwei bis drei Jahren könnte es zu spät sein. Was dann folgen würde, wären Armut, Elend und Tod, ein beispielloses Massensterben von Tieren und vielleicht auch von Menschen.

In ihrem Selbstverständnis gehörten die Mitglieder dieser Organisation zu den Auserwählten, welche die Klimakatastrophe noch verhindern konnten. Mit ihren Aktionen stellten sie sich in eine Reihe mit den großen Widerstandshelden der Weltgeschichte, mit Mahatma Gandhi und Martin Luther King. Auch diese Kämpfer wären zu ihren Lebzeiten verhasst gewesen, heute würden sie gefeiert, sagten sie.

Die Organisation versuchte zudem, moderne Menschen zu Mitgliedern eines zentral angeführten Kollektivs zu machen, das eine kritiklose Identifikation verlangte. Außerdem wurde gefordert, dass sich die Mitglieder streng an das von der »Letzten Generation« ausgearbeitete Narrativ hielten. Nur unter dieser Voraussetzung durfte sich ein Mitglied zu der quasi-religiösen Klima-Elite rechnen.

Europäischer Green Deal

Im Juli 2019 erlebte Europa einen überraschenden Führungswechsel: Ursula von der Leyen (CDU) wurde auf Vorschlag des Europäischen Rates zur EU-Kommissionspräsidentin gewählt. Hinter dieser Personalie stand der französische Präsident Emmanuel Macron, der den von Angela Merkel für diesen Posten vorgeschlagenen Manfred Weber (CSU), Vorsitzender der Europäischen Volkspartei (EVP), als »nicht geeignet« bezeichnete.

In der Bewerbungsrede von der Leyens vor dem Europaparlament nahm die Klimapolitik einen breiten Raum ein, eine deutliche Reverenz an die Grünen im Europäischen Parlament. Europa müsse bis 2050 »der erste klimaneutrale Kontinent« werden, sagte sie. Dieses Ziel wollte sie in einem »europäischen Klimagesetz« festschreiben. Dazu kündigte sie an, das bisherige Ziel einer CO_2-Reduktion von 40 Prozent bis 2030 »auf 50, wenn nicht 55 Prozent« zu erhöhen. Um dieses Ziel zu erreichen, wollte sie die Europäische Investitionsbank (EIB) teilweise in eine »Klimabank« umgestalten, die in den nächsten zehn Jahren eine Billion Euro für Klimainvestitionen locker machen sollte.

Schon ein halbes Jahr später stellte Ursula von der Leyen im Europäischen Parlament ihren »Green Deal« zum europäischen Klimaschutz vor. »Das ist Europas Mann-auf-dem-Mond-Moment«, sagte sie, um auf die Bedeutung dieses Projektes für die Europäische Kommission aufmerksam zu machen. Mit dem Green Deal wollte sie die Europäische Union (EU) zum Vorreiter im Klimaschutz bis 2050 machen.

Vorerst waren das nur politische Absichtserklärungen, um sich in der durch »Greta Thunberg« heiß gelaufenen Klimadebatte wieder Gehör zu verschaffen. Naheliegend war auch, dass sie sich damit bei den Grünen bedanken wollte, die ihre Wahl unterstützt hatten.

Die neue Kommissionspräsidentin begründete ihr schnelles Handeln mit der bevorstehenden Klimakatastrophe: »Die Menschheit steht vor einer existenziellen Bedrohung – und die ganze Welt fängt an, das zu verstehen. In Deutschland bedrohen Trockenheit, Brände und der Borkenkäfer unsere Wälder, von Afrika bis Asien breiten sich die Wüsten aus. Der steigende Meeresspiegel bedroht europäische Städte und pazifische Inseln: Solche Phänomene hat die Menschheit zwar schon früher erlebt, aber noch nie in dieser Geschwindigkeit.«

Mit solchen Übertreibungen überzeugte sie wohl ein geneigtes Publikum, aber nicht das Netzwerk von 500 internationalen Wissenschaftlern, die in einer »Europäischen Klimaerklärung« vor solchem Alarmismus warnten. Danach erwärme sich die Erde viel langsamer, als von interessierter Seite vorhergesagt würde. Außerdem gäbe es »keine statistischen Belege dafür, dass durch die globale Erwärmung Hurrikane, Überschwemmungen, Dürren und ähnliche Naturkatastrophen verstärkt oder häufiger werden«, hieß es in der Erklärung der 500 Wissenschaftler.

Von der Leyen sah in ihrem »Green Deal« allerdings nicht nur ein Schutzprogramm für das Klima, sondern auch eine »neue Wachstumsstrategie« für Europa. »Er wird die Emissionen senken und gleichzeitig Arbeitsplätze schaffen und unsere Lebensqualität verbessern. Er ist der grüne Faden, der sich durch all unsere Politikfelder ziehen wird – vom Verkehr bis zu den Steuern, von den Lebensmitteln bis zur Landwirtschaft, von der Industrie bis zur Landwirtschaft.« Klimapolitik sollte also gleichzeitig Wachstumspolitik sein.

Für diese Idee warb sie mit folgendem Argument: »Der europäische Grüne Deal ist nicht nur eine Notwendigkeit: Er wird eine treibende Kraft für neue wirtschaftliche Chancen sein. Viele europäische Unternehmen sind schon heute grün. Sie senken ihre CO_2-Bilanz und entdecken saubere Technologien für sich. Sie verstehen, dass unser Planet Grenzen hat: Europas Unternehmen wissen, dass wir uns alle um unser gemeinsames Haus kümmern müssen. Und ihnen ist bewusst, dass es Vorteile bringt, wenn sie bei den nachhaltigen Lösungen von morgen unter den Pionieren sind.«

Von der Leyen brachte damit zum Ausdruck, dass das Merkel-Modell der ökologischen sozialen Marktwirtschaft auch für die EU gelten sollte. Ein solcher »Green Deal« löste aber nicht überall Begeisterungsstürme aus. Vor allem die Ansage »Wir müssen Klimaschutz und Wachstum versöhnen« stieß in der Wirtschaft auf große Skepsis. Die ständige Verschärfung von Klimazielen durch die Europäische Union (EU) habe Konsumenten und Unternehmen verunsichert, sagte Dieter Kempf, Präsident des BDI; dies wäre »Gift für langlebige Investitionen«. Auch Volkmar Denner, Chef des Autozulieferers Bosch, wurde deutlich: »Was wir können, ist Strukturwandel. Was wir nicht können, ist Strukturbruch.« Jeder Veränderungsprozess brauche Zeit und gelinge mit der Industrie nicht, wenn er »dogmatisch übers Knie« gebrochen werde.

Auch Vertreter der Chemieindustrie stellten sich nur bedingt hinter die Kommissionspläne. »Der Grüne Deal kann funktionieren, wenn Brüssel die Industrie als Partner und Lösungsanbieter für die großen Herausforderungen mit ins Boot holt«, sagte VCI-Hauptgeschäftsführer Wolfgang Große Entrup. In dem Vorschlag der neuen Kommissionspräsidentin könne man einen »konstruktiven Gesamtansatz, um Wirtschaft,

Gesellschaft und Politik in Europa nachhaltig auszurichten«, erkennen. Doch alles hätte seinen Preis – käme »eine Flutwelle neuer Regulierungen, geht es schief«, sagte Große Entrup.

Als Ursula von der Leyen als neue EU-Kommissionspräsidentin im Dezember 2019 der Öffentlichkeit ihren »European Green Deal« vorstellte, nannte sie nur eine Zahl: Bis 2030 würde die Europäische Kommission eine Billion Euro, ab 2020 also 100 Milliarden Euro jährlich, für dieses Mammutprojekt aktivieren. Damit sollte der europäische Kontinent bis 2050 klimaneutral gemacht und die Wirtschaft wieder in Schwung gesetzt werden – ganz im Sinne des übergeordneten Ziels, Ökologie und Ökonomie zu versöhnen.

Mitte Januar 2020 erläuterte von der Leyen der Presse erstmals, wie die Kommission eine Billion Euro für den Grünen Deal zusammenbringen wollte. 30 Prozent sollten aus dem mehrjährigen EU-Haushalt (2021–2027) und einem neu geschaffenen 672,5 Mrd. Euro schweren »Wiederaufbaufonds« stammen. Außerdem müssten die EU-Länder mindestens 37 Prozent der Gelder, die sie aus diesem Aufbaufonds erhalten, zur Förderung der Klimaziele beisteuern. Der Europäische Kohäsionstopf, der Länder und Gebietskörperschaften bei größeren Investitionen hilft, sollte ebenfalls 37 Prozent für den Grünen Deal beisteuern.

Die *FAZ* vom 15. Januar 2020 kommentierte diesen Finanzierungsplan mit folgenden Worten: »Und es zeigt sich, dass von der Leyen der Öffentlichkeit mit ihren beeindruckenden Summen tatsächlich mehr Klimaschutz verkauft hat, als sie liefern kann.« Diese Aussage traf den Nagel auf den Kopf. Denn mit dem neuen »Wiederaufbaufonds« wollte die EU ihre Ausgaben erstmals nicht mit Einnahmen, sondern durch Aufnahme von Schulden finanzieren.

Europäischer Aufbaufonds

Am 18. Mai 2020 kündigte Angela Merkel gemeinsam mit dem französischen Präsidenten Emmanuel Macron per Video-Pressekonferenz an, dass sie sich über die Gründung eines »Fonds zur wirtschaftlichen Erholung auf EU-Ebene für Solidarität und Wachstum« im Volumen von 500 Milliarden geeinigt hatten, um den von der Corona-Pandemie besonders betroffenen Regionen wirtschaftlich wieder auf die Beine zu helfen.

Das grundsätzlich Neue an diesem Fonds war, dass die finanziellen Hilfen den Mitgliedsländern nicht als Kredit, sondern als verlorener Zuschuss gegeben werden sollten. Außerdem sollte sich der Fonds nicht durch Zuschüsse der EU-Mitglieder, sondern durch Anleihen am Kapitalmarkt finanzieren. Für diese Schulden sollte laut Merkel »der normale Haushaltsschlüssel der Mitgliedstaaten« gelten.

Damit legte Angela Merkel wieder einmal eine spektakuläre Kehrtwende hin. Jahrzehntelang hatte sich die CDU dagegen gewehrt, dass die EU als Gemeinschaft Schulden aufnimmt. Die Warnung vor einer »Schuldenunion« fehlte auf keinem Parteitag. In der Finanzkrise und danach wurden Wolfgang Schäuble und Angela Merkel nicht müde, auf den Vorschlag gemeinschaftlicher Anleihen, also Euro-Bonds, mit einem kategorischen »Nein« zu antworten. Das alles war nun Schnee von gestern.

Finanzminister Olaf Scholz (SPD) stimmte dem Merkel-Macron-Plan sofort zu. Scholz sah darin wie Merkel einen wichtigen Schritt auf dem Weg zu einer immer engeren Europäischen Union. Merkel sagte bei ihrem Auftritt mit Macron den bemerkenswerten Satz: »Der Nationalstaat alleine hat keine Zukunft.« Scholz antwortete auf die Frage, ob er darin einen Schritt zu den »Vereinigten Staaten von Europa« sähe, dieses Ziel habe die SPD schon 1925 in ihrem Programm gehabt.

Die meisten Abgeordneten des Deutschen Bundestages der CDU erfuhren vom Merkel-Macron-Vorschlag erst aus den Medien. Vorab informiert waren nur der Fraktionsvorsitzende Ralph Brinkhaus (CDU) sowie die CDU-Haushaltspolitiker Andreas Jung und Eckhardt Rehberg. Sie sprangen Merkel sofort mit einer bereits vorbereiteten Presseerklärung bei.

Auch der CSU-Vorsitzende Markus Söder äußerte sich zustimmend, ebenfalls Armin Laschet und Friedrich Merz. Die interne Begründung lautete, dass damit echte Euro-Bonds vom Tisch seien. Natürlich meldete sich auch Bundestagspräsident Wolfgang Schäuble zu Wort: »Wenn Europa überhaupt noch eine Chance haben will, muss es sich jetzt als solidarisch und handlungsfähig bewähren«, verkündete er über die Medien.

Noch Ende März hatte sich Merkel im EU-Rat, dessen Sitzung als Videokonferenz stattfand, strikt gegen Corona-Bonds ausgesprochen, die neun Länder – darunter Italien, Frankreich und Spanien – gefordert hatten. Dem italienischen Ministerpräsidenten Giuseppe Conte hatte sie entgegengeschleudert, darauf könne er »lange warten«. Aber der fauchte zurück: »Wie kann man nur glauben, dass man auf diesen asymmetrischen Schock der Corona-Krise mit Mitteln der Vergangenheit reagieren kann?«

Doch Frankreichs Staatspräsident Emmanuel Macron, der Wortführer der Südländer, setzte Merkel immer stärker unter Druck. Mitte Mai gab sie schließlich nach und verkündete zusammen mit Macron den deutsch-französischen Plan eines Wiederaufbauprogramms für Europa über 500 Milliarden Euro. Das Geld sollte an notleidende Staaten verschenkt werden. Auch das war eine 180-Grad-Wende. Die Tageszeitung *Die Welt* vom 27. Mai 2020 schrieb dazu: »Macron lächelte maliziös bei der Präsentation des Plans. Er war zufrieden.« Merkel hatte wieder einmal nachgegeben.

Am 27. Mai 2020 war dann die EU-Kommission an der Reihe, die wochenlang gerechnet und sich eng mit Angela Merkel und Emmanuel Macron abgestimmt hatte. Ursula von der Leyen verkündete im Europäischen Parlament, dass die EU-Kommission mit 750 Milliarden Euro den wirtschaftlichen Aufbau in den EU-Ländern nach der Corona-Krise unterstützen wolle. Zwei Drittel davon sollten als nicht rückzahlbare Zuschüsse in die besonders von der Krise betroffenen Mitgliedstaaten fließen, ein Drittel als Kredite. »Die EU hat die Wahl, jetzt gemeinsam voranzuschreiten und einen Sprung nach vorn zu machen, oder jeder macht allein weiter, wir lassen die Menschen, Regionen, ganze Länder zurück und akzeptieren eine geteilte Union von Reich und Arm«, sagte von der Leyen bei der Vorstellung ihres Plans. Die größten Profiteure sollten Italien mit 172,7 Mrd. Euro und Spanien mit 140,4 Mrd. Euro sein.

Zur Finanzierung bestätigte die Kommissionspräsidentin, dass an den Finanzmärkten Anleihen mit Laufzeiten von bis zu 30 Jahren aufgenommen werden sollten. Dafür müssten die Mitgliedstaaten Garantien abgeben. Für die Rückzahlung der Anleihen nannte sie drei Optionen: Ausgabenkürzungen im EU-Haushalt, Erhöhung der nationalen Beiträge oder neue Einnahmequellen für die EU. Die Kommission setzte auf die dritte Option und machte dazu ein Bündel von Vorschlägen.

Bei der deutschen Ratspräsidentschaft vom 1. Juli bis 31. Dezember 2020 ging es nur noch um den siebenjährigen EU-Haushalt (2020 bis 2027) und um den Wiederaufbaufonds, der inzwischen den Titel »Next Generation EU« bekommen hatte. Österreichs Bundeskanzler Sebastian Kurz, der niederländische Ministerpräsident Mark Rutte, die dänische Regierungschefin Mette Frederiksen und ihr schwedischer Kollege Stefan Lövfen – in Brüssel die »Sparsamen Vier« genannt – lehnten den deutsch-französischen Plan und »jegliche Vergemeinschaftung von Schulden« ab. Man wolle keine »Schuldenunion durch die Hintertür«, sagte Sebastian Kurz.

Nach dem Gegenentwurf der »Sparsamen Vier« sollte die EU-Kommission das Geld notfalls zwar auch an den Finanzmärkten aufnehmen dürfen, es dann aber als Kredit und nicht als verlorenen Zuschuss an die Mitgliedstaaten weiterreichen. Die Kredite müssten zurückgezahlt werden und Reformauflagen vorsehen. Kurz sagte dazu in der *Welt*: »Wir wollen helfen, wir wollen solidarisch sein in Europa, aber wir sind auch den Menschen in unserem Land verpflichtet, die tagtäglich hart arbeiten, die diese Steuerleistungen erbringen, um deren Beitrag es hier am Ende ja geht. Es sind nicht die Politiker, die das bezahlen, sondern die hart arbeitenden Menschen.«

Erst »auf den letzten Metern« gelang es, zum Aufbaufonds eine Einigung zwischen der EU-Kommission, den Mitgliedstaaten und dem Europaparlament auf der einen Seite und den »Sparsamen Vier« auf der anderen Seite herbeizuführen. Die Kommission meinte, eine Rechtsgrundlage gefunden zu haben, um das Verschuldungsverbot für die EU umgehen zu können. Sie berief sich dazu auf Vorschriften in den EU-Verträgen, wonach die Mitgliedstaaten oder der EU-Rat die Gemeinschaft mit den erforderlichen Befugnissen und Mitteln auszustatten haben, wenn »ein Tätigwerden der Union erforderlich erscheint, um eines der Vertragsziele zu erreichen« (so Artikel 352 Abs. 1 AEUV).

Ob das ausreichte, war äußerst zweifelhaft: In Artikel 310 Abs. 1 S. 3 AEUV war geregelt, dass »der Haushaltsplan der EU in Einnahmen und Ausgaben auszugleichen ist«. Damit war der EU eine Finanzierung ihrer Ausgaben durch Kredite oder Anleihen grundsätzlich verboten. Gegebenenfalls würde der Europäische Gerichtshof diese Frage klären müssen.

Die hierzu von Abgeordneten des Bundestages gegen das Ratifizierungsgesetz erhobenen Verfassungsbeschwerden wies das Bundesverfassungsgericht am 6. Dezember 2022 trotz eigener Bedenken zurück. Die Mehrheit des Zweiten Senats sah »keine offensichtliche« Kompetenzüberschreitung der EU. Die verfassungsgerichtliche Kontrolle, ob die EU sich zu Unrecht Kompetenzen anmaße, sei »zurückhaltend und europafreundlich auszuüben«.

Zu dieser Entscheidung äußerte der Verfassungsrichter Müller in einer »Abweichenden Meinung« schwerwiegende Bedenken. Die Fokussierung der Senatsmehrheit »auf die Feststellung einer an strengste Voraussetzungen gebundenen Offensichtlichkeit« begründe die Gefahr, dass die »Ultra-vires-Kontrolle« des Bundesverfassungsgerichts künftig im Wesentlichen leerlaufe.

Damit stehen der EU für den Weg in die Transfer- und Schuldenunion keine rechtlichen Schranken mehr entgegen.

Corona-Pandemie

Anfang Dezember 2019 brach im chinesischen Wuhan die Corona-Pandemie aus. Wenige Wochen später erreichte das Virus auch Deutschland. Seitdem war nichts mehr, wie es war. Auf einen solchen externen Schock war niemand vorbereitet.

Es hatte Warnungen gegeben, dass so etwas passieren könnte. Das Robert-Koch-Institut hatte bereits im Jahr 2012 für die Bundesregierung ein Szenario untersucht, in dem sich in Deutschland eine Pandemie ausbreitet. Der Bericht mit dem Aktenzeichen »17/12051« ging an alle Abgeordneten des Bundestages und die Ministerien sowie an die Landesregierungen. Journalisten konnten ihn auf der Internetseite des Bundesamtes für Bevölkerungsschutz herunterladen.

Das Katastrophenszenario der Experten kam der Corona-Realität im Jahr 2019/2020 erstaunlich nahe: »Der bei Wildtieren vorkommende Erreger stammt aus Südostasien, wo er über Märkte auf den Menschen übertragen wurde.« Das Modell-Virus war jedoch gefährlicher als das spätere Coronavirus. Es breitete sich global aus, »hauptsächlich in Asien, Nordamerika, Europa«. Nach Deutschland kam es »wenige Wochen«, nachdem es entdeckt worden war. »Die Symptome sind Fieber und trockener Husten, die Mehrzahl der Patienten hat Atemnot.« Laut Modell führte die Pandemie zu Engpässen bei der medizinischen Ausrüstung, beim Personal und bei der Lebensmittelversorgung. Schließlich brach die medizinische Versorgung »bundesweit zusammen«.

Als die Drucksache »17/12051« im Januar 2013 verteilt wurde, hieß der Gesundheitsminister Daniel Bahr (FDP). Ihm folgten nach der Bundestagswahl 2013 Hermann Gröhe (CDU) und 2017 Jens Spahn (CDU). Keiner dieser Minister reagierte auf diesen Bericht und traf die erforderlichen Vorkehrungen, weil sie sich nicht zuständig fühlten. Der Katastrophenschutz ist nämlich Ländersache.

Die Autoren des Pandemieberichts zeigten sich über diese Reaktion nicht sonderlich überrascht. »Leider wurde dieser Bericht wie so einige andere nicht in der wünschenswerten Tiefe diskutiert. Die letzten, sehr wichtigen Schritte im sogenannten Risikomanagementprozess fehlten in der Tat«, sagte der Präsident des Bundesamtes für Bevölkerungsschutz Christoph Unger. Er hätte sich gewünscht, dass sich Innen- und Gesundheitsausschuss zusammensetzen und überlegen, was zu tun ist. »Nur wer weiß, was ihm drohen kann, kann sich entsprechend gut darauf vorbereiten«, sagte er. »Meist sind diese Risiken aber für die Politik zunächst weit weg und werden durch aktuelle Probleme nach hinten verdrängt.«

Es war dann Bill Gates, der dieses Thema im Jahr 2017 auf der Münchener Sicherheitskonferenz zur Sprache brachte. »Wir müssen uns auf Epidemien vorbereiten, wie sich das Militär auf den Krieg vorbereitet. Das bedeutet nicht nur, dass das Militär seine medizinischen und logistischen Kapazitäten in den Dienst der Virus-Bekämpfung stellen muss, sondern dass die Öffentlichkeit für den Ernstfall probt und die Verhaltensregeln einübt.«

Bill Gates machte dazu den Vorschlag, eine Impfstoff-Plattform zu etablieren. »Sie soll Wissenschaftlern dabei helfen, einen universell anwendbaren Impfstoff zu finden, der durch geringfügige Änderungen gegen verschiedene Krankheiten eingesetzt werden kann. Grundlagenforschung hierzu gibt es bereits, allerdings fehlen finanzielle Mittel.« Wiederum geschah nichts.

Anfang 2020 wurde aus dem Krisenszenario dann bitterer Ernst. Am 8. März 2020 starb der erste Deutsche an den Folgen von COVID-19. Zwei Tage später wurden Infektionen in allen 16 Bundesländern gemeldet. Die Kreisstadt Heinsberg in Nordrhein-Westfalen wurde nach einer Karnevalsfeier der erste große Corona-Hotspot in Deutschland. Immer mehr schwer Infizierte wurden gemeldet und mussten stationär in den Krankenhäusern behandelt werden. Dort gab es bald Engpässe bei den Intensivbetten, bei der medizinischen Ausrüstung (Schutzkleidung, Masken etc.) und beim Pflegepersonal, so wie im Szenario des Berichts Aktenzeichen 17/12051 beschrieben wurde.

Bundeskanzlerin Angela Merkel wandte sich erstmals am 18. März 2020 mit einem dramatischen Appell an die Bundesbürger: *»Es ist ernst. Nehmen Sie es auch ernst. Seit der Deutschen Einheit, nein, seit dem Zweiten Weltkrieg gab es keine Herausforderung an unser Land mehr, bei der es so sehr auf unser gemeinsames solidarisches Handeln ankommt.«*

Wie die Bundesregierung suchte alle Welt nach einem Weg aus der Corona-Krise. Ein Impfstoff stand Anfang 2020 nicht zur Verfügung. Doch wie sollte die Bevölkerung vor dem ansteckenden Virus und die Wirtschaft vor dem finanziellen Kollaps geschützt werden? Und wer konnte darüber entscheiden?

Einen institutionalisierten Krisenstab für solche Fälle gab es nicht. Die gesetzliche Grundlage für die Pandemiebekämpfung war das Infektionsgesetz des Bundes, das aber diese Aufgabe weitgehend auf die Länder übertragen hatte. Man einigte sich deshalb, dass die notwendigen Entscheidungen im Konsens aller Ministerpräsidenten mit dem Bundeskanzleramt getroffen werden sollten. Die dafür notwendigen Informationen und Empfehlungen sollte das Robert-Koch-Institut (RKI) als zentrale Einrichtung der Bundesregierung auf dem Gebiet der Gesundheitsüberwachung liefern. Der Bundestag war an dem Entscheidungsprozess nicht beteiligt nach dem Grundsatz: »Krisen sind Sache der Exekutive.«

Schon im März 2020 traf dieses Gremium auf Empfehlung des RKI den folgenden Beschluss:

- Für die schweren Fälle sollten die Krankenhauskapazitäten (mehr Intensivbetten) aufgestockt werden.
- Um die Verbreitung des Virus zu stoppen, sollten nicht lebensnotwendige Einrichtungen und Geschäfte, insbesondere Schulen, Gastronomie- und Dienstleistungsbetriebe, geschlossen werden. Außerdem wurden Ausgangssperren, Kontakt- und Veranstaltungsverbote, Maskenpflicht etc. angeordnet (harter Lockdown).
- Den durch solche Maßnahmen entstehenden wirtschaftlichen Schaden versprach der Bund mit finanziellen Hilfen (Mehrwertsteuerkürzung, Kurzarbeitergeld, Finanzhilfen etc.) in Höhe von insgesamt 130 Milliarden Euro auszugleichen.

Die Ministerpräsidenten versprachen, die getroffene Einigung in ihren Ländern im Verordnungswege umzusetzen, um einen Flickenteppich von Regelungen zu vermeiden. Die Dauer und Intensität des Lockdowns und der Eingriffe in die persönlichen Freiheitsrechte machte man von der Lage in den Krankenhäusern und von den beim RKI gemeldeten Fallzahlen (Inzidenz) abhängig. Im Übrigen gingen die Teilnehmer der Konferenz davon aus, dass die beschlossenen Krisenmaßnahmen angesichts der Gefährlichkeit des Virus »geeignet, erforderlich und angemessen« waren, um verfassungsrechtliche Bedenken nicht aufkommen zu lassen.

Als die Fallzahlen im Frühling 2020 zurückgingen, verständigten sich die Bundeskanzlerin und die Ministerpräsidenten auf die Möglichkeit, den Lockdown in den Ländern in eigener Verantwortung zu lockern. In Landkreisen oder kreisfreien Städten mit besonders hoher Inzidenz sollten jedoch die schärferen Infektionsschutzmaßnahmen weiter gelten. Im Herbst 2020 stiegen die Fallzahlen wieder an und Wissenschaftler kritisierten die geltenden Beschlüsse als unzureichend. Daraufhin einigten sich das Bundeskanzleramt und die Regierungschefs der Bundesländer im November 2020 wieder auf einen verschärften Lockdown: Die Bürger wurden aufgefordert, soziale Kontakte auf ein absolutes Minimum zu reduzieren. Der Aufenthalt in der Öffentlichkeit wurde auf kleine Gruppen beschränkt. Die Pflicht zum Tragen einer Maske im öffentlichen Räumen wurde weiter ausgedehnt. Kultur-, Gastronomie- und Dienstleistungsbetriebe wurden erneut geschlossen. Geöffnet blieben jedoch Schulen, Kindergärten sowie Groß- und Einzelhandelsbetriebe. Die von Schließungen betroffenen Betriebe sollten weitere Hilfen erhalten.

Zum Jahreswechsel 2020/1 sahen die Menschen endlich Licht am Ende des Tunnels, als die von BioNTech-Pfizer und AstraZeneca entwickelten Impfstoffe zugelassen wurden. An sich war es Aufgabe des Bundesministeriums für Gesundheit in Berlin, in Zusammenarbeit mit den Pharmaunternehmen sicherzustellen, dass hinreichend Impfstoffe hergestellt wurden und zur Verfügung standen. Angela Merkel hatte jedoch während ihrer EU-Ratspräsidentschaft über den Kopf des zuständigen Ministers hinweg entschieden, dass die EU-Kommission diese Aufgabe übernehmen sollte. Die kleineren Länder in Europa und auch Drittländer sollten gegenüber den großen und zahlungskräftigen Staaten nicht benachteiligt werden.

Die EU-Kommission, die erstmals mit einer solchen Aufgabe befasst war, zeigte sich dann aber völlig überfordert. Drei Monate dauerten die Verhandlungen mit den Pharmaunternehmen, weil man sich über Preise und Versicherungsfragen nicht einigen konnte. In dieser Zeit erteilten Länder wie Großbritannien und Israel bereits feste Lieferaufträge und starteten ihre Impfkampagnen. Nur in den bereits fertiggestellten Impfzentren in Deutschland passierte nichts, weil der Impfstoff fehlte.

Das Krisenmanagement von Angela Merkel geriet dadurch in die öffentliche Kritik. Nach der überwältigenden Zustimmung zu den Anti-Corona-Maßnahmen der Bundesregierung in 2020 kippte die Stimmung plötzlich. Renate Köcher vom Institut für Demoskopie Allensbach schrieb dazu in der *FAZ*: »Die politischen Maßnahmen werden als willkürlich, widersprüchlich und teilweise absurd empfunden. Die Überzeugung, dass Deutschland sich im internationalen Vergleich gut schlägt, wird mit jedem Tag geringer.«

Auch der Politikstil der Bundeskanzlerin geriet in die Kritik: »Am meisten nervt mich inzwischen die Art und Weise, in der die Ministerpräsidentenkonferenzen mit der Kanzlerin vorbereitet werden. Eine Woche vor dieser Sitzung äußern sich bestimmte Leute, was alles passieren könnte, wenn man dem vom Kanzleramt vorgegebenen Weg nicht folgt. Einen Tag vor der Konferenz wird dieser Weg dann zu Papier gebracht, gerät an die Öffentlichkeit und wird dann mehr oder weniger konsequent verabschiedet. Die Länder dürfen das dann umsetzen«, beschwerte sich Schleswig-Holsteins Gesundheitsminister Heiner Garg.

Zunehmend meldeten sich auch Stimmen, die der Lockdown-Politik des Kanzleramtes kritisch gegenüberstanden, weil mit der Fokussierung auf die Fallzahlen die erheblichen »Kollateralschäden« der beschlossenen Maßnahmen unterschätzt worden waren: die Isolation, die man den Alten, Kranken und Sterbenden zugemutet hatte; der Verlust an Schulbildung und prägenden Erfahrungen, der vor allem die jüngeren Menschen traf; der Niedergang kulturellen und ökonomischen Lebens, der teilweise dauerhaft war; die übermäßige Einschränkung der vom Grundgesetz garantierten Freiheitsrechte. Und nicht zuletzt rechneten die Kritiker auch die Hunderte Milliarden Euro, die der Staat zur Abfederung der Maßnahmen aufwenden musste, zu den Schäden, die der Lockdown anrichtete.

Der öffentliche Disput über die negativen Folgen des Lockdowns verschärfte sich, als die Bundeskanzlerin Anfang 2021 weiterhin an einem umfassenden Lockdown festhalten wollte. »Es wird keine neuen Freiheiten geben«, verkündete sie in apodiktischer Manier, um einer dritten Corona-Welle vorzubeugen. Einige Ministerpräsidenten kündigten daraufhin an, sie würden eigenständig bestimmte Verbote und Einschränkungen aufheben oder lockern. Merkel bezeichnete solche Überlegungen als »Öffnungsdiskussionsorgien« und ließ auf der Bund-Länder-Konferenz am 22. März eine »Osterruhe« beschließen, in der die Wirtschaft zwischen Gründonnerstag und Ostermontag komplett heruntergefahren werden sollte. Als sie aber diesen Plan schon nach einem Tag wegen Undurchführbarkeit wieder zurücknehmen musste und sich dafür in der Öffentlichkeit entschuldigte, verstärkten sich die Absetzbewegungen einzelner Ministerpräsidenten.

Die Absichten der Länder kamen den Plänen der Wirtschaftsverbände entgegen, die schon seit Längerem von der Politik forderten, die Kontakt- und Ausgangssperren zu lockern, um den wirtschaftlichen Absturz ins Bodenlose zu vermeiden. Aus demselben Grund hatte der Sachverständigenrat der Bundesregierung vorgeschlagen, der Wirtschaft statt eines sektoralen Lockdowns »klare Regeln vorzugeben, die helfen, die Virusausbreitung einzudämmen«. Die Regeln »könnten etwa Einschränkungen der Bewegungsfreiheit, einen Mindestabstand zwischen Personen oder eine maximale Personenzahl pro Quadratmeter, notwendige Schutzbekleidung oder Hygienevorschriften umfassen«. Solche Regeln hielt der Sachverständigenrat für effektiver »als die behördliche Öffnung und Schließung von Unternehmen und Wirtschaftsbereichen«.

Beim Blick auf die Verlängerung des Lockdowns vermissten die Ökonomen zudem ein klares Konzept der Politik. »Eine überzeugende Impfkampagne, umfassendere Tests, ein stärkeres Ausnutzen der Potenziale der Corona-Warn-App, kurz: eine Optimierung der gesundheitspolitischen Bekämpfung der Corona-Pandemie sind das beste Konjunkturprogramm«, sagte der Vorsitzende des Sachverständigenrats, Lars Feld. Auch Michael Hüther, Direktor des Instituts der deutschen Wirtschaft (IW), übte scharfe Kritik an einer Verlängerung des Lockdowns bis in den März hinein: »Verhältnismäßigkeit und Übermaßverbot sind nicht mehr gewährleistet.« Die Referenzwerte, wie Neuinfektionen oder Auslastung der Intensivmedizin, würden beliebig angewendet; die Politik müsse ihre Entscheidungen aber stichhaltig begründen.

Die Bund-Länder-Runde nahm solche Vorschläge zur Kenntnis, folgte aber der Lockdown-Strategie der Bundesregierung. Gleichzeitig war die Bundesregierung bemüht, die durch ihre Politik entstandenen wirtschaftlichen Nachteile und Schäden auszugleichen oder abzufedern – gemäß ihrem Versprechen: »Wir lassen euch in der Krise nicht allein.«

Die Corona-Krise war ein exogener Schock, der sich direkt in der Realwirtschaft auswirkte. Durch die Maßnahmen zur Eindämmung der Pandemie kam es zu Produktionsausfällen und unterbrochenen Lieferketten. Außerdem blieben Geschäfte und Restaurants geschlossen. Veranstaltungen und Reisen fielen aus. Erschwerend kam hinzu, dass die Corona-Krise die deutsche Wirtschaft in einem seit zwei Jahren anhaltenden Abschwung traf. Entsprechend schnell und tief erfolgte der Einbruch. Schon im zweiten Quartal nach Beginn der Corona-Krise sackte das BIP um 9,6 Prozent im Vergleich zum Vorquartal ab, die Zahl der Erwerbstätigen ging um 1,3 Prozent zurück.

Die Wirtschaft erholte sich aber dank der öffentlichen Hilfen schnell. Zu den Fördermaßnahmen, die von der Bundesregierung auf den Weg gebracht wurden, gehörten neben konjunkturstützenden Maßnahmen wie die zeitweise Senkung der Mehrwertsteuer vor allem direkte Hilfen an Unternehmen aller Größen und Branchen. Die Konkursantragspflicht wurde ausgesetzt. Bei Zahlungsproblemen konnten die Unternehmen zu erleichterten Bedingungen Steuerstundung beantragen. Die KfW half Betrieben bei Liquiditätsengpässen mit günstigen Krediten. Bei Umsatzrückgängen wurden die fortlaufenden Fixkosten als Überbrückungshilfe erstattet. Den Unternehmen, die aufgrund des Lockdowns schließen mussten, ersetzte der Staat 75 Prozent des entgangenen Umsatzes bis zu 1,0 Mio. Euro. Der Bezug von Kurzarbeitergeld wurde erleichtert.

Außerdem errichtete die Bundesregierung im März 2020 einen Wirtschaftsstabilisierungsfonds (WSF), der großen Unternehmen bei finanziellen Schwierigkeiten helfen sollte. Der Fonds war mit einem Finanzvolumen von 600 Mrd. Euro ausgestattet und richtete sich an Unternehmen, die in den vergangenen zwei Geschäftsjahren mindestens zwei der drei folgenden Kriterien erfüllt hatten:

1. eine Bilanzsumme von mehr als 43 Mio. Euro,
2. mehr als 50 Mio. Euro Umsatzerlöse,
3. mehr als 249 Arbeitnehmer im Jahresdurchschnitt.

Insgesamt unterstützte der Fonds 25 Unternehmen verschiedener Branchen mit einem Gesamtvolumen von 9,6 Mrd. Euro. Dazu gehörten Unternehmen wie die Deutsche Lufthansa AG oder die TUI AG, aber auch 17 mittelständische Unternehmen sowie zwei Start-ups. Die WSF-Hilfen waren mit klaren Bedingungen verbunden: keine Zahlungen von Boni oder Dividenden, Vergütungsbeschränkungen für Vorstände und Steuertransparenz. Alle unterstützten Unternehmen mussten die erhaltenen Hilfen zuzüglich Zinsen zurückzahlen.

Das Bruttoinlandsprodukt, d. h. die Summe aller produzierten Güter und Dienstleistungen, ging 2020 real um 4,6 Prozent zurück. Vor allem die starken Industrieregionen im Süden Deutschlands mussten tiefe Einschnitte hinnehmen. Mit dem wirtschaftlichen Einbruch 2020 sanken auch die Primäreinkommen, also das, was Menschen durch die

Erwerbsarbeit oder selbstständige Tätigkeit (vor Abzug von Steuern und Beiträgen) verdienten, um 1,7 Prozent je Einwohner.

Erstaunlicherweise wuchs jedoch 2020 das verfügbare Einkommen pro Einwohner um 0,7 Prozent, sodass die Bundesbürger 2020 fast überall mehr Geld zum Ausgeben oder Sparen hatten. Der Grund waren die staatlichen Corona-Hilfen. »Die Bedeutung staatlicher Transfers für das Wachstum und damit für die Einkommen hat 2020 stark zugenommen«, stellte der Ökonom Gunther Schnabl fest. Infolge solcher Transfers wuchs die Staatsquote, die 2019 noch bei 45 Prozent gelegen hatte, in 2021 auf 51,6 Prozent an. Offensichtlich verhinderten die staatlichen Corona-Hilfen nicht den Absturz der Konjunktur, wohl aber ein Schrumpfen der verfügbaren Einkommen.

Ende 2021 hatte die Corona-Pandemie infolge der erfolgten Impfungen ihren Schrecken verloren. Das Infektionsschutzgesetz wurde daraufhin im November 2021 vom Deutschen Bundestag grundlegend novelliert. Danach endeten die bundesweiten Maßnahmen zur Eingrenzung der Corona-Pandemie wie Kontaktbeschränkungen und allgemeine Maskenpflicht zum 19. März 2022.

»Zeitenwende«

Nach großen Verlusten der Unionsparteien bei den Landtagswahlen in Bayern und Hessen 2018 kündigte Angela Merkel am 29. Oktober 2018 in einer Präsidiumssitzung der CDU an, das Amt der Bundeskanzlerin für die nächste Legislaturperiode nicht erneut anzustreben.

Bei der Bundestagswahl 2021 wurde die SPD mit 25,7 Prozent der Stimmen stärkste Partei, gefolgt von der Union mit 24,1 Prozent. Die Grünen erhielten 14,8 Prozent der Stimmen, die FDP 11,5 Prozent und die AfD 10,3 Prozent. Grüne und FDP verständigten sich dahin, nur mit der SPD-Führung Verhandlungen über die Bildung einer Ampel-Koalition zu führen. So wurde Olaf Scholz (SPD) am 8. Dezember 2021 Bundeskanzler einer rot-grün-gelben Koalition (Ampel).

Knapp zwei Monate später, am 24. Februar 2022, fielen russische Panzertruppen in die Ukraine ein. Bundeskanzler Olaf Scholz gab zu diesem Krieg am 27. Februar 2022 im Deutschen Bundestag eine Regierungserklärung ab, in der er von einer »Zeitenwende« sprach. Er wollte damit sagen, dass der Ukraine-Krieg im deutsch-russischen Verhältnis eine entscheidende Zäsur darstellte. Das betraf sowohl die bisherige Außen- und Verteidigungspolitik der Regierung Merkel als auch die außenwirtschaftlichen Beziehungen zu Russland.

Angela Merkels Beziehungen zu Russland und seinem Präsidenten Wladimir Putin waren zwiespältig. Ihr Verhältnis zu Land und Leuten in Russland war von persönlicher Zuneigung geprägt. Doch gegenüber Putin war sie vorsichtig und misstrauisch. Sie traf mit ihm aber so oft wie mit keinem anderen Regierungschef zusammen, sodass mit der Zeit eine gute Arbeitsbeziehung entstand. »Angela Merkel sah Putin kritisch, aber sie wollte nie die komplette Konfrontation mit Russland. Sie versuchte immer, eine Form des Ausgleichs zu finden. Sie war immer der Meinung, Putin müsse eingebunden werden«, beschrieb der CDU-Außenpolitiker Johann Wadephul die Beziehung zwischen beiden.

Angela Merkel glaubte, dass es möglich wäre, den Krieg in der Ukraine mit Putin im Rahmen des »Minsker Abkommens« auf diplomatischem Wege zu begrenzen und zu beenden. Unter dieser Annahme wurden die diplomatischen Friedensbemühungen von ihr selbst dann noch fortgeführt, als sie längst gescheitert waren. Mit der Kündigung des Minsker Abkommens durch Putin am 21. Februar 2022 und dem Beginn des Krieges stand Merkel vor den Trümmern dieser Politik.

Merkels Scheitern beruhte auf einem falschen Bild von Russland, weil sie davon ausging, dass die westlichen Ordnungsvorstellungen auch für Russland gelten sollten: die Anerkennung des Existenzrechts anderer Staaten, der weitgehende Ausschluss von Gewalt als Instrument der Politik, die Achtung von Regeln und Beschlüssen, die unter den Staaten vereinbart wurden, die Bereitschaft, Konflikte durch Kompromisse zu lösen.

Für Russland gelten aber andere Gesetze, worauf schon der US-Diplomat und Historiker George F. Kennan, der als Vater des Containments (Eindämmung) gilt, in seinen Erinnerungen eindrucksvoll hingewiesen hat: »Der Logik der Vernunft unzugänglich, ist die russische Führung der Macht in hohem Maße zugänglich.« Kennans zentrale Aussage über Russland besteht darin, dass sein Imperialismus mit den Verhältnissen außerhalb Russlands wenig zu tun hat, sondern sich »im Großen und Ganzen aus elementarischen innerrussischen Notwendigkeiten« ergibt. Die russischen Herrscher hätten im Grunde alle gewusst, dass ihre Herrschaft veraltet war, sodass sie den Vergleich mit den westlichen Ländern nicht aushalten konnten. »Aus diesem Grunde haben sie immer vor fremder Durchdringung Furcht gehabt.« In dieser Angst sieht Kennan die Ursache für den russischen Argwohn gegenüber dem Westen und den Hang des Kreml, auf militärische Stärke zu bauen. So erklärt sich auch, warum die Außenwelt für die russische Führung »böse, feindselig und drohend ist«.

Daran hat sich bis heute wenig verändert, schrieb Jacques Schuster vor einigen Jahren in der *FAZ*. Noch immer fühlen sich die Russen umzingelt und ihre Würde vom Westen mit Füßen getreten, trotz vielfältiger Bemühungen, Russland in die westliche Wertegemeinschaft einzubinden. Die russische Tradition, sich mal für bedroht und minderwertig, dann wieder für großartig und unbesiegbar zu halten, ist genauso ungebrochen wie die Leidenschaft, alles, was in Russland schiefgeht, dem Westen anzulasten.

Russlands Innenpolitik sei darauf aus, das Prestige des Staates zu vermehren – und zwar durch »maximale Entwicklung der Streitkräfte; große Schaustellungen mit dem Zweck, Außenstehende zu beeindrucken; fortgesetzte Geheimniskrämerei in inneren Angelegenheiten, um Schwächen zu verbergen und Gegner im Unklaren zu lassen«, beschreibt Kennan die Politik des Kremls nach dem Zweiten Weltkrieg. Er fügt einen Satz hinzu, der mit Blick auf Putin geschrieben sein könnte: »Wo es angezeigt und erfolgversprechend erscheint, wird man versuchen, die äußeren Grenzen der Sowjetmacht zu erweitern.«

Angela Merkel hat sich auch von Wladimir Putin täuschen lassen, den man als den Prototyp eines gewaltbereiten Tyrannen bezeichnen kann. Für ihn, der im Jahr 2000 russischer Präsident wurde, war das Ende der Sowjetunion die »größte geopolitische Katastrophe des 20. Jahrhunderts«. Russland habe dadurch 40 Prozent seines historischen Gebiets verloren, darunter die Ukraine, deren Bewohner er zu den »Kleinrussen« zählt. Es war bekannt, dass Putin seine historische Aufgabe darin sah, das alte »Russische Reich« als Großmacht wiederherzustellen.

Hierzu führte er bereits eine Reihe von Kriegen: Der erste Krieg unter seiner Führung fand in Tschetschenien statt, das sich nach dem Zusammenbruch der Sowjetunion für unabhängig erklärte. Den zweiten Krieg führte Wladimir Putin 2008 gegen das selbstständige Georgien und die zu Georgien gehörenden Gebiete Südossetien und Abchasien. Den dritten Krieg begann Putin im Februar 2014, als russische Soldaten ohne Hoheitsabzeichen die Krim besetzten. Im vierten Krieg fielen russische Soldaten in den Donbass ein, das Steinkohle- und Industriegebiet im Osten der Ukraine. Diesen Krieg weitete Russland am 24. Februar 2022 auf die ganze Ukraine aus.

Mit dem russischen Einmarsch in die Ukraine wurde nicht nur der bisherigen deutschen Außenpolitik, sondern auch der von Angela Merkel gestalteten Verteidigungs- und Energiepolitik der Boden unter den Füßen weggezogen. Angesichts der russischen Kriegspolitik wäre es notwendig gewesen, die Bundeswehr und die Rüstungsindustrie zu stärken. Stattdessen wurde die Bundeswehr abgerüstet und die Rüstungsindustrie vernachlässigt; selbst der geschuldete NATO-Beitrag wurde nur teilweise geleistet. Dass der Inspekteur des Heeres, Generalleutnant Alfons Mais, am Morgen des russischen Überfalls auf die Ukraine zu der Bitte um militärische Hilfe bekennen musste, »Die Bundeswehr, das Heer, das ich führen darf, steht mehr oder weniger blank da …«, beschreibt das Ausmaß des politischen Versagens.

Außerdem hat sich kein anderes europäisches Land aus freien Stücken in eine so weitgehende energiewirtschaftliche Abhängigkeit von Russland begeben wie Deutschland. Knapp 55 Prozent des Gasverbrauchs, ein Drittel des Öls und rund die Hälfte der verfeuerten Steinkohle stammten aus Putins Reich. Mit von Angela Merkel geförderten Verträgen für Nord Stream 2, die erst nach der Krimbesetzung abgeschlossen wurden, sollten die Gaslieferungen aus Russland sogar noch ausgeweitet werden. Putin konnte darin nur das Signal sehen, dass Deutschland unabhängig vom Schicksal der Ukraine weiterhin russisches Gas beziehen werde.

Die mit dieser Abhängigkeit verbundene Gefahr wurde mit dem Slogan »Wandel durch Handel« ausgeblendet. In den Merkel-Jahren gehörte die »strategische Energiepartnerschaft« mit Russland zu den Grundpfeilern der deutschen Energiepolitik. Damit sollte die Energielücke geschlossen werden, die nach dem gleichzeitigen Ausstieg aus dem Atom- und Kohlestrom zwangsläufig entstehen musste. Mit dem Ukraine-Krieg führte dieses Experiment in die größte Energiekrise, die Deutschland jemals erlebt hat.

Angela Merkel wurde in den Medien für ihre langjährige Russlandpolitik heftig kritisiert. Sie lehnte es aber ab, dafür Verantwortung zu übernehmen. Daraufhin erklärte Bundespräsident Frank-Walter Steinmeier, dass die Bundesregierung mit ihrer Politik gegenüber Russland gescheitert ist: »Wir haben an Brücken festgehalten, an die Russland nicht mehr geglaubt hat und vor denen unsere Partner uns gewarnt haben.« Auch das Festhalten an der Pipeline Nord Stream 2, die Merkel immer als privatwirtschaftliches Projekt bezeichnete, nannte Steinmeier einen »eindeutigen« Fehler der Bundesregierung.

Damit erschließt sich die eigentliche Bedeutung der Zeitenwende, von der Bundeskanzler Olaf Scholz gesprochen hat. Sie besteht in dem Eingeständnis der deutschen Bundesregierung und Wirtschaft, sich Illusionen über die friedensstiftende Wirkung der wirtschaftlichen und außenpolitischen Zusammenarbeit mit einem von Wladimir Putin beherrschten Russland gemacht zu haben.

Literaturverzeichnis

Abelshauser, Werner, Wirtschaftsgeschichte der BRD 1945–1980, Frankfurt/M. 1983.
Abelshauser, Werner, Des Kaisers neue Kleider? München 2009.
Achterberg, Erich, Kleine Hamburger Bankgeschichte, Hamburg 1964.
Adenauer, Konrad, Erinnerungen 1945–1959, Stuttgart 1965, 1966, 1967.
Adenauer- Stiftung, Historische Politische Mitteilungen, Köln 2001.
Adenauer- Stiftung, Helmut Kohl zum 75. Geburtstag, Berlin 2005.
Adenauer- Stiftung, Soziale Marktwirtschaft – damals und heute, Berlin 2007.
Agnoli, Johannes, Die Transformation der Demokratie, Frankfurt/M. 1968.
Albalkin/Blinow (Hrsg.), Perestroika von innen, Düsseldorf 1989.
Albrecht, Karl, Planifikateure beim Werk, Düsseldorf 1964.
Albrecht, Clemens/Behrmann, Günter C. pp., Die intellektuelle Gründung der Bundesrepublik, New York 1999.
Alexander, Robin, Die Getriebenen, München 2017.
Alexander, Robin, Macht-Verfall, München 2021.
Aly, Götz, Hitlers Volksstaat, Frankfurt/M. 2005.
Amelunxen, Clemens, Napoleon – Fürst von Elba, Berlin 1986.
Apel, Hans-Eberhard, Edwin Cannan und seine Schüler, Tübingen 1961.
Arnim, Hans Herbert von, Das System, München 2001.
Ashcroft, Edward, De Gaulle, Hamburg 1963.
Auswärtiges Amt, Der Vertrag von Maastricht über die Europäische Union, Bonn 1992.
Baker, James A., Drei Jahre, die die Welt veränderten, Houston 1995.
Baring, Arnulf/Schöllgen, Gregor, Kanzler – Krisen – Koalitionen, Berlin 2002.
Bauert-Keetmann, Ingrid, Deutsche Industriepioniere, Tübingen 1966.
Becker, Irene/Hauser, Richard, Soziale Gerechtigkeit – ein magisches Viereck, Berlin 2009.
Berthold, Norbert/Fehn, Rainer (Hrsg.), Der deutsche Arbeitsmarkt in der Krise, Bad Homburg 2001.
Biedenkopf, Kurt, Die neue Sicht der Dinge, München 1985.
Biedenkopf, Kurt, Fortschritt in Freiheit, München 1974.
Biermann, Wolf, Die Autobiographie, Berlin 2016.
Böddeker, Karl/Leitritz, J., Frankreich – Geschichte und Gegenwart, Leipzig 1908.
Bodenhöfer, Hans-Joachim/Weizsäcker, Carl C. von, Bildungsinvestitionen, Stuttgart 1967.
Böhm, Anton, Die Lage der Nation – moralisch, Osnabrück 1971.
Böhm, Franz/Briefs, Götz (Hrsg.), Mitbestimmung: Ordnungselement oder politischer Kompromiss, Stuttgart 1971.

Böhme, Helmut, Prolegomena zu einer Sozial- und Wirtschaftsgeschichte Deutschlands im 19. und 20. Jahrhundert, Frankfurt/M. 1968.
Bösch, Frank, Macht und Machtverlust. Geschichte der CDU, München 2002.
Borchard, Michael (Hrsg.), Strategien für mehr Arbeit, 2006.
Bracher, Karl Dietrich, Deutschland zwischen Demokratie und Diktatur, Bern 1964.
Brüning, Heinrich, Memoiren 1918–1934, Stuttgart 1970.
Bülow, Marco, Wir Abnicker, Berlin 2010.
Bussmann, Walter, Die auswärtige Politik des Deutschen Reiches unter Bismarck 1871–1890, Stuttgart.
Büter, Tanja, Raffiniert! Zur Geschichte des Rübenzuckers, Technikmuseum Magdeburg.
Carstens, Karl, Politische Führung, Stuttgart 1971.
Clark, John M., Sicherheit in Freiheit, Wien 1950.
Clausewitz, Karl von, Grundgedanken über Krieg und Kriegsführung, Leipzig 1943.
Courthion, Pierre, Paris, Geschichte einer Hauptstadt, Paris 1974.
Courtois, Stéphane/Werth, Nicolas pp. (Hrsg.), Das Schwarzbuch des Kommunismus, München 1998.
Crouch, Colin, Gig Economy, Berlin 2019.
Czech, Hans-Jörg/Matthes, Olaf/Pelc, Ortwin (Hrsg.), Revolution! Revolution? – Hamburg 1918/19, Hamburg 2018.
Dahrendorf, Ralf, Für eine Erneuerung der Demokratie, München 1968.
Deutscher Bundestag, Fragen an die deutsche Geschichte, Bonn 1996.
Deutsches Steuerinstitut e.V., Die Einführung des Euro, Bonn 1998.
Die Bundesregierung, Regierungserklärung von Gerhard Schröder am 10. November 1998.
Die Bundesregierung, Einigungsvertrag vom 6. September 1990.
Diekmann, Ralf/Reuth, Ralf Georg (Hrsg.), Die längste Nacht, der größte Tag, München 2009.
Diwald, Hellmut, Geschichte der Deutschen, Berlin 1978.
Di Fabio, Udo, Schwankender Westen; München 2015.
Donges, Juergen B./Eekhoff, Johann/Feld, Lars P. pp., Für einen wirksamen Klimaschutz, Berlin 2009.
Dönhoff, Marion, Die Bundesrepublik in der Ära Adenauer, Reinbek 1963.
Dönhoff, Marion, Deutschland, deine Kanzler, München 1999.
Dönhoff, Marion, Zivilisiert den Kapitalismus, Stuttgart 1997.
Dönhoff, Marion, Amerikanische Wechselbäder, Stuttgart 1983.
Donnert, Erich, Russland im Zeitalter der Aufklärung, Leipzig 1983.
Dörge, F.-W., Strukturpolitik wohin? Opladen 1968.
Driver, Stephen/Martell, Luke, New Labour, Cambridge 1998.
Dreher, Klaus, Helmut Kohl, Stuttgart 1998.
Dücker, Hans-Gerd von, Aktionsgemeinschaft Deutsche Steinkohlereviere GmbH, Berlin 1969.
Duvigneau, Hans Jörg, Chronik der Familie Duvigneau, Berlin 2017.
Egerer, Jürgen, Der Plangewährleistungsanspruch, Baden-Baden 1971.

Ehmke, Horst, Politik der praktischen Vernunft, Frankfurt/M, 1969.
Ehrlicher, Werner pp. (Hrsg.), Kompendium der Volkswirtschaftslehre, Göttingen 1967.
Eisermann Gottfried, Joseph Schumpeter als Soziologe, Sonderdruck 1965.
Enzensberger, Hans Magnus, Sanftes Monster Brüssel oder die Entmündigung Europas, Berlin 2011.
Erhard, Ludwig, Deutsche Wirtschaftspolitik, Düsseldorf 1962.
Erhard, Ludwig, Das Prinzip Freiheit, Köln 2009.
Erhard, Ludwig, Festschrift zum Fünfundsiebzigsten Geburtstag, Bonn 1971.
Erhard, Ludwig, Wohlstand für alle, Düsseldorf 1990.
Erhard-Stiftung, Grundtexte Soziale Marktwirtschaft, Stuttgart 1981.
Erhard-Stiftung, 100 Jahre Ludwig Erhard, Düsseldorf 1997.
Eschenburg, Th., Staatsautorität und Gruppenegoismus, Düsseldorf 1955.
Etzel Franz, Gutes Geld durch gute Politik, Stuttgart 1959.
Eucken, Walter, Grundsätze der Wirtschaftspolitik, Tübingen 2004.
Eucken, Walter, Nationalökonomie wozu?, Düsseldorf 1961.
EVP-Fraktion, Grundsatzpositionen 1979 bis 1984, 1983.
Farenholtz, Wilhelm Adolf, Fünf Generationen Oelmüller, Magdeburg 1938.
Ferguson, Niall, Der falsche Krieg, Stuttgart 1998.
Fest, Joachim, Speer – Eine Biographie, Berlin 1999.
Fest, Joachim, Ich nicht, Hamburg 2006.
Fischer, Alexander, Die Deutsche Demokratische Republik, Freiburg/B 1987.
Fisher-Ruge, Lois, Nadeschda heißt Hoffnung, Düsseldorf 1987.
Flachmann, Klaus, Bar-Depot, Frankfurt/M. 1972.
Forsthoff, Ernst, Rechtsstaat im Wandel, München 1976.
Forsthoff, Ernst, Der Staat der Industriegesellschaft, München 1971.
Friedrich Ebert Stiftung, Die Kontroverse um Maastricht: Eine neue Wirtschaftsverfassung für Europa, Hamburg 1992.
Fritsch, Rüdiger von, Zeitenwende, Berlin 2022.
Fröhler, Ludwig, Das Wirtschaftsrecht als Instrument der Wirtschaftspolitik, Wien 1969.
Fücks & Köhler (Hrsg.), Soziale Marktwirtschaft ökologisch erneuern, Berlin 2019.
Galbraith, J. K., Industriegesellschaft, München 1967.
Gall, Lothar/Feldmann, Gerald D. pp. (Hrsg.), Die Deutsche Bank 1870–1995, München 1995.
Gärtner, Edgar L., Öko-Nihilismus, Jena 2007.
Gauck, Joachim, Freiheit, München 2012.
Gehlen, Arnold, Einblicke, Frankfurt/M. 1975.
Gehlen, Arnold, Moral und Hypermoral, Bonn 1969.
Geis, Matthias/Ulrich, Bernd, Der Unvollendete. Das Leben des Joschka Fischer, Berlin 2002.
Genscher, Hans-Dietrich, Deutsche Außenpolitik, Bonn 1981.
GEO Epoche, Der Erste Weltkrieg, 2004.
GEO Epoche, Die industrielle Revolution, 2008.

GEO Epoche, Deutschland zur Kaiserzeit, 2013.
Gersemann, Olaf, Amerikanische Verhältnisse, München 2003.
Glaser, Hermann, Die 50er Jahre, Hamburg 2007.
Giersch, Herbert, Allgemeine Wirtschaftspolitik, Wiesbaden 1961.
Görlitz, Walter, Stein - Staatsmann und Reformer, Frankfurt/M. 1949.
Görtemaker, Manfred, Geschichte der Bundesrepublik Deutschland, Frankfurt/M. 2004.
Goldschmidt, Nils pp. (Hrsg.), Freiburger Schule und Christliche Gesellschaftslehre, Tübingen 2010.
Goldschmidt, Nils pp. (Hrsg.), Grundtexte zur Freiburger Ordnungsökonomik, Tübingen 2008.
Gorbatschow, Michail, Bericht auf der 19. Parteikonferenz der KPdSU, Köln 1988.
Gorbatschow, Michail, Perestroika, Great Britain 1987.
Grab, Walter (Hrsg.), Die Französische Revolution, München 1973.
Guttenberg, Karl Theodor zu, Die neue Ostpolitik, Osnabrück 1962.
Guttenberg, Karl Theodor zu, Fußnoten, Stuttgart 1973.
Habermann, Gerd (Hrsg.), Philosophie der Freiheit, Bern, 2008.
Habermann, Gerd (Hrsg.), Vision und Tat, Bern 2005.
Habermann, Gerd, Der Wohlfahrtsstaat, Frankfurt/M. 1994.
Habermann, Gerd, Freiheit in Deutschland, Reinbek 2022.
Hacke, Jens, Philosophie der Bürgerlichkeit, Frankfurt/M. 2006.
Haffner, Sebastian, Preußen ohne Legende, Hamburg 1998.
Haffner, Sebastian, Von Bismarck zu Hitler, München 1989.
Hahne, Peter, Schluss mit lustig, Lahr 2004.
Haigh, Christopher (Edt.), Historical Encyclopedia of Great Britain, Cambridge 1995.
Haller, Heinz, Das Problem der Geldwertstabilität, Stuttgart 1966.
Haller, Heinz, Finanzpolitik, Tübingen 1965.
Hamann, Andreas, Rechtsstaat und Wirtschaftslenkung, Heidelberg 1953.
Hamer, Eberhard/Gebhardt, Rainer, Privatisierungspraxis, Essen 1992.
Hansen, Alvin H., Keynes' Ökonomische Lehren, Stuttgart 1959.
Harpprecht, Klaus, Mein Frankreich, Leck 1999.
Hardege, Stefan, Arbeitswelt im Wandel, Roman Herzog Institut 2008.
Hasse, Rolf H. pp. (Hrsg.), Lexikon Soziale Marktwirtschaft, Paderborn 2002.
Hasse, Rolf H./Schenk, Karl-Ernst pp. (Hrsg.), Erweiterung und Vertiefung der Europäischen Union, Baden-Baden 2000.
Hayek, Friedrich A. von, Der Weg zur Knechtschaft, Zürich 1952.
Hazlitt, Henry, Economics! München 2009.
Hedtkamp, Günter, Lehrbuch der Finanzwirtschaft, Neuwied 1977.
Heimatverein Lohne, Lohne (Oldenburg) 980 bis 1980, Vechta 1980.
Heller, Walter W., Das Zeitalter des Ökonomen, Tübingen 1968.
Helms, Ludger, Politische Opposition, Opladen 2002.
Hemmelmann, Petra, Der Kompass der CDU, Wiesbaden 2017.
Hempel, Dirk/Weimar, Friederike (Hrsg.), Himmel auf Zeit: Die Kultur der 1920er Jahre in Hamburg, Hamburg 2010.

Henkel, Hans-Olaf, Die Macht der Freiheit, München 2000.
Henkel, Hans-Olaf, Die Ethik des Erfolges, München 2002.
Henkel, Hans-Olaf, Der Kampf um die Mitte, München 2007.
Henkels, Walter, Die Lage war immer so ernst, Düsseldorf 1982.
Hennerkes, Brun-Hagen, Die Familie und ihr Unternehmen, Frankfurt/M. 2004.
Hennerkes, Brun-Hagen/Augustin, George (Hrsg.), Wertewandel Mitgestalten: Gut handeln in Gesellschaft und Wirtschaft, Freiburg/B. 2012.
Hennis, Wilhelm, Demokratisierung - Problematik des Begriffs, Köln 1970.
Herbers, Klaus/Neuhaus, Helmut, Das Heilige Römische Reich, Köln 2006.
Herbert, Ulrich, Geschichte Deutschlands im 20. Jahrhundert, München 2014.
Hertle, Hans-Hermann, Chronik des Mauerfalls, Berlin 1997.
Herzog, Roman, Wie der Ruck gelingt, München 2005.
Heyde, Ludwig, Abriss der Sozialpolitik, Heidelberg 1949.
Hinz, Horst, Konjunktur und Herrschaft, Berlin 1967.
Hitler, Adolf, Mein Kampf, München 1938.
Hofer, Walther (Hrsg.), Der Nationalsozialismus: Dokumente 1933–1945.
Hoff, Klaus, Wie modern ist konservativ heute, Osnabrück 1973.
Höhler, Gertrud, Die Patin, Freiburg/B. 2012.
Hombach, Bodo, Die Politik der Neuen Mitte, München 1998.
Hubbe, Gustav, 100 Jahre Magdeburger Kaufmannsfamilie, Magdeburg 1940.
Hübinger-Hertfelder (Hrsg.), Kritik und Mandat, München 2000.
Huf, Hans-Christian, Imperium, Leipzig 2004.
Industrie Museum Lohne/O., Lohner Blätter: Schreibfeder (Blatt 1–4).
Integration Heft 84, Entwurf eines Vertrages zur Gründung der Europäischen Union, Bonn 1984.
Ipsen, Hans Peter, Über das Grundgesetz, Hamburg 1964.
Ipsen, Hans Peter, Fragestellungen zu einem Recht der Wirtschaftsplanung, Baden-Baden (Vorabdruck aus Kaiser, Planung I).
Ischinger, Wolfgang, Welt in Gefahr, Berlin 2018.
Issing, Otmar (Hrsg.), Allgemeine Wirtschaftspolitik, München 1993.
Jelzin, Boris, Auf des Messers Schneide, München 1993.
Jöhr, Walter Adolf/Singer, Hans Wolfgang, Die Nationalökonomie im Dienst der Wirtschaftspolitik, Göttingen 1964.
Kantzenbach, Erhard, Dynamischer Wettbewerb und oligopolistisches Marktverhalten, Göttingen 1963.
Kapferer, Norbert, Innenansichten ostdeutscher Philosophen, Darmstadt 1994.
Käppner, Joachim, Berthold Beitz, Berlin 2010.
Katkov, George/Oberländer, Erwin pp. (Hrsg.), Rußlands Aufbruch ins 20. Jahrhundert, Freiburg/B. 1970.
Keil, Günter, Die Energiewende ist schon gescheitert, Jena 2012.
Keller, Horst (Hrsg.), Das Jahrzehnt der Utopisten, Bonn 1979.
Kennan, George F., Memoiren eines Diplomaten (1925–1950), Stutgart 1968.
Kershaw, Ian, Höllensturz. Europa 1914 bis 1949, München 2016.
Kinck, Hans E., Machiavelli, Basel 1938.

Kirchhof, Paul, Das Gesetz der Hydra, München 2006.
Kirchhof, Paul, Der Weg zu einem neuen Steuerrecht, München 2005.
Kleber, Claus, Amerikas Kreuzzüge, München 2005.
Kleps, Karlheinz, Staatliche Preispolitik, München 1984.
Klusmann, Steffen (Hrsg.), 101 Haudegen der deutschen Wirtschaft, München 2006.
Knabe, Hubertus, Die Täter sind unter uns, Berlin 2007.
Knabe, Hubertus, Honeckers Erben, Berlin 2009.
Knabe, Hubertus, 17. Juni 1953, Köln 2004.
Knauß, Ferdinand, Merkel am Ende, München 2018.
Knopp, Guido, Der Aufstand des 17. Juni 1953, Hamburg 2003.
Koch, Peter-Ferdinand, Das Schalck-Imperium lebt, München 1992.
Koch, Roland, Konservativ, Freiburg/B. 2010.
Koenigswald, Harald von, Preußisches Lesebuch, München 1966.
Koesters, Paul-Heinz, Ökonomen verändern die Welt, München 1982.
Kohl, Helmut, Erinnerungen 1930–1994, München 2004, 2005, 2007.
Köhler, Horst, Ein Gespräch mit Hugo Müller-Vogg, Hamburg 2004.
Krockow, Christian von, Kaiser Wilhelm II. und seine Zeit, Berlin 2002.
Krone-Schmalz, Gabriele, Russland verstehen, München 2015.
Krüger, Herbert, Allgemeine Staatslehre, Stuttgart 1966.
Krüger, Herbert, Staat-Wirtschaft-Völkergemeinschaft, Frankfurt/M. 1970.
Krüger, Herbert, Von der Reinen Marktwirtschaft zur gemischten Wirtschaftsverfassung, Hamburg 1966.
Krüger, Herbert, Marktwirtschaftliche Ordnung und öffentliche Vorhaltung der Verkehrswege, Hamburg 1969.
Krüger, Herbert, Von der Notwendigkeit einer freien und auf lange Sicht angelegten Zusammenarbeit zwischen Staat und Wirtschaft, Münster 1966.
Krüger, Herbert, Rechtsstaat-Sozialstaat-Staat, Hamburg 1975.
Kruse, Christina, Die Volkswirtschaftslehre im Nationalsozialismus, Freiburg/B. 1988.
Kurbjuweit, Dirk Angela Merkel, München 2009.
Lafontaine, Oskar/Müller, Christa, Keine Angst vor der Globalisierung. Wohlstand und Arbeit für alle, Bonn 1998.
Landauer, Carl, Die Sozialdemokratie, Hamburg 1972.
Landes, David, Die Macht der Familie, München 2008.
Langenscheidt, Florian (Hrsg.), Aus bester Familie, Köln 2007.
Langenscheidt, Florian/May, Peter (Hrsg.), Lexikon der deutschen Familienunternehmen, Köln 2009.
Langguth, Gerd. Angela Merkel, München 2008.
Latour, Bruno/Schultz, Nikolaj, Zur Entstehung einer ökologischen Klasse, Berlin 2022.
Lau, Mariam, Die letzte Volkspartei (CDU), München 2009.
Läufer, Thomas, Verfassung der Europäischen Union, Bonn 2005.
Lauk, Kurt J., Was würde Ludwig Erhard heute sagen? Stuttgart 2007.
Leinemann, Jürgen, Höhenrausch, München 2004.

Leistritz, Hans Karl, Die Kunst der Politik, München 1968.
Leonhard, Wolfgang, Sowjetideologie heute, Frankfurt/M. 1962.
Littmann, Karl-Konrad, Die Staatstätigkeit – ein Ärgernis in der Marktwirtschaft? (Sonderdruck 1965).
Loewenstein, Karl, Max Webers staatspolitische Auffassungen, Bonn 1965.
Lucke, Bernd, Systemausfall, München 2009.
Luther, Hans, Vor dem Abgrund 1930–1933, Berlin 1964.
Machiavelli, Niccolò, Der Fürst, Frankfurt/M. 1990.
Maier, Hans, Die Grundrechte im modernen Staat, Osnabrück 1973.
Marcuse, Herbert, Der eindimensionale Mensch, Berlin 1968.
Martin, Siegbert (MIT), 40 Jahre DDR-Anspruch und Wirklichkeit, Hannover 1990.
Marx, Reinhard, Das Kapital, München 2008.
May, Peter (Hrsg.), Das INTES-Handbuch Familienunternehmen, Bonn 2008.
Mayer, Thomas, Europas unvollendete Währung, Weinheim 2013.
Meadows, Dennis, Die Grenzen des Wachstums, Stuttgart 1972.
Mehnert, Klaus, Über die Russen, Stuttgart 1986.
Mehring, Reinhard, Carl Schmitt Biographie, München 2009.
Meinecke, Friedrich, Das Zeitalter der deutschen Erhebung, Göttingen 1963.
Meissner, Hans Otto, 30. Januar 1933, Esslingen 1976.
Meissner, Boris, Die Sowjetunion im Umbruch, Stuttgart 1988.
Merkel, Angela, Mein Weg, Hamburg 2004.
Merz, Friedrich, Nur wer sich ändert, wird bestehen, Freiburg/B. 2004.
Metzger, Oswald, Die verlogene Gesellschaft, Berlin 2009.
Meyer, Thomas, Die Identität Europas, Frankfurt/M 2004.
Meyer-Dohm, Peter, Wirtschaftsordnungsmodelle u. Wirklichkeit, Tübingen 1965.
Michler, Inga, Wirtschaftswunder 2010, Frankfurt/M. 2009.
Miegel, Meinhard, Die deformierte Gesellschaft, München 2002.
Mierzejewski, Alfred C., Ludwig Erhard – Biographie, München 2004.
Milde, Georg, Wege in die Politik, Berlin 2015.
MIT Niedersachsen, 40 Jahre DDR-Anspruch und Wirklichkeit, Hannover 2011.
Mitbestimmungskommission, Mitbestimmung im Unternehmen, Stuttgart 1970,
Mohr, Verita, Spurenlese Georg Hauck & Sohn 1796–1996, Frankfurt/M. 1996.
Mohring, Mike (Hrsg), Was heißt heute konservativ? (2010).
Mommsen, Wilheln, Bismarck, Hamburg 1967.
Müller, Helmut pp., Deutsche Geschichte in Schlaglichtern, Mannheim 1990.
Müller, Uwe, Supergau Deutsche Einheit, Berlin 2005.
Müller-Vogg, Hugo, Anspruch & Wirklichkeit Rot-Grün 1998–2002, München 2002.
Müller-Vogg, Hugo, Volksrepublik Deutschland, München 2009.
Muralt, Leonhard von, Machiavellis Staatsgedanke, Basel 1945.
Musgrave, A., The Theory of Public Finance, New York 1959.
Napp-Zinn, Anton F., Interventionismus u. Soziale Marktwirtschaft, Tübingen 1964.
Neumann, Peter, Wirtschaftslenkende Verwaltung, Stuttgart 1959.
Neumark, Fritz, Grundsätze gerechter und ökonomisch rationaler Steuerpolitik, Tübingen 1970.

Nicolai, Friedrich, Beschreibung der Residenzstadt Potsdam, Leipzig 1993.
Noelle-Neumann, Werden wir alle Proletarier, Zürich 1978.
Nolte, Paul, Riskante Moderne, München 2006.
North, Michael (Hrsg.), Deutsche Wirtschaftsgeschichte, München 2000.
Obama, Barack, Ein amerikanischer Traum, München 2009.
Ortlieb, Heinz Dietrich, Die missverstandene Revolte, Hamburg 1968.
Ortlieb, Heinz Dietrich, Hochschulreform und Studentenrevolte, Sonderdruck 1967.
Ortlieb, Heinz Dietrich, Die verantwortungslose Gesellschaft, München 1971.
Ortlieb, Heinz Dietrich, Vom totalitären Staat zum totalen Egoismus, Zürich 1978.
Osterhammel, Jürgen, Die Verwandlung der Welt, München 2009.
Otte, Max, Stoppt das Euro-Desaster, Berlin 2011.
Peter, Karl Heinrich, Reden, die die Welt bewegten, Stuttgart 1959.
Pfeiffer, Ulrich, Entwicklungspolitik für ein entwickeltes Land, Hamburg 1999.
Pflüger, Friedbert, Ehrenwort, München 2000.
Philipp, Michael, Politische Rücktritte in Deutschland, München 2007.
Plickert, Philip (Hrsg.), Merkel - Eine kritische Bilanz, München 2017.
Poller, Horst, Mehr Freiheit statt mehr Sozialismus, München 2010.
Pond, Elisabeth, Beyond the Wall, Washington, D. C., 1993.
Pöttering, Hans-Gert, Von der Vision zur Wirklichkeit, Bonn 2004.
Preller, Ludwig, Das Verhältnis von Staat, Gewerkschaften und Wirtschaftsverbänden, Berlin 1960.
Preußischer Kulturbesitz, Juden in Preußen, Berlin 1981.
Privat, E. C., Hugenottisches Leben, Baden-Baden 1950.
Rahmtorf, Stefan/Schellnhuber, Hans Joachim, Der Klimawandel, München 2019.
Raphael, D. D., Adam Smith, New York 1991.
Rauch, Georg von, Geschichte der Sowjetunion, Stuttgart 1987.
Recker, Marie-Luise, Konrad Adenauer, München 2010.
Richter, Hans Werner (Hrsg.), Die Mauer, Reinbek 1962.
Ripper, Werner, Grundlagen und Entwicklung der Weimarer Republik, Frankfurt/M. 1977.
Rödder, Andreas, Wer hat Angst vor Deutschland? Frankfurt/M. 2018.
Rödder, Andreas, Die Bundesrepublik Deutschland, 1969–1990, München 2004.
Roegele, Otto, Kleine Anatomie politischer Schlagworte, Osnabrück 1972.
Rohlfes, Joachim, Staat u. Nation im 19. Jahrhundert, Stuttgart 1990.
Röper, Burkhardt, Zur Frage nach den Trägern der Wirtschaftspolitik, Tübingen 1968.
Röpke, Wilhelm, Fronten der Freiheit, Stuttgart 1965.
Röpke, Wilhelm, Jenseits von Angebot und Nachfrage, Zürich 1958.
Röpke, Wilhelm, Die Lehre von der Wirtschaft, Zürich 1958.
Röpke, Wilhelm/Baudin, L./Hayek, Friedrich A. von pp., Masse und Demokratie, Zürich 1957.
Rosenbaum, Eduard, Der Vertrag von Versailles, Leipzig 1921.
Rüfner, Wolfgang, Formen öffentlicher Verwaltung im Bereich der Wirtschaft, Berlin 1967.

Rüttgers, Jürgen (Hrsg.), Wer zahlt die Zeche? Bonn 2009.
Samuelson, Paul A., Economics, Chicago 1964.
Sanmann, Horst, Daten und Alternativen der deutschen Wirtschafts- u. Finanzpolitik in der Ära Brüning, Tübingen 1965.
Sarrazin, Thilo, Der Euro – Chance oder Abenteuer? Bonn 1997.
Sarrazin, Thilo, Deutschland schafft sich ab, München 2010.
Sarrazin, Thilo, Europa braucht den Euro nicht, München 2012.
Schachtschnabel, Hans (Hrsg.), Wirtschaftsstufen und Wirtschaftsordnungen, Darmstadt 1971.
Schäffler, Frank, Nicht mit unserem Geld! München 2014.
Schäuble, Wolfgang, Scheitert der Westen? München 2003.
Schäuble, Wolfgang, Der Vertrag, Stuttgart 1991.
Schäuble, Wolfgang, Zukunft mit Maß, Lahr 2009.
Scheer, Regina, »Wir sind die Liebermanns«, Berlin 2006.
Schelsky, Helmut, Der selbständige und betreute Mensch, Stuttgart 1976.
Schickling, Willi, Inflation und Deflation, Pfaffenhofen 1971.
Schieder, Theodor, Revolution und Gesellschaft, Freiburg/B. 1973.
Schiller, Karl, Stetiges Wirtschaftswachstum als ökonomische und politische Aufgabe, Berlin 1964.
Schiller, Karl, Sozialismus und Wettbewerb, Hamburg 1955.
Schiller, Karl, Preisstabilität durch globale Steuerung der Marktwirtschaft, Tübingen 1966.
Schlarmann, Josef, Die Wirtschaft als Partner des Staates, Hamburg 1972.
Schlarmann, Josef, Angela Merkel aus der Nähe, Reinbek 2017.
Schlarmann/Lehnen (MIT), Die Soziale Marktwirtschaft, Berlin 2010.
Schlarmann/Lehnen (MIT), Ordnungspolitik in Deutschland – Quo Vadis? Berlin 2011.
Schlecht/Stoltenberg (Hrsg.), Soziale Marktwirtschaft, Freiburg/B. 2001.
Schlecht, Otto, Konzertierte Aktion als Instrument der Wirtschaftspolitik, Tübingen 1968.
Schlesinger, Arthur M., Die tausend Tage Kennedys, Bern 1965.
Schmidt, Helmut, Die Mächte der Zukunft, München 2004.
Schmidt, Helmut, Die Selbstbehauptung Europas, München 2000.
Schmidt, Helmut, Im Gespräch mit Ulrich Wickert, Stuttgart 2001.
Schmitz, Hans J., Normative Richtlinien der Wirtschaftspolitik, Frankfurt/M. 1971.
Schmölders, Günter, Personalistischer Sozialismus, Köln 1969.
Schmölders, Günter/Wöhe, Günther, Der Bürger als Objekt der staatlichen Finanzpolitik, Bad Wörrishofen 1977.
Schoeps, Julius H., Preußen, Geschichte eines Mythos, Berlin Brandenburg 2001.
Scholl-Latour, Peter, Leben mit Frankreich, Stuttgart 1988.
Schöllgen, Gregor, Willy Brandt, München 2001.
Schröder, Gerhard, Klare Worte, Freiburg/B. 2014.
Schröder, Gerhard, Entscheidungen – Mein Leben in der Politik, Hamburg 2006.
Schulz, Klaus-Peter, Proletarier-Klassenkämpfer- Staatsbürger, München 1963.

Schütz, Wilhelm W., Reform der Deutschlandpolitik, Köln 1966.
Schumpeter, Joseph A., Dogmenhistorische und biographische Aufsätze, Tübingen 1954.
Schwan, Heribert/Steininger, Rolf, Helmut Kohl, Köln 2009.
Schwelien, Michael, Helmut Schmidt, Hamburg 2003.
Schwinge, Erich, Bilanz der Kriegsgeneration, Marburg 1979.
Seeler, Hans-Joachim, Die Europäische Einigung und das Gleichgewicht der Mächte, Baden-Baden 1962.
Seibel, Wolfgang, Die Privatisierung der DDR-Wirtschaft, Frankfurt/M. 2005.
Sheridan, Clare, Russian Portraits, Cambridge 1921.
Siebert, Horst, Jenseits des sozialen Marktes, München 2005.
Siegfried, André, Frankreichs Vierte Republik, Stuttgart 1959.
Sik, Ota, Demokratische und sozialistische Plan- und Marktwirtschaft, Zürich 1971.
Sik, Ota, Der dritte Weg, Hamburg 1972.
Simon, Hermann, Hidden Champions des 21. Jahrhunderts, Frankfurt/M. 2007.
Sinn, Hans-Werner, Die Target-Falle, München 2012.
Sinn, Hans-Werner, Das Grüne Paradoxon, München 2008.
Sinn, Hans-Werner, Ist Deutschland noch zu retten? Berlin 2004.
Sinn, Hans-Werner, Kasino-Kapitalismus, München 2009.
Sinn, Hans-Werner, Auf der Suche nach der Wahrheit, Freiburg/B. 2018.
Sombart, Werner, Deutsche Volkswirtschaft im 19. Jahrhundert, Darmstadt 1954.
Sozialenquéte-Kommission, Soziale Sicherung in der Bundesrepublik Deutschland (Beschluss der Bundesregierung vom 29. April 1964).
Späth, Lothar, Blühende Phantasien und harte Realitäten, München 1997.
Speer, Albert, Erinnerungen, Berlin 1969.
Spethmann, Dieter, Der Euro plündert Deutschland, München 2011.
Spethmann, Dieter, Im Namen des Euro arbeitslos, München 2012.
Spiegel Special, Hitlers Machtergreifung, 2008.
Spiegel Special, Hitlers Krieg, 2005.
Spiegel Special, Experiment Kommunismus, 2007.
Spiegel Special, Der Kalte Krieg, 2008.
Spindler pp. (Hrsg), Die Deutsche Bundesbank, Stuttgart 1957.
Stadler, Peter, Karl Marx, Göttingen 1966.
Steinbrück, Peer, Vertagte Zukunft, Hamburg 2015.
Steingart, Gabor, Deutschland – Der Abstieg eines Superstars, München 2004.
Stengelin, Frank , Krupp, Essen 2009.
Stern, Klaus/Münch, Paul, Gesetz zur Förderung der Stabilität und des Wachstums der Wirtschaft, Stuttgart 1967.
Stölzl, Christoph (Hrsg.), Deutsche Geschichte in Bildern 1und 2, München/Berlin 1997.
Stubbe-da Luz, Helmut, 40 Jahre Christlich Demokratische Union in Hamburg (1945–1985), Hamburg.
Suntum, Ulrich van, Die unsichtbare Hand, Berlin 2005.
Sweezy, Paul M., Theorie der kapitalistischen Entwicklung, Köln 1959.

Tenbrock pp. (Hrsg.), Die Französische Revolution, Paderborn 1980.
Thiele, Willi, Einführung in das Wirtschaftsverfassungsrecht, Göttingen 1970.
Thilenius, Richard, Die Teilung Deutschlands, Reinbek 1961.
Tilly Richard (Hrsg.), Geschichte der Wirtschaftspolitik, München 1993.
Timm, Herbert, Bemerkungen zur wirtschaftspolitisch orientierten nichtfiskalischen Besteuerung, Tübingen 1968.
Timm, Herbert, Das Gesetz der wachsenden Staatsausgaben, Tübingen 1961.
Tocqueville, Alexis de, Erinnerungen, Stuttgart 1954.
Tuchtfeldt, Egon, Planung, Entscheidung und Durchführung als Phasen der Wirtschaftspolitik, Freiburg/B, (Sonderdruck).
Tuchtfeldt, Egon, Wettbewerb und langfristige Wirtschaftspolitik, Wien 1966.
Tuchtfeldt, Egon, Gewerbefreiheit als wirtschaftspolitisches Problem, Berlin 1955.
Tuchtfeld, Egon, Die volkswirtschaftliche Rahmenplanung im Widerstreit der Meinungen, Kiel 1965.
Ulfkotte, Udo, Gekaufte Journalisten, Rottenburg 2015.
Ungewitter, C., Aktivierung der Wirtschaftspolitik, Vortrag in Baden-Baden am 9. Mai 1931.
Uterwedde, Henrik, Die Europäische Gemeinschaft, Opladen 1990.
Vahrenholt, Fritz/Lüning, Sebastian, Die kalte Sonne: Warum die Klimakatastrophe nicht stattfindet, Hamburg 2012.
Vanberg Viktor J. (Hrsg.), Hayek Lesebuch, Tübingen 2011.
Viereck, Stefanie von, Hinter weißen Fassaden, Hamburg 1988.
Vogel, Bernhard/Vogel, Hans-Jochen, Deutschland aus der Vogelperspektive, Freiburg/B. 2007.
Völklein, Ulrich, Die Weizsäckers, München 2004.
Vossler, Otto, Bismarcks Sozialpolitik, Darmstadt 1961.
Wagner, Christian (Hrsg.), Eckpfeiler einer bürgerlichen Kultur, Frankfurt/M. 2007.
Walser, Martin, Die Alternative, Reinbek 1961.
Walter, Rolf, Wirtschaftsgeschichte, Köln 2011.
Wartenberg, Ludolf von/Haß, Hans J., Investitionen in die Zukunft, Weinheim 2005.
Weber, Adolf, Kurzgefasste Volkswirtschaftspolitik, Berlin 1943.
Weber, Max, Politik als Beruf, Berlin 1993.
Weidenfeld, Werner/Korte, Hans-Rudolf, Handbuch zur deutschen Einheit, Frankfurt/M. 1993.
Weidenfeld, Werner, Die Europäische Verfassung verstehen, Gütersloh 2006.
Weimer, Wolfram, Deutsche Wirtschaftsgeschichte, Hamburg 1998.
Weiss, Ulrich, 25 Jahre Kronberger Kreis, Berlin 2007.
Weitz John, Hitlers Bankier Hjalmar Schacht, München 1998.
Weizsäcker, Richard von, Der Weg zur Einheit, München 2009.
Werner, Josua, Das Instrumentarium der schweizerischen Konjunkturpolitik, Basel 1963.
Wesel, Uwe, Recht, Unrecht und Gerechtigkeit, München 2003.
Wiggershaus, Rolf, Die Frankfurter Schule, Reinbek 2010.
Willms, Johannes, Waterloo, München 2015.

Witthoff H.-W., Konjunkturtheorie und Konjunkturpolitik; Bad Homburg 1987.
Wolffsohn, Michael, Verwirrtes Deutschland? München 1993.
Wolmar, Wolfram von, Ein Requiem für Preußen, Göttingen 1964.
Wulf, Walter, Das Zeitalter des Imperialismus (1890–1918), Frankfurt/M.
Wulff, Christian, Ich mach' mein Ding! Berlin 2003.
Zantovsky, Michael, Vaclav Havel, Berlin 2014.
Zick, Rolf, Die CDU in Niedersachsen, Sankt Augustin 2008.
Zimmer, Daniel, Weniger Politik, München 2013.
ZEIT Geschichte, Hitlers Krieg im Osten, 2011.
ZEIT Geschichte, Napoleon in Deutschland, 2006.

Personenregister

Armin Fuhrer
Lichtgestalten und ihre Schattenseiten
Broschur. 228 Seiten mit 10 s/w Fotos.
€ 18,00 [D] | € 18,50 [A]
ISBN 978-3-95768-246-8

Sie sind beliebt und werden bewundert, denn sie haben etwas Gutes oder Beeindruckendes getan, etwas entdeckt oder erfunden. Sie sind Vorbilder für viele Menschen oder Kult für eine Gruppe. Und auf jeden Fall haben sie sich ins Gedächtnis der Allgemeinheit eingeprägt. Die Rede ist von Ikonen oder Lichtgestalten, die seit Jahrzehnten oder Jahrhunderten Glanz verbreiten, deren Name jeder mit etwas verbindet.
Namen wie Mutter Teresa, Mahatma Gandhi, Robert Koch, Coco Chanel und Christoph Kolumbus kennt jeder und jeder hat sie positiv in seinem Bewusstsein gespeichert.
Doch der helle Glanz kann blenden. Auch Ikonen und Lichtgestalten sind nur Menschen und haben ihre Fehler, Schwächen und Geheimnisse. Sie können dunkle Schatten auf den hellen Glanz werfen. Allerdings bedarf es des zweiten Blicks, der über den ersten Augenschein hinausgeht und sich nicht blenden lässt vom strahlenden Image. Wer ein wenig hinter die Fassade dringt, wird oft erstaunliche Dinge feststellen, die gar nicht zum weitverbreiteten Bild der jeweiligen historischen Figur passen wollen. Wer weiß zum Beispiel, dass Mahatma Gandhi nicht nur der Verfechter eines gewaltfreien Widerstandes gegen die britischen Kolonialherren war – sondern auch ein handfester Rassist, der zudem ein verstörendes Frauenbild hatte? Wer ahnt, dass Thomas Jefferson, der berühmte Vorkämpfer gegen die Sklaverei und Vater der Verfassung der USA sich selbst Sklaven hielt und sie brutal behandeln ließ? Wer denkt bei der Mode-Ikone Coco Chanel neben dem »kleinen Schwarzen« und dem Wohlgeruch von Chanel N°5 schon daran, dass sie für die Nazis spionierte und mit ihrer Hilfe einen jüdischen Geschäftspartner loswerden wollte? Und wer hat ernsthaft schon mal hinter die Fassade von Mutter Teresa geblickt, der kleinen Ordensschwester, die vom Vatikan heiliggesprochen wurde – in Wahrheit aber für viel Leid und Elend der ihr anvertrauten Menschen verantwortlich war?

Aus dem Verlagsprogramm